# Fiúntas Nua

## Cúrsa iomlán le haghaidh na hArdteistiméireachta Gaeilge ardleibhéal

go to page 429

ELIZABETH WADE & YVONNE O'TOOLE

An Comhlacht Oideachais

Arna fhoilsiú in 2016 ag
An Comhlacht Oideachais
Bóthar Bhaile an Aird
Baile Átha Cliath 12
Ball de Smurfit Kappa ctp

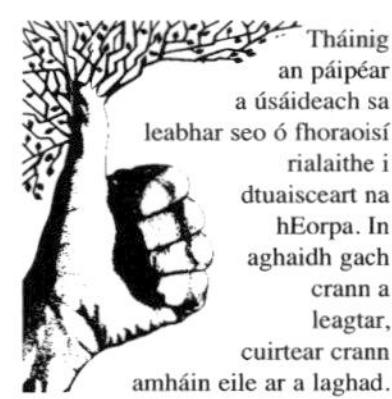




| | |
|---|---|
| Clúdach | Identikit |
| Dearadh | Outburst |
| Clóchur | Carole Lynch |
| Eagarthóirí | Dog's-ear, Alicia McAuley |
| Léitheoirí profaí | Alicia McAuley, Dorothy Ní Uigín |

Grianghraif

Táimid faoi chomaoin ag na daoine seo a leanas a thug cead dúinn grianghraif dá gcuid a atáirgeadh: Alamy, Bord Scannán na hÉireann, Comhaltas Ceoltóirí Éireann, Conradh na Gaeilge, Corbis, Nuala Ní Dhomhnaill, Getty, Raidió Rí-Rá, Seán Ó Ríordáin, RTÉ Stills Library, Cathal Ó Searcaigh, Shutterstock, Sportsfile, Pádraig Mac Suibhne, Téarma, TG4.

Cóipcheart

Gabhaimid buíochas leo seo a leanas a thug cead dúinn ábhar dá gcuid a úsáid sa leabhar seo: An Sagart as 'Colscaradh' le Pádraig Mac Suibhne agus 'Mo Ghrá-sa (idir Lúibíní)' le Nuala Ní Dhomhnaill; Cló Iar-Chonnacht as 'An tEarrach Thiar' le Máirtín Ó Direáin, 'Colmáin' le Cathal Ó Searcaigh, 'Fill Arís' le Seán Ó Ríordáin, sliocht as *Seal i Neipeal* le Cathal Ó Searcaigh, agus *Dís* le Siobhán Ní Shúilleabháin; Biddy Jenkinson as 'Eiceolaí'; Cois Life as sliocht as *Hurlamaboc* le hÉilis Ní Dhuibhne; Déirdre Ní Ghrianna as *An Gnáthrud*; An Gúm as 'Óisín i dTír na nÓg' le Niall Ó Dónaill; Eastát Chaitlín Maude agus the Estate of Michael Hartnett (f/ch The Gallery Press, Loughcrew, Oldcastle, County Meath) as *An Lasair Choille* le Caitlín Maude agus Mícheál Ó hAirtnéide; agus Beo.ie.

Rinne na foilsitheoirí a ndícheall teacht ar úinéirí cóipchirt; beidh siad sásta na gnáthshocruithe a dhéanamh le haon duine eile acu a dhéanann teagmháil leo.

# Clár

Baintear úsáid as na deilbhíní thíos le tagairt a dhéanamh sa leabhar do mhíreanna fuaime agus físe:

**Fuaim:** Ábhar filíochta, cluastuisceana agus míreanna ón aonad faoin scrúdú cainte (atá ar fáil ar CDanna na ndaltaí)

**Fuaim:** Ábhar fuaime comhtháite ón aonad ceapadóireachta/léamhthuisceana

**Fís:** Míreanna físe a chuireann agallaimh i láthair atá bunaithe ar cheisteanna san aonad faoin scrúdú cainte

Is féidir le múinteoirí teacht ar leagan digiteach d'ábhar na CDanna ag **www.edcodigital.ie**, áit a bhfuil fáil chomh maith ar an ábhar comhtháite fuaime agus ar fhíseáin na mbréagscrúduithe cainte.

# Réamhrá

**Cúrsa iomlán le haghaidh na hArdteistiméireachta Gaeilge ardleibhéal**
Leabhar iomlán nua atá anseo atá in oiriúint do leagan amach nua scrúdú na hArdteistiméireachta.

Tá an t-aonad próis agus an t-aonad filíochta curtha i láthair ar bhealach taitneamhach soiléir, le nótaí cuimsitheacha, le ceisteanna agus le freagraí samplacha atá bunaithe ar na ceisteanna i scrúdú na hArdteistiméireachta. Faigheann an múinteoir CD saor in aisce leis na sleachta próis ar fad. Tá DVD saor in aisce do gach múinteoir leis an ngearrscannán ainmnithe, *Cáca Milis*, air.

Tá téamaí agus topaicí san aonad ceapadóireachta/léamhthuisceana atá ábhartha agus suas chun dáta. Beidh an dalta in inmhe labhairt agus scríobh faoi réimse leathan ábhar tar éis dó staidéar a dhéanamh ar an aonad seo. Tá cur chuige nua gníomhach ann chun go mbainfidh an dalta idir thairbhe agus taitneamh as na léamhthuiscintí atá ann. Tá nótaí ann faoi cheist an tseánra (*genre*) agus faoin ngramadach sa léamhthuiscint agus beidh an dalta in inmhe na ceisteanna sin a fhreagairt gan stró.

Tá aonad ann don scrúdú cainte. Tá gach ábhar a bheidh ag teastáil ón dalta don scrúdú cainte ann. Tá cur síos cuimsitheach ar na hábhair éagsúla le neart ceisteanna agus freagraí a chuirfidh ar chumas an dalta tabhairt faoin scrúdú cainte go muiníneach. Tá ceisteanna agus freagraí samplacha don scrúdú cainte ar na CDanna do dhaltaí. Tá an fhilíocht atá le léamh ag an scrúdú cainte le fáil ar na CDanna freisin.

Tá DVD saor in aisce do mhúinteoirí ann a thaispeánann don dalta an bealach is éifeachtaí le tabhairt faoin scrúdú cainte. Faigheann gach múinteoir CDanna leis an 60 sraith pictiúr freisin.

Tá aonad cluastuisceana ann le neart cluastuiscintí agus leagan amach scrúdú na hArdteistiméireachta orthu. Chomh maith leis sin, tá cluastuiscint a bhaineann le gach ábhar comhtháite san aonad ceapadóireachta/léamhthuisceana. Tá na cluastuiscintí ar fad atá sa leabhar ar CDanna an mhúinteora, mar aon le breis cluastuiscintí. Chomh maith, faigheann gach dalta leabhrán, 'Cleachtadh don Scrúdú', ina bhfuil breis cluastuiscintí agus scrúduithe ranga.

San aonad gramadaí tá neart cleachtaí chun go mbeidh an dalta ábalta an teanga a labhairt agus a scríobh go cruinn.

Tá breis ábhar i lámhleabhar an mhúinteora do na scrúduithe cainte agus scríofa. Tá acmhainní ICT ar edcoDigital freisin. Téigh go dtí www.edcodigital.ie chun a thuilleadh eolais a fháil.

## Tiomnú

Ba mhaith liom an leabhar seo a thiomnú do bheirt bhan uaisle, Nuala Madden agus Patricia Verschoyle, a ghráigh mé ón tús.

Elizabeth Wade

# Filíocht 01

## Clár

### Dánta Ainmnithe (gnáthleibhéal agus ardleibhéal)



### Dánta Ainmnithe Breise (ardleibhéal)

## Torthaí Foghlama

- San aonad seo foghlaimeoidh an dalta conas anailís a dhéanamh ar dhán agus freagra maith a scríobh faoi ghnéithe áirithe den dán.
- Beidh tuiscint agus meas ag an dalta ar an dán.
- Beidh an dalta ábalta anailís a dhéanamh ar íomhánna, meafair, meadaracht, codarsnacht agus pearsantú.
- Tuigfidh an dalta an tábhacht a bhaineann leis an bhfriotal a roghnaíonn an file chun téama agus mothúcháin an dáin a chur in iúl.
- I roinnt de na dánta foghlaimeoidh an dalta faoi ghnéithe éigin de stair na tíre.
- Foghlaimeoidh an dalta faoi shaol agus faoi shaothar an fhile.
- Forbróidh an dalta a scileanna chun léirmheastóireacht liteartha a dhéanamh ar an dán.
- Cuirfidh an staidéar a dhéanfaidh an dalta ar an dán lena chumas Gaeilge.

**CD 1 Rian 2**

# 1 Géibheann[1]

**le Caitlín Maude**

Ainmhí mé

ainmhí allta[2]
as na teochreasa[3]
a bhfuil cliú agus cáil
ar mo scéimh[4]

chroithfinn[5] crainnte na coille
tráth[6]
le mo gháir[7]

ach anois
luím síos
agus breathnaím trí leathshúil[8]
ar an gcrann aonraic sin thall

tagann na céadta daoine
chuile lá

a dhéanfadh rud ar bith
dom
ach mé a ligean amach.

## Gluais

1 *géibheann* – *príosún, daoirse (gairdín na n-ainmhithe nó an zú)*

2 *ainmhí allta* – *ainmhí fiáin*

3 *as na teochreasa* – *as na teochriosanna, na tíortha atá in aice leis an Meánchiorcal*

4 *scéimh* – *áilleacht*

5 *chroithfinn* – *bhainfinn creathadh as*

6 *tráth* – *uair amháin*

7 *mo gháir* – *mo scread*

8 *leathshúil* – *súil amháin*

## Leagan próis

Is ainmhí mé

ainmhí fiáin
as ceann de na tíortha atá in aice leis an Meánchiorcal
tá cáil orm
mar gheall ar m'áilleacht mar ainmhí

d'fhéadfainn na crainn san fhoraois a chrith
uair amháin
le mo bhúir
ach sa lá atá inniu ann
fanaim i mo luí
agus féachaim trí shúil amháin
ar an aon chrann amháin atá in aice liom

tagann na sluaite daoine anseo
gach lá

a bheadh sásta aon rud a dhéanamh
dom
ach amháin mé a scaoileadh saor

## An file – saol agus saothar

Rugadh Caitlín Maude i Ros Muc i gContae na Gaillimhe i 1941. Thosaigh sí ag scríobh dánta agus í fós sa mheánscoil. Bhain sí céim BA amach i gColáiste na hOllscoile, Gaillimh.

Chaith sí bliain amháin ag obair i Sasana. Múinteoir scoile, ceoltóir, drámadóir, aisteoir agus file ab ea í. Amhránaí álainn ab ea í freisin, go háirithe ar an sean-nós. (Tá sí le cloisteáil ag canadh ar YouTube: 'Caitlín Maude – Aisling Gheal (RTÉ 1979)'.) Throid sí chun cearta a fháil do Ghaeilgeoirí sa Ghaeltacht. Bhí baint aici leis an eagraíocht Coiste Cearta Sibhialta na Gaeltachta. Bhí páirt Mháire aici sa chéad léiriú den dráma *An Triail* i 1964.

Foilsíodh dhá chnuasach filíochta dá cuid tar éis a báis: *Dánta* (1984) agus *Drámaíocht agus Prós* (1988). Scríobh sí an dráma *An Lasair Choille* (1962) le Mícheál Ó hAirtnéide. Fuair sí bás i 1982.

## Téama an dáin

Tá (ar a laghad) dhá léamh ar an dán seo.

### An chéad léamh

Baineann an dán leis an dochar agus an díobháil a dhéanann easpa saoirse (nó daoirse) don ainmhí fiáin ar cheart dó a bheith saor sna teochriosanna, agus ainmhithe eile, crainn agus leithne[1] na foraoise timpeall air. Taispeánann an dán go mbriseann an daoirse spiorad an ainmhí.

### An dara léamh

Is dán fáthchiallach[2] meafarach é seo. Seasann an t-ainmhí d'aon duine a mhothaíonn teanntaithe[3] ina shaol; d'aon duine nach mothaíonn saor chun a bhealach féin a leanúint tríd an saol. Taispeánann an dán an ísle brí a thagann ar dhaoine nuair nach bhfuil siad saor.

## Teicnící filíochta

### Íomhánna

Tá íomhá ag tús an dáin den ainmhí nuair a bhí sé saor, nuair a bhí sé i gceannas[4] air féin. Bhí sé dathúil agus láidir agus bhí sé bródúil as féin.

*a bhfuil cliú agus cáil*
*ar mo scéimh*

Bhí sé fuinniúil[5] – bhí spiorad aige nuair a bhí sé san áit ba dhual dó,[6] amuigh sna foraoiseacha. Bhí sé ag rith timpeall, ag búiríl agus ag scanrú na n-ainmhithe eile.

*chroithfinn crainnte na coille*
*tráth*
*le mo gháir*

Bhí sé sona sásta nuair a bhí a shaoirse aige. Cruthaíonn an íomhá sin den ainmhí saor atmaisféar sona dearfach.

Tá íomhá an-bhrónach agus an-uaigneach sa dara leath den dán. Athraíonn atmaisféar an dáin leis an bhfocal 'ach'. Tá íomhá ann den ainmhí sa zú. Tá sé sáraithe[7] agus tá a spiorad briste toisc nach bhfuil sé saor. Caitheann sé saol leadránach in áit an-mhínádúrtha dó. In ionad rith timpeall, caitheann sé na laethanta ina luí ar an talamh. Níl an fuinneamh ná an tsuim aige a dhá shúil a oscailt. Is íomhá an-truamhéalach ar fad í an íomhá seo.

*luím síos*
*agus breathnaím trí leathshúil*

Nuair a bhí sé saor, bhí na crainn timpeall air. Anois níl ach crann amháin in aice leis. Tá sé i ngéibheann, i bpríosún, agus tá a spiorad briste. Tá sé in ísle brí.[8]

Tagann na céadta duine gach lá go dtí an zú ag féachaint ar an ainmhí. Is taispeántas é an t-ainmhí anois. Níl sé i gceannas air féin. Is maith leis na daoine a thagann go dtí an zú an t-ainmhí, ach níl siad ábalta a shaoirse a thabhairt dó. Fanann an t-ainmhí bocht ina luí ina chás sa zú.

1 expanse; 2 allegorical; 3 hemmed in; 4 in charge; 5 energetic; 6 natural to him; 7 defeated; 8 depressed

*Cleachtadh*

Scríobh alt faoin dán, ag baint úsáide as na focail seo:

i gceannas; fuinniúil; ag scanrú; saor; sáraithe; saoirse; daoirse; leadránach; i ngéibheann; ísle brí; truamhéalach.

## Mothúcháin agus atmaisféar

Is iad bród, brón agus éadóchas na mothúcháin atá sa dán seo, agus tá atmaisféar brónach éadóchasach sa dán.

Sa chéad chuid den dán, tá cuimhní sona ag an ainmhí ar a shaol nuair a bhí sé saor sna teochriosanna. Bhí sé bródúil as féin, ag búiríl agus ag scanrú na n-ainmhithe eile. Ach níor mhair an saol sin. Anois tá an t-ainmhí i bpríosún agus tá sé in ísle brí. Tá brón an domhain air go bhfuil an seansaol thart. Níl suim aige sa saol anois agus caitheann sé na laethanta ina luí ar an talamh. Ní ritheann sé timpeall; ní bhíonn sé ag búiríl agus ag croitheadh[9] na gcrann mar a bhíodh sé agus é saor.

*ach anois*
*luím síos*

Tá éadóchas an ainmhí le feiceáil ag deireadh an dáin. Tuigeann an t-ainmhí nach dtiocfaidh deireadh leis an saol seo, leis an bhfulaingt seo, go deo. Tagann na céadta duine ag féachaint air gach lá ach ní bheidh sé saor go deo. Cuireann an t-eolas seo éadóchas mór air.

*a dhéanfadh rud ar bith*
*dom*
*ach mé a ligean amach.*

*Cleachtadh*

Scríobh nóta ar atmaisféar an dáin seo.

## Codarsnacht

Baineann an file sárúsáid as an gcodarsnacht sa dán seo. Tá codarsnacht ann idir saoirse agus daoirse agus idir na mothúcháin sa dán.

Nuair a bhí a shaoirse ag an ainmhí, bhí sé sona, bródúil agus fuinniúil. Chaith sé na laethanta ag rith timpeall, ag búiríl agus ag scanrú na n-ainmhithe eile. Bhí sé amuigh sna foraoiseacha agus crainn timpeall air.

*chroithfinn crainnte na coille*
*tráth*
*le mo gháir*

Tá codarsnacht mhór le feiceáil idir an fuinneamh sin agus an tuirse atá air nuair atá sé i ngéibheann, agus an easpa suime atá aige sa saol. In ionad[10] rith timpeall, caitheann sé na laethanta ina luí, súil amháin oscailte aige. Níl ach crann amháin san áit.

9 shaking; 10 instead of

*agus breathnaím trí leathshúil*
*ar an gcrann aonraic sin thall*

Ar ndóigh, tá codarsnacht mhór idir na mothúcháin sa dán. Nuair a bhí an t-ainmhí saor, bhí sé sona sásta agus bródúil as féin. Tá éadóchas air anois agus é i ngéibheann. Tá a spiorad briste agus tá sé in ísle brí. Níl sé i gceannas air féin agus tuigeann sé go mbeidh a shaol mar seo go deo. Ní thiocfaidh deireadh leis an **bhfulaingt**.[11]

*a dhéanfadh rud ar bith*
*dom*
*ach mé a ligean amach.*

*Deachtú*

Foghlaim, scríobh agus ceartaigh an t-alt thuas.

## Pearsantú

Tugann an file tréithe daonna don ainmhí agus tuigimid pian an ainmhí níos fearr mar gheall air sin. Tá an t-ainmhí ag labhairt sa chéad phearsa tríd síos, ag labhairt go díreach linn, agus músclaíonn sé sin trua ionainn don ainmhí bocht. Tugann an teicníc seo – an pearsantú – **beocht**[12] agus drámaíocht don dán agus tugann sé fírinne do na mothúcháin.

*Ainmhí mé . . .*
*a bhfuil cliú agus cáil*
*ar mo scéimh*

## Foirm agus meadaracht

Saorvéarsaíocht atá sa dán seo.

Is fíorbheag **poncaíochta**[13] atá sa dán – níl **camóg**[14] ar bith sa dán agus níl ach **lánstad**[15] amháin ann. Cuireann sé seo in iúl go leanfaidh an phian agus an daoirse ar aghaidh go deo, agus nach bhfuil aon dóchas ag an ainmhí.

Tá uaim le feiceáil **go forleathan**[16] tríd an dán. Cuireann an uaim le ceol na bhfocal agus le rithim an dáin. Samplaí den uaim atá ann ná '**c**liú agus **c**áil' agus '**c**rainnte na **c**oille'.

11 suffering; 12 life; 13 punctuation; 14 comma; 15 full stop; 16 extensively

## Ceisteanna agus freagraí samplacha

### 1 'Tugann an dán seo léiriú an-mhaith ar phian na daoirse.' Déan plé ar an ráiteas seo.

Aontaím leis an ráiteas seo. Tugtar léiriú an-mhaith sa dán ar phian an ainmhí nach bhfuil a shaoirse aige. Léiríonn an file pian na daoirse trí úsáid a bhaint as an gcodarsnacht.

Sa chéad leath den dán, cuirtear síos ar shaol an ainmhí nuair a bhí sé saor. Bhí sé sona sásta. Bhí sé fuinniúil, é ag búiríl agus ag scanrú na n-ainmhithe eile. Bhí suim aige sa saol agus bhí sé bródúil as féin.

*chroithfinn crainnte na coille*
*tráth*
*le mo gháir*

Tá codarsnacht mhór idir an íomhá den ainmhí saor agus an íomhá den ainmhí i ngéibheann, sa dara leath den dán. Bíonn sé ag fulaingt 'chuile lá sa zú. Níl suim aige sa saol. Ní ritheann sé timpeall a thuilleadh. Caitheann sé na laethanta ina luí ar an talamh. Tá sé in ísle brí.

*ach anois*
*luím síos*

Níl aon dóchas ag an ainmhí anois. Tuigeann sé nach dtiocfaidh deireadh leis an saol seo go deo. Ní bheidh sé ar ais sna teochriosanna arís – caithfidh sé a shaol anois ag féachaint ar chrann amháin a fhad is atá 'na céadta daoine' ag féachaint air gach lá.

Tá pian na daoirse an-láidir sa dán, toisc go bhfuil cuimhní ag an ainmhí ar laethanta a shaoirse. Tuigeann an t-ainmhí an difríocht idir inniu agus inné agus tá éadóchas ann mar gheall air sin.

### 2 Déan cur síos ar an bhfriotal atá sa dán seo.

Úsáideann an file friotal simplí, nádúrtha ach an-éifeachtach. Tosaíonn an dán le ráiteas lom: 'Ainmhí mé'. Tá bród agus dínit an ainmhí le brath sa líne sin. Cuireann na focail 'teochreasa', 'chroithfinn crainnte na coille' agus 'mo gháir' cuimhní agus seansaol an ainmhí in iúl. Is cuimhní simplí iad agus cuireann siad saoirse, spás agus neart in iúl.

Roghnaíonn an file na focail go cúramach sa dán. Focal an-simplí é 'ach', mar shampla, ach éiríonn leis an bhfocal sin an t-athrú a tháinig ar shaol an ainmhí a chur in iúl. Tuigimid uaidh go bhfuil laethanta na saoirse imithe.

*ach anois*

Baineann an file úsáid as an bhfocal 'ach' arís ag deireadh an dáin. Anois, cuireann sé éadóchas an ainmhí in iúl.

*ach mé a ligean amach.*

Tuigeann an t-ainmhí bocht nach mbeidh sé saor go deo.

Baineann an file úsáid chliste as an bhfocal 'aonraic'. Cuireann sé in iúl chomh mínádúrtha[17] is atá suíomh an zú don ainmhí. Níl ach crann amháin in aice leis ach ba cheart go mbeadh sé saor sna teochriosanna agus na céadta crann timpeall air.

17 unnatural

Tá an líne 'tagann na céadta daoine' an-éifeachtach freisin. Taispeánann an íomhá chomh míchothrom[18] agus mínádúrtha is atá an suíomh. Níl ach ainmhí amháin ann ach tagann na céadta ag féachaint air. Ba cheart go mbeadh sé le hainmhithe eile. Tuigimid ón íomhá freisin chomh míchompordach agus leochaileach[19] is atá an t-ainmhí bocht.

### 3 Déan cur síos ar dhá mhothúchán a mhúscail an dán seo ionat agus na fáthanna leis sin.

Mhúscail an dán trua agus fearg ionam. Tá trua agam don ainmhí bocht, toisc go bhfuil sé i ngéibheann sa zú agus go bhfuil sé in ísle brí. Bhí sé sona sásta nuair a bhí sé saor sna teochriosanna, ag rith timpeall agus ag búiríl. Anois, caitheann sé saol leadránach sa zú. Níl aon suim aige sa saol anois agus caitheann sé na laethanta ina luí ar an talamh. Níl an fuinneamh[20] ann éirí ná búiríl.

*ach anois*
*luím síos*

Tá trua agam dó toisc go bhfuil sé in áit mhínádúrtha dó agus nach bhfuil ach crann amháin in aice leis, seachas[21] na céadta crann a bhí sna teochriosanna. Tá trua agam dó freisin mar go dtuigeann an t-ainmhí bocht nach dtiocfaidh deireadh leis an saol seo go deo.

*a dhéanfadh rud ar bith*
*dom*
*ach mé a ligean amach.*

Chuir an dán fearg orm freisin. Tá fearg orm toisc nach bhfuil an saol cothrom agus toisc nach bhfuil saoirse ag gach duine sa saol. Níl an t-ainmhí ábalta an saol a theastaíonn uaidh a chaitheamh toisc nach bhfuil sé saor. Cuireadh é sa zú i gcoinne a thola[22] agus mar gheall air sin tá sé in ísle brí. Níl sé seo ceart agus cuireann sé fearg orm.

## Ceisteanna breise

1. Déan cur síos ar an úsáid a bhaineann an file as an gcodarsnacht sa dán seo.
2. Cad a cheapann tú den easpa poncaíochta atá sa dán?
3. 'Is dán fáthchiallach é an dán seo.' Déan plé ar an ráiteas seo.
4. Cén léiriú a fhaighimid ar an bhfile sa dán seo?
5. Luaigh dhá theicníc filíochta a úsáidtear go héifeachtach sa dán seo, dar leat.

## An scrúdú cainte

Ullmhaigh an dán le léamh ag an scrúdú cainte. Bíodh an t-áthas, an bród agus an neart le cloisteáil i do ghlór agus tú ag léamh an chéad chuid den dán. Bíodh an brón, an t-uaigneas agus an neamhshuim le cloisteáil agus tú ag léamh an dara cuid.

18 unjust; 19 vulnerable; 20 energy; 21 compared to; 22 against his will

## Féach, Abair, Clúdaigh, Scríobh, Seiceáil – FACSS

Foghlaim na habairtí seo thíos agus beidh tú ábalta aon cheist a fhreagairt!

| Féach, Abair, Clúdaigh | Scríobh | Seiceáil |
|---|---|---|
| 1 Baineann an dán leis an dochar a dhéanann easpa saoirse don ainmhí (agus don duine). | | |
| 2 Nuair a bhí an t-ainmhí i gceannas air féin sna teochriosanna, bhí sé láidir agus fuinniúil. | | |
| 3 Chaith an t-ainmhí na laethanta sna teochriosanna ag rith timpeall, ag búiríl agus ag scanrú na n-ainmhithe eile. | | |
| 4 Tá atmaisféar sona sa chéad leath den dán. | | |
| 5 Tá íomhá an-truamhéalach sa dara leath den dán. | | |
| 6 Tá spiorad an ainmhí briste agus tá sé in ísle brí. | | |
| 7 Níl suim ag an ainmhí sa saol anois agus caitheann sé saol leadránach. | | |
| 8 Tá atmaisféar éadóchasach sa dara leath den dán. | | |
| 9 Tá codarsnacht sa dán idir saoirse agus daoirse. | | |
| 10 Tá friotal simplí ach éifeachtach sa dán. | | |

CD 1 Rian 3

# 2 Colscaradh

## le Pádraig Mac Suibhne

Shantaigh sé[1] bean
i nead a chine,[2]
faoiseamh is gean[3]
ar leac a thine,[4]
aiteas is greann[5]
i dtógáil chlainne.

Shantaigh sí fear
is taobh den bhríste,[6]
dídean is searc[7]
is leath den chíste,[8]
saoire thar lear
is meas na mílte.[9]

Thángthas ar réiteach.[10]
Scaradar.[11]

**Gluais**

1 *shantaigh sé* – *theastaigh (bean) go géar uaidh*
2 *i nead a chine* – *ina áit dúchais féin*
3 *faoiseamh is gean* – *suaimhneas agus grá*
4 *ar leac a thine* – *ar a theallach féin*
5 *aiteas is greann* – *sonas agus spórt*
6 *taobh den bhríste* – *údarás nó cumhacht*
7 *dídean is searc* – *teach deas agus fear grámhar*
8 *leath den chíste* – *leath den saibhreas a bheadh ag a fear céile*
9 *meas na mílte* – *mean, cion ó gach éinne sa phobal*
10 *réiteach* – *fuascailt*
11 *scaradar* – *d'imigh siad óna chéile*

## Leagan próis

Ba mhian leis a bheith pósta le bean,
iad ina gcónaí ina aice lena mhuintir féin,
compord is grá
i gcroí a thí féin,
áthas is spórt
ag tógáil páistí.

Ba mhian léi a bheith pósta le fear
is leath den údarás aici,
teach is grá
is leath den airgead,
dul ar laethanta saoire thar lear
agus meas a fháil ó dhaoine eile.

Thángthas ar shocrú.
D'fhág siad a chéile.

## An file – saol agus saothar

Rugadh Pádraig Mac Suibhne i 1942 ar Ard an Rátha, Contae Dhún na nGall. Bhain sé céim amach sa Ghaeilge agus sa stair. Ba mhúinteoir meánscoile é. Bhí sé ina phríomhoide freisin. Ina shaol mar mhúinteoir agus mar phríomhoide, chonaic sé a lán daltaí **ag fulaingt**[1] toisc go raibh a dtuismitheoirí míshona le chéile. Tá suim aige i gcúrsaí drámaíochta. Bhíodh sé **ag aisteoireacht**[2] in Amharclann an Damer i mBaile Átha Cliath.

Tá dánta agus gearrscéalta scríofa aige. Tagann an dán 'Colscaradh' ón gcnuasach filíochta *Solas Uaigneach* (1992). I measc na leabhar eile atá foilsithe aige tá *Taibhsí an Chreagáin* (1976) agus *An Teach Glas agus Scéalta Eile* (2008). In 2014 seoladh trí ghearrscéal nua dá chuid: 'An Coinín Cliste', 'An Mhallacht' agus 'Ned faoi Bhinn'. Fuair sé bás i 2020.

## Téama an dáin

Is é an **choimhlint**[3] agus na fadhbanna idir **lánúineacha**[4] pósta, a raibh mianta difriúla acu, téama an dáin seo. Ba mhaith leis an bhfear agus leis an mbean a bheith pósta ach tá bearna mhór idir na mianta a bhí acu agus an tuiscint a bhí acu ar an bpósadh. Nuair a thuigeann siad é sin, scarann siad óna chéile.

1 suffering; 2 acting; 3 conflict; 4 couples

# Teicnící filíochta

## Íomhánna

### An fear

Is fear traidisiúnta é an fear céile. Ba mhaith leis a bheith pósta agus ba mhaith leis a bheith ina chónaí ina cheantar dúchais.

*Shantaigh sé bean*
*i nead a chine*

Ba mhaith leis go mbeadh clann aige agus ag a bhean, agus ghlac sé leis go mbeadh na rudaí céanna ag teastáil uaithi.

*aiteas is greann*
*i dtógáil chlainne.*

Cheap sé go mbeadh sé sona sásta leis an saol sin – bean chéile, páistí agus iad ina gcónaí ina áit dúchais.

Tá mianta an fhir dírithe ar an gclann agus ar an mbaile – níl rud ar bith ón taobh amuigh uaidh. Níl suim aige sa taisteal ná i ndaoine taobh amuigh dá mhuintir féin.

### An bhean

Is bean **neamhspleách**[5] nua-aimseartha í. Ba mhaith léi a bheith pósta ach bhí tuairimí difriúla aici faoin saol a bheadh aici agus í pósta. Ba mhaith léi **cothromaíocht**[6] a bheith sa phósadh agus a **roghanna**[7] féin a dhéanamh faoin saol.

*Shantaigh sí fear*
*is taobh den bhríste*

Ba mhaith léi a bheith neamhspleách agus go mbeadh a cuid airgid féin aici.

*is leath den chíste*

Ní raibh sí ag smaoineamh faoi pháistí agus ní raibh sí dírithe ar an teaghlach agus ar an mbaile. Bhí a cuid mianta féin aici – ba mhaith léi taisteal; bhí cairde agus daoine taobh amuigh den bhaile, agus **stádas**,[8] tábhachtach di. Ní raibh sí ag iarraidh a bheith **lonnaithe**[9] san áit chéanna. Spiorad saor atá inti a bhí ag iarraidh taisteal agus bualadh le daoine eile.

*saoire thar lear*
*is meas na mílte.*

Tá codarsnacht mhór idir mianta an fhir agus mianta na mná. Is léir nach bhfuil siad **oiriúnach**[10] dá chéile agus déanann siad an **cinneadh**[11] scaradh óna chéile.

*Cleachtadh*

Scríobh alt faoin dán, ag baint úsáide as na focail seo a leanas:

coimhlint; scar; nua-aimseartha; traidisiúnta; mianta; roghanna; codarsnacht; oiriúnach; neamhspleách; cothrom.

5 independent; 6 equality; 7 choices; 8 status; 9 settled; 10 suitable; 11 decision

## Codarsnacht agus friotal

Tá codarsnacht sa dán idir mianta na beirte agus idir an friotal a úsáidtear chun an chodarsnacht sin a chur in iúl.

Theastaigh pósadh traidisiúnta ón bhfear. Ba mhaith leis go mbeadh bean chéile agus páistí aige agus go mbeadh a bhean chéile ag tabhairt aire do na páistí. Ba mhaith leis freisin fanacht gar dá mhuintir féin agus ghlac sé leis go mbeadh na rudaí céanna ag teastáil óna bhean. Ba mhaith leis go mbeadh an saol a bhí ag a thuismitheoirí aige féin – tá **leanúnachas**[12] agus traidisiún tábhachtach dó. Ghlac sé leis go mbeadh an chlann sona – tá níos mó cainte faoi ghrá agus áthas sa véarsa a bhaineann leis an bhfear.

*faoiseamh is gean . . .*
*aiteas is greann*

Theastaigh pósadh nua-aimseartha ón mbean. Ba mhaith léi a bheith neamhspleách. Ní raibh sí ag smaoineamh ar pháistí go fóill. Bhí a post, a cairde agus a laethanta saoire an-tábhachtach di. Ní raibh sí sásta scaoileadh leo. Níl an traidisiún tábhachtach di.

Úsáideann an file friotal simplí **gonta**[13] sa dán. Nuair atá sé ag déanamh cur síos ar an bhfear, úsáideann sé meafair **theolaí**[14] **sheimhe**.[15] Cuireann 'nead a chine' leanúnachas, sábháilteacht agus clann in iúl.

Is áit theolaí í an nead agus tagann na héin ar ais go dtí áit na sean-neide i gcónaí. Theastaigh ón bhfear a bheith ina chónaí in aice lena chine, lena mhuintir féin, toisc go bhfuil an leanúnachas tábhachtach dó.

Nuair a bhí an fear ag smaoineamh faoina shaol pósta, shamhlaigh sé a bhean chéile agus a pháistí istigh i dteach teolaí **clúthar**,[16] ag fanacht leis agus é ag filleadh óna chuid oibre. Cuireann an meafar 'ar leac a thine' an mhian sin in iúl. Cuireann an íomhá sin teas, grá agus compord in iúl. Cuireann an meafar 'nead a chine' é sin in iúl freisin. Fanann máthair na n-éan sa nead ag tabhairt aire do na héin bheaga a fhad is a théann an t-athair amach ag lorg bia.

Tá **blas**[17] difriúil ar na meafair a bhaineann leis an mbean. Cuireann 'leath den bhríste' in iúl go raibh cothromaíocht ag teastáil ón mbean. Cuireann 'leath den chíste' in iúl go raibh an neamhspleáchas tábhachtach di. Ní meafair sheimhe iad, áfach. Cuireann siad **éileamh**[18] in iúl. Níl siad teolaí mar mheafair. Níl siad dírithe ar an gclann ná ar an mbaile. Fad is a bhí an fear ag smaoineamh ar a chlann ina bhaile dúchais féin, bhí an bhean ag díriú ar rudaí taobh amuigh díobh siúd.

*saoire thar lear*
*is meas na mílte*

Léiríonn na mianta sin an bhearna uafásach mór atá idir an bheirt.

*Cleachtadh*

Déan cur síos ar an bhfriotal a roghnaíonn an file chun an chodarsnacht idir an bheirt a chur in iúl.

12 continuity; 13 stark; 14 cosy; 15 gentle; 16 cosy; 17 tone; 18 demand

### Foirm agus meadaracht

Is foirm de mheadaracht **rosc** atá sa dán seo.

Tá dhá bhéim i ngach ceann de na línte, ach amháin línte 13 agus 14.

*Shantaigh sé bean*
*i nead a chine,*
*faoiseamh is gean*
*ar leac a thine,*
*aiteas is greann*
*i dtógáil chlainne.*

Tá rím dheiridh sa dán – 'bean', 'gean' agus 'greann'; 'chine', 'thine' agus 'chlainne'.

Tá comhfhuaim ann freisin (rím idir na gutaí) – 'b**ea**n' agus 'n**ea**d'; 'g**ea**n' agus 'l**ea**c'.

## Ceisteanna agus freagraí samplacha

**1 Cad é téama an dáin seo? Taispeáin an bealach a ndéantar forbairt ar an téama sin.**

Is iad na fadhbanna a bhíonn ag lánúineacha pósta téama an dáin seo. Tá fear agus bean ann agus theastaigh uathu a bheith pósta. Ba mhaith leo go mbeadh saol sona acu i dteannta a chéile.[19]

*faoiseamh is gean . . .*
*dídean is searc*

Is léir, áfach, go raibh easpa tuisceana[20] eatarthu. Níor thuig siad go raibh mianta agus tuairimí difriúla acu maidir leis an bpósadh. Léiríonn an file na fadhbanna seo trí na híomhánna agus na meafair a úsáideann sé agus é ag déanamh cur síos ar an mbeirt. Tá íomhá ann d'fhear traidisiúnta. Ba mhaith leis go mbeadh sé ina chónaí ina bhaile dúchais lena bhean chéile agus lena bpáistí. Úsáideann an file meafair theolaí shéimhe faoin bhfear.

*Shantaigh sé bean*
*i nead a chine . . .*
*ar leac a thine*

Cuireann meafar na neide áit theolaí shábháilte in iúl. Cuireann sé leanúnachas agus traidisiún in iúl freisin. Tá sé de nós ag na héin teacht ar ais go háit na sean-neide agus ba mhaith leis an bhfear go mbeadh a chlann ina gcónaí ina áit dúchais. Sa mheafar a bhaineann leis an tine, tá teas agus compord le brath ann.

Cuireann na meafair a bhaineann leis an mbean an difríocht mhór atá idir mianta na beirte in iúl. Níl traidisiún ná teas intuigthe[21] iontu. Baineann siad le neamhspleáchas agus le cothromaíocht mar is bean nua-aimseartha í. Tá siad níos fuaire agus ag díriú ar rudaí ábhartha.[22]

*Shantaigh sí fear*
*is taobh den bhríste . . .*
*is leath den chíste*

Fad is a bhí an fear ag súil le cónaí ina bhaile dúchais, bhí sise ag súil le dul ar laethanta saoire. Fad is a bhí an fear ag súil le teacht abhaile gach lá go dtí a bhean chéile agus na páistí, bhí sise ag súil le leanúint ar aghaidh ag obair.

19 with one another; 20 a lack of understanding; 21 implied; 22 material

Tá bearna mhór idir mianta na beirte agus tá an chuma ar an scéal nach bhfuil duine ar bith acu sásta géilleadh.[23] Mar sin, scarann siad.

*Thángthas ar réiteach.*
*Scaradar.*

Léiríonn an file an bhearna sin trí na híomhánna agus trí na meafair atá sa dán.

## 2 Déan cur síos ar na mothúcháin atá le brath sa dán seo.

Tá dóchas agus díomá le brath sa dán seo. Bhí dóchas ag an bhfear agus ag an mbean go mbeadh saol sona acu le chéile. Theastaigh uathu a bheith pósta.

*Shantaigh sé bean . . .*
*Shantaigh sí fear*

Shamhlaigh an fear go mbeadh sé féin agus a chlann ina gcónaí ina áit dúchais, gar dá mhuintir féin, agus go mbeadh a bhean chéile ag tabhairt aire do na páistí. Cheap sé go mbeidís go léir sona.

*aiteas is greann*
*i dtógáil chlainne.*

Caithfidh go raibh díomá an domhain air nuair a thuig sé nach raibh na rudaí céanna ag teastáil óna bhean. Bhí mianta difriúla ag an mbeirt acu agus bhí siad ag teacht salach ar[24] a chéile.

Bhí an bhean ag súil le bheith pósta ach theastaigh uaithi a bheith neamhspleách freisin. Níor mhaith léi go mbeadh sí ag brath ar a fear céile.

*taobh den bhríste . . .*
*leath den chíste*

Bhí dóchas aici go mbeadh sí sona lena fear céile.

*dídean is searc*

Ach ní raibh na mianta céanna aici is a bhí ag a fear. Níl caint ar bith faoi pháistí – ní raibh sí réidh le socrú síos. B'fhearr léi leanúint ar aghaidh ag obair agus dul ar laethanta saoire go minic.

*saoire thar lear*
*is meas na mílte.*

Caithfidh go raibh díomá uirthi nuair a thuig sí nach raibh an bheirt acu oiriúnach dá chéile agus nuair a shocraigh siad scaradh óna chéile.

Úsáideann an file an saorbhriathar nuair atá sé ag caint faoin gcolscaradh.

*Thángthas ar réiteach.*

Tá an bheirt acu in easnamh[25] ón líne sin. Tá an dóchas ar fad imithe agus mothaímid nach bhfuil grá ar bith ann anois.

*Deachtú*

Foghlaim, scríobh agus ceartaigh an freagra thuas.

23 to give in; 24 coming into conflict with; 25 missing

### 3 Do thuairim uait faoin úsáid a bhaineann an file as an athrá sa dán.

Tá an focal 'shantaigh' ann faoi dhó sa dán. Taispeánann sé go raibh a mianta féin an-tábhachtach don bheirt. Ba mhaith leis an bhfear a bheith pósta agus go mbeadh a bhean chéile sa bhaile ag tabhairt aire do na páistí. Ba mhaith leis an mbean a bheith pósta freisin ach leanúint ar aghaidh leis an saol a bhí aici nuair a bhí sí singil. Bhí na mianta sin an-tábhachtach di. Is focal aisteach[26] é 'shantaigh' le húsáid agus tú ag caint faoi chúrsaí grá. Léiríonn an focal seo an choimhlint a bhí sa ghaol seo – is é sin, go raibh na mianta níos tábhachtaí dóibh ná an grá.

## Ceisteanna breise

1. Scríobh nóta faoin úsáid a bhaineann an file as an gcodarsnacht sa dán.
2. Cad é do thuairim faoi na meafair atá sa dán?
3. Céard iad na fadhbanna a bhí ag an mbeirt sa dán?
4. Cad a cheapann tú faoin dá líne dheireanacha sa dán? An bhfuil mothúcháin ar bith iontu?
5. Céard iad na mothúcháin a músclaíodh ionat nuair a léigh tú an dán?

## An scrúdú cainte

Ullmhaigh an dán le léamh ag an scrúdú cainte. Bíodh an dóchas agus an sonas i do ghlór agus tú ag léamh an chéad dá véarsa agus ansin bíodh an brón agus an díomá i do ghlór agus tú ag léamh an dá líne dheireanacha.

### Aire duit!

**Bí cinnte go bhfuil na téarmaí seo a leanas ar eolas agat.**

- an bhean chéile
- an fear céile
- an bheirt
- theastaigh ón mbean a bheith pósta
- theastaigh ón bhfear a bheith pósta
- bhí mianta difriúla acu
- mianta na mná céile
- mianta an fhir chéile
- mianta na beirte
- theastaigh uaithi a bheith pósta
- theastaigh uaidh a bheith pósta
- tá bearna mhór idir na mianta a bhí acu

26 strange

# FACSS

Foghlaim na habairtí seo thíos agus beidh tú ábalta ceist ar bith a fhreagairt!

| Féach, Abair, Clúdaigh | Scríobh | Seiceáil |
|---|---|---|
| 1 Baineann an dán leis na fadhbanna a bhíonn ag lánúineacha pósta. | | |
| 2 Bhí bearna mhór idir mianta na beirte. | | |
| 3 Theastaigh ón bhfear agus ón mbean a bheith pósta. | | |
| 4 Tá íomhá sa dán d'fhear traidisiúnta ar mhaith leis a bheith ina chónaí ina cheantar dúchais. | | |
| 5 Tá íomhá sa dán de bhean neamhspleách nua-aimseartha. | | |
| 6 Níl an fear agus an bhean oiriúnach dá chéile. | | |
| 7 Baineann an file úsáid as an gcodarsnacht agus as meafair chun fadhbanna na beirte a thaispeáint. | | |
| 8 Tá díomá agus brón sa dán toisc nár éirigh leis an mbeirt a bheith sona le chéile. | | |
| 9 Bhí mianta an fhir dírithe ar an teaghlach agus bhí mianta na mná dírithe ar an saol taobh amuigh den bhaile. | | |
| 10 Tá friotal simplí, gonta ach éifeachtach sa dán. | | |

CD 1 Rian 4

# 3 Mo Ghrá-sa (idir Lúibíní)

**le Nuala Ní Dhomhnaill**

Níl mo ghrá-sa
mar bhláth na n-airní[1]
a bhíonn i ngairdín
(nó ar chrann ar bith)

is má tá aon ghaol aige
le nóiníní
is as a chluasa a fhásfaidh siad
(nuair a bheidh sé ocht dtroigh síos)[2]

ní haon ghlaise cheolmhar[3]
iad a shúile
(táid róchóngarach dá chéile
ar an gcéad dul síos)

is más slim[4] é síoda
tá ribí a ghruaige
(mar bhean dhubh Shakespeare)[5]
ina WIRE deilgní.[6]

Ach is cuma sin.
Tugann sé dom
úlla
(is nuair a bhíonn sé i ndea-ghiúmar
caora fíniúna).[7]

## Gluais

1 bláth na n-airní – an bláth a fhásann ar an airne
2 ocht dtroigh síos – marbh
3 glaise cheolmhar – sruthán sléibhe a dhéanann ceol
4 slim – mín
5 bean dhubh Shakespeare – bean a bhí ina hinspioráid filíochta ag Shakespeare
6 WIRE deilgní – sreang dheilgneach
7 caora fíniúna – grapes

## Leagan próis

Níl mo stór
chomh hálainn le bláthanna na n-airní
a bhíonn ag fás i ngairdín
nó in áit ar bith;

agus má tá aon bhaint aige
le nóinín í,
fásfaidh siad as a chorp
nuair a bheidh sé marbh agus curtha faoin talamh.

Níl a shúile
glas agus ceolmhar cosúil le sruthán sléibhe
(tá siad róghar dá chéile ar aon nós);

agus níl a chuid gruaige cosúil le síoda –
tá a chuid gruaige cosúil le sreang dheilgneach
cosúil leis an mbean dhubh sa dán ag Shakespeare;

ach níl sé sin tábhachtach.
Tugann sé
úlla dom
(agus nuair a bhíonn aoibh mhaith air
tugann sé caora fíniúna dom).

## An file – saol agus saothar

Nuala Ní Dhomhnaill a scríobh an dán seo. Rugadh i 1952 i Sasana í, ach d'fhill sí ar Éirinn nuair a bhí sí cúig bliana d'aois. D'fhan a tuismitheoirí i Sasana ar feadh tamaill ina dhiaidh sin. Bhí sí ina cónaí lena haintín i nGaeltacht Dhún Chaoin agus i gContae Thiobraid Áran. Gaeilge a labhraíodh sa bhaile. Rinne sí staidéar ar an nGaeilge agus ar an mBéarla i gColáiste na hOllscoile, Corcaigh. Ba bhall í den ghrúpa INNTI, filí óga a bhí ag freastal ar an ollscoil ag an am céanna agus a d'fhoilsigh an t-irisleabhar *INNTI*. Cuireann sí an-suim sa bhéaloideas agus sna seanscéalta, go háirithe na cinn a bhaineann le mná.

D'fhoilsigh sí a céad leabhar filíochta, *An Dealg Droighin*, i 1981. I measc na leabhar eile atá scríofa aici tá *Féar Suaithinseach* (1984), *Feis* (1991), *Cead Aighnis* (1998) agus *Pharaoh's Daughter* (1990). Scríobhann sí i nGaeilge amháin, ach aistríodh roinnt mhaith dá cuid dánta go Béarla, Fraincis, Iodáilis, Gearmáinis agus Seapáinis. Tá go leor duaiseanna buaite aici agus is ball d'Aosdána í.

## Téama an dáin

Is é an grá téama an dáin seo, cé nach gceapfá é sin ar an gcéad léamh. Tá an file ag caint faoina grá. Molann sí é, ach ag an am céanna tá sí ag magadh faoi na seandánta grá a chuir béim mhór ar an gcorp **seachas**[1] ar phearsantacht an duine. Dar leis an bhfile, tá pearsantacht an duine níos tábhachtaí ná cuma an duine. Sna seandánta grá agus sna seanamhráin ghrá, tugadh pictiúr de bhean álainn fhoirfe agus cuireadh i gcomparáid le bláthanna agus le gnéithe eile den dúlra í. A **mhalairt**[2] a dhéanann an file sa dán seo. Déanann Ní Dhomhnaill **mugadh magadh**[3] de na seandánta grá sin. Cuireann sí béim ar **lochtanna fisiciúla**[4] a grá ach molann sí a pearsantacht.

*Deachtú*

Foghlaim, scríobh agus ceartaigh an t-alt thuas.

## Teicnící filíochta

### Íomhánna

An fear

Tosaíonn an cur síos ar an bhfear le nóta **diúltach.**[5]

*Níl mo ghrá-sa*
*mar bhláth na n-airní*

Leanann an file uirthi **ag cáineadh**[6] a shúl – níl siad cosúil le sruthán ceolmhar agus tá siad róghar dá chéile.

*ní haon ghlaise cheolmhar*
*iad a shúile*

Níl gruaig **mhín**[7] air ach tá gruaig cosúil le **sreang dheilgneach**[8] air. Is léir mar sin nach fear dathúil é. Tá an cur síos ar an bhfear **áibhéalach**[9] agus greannmhar. Cuireann an file béim mhór ar a chuid lochtanna. Níl aon rud **mealltach**[10] faoina aghaidh ach déanann an file é seo chun **aoir**[11] a dhéanamh ar na seandánta grá (féach an nóta thíos ar na seandánta grá).

1 instead of; 2 the opposite; 3 laughing stock; 4 physical faults; 5 negative; 6 criticising; 7 smooth; 8 barbed wire; 9 exaggerated; 10 attractive; 11 satire

Ach molann an file pearsantacht a grá. Tugann sé aire mhaith di. Tá sé ann di i gcónaí. Is meafar é na húlla a sheasann do **riachtanais na beatha**[12] agus seasann na caora fíniúna do **shónna an tsaoil**.[13] Tuigeann an file go bhfuil sé i bhfad níos tábhachtaí a bheith le duine fial **comhbhách**[14] seachas a bheith le duine dathúil (ach gránna, b'fhéidir).

*Tugann sé dom*
*úlla*
*(is nuair a bhíonn sé i ndea-ghiúmar*
*caora fíniúna).*

*Cleachtadh*

Cén fáth, an dóigh leat, a bhfaigheann an file an oiread sin lochtanna ar a fear sa dán seo?

## An file

Is bean láidir í Nuala Ní Dhomhnaill a chreideann go láidir i gcearta na mban. Tá a lán staidéir déanta aici ar na seandánta grá freisin. Níor thaitin an bhéim a cuireadh ar chuma na mban sna seandánta léi agus ní thaitníonn an brú atá ar chailíní sa lá atá inniu ann a bheith **tanaí**[15] álainn léi ach an oiread. Sa dán seo, meascann sí a smaointe láidre lena cuid eolais ar na seandánta agus ar na seanamhráin chun dán grá a scríobh. Ach, i ndáiríre, tá sí ag magadh faoi na seandánta. Tá sí beagáinín **maslach**[16] faoina fear nuair atá sí ag magadh faoi na seanamhráin.

*Cleachtadh*

Cad a cheapann tú faoin léiriú a fhaighimid ar an bhfile sa dán seo?

## Na seandánta grá agus na seanamhráin ghrá

Cuireadh béim mhór ar chuma fhisiciúil an duine sna seandánta grá. Cuireadh an bhean i gcomparáid le gnéithe den dúlra go minic. Tá seanamhrán cáiliúil ann darb ainm 'Bríd Óg Ní Mháille' agus tá na línte seo ann.

*Níl ní ar bith is áille ná grian os cionn gairdín*
*nó bláth bán na n-airne a bhíos ag fás ar an draighean*

Tá Nuala Ní Dhomhnaill **ag aoradh**[17] na seanamhrán seo nuair a deir sí nach bhfuil a fear cosúil le bláth na n-airní ná le nóiníní. An t-aon uair a bheidh daoine ag labhairt faoina fear agus faoi nóiníní ag an am céanna ná nuair a bheidh nóiníní ag fás ar a **uaigh**.[18]

Rinneadh comparáid go minic idir súile an duine agus gné éigin den dúlra. Ach ní féidir a rá go bhfuil baint ag ceol ná sruthán (mar a dúradh sna seanamhráin) le súile a fir. Tá siad róghar dá chéile – locht mór ar shúile!

12 necessities of life; 13 luxuries of life; 14 caring; 15 thin; 16 insulting; 17 satirising; 18 grave

*Cleachtadh*

Céard iad na difríochtaí is mó idir an dán seo agus na seandánta grá?

Shakespeare

Scríobh Shakespeare 'Soinéad 130'. Sa soinéad seo déanann sé cur síos magúil ar a bhean dhubh, a ghrá geal. Chuir sé a cuid gruaige i gcomparáid le sreang dheilgneach: 'If hairs be wires, black wires grow on her head.' Déanann Ní Dhomhnaill an magadh céanna.

*tá ribí a ghruaige*
*(mar bhean dhubh Shakespeare)*
*ina WIRE deilgní.*

## Mothúcháin

Tá frustrachas le brath ar an dán seo. Tá frustrachas ar an bhfile leis an dearcadh a bhí ann faoi mhná sna seandánta grá agus atá ann faoi mhná sna meáin chumarsáide inniu. Cuireadh agus cuirtear béim mhór ar chorp foirfe agus ar an áilleacht fhisiciúil. Baineann an file úsáid as an ngreann agus as an áibhéil chun a dearcadh air seo a chur in iúl. Déanann sí cur síos áibhéalach agus greannmhar ar a fear mídhathúil.[19]

*ní haon ghlaise cheolmhar*
*iad a shúile*

Is léir, áfach, go bhfuil grá ag an bhfile dá fear. Tá pearsantacht mhaith aige. Tugann sé aire mhaith don fhile agus tá sí buíoch as sin. Dar léi, is tábhachtaí dea-thréithe[20] ná a bheith dathúil.

*Tugann sé dom*
*úlla*
*(is nuair a bhíonn sé i ndea-ghiúmar*
*caora fíniúna).*

*Cleachtadh*

Déan plé ar dhá mhothúchán a mhúscail an dán seo ionat.

## Foirm agus meadaracht

Is í an tsaorvéarsaíocht an mheadaracht atá sa dán seo.

Tá sampla amháin d'uaim sa dán – 'ró**ch**óngarach dá **ch**éile'.

Tá rím dheiridh ann (ach níl sé foirfe) – 'iad a sh**úile**', 'táid róchóngarach dá ch**éile**'.

Tá macallaí[21] ó na seandánta grá sna híomhánna ón dúlra atá ann – sna tagairtí do na hairní, do na nóiníní agus don sruthán.

19 unattractive; 20 good traits; 21 echoes

## Ceisteanna agus freagraí samplacha

### 1 Déan trácht ar an úsáid a bhaineann an file as an áibhéil agus as an ngreann le príomhthéama an dáin a léiriú.

Is é grá an fhile dá fear agus an mugadh magadh a dhéanann sí de na seandánta grá téama an dáin seo. Baineann sí sárúsáid as an áibhéil agus as an ngreann chun an príomhthéama seo a léiriú. Tá cur síos **scigmhagúil**[22] áibhéalach ann ó thús deireadh. Déanann an file cur síos ar fhear atá an-mhídhathúil agus a bhfuil **ceannaithe**[23] fisiciúla gránna aige. Faigheann sí locht ar a aghaidh, ar a shúile agus ar a chuid gruaige. Tá trua ag an léitheoir don fhear bocht!

*tá ribí a ghruaige*
*(mar bhean dhubh Shakespeare)*
*ina WIRE deilgní*

Tá sé seo ar siúl ag an bhfile ar ndóigh mar theastaigh uaithi mugadh magadh a dhéanamh de na seandánta grá. Chuir na dánta sin béim mhór ar an áilleacht fhisiciúil agus bhí an moladh sna dánta **bréagach**[24] go minic. Ceapann an file go bhfuil pearsantacht an duine níos tábhachtaí ná an áilleacht. Léiríonn an file a grá dá fear ag deireadh an dáin. Tugann sí cur síos ar fhear deas comhbhách a thugann aire di. Is cuma go bhfuil a shúile róghar dá chéile agus go bhfuil a chuid gruaige mar shreang dheilgneach. Is duine fial é agus tá grá acu dá chéile.

*Ach is cuma sin.*
*Tugann sé dom*
*úlla*
*(is nuair a bhíonn sé i ndea-ghiúmar*
*caora fíniúna).*

### 2 'Is mó d'aoir ar na seandánta grá ná moladh ar a leannán atá sa dán seo.' Déan plé ar an ráiteas seo.

Aontaím go mór leis an ráiteas. Ceapaim gur scríobh an file an dán seo chun mugadh magadh a dhéanamh de na seandánta grá agus de na filí a scríobh iad. Tá Nuala Ní Dhomhnaill ag aoradh na seandánta grá a chuir béim mhór ar thréithe fisiciúla na mban. Chuir siad na mná i gcomparáid le gnéithe den dúlra, ag rá go raibh na mná álainn agus foirfe. Casann an file na seandánta timpeall sa dán seo. Deir sí nach bhfuil a **leannán**[25] cosúil leis na gnéithe seo den dúlra – níl sé cosúil le bláth na n-airní; níl a shúile cosúil le sruthán ceolmhar. I ndáiríre, tugann an file íomhá dúinn d'fhear mídhathúil amach is amach.

*ní haon ghlaise cheolmhar*
*iad a shúile*

Sa véarsa deiridh, feicimid an dearcadh atá ag an bhfile ar an ngrá agus ar a leannán. Labhraíonn sí faoi phearsantacht a fir – tá sé fial, deas agus comhbhách. Tugann sé aire mhaith don fhile.

*Ach is cuma sin.*
*Tugann sé dom*
*úlla*
*(is nuair a bhíonn sé i ndea-ghiúmar*
*caora fíniúna).*

22 mocking; 23 features; 24 false; 25 beloved

B'fhéidir nach fear dathúil é sa bhealach nósmhar[26] a bhí sna seandánta grá ach tá an file ag aoradh an dearcaidh amaidigh sin nuair a deir sí go bhfuil pearsantacht níos tábhachtaí ná tréithe fisiciúla an duine. Tá fear maith deas aici agus tá sí buíoch as sin.

### 3 Cad é do dhearcadh ar theideal an dáin agus ar úsáid na lúibíní sa dán?

'Mo Ghrá-sa (idir Lúibíní)' teideal an dáin. Cuireann '(idir Lúibíní)' in iúl gur dán grá difriúil é seo. Cuireann na lúibíní sa teideal in iúl nach bhfuil an leannán foirfe. Tá an léitheoir fiosrach[27] mar gheall ar na lúibíní sa teideal.

Cuireann na lúibíní sa chuid eile den dán smaointe an fhile faoi na seandánta grá in iúl. Dar léi, bhí an bhéim a cuireadh ar thréithe fisiciúla an duine amaideach.[28] Léiríonn na lúibíní nach bhfuil a grá foirfe agus nach bhfuil aon duine foirfe. Nuair a deir sí '(nó ar chrann ar bith)' tá sí ag déanamh áibhéile faoi cé chomh mídhathúil is atá a fear agus faoi cé chomh hamaideach is a bhí na nósanna a bhain leis na seandánta. Is dócha nach bhfuil súile aon duine cosúil le sruthán ceolmhar agus tá sé greannmhar nuair a deir an file, idir lúibíní, go bhfuil locht ar shúile a grá.

Tá an file i ngrá le gnáthfhear nach bhfuil foirfe. Léiríonn na lúibíní ag deireadh an dáin é seo.

*(is nuair a bhíonn sé i ndea-ghiúmar*
*caora fíniúna).*

Tá an file ag rá nach mbíonn a fear i ndea-ghiúmar i gcónaí (cosúil linn ar fad). Tá an file ag tabhairt cur síos réalaíoch[29] ar an ngrá sa dán seo agus cabhraíonn na lúibíní leis seo.

## Ceisteanna breise

1. 'Is aoir é an dán seo.' Déan plé ar an ráiteas seo.
2. Mínigh an véarsa deiridh i gcomhthéacs an dáin ar fad.
3. 'Ní dán grá nósmhar é an dán seo.' Déan plé ar an ráiteas seo.
4. Déan cur síos ar an úsáid a bhaineann an file as an dúlra sa dán.
5. 'Cuireann úsáid na lúibíní go mór leis an dán seo'. Déan plé ar an ráiteas seo.

## An scrúdú cainte

Ullmhaigh an dán le léamh ag an scrúdú cainte. Bíodh an grá agus an magadh le cloisteáil i do ghlór agus tú ag léamh an dáin.

**Aire duit!**

**Bí cinnte go bhfuil na téarmaí seo a leanas ar eolas agat.**

- áilleacht na mná
- bhí na mná foirfe
- an cur síos ar an bhfear
- áilleacht fhisiciúil
- áilleacht na mban
- níl an fear dathúil
- pearsantacht an fhir
- na seandánta grá

26 conventional; 27 curious; 28 silly; 29 realistic

# FACSS

Foghlaim na habairtí seo thíos agus beidh tú ábalta aon cheist a fhreagairt!

| Féach, Abair, Clúdaigh | Scríobh | Seiceáil |
|---|---|---|
| 1 Is é an grá téama an dáin seo. | | |
| 2 Déanann Ní Dhomhnaill mugadh magadh de na seandánta grá. | | |
| 3 Cuireann an file béim mhór ar lochtanna a fir. | | |
| 4 Tá pearsantacht an duine níos tábhachtaí ná cuma an duine. | | |
| 5 Tá an cur síos ar an bhfear áibhéalach agus greannmhar. | | |
| 6 Níor thaitin an bhéim a cuireadh ar an áilleacht sna seandánta grá leis an bhfile. | | |
| 7 Tá an file ag aoradh na seandánta grá. | | |
| 8 Tá frustrachas leis an dearcadh ar an áilleacht fhisiciúil le brath ar an dán seo. | | |
| 9 Cuireadh na mná i gcomparáid le gnéithe den dúlra. | | |
| 10 Is fearr a bheith le duine fial, deas agus comhbhách. | | |

CD 1 Rian 5

# 4 An Spailpín Fánach

**le file anaithnid**

Im spailpín fánach[1] atáim le fada
ag seasamh ar mo shláinte,[2]
ag siúl an drúchta[3] go moch ar maidin
's ag bailiú galair ráithe;[4]
ach glacfad *fees* ó rí na g*croppies*,[5]
cleith[6] is píc[7] chun sáite[8]
's go brách arís ní ghlaofar m'ainm
sa tír seo, an spailpín fánach.

Ba mhinic mo thriall go Cluain gheal Meala
's as sin go Tiobraid Árann;
i gCarraig na Siúire thíos do ghearrainn[9]
cúrsa leathan láidir;[10]
i gCallainn[11] go dlúth[12] 's mo shúiste[13] im ghlaic[14]
ag dul chun tosaigh ceard leo[15]
's nuair théim go Durlas 's é siúd bhíonn agam[16] –
'Sin chu'ibh an spailpín fánach!'

Go deo deo arís ní raghad go Caiseal
ag díol ná ag reic[17] mo shláinte
ná ar mhargadh na saoire[18] im shuí cois balla,
im scaoinse[19] ar leataoibh sráide,
bodairí na tíre[20] ag tíocht ar a gcapaill
á fhiafraí an bhfuilim hireálta;[21]
'téanam chun siúil,[22] tá an cúrsa fada'–
siúd siúl ar[23] an spailpín fánach.

## Gluais

1 *spailpín fánach* – sclábhaí nó oibrí feirme a théadh ar fud na tíre ag iarraidh obair shéasúrach feirme a fháil ó fheirmeoirí móra

2 *ag seasamh ar mo shláinte* – ag brath ar mo shláinte

3 *ag siúl an drúchta* – ag siúl ar an bhféar fliuch

4 *galair ráithe* – galair a leanann ar feadh trí mhí, galair shéasúracha

5 *rí na gcroppies* – ceannaire ar na reibiliúnaigh (saighdiúirí) Éireannacha le linn Éirí Amach 1798

6 *cleith* – sleá nó maide mór trom chun daoine a bhualadh

7 *píc* – píce, uirlis a bhí in úsáid ag na hÉireannaigh in Éirí Amach 1798

8 *chun sáite* – chun daoine a shá

9 *do ghearrainn* – bhaininn

10 *cúrsa leathan láidir* – sraitheanna leathana féir, coirce nó arbhair

11 *Callainn* – baile beag i gContae Chill Chainnigh

12 *go dlúth* – go dian

13 *mo shúiste* – m'uirlis chun arbhar a bhualadh

14 *im ghlaic* – i mo láimh

15 *ag dul chun tosaigh ceard leo* – ag buachan orthu le feabhas mo cheirde

16 *é siúd bhíonn agam* – sin a bhíonn le cloisteáil agam

17 *ag reic* – ag déanamh dochair do (mo shláinte), ag obair ró-chrua mar sclábhaí feirme

18 *margadh na saoire* – aonach hireála

19 *scaoinse* – duine ard, óg, tanaí

20 *bodairí na tíre* – feirmeoirí móra gan bhéasa

21 *hireálta* – fostaithe

22 *téanam chun siúil* – seo linn chun bóthair

23 *siúd siúl ar* – tosaíonn (sé) ag siúl

## Leagan próis

Is oibrí mé le fada an lá ag dul ó áit go háit
ag brath ar mo shláinte.
Bím amuigh ag siúl ar an bhféar fliuch ar maidin
agus tolgaim galair a mhaireann trí mhí;
ach táim sásta dul ag obair do na *croppies*.
Beidh píc is bata agam chun daoine a shá
agus ní ghlaofaidh éinne 'spailpín fánach' orm
go deo arís sa tír seo.

Chuaigh mé go dtí Cluain Meala go minic
agus ansin go dtí Tiobraid Árann.
Bhain mé féar nó arbhar le mo speal i gCarraig na Siúire.
Bhí mé ag obair go dian i gCallainn le mo shúiste.
Bhí mé níos fearr ag obair ná na spailpíní eile
agus aon uair a théim go dtí Durlas
bíonn na daoine ag rá go bhfuil an spailpín ag teacht.

Ní rachaidh mé go dtí Caiseal arís choíche
ag cur mo shláinte i mbaol
agus ní bheidh mé ag an margadh hireála –
fear ard tanaí i mo shuí ar thaobh na sráide,
feirmeoirí aineolacha na tíre ag teacht ar a gcapaill
ag fiafraí an bhfuilim fostaithe:
'Ar aghaidh leat, tá an turas fada' –
agus téann an spailpín ag siúl arís.

## An file – saol agus saothar

Ní fios cé a chum an dán seo ach ceaptar gur cumadh é ag deireadh an 18ú haois nó ag tús an 19ú haois. Is léir go raibh an file feargach agus brónach faoi shaol na spailpíní in Éirinn.

## Cúlra an dáin

Is é deireadh an 18ú haois nó tús an 19ú haois atá mar chúlra leis an dán. Bhí na Sasanaigh i gcumhacht in Éirinn ag an am sin agus chaith siad go dona leis na Gaeil. Bhí na Péindlíthe[1] (dlíthe i gcoinne na gCaitliceach) i bhfeidhm[2] sa tír. Eagraíodh grúpa Éireannach, na hÉireannaigh Aontaithe,[3] agus throid siad i gcoinne na Sasanach. Naimhde[4] ab ea na Sasanaigh agus na Francaigh agus bhí na hÉireannaigh Aontaithe ag súil le cabhair mhíleata[5] ón bhFrainc. Bhí na Gaeil beo bocht ag an am. Bhí ar a lán de na fir dul ag obair mar spailpíní – is é sin, oibrí feirme (nach raibh a fheirm féin aige) a chuaigh ó áit go háit i ngach cineál aimsire, ag lorg oibre. Bhí an obair dian agus an pá go dona. Tharla éirí amach i 1798 nuair a throid na hÉireannaigh Aontaithe i gcoinne na Sasanach, ach theip ar an éirí amach sin.

*Deachtú*

Foghlaim, scríobh agus ceartaigh an t-alt thuas.

# Téama an dáin

Is é saol crua sclábhúil[6] an spailpín téama an dáin seo. Tá cur síos sa dán ar an saol crua a chaitheann an spailpín, é amuigh i ngach cineál aimsire, ag éirí tinn go minic, ag taisteal ar fud na tíre ag lorg oibre. Tá téama na polaitíochta agus an bhochtanais fite fuaite[7] le saol an spailpín. Tá an locht ar na Sasanaigh go bhfuil saol an spailpín chomh dona sin, agus tá an spailpín réidh chun dul ag troid leis na hÉireannaigh Aontaithe chun an namhaid, na Sasanaigh, a chur as an tír, agus saol níos fearr a fháil dó féin.

*Cleachtadh*

Déan cur síos ar chúrsaí polaitíochta in Éirinn san am a cumadh an dán seo.

## Éire ag an am

Baineann an dán le deireadh an 18ú haois nó tús an 19ú haois. Bhí na Sasanaigh i réim in Éirinn agus bhí an chuid is mó de na Gaeil beo bocht. Ní raibh cearta ar bith ag na Caitlicigh toisc go raibh na Péindlíthe i bhfeidhm. Bhí daoine a bhí saibhir go leor uair ag streachailt[8] leis an saol anois agus ag obair mar spailpíní. Bhí roinnt daoine ag éirí feargach faoi chúrsaí agus bhí na hÉireannaigh Aontaithe ag troid i gcoinne na Sasanach.

Ní raibh meas madra[9] ag na Sasanaigh ná ag a n-ionadaithe[10] ar na spailpíní. Bhíodh aontaí hireála ar siúl ar laethanta saoire áirithe. Bhíodh siad ag híreáil sclábhaithe ag na haontaí ar phá áirithe ar feadh tréimhse áirithe. Thugtaí tús áite do bhuachaillí móra láidre agus do chailíní láidre sláintiúla. Tháinig na feirmeoirí móra go dtí na margaí hireála thuas ar a gcapaill (siombail na cumhachta) ag féachaint anuas ar na spailpíní agus á scrúdú, ag féachaint an raibh siad láidir go leor don obair. Ní raibh meas ach an oiread ag na spailpíní ar na feirmeoirí saibhre. Glaonn an spailpín 'bodairí' orthu – is é sin, daoine gan oideachas. Ní haon ionadh go bhfuil an spailpín míshásta faoi chúrsaí in Éirinn ag an am.

*Cleachtadh*

Cén fáth a raibh na hÉireannaigh míshásta leis na Sasanaigh san am a cumadh an dán seo?

1 Penal Laws; 2 in force; 3 United Irishmen; 4 enemies; 5 military; 6 slavish; 7 intertwined; 8 struggling; 9 any respect; 10 representatives

# Teicnící filíochta

## Íomhánna

An spailpín fánach

Ba théarma dímheasa[11] é 'spailpín fánach'. Ceaptar gur cumasc[12] de na focail 'speal'[13] agus 'pin' (pingin) é. Oibrí feirme a bhí i spailpín fánach a d'oibreodh ar phingin sa lá. An t-aon rud a bhí aige ná na héadaí ar a dhroim agus a uirlis[14] feirmeoireachta, an speal.

Is léir nach bhfuil an spailpín sa dán seo sásta lena shaol. Caitheann sé saol dian, ag dul ó áit go háit ag lorg oibre. Bíonn air éirí go moch ar maidin nuair a bhíonn an drúcht[15] fós ar an bhféar, agus éiríonn sé tinn go minic toisc go mbíonn air a bheith amuigh i ngach cineál aimsire.

*ag siúl an drúchta go moch ar maidin*
*'s ag bailiú galair ráithe*

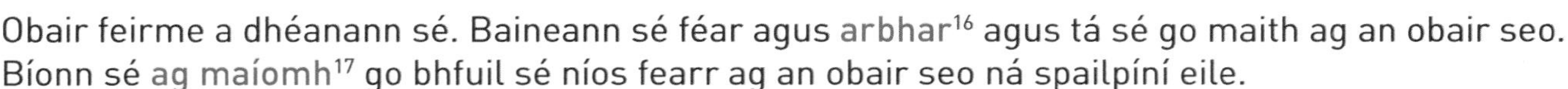

Obair feirme a dhéanann sé. Baineann sé féar agus arbhar[16] agus tá sé go maith ag an obair seo. Bíonn sé ag maíomh[17] go bhfuil sé níos fearr ag an obair seo ná spailpíní eile.

*i gCarraig na Siúire thíos do ghearrainn*
*cúrsa leathan láidir;*
*i gCallainn go dlúth 's mo shúiste im ghlaic*
*ag dul chun tosaigh ceard leo*

Tá dímheas ag na feirmeoirí saibhre ar na spailpíní agus goilleann[18] an dímheas seo go mór ar an spailpín. Bíonn ar na spailpíní dul go dtí an margadh hireála. Nuair a bhíonn siad ansin, tagann na feirmeoirí ar a gcapaill agus scrúdaíonn siad na spailpíní. Tá an chodarsnacht idir saol an spailpín agus saol na mbodairí le feiceáil san íomhá sin de na feirmeoirí thuas ar a gcapaill agus na spailpíní traochta[19] ina suí cois balla. Níl meas madra acu ar na spailpíní agus is fuath leis an spailpín an margadh hireála. Ach níl aon rogha ag an spailpín – tá air dul ann chun obair a fháil.

*ná ar mhargadh na saoire im shuí cois balla,*
*im scaoinse ar leataoibh sráide,*
*bodairí na tíre ag tíocht ar a gcapaill*
*á fhiafraí an bhfuilim hireálta*

Is duine bródúil é an spailpín. Déanann sé a dhícheall ina chuid oibre agus cuireann sé a shláinte i mbaol chun dul ag obair. Is fuath leis an dearcadh atá ag an saol ar spailpíní agus bíonn náire shaolta[20] air nuair a bhíonn daoine ag magadh faoi agus ag glaoch 'spailpín' air.

*'s nuair théim go Durlas 's é siúd bhíonn agam –*
*'Sin chu'ibh an spailpín fánach!'*

11 term of contempt; 12 mixture; 13 scythe; 14 tool; 15 dew; 16 corn; 17 boasting; 18 upsets; 19 exhausted; 20 huge embarrassment

Ba mhaith leis a shaol a athrú agus mar sin tá sé sásta dul ag troid leis na hÉireannaigh Aontaithe.

*ach glacfad* fees *ó rí na gcroppies,*
*cleith is píc chun sáite*
*'s go brách arís ní ghlaofar m'ainm*
*sa tír seo, an spailpín fánach.*

*Cleachtadh*

Déan cur síos ar an gcineál duine é an spailpín fánach, ag baint úsáide as na focail seo: téarma dímheasa; oibrí feirme; dícheall; náire shaolta; na hÉireannaigh Aontaithe; drúcht; féar agus arbhar; fuath; margadh hireála; meas madra.

## Mothúcháin

Tá réimse[21] leathan mothúchán sa dán seo. Tá brón, náire, fearg, bród agus gráin i measc na mothúchán sin. Ar ndóigh, tá brón agus fearg ar an spailpín go bhfuil air saol mar seo a chaitheamh. Cuireann sé a shláinte i mbaol ag dul ag obair i ngach cineál aimsire.

*ag siúl an drúchta go moch ar maidin*
*'s ag bailiú galair ráithe*

Bíonn daoine ag féachaint anuas air, nuair a théann sé go dtí na bailte éagsúla agus go dtí an margadh hireála. Níl meas madra ag na feirmeoirí móra ar na spailpíní agus cuireann sé seo fearg air. Téarma dímheasa atá san fhocal 'spailpín'.

*'s nuair théim go Durlas 's é siúd bhíonn agam –*
*'Sin chu'ibh an spailpín fánach!'*

Cé nach bhfuil meas madra ag daoine ar an spailpín, tá meas aige air féin agus tá sé bródúil as an obair a dhéanann sé. Déanann sé a dhícheall i gcónaí agus is cúis bhróid dó é go bhfuil sé níos fearr ná na spailpíní eile ag obair.

*i gCallainn go dlúth 's mo shúiste im ghlaic*
*ag dul chun tosaigh ceard leo*

Tá an ghráin ag an spailpín ar na feirmeoirí móra (ionadaithe na Sasanach) agus is fuath leis an saol sclábhúil a chaitheann sé. Mar gheall ar na Sasanaigh, bíonn air taisteal ar fud na tíre ag lorg oibre.

21 range

Cuireann sé a shláinte i mbaol. Obair dhian a dhéanann sé agus tá sé tuirseach anois den streachailt.[22] Tá sé réidh le dul ag troid leis na *'croppies'* – leis na hÉireannaigh Aontaithe – chun an ruaig a chur ar na Sasanaigh agus tá súil aige go mbeidh a shaol mar spailpín thart ansin.

*ach glacfad* fees *ó rí na g*croppies,
*cleith is píc chun sáite*
*'s go brách arís ní ghlaofar m'ainm*
*sa tír seo, an spailpín fánach.*

Cleachtadh

Roghnaigh an dá mhothúchán is treise sa dán, dar leat. Cuir fáthanna le do thuairim.

## Ceisteanna agus freagraí samplacha

**1 'Tá téama na bochtaineachta agus na polaitíochta fite fuaite le saol an spailpín sa dán seo.' Déan plé ar an ráiteas seo.**

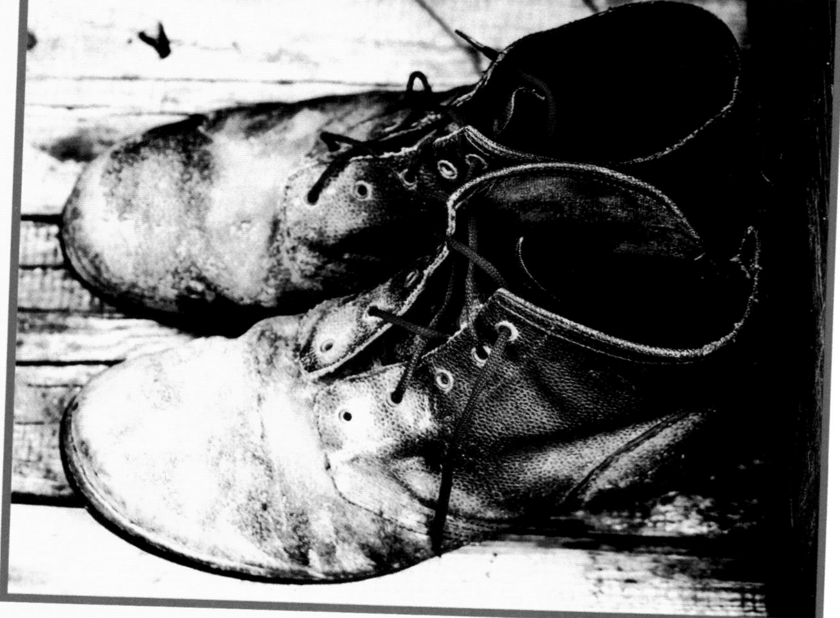

Aontaím leis an ráiteas seo. Feicimid an bhochtaineacht i saol an spailpín. Níl feirm aige agus tá sé beo bocht. Tá air dul ag lorg oibre ar fud na tíre. Mura mbíonn obair aige, ní bheidh bia aige. Bíonn air éirí go luath ar maidin chun dul ag obair agus éiríonn sé tinn go minic.

*ag siúl an drúchta go moch ar maidin*
*'s ag bailiú galair ráithe*

Ní raibh aon mheas ag daoine eile ar spailpíní toisc go raibh siad beo bocht. Bhíodh daoine ag magadh fúthu. Is fuath leis an spailpín nuair a ghlaonn daoine an t-ainm sin air.

*'s go brách arís ní ghlaofar m'ainm*
*sa tír seo, an spailpín fánach.*

Ní raibh aon dínit[23] ag baint leis an saol seo. Bhí ar na spailpíní dul go dtí na margaí hireála agus bhíodh na feirmeoirí móra aineolacha[24] ag féachaint anuas orthu. Dá mbeadh aon rud cearr le spailpín, ní bhfaigheadh sé aon obair.

Cuireann córas na margaí náire ar an spailpín ach, toisc go bhfuil sé beo bocht, níl an dara rogha aige ach dul ann.

*bodairí na tíre ag tíocht ar a gcapaill*
*á fhiafraí an bhfuilim hireálta*

22 struggle; 23 dignity; 24 ignorant

Cumadh an dán seo ag deireadh an 18ú haois nó ag tús an 19ú haois. Bhí na Sasanaigh agus a n-ionadaithe i gceannas ar an tír. Bhí an chumhacht ar fad acu agus na Gaeil beo bocht. Bhí daoine ag éirí amach i gcoinne na Sasanach.

Tá an spailpín chomh bocht sin agus chomh tuirseach dá shaol go bhfuil sé réidh le dul ag troid. Deir sé go bhfuil sé sásta dul ag troid leis na '*croppies*' – na hÉireannaigh Aontaithe – chun na Sasanaigh a **ruaigeadh**[25] as an tír.

*ach glacfad* fees *ó rí na g*croppies,
*cleith is píc chun sáite*

Ceapann an spailpín go mbeidh saol níos fearr aige agus go mbeidh deireadh leis an mbochtaineacht má bhíonn na Sasanaigh imithe.

*'s go brách arís ní ghlaofar m'ainm*
*sa tír seo, an spailpín fánach.*

## 2 Déan cur síos ar an úsáid a bhaineann an file as **logainmneacha**[26] agus cur síos ar an bhfriotal atá sa dán.

Baineann an file úsáid as friotal deas simplí sa dán agus cuireann an friotal sin fulaingt agus mothúcháin an spailpín in iúl. Tuigimid ó nathanna mar 'ag seasamh ar mo shláinte', 'ag bailiú galair ráithe' agus 'ag díol ná ag reic mo shláinte' chomh dian is atá saol an spailpín. Níl an dara rogha aige ach an obair a leanúint, is cuma faoin aimsir.

Tá gráin an spailpín ar na Sasanaigh le brath ar an abairt shimplí éifeachtach – 'cleith is píc chun sáite'. Tá sé réidh anois chun dul ag troid i gcoinne na Sasanach agus chun foréigean a úsáid.

Tá caint dhíreach sa dán agus tá sé sin an-éifeachtach. Ba théarma dímheasa é an focal 'spailpín' agus is fuath leis an spailpín nuair a ghlaonn daoine é sin air.

*'s nuair théim go Durlas 's é siúd bhíonn agam –*
*'Sin chu'ibh an spailpín fánach!'*

Tá an dán scríofa sa chéad phearsa agus is fearr a thuigimid fulaingt an spailpín mar gheall air sin. Tagann na focail agus na smaointe díreach óna chroí agus tá trua againn dó mar gheall air sin.

*Im spailpín fánach atáim le fada*
*ag seasamh ar mo shláinte*

25 expel; 26 placenames

Tá téarmaí Béarla le fáil sa dán, '*fees*' agus '*croppies*'. Léiríonn sé seo go raibh an Béarla ag éirí níos láidre sa tír agus tugann úsáid an Bhéarla blas na fírinne[27] don dán, toisc gurbh iad sin na téarmaí a bhí in úsáid ag na gnáthdhaoine.

Tá neart logainmneacha sa dán. Luaitear 'Cluain . . . Meala', 'Tiobraid Árann', 'Carraig na Siúire', 'Callainn', 'Durlas' agus 'Caiseal'. Is léir ó na logainmneacha sin go mbíonn ar an spailpín taisteal pé áit a bhfuil an obair ar fáil. Níl capall ag an spailpín agus bíonn air siúl ó bhaile go baile ag lorg oibre. Ní haon ionadh go n-éiríonn sé tinn.

Bhí margaí hireála ar siúl go rialta i gCluain Meala agus i mbaile Thiobraid Árann. Bhí ar na spailpíní dul go dtí na margaí sin chun obair a fháil.

Tá an-ghráin ag an spailpín ar na margaí, toisc go mbíonn na feirmeoirí móra ag féachaint anuas ar na spailpíní bochta.

*bodairí na tíre ag tíocht ar a gcapaill*
*á fhiafraí an bhfuilim hireálta*

Tugann na logainmneacha údaracht[28] don dán. Is cuid de stair na hÉireann iad na spailpíní agus an saol dian a chaith siad. Tuigimid ó na logainmneacha nach cumadóireacht[29] atá sa dán ach gur tharla na rudaí seo i ndáiríre.

## 3 Scríobh nóta ar mheadaracht an dáin.

Meadaracht an amhráin atá anseo. Tá aithris[30] ar an tseanmheadaracht ochtfhoclach anseo freisin ach ní aithris fhoirfe atá ann.

Tá ocht líne i ngach véarsa. Tá rím ann – comhardadh deiridh – anois is arís: 'shláinte' agus 'ráithe', 'shláinte' agus 'sráide', mar shampla. Tá uaim ann – '**m**och ar **m**aidin', '**l**eathan **l**áidir', '**d**eo **d**eo', mar shampla.

Cumadh an dán seo mar amhrán. Tá béim mar sin ar na gutaí aiceanta, ach níl pátrún na ngutaí foirfe tríd síos. Tá ceithre bhéim sa chuid is mó de na corrlínte (línte 1, 3, 5 agus 7) agus tá trí bhéim sa chuid is mó de na réidhlínte (línte 2, 4, 6 agus 8).

*Im spailpín fánach atáim le fada*
*ag seasamh ar mo shláinte,*
*ag siúl an drúchta go moch ar maidin*
*'s ag bailiú galair ráithe;*
*ach glacfad fees ó rí na gcroppies,*
*cleith is píc chun sáite*
*'s go brách arís ní ghlaofar m'ainm*
*sa tír seo, an spailpín fánach.*

27 the ring of truth; 28 authenticity; 29 invention; 30 imitation

## Ceisteanna breise

1. Déan cur síos ar dhá mhothúchán a mhúscail an dán ionat féin.
2. 'Tugtar léargas iontach sa dán ar shaol crua an spailpín.' An ráiteas seo a phlé.
3. Ó fhianaise an dáin, cén chaoi a raibh cúrsaí polaitíochta in Éirinn san am a cumadh an dán seo?
4. Cén fheidhm atá ag na logainmneacha sa dán? Mínigh do fhreagra.
5. Cén t-atmaisféar atá sa dán seo?

## An scrúdú cainte

Ullmhaigh an dán le léamh ag an scrúdú cainte. Bíodh an brón, an bród, an náire agus an fhearg le cloisteáil i do ghlór agus tú ag léamh smaointe an spailpín.

### Aire duit!

**Bí cinnte go bhfuil na téarmaí seo a leanas ar eolas agat.**

- na Sasanaigh
- na Caitlicigh
- ag taisteal
- i gcoinne na Sasanach
- i gcoinne na gCaitliceach
- ag lorg oibre

# FACSS

Foghlaim na habairtí seo thíos agus beidh tú ábalta aon cheist a fhreagairt!

| Féach, Abair, Clúdaigh | Scríobh | Seiceáil |
|---|---|---|
| 1 Is é saol crua sclábhúil an spailpín téama an dáin seo. | a hard slave labourers life is the theme of this poem. | |
| 2 Is é deireadh an 18ú haois nó tús an 19ú haois atá mar chúlra leis an dán. | The end of the 18th century or the start of the 19th century is a background of this poem. | |
| 3 Bhí na Péindlíthe (dlíthe i gcoinne na gCaitliceach) i bhfeidhm sa tír ag an am sin. | The penal laws (laws against the catholics) ongoing in the country at that time. | |
| 4 Bhí na hÉireannaigh Aontaithe ag troid i gcoinne na Sasanach. | The Irish Representitives were fighting against the English. | |
| 5 Bhí na Gaeil beo bocht ag an am. | The Irish were broke at the time. | |
| 6 Bhí spailpíní ag taisteal ar fud na tíre ag lorg oibre. | The labourers were travelling around the country looking for work | |
| 7 Ba théarma dímheasa é 'spailpín fánach'. | Labouring worker was a term of disrepect. | |
| 8 Tá náire shaolta ar an spailpín sa dán seo nuair a ghlaonn daoine 'spailpín' air agus nuair atá sé ag an margadh hireála. | The working labourer had huge embarresment when people call 'labourer' on him and when he is at the hiring market | |
| 9 Tá an-ghráin ag an spailpín ar na feirmeoirí aineolacha. | The labourers have a hatred for the farmers | |
| 10 Bíonn an spailpín amuigh i ngach cineál aimsire agus éiríonn sé tinn go minic. | The labourer is out in every weather condition and he gets tired often. | |

**CD 1 Rian 6**

# 5 An tEarrach Thiar[1]

**le Máirtín Ó Direáin**

Fear ag glanadh cré[2]
De ghimseán spáide[3]
Sa gciúineas shéimh
I mbrothall lae:[4]
  Binn an fhuaim
  San Earrach thiar.

Fear ag caitheadh[5]
Cliabh[6] dhá dhroim,
Is an fheamainn dhearg
Ag lonrú[7]
I dtaitneamh gréine
Ar dhuirling bháin:[8]
  Niamhrach[9] an radharc
  San Earrach thiar.

Mná i locháin[10]
In íochtar diaidh-thrá,[11]
A gcótaí craptha,[12]
Scáilí[13] thíos fúthu:
  Támh-radharc[14] síothach[15]
  San Earrach thiar.

Toll-bhuillí fanna[16]
Ag maidí rámha,[17]
Currach[18] lán d'éisc
Ag teacht chun cladaigh[19]
Ar ór-mhuir mhall[20]
I ndeireadh lae;
  San Earrach thiar.

## Gluais

1 *thiar* – in Iarthar na hÉireann; fadó
2 *cré* – créafóg
3 *de ghimseán spáide* – de chos na rámhainne
4 *i mbrothall lae* – i dteas an lae
5 *ag caitheadh* – ag folmhú
6 *cliabh* – ciseán mór chun feamainn nó móin a iompar
7 *ag lonrú* – ag glioscarnach
8 *ar dhuirling bháin* – ar chladach ar a bhfuil a lán cloch beag bán
9 *niamhrach* – geal nó álainn
10 *locháin* – linnte uisce ar an gcladach
11 *in íochtar diaidh-thrá* – san áit is faide amach ón gcladach nuair a théann an taoide amach
12 *craptha* – tógtha suas acu chun iad a choinneáil tirim ón sáile
13 *scáilí* – scáthanna
14 *támh-radharc* – radharc suaimneach
15 *síothach* – síochánta
16 *toll-bhuillí fanna* – fuaimeanna folmha laga
17 *maidí rámha* – bataí rámha
18 *currach* – naomhóg
19 *ag teacht chun cladaigh* – ag teacht i dtír
20 *ar ór-mhuir mhall* – ar fharraige a bhfuil dath an óir uirthi faoi sholas na gréine

## Leagan próis

Tá fear ag glanadh cré
dá spáid;
tá sé ciúin
agus te ar an oileán –
fuaim álainn ón obair
san earrach san iarthar.

Tá fear ag folmhú
ciseán d'fheamainn dá dhroim
agus tá an fheamainn dhearg
ag soilsiú faoin ngrian
ar chladach clochach geal –
radharc lonrach
san earrach san iarthar.

Tá mná ina seasamh i bpoill uisce
ar an trá agus an taoide imithe amach;
tá a gcótaí fillte suas acu
agus a scáthanna le feiceáil san uisce
radharc ciúin síochánta
san earrach san iarthar.

Tá buillí ciúine laga
ó na maidí rámha;
tá an bád beag lán d'éisc
ag teacht i dtír
ar an bhfarraige órga
ag deireadh an lae
san earrach san iarthar.

## An file – saol agus saothar

Máirtín Ó Direáin a chum an dán seo. Rugadh é ar Inis Mór sna hOileáin Árann sa bhliain 1910. D'fhág sé an t-oileán chun dul ag obair in Oifig an Phoist i nGaillimh sa bhliain 1928. Chuaigh sé ag obair i mBaile Átha Cliath ina dhiaidh sin agus chaith sé an chuid eile dá shaol ansin. Cé gur fhill sé go minic ar cuairt ar Inis Mór, níor chónaigh sé san áit tar éis 1928. D'fhéach sé ar an oileán mar áit cosúil le neamh mar bhí sé ag brath ar chuimhní a óige. Mar gheall air sin, bíonn sé beagáinín **maoithneach**[1] i gcuid dá dhánta.

Tá *Coinnle Geala* (1942), *Ó Mórna, agus Dánta Eile* (1957) agus *Ár Ré Dhearóil, agus Dánta Eile* (1962) ar chuid de na leabhair filíochta a scríobh sé. Scríobh sé úrscéal amháin, *Feamainn Bhealtaine* (1961). Bhí an-suim aige sa drámaíocht freisin. Fuair sé bás i mBaile Átha Cliath i 1988.

1 sentimental

## Téama an dáin

Is é an grá áite téama an dáin seo. Bhí grá mór ag an bhfile dá áit dúchais agus tá an grá sin le brath ar gach aon véarsa. Tugann sé cur síos mealltach[2] ar shaol suaimhneach síochánta an oileáin san earrach. Ní fhaigheann sé locht ar bith ar an oileán sa dán toisc go bhfuil sé faoi gheasa[3] ag baile a óige.

### Oileáin Árann fadó

Bhí muintir na n-oileán ag brath ar an talamh agus ar an bhfarraige chun iad féin a chothú[4] fadó. Chuir na feirmeoirí prataí agus glasraí eile san earrach agus bhain siad san fhómhar iad. Chuir siad feamainn[5] (a bhí mar leasú[6]) ar an talamh san earrach. Bhain siad an fheamainn ón trá agus bhí cliabh[7] leis an bhfeamainn ar dhroim an fheirmeora nó ar dhroim asail.

Bhí carraigín (feamainn eile) le fáil ar an trá. Itheadh carraigín fadó agus creideadh freisin go raibh sé in ann casachtaí[8] agus slaghdáin a leigheas.

Bhí an t-iascach an-tábhachtach ar na hoileáin. Ón earrach ar aghaidh (go dtí Meán Fómhair) théadh na hiascairí amach sna curacha ag iascach. Chaithidís lá fada amuigh agus obair chrua a bhí ann. Bhí an t-iascach baolach uaireanta.

Cé gur oibrigh na daoine go dian, ní raibh na brúnna céanna orthu na laethanta sin is atá ar dhaoine anois. Bhain leanúnachas[9] agus traidisiún leis an saol ar na hoileáin.

Ar ndóigh, bhí (agus tá) an aimsir an-tábhachtach do na daoine.

## Teicnící filíochta

### Íomhánna

#### An t-oileán

Tugann an file ceithre íomhá de shaol síochánta foirfe an oileáin. Sna híomhánna éagsúla, feicimid an duine agus an dúlra ag comhoibriú lena chéile. Bíonn cuid de na híomhánna dírithe ar an gcluas agus cuid díobh dírithe ar an tsúil.

2 enticing; 3 spellbound; 4 support; 5 seaweed; 6 fertiliser; 7 basket; 8 coughs; 9 continuity

Sa chéad véarsa tá íomhá ann d'fheirmeoir amuigh ag rómhar[10] ina gharraí, ag cur glasraí. Tá an ghrian ag taitneamh agus is lá álainn é. Tá an íomhá seo dírithe ar an gcluas. Níl tada le cloisteáil an lá ciúin meirbh[11] seo ach fuaim dhíoscánach[12] na spáide. Is fuaim álainn cheolmhar í, dar leis an bhfile.

*Fear ag glanadh cré*
*De ghimseán spáide*
*Sa gciúineas shéimh*
*I mbrothall lae:*
*Binn an fhuaim*

Tar éis chruatan[13] an gheimhridh, fáiltíonn na feirmeoirí roimh an earrach mar gur maith leo a bheith amuigh ag obair sna garraithe,[14] ag cur glasraí a chothóidh iad féin agus a gclann don chuid eile den bhliain. Níl aon mháistir ag an bhfeirmeoir ach é féin agus an aimsir agus oibríonn sé ar a luas féin. Úsáideann an file aidiachtaí moltacha[15] dearfacha sa véarsa seo. Baineann binneas,[16] síocháin agus áilleacht leis an íomhá seo. Cruthaíonn an file atmaisféar ciúin síochánta sa véarsa seo.

Tá an dara híomhá dírithe ar an tsúil. Baineann an file sárúsáid as dathanna sa dara véarsa. Feicimid an fheamainn dhearg ag taitneamh faoin ngrian ar an trá bhán. Bhí sé de nós ag[17] na feirmeoirí feamainn a bhailiú le cur ar an talamh mar leasú san earrach. Fadó, chuir siad an fheamainn i gcliabh agus chuir siad an cliabh sin ar a ndroim chun an fheamainn a iompar ón trá.

*Fear ag caitheadh*
*Cliabh dhá dhroim,*
*Is an fheamainn dhearg*
*Ag lonrú*
*I dtaitneamh gréine*
*Ar dhuirling bháin*

Tá gach rud geal agus álainn san íomhá seo. Cé go bhfuil an obair seo crua, ní mhothaímid go gcuireann sé isteach ar an bhfeirmeoir. Arís cruthaíonn an file atmaisféar síochánta sa véarsa seo.

Tá an tríú véarsa dírithe ar an tsúil freisin. Sa véarsa álainn seo, feicimid muintearas[18] an oileáin. Feicimid na mná le chéile ag baint feamainne ar an trá nuair atá an taoide imithe amach. Nuair a bhí Máirtín Ó Direáin óg, théadh sé lena mháthair agus leis na mná eile go dtí an trá ag baint carraigín. Thaitin sé go mór leis na mná a bheith le chéile, amuigh faoin spéir agus faoin ngrian tar éis an gheimhridh istigh.

*Támh-radharc síothach*
*San Earrach thiar.*

Cruthaíonn an file atmaisféar suaimhneach sona leis an íomhá seo, íomhá atá bunaithe ar[19] chuimhní óige an fhile.

Tá an ceathrú híomhá dírithe ar an gcluas agus ar an tsúil. Baineann an íomhá seo leis na hiascairí ag filleadh abhaile tar éis lá amuigh ag iascach. Tá an bád beag, an churach, lán d'éisc agus tá na hiascairí ag rámhaíocht[20] abhaile go ciúin ar an bhfarraige órga. Cloistear fuaim lag fholamh[21] ó na maidí rámha, fuaim shuaimhneach shíochánta. Arís tá an ghrian ag taitneamh san íomhá seo agus táimid in ann an fharraige órga a fheiceáil inár n-intinn. Radharc álainn a chruthaíonn an file anseo.

10 digging; 11 warm; 12 rasping; 13 hardship; 14 fields; 15 complimentary; 16 sweetness; 17 customary for; 18 friendliness; 19 based on; 20 rowing; 21 hollow

*Toll-bhuillí fanna*
*Ag maidí rámha,*
*Currach lán d'éisc*
*Ag teacht chun cladaigh*
*Ar ór-mhuir mhall*

Íomhá atá anseo de lá foirfe ar an oileán agus léiríonn sé grá an fhile d'oileán a óige. Cruthaíonn sé atmaisféar suaimhneach síochánta anseo arís, na hiascairí sona sásta ag filleadh abhaile tar éis lá rathúil[22] amuigh ar an bhfarraige.

*Cleachtadh*

Scríobh alt faoin dán, ag baint úsáide as na focail seo a leanas:

grá áite; áit dúchais; ag brath; atmaisféar suaimhneach síochánta; dírithe; dathanna; fuaimeanna; de nós; foirfe; cruatan an gheimhridh.

## Atmaisféar an dáin

Tá atmaisféar suaimhneach síochánta sa dán. Tá easpa brú le mothú i ngach véarsa. D'fhág an file Inis Mór nuair a bhí sé 18 mbliana d'aois. Níor fhill sé le cónaí ar an oileán ina dhiaidh sin. Mar sin is iad cuimhní a óige atá aige agus é ag smaoineamh ar an oileán. Is cuimhní sona atá aige. Ní cuimhin leis an drochaimsir agus an cruatan a bhain leis an saol.

Sa dán seo tá an ghrian ag taitneamh i ngach véarsa. Tá aoibhneas agus sonas le feiceáil i ngach gné den saol. Fuaim álainn cheolmhar a chloiseann an file in obair an fheirmeora ag rómhar ina gharraí.

*Fear ag glanadh cré*
*De ghimseán spáide . . .*
*Binn an fhuaim*

Úsáideann an file aidiachtaí moltacha agus é ag cur síos ar an oileán. 'Séimh', 'binn', 'niamhrach', 'támh' agus 'síothach' na haidiachtaí a úsáideann sé agus é ag caint faoi na radhairc agus na fuaimeanna a bhaineann leis an oileán.

Cruthaíonn an file atmaisféar muinteartha san íomhá a bhaineann leis na mná ag baint carraigín ar an gcladach. Tá siad sona sásta le chéile agus cuireann sé seo leis an atmaisféar suaimhneach a bhaineann leis an oileán.

*Cleachtadh*

Déan cur síos ar an úsáid a bhaineann an file as aidiachtaí agus é ag cruthú atmaisféar an dáin.

22 successful

## Friotal

Baineann an file úsáid as friotal deas simplí, bunaithe ar chaint na ndaoine in Árainn den chuid is mó. Tá a lán de na focail litrithe mar a deirtear iad in Árainn – 'Sa gciúineas shéimh', 'Ar dhuirling bháin' agus 'Scáilí thíos fúthu', mar shampla.

Baineann an file úsáid as a lán aidiachtaí agus é ag cur síos ar an oileán. Is aidiachtaí moltacha iad ar fad. 'Binn', 'niamhrach', 'síothach', 'mall' – cruthaíonn na haidiachtaí seo atmaisféar suaimhneach síochánta. Níl aon torann ná radharc gránna le fáil ar an oileán.

Cumann an file roinnt **comhfhocal**[23] chun cabhrú leis atmaisféar síochánta an oileáin a chruthú. Nuair atá sé ag caint faoi na mná ag baint carraigín ar an trá, deir sé gur 'Támh-radharc síothach' atá ann. Ciallaíonn 'támh' suaimhneach agus ciallaíonn 'síothach' síochánta. Sa véarsa deiridh labhraíonn an file faoi 'Toll-bhuillí fanna' agus faoin 'ór-mhuir mhall'. Cuireann na comhfhocail seo béim ar áilleacht agus ar shíocháin an oileáin.

Ar ndóigh, baineann an file úsáid as dathanna agus as fuaimeanna chun síocháin agus áilleacht an oileáin a chur in iúl freisin.

### Athrá

Is é 'An tEarrach Thiar' teideal an dáin agus tá an líne 'San Earrach thiar' ag deireadh gach véarsa. Is é Inis Mór, Árainn, baile an fhile, an 'thiar' sa dán. Rugadh agus tógadh an file ar an oileán sin. Cé gur chaith sé **formhór**[24] a shaoil i mBaile Átha Cliath, mhothaigh sé i gcónaí go raibh sé ag baile nuair a bhí sé i measc a mhuintire ar an oileán. Tá cuimhní áille ag an bhfile ar an oileán san earrach, nuair a bhí beocht ag teacht ar ais ar an oileán tar éis chruatan an gheimhridh. Cuireann an t-athrá béim ar chomh tábhachtach is a bhí an t-oileán dó.

Tá an t-athrá cosúil le paidir freisin – **achainí**[25] atá ann. Ba bhreá leis an bhfile a bheith ar Inis Mór san earrach **seachas**[26] bheith i mBaile Átha Cliath. Sa líne 'San Earrach thiar', tá sé ag guí go mbeidh sé ann.

*Deachtú*

Foghlaim, scríobh agus ceartaigh an t-alt ar athrá.

### Na dathanna agus na fuaimeanna

Baineann an file sárúsáid as dathanna agus as fuaimeanna sa dán. Tá cuid de na híomhánna dírithe ar an gcluas agus cuid díobh dírithe ar an tsúil. Tá na fuaimeanna sa dán an-suaimhneach agus tá na dathanna an-gheal. Cuireann an dá rud in iúl chomh foirfe agus síochánta is atá an t-oileán.

Tá an íomhá sa chéad véarsa dírithe ar an gcluas. Níl tada le cloisteáil an lá ciúin meirbh seo ach fuaim dhíoscánach na spáide nuair atá an feirmeoir ag romhair sa gharraí agus is fuaim álainn cheolmhar í, dar leis an bhfile.

Tá an íomhá sa dara véarsa dírithe ar an tsúil. Feicimid an fheamainn dhearg ag taitneamh faoin ngrian ar an trá bhán. Tá an dá dhath seo go hálainn geal agus cuireann siad áilleacht an oileáin in iúl.

Tá an tríú véarsa dírithe ar an tsúil freisin. Sa véarsa álainn seo feicimid muintearas an oileáin. Feicimid na mná le chéile ag baint feamainne ar an trá nuair atá an taoide imithe amach. Tá **scáilí**[27] na mban le feiceáil ar an trá agus tá síocháin agus suaimhneas le fáil sa radharc seo.

*Támh-radharc síothach*

23 compound words; 24 the most part; 25 wish; 26 instead of; 27 reflections

Tá an ceathrú híomhá dírithe ar an gcluas agus ar an tsúil. Baineann an íomhá seo leis na hiascairí ag filleadh abhaile tar éis lá amuigh ag iascach. Cloistear fuaim lag fholamh ó na maidí rámha, fuaim shuaimhneach shíochánta. Arís tá an ghrian ag taitneamh san íomhá seo agus táimid in ann an fharraige órga a fheiceáil inár n-intinn. Radharc álainn a chruthaíonn an file anseo.

Cruthaíonn na dathanna agus na fuaimeanna sa dán atmaisféar álainn síochánta den oileán foirfe seo san earrach.

### Foirm agus meadaracht

Is í an tsaorvéarsaíocht an mheadaracht a chleachtar sa dán seo.

Tá uaim ann – 'ag **c**aitheadh / **C**liabh', 'ór-**mh**uir **mh**all'.

Tá rithim mhall sa dán. Tá gutaí fada in a lán de na focail.

*Fear ag glanadh cr**é***
*De ghimse**á**n sp**á**ide*
*Sa gci**ú**ineas sh**é**imh*

Mar gheall ar na gutaí fada, léimid an dán go mall agus cuireann sé sin leis an atmaisféar ciúin síochánta atá ar an oileán.

## Ceisteanna agus freagraí samplacha

### 1 Is ceiliúradh[28] é an dán seo ar an saol a bhí in Inis Mór fadó.

Aontaím leis an ráiteas seo. Rugadh agus tógadh an file in Inis Mór ach d'fhág sé an t-oileán nuair a bhí sé 18 mbliana d'aois agus níor chónaigh sé ar an oileán ina dhiaidh sin. Tá an dán seo bunaithe ar chuimhní óige an fhile agus de réir dealraimh níl ach cuimhní sona aige ar a shaol ar an oileán. Ní cuimhin leis aon chruatan ná anró[29] a bhain leis an saol agus bhí go leor de sin ann.

Tá an file faoi gheasa ag saol an oileáin. Tugann sé íomhánna mealltacha dearfacha dúinn den oileán. Feiceann agus cloiseann an file áilleacht i ngach gné den oileán. Nuair a chuimhníonn sé ar dhíoscán na spáide, deir sé gur 'Binn an fhuaim' í. Molann agus ceiliúrann an file an saol simplí a chaith na daoine ar an oileán fadó. Nuair a bhí an file óg chaitheadh sé a lán ama lena mháthair agus leis na mná eile agus b'aoibhinn leis dul ag baint carraigín leo ar an trá. 'Támh-radharc síothach' atá sa chuimhne sin de na mná le chéile lena 'gcótaí craptha'.

Tá cur síos maoithneach sa véarsa deiridh ar na hiascairí ag filleadh ó lá iascaigh. Tá an ghrian ag lonrú ar an bhfarraige agus tá an bád lán d'éisc.

*Currach lán d'éisc . . .*
*Ar ór-mhuir mhall*

Radharc foirfe atá ann.

Gan aon dabht is ceiliúradh é an dán seo ar an saol a bhí in Inis Mór fadó, ach is ceiliúradh maoithneach é. I gcuimhne an fhile ba neamh ar domhan é Inis Mór. Bhain suaimhneas agus síocháin leis an áit. Sa dán seo, tá an ghrian ag taitneamh i ngach aon véarsa. Ní luann an file aon anró ná aon obair chrua a bhain leis an saol. Ceiliúrann an file an t-oileán ó thús deireadh an dáin álainn seo.

28 celebration; 29 hardship

## 2 Déan cur síos ar na mothúcháin atá sa dán.

Is é an grá áite an mothúchán is láidre sa dán seo. Tá grá an fhile dá áit dúchais le brath ar gach véarsa. Cuimhní sona atá ag an bhfile ar a óige ar an oileán. Sa dán seo tá an ghrian ag taitneamh i ngach radharc agus tá na daoine sona sásta leis an saol traidisiúnta a chaitheann siad. Tá grá an fhile do na mná ag baint carraigín soiléir.

*Mná . . .*
*A gcótaí craptha,*
*Scáilí thíos fúthu:*
*Támh-radharc síothach*

Cuireann cuimhne na mban sin ag baint carraigín agus ag baint taitnimh as comhluadar a chéile suaimhneas ar an bhfile.

Mothúcháin eile atá sa dán ná suaimhneas agus sonas. Baineann síocháin agus suaimhneas le gach íomhá a chruthaíonn an file agus cuireann na híomhánna sin sonas ar an bhfile agus ar an léitheoir araon. Cruthaíonn an file íomhá fhoirfe sa chéad véarsa nuair a dhéanann sé cur síos ar an bhfeirmeoir ag rómhar amuigh ina gharraí, ciúnas séimh síochánta timpeall air agus fuaim bhinn ag teacht óna chuid oibre.

*Fear ag glanadh cré*
*De ghimseán spáide . . .*
*Binn an fhuaim*

B'fhéidir go bhfuil an suaimhneas agus an tsíocháin is mó le brath sa véarsa deiridh, nuair atá na hiascairí ag filleadh ó lá rathúil ar an bhfarraige. Déanann na maidí rámha torann lag suaimhneach agus tá dath na gréine le feiceáil ar an bhfarraige. Deireadh lae atá ann, críoch le lá foirfe eile ar an oileán.

*Currach lán d'éisc*
*Ag teacht chun cladaigh*
*Ar ór-mhuir mhall*
*I ndeireadh lae*

## 3 Cén léiriú a fhaighimid ar an bhfile sa dán seo? Cuir fáthanna le do thuairim.

Faighimid léiriú ar fhear maoithneach a raibh a lán grá aige dá áit dúchais. D'fhág Máirtín Ó Direáin Inis Mór nuair a bhí sé 18 mbliana d'aois agus chaith sé formhór a shaoil i mBaile Átha Cliath. Bhí difríocht an-mhór idir saol na cathrach agus saol an oileáin agus b'fhearr leis an bhfile a bheith ina chónaí ar an oileán. Mar sin féachann sé ar an oileán mar áit fhoirfe, mar neamh ar thalamh agus ní thugann sé aghaidh ar na fadhbanna ná ar na deacrachtaí a bhain leis an saol ann. Roghnaíonn an file an t-earrach mar ábhar an dáin nuair a bhí beocht ag teacht ar ais ar an oileán, na laethanta ag dul i bhfad, na bláthanna ag fás, dathanna agus fuaimeanna áille ann agus na daoine amuigh ag obair tar éis an gheimhridh fhada.

Tá grá an fhile dá áit dúchais le brath ar gach cuimhne atá aige. Tá an ghrian ag taitneamh i ngach cuimhne. Is le grá agus le cion[30] a smaoiníonn sé ar an bhfeirmeoir amuigh ag rómhar ina gharraí agus ar an bhfeirmeoir ag baint feamainne cois trá.

30 affection

*Fear ag caitheadh*
*Cliabh dhá dhroim,*
*Is an fheamainn dhearg*
*Ag lonrú*

Tá grá mór aige do na mná atá ag baint carraigín thíos ar an trá. Chaitheadh an file féin roinnt ama ag baint carraigín leis na mná nuair a bhí sé óg. Anois agus é sáinnithe[31] i mBaile Átha Cliath, cuimhníonn sé le cion ar na laethanta sin. Ba bhreá leis a bheith ar ais ar an oileán, óg, saor agus sona i measc a mhuintire féin.

## Ceisteanna breise

1. Déan cur síos ar théama an dáin seo agus ar an bhforbairt a dhéanann an file ar an téama sin.
2. 'Cur síos maoithneach ar Inis Mór atá sa dán seo.' Do thuairim uait faoi seo.
3. Céard iad na mothúcháin a músclaíodh ionat nuair a léigh tú an dán seo? Cuir fáthanna leo.
4. 'Is léir gur cuimhní óige an fhile atá sa dán seo.' Déan plé ar an ráiteas seo.
5. Maidir leis an dán 'An tEarrach Thiar', déan plé gairid ar do rogha dhá cheann de na ceannteidil seo a leanas:
   (i) An úsáid a bhaintear as an athrá sa dán
   (ii) An friotal sa dán
   (iii) An léiriú a fhaighimid ar an saol ar Inis Mór.

## An scrúdú cainte

Ullmhaigh an dán le léamh ag an scrúdú cainte. Bíodh an grá agus an t-áthas, chomh maith leis an tsíocháin agus an ciúnas, le cloisteáil i do ghlór agus tú ag léamh an dáin.

### Aire duit!

**Bí cinnte go bhfuil na téarmaí seo a leanas ar eolas agat.**

- airíonn sé uaidh an t-oileán
- ar an oileán
- atmaisféar síochánta
- dírithe ar an gcluas
- aidiacht mholtach
- saol an oileáin
- i rith an earraigh
- fuaim shíochánta
- dírithe ar an tsúil
- aidiachtaí moltacha

31 trapped

## FACSS

Foghlaim na habairtí seo thíos agus beidh tú ábalta aon cheist a fhreagairt!

| Féach, Abair, Clúdaigh | Scríobh | Seiceáil |
|---|---|---|
| 1 Is é an grá áite téama an dáin seo. | | |
| 2 Is iad cuimhní óige an fhile atá sa dán seo. | | |
| 3 Tá an file faoi gheasa ag an oileán. | | |
| 4 Déanann sé cur síos mealltach ar shaol suaimhneach síochánta an oileáin san earrach. | | |
| 5 Feicimid an duine agus an dúlra ag comhoibriú lena chéile. | | |
| 6 Tá an chéad íomhá dírithe ar an gcluas. | | |
| 7 Tá an dara híomhá dírithe ar an tsúil. | | |
| 8 Úsáideann an file aidiachtaí moltacha dearfacha. | | |
| 9 Ba neamh ar domhan é Inis Mór. | | |
| 10 Ní luann an file aon anró a bhain leis an saol ná leis an obair chrua. | | |

# 6 A Chlann

**le Máire Áine Nic Gearailt**

Dá bhféadfainn[1] sibh a chosaint ar an saol so,
Chosnóinn![2]
I ngach bearna baoil,
Bheadh aingeal romhaibh!
Bheadh bhúr mbóthar[3] réidh is socair –[4]
Bhúr sléibhte 'na maolchnoic[5] mhíne –
Bhúr bhfarraigí gléghorm
Ó d'fhág sibh cé mo chroí.

Chloífinn[6] fuath is díoltas
Dá dtiocfaidís bhúr ngaor,[7]
Thiocfainn eadar[8] sibh is fearg Dé!
Dá bhféadfainn, dhéanfainn rud daoibh
Nár dheineas riamh dom féin –
Mhaithfinn daoibh[9] gach peaca
'S d'agróinn[10] cogadh ar phéin!

Fada uaim a ghluaisfidh sibh,
Ar bhúr mbealach féin
I bhfiacail bhúr bhfáistine[11]
Ná feicim ach im' bhuairt[12]
Is cuma libh faoin anaithe,[13]
Nó sin é deir sibh liom –
Ag tabhairt dúshláin faoi aithne na dtuar![14]

Ní liomsa bhúr mbrionglóidí ná bhúr mbealaí,[15]
Ná ní liom bhúr smaointe ná bhúr ndearcadh!
Níl baint agam le rogha bhúr gcroí –
Le fuacht ná teas
Le lá ná oíche
Níl rogha agam i bhúr dtodhchaí
Níl agam ach guí . . .

## Gluais

1 *dá bhféadfainn* – *dá mbeadh ar mo chumas*
2 *chosnóinn* – *shábhálfainn*
3 *bhúr mbóthar* – *bhur mbealach tríd an saol*
4 *réidh is socair* – *mín agus suaimhneach*
5 *maolchnoic* – *cnoic le barr cruinn orthu*
6 *chloífinn* – *cheansóinn*
7 *bhúr ngaor* – *in aice libh*
8 *eadar* – *idir*
9 *mhaithfinn daoibh* – *thabharfainn maithiúnas daoibh*
10 *d'agróinn* – *chuirfinn cogadh ar*
11 *i bhfiacail bhúr bhfáistine* – *i gceartlár na todhchaí atá romhaibh*
12 *im' bhuairt* – *im'imní*
13 *anaithe* – *stoirm*
14 *aithne na dtuar* – *an rud atá i ndán (daoibh)*
15 *bhúr mbealaí* – *bhur stíleanna beatha*

## Leagan próis

Dá mbeinn ábalta sibh a shábháil ar an saol seo,
shábhálfainn sibh!
I ngach áit a mbeadh baol ann daoibh
bheadh aingeal ann daoibh!
Bheadh bhur mbóithre mín agus suaimhneach
agus bheadh gach sliabh agus gach cnoc ard réidh agus mín.
Bheadh farraigí gorma ciúine ann i gcónaí
Ó chuaigh sibh amach sa saol libh féin.

Bheadh an bua agam ar ghráin agus ar dhíoltas
dá mbeidís in aice libh.
Sheasfainn sa bhealach idir sibh agus fearg Dé!
Dá mbeinn in ann, dhéanfainn rud daoibh
nach ndearna mé riamh dom féin –
is é sin thabharfainn maithiúnas daoibh as bhur bpeacaí
agus throidfinn pian agus tinneas!

Imeoidh sibh i bhfad uaim
agus sibh ag dul tríd an saol.
An todhchaí a bheidh romhaibh –
cuireann sé an-imní orm.
Ní chuireann stoirm ná cruatan an tsaoil aon eagla oraibh
nó sin a deir sibh liom
agus sibh ag tabhairt aghaidh ar an saol atá leagtha amach daoibh.

Ní liomsa na brionglóidí atá agaibh ná na bealaí a leanfaidh sibh.
Ní liomsa na tuairimí atá agaibh ná an chaoi a bhféachann sibh ar an saol!
Níl aon neart agam ar na páirtithe a roghnóidh sibh.
Níl aon bhaint agam le cora bhur saoil,
leis na hamanna maithe agus leis na fadhbanna a bheidh in bhur saol.
Níl neart ar bith agam ar an saol atá os bhur gcomhair.
Ní féidir liom ach paidir a rá ar bhur son.

## An file – saol agus saothar

Rugadh Máire Áine Nic Gearailt in aice le Fionntrá, Contae Chiarraí, i 1946. Ba mhúinteoir bunscoile í agus chaith sí cuid mhaith dá saol ag múineadh i mBaile Átha Cliath. Chomh maith le bheith cáilithe mar mhúinteoir bunscoile, bhain sí MA sa nua-Ghaeilge amach ó Choláiste Phádraig, Má Nuad. Scríobh Máire Áine Nic Gearailt gearrscéalta, prós agus filíocht. I measc na leabhar atá scríofa aici, tá *Leaca Liombó* (1991), *Mo Chúis Bheith Beo* (1992) agus *Inis agus Dánta Eile* (2010), leabhar don aos óg. Scríobh sí an dán 'An tÓzón' freisin. Bhásaigh sí in 2014.

## Téama an dáin

Is é grá láidir na máthar dá clann, agus an fonn atá uirthi iad a chosaint ó chruatan an tsaoil,[1] téama an dáin seo. Tá páistí na máthar fásta agus ag déanamh a mbealaí tríd an saol anois. Tá an mháthair buartha agus imníoch faoi na fadhbanna agus na deacrachtaí a bheidh os a gcomhair agus dhéanfadh sí rud ar bith chun na páistí a shábháil ar an gcruatan seo (mar a rinne sí is dócha nuair a bhí na páistí óg). Glacann sí leis faoi dheireadh an dáin nach mbeidh aon smacht aici ar thodhchaí[2] a páistí, ná ar na cinntí[3] a dhéanfaidh siad ina saol, agus is é an t-aon rud is féidir léi a dhéanamh dóibh ná guí ar a son.

*Deachtú*

Foghlaim, scríobh agus ceartaigh an t-alt thuas.

## Teicnící filíochta

### Íomhánna

An mháthair

Faighimid léiriú ar mháthair ghrámhar imníoch sa dán seo. Tá an mháthair ag caint go pearsanta, sa chéad phearsa, agus cuireann sé sin a grá láidir dá páistí in iúl. Nuair a bhí a clann óg, bhí sí ábalta iad a chosaint ó chruatan an tsaoil. Anois agus iad fásta agus ag leanúint a mbóithre féin tríd an saol, níl sí in ann iad a chosaint, cé gur mhaith léi é sin a dhéanamh.

*Dá bhféadfainn sibh a chosaint ar an saol so,*
*Chosnóinn!*

Dhéanfadh sí rud ar bith dá páistí. Throidfeadh sí Dia fiú.

*Thiocfainn eadar sibh is fearg Dé!*

Tá an chuma ar an scéal go bhfuil an mháthair dian uirthi féin. Tá sí sásta cabhrú lena cuid páistí agus aon pheaca[4] a rinne siad a mhaitheadh,[5] rud nach ndearna sí di féin.

*Dá bhféadfainn, dhéanfainn rud daoibh*
*Nár dheineas riamh dom féin –*
*Mhaithfinn daoibh gach peaca*

1 the hardship of life; 2 future; 3 decisions; 4 sin; 5 forgive

Is duine imníoch í an mháthair. Nuair atá sí ag smaoineamh faoi thodhchaí a clainne, ní fheiceann sí ach fadhbanna agus cruatan. Níl dearcadh dóchasach aici ar an saol. Fuath is **díoltas**,[6] pian, **buairt**,[7] imní agus stoirmeacha a fheiceann sí os a gcomhair amach!

*Ná feicim ach im' bhuairt*
*Is cuma libh faoin anaithe*

Anaithe nó stoirm a ghlaonn sí ar thodhchaí na bpáistí, rud a léiríonn an dearcadh imníoch atá aici ar an saol. Is dócha go bhfuil dearcadh seo na máthar nádúrtha. Bhí ról **lárnach**[8] aici i saol a páistí agus iad ag fás aníos ach tá an ról sin thart anois. Is dócha go raibh sé deacair uirthi scaoileadh lena páistí.

*Níl rogha agam i bhur dtodhchaí*

Bean í an mháthair a bhfuil **creideamh**[9] láidir aici. Ba mhaith léi go mbeadh **aingeal coimhdeachta**[10] ag cosaint a páistí ón olc agus iad ag dul tríd an saol. Tagann cumhacht an aingil ó Dhia.

*Bheadh aingeal romhaibh!*

Luann an file Dia arís nuair a deir sí go mbeadh sí sásta a cuid páistí a chosaint ó fhearg Dé, rud a léiríonn a grá láidir dá clann. Bheadh sí sásta í féin a **íobairt**[11] ar son a cuid páistí.

Ag deireadh an dáin, deir an mháthair nach féidir léi aon rud eile a dhéanamh ar son a cuid páistí ach guí. Léiríonn sé seo a creideamh láidir i nDia – go mbeidh sé á gcosaint ar dhainséar toisc nach féidir léi níos mó a dhéanamh.

*Cleachtadh*

Scríobh alt faoin máthair, ag baint úsáide as na focail seo a leanas:

imníoch; léiriú; cruatan an tsaoil; a chosaint; todhchaí; dearcadh; creideamh; éadóchasach; go pearsanta; lárnach.

## Meafair

Baineann an file úsáid éifeachtach as meafair sa dán. Úsáideann sí meafar an bhóthair chun cur síos a dhéanamh ar shaol na bpáistí. Ba mhaith léi go mbeadh saol deas compordach acu, gan mórán fadhbanna.

*Bheadh bhúr mbóthar réidh is socair*

Úsáideann an file meafar na sléibhte freisin agus is meafar cumhachtach é. Seasann na sléibhte do na **dúshláin**[12] agus na fadhbanna a bheidh le **sárú**[13] ag a clann. Ba mhaith léi cabhrú leo chun an saol a dhéanamh níos éasca dóibh. Dá mbeadh aon smacht aici ar chúrsaí, ní bheadh na sléibhte ró-ard – ní bheadh a lán fadhbanna acu.

*Bhúr sléibhte 'na maolchnoic mhíne*

Is meafar **domhain**[14] é meafar na farraige. Arís, seasann an fharraige don saol. Tá áilleacht agus baol ag baint leis an bhfarraige. Tá an saol díreach mar an gcéanna. Ba mhaith leis an máthair go mbeadh an fharraige gorm i gcónaí – is é sin, nach mbeidh stoirmeacha ná fadhbanna ag a cuid páistí amach anseo.

*Bhúr bhfarraigí gléghorm*

Seasann an ché don bhaile. Is meafar iontach é a **nascann**[15] grá na máthar agus an baile le chéile.

6 revenge; 7 worry; 8 central; 9 faith; 10 guardian angel; 11 sacrifice; 12 challenges; 13 overcome; 14 deep; 15 links

*Ó d'fhág sibh cé mo chroí.*

Tugann an ché **foscadh**[16] do na báid – is áit shábháilte atá inti. Nuair a bhí na páistí sa bhaile lena máthair, bhí siad slán sábháilte, ach ó d'fhág siad an baile, níl a máthair ábalta iad a chosaint mar a rinne sí cheana. Léiríonn an focal 'croí' an grá láidir atá aici dóibh.

*Cleachtadh*

Cad é do mheas ar na meafair sa dán?

## Friotal

Baineann an file úsáid as friotal deas simplí sa dán, bunaithe ar chanúint na Mumhan: 'so', 'bhúr ngaor', 'nár dheineas', 'i bhfiacail bhur bhfáistine'.

Úsáideann an file caint dhíreach sa dán. Labhraíonn sí sa chéad phearsa, go díreach lena cuid páistí, agus tugann sé sin blas pearsanta fírinneach don dán. Tuigimid go bhfuil sí ag labhairt óna croí agus go bhfuil grá mór aici dá páistí.

*Dá bhféadfainn sibh a chosaint ar an saol so,*
*Chosnóinn!*

Baineann an file úsáid as an Modh Coinníollach sa dán. Tuigeann an file féin nach bhfuil ina cuid focal ach mianta agus guíonna. Níl aon smacht aici ar thodhchaí a cuid páistí. Dá mbeadh sí in ann, dhéanfadh sí saol deas compordach dá cuid páistí, ach tuigeann sí ina croí istigh nach bhfuil an smacht sin aici ar an saol.

*Chloífinn fuath is díoltas*
*Dá dtiocfaidís bhúr ngaor*

Glacann sí le fírinne an tsaoil ag deireadh an dáin agus labhraíonn sí san Aimsir Láithreach.

*Níl rogha agam i bhúr dtodhchaí*
*Níl agam ach guí.*

Tá a lán **comharthaí uaillbhreasa**[17] sa dán. Cuireann na comharthaí seo in iúl go bhfuil mothúcháin láidre ag an máthair agus cuireann siad béim freisin ar **theachtaireacht**[18] na máthar.

*Bheadh aingeal romhaibh!*
*Thiocfainn eadar sibh is fearg Dé!*

Feicimid mianta agus guíonna láidre na máthar anseo. Bheadh sí mar aingeal coimhdeachta ag a cuid páistí, ag déanamh cinnte de nach dtarlódh aon drochrud dóibh agus tá a grá chomh láidir sin dá cuid páistí go mbeadh sí sásta Dia a throid ar a son.

*Cleachtadh*

Scríobh achoimre ar an alt thuas.

16 shelter; 17 exclamation marks; 18 message

## Ceisteanna agus freagraí samplacha

### 1 Céard iad mianta na máthar dá clann sa dán seo? Déan cur síos ar an gcaoi a ndéantar léiriú air sin ó thús go deireadh an dáin.

Is iad mianta na máthar dá clann nach mbeidh aon fhadhb ná deacracht acu sa saol. Nuair a bhí na páistí faoi chúram[19] na máthar ('cé mo chroí'), bhí siad slán sábháilte den chuid is mó. Anois tá na páistí fásta agus ag déanamh a mbealaí féin tríd an saol. Tá an mháthair an-bhuartha agus an-imníoch faoi seo. Feiceann sí baol i ngach áit agus ba mhaith léi na páistí a chosaint uaidh sin.

*Chloífinn fuath is díoltas*
*Dá dtiocfaidís bhúr ngaor*

Ba mhaith léi go mbeadh aingeal coimhdeachta i dteannta a cuid páistí chun iad a chosaint ón olc.

*I ngach bearna baoil,*
*Bheadh aingeal romhaibh!*

Tuigeann an mháthair go gcaithfidh sí scaoileadh lena cuid páistí, ligeadh dóibh a bpáirtithe agus a ngairmeacha beatha a roghnú dóibh féin.

*Ní liomsa bhúr mbrionglóidí ná bhúr mbealaí,*
*Níl baint agam le rogha bhúr gcroí*

Tuigeann sí faoi dheireadh an dáin nach bhfuil sí freagrach as an saol a bheidh ag a cuid páistí agus nach bhfuil smacht aici ar na rudaí a tharlóidh dóibh.

*Níl baint agam . . .*
*Le fuacht ná teas*
*Le lá ná oíche*

Ach is mian léi i gcónaí go mbeidh a clann slán sábháilte agus sona ina saol. Mar sin, guífidh sí ar a son agus cuirfidh sí a dóchas i nDia go dtabharfaidh sé aire dóibh.

*Níl agam ach guí.*

### 2 Céard iad na mothúcháin atá sa dán seo agus céard iad na mothúcháin a mhúscail an dán ionat féin?

Tá grá neamhleithscéalach[20] na máthar agus an imní atá uirthi i dtaobh a páistí chun tosaigh sa dán seo.

Dhéanfadh an mháthair rud ar bith chun a cuid páistí a chosaint ó bhaol agus ó chruatan an tsaoil. Máthair an-ghrámhar agus an-chosantach[21] a bhí inti nuair a bhí a páistí ag fás aníos agus choimeád sí slán sábháilte i gcónaí iad. Tá a grá dóibh le feiceáil i ngach véarsa. Úsáideann sí meafair chun an grá sin a chur in iúl.

*Bheadh bhúr mbóthar réidh is socair –*
*Bhúr sléibhte 'na maolchnoic mhíne –*
*Bhúr bhfarraigí gléghorm*

Dá mbeadh sí ábalta, dhéanfadh sí cinnte de nach mbeadh fadhb ar bith acu sa saol.

Tá imní agus buairt ar an máthair freisin sa dán. Feiceann sí go leor fadhbanna agus dúshlán. Stoirm a ghlaonn sí ar an saol a bheidh roimh a cuid páistí.

*Ná feicim ach im' bhuairt*
*Is cuma libh faoin anaithe*

Ba bhreá léi a bheith in ann na páistí a shábháil ó na fadhbanna go léir, ach glacann sí leis nach mbeidh sí ábalta. Leanfaidh sí ar aghaidh ag guí ar a son, ag súil nach mbuailfidh siad le 'fuath is díoltas'.

19 under the care; 20 unapologetic; 21 protective

Mhúscail an dán frustrachas agus meas ionam. Bhí beagáinín frustrachais orm leis an máthair toisc go bhfuil sí chomh diúltach agus chomh himníoch sin faoin saol. Ba cheart go mbeadh áthas uirthi go raibh a cuid páistí sásta aghaidh a thabhairt ar an saol. Ach ina ionad sin, labhraíonn sí faoi na fadhbanna go léir atá sa saol.

*I bhfiacail bhúr bhfáistine*
*Ná feicim ach im' bhuairt*

Páistí maithe tuisceanacha atá aici mar bhí siad ag iarraidh í a chur ar a suaimhneas.

*Is cuma libh faoin anaithe,*
*Nó sin é deir sibh liom*

Tá meas agam ar an máthair freisin. Máthair mhaith ghrámhar atá inti agus rinne sí a dícheall dá clann. Choimeád sí slán sábháilte iad nuair a bhí siad faoina cúram, ag 'cé mo chroí'. Tá a grá chomh láidir dóibh go ndéanfadh sí níos mó dóibh ná mar a rinne sí di féin riamh. Mhaithfeadh sí rud ar bith dóibh agus ní ligfeadh sí do phian ar bith cur isteach orthu.

*Mhaithfinn daoibh gach peaca*
*'S d'agróinn cogadh ar phéin!*

Sa deireadh, tá sí sásta scaoileadh leo ach leanfaidh a grá orthu go deo agus beidh sí ag guí ar a son i gcónaí.

*Níl agam ach guí . . .*

### 3 Cé chomh héifeachtach is atá teideal an dáin? Cuir fáthanna le do thuairim.

'A Chlann' is teideal don dán seo. Tá teideal an dáin seo scríofa sa Tuiseal Gairmeach.[22] Úsáidtear an Tuiseal Gairmeach mar bheannú do dhuine, nuair atá tú ag labhairt go díreach le duine. Tá an mháthair ag labhairt go díreach lena cuid páistí sa dán seo. Tá an mháthair ag beannú dá clann sa teideal agus tuigimid uaidh sin gur dán pearsanta é seo. Cuireann an teideal a grá dá clann in iúl – tá sí ag guí gach rath orthu. Mar sin is teideal an-éifeachtach é.

## Ceisteanna breise

1. 'Is é grá láidir na máthar téama an dáin seo.' Déan plé ar an ráiteas seo agus taispeáin an bealach a ndearnadh forbairt ar an téama seo.
2. Déan cur síos ar an gcodarsnacht atá idir dearcadh na máthar agus dearcadh a clainne ar an saol.
3. Maidir leis an dán 'A Chlann', déan plé gairid ar do rogha dhá cheann de na ceannteidil seo a leanas:
   (i) An úsáid a bhaintear as an Modh Coinníollach sa dán
   (ii) An léiriú a fhaightear ar chreideamh na máthar
   (iii) An léiriú a fhaightear ar dhearcadh na máthar ar an saol.
4. Cén chaoi a ndeachaigh an dán seo i bhfeidhm ort? Tabhair fáthanna le do fhreagra.
5. 'Ní dearcadh maoithneach[23] ach dearcadh réadúil[24] ar an saol atá ag an máthair.' Do thuairim uait faoi seo.

22 Vocative Case; 23 sentimental; 24 realistic

## FACSS

Foghlaim na habairtí seo thíos agus beidh tú ábalta aon cheist a fhreagairt!

| Féach, Abair, Clúdaigh | Scríobh | Seiceáil |
|---|---|---|
| 1 Is é grá láidir na máthar dá clann téama an dáin seo. | | |
| 2 Tá fonn ar an máthair a cuid páistí a chosaint ó chruatan an tsaoil. | | |
| 3 Tá an mháthair imníoch agus buartha faoi thodhchaí a clainne. | | |
| 4 Dhéanfadh an mháthair rud ar bith chun a clann a chosaint. | | |
| 5 Nuair a bhí na páistí faoi chúram na máthar, bhí siad slán sábháilte. | | |
| 6 Tá creideamh láidir ag an máthair. | | |
| 7 Baintear úsáid éifeachtach as meafair sa dán. | | |
| 8 Baintear úsáid chliste as an Modh Coinníollach agus as an Tuiseal Gairmeach. | | |
| 9 Glacann an mháthair leis faoi dheireadh an dáin nach bhfuil smacht aici ar thodhchaí a cuid páistí. | | |
| 10 Guífidh an mháthair ar son a cuid páistí agus iad ag déanamh a mbealaigh tríd an saol. | | |

# 7 Caoineadh Airt Uí Laoghaire

**le hEibhlín Dhubh Ní Chonaill**

Mo ghrá go daingean[1] tu!
Lá dá bhfaca thu
Ag ceann tí an mhargaidh,[2]
Thug mo shúil aire dhuit,[3]
Thug mo chroí taitneamh[4] duit,
D'éalaíos óm charaid leat
I bhfad ó bhaile leat.

Is domsa nárbh aithreach:[5]
Chuiris parlús á ghealadh dhom[6]
Rúmanna á mbreacadh dhom[7]
Bácús á dheargadh dhom,[8]
Brící á gceapadh dhom,[9]
Rósta ar bhearaibh dom,[10]
Mairt á leagadh dhom;[11]
Codladh i gclúmh lachan[12] dom
Go dtíodh[13] an t-eadartha[14]
Nó thairis[15] dá dtaitneadh liom.

Mo chara go daingean tu!
Is cuimhin lem aigne
An lá breá earraigh úd,
Gur bhreá thíodh hata dhuit[16]
Faoi bhanda óir tarraingthe[17]
Claíomh cinn airgid[18] –
Lámh dheas chalma[19] –
Rompsáil bhagarthach[20] –
Fír-chritheagla
Ar namhaid chealgach[21] –
Tú i gcóir[22] chun falaracht,[23]
Is each caol ceannann[24] fút.
D'umhlaídís[25] Sasanaigh
Síos go talamh duit,
Is ní ar mhaithe leat[26]
Ach le haon-chorp eagla,
Cé gur leo a cailleadh tu,[27]
A mhuirnín mh'anama.[28]

Mo chara thu go daingean!
Is nuair thiocfaidh chugam abhaile
Conchubhar beag an cheana[29]
Is Fear Ó Laoghaire,[30] an leanbh,
Fiafróid díom go tapaidh
Cár fhágas féin a n-athair.
'Neosad dóibh faoi mhairg[31]
Gur fhágas i gCill na Martar.[32]
Glaofaid siad ar a n-athair,
Is ní bheidh sé acu le freagairt.

Mo chara thú go daingean!
Is níor chreideas riamh dod mharbh
Gur tháinig chugam do chapall
Is a srianta léi go talamh,
Is fuil do chroí ar a leacain[33]
Siar go t'iallait ghreanta[34]
Mar a mbitheá id shuí 's id sheasamh.
Thugas léim go tairsigh,[35]
An dara léim go geata,
An tríú léim ar do chapall.

Do bhuaileas go luath mo bhasa[36]
Is do bhaineas as na reathaibh[37]
Chomh maith is a bhí sé agam,
Go bhfuaireas romham tu marbh
Cois toirín ísil aitinn,[38]
Gan Pápa gan easpag,
Gan cléireach[39] gan sagart
Do léifeadh ort[40] an tsailm,
Ach seanbhean chríonna chaite
Do leath ort[41] binn dá fallaing[42] –
Do chuid fola leat 'na sraithibh;[43]
Is níor fhanas le hí ghlanadh
Ach í ól suas[44] lem basaibh.[45]

Mo ghrá thú agus mo rún!
Tá do stácaí[46] ar a mbonn,
Tá do bha buí á gcrú;
Is ar mo chroí atá do chumha[47]
Ná leigheasfadh Cúige Mumhan[48]
Ná Gaibhne[49] Oileáin na bhFionn.[50]
Go dtiocfaidh Art Ó Laoghaire chugham
Ní scaipfidh ar mo chumha[51]
Atá i lár mo chroí á bhrú,[52]
Dúnta suas go dlúth[53]
Mar a bheadh glas a bheadh ar thrúnc
'S go raghadh an eochair[54] amú.

## Gluais

1 *go daingean – go láidir*
2 *ag ceann tí an mhargaidh – os comhair theach an mhargaidh*
3 *thug mo shúil aire dhuit – chuir mé spéis ionat*
4 *taitneamh – grá*
5 *nárbh aithreach – ní raibh aiféala ar bith (orm)*
6 *chuiris parlús á ghealadh dhom – fuair tú daoine chun an parlús a phéinteáil dom*
7 *rúmanna á mbreacadh dhom – seomraí á maisiú dom*
8 *bácús á dheargadh dhom – oigheann a théamh dom (chun arán a dhéanamh)*
9 *brící á gceapadh dhom – bollóga aráin á ndéanamh dom nó éisc á marú dom*
10 *rósta ar bhearaibh dom – feoil rósta os cionn na tine dom*
11 *mairt á leagadh dhom – ba á marú dom*
12 *i gclúmh lachan – i leaba ar a bhfuil tocht agus piliúir déanta as cleití lachan*
13 *go dtíodh – go dtagadh*
14 *an t-eadartha – go déanach ar maidin*
15 *thairis – níos déanaí fós*
16 *thíodh hata dhuit – d'oireadh hata duit*
17 *banda óir tarraingthe – bhíodh ribín ar dhath an óir*
18 *claíomh cinn airgid – claíomh le ceann nó barr déanta as airgead*
19 *calma – cróga*
20 *rompsáil bhagarthach – geáitsíocht bhagrach*
21 *ar námhaid chealgach – bhí scanradh ar do naimhde romhat (cealgach – fealltach)*
22 *i gcóir – ullamh*
23 *chun falaracht – chun falaireachta, chun marcaíochta (nó chun troda)*

24 caol ceannann – tanaí le spota bán ar a aghaidh

25 d'umhlaídís – bheidís umhal duit (chromaidís síos go talamh romhat)

26 ní ar mhaithe leat – ní le hómós ná le gean duit

27 cé gur leo a cailleadh tu – cé gurbh iad ba chúis le tú a chur chun báis

28 a mhuirnín mh'anama – a ghrá mo chroí

29 Conchubhar beag an cheana – Conchubhar beag grámhar – an mac ba shine ag Art agus Eibhlín

30 Fear Ó Laoghaire – an dara mac ba shine ag Art agus Eibhlín

31 faoi mhairg – faoi bhrón

32 Cill na Martar – Cill na Martra atá taobh thiar de Mhaigh Chromtha (cuireadh Art anseo ar dtús ach aistríodh a chorp go Cill Chré níos déanaí)

33 ar a leacain – ar thaobh a cinn

34 siar go t'iallait ghreanta – (bhí an fhuil le feiceáil ó cheannaghaidh an chapaill) chomh fada siar go dtí an diallait ornáideach

35 go tairsigh – go leac an dorais

36 mo bhasa – mo lámha (ceann de nósanna na caointeoireachta ab ea é seo)

37 bhaineas as na reathaibh – d'imigh mé (faoi dheifir mhór) ar an gcapall

38 cois toirín ísíl aitinn – in aice le tor beag aitinn

39 cléireach – sagart

40 do léifeadh ort – a léifeadh paidreacha na marbh ort

41 do leath ort – chuir (sí) timpeall ort

42 binn dá fallaing – imeall a seáil

43 'na sraithibh – ina sruthanna

44 ach í ól suas – ach an fhuil a ól

45 lem basaibh – le mo lámha (ceann eile de nósanna na caointeoireachta é seo)

46 do stácaí – do chruacha arbhair

47 do chumha – brón i do dhiaidh

48 ná leigheasfadh Cúige Mumhan – dá bhfaighinn Cúige Mumhan mar bhronntanas ní leigheasfadh sé mo chroí

49 Gaibhne – dochtúirí draíochta a bhíodh ag na Tuatha Dé Danann; de réir an tseanchais bhí siad ábalta gach galar a leigheas

50 Oileáin na bhFionn – ainm fileata ar Éirinn

51 ní scaipfidh ar mo chumha – ní thiocfaidh deireadh le mo chrá croí

52 á bhrú – ag cur isteach orm

53 go dlúth – go daingean

54 eochair – tá 'eochair a saoil' nó a grá geal imithe uaithi agus ní thiocfaidh sé ar ais go deo (is móitíf choitianta an meafar seo sa chaointeoireacht)

## Leagan próis

Mo ghrá go deo tú!
An lá a chonaic mé thú
os comhair theach an mhargaidh
thug mé thú faoi deara,
thit mé i ngrá leat,
d'fhág mé mo chairde
agus chuaigh mé i bhfad ó mo mhuintir leat.

Ní raibh aiféala ar bith orm
mar fuair tú daoine chun an parlús a phéinteáil dom,
chun seomraí a mhaisiú dom,
chun an t-oigheann a théamh dom,
agus chun arán a dhéanamh dom.
Cuireadh feoil á róstadh os cionn na tine dom
agus maraíodh ba dom.
Cóiríodh leaba de chleití lachan dom
agus bhí mé ábalta fanacht sa leaba go dtí meán lae
nó níos déanaí ná sin dá mba mhian liom.

Mo ghrá go deo tú!
Is cuimhin liom go maith
an lá breá earraigh sin
go raibh an hata leis an ribín óir
timpeall air go hálainn ort,
claíomh le ceann airgid air
i do lámh dheas chróga,
geáitsíocht bhagrach ar siúl agat,
eagla an domhain
ar na naimhde fealltacha,
tú réidh chun dul ag marcaíocht
ar chapall tanaí le spota bán ar a aghaidh.
Chromadh na Sasanaigh
síos go dtí an talamh romhat,
is ní le cion ort
ach toisc go raibh eagla an domhain orthu romhat,
cé gurbh iad (na Sasanaigh) a mharaigh tú,
a ghrá mo chroí.

Mo chara thú go deo!
Agus nuair a thiocfaidh
Conchubhar beag grámhar
agus an leanbh Fear Ó Laoghaire abhaile chugam
cuirfidh siad ceisteanna orm láithreach
cár fhág mé a n-athair.
Inseoidh mé dóibh agus brón i mo chroí
gur fhág mé i gCill na Martra é.
Beidh siad ag glao ar a n-athair
ach ní bheidh sé in ann iad a fhreagairt.

Mo chara thú go deo!
Níor chreid mé riamh go bhfaighfeá bás
go dtí gur tháinig do chapall chugam
agus na srianta á dtarraingt ar an talamh,
agus do chuid fola ar thaobh a chinn,
ag dul siar chomh fada leis an diallait álainn –
an diallait a mbíodh tú i do shuí agus i do sheasamh uirthi.
Thug mé léim amháin go dtí leac an dorais,
léim eile go dtí an geata
agus an tríú léim ar do chapall.

Bhuail mé mo lámha le chéile láithreach
Agus d'imigh mé
chomh tapaidh agus ab fhéidir liom
go bhfuair mé tú marbh os mo chomhair
in aice le tor beag aitinn.
Ní raibh Pápa ná easpag,
cléireach ná sagart ann
chun paidreacha na marbh a rá leat.
Bhí seanbhean chríonna chaite in aice leat
agus chuir sí imeall a seáil timpeall ort.
Bhí an fhuil ag sileadh uait go tréan;
níor fhan mé chun an fhuil a ghlanadh
ach d'ól mé í ó mo lámha.

Grá mo chroí thú!
Tá do chruacha arbhair bainte agus ina seasamh sna páirceanna.
Tá daoine ag crú na mbó buí.
Tá mo chroí briste le brón i do dhiaidh.
Fiú dá bhfaighinn Cúige Mumhan mar bhronntanas
ní chuirfeadh sé biseach ar mo chroí
agus ní bheadh gaibhne Thuatha Dé Danann ábalta mo bhrón a leigheas.
Go dtí go dtagann Art Ó Laoghaire ar ais chugam
ní imeoidh an brón
atá ag briseadh mo chroí istigh.
Tá mo chroí druidte suas go daingean
cosúil le trunc atá faoi ghlas
agus eochair an trunca sin caillte.

## An file – saol agus saothar

Rugadh Eibhlín Dhubh Ní Chonaill i gContae Chiarraí timpeall na bliana 1743. Nuair a bhí sí 15 bliana d'aois, phós sí seanfhear, ach fuair sé bás sé mhí ina dhiaidh sin. Bhí Eibhlín ar cuairt ar a deirfiúr i Maigh Chromtha nuair a bhuail sí le hArt den chéad uair. Cheap sí go raibh sé an-dathúil agus thit sí go mór i ngrá leis. Phós Eibhlín agus Art i 1767 ach ní raibh tuismitheoirí Eibhlín sásta leis an bpósadh mar gheall ar cháil Airt. Bhí beirt pháistí acu, Conchubhar agus Fear, agus bhí Eibhlín ag súil leis an tríú páiste nuair a maraíodh Art.

Ceaptar go bhfuair Eibhlín bás timpeall na bliana 1780. Aintín le Dónall Ó Conaill, an Fuascailteoir, ab ea í. Chum Eibhlín an chuid is mó den chaoineadh cáiliúil seo nuair a fuair Art bás. Deirtear go bhfuil an caoineadh seo ar cheann de na píosaí filíochta is deise agus is ceolmhaire i litríocht na Gaeilge.

## Téama an dáin

Is é bás tragóideach anabaí[1] Airt Uí Laoghaire téama an dáin seo. Tá grá fíochmhar[2] agus brón agus crá croí[3] a bhaintrí[4] le brath go láidir tríd an dán ar fad. Molann an file a grá geal as a dhathúlacht agus as a phearsantacht, agus molann sí an saol deas compordach a thug Art di freisin.

*Deachtú*

Foghlaim, scríobh agus ceartaigh an t-alt thuas.

## Art Ó Laoghaire

Rugadh Art Ó Laoghaire i 1746. Caitliceach ab ea é agus bhí sé go maith as. Captaen ab ea é uair in arm na hOstaire.[5] Phós sé Eibhlín Dhubh Ní Chonaill i 1767. Bhí beirt pháistí acu agus bhí a bhean chéile ag súil leis an tríú páiste nuair a maraíodh Art. Toisc go raibh Art saibhir, thug sé saol maith d'Eibhlín sa teach mór a bhí aige i Rath Laoich. Duine teasaí lasánta[6] a bhí ann, agus ba chuma leis olc a chur ar na Sasanaigh.

Bhí na Péindlíthe[7] i bhfeidhm ag an am seo, dlíthe a bhí i gcoinne na gCaitliceach. De réir ceann de na Péindlíthe, ní raibh cead ag Caitlicigh capall ní ba luachmhaire[8] ná cúig phunt a bheith aige. Chuir Art olc ar Abraham Morris, Sasanach agus ard-sirriam[9] Chorcaí. D'éiligh Morris go ndíolfadh Art a chapall breá ar chúig phunt. Dhiúltaigh Art an capall a dhíol agus chuaigh rudaí in olcas idir an bheirt. Sa deireadh, mharaigh saighdiúirí Morris Art ag Carraig an Ime ar 4 Bealtaine 1773. Tá Art curtha i Mainistir Chill Chré.

## An caoineadh – na tréithe

- Cumadh caoineadh nuair a fuair duine cáiliúil nó duine muinteartha[10] bás. I gcaoineadh, moladh an duine marbh.
- Labhraíodh go díreach leis an gcorp – creideadh go raibh éisteacht ag an gcorp ar feadh tamaillín tar éis an bháis.
- Luadh naimhde[11] an duine a fuair bás agus cuireadh mallacht[12] orthu go minic.
- Bhí tagairt ann don chlann a bhí fágtha agus do bhrón agus do bhriseadh croí na clainne.
- Úsáideadh uimhir a trí – bhí draíocht éigin ag baint leis an uimhir seo. Buaileadh na lámha – comhartha bróin é seo.
- Uaireanta bhí tagairt ann don duine a bhí fágtha ag ól fhuil an duine mhairbh.

*Cleachtadh*

Aimsigh tréith amháin de na tréithe thuas i ngach véarsa de 'Chaoineadh Airt Uí Laoghaire'.

1 premature; 2 fierce; 3 heartache; 4 widow; 5 Austria; 6 hot tempered; 7 Penal Laws; 8 valuable; 9 high sheriff; 10 related; 11 enemies; 12 curse

# Teicnící filíochta

## Íomhánna

Eibhlín Dhubh Ní Chonaill

Ba bhean ghrámhar **phaiseanta**[13] í. Thit sí i ngrá le hArt an chéad uair a chonaic sí é agus ba chuma léi faoina muintir – phós sí an fear dathúil seo.

*D'éalaíos óm charaid leat*
*I bhfad ó bhaile leat.*

Bhí sí an-sásta lena saol pósta leis. Bhí Art saibhir agus **fial flaithiúil**[14] lena bhean. **Maisíodh**[15] an teach d'Eibhlín. Ní raibh uirthi aon obair a dhéanamh ach saol na mná uaisle a chaitheamh. Bhí **searbhóntaí**[16] sa teach chun an obair go léir a dhéanamh di. D'fhéadfadh sí an lá ar fad a chaitheamh sa leaba dá mba mhian léi é.

*Codladh i gclúmh lachan dom*
*Go dtíodh an t-eadartha*
*Nó thairis dá dtaitneadh liom.*

Cheap sí go raibh Art an-dathúil. Cheap sí freisin go raibh sé cróga agus misniúil agus ní bhfuair sí locht ar bith air. Laoch a bhí ann di.

*Is cuimhin lem aigne . . .*
*Gur bhreá thíodh hata dhuit . . .*
*Lámh dheas chalma*

Máthair mhaith a bhí inti freisin. Bhí sí an-bhuartha faoina cuid páistí agus iad fágtha anois gan grá a n-athar.

*Glaofaid siad ar a n-athair,*
*Is ní bheidh sé acu le freagairt.*

Feicimid grá agus brón Eibhlín sa chaoi ar phléigh sí le bás Airt. Nuair a tháinig an capall ar ais go dtí an teach gan aon **mharcach**[17] air agus fuil ar an **diallait**,[18] bhí a fhios aici ina croí istigh go raibh a grá geal marbh. D'fhág sí an teach chomh tapa agus ab fhéidir léi chun dul go dtí Art.

*Is do bhaineas as na reathaibh*
*Chomh maith is a bhí sé agam*

Nuair a chonaic sí é marbh gan aon duine ina theannta ach seanbhean, bhí brón an domhain uirthi. D'ól sí fuil Airt chun a grá dó a chur in iúl. Theastaigh uaithi go mairfeadh cuid d'Art inti go deo.

*Is níor fhanas le hí ghlanadh*
*Ach í ól suas lem basaibh.*

Tá briseadh croí Eibhlín le feiceáil sa véarsa deiridh. Bhí an saol ag dul ar aghaidh, bhí daoine ag tabhairt aire don fheirm, ach ní raibh an saol ag dul ar aghaidh d'Eibhlín.

13 passionate; 14 generous; 15 was decorated;
16 servants; 17 rider; 18 saddle

Ní fhaca sí aon sonas os a comhair gan Art. Luaigh sí Gaibhne Oileán na bhFionn, **gaibhne**[19] draíochta Thuatha Dé Danann, ach níorbh féidir leo a **cumha**[20] agus a pian a **mhaolú**.[21] Is ag Art amháin a bhí leigheas ar a pian, agus mar sin bheadh sí ag fulaingt go deo. Tá an **tsamhail**[22] ag deireadh an véarsa an-simplí ach an-éifeachtach. Bhí a croí faoi ghlas agus bhí eochair a croí ag Art amháin.

*Dúnta suas go dlúth*
*Mar a bheadh glas a bheadh ar thrúnc*
*'S go raghadh an eochair amú.*

*Cleachtadh*

'Tá an grá agus an ghruaim le feiceáil i saol Eibhlín.' Déan plé ar an ráiteas seo.

**Art**

Is trí shúile Eibhlín a fhaighimid léargas ar Art, agus ina súile bhí sé gan locht. Bhí sé fial flaithiúil lena bhean chéile agus thug sé saol maith di.

*Chuiris parlús á ghealadh dhom*
*Rúmanna á mbreacadh dhom*

Dar le hEibhlín, bhí Art dathúil.

*Gur bhreá thíodh hata dhuit*
*Faoi bhanda óir tarraingthe*

Athair maith a bhí ann. Shíl Eibhlín go mbeadh a pháistí á lorg nuair nár tháinig sé abhaile mar go raibh grá mór ag Art orthu.

*Fiafróid díom go tapaidh*
*Cár fhágas féin a n-athair.*

Bhí saibhreas Airt **feiceálach**[23] – níor chuir sé i bhfolach é. Bhí teach breá, capall breá, éadaí deasa agus 'Claíomh cinn airgid' aige. Chuir a phearsantacht agus a **gheáitsí**[24] isteach ar dhaoine, go háirithe ar Abraham Morris.

*Siar go t'iallait ghreanta*
*Mar a mbitheá id shuí 's id sheasamh.*

Tá an chuma air nach raibh eagla ar Art roimh dhuine ar bith. Chuaigh sé amach ag marcaíocht ar a chapall breá. Ba chuma leis cad a cheap Morris ná na saighdiúirí eile faoi.

*Rompsáil bhagarthach . . .*
*Tú i gcóir chun falaracht,*
*Is each caol ceannann fút.*

B'fhéidir go raibh Art **meargánta**.[25] Ba chuma leis faoi Abraham Morris agus a shaighdiúirí ach bhí an chumhacht acu agus mharaigh siad é.

*Cé gur leo a cailleadh tu,*
*A mhuirnín mh'anama.*

19 smiths; 20 sorrow; 21 lessen; 22 simile; 23 showy; 24 antics; 25 reckless

*Cleachtadh*

'Cé gur laoch a bhí in Art d'Eibhlín, tá an chuma ar an scéal go raibh sé meargánta.' An ráiteas seo a phlé.

## Mothúcháin

Is iad an grá agus an briseadh croí na mothúcháin atá chun tosaigh sa dán seo.

Tá grá Eibhlín d'Art le feiceáil san athrá sa **loinneog**[26] ag tús gach véarsa.

*Mo ghrá go daingean tu! . . .*
*Mo chara thu go daingean! . . .*
*Mo ghrá thu agus mo rún!*

Bhí Eibhlín dúnta i ngrá le hArt ón gcéad lá a chonaic sí é agus d'fhág sí a muintir chun é a phósadh. Dar le hEibhlín, bhí Art gan locht. Bhí sé dathúil, fial flaithiúil agus cróga agus ghléas sé go maith. Thug sé saol iontach di i dteach mór. Ba chuimhin léi lá amháin nuair a d'fhéach Art an-dathúil. Tá a grá dó le feiceáil sa chuimhne sin.

*Is cuimhin lem aigne . . .*
*Gur bhreá thíodh hata dhuit*
*Faoi bhanda óir tarraingthe*

Toisc go raibh grá Eibhlín d'Art chomh láidir sin, chuir a bhás isteach go mór uirthi. Níor chreid sí go bhfaigheadh Art bás go deo. Nuair a tháinig capall Airt chuici gan an marcach, bhí a fhios aici ina croí istigh go raibh sé marbh. Níor fhan sí nóiméad – bhí an oiread sin scanraidh agus **líonrith**[27] uirthi gur thóg sí trí léim agus d'imigh sí chomh tapa agus ab fhéidir léi go dtí corp a grá.

*Thugas léim go tairsigh,*
*An dara léim go geata,*
*An tríú léim ar do chapall.*

Bhí Eibhlín cosúil le **bean mhire**[28] nuair a chonaic sí corp Airt. Bhí uafás uirthi go bhfuair sé bás gan sagart. D'ól sí fuil Airt chun a grá dó a chur in iúl. Theastaigh uaithi go mbeadh cuid d'Art i gcónaí aici.

*Do chuid fola leat 'na sraithibh;*
*Is níor fhanas le hí ghlanadh*
*Ach í ól suas lem basaibh.*

Tá briseadh croí agus éadóchas Eibhlín le feiceáil sa véarsa deiridh go háirithe. Bhí an saol ag dul ar aghaidh ach bhí saol Eibhlín thart. Tá an focal 'cumha' ann faoi dhó. Ní raibh aon leigheas i ndán di. Níorbh fhéidir le haon duine i gCúige Mumhan í a leigheas agus níorbh fhéidir leis an **treabh**[29] draíochta, Tuatha Dé Danann, í a leigheas ach an oiread. Ag Art amháin a bhí leigheas ar a brón. Bheadh sí croíbhriste go dtí lá a báis féin.

*Go dtiocfaidh Art Ó Laoghaire chugham*
*Ní scaipfidh ar mo chumha*
*Atá i lár mo chroí á bhrú*

26 refrain; 27 panic; 28 mad woman; 29 tribe

*Cleachtadh*

Scríobh alt faoin dán, ag baint úsáide as na focail seo a leanas:

briseadh croí; gan locht; fial flaithiúil; dathúil; marcach; bean mhire; fuil Airt; éadóchas; cumha; treabh draíochta.

## Friotal

Baineann an file úsáid as friotal deas simplí díreach sa dán. Níl aon fhocal deacair ag cur isteach ar théama an dáin – brón mór Eibhlín i ndiaidh a grá, Art. Bhí Eibhlín ag labhairt go díreach óna croí agus is **fearrde**[30] an dán mar sin. Tá an véarsa faoi na páistí an-díreach agus an-bhrónach. Bhrisfeadh an íomhá de na páistí ag lorg a n-athar do chroí.

*Glaofaid siad ar a n-athair,*
*Is ní bheidh sé acu le freagairt.*

Tá athrá sa dán, go háirithe sa loinneog ag tús gach véarsa. Cuireann na línte seo béim ar ghrá láidir Eibhlín d'Art.

*Mo ghrá go daingean tu! . . .*
*Mo chara thu go daingean! . . .*
*Mo ghrá thu agus mo rún!*

Tá friotal agus nósanna an chaointe síos tríd an dán. Rinne Eibhlín trí léim nuair a tháinig an capall gan mharcach chuici. Bhí uimhir a trí **nósmhar**[31] sna caointe. D'ól Eibhlín fuil Airt, rud eile a bhí nósmhar sna caointe.

Labhair Eibhlín go díreach le hArt. Cuireann sé seo grá Eibhlín dó in iúl. Déanann sé an dán níos drámata agus níos pearsanta agus bhí sé nósmhar sna caointe freisin. Creideadh go raibh éisteacht ag an gcorp ar feadh tamaillín i ndiaidh an bháis.

*Mo chara thu go daingean!*
*Is níor chreideas riamh dod mharbh*
*Gur tháinig chugam do chapall*

Cé go bhfuil na línte faoi bhás Airt beagáinín **áiféiseach**,[32] cuireann athrá an fhocail 'gan' béim ar uaigneas agus ar **chaillteanas**[33] Eibhlín. Cuireann sé le brón Eibhlín go bhfuair Art bás ina aonar 'Gan Pápa gan easpag, / Gan cléireach gan sagart'.

B'fhéidir go bhfuil an friotal is simplí ach is éifeachtaí le fáil sa véarsa deiridh. Tá an focal 'cumha' ann faoi dhó, ag cur béime ar **chruachás**[34] Eibhlín. Tá samhail na heochrach an-simplí agus an-díreach ach tháinig sé ó chroí Eibhlín. Tuigimid go mbeadh sí cráite go deo.

*Cleachtadh*

Roghnaigh trí shampla den fhriotal is mó a chuireann briseadh croí Eibhlín in iúl.

30 better; 31 conventional; 32 nonsensical; 33 loss; 34 plight

## Ceisteanna agus freagraí samplacha

### 1 'Is caoineadh traidisiúnta é an caoineadh seo.' Do thuairim uait faoi seo.

Aontaím leis an ráiteas seo gur caoineadh traidisiúnta é 'Caoineadh Airt Uí Laoghaire'. Chum bean chéile Airt, Eibhlín Dhubh Ní Chonaill, an caoineadh seo nuair a mharaigh saighdiúirí Abraham Morris é. Sa chaoineadh traidisiúnta moladh an duine marbh, agus mhol Eibhlín a fear go hard na spéire anseo. Mhol sí a fhlaithiúlacht – maisíodh an teach di agus ní raibh uirthi aon obair a dhéanamh.

*Codladh i gclúmh lachan dom*
*Go dtíodh an t-eadartha*
*Nó thairis dá dtaitneadh liom.*

Dar léi, bhí Art dathúil. Ghléas sé go galánta. Bhí claíomh cinn airgid aige agus bhí sé cróga. Laoch ab ea Art dá bhean chéile. Cheap sí go raibh eagla ar na Sasanaigh roimhe.

Sa chaoineadh traidisiúnta, labhraíodh go díreach leis an gcorp, toisc gur creideadh go raibh éisteacht ag an gcorp ar feadh tamaillín i ndiaidh an bháis. Labhair Eibhlín go díreach le hArt anseo.

*Is níor chreideas riamh dod mharbh*
*Gur tháinig chugam do chapall*

Nós eile sa chaoineadh ná naimhde an duine a fuair bás a lua. Luaigh Eibhlín na Sasanaigh sa dán seo.

*D'umhlaídís Sasanaigh*
*Síos go talamh duit . . .*
*Cé gur leo a cailleadh tu*

Bhí sé de nós sna caointe traidisiúnta tagairt a dhéanamh don chlann a bhí fágtha freisin. Luaigh Eibhlín a bpáistí sa chaoineadh seo. Tá íomhá thruamhéalach tugtha de Chonchubhar agus Fear Ó Laoghaire ag lorg a n-athar.

*Glaofaid siad ar a n-athair,*
*Is ní bheidh sé acu le freagairt.*

Bhí nósanna eile sa chaoineadh traidisiúnta – uimhir a trí, bualadh na mbos, ól na fola. Sa chaoineadh seo, thóg Eibhlín trí léim nuair a thuig sí go raibh Art marbh agus bhuail sí a bosa. Nuair a tháinig sí go dtí corp Airt, d'ól sí a chuid fola mar chomhartha grá.

Fadó, bhí mná caointe ann a tháinig go dtí tórramh[35] duine mhairbh agus a d'aithris[36] na caointe. B'fhéidir nach raibh mórán aithne acu ar an duine marbh agus mar sin b'fhéidir nach raibh na mothúcháin fíor. Sa chaoineadh seo, áfach, tá fírinne sna mothúcháin, go háirithe i mbrón agus i mbriseadh croí Eibhlín. Tá brón Eibhlín le brath go láidir sa véarsa deiridh. Tá samhail na heochrach agus an tagairt do ghaibhne Thuatha Dé Danann an-éifeachtach. Tuigimid go leanfadh pian agus fulaingt Eibhlín ar aghaidh go deo agus nach raibh leigheas ar bith i ndán di.

*Go dtiocfaidh Art Ó Laoghaire chugham*
*Ní scaipfidh ar mo chumha*

## 2 Déan cur síos ar an meadaracht atá sa dán seo agus léirigh rialacha na meadarachta sin i véarsa amháin.

Is é an **rosc** an mheadaracht atá sa dán seo. Foirm de mheadaracht an amhráin atá ann. Sa rosc, bíonn an guta aiceanta[37] céanna ann ag deireadh gach líne.

*Is domsa nárbh aithr**ea**ch:*
*Chuiris parlús á gh**ea**ladh dhom*
*Rúmanna á mbr**ea**cadh dom*
*Bácús á dh**ea**rgadh dhom,*
*Brící á gc**ea**padh dhom,*
*Rósta ar bh**ea**raibh dom,*
*Mairt á l**ea**gadh dhom;*
*Codladh i gclúmh lachan dom*
*Go dtíodh an t-**ea**dartha*
*Nó thairis dá dtaitn**ea**dh liom.*

Tá an guta aiceanta **ea** ag deireadh gach líne – 'aithr**ea**ch', 'gh**ea**ladh', 'mbr**ea**cadh' . . .

Bíonn línte gearra ann le dhá nó trí bhéim iontu.

*Chuiris parlús á ghealadh dhom*
*Rúmanna á mbreacadh dom*
*Bácús á dheargadh dhom*

## 3 Ar thaitin an dán leat? Tabhair fáthanna le do thuairim.

Thaitin an dán go mór liom. Ceapaim go bhfuil fírinne sna mothúcháin ann. Tá grá Eibhlín d'Art soiléir. Thit sí i ngrá leis an chéad uair a chonaic sí é agus bhí sí sona sásta leis.

*Lá dá bhfaca thu*
*Ag ceann tí an mhargaidh . . .*
*Thug mo chroí taitneamh duit*

Cheap sí go raibh Art gan locht agus go raibh sé an-dathúil.

*Gur bhreá thíodh hata dhuit . . .*
*Claíomh cinn airgid –*
*Lámh dheas chalma*

35 wake; 36 recited; 37 stressed

Ceapaim gur éirigh thar cionn leis an bhfile a brón a chur in iúl. Níor chreid sí go bhféadfadh Art bás a fháil agus bhí idir líonrith agus uafás uirthi nuair a tháinig an capall gan mharcach ar ais chuici. Feicim í i m'intinn ag rásaíocht go dtí Art, ag teacht ar a chorp marbh agus ansin í ag ól na fola. Ceapaim go bhfuil an véarsa deiridh an-éifeachtach ar fad. Bhí croí Eibhlín briste, bhí cumha uirthi agus ní bheadh sí sona arís gan Art.

*Go dtiocfaidh Art Ó Laoghaire chugham*
*Ní scaipfidh ar mo chumha*

Thaitin an loinneog ag tús gach véarsa liom. Tá sé an-éifeachtach agus an-cheolmhar.

*Mo ghrá go daingean tu!*

Fanfaidh grá agus brón Eibhlín i mo chuimhne go ceann i bhfad.

## Ceisteanna breise

1. 'Cé gur caoineadh traidisiúnta é an dán seo, tá fírinne sna mothúcháin.' Do thuairim uait faoi seo.
2. Déan cur síos ar shaol an fhile agus ar chúlra stairiúil an chaointe seo.
3. Cén léiriú a fhaighimid ar Art Ó Laoghaire sa dán seo?
4. Mínigh an véarsa deiridh i do chuid focal féin.
5. Céard iad na mothúcháin a mhúscail an dán seo ionat féin? Déan cur síos orthu.

**Aire duit!**

**Bí cinnte go bhfuil na téarmaí seo a leanas ar eolas agat.**

- Art Ó Laoghaire
- a bhean chéile
- an caoineadh
- bean ghrámhar phaiseanta
- fuil Airt
- an tsamhail
- 'Caoineadh Airt Uí Laoghaire'
- brón a mhná céile
- cúlra an chaointe
- fear meargánta teasaí
- ag ól na fola
- samhail na heochrach

## FACSS

Foghlaim na habairtí seo thíos agus beidh tú ábalta aon cheist a fhreagairt!

| Féach, Abair, Clúdaigh | Scríobh | Seiceáil |
|---|---|---|
| 1 Is é bás tragóideach Airt Uí Laoghaire agus briseadh croí a mhná céile téama an dáin seo. | | |
| 2 Ba bhean chróga phaiseanta í Eibhlín. | | |
| 3 Thug Art saol na mná uaisle d'Eibhlín. | | |
| 4 I súile Eibhlín ba laoch gan locht é Art. | | |
| 5 Bhí Art fial flaithiúil lena bhean chéile. | | |
| 6 Bhí Art meargánta agus chuir sé olc ar na Sasanaigh. | | |
| 7 Is iad an grá agus an briseadh croí na mothúcháin is láidre sa dán. | | |
| 8 Cuireann an loinneog ag tús gach véarsa béim ar ghrá Eibhlín d'Art. | | |
| 9 Tá samhail na heochrach an-simplí ach an-éifeachtach ag cur bhrón Eibhlín in iúl. | | |
| 10 Cé gur caoineadh traidisiúnta atá sa dán seo, tá fírinne sna mothúcháin ann. | | |

# 8 Fill Arís

**le Seán Ó Ríordáin**

Fág Gleann na nGealt[1] thoir,
Is a bhfuil d'aois seo ár dTiarna[2] i d'fhuil,
Dún d'intinn ar ar tharla
Ó buaileadh[3] Cath Chionn tSáile,[4]
Is ón uair go bhfuil an t-ualach trom
Is an bóthar fada, bain ded mheabhair
Srathar[5] shibhialtacht an Bhéarla,
Shelley, Keats is Shakespeare:
Fill arís ar do chuid,
Nigh d'intinn is nigh
Do theanga a chuaigh ceangailte i gcomhréiribh[6]
'Bhí bunoscionn le d'éirim:[7]
Dein d'fhaoistin is dein
Síocháin led ghiniúin féinig[8]
Is led thigh-se féin is ná tréig iad,
Ní dual[9] do neach[10] a thigh ná a threabh[11] a thréigean.[12]
Téir[13] faobhar na faille[14] siar tráthnóna gréine go Corca Dhuibhne,[15]
Is chífir[16] thiar ag bun na spéire ag ráthaíocht[17] ann
An Uimhir Dhé,[18] is an Modh Foshuiteach,[19]
Is an tuiseal gairmeach[20] ar bhéalaibh[21] daoine:
  Sin é do dhoras,
  Dún Chaoin[22] fé sholas an tráthnóna,
  Buail is osclófar
  D'intinn féin is do chló ceart.[23]

## Gluais

1 *Gleann na nGealt* – ainm áite i gCiarraí, ar an mbóthar idir an Com agus an Daingean; théadh gealta chun cónaithe ann fadó

2 *aois seo ár dTiarna* – an aois ina bhfuilimid anois

3 *buaileadh* – troideadh, buadh

4 *Cath Chionn tSáile* – buadh ar na Gaeil i gCath Chionn tSáile i Nollaig na bliana 1601; tháinig na Sasanaigh i réim in Éirinn ina dhiaidh sin

5 *srathar* – rud a chuirfeadh srian nó ceangal ort

6 *a chuaigh ceangailte i gcomhréiribh* – a chuaigh i dtaithí ar struchtúir chainte (an Bhéarla)

7 *bunoscionn le d'éirim* – nár réitigh le do dhúchas féin

8 *led ghiniúin féinig* – le do mhuintir féin

9 *ní dual* – níl sé nadúrtha

10 *do neach* – do dhuine

11 *a threabh* – a mhuintir

12 *a thréigean* – a fhágáil

13 *téir* – téigh

14 *faobhar na faille* – ar imeall na haille

15 *Corca Dhuibhne* – Gaeltacht Chiarraí atá taobh thiar den Daingean

16 *chífir* – feicfidh tú

17 *ag ráthaíocht* – faoi bhláth, go flúirseach

18 *an Uimhir Dhé* – mír ghramadaí, foirm faoi leith den Tuiseal Tabharthach uatha den ainmfhocal a thagann i ndiaidh 'dhá'

19 *an Modh Foshuiteach* – mír ghramadaí a chuireann guí nó mian in iúl (mar shampla, 'go bhfága Dia do shláinte agat')

20 *an tuiseal gairmeach* – 'a Sheáin', 'a Mháire', srl.

21 *ar bhéalaibh* – in úsáid (ag daoine) sa chaint

22 *Dún Chaoin* – paróiste i gCorca Dhuibhne

23 *do chló cheart* – do dhúchas ceart, do theanga cheart (an Ghaeilge)

## Leagan próis

Fág Gleann na nGealt i do dhiaidh,
agus fág an saol a bhí á chaitheamh agat go dtí seo taobh thiar díot freisin.
Cuir glan amach as d'aigne gach rud a tharla
ó buadh ar na Gaeil ag Cath Chionn tSáile,
toisc go bhfuil meáchan trom le hiompar agat
agus toisc go bhfuil bóthar fada romhat, cuir as d'intinn
an ceangal atá ag cultúr an Bhéarla ort –
Shelley, Keats is Shakespeare.
Téigh ar ais go dtí do chultúr féin,
Glan d'aigne agus glan
do chuid cainte atá ceangailte le struchtúr cainte
nach bhfuil oiriúnach do d'intinn féin.
Déan d'fhaoistin is bí macánta,
bíodh meas agat ort féin
agus ar do chine féin agus ná fág go deo é.
Níl sé nádúrtha go dtabharfadh aon duine cúl lena chine ná lena mhuintir féin.
Téigh siar tráthnóna grianmhar ar imeall na haille go dtí Corca Dhuibhne,
agus feicfidh tú ann ag íor na spéire mar scoil iasc
An Uimhir Dhé is an Modh Foshuiteach,
Is an Tuiseal Gairmeach á labhairt go nádúrtha ag muintir na háite.
Sin é do bhealach isteach go dtí do chultúr féin –
Dún Chaoin agus grian an tráthnóna ag taitneamh air.
Buail an doras agus tiocfaidh tú
Ort féin go hiomlán agus ar do theanga cheart.

## An file – saol agus saothar

Rugadh Seán Ó Ríordáin i mBaile Bhuirne, Contae Chorcaí i 1916. Tógadh é i mBreac-Ghaeltacht, áit a raibh idir Ghaeilge agus Bhéarla á labhairt. Gaeilge a bhí ag a athair féin agus Béarla a bhí ag a mháthair. D'oibrigh sé sa státseirbhís i Halla na Cathrach i gCorcaigh. D'fhulaing sé le heitinn ar feadh na mblianta agus chaith sé tréimhsí fada san ospidéal. Toisc go raibh sé go dona tinn agus gar don bhás chomh minic sin ina shaol, scríobh sé a lán dánta faoin téama sin.

Scríobh sé colún rialta don *Irish Times*. Is duine de mhórfhilí na Gaeilge é. Scríobh sé na cnuasaigh filíochta *Eireaball Spideoige* (1952), *Brosna* (1964) agus *Línte Liombó* (1971). Foilsíodh an cnuasach *Tar Éis mo Bháis, agus Dánta Eile* i 1978. Fuair sé bás i 1977. In 2011 foilsíodh *Seán Ó Ríordáin: Na Dánta.*

## Téama an dáin

Grá an fhile don Ghaeilge agus an dochar (dar leis) a dhéanann **tréigean**[1] na Gaeilge don Éireannach is téama don dán seo. Tá an duine **iomlán**[2] sona le fáil i measc a mhuintire féin agus a theanga dhúchais á labhairt aige. Dar leis an bhfile, déanann labhairt an Bhéarla agus tréigean na Gaeilge an-dochar d'anam na nÉireannach. **Is geall le**[3] **peaca**[4] é tréigean na Gaeilge. **Ní oireann**[5] litríocht, cultúr ná teanga an Bhéarla d'intinn an Éireannaigh. Ordaíonn an file dúinn an Béarla a fhágáil inár ndiaidh agus filleadh ar **fhoinse**[6] na teanga sa Ghaeltacht.

*Deachtú*

Foghlaim, scríobh agus ceartaigh an t-alt thuas.

## Teicnící filíochta

### Meafair

Tá an dán lán de mheafair. Is meafair iad cuid de na **logainmneacha**[7] sa dán fiú.

#### Gleann na nGealt

Tá an áit seo i gCiarraí, ar an mbóthar idir an Com agus an Daingean. Fadó, théadh **gealta**[8] chun cónaithe ann agus b'in an chaoi a bhfuair an áit an t-ainm. Sa dán seo, seasann Gleann na nGealt don **teorainn**[9] idir domhan an Bhéarla agus domhan na Gaeilge. Tá domhan an Bhéarla **thoir**,[10] fad is atá domhan na Gaeilge **thiar**.[11]

#### Srathar shibhialtacht an Bhéarla

Úsáidtear **srathar**[12] ar asal chun ualach a iompar. Sa dán seo úsáideann an file an focal chun cur in iúl gur rud é an Béarla a chuireann **ceangal**[13] ar dhuine. Dar leis an bhfile, cuireann cultúr an Bhéarla ceangal nó smacht ar an Éireannach.

*Nigh d'intinn is nigh . . .*
*Dein d'fhaoistin is dein*
*Síochháin led ghiniúin féinig*

Cuireann na meafair 'nigh' agus 'Dein d'fhaoistin' in iúl go gceapann an file gur rud salach díobhálach é an Béarla, cosúil le peaca, agus gur gá cultúr an Bhéarla a fhágáil inár ndiaidh.

#### Faobhar na faille

Cuireann an meafar seo in iúl go gceapann an file go bhfuil an Ghaeilge i mbaol anois – tá sí i mbaol titim d'aill – is é sin, bás a fháil.

#### Ag ráthaíocht

Nuair a bhíonn na héisc ag **ráthaíocht**,[14] bíonn scoileanna iasc ann agus iad flúirseach. Cuireann an meafar seo in iúl go bhfuil saibhreas álainn na Gaeilge le fáil sa Ghaeltacht.

1 abandonment; 2 complete; 3 it's like; 4 sin; 5 doesn't suit; 6 source; 7 placenames; 8 insane people; 9 border; 10 in the east; 11 in the west; 12 yoke; 13 restraint; 14 shoaling

Do dhoras

Seasann an meafar seo don bhealach atá ag an Éireannach teacht ar an bhfíor-Éireannach – is é sin, filleadh ar Ghaeilge na Gaeltachta, ar an teanga a oireann don Éireannach. Má bhuaileann an duine ar an doras seo, má théann sé go dtí an Ghaeltacht, beidh sé in ann srathar shibhialtacht an Bhéarla a fhágáil ina dhiaidh agus beidh a intinn glan, gan pheaca.

*Cleachtadh*

'Is léir ó na meafair sa dán go raibh dearcadh an-diúltach ag an bhfile ar an mBéarla.' Déan plé air seo.

## An íomhá den fhile

Faighimid íomhá de dhuine atá paiseanta agus láidir i dtaobh na Gaeilge agus dímheasúil[15] i dtaobh an Bhéarla. Mar is léir ón dán seo, taitníonn an Ghaeilge go mór leis an bhfile agus tá sé go láidir den tuairim go ndearna an Béarla agus tréigean na Gaeilge an-dochar don Éireannach.

Tá a dhímheas ar an mBéarla le feiceáil sna meafair a úsáideann sé agus é ag caint faoin teanga sin. Glaonn sé 'Gleann na nGealt' ar dhomhan an Bhéarla, ag rá go mbíonn fadhbanna meabhrach ag daoine a thréigeann an Ghaeilge. Is 'ualach trom' agus 'srathar' é an Béarla. Dar leis, is rud díobhálach é agus caithfear é a ghlanadh ónár n-intinn agus filleadh ar an nGaeilge.

B'fhéidir gurb í an líne 'Ní dual do neach a thigh ná a threabh a thréigean' an líne is fearr a chuireann tuairim an fhile i leith na Gaeilge in iúl. Dar leis, níl sé nádúrtha don duine teanga agus cultúr a thréigean.

Athraíonn meon agus atmaisféar an dáin nuair atá an file ag caint faoin nGaeilge. Tá an file dearfach agus sona ag caint faoin teanga. Tá an ghrian ag taitneamh i gCorca Dhuibhne (fallás na truamhéala).[16] Tá sé soiléir gurb aoibhinn leis an bhfile dul go dtí Dún Chaoin agus teanga álainn nádúrtha na ndaoine a chloisteáil. Ní chuireann na rialacha gramadaí isteach orthu toisc go bhfuil an teanga acu ón gcliabhán.[17]

*Is chífir thiar ag bun na spéire ag ráthaíocht ann*
*An Uimhir Dhé, is an Modh Foshuiteach,*
*Is an tuiseal gairmeach ar bhéalaibh daoine*

Tá an oiread sin grá ag an bhfile don teanga go n-impíonn sé orainn dul go Dún Chaoin agus an teanga a fhoghlaim. Má dhéanaimid é sin, beimid sona agus níos sláintiúla ionainn féin.

15 contemptuous; 16 pathetic fallacy; 17 cradle

*Buail is osclófar*
*D'intinn féin is do chló ceart.*

*Cleachtadh*

Conas a chuireann an file a ghrá don Ghaeilge in iúl?

## Mothúcháin

Is iad an grá don Ghaeilge agus an dímheas ar an mBéarla an dá mhothúchán is láidre sa dán. Tá grá an fhile dá theanga dhúchais le brath go láidir sa dán. Úsáideann an file friotal dearfach agus é ag cur síos ar an teanga agus ar an nGaeltacht. Tá tigh agus treabh an duine le fáil ann – is é sin, teanga, cultúr agus dúchas. Dar leis, tá an duine iomlán, an fíordhuine, le fáil sa Ghaeltacht.

*D'intinn féin is do chló ceart.*

Nuair a labhraíonn sé faoin nGaeltacht, úsáideann sé focail mar 'tráthnóna gréine' agus 'Dún Chaoin fé sholas an tráthnóna'. Is aoibhinn leis féin dul go dtí Dún Chaoin agus an Ghaeilge a chloisteáil.

*An Uimhir Dhé, is an Modh Foshuiteach,*
*Is an tuiseal gairmeach ar bhéalaibh daoine*

Níl aon mheas ag an bhfile ar an mBéarla. Dar leis, ní oireann an Béarla do mhuintir na hÉireann. Cuireann sé díomá agus brón ar an bhfile go bhfuil an Béarla i réim sa tír 'Ó buaileadh Cath Chionn tSáile'. Thréig muintir na hÉireann (an chuid is mó díobh) an Ghaeilge agus rinne sé sin dochar dúinn. Is teanga é an Béarla a bhí 'bunoscionn le d'éirim'. Níl sé nádúrtha agus níl sé sláintiúil do theanga dhúchais a thréigean.

*Ní dual do neach a thigh ná a threabh a thréigean.*

Úsáideann an file friotal diúltach ag caint faoin mBéarla – 'ualach', 'bóthar fada', 'srathar', mar shampla.

*Cleachtadh*

Scríobh alt faoin dán, ag baint úsáide as na focail seo a leanas:

teanga dhúchais; teorainn; díobhálach; Béarla; dímheas; tréigean; dearfach; diúltach; impíonn; an Ghaeltacht.

## Friotal

Baineann an file úsáid as friotal **lom gonta**[18] sa dán. Oireann an friotal sin d'ábhar an dáin mar go bhfuil **práinn**[19] ag baint le teachtaireacht an fhile – caithfear filleadh ar an nGaeilge.

Tá codarsnacht idir an friotal a úsáideann an file agus é ag caint faoin mBéarla agus an friotal a úsáideann sé agus é ag caint faoin nGaeilge. Úsáideann an file friotal diúltach gruama nuair atá sé ag caint faoin mBéarla. Is **ualach**[20] é an Béarla. Is meafar diúltach é 'Srathar shibhialtacht an Bhéarla', a deir go bhfuil an Béarla ag cur ceangail orainn mar chine. Tá an Béarla cosúil le rud salach, le peaca fiú, agus tá orainn dul chuig an **bhfaoistin**[21] chun an Béarla a bhaint dínn.

18 stark, precise; 19 urgency; 20 burden; 21 confession

Nuair atá an file ag caint faoin nGaeilge, is friotal simplí ach dearfach a úsáideann sé. Baineann an Ghaeilge lenár gcultúr, lenár ndúchas – is í ár dtigh agus ár dtreabh í agus ní ceart í a thréigean.

*Ní dual do neach a thigh ná a threabh a thréigean.*

Nuair a labhraíonn an file faoin nGaeltacht, bíonn an ghrian ag taitneamh ann.

*Dún Chaoin fé sholas an tráthnóna*

Tá síocháin le fáil dúinn sa Ghaeltacht. Tá an duine iomlán, an duine fírinneach, le fáil ann.

*D'intinn féin is do chló ceart.*

Baineann an file an-úsáid as an Modh Ordaitheach agus as an gcaint dhíreach. Tá an Modh Ordaitheach ann tríd an dán ar fad – 'Fág', 'Dún', 'Fill arís', 'Nigh', 'Dein d'fhaoistin', 'Téir', 'Buail'. Cuireann sé in iúl go bhfuil práinn ag baint le teachtaireacht an fhile – caithfimid dul ann, níl aon rogha againn.

Tá Seán Ó Ríordáin ag caint go díreach linn sa dán. Arís, cuireann sé sin an phráinn a bhaineann le teachtaireacht an fhile in iúl, agus déanann sé an dán níos láidre agus níos pearsanta.

*Sin é do dhoras . . .*
*Buail is osclófar*
*D'intinn féin is do chló ceart.*

Tá athrá sa dán. 'Fill Arís' is teideal don dán. Tá an file ag impí orainn nó ag ordú dúinn filleadh ar an nGaeilge. Tá an líne sin le fáil arís i lár an dáin.

*Fill arís ar do chuid*

Cuireann an t-athrá béim ar an bpráinn a bhaineann le teachtaireacht an fhile.

Tá an focal 'intinn' ar fáil faoi thrí sa dán – 'Dún d'intinn', 'Nigh d'intinn' agus 'osclófar / D'intinn'. Dar leis an bhfile, déanann an Béarla dochar d'intinn an duine. Chun a bheith slán agus iomlán mar dhaoine, tá orainn an Béarla a ní dár n-intinn agus ansin tuigfimid tábhacht na Gaeilge dúinn. Cuireann athrá an fhocail béim ar theachtaireacht an fhile.

*Cleachtadh*

'Friotal lom gonta ach éifeachtach atá sa dán seo.' Do thuairim uait faoi sin.

### Foirm agus meadaracht

Saorvéarsaíocht atá sa dán seo.

Tá go leor samplaí den uaim sa dán – 'a **th**igh ná a **th**reabh a **th**réigean', '**f**aobhar na **f**aille', mar shampla.

Tá comhfhuaim idir deireadh cuid de na línte agus focal i lár na chéad líne eile – 'Fosh**ui**teach' (deireadh líne 19) agus 't**ui**seal' (lár líne 20).

## Ceisteanna agus freagraí samplacha

### 1 Cad é téama an dáin seo? Déan cur síos ar an gcaoi a ndéantar forbairt air sin ó thús go deireadh an dáin.

Grá an fhile don Ghaeilge agus an dochar (dar leis) a dhéanann tréigean na Gaeilge don Éireannach is téama don dán seo.

Thosaigh an Ghaeilge ag meath[22] in Éirinn tar éis Chath Chionn tSáile agus tháinig an Béarla i réim. Dar leis an bhfile, rinne sé sin an-dochar d'intinn na nGael. Ní oireann an Béarla dár n-intinn. Nílimid in ann muid féin a chur in iúl i gceart as Béarla toisc go bhfuil an teanga sin 'bunoscionn' lenár n-éirim. Úsáideann an file friotal diúltach láidir agus é ag caint faoin mBéarla – glaonn sé 'ualach trom', 'bóthar fada' agus 'srathar' air. Cosúil le peaca, is rud é a dhéanann díobháil dúinn agus ba cheart dúinn an Béarla agus a chultúr a ní amach as ár n-anam.

*Nigh d'intinn is nigh*
*Do theanga . . .*

Tá grá an fhile don Ghaeilge agus don chultúr dúchais le feiceáil sa dara leath den dán. Is dlúthchuid[23] dínn í an Ghaeilge agus níor cheart í a thréigean. Úsáideann an file friotal mar 'Fill arís ar do chuid', 'led ghiniúin féinig', 'ná tréig iad' chun a thaispeáint dúinn chomh tábhachtach is atá an Ghaeilge dúinn mar chine.

Tá sé soiléir ón dán gurb aoibhinn leis an bhfile an Ghaeilge. Is aoibhinn leis dul go dtí Dún Chaoin agus éisteacht leis an teanga álainn á labhairt go nádúrtha agus go líofa ag na daoine.

*An Uimhir Dhé, is an Modh Foshuiteach,*
*Is an tuiseal gairmeach ar bhéalaibh daoine*

Tá fallás na truamhéala sa dán. Nuair atá Ó Ríordáin ag caint faoi fhoinse na Gaeilge sa Ghaeltacht, bíonn an ghrian ag taitneamh agus is friotal dearfach sona a úsáideann sé.

*Dún Chaoin fé sholas an tráthnóna*

Cosúil le hInis Mór do Mháirtín Ó Direáin, b'áit aislingeach[24] idéalach[25] a bhí i gCorca Dhuibhne do Sheán Ó Ríordáin, agus b'in an áit a raibh sé ar a shuaimhneas agus compordach ann féin toisc gur chuala sé agus gur labhair sé Gaeilge ann.

### 2 Déan cur síos ar an úsáid a bhaineann an file as logainmneacha sa dán.

Tá raidhse[26] mhaith logainmneacha sa dán seo agus brí faoi leith[27] ag baint leo ar fad.

Is é Gleann na nGealt an chéad logainm atá ann – tá an áit seo i gCiarraí. Fadó, théadh gealta chun cónaithe ann agus b'in an chaoi a bhfuair an áit an t-ainm. Sa dán seo, seasann Gleann na nGealt don teorainn idir domhan an Bhéarla agus domhan na Gaeilge. Tá domhan an Bhéarla thoir, fad is atá domhan na Gaeilge thiar. Taispeánann an meafar seo go bhfuil an Ghaeilge imeallaithe[28] inniu agus scartha ó shaol mhuintir na hÉireann.

Luann an file Cionn tSáile. Bhí cath ann i 1601 idir na hÉireannaigh agus na Sasanaigh. Bhí an bua ag na Sasanaigh agus bhí an chumhacht acu sa tír ina dhiaidh sin. Thosaigh an Ghaeilge ag meath sna blianta ina dhiaidh sin. Ba bhreá leis an bhfile go mbeadh staid na Gaeilge mar a bhí sí roimh Chath Chionn tSáile.

22 declining; 23 part and parcel; 24 dreamlike; 25 idealised; 26 range; 27 special; 28 marginalised

Luann an file dhá áit i nGaeltacht Chiarraí – Corca Dhuibhne agus Dún Chaoin. Théadh Seán Ó Ríordáin go dtí an Ghaeltacht seo chun an Ghaeilge a labhairt le cainteoirí dúchais an cheantair. Dar leis, tá foinse na teanga le fáil sna háiteanna seo. Mhothaigh an file go raibh sé ag baile ansin, go raibh an fíor-Sheán Ó Ríordáin le fáil ann.

Cuireann na logainmneacha tuairimí an fhile faoin mBéarla agus faoin nGaeilge in iúl go han-éifeachtach.

### 3 Déan cur síos ar dhá mhothúchán a mhúscail an dán ionat féin.

Mhúscail an dán mórtas cultúir agus fearg ionam.

Chuir an file ag smaoineamh mé faoi staid na Gaeilge anois agus faoi thábhacht na Gaeilge don tír. Níl meas ag a lán daoine ar an teanga agus is mór an trua é sin. Taispeánann grá an fhile don Ghaeilge chomh tábhachtach is atá an teanga dúinn. Tá rud éigin caillte againn mar thír toisc nach bhfuil an Ghaeilge á labhairt againn. Labhraímid teanga atá 'bunoscionn' lenár n-éirim. Ba mhaith liom go mbeadh níos mó daoine bródúil as an nGaeilge agus go bhfillfidís ar an nGaeilge.

Chuir an dán fearg orm freisin. Tá fearg orm nach bhfuil an Ghaeilge á labhairt sa tír agus toisc nach bhfuil muintir na hÉireann bródúil as a dteanga. Tá fearg orm gur thréig daoine an teanga agus an cultúr.

*Ní dual do neach a thigh ná a threabh a thréigean.*

Tá fearg orm toisc nach dtéann níos mó daoine go dtí foinse na teanga sa Ghaeltacht chun an Ghaeilge a fhoghlaim.

*Sin é do dhoras,*
*Dún Chaoin fé sholas an tráthnóna*

## Ceisteanna breise

1. Cad é téama an dáin seo? Déan cur síos ar na bealaí a ndéantar forbairt ar an téama seo.
2. Cén léiriú a fhaighimid ar an bhfile féin sa dán? Cuir fáthanna le do thuairim.
3. Cad é do mheas ar an úsáid a bhaineann an file as logainmneacha agus as an athrá sa dán? Cuir fáthanna le do thuairim.
4. 'Tá dearcadh an-diúltach ag an bhfile ar shaol na hÉireann.' Do thuairim uait faoin ráiteas seo.
5. Céard iad na mothúcháin is treise sa dán? Conas a chuirtear in iúl iad?

**Aire duit!**

**Bí cinnte go bhfuil na téarmaí seo a leanas ar eolas agat.**

- an teanga
- an teanga dhúchais
- an file
- an Béarla
- an Ghaeilge
- an Ghaeltacht
- tréigean na teanga
- foinse na teanga dúchais
- dímheas an fhile
- domhan an Bhéarla
- domhan na Gaeilge
- Gaeilge na Gaeltachta

## FACSS

Foghlaim na habairtí seo thíos agus beidh tú ábalta aon cheist a fhreagairt!

| Féach, Abair, Clúdaigh | Scríobh | Seiceáil |
|---|---|---|
| 1 Grá an fhile don Ghaeilge is téama don dán seo. | | |
| 2 Dar leis an bhfile go ndéanann an Béarla an-dochar don Éireannach. | | |
| 3 Dar leis an bhfile nár cheart d'aon duine a theanga dhúchais a thréigean. | | |
| 4 Is geall le peaca é tréigean na Gaeilge, dar leis an bhfile. | | |
| 5 Ordaíonn an file dúinn filleadh ar an nGaeilge. | | |
| 6 Tá an dán lán de mheafair. | | |
| 7 Seasann Gleann na nGealt don teorainn idir domhan an Bhéarla agus domhan na Gaeilge. | | |
| 8 Is iad an grá don Ghaeilge agus an dímheas ar an mBéarla an dá mhothúchán is treise sa dán. | | |
| 9 Úsáideann an file friotal diúltach agus é ag caint faoin mBéarla agus friotal dearfach agus é ag caint faoin nGaeltacht. | | |
| 10 Baineann an file úsáid as friotal lom gonta. | | |

# 9 Colmáin[1]

**le Cathal Ó Searcaigh**

*i gcead do Sigurdur Pálsson*

An cat úd ar an seachtú hurlár de theach
ard cathrach, shíl sé ansiúd ina áras spéire[2]
gur colmán a bhí ann ó dhúchas.[3]

Ó saolaíodh é ba é an seachtú hurlár –
crochta ansiúd[4] idir an saol is an tsíoraíocht[5] –
a bhaile agus a bhuanchónaí.[6]

Ní fhaca sé a mhacasamhail[7] féin ariamh,
cat dá dhéanamh,[8] dá dhath, dá dhreach.[9]
Ní fhaca sé ach daoine agus colmáin ar an aoirdeacht.[10]

Shíl sé ar dtús gur duine a bhí ann,
gur ionann dó ina dhóigh[11] agus ina chosúlacht
leo siúd ar dhá chois a bhí ina thimpeall.
Chuirfeadh sé naipcín fána bhráid[12]
agus shuíodh sé ag an mbord go béasach
le greim bídh a ithe le lánúin óg an tí.
Ní raibh de thoradh air sin ach scread eitigh.[13]
Thógfaí ar shiúl[14] é láithreach
agus dhéanfaí prácás bídh[15] as canna stáin
a shá[16] go míbhéasach[17] faoina shoc.[18]

Is minic a shuíodh sé ina aonar
ar leac na fuinneoige, ag féachaint
ar na colmáin nach dtiocfadh ina láthair.
Amanta theastaigh uaidh téaltú chucu[19]
go ciúin, súgradh leo go binn;[20]
a chrúb[21] a chur iontu ar son grinn.[22]
Ar na laethe úd a mhothaíodh sé dáimh[23] as an ghnáth
leis na colmáin, bhíodh iontas an domhain air
nach ndéanfadh siad cuideachta[24] leis i dtráth ná in antráth.[25]

Sa deireadh, lá buí Bealtaine le luí gréine,[26]
chinn sé[27] léim an cholmáin a thabhairt[28] ó leac na fuinneoige
leis na heiteoga[29] a bhí in easbaidh[30] air . . . faraoir.

An lá a cuireadh i dtalamh é i bpaiste créafóige[31]
sa chúlchlós, a chorp beag ina phraiseach,[32]
bhí colmáin ag cuachaireacht[33] ó gach leac fuinneoige.

## Gluais

1 *colmáin – colúir*
2 *áras spéire – árasán ard*
3 *ó dhúchas – ó nádúr*
4 *crochta ansiúd – thuas ansin*
5 *an tsíoraíocht – domhan gan chríoch*
6 *a bhuanchónaí – a áit chónaithe fhadtéarmach*
7 *a mhacasamhail – (cat) cosúil leis féin*
8 *dá dhéanamh – dá phór*
9 *dá dhreach – dá chruth*
10 *ar an aoirdeacht – san árasán spéire*
11 *ina dhóigh – ina chruth*
12 *fána bhráid – thart faoina mhuinéal*
13 *scread eitigh – scread diúltaithe*
14 *ar shiúl – as an áit*
15 *prácás bídh – manglam bia*
16 *a shá – a chur*
17 *go míbhéasach – go drochmhúinte*
18 *faoina shoc – faoina shrón*
19 *téaltú chucu – sleamhnú chucu*
20 *go binn – go lúcháireach*
21 *a chrúb – a lapa*
22 *ar son grinn – ar son spóirt*
23 *dáimh – cion, grá, bá*
24 *cuideachta – cairdeas*
25 *i dtráth ná in antráth – ag am tráthúil ná ag am míthráthúil (ag am ar bith)*
26 *le luí gréine – le dul faoi na gréine*
27 *chinn sé – rinne sé cinneadh*
28 *léim an cholmáin a thabhairt – léim cosúil le colmán (eitilt)*
29 *na heiteoga – na sciatháin*
30 *in easbaidh – in easnamh*
31 *i bpaiste créafóige – i bpaiste cré*
32 *ina phraiseach – briste brúite*
33 *ag cuachaireacht – ag canadh go binn*

## Leagan próis

Cheap an cat a bhí ina chónaí ar an seachtú hurlár de bhloc ard árasán
sa chathair gur cholúr a bhí ann ó nádúr.

Chaith sé a shaol ar fad ó rugadh é
thuas ansin ar an seachtú hurlár
idir an fíorshaol agus na flaithis.

Ní fhaca sé aon ainmhí cosúil leis féin riamh,
cat den phór céanna, den dath céanna, den chruth céanna.
Ní fhaca sé ach daoine agus colúir thuas ansin ar an seachtú hurlár.

Cheap sé ar dtús gur duine a bhí ann
go raibh an cruth agus an chuma chéanna air
is a bhí ar dhaoine ar dhá chois.

Chuireadh sé naipcín faoina mhuineál
agus shuíodh sé go múinte ag an mbord
ag súil le béile a ithe leis an mbeirt óg sa teach.
Ach níor thaitin sé sin leo agus scread diúltaithe a fuair sé uathu.
Gan mhoill thóg siad ón mbord é
agus bhrúigh siad manglam bia as canna stáin
go mímhúinte faoina shrón.

Shuíodh sé go minic leis féin
ar leac na fuinneoige ag breathnú
ar na colúir nár tháinig in aice leis riamh.
Bhí uaireanta ann agus ba mhaith leis sleamhnú chucu
gan torann a dhéanamh agus súgradh leo go háthasach;
a lapa a chur iontu chun spórt a bheith aige.
Ar laethanta mar sin nuair a bhíodh cion láidir aige ar na colúir
chuireadh sé iontas an domhain air
nach mbíodh suim dá laghad ag na colúir a bheith cairdiúil leis.

Faoi dheireadh, lá buí Bealtaine agus an ghrian ag dul faoi,
shocraigh sé an léim a dhéanann na colúir a dhéanamh é féin ó leac na fuinneoige
leis na sciatháin nach raibh aige . . . mo léan.

An lá a cuireadh an cat i gcré na cille
sa ghairdín ar chúl na n-árasán, a chorp beag briste brúite,
bhí na colúir ag canadh go binn ó gach leac fuinneoige.

## An file – saol agus saothar

Rugadh Cathal Ó Searcaigh i 1956 i nGort an Choirce, Contae Dhún na nGall. Rinne sé staidéar ar an nGaeilge agus ar an mBéarla i gColáiste Phádraig, Má Nuad. Chaith se bliain ag obair i mbeár i Londain. Bhí sé ag obair mar láithreoir le RTÉ ar feadh tamaill agus rinne sé clár faoin bhfile Caitlín Maude.

Tá filíocht, prós agus drámaí scríofa aige. Scríobh sé an leabhar *Seal i Neipeal*. Scríobh sé roinnt leabhar filíochta, *Súile Shuibhne* (1983), *An Bealach 'na Bhaile/Homecoming* (1993) agus *Caiseal na gCorr* (2002) ina measc. Is ball d'Aosdána é. Tá a chuid saothar aistrithe go dtí 15 theanga, ina measc an Rúisis, an Fhraincis, an Ghearmáinis agus an tSeapáinis.

## Téama an dáin

Is é cás[1] agus cruachás[2] an duine aonair nach réitíonn leis an tsochaí timpeall air téama an dáin seo. Léiríonn an file an dochar a dhéantar nuair nach bhfuil an duine dílis dó féin. Is meafar é an cat don duine atá difriúil, don duine nach mothaíonn cosúil le gach duine eile ach a dhéanann iarracht luí isteach leis[3] na daoine timpeall air. Taispeánann an file an t-uaigneas a bhaineann le saol mar sin, nuair a mhothaíonn an duine scartha ón tsochaí agus ón bpobal timpeall air. Níl ach cat amháin sa dán seo – níl sé cosúil leis na colmáin ná leis an mbeirt sa teach. Tá sé ina aonar. Seasann an cat don mhionlach[4] agus na colmáin don tromlach.[5] Is gá don mhionlach gach iarracht a dhéanamh. Taispeánann an dán seo go bhfuil an chumhacht ar fad ag an tromlach agus gur cuma leo go minic faoin duine aonair atá difriúil nó míshona. Is tríd an dúghreann[6] agus tríd an áiféis[7] a chuireann an file an téama seo in iúl.

*Deachtú*

Foghlaim, scríobh agus ceartaigh an t-alt thuas.

1 situation; 2 plight; 3 fit in with; 4 minority; 5 majority; 6 black humour; 7 nonsense

# Teicnící filíochta

## Íomhánna

### An cat

Faighimid íomhá bhrónach de chat uaigneach a chónaíonn in áit atá go hiomlán mínádúrtha dó. Tá sé ina chónaí ar an seachtú hurlár de bhloc árasán sa chathair agus níl aon éalú aige ón áit sin. Leanann an saol seo ar aghaidh go deo.

*Ó saolaíodh é ba é an seachtú hurlár –*
*crochta ansiúd idir an saol is an tsíoraíocht –*
*a bhaile agus a bhuanchónaí.*

Cuireann na focail 'síoraíocht' agus 'buanchónaí' in iúl chomh **seasta síoraí**[8] is atá an saol seo dó.

Ní fhaca sé cat eile riamh ina shaol agus mar sin tá **géarchéim féinaithne**[9] aige. Is cat **cuideachtúil**[10] é agus ba mhaith leis a bheith ábalta súgradh agus meascadh le créatúir eile. Toisc nach bhfaca sé aon chat eile ina shaol, ceapann sé gur duine é. Baineann an file úsáid as áiféis chun iarrachtaí an chait luí isteach le daoine timpeall air a chur in iúl. Suíonn sé ag bord le naipcín air ag súil go n-íosfaidh sé leis an **lánúin**[11] tí! Cé go bhfuil an cat sásta a bheith cosúil leo, ní ghlacann siad leis agus caitheann siad **go mímhúinte**[12] leis.

Tá an cat bocht an-uaigneach. Tá sé **scartha**[13] ón saol thuas ansin ar an seachtú hurlár. Tá an saol ar fad ag dul ar aghaidh taobh amuigh de na fuinneoga. Caitheann an cat a chuid laethanta ag féachaint amach ar an saol sin, é ina aonar. Ní chuireann na colmáin suim dá laghad ann agus ní thuigeann an cat go bhfuil sé difriúil leo. Fiú nuair a fhaigheann sé bás, is cuma leis na colmáin faoi agus leanann siad orthu ag canadh.

*bhí colmáin ag cuachaireacht ó gach leac fuinneoige.*

Is meafar é an cat. Seasann sé don **chadhan bocht aonair**,[14] don duine atá difriúil. Ní bhaineann an cat leis an tsochaí timpeall air ach níl an tsaoirse ná an chumhacht aige a shaol a athrú. Ní bhaineann sé leis an tromlach. Déanann sé gach iarracht a bheith cosúil leis an tromlach – a bheith cosúil leis an lánúin tí agus leis na colmáin – ach a bhás atá mar thoradh air sin.

Léiríonn **gníomhaíochtaí**[15] an chait an dochar a dhéantar nuair nach bhfuil an duine (nó cat) dílis dó féin – nuair a chasann sé cúl lena nádúr. Ag déanamh **aithris**[16] thragóideach ar na colmáin, léimeann an cat ón seachtú hurlár (atá cosúil le hifreann, mar phríosún, don chat) agus faigheann sé bás.

*Cleachtadh*

Scríobh alt faoin dán, ag baint úsáide as na focail seo a leanas:

íomhá bhrónach; mínádúrtha; seasta síoraí; cruachás; géarchéim; áiféis; luí isteach; scartha; suim dá laghad; meafar.

8 permanent; 9 identity crisis; 10 sociable; 11 couple; 12 rudely; 13 separated; 14 loner; 15 actions; 16 imitation

## Mothúcháin

Is iad an brón agus an t-uaigneas na mothúcháin is treise sa dán. Tá an cat an-bhrónach toisc nach bhfuil cairde ná comhluadar ar bith aige ina shaol agus tá na hiarrachtaí a dhéanann sé chun a shaol a athrú an-bhrónach agus an-truamhéalach ar fad.

Faighimid léargas an-mhaith ar uaigneas an chait agus ar uaigneas an duine atá difriúil nó imeallach[17] sa dán seo. Tá an cat scartha ón saol go léir toisc go bhfuil sé thuas ar an seachtú hurlár de bhloc árasán. Tá íoróin[18] sa leagan an 'seachtú hurlár'. Uaireanta labhraítear faoi '*seventh heaven*' – áit fhoirfe – ach sa chás seo is geall le[19] hifreann é an seachtú hurlár don chat. Níl an cat i ngnáthóg[20] atá nádúrtha dó. Ba cheart go mbeadh sé taobh amuigh agus ag meascadh le cait eile. Toisc nach bhfaca sé aon chat eile, aon ainmhí a bhí cosúil leis, déanann sé iarracht a bheith cosúil leis na créatúir a fheiceann sé, an lánúin tí agus na colmáin, ach níl siad sásta glacadh leis.

*Ní fhaca sé a mhacasamhail féin ariamh,*
*cat dá dhéanamh, dá dhath, dá dhreach.*

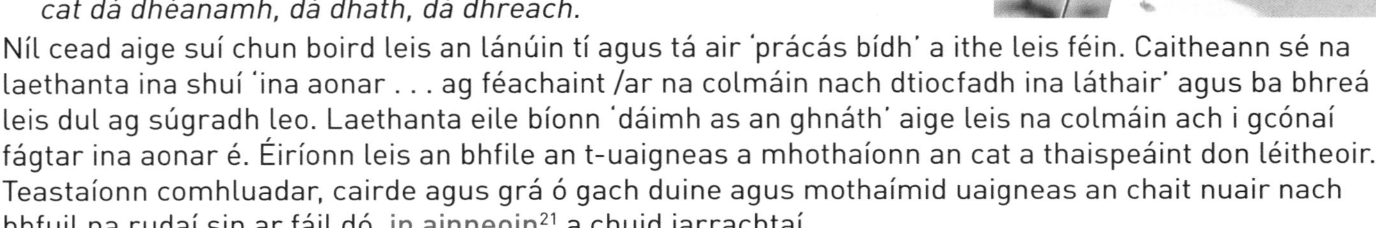

Níl cead aige suí chun boird leis an lánúin tí agus tá air 'prácás bídh' a ithe leis féin. Caitheann sé na laethanta ina shuí 'ina aonar . . . ag féachaint /ar na colmáin nach dtiocfadh ina láthair' agus ba bhreá leis dul ag súgradh leo. Laethanta eile bíonn 'dáimh as an ghnáth' aige leis na colmáin ach i gcónaí fágtar ina aonar é. Éiríonn leis an bhfile an t-uaigneas a mhothaíonn an cat a thaispeáint don léitheoir. Teastaíonn comhluadar, cairde agus grá ó gach duine agus mothaímid uaigneas an chait nuair nach bhfuil na rudaí sin ar fáil dó, in ainneoin[21] a chuid iarrachtaí.

Tá uaigneas an chait le feiceáil go ríshoiléir ina bhás. Tá sé ag iarraidh a bheith cosúil leis na colmáin agus déanann sé iarracht eitilt. Fiú agus é marbh, ní chuireann na colmáin aon suim ann. Leanann siad orthu ag canadh nuair atá an cat uaigneach á chur.

*Cleachtadh*

Céard iad na mothúcháin is treise sa dán, dar leat?

## Pearsantú

Bíonn pearsantú[22] ann nuair a thugtar tréithe daonna do rud nach bhfuil daonna. Sa dán seo tá tréithe daonna ag an gcat. Mothaíonn sé brón agus uaigneas sa dán. Ba bhreá leis grá a fháil ó na daoine timpeall air. Ba bhreá leis comhluadar a bheith aige. Mothaíonn sé brónach agus uaigneach nuair a fheiceann sé na colmáin ag súgradh agus ag eitilt lena chéile agus níl aon chat eile ann. Toisc go ndéantar an cat a phearsantú sa dán, tá trua againn dó agus comhbhá[23] againn leis. Mothaímid chomh fada leadránach is atá a shaol nuair a úsáideann an file focail mar 'síoraíocht' agus 'buanchónaí'. Bogann na línte 'Is minic a shuíodh sé ina aonar / ar leac na fuinneoige' ár gcroí, chomh maith leis an íomhá den chat ag léim chun a bháis. Toisc go smaoiníonn an cat mar dhuine, tá níos mó tuisceana againn ar a chás.

*Cleachtadh*

Cé chomh héifeachtach is atá an pearsantú sa dán, dar leat?

17 marginalised; 18 irony; 19 it's like; 20 habitat; 21 despite; 22 personification; 23 empathy

## An greann agus an áiféis

Tá an áiféis le feiceáil sa dán ar dtús, nuair a dhéanann an cat aithris ar na daoine, é ag suí chun boird le naipcín faoina mhuineál aige. Tá a thuilleadh áiféise ann nuair a dhéanann sé iarracht a bheith cairdiúil leis na colúir, rud nach bhfuil i nádúr an chait in aon chor (is é a nádúr a bheith ag iarraidh na colúir a mharú). Tá feidhm faoi leith ag an áiféis agus is é sin chun taispeáint chomh truamhéalach is atá an cat (agus an duine) nach ndéanann an rud is **dual**[24] dó, ach a dhéanann iarracht dhíobhálach luí isteach leis an saol timpeall air. Déanann an cat amadán de féin ag déanamh aithrise ar ghrúpaí nach bhfuil suim dá laghad acu ann.

Is dócha go bhfuil greann dubh sa dán seo sa bhealach ina mbíonn an cat ag iarraidh aithris a dhéanamh ar na daoine agus ar na colúir. Tá an pictiúr den chat ag suí chun boird greannmhar agus **míréadúil**[25] freisin. Cé go bhfuil trua againn don chat, bímid ag gáire faoina chuid iarrachtaí cairdeas a dhéanamh leo siúd nach spéis leo é in aon chor.

## Friotal

Baineann an file úsáid as friotal lom gonta sa dán, friotal atá bunaithe go láidir ar chanúint Uladh. Tá an dán **ar maos**[26] i gcaint mhuintir Uladh, mar shampla 'ina dhóigh', 'ar shiúl', 'prácás bídh', 'i dtráth ná in antráth', 'in easbaidh'. Tuigimid uaidh sin go dtagann teachtaireacht an dáin ó chroí an fhile, go bhfuil sé ag labhairt go fírinneach.

Tá an friotal **prósach**[27] in áiteanna.

*Shíl sé ar dtús gur duine a bhí ann . . .*
*Chuirfeadh sé naipcín fána bhráid*

Baineann an file úsáid as an athrá sa dán – 'a bhaile agus a bhuanchónaí', 'cat dá dhéanamh, dá dhath, dá dhreach', 'ina dhóigh agus ina chosúlacht'.

Cuireann an t-athrá béim ar chruachás an chait ina chónaí in áit **mhínádúrtha**[28] dó agus é ag caitheamh saol mínádúrtha freisin, scartha ó chait eile, go dtí sa deireadh nár aithin sé an difríocht idir é féin agus créatúir eile.

Úsáideann an file friotal simplí. Téann an friotal seo i bhfeidhm go mór ar an léitheoir mar go léiríonn sé go han-soiléir an t-uaigneas agus an brón a bhaineann le saol an chait.

*Ní fhaca sé ach daoine agus colmáin ar an aoirdeacht . . .*
*Is minic a shuíodh sé ina aonar . . . ag féachaint*
*ar na colmáin nach dtiocfadh ina láthair.*

Níl aon **mhaoithneachas**[29] sa dán. Tá an cur síos ar bhás an chait **an-lom agus an-ghonta.**[30]

*An lá a cuireadh i dtalamh é*

An saorbhriathar atá anseo agus tá sé an-**neamhphearsanta.**[31] Cuireann sé in iúl chomh huaigneach is a bhí saol an chait mar nach luaitear a úinéirí fiú.

Baineann an file úsáid as an íoróin sa dán. Labhraíonn sé go minic faoin seachtú hurlár agus is **imeartas**[32] íorónta é seo ar '*seventh heaven*'. Nuair a labhraíonn daoine faoi '*seventh heaven*' bíonn áthas an domhain orthu, ach a mhalairt atá i gceist anseo leis an seachtú hurlár. **Ifreann**[33] atá sa seachtú hurlár don chat.

*Cleachtadh*

'Roghnaíonn an file friotal lom gonta ach an-éifeachtach sa dán.' Do thuairim uait faoi sin.

24 natural; 25 unrealistic; 26 steeped; 27 prosaic; 28 unnatural; 29 sentimentality; 30 very stark; 31 impersonal; 32 (word)play; 33 hell

Foirm agus meadaracht

Saorvéarsaíocht atá anseo.

Tá uaim ann – 'a **bh**aile agus a **bh**uanchónaí', '**d**á **dh**éanamh, **d**á **dh**ath, **d**á **dh**reach'.

Tá rím dheiridh ann – 'ghnáth' agus 'antráth', 'créafóige' agus 'fuinneoige'.

## Ceisteanna agus freagraí samplacha

### 1 'Is dán fáthchiallach (meafarach) é an dán seo.' An ráiteas seo a phlé.

Aontaím leis an ráiteas seo. Is meafar é an cat don chadhan bocht aonair, don duine atá imeallach sa tsochaí agus don duine nach bhfuil cinnte faoina ról sa saol. Tá an cat bocht sa dán seo sáinnithe[34] in árasán ar an seachtú hurlár agus níl deis aige bualadh le cait eile cosúil leis. Tá sé i ngéibheann, ina chónaí in áit atá mínádúrtha dó agus é ag caitheamh saol atá mínádúrtha dó.

*Ní fhaca sé a mhacasamhail féin ariamh,*
*cat dá dhéanamh, dá dhath, dá dhreach.*

Toisc nach bhfaca sé cat eile riamh, níl a fhios aige cé hé. Déanann sé iarracht a bheith cosúil leis an lánúin tí, leis an mbeirt a choimeádann i ngéibheann é, ach níl siad sásta glacadh leis. Féachann sé go huaigneach ar na colmáin, iad go léir lena chéile agus é scartha uathu. Ba bhreá leis an gcat a bheith leo agus ba bhreá leis an duine imeallaithe a bheith ina bhall den tsochaí. Ach níl na colmáin sásta glacadh leis an gcat ach an oiread. Níl siad compordach leis toisc go bhfuil sé difriúil leo agus fágtar ina aonar é.

*. . . bhíodh iontas an domhain air*
*nach ndéanfadh siad cuideachta leis i dtráth ná in antráth.*

Toisc nach dtuigeann an cat cé hé féin, déanann sé gach iarracht luí isteach leis na colmáin, leis an tromlach. Déanann sé seo dochar mór don chat. Faigheann sé bás ag déanamh aithrise ar na colmáin. Dá nglacfadh sé leis féin, ní dhéanfadh sé a leithéid.

Taispeánann an dán fáthchiallach[35] seo go bhfuil an chumhacht ag an tromlach sa saol agus go bhfuil sé an-deacair ar an duine atá difriúil. Dá mbeadh seans ag an gcat a bheith le cait eile, bheadh sé go breá. Dá mbeadh an duine difriúil sásta leis féin agus dá nglacfadh an tsochaí leis an duine difriúil, bheadh an duine agus an tsochaí ní b'fhearr as.

### 2 Cén léiriú a fhaighimid ar an bhfile féin sa dán seo?

Is duine tuisceanach báúil é an file. Tá tuiscint aige don chat, don duine atá difriúil, agus tá trua aige dó. Tá fearg air go bhfuil an cat ina chónaí in áit mar sin.

*Ó saolaíodh é ba é an seachtú hurlár –*
*crochta ansiúd idir an saol is an tsíoraíocht –*
*a bhaile agus a bhuanchónaí.*

Cé go mbaineann an file úsáid as an áiféis agus as an ngreann, tá bá[36] aige leis an gcat aonarach.

*Is minic a shuíodh sé ina aonar*

Tá trua aige dó nuair atá an lánúin tí garbh leis, ag brú bia air. Tá trua aige don chat nuair nach mbacann na colmáin leis. Tuigeann an file an dochar a dhéanann sé nuair atá daoine scartha ón saol agus tuigeann sé chomh deacair is atá sé nuair atá duine difriúil leis an slua. Tá an cat difriúil leis an slua – leis na colmáin – thart timpeall air, agus faigheann sé bás ag iarraidh a bheith cosúil leo. Tá trua ag an bhfile don chat, agus don duine atá mar sin.

34 trapped; 35 allegorical; 36 sympathy

### 3 Cén éifeacht, dar leat, a bhaineann le teideal an dáin?

Ceapaim gurb é an rud is suntasaí[37] faoi theideal an dáin ná go bhfuil sé san uimhir iolra.[38] Is grúpa iad na colmáin ach níl ach cat amháin ann. Ba bhreá leis an gcat a bheith ina bhall den ghrúpa sin, a bheith ag súgradh leo agus a bheith cairdiúil leo.

*Amanta theastaigh uaidh téaltú chucu*
*go ciúin, súgradh leo go binn*

Tá an chumhacht ar fad ag na colmáin. Is cuma leo faoin gcat aonarach. Ní bhacann siad leis in aon chor. Ní thuigeann an cat cé hé ná cé leis a mbaineann sé. Tá géarchéim féinaithne ag an gcat, ach tuigeann an grúpa mór cé hiad féin. Tá trua againn don chat bocht i gcoinne an tslua mhóir.

### 4 Céard iad na mothúcháin a mhúscail an dán seo ionat féin?

Mhúscail an dán idir fhearg agus trua ionam. Bhí fearg orm go bhfuil ar an gcat saol chomh mínádúrtha sin a chaitheamh. Tá sé scartha ó chait eile, óna phobal féin, agus mar sin ní thuigeann sé cé hé féin. Níl sé seo ceart in aon chor. Níl sé ceart go bhfuil sé ina chónaí in árasán ar an seachtú hurlár gan aon saoirse, gan aon chat eile timpeall air.

Bhí trua agam don chat freisin. Is meafar é an cat don duine atá imeallaithe, don duine atá difriúil. Déanann an cat a lán iarrachtaí luí isteach leis an saol timpeall air ach ní dhéanann an saol sin aon iarracht dó. Tá an cat an-uaigneach, scartha ó dhaoine agus ó na colmáin. Teastaíonn comhluadar agus grá ón gcat ach is iad sin na rudaí nach bhfaigheann sé ina shaol uaigneach truamhéalach.

### Ceisteanna breise

1. 'Is léiriú éifeachtach é an dán seo ar an dochar a dhéanann imeallú d'anam an duine.' Do thuairim uait faoi seo.
2. Déan cur síos ar an úsáid a bhaineann an file as an ngreann agus as an íoróin sa dán.
3. Ar thaitin an dán leat? Tabhair dhá fháth le do thuairim.
4. Déan cur síos ar an gcaoi a ndeachaigh an dán i bhfeidhm ort féin.
5. 'Is siombail é an cat den chadhan aonair sa tsochaí.' Do thuairim uait faoi seo.

**Aire duit!**

**Bí cinnte go bhfuil na téarmaí seo a leanas ar eolas agat.**

- an cat
- an tromlach
- cruachás an duine aonair
- an tsochaí
- uaigneas an chait
- cumhacht an tromlaigh
- an seachtú hurlár
- leis an tsochaí

37 most noteworthy; 38 plural

# FACSS

Foghlaim na habairtí seo thíos agus beidh tú ábalta aon cheist a fhreagairt!

| Féach, Abair, Clúdaigh | Scríobh | Seiceáil |
|---|---|---|
| 1 Is é cruachás an duine aonair nach réitíonn leis an saol timpeall air téama an dáin seo. | | |
| 2 Is meafar é an cat don chadhan aonair, don duine atá difriúil agus imeallach sa phobal. | | |
| 3 Déanann an cat gach iarracht luí isteach leis an bpobal timpeall air. | | |
| 4 Tá géarchéim féinaithne ag an gcat – ní thuigeann sé cé hé féin. | | |
| 5 Tá meafair, dúghreann agus áiféis sa dán. | | |
| 6 Ní chuireann an lánúin tí ná na colmáin suim dá laghad sa chat. | | |
| 7 Déanann an cat aithris thragóideach ar na colmáin. | | |
| 8 Níl an cat dílis dó féin. | | |
| 9 Déanann suíomh an chait an-dochar dó. | | |
| 10 A bhuí leis an bpearsantú agus leis an íomhá den chat uaigneach, tá trua againn dó. | | |

# 10 Éiceolaí[1]

**le Biddy Jenkinson**

Tá bean béal dorais a choinníonn caoi[2] ar a teach,
a fear, a mac,
is a shíleann gairdín a choinneáil mar iad, go baileach.[3]
Beireann sí deimheas[4] ag an uile rud a fhásann.
Ní maith léi fiántas.[5]
Ní fhoighníonn[6] le galar[7] ná smál[8] ná féileacán bán[9]
ná piast[10] ag piastáil[11]
is ní maith léi an bláth a ligfeadh a phiotail ar lár.[12]

Cuirim feochadáin[13] chuici ar an ngaoth.
Téann mo sheilidí de sciuird oíche[14] ag ithe a cuid leitíse.
Síneann na driseacha[15] agamsa a gcosa faoin bhfál.[16]
Is ar an bhféar aici siúd a dhéanann mo chaorthainnse[17]
cuileanna glasa a thál.[18]

Tá bean béal dorais a choinneodh a gairdín faoi smacht
ach ní fada go mbainfimid deireadh dúil dá misneach.[19]

Gluais

1 *éiceolaí* – *duine a dhéanann staidéar ar an ngaol a bhíonn idir plandaí, ainmhithe, daoine, srl. agus a dtimpeallacht*
2 *caoi* – *ord agus eagar*
3 *go baileach* – *go néata*
4 *deimheas* – *uirlis gharraíodóireachta*
5 *fiántas* – *fásach, áit fhiáin*
6 *ní fhoighníonn* – *níl aon fhoighne (aici)*
7 *galar* – *aicíd*
8 *smál* – *locht*
9 *féileacán bán* – *beireann an féileacán bán uibheacha as a dtagann an phéist chabáiste nó an bolb a itheann duilleoga cabáiste, srl.*
10 *piast* – *cruimh*
11 *ag piastáil* – *ag déanamh dochair (dar léi) don ghairdín*
12 *ar lár* – *ar an talamh*
13 *feochadáin* – *plandaí fiáine le dealga*
14 *de sciuird oíche* – *de ruathar oíche*
15 *driseacha* – *driseoga*
16 *faoin bhfál* – *faoin mballa*
17 *mo chaorthainnse* – *mo chrann caorthainn*
18 *a thál* – *a thabhairt*
19 *bainfimid deireadh dúil dá misneach* – *cuirfimid deireadh lena dóchas*

## Leagan próis

Tá bean a chónaíonn in aice liom agus tá smacht aici
ar a teach, ar a fear céile agus ar a mac,
agus ceapann sí go mbeidh sí in ann a gairdín a choinneáil faoi smacht freisin.
Tá deimheas aici agus gearrann sí gach aon rud a fhásann leis.
Ní maith léi rudaí fiáine.
Is fuath léi aicíd agus rudaí nach bhfuil foirfe, agus is fuath léi an féileacán bán
agus an phéist ag tolladh sa chré
agus ní thaitníonn aon bhláth léi má thiteann na piotail ar an talamh.

Tá feochadáin ag fás i mo ghairdín agus séideann an ghaoth isteach ina gairdín iad.
De ruathar san oíche téann na seilidí as mo ghairdín isteach ina gairdín agus itheann siad leitís na mná.
Téann fréamhacha na ndriseog atá ag fás i mo ghairdín isteach faoin gclaí go dtí a gairdín.
Titeann na cuileanna glasa ón gcrann caorthainn atá ag fás i mo ghairdín
isteach ar an bhféar ina gairdín.

Tá bean a chónaíonn in aice liom agus ba mhaith léi a gairdín a choinneáil faoi smacht
ach ní fada go gcuirfimid deireadh lena dóchas.

# An file – saol agus saothar

Rugadh Biddy Jenkinson i mBaile Átha Cliath i 1949. Bhain sí céim amach i gColáiste na hOllscoile, Baile Átha Cliath. Tá cónaí uirthi anois i sléibhte Chill Mhantáin.

Ainm cleite[1] is ea Biddy Jenkinson. Is duine de mhórfhilí na Gaeilge í. Ní maith léi go mbeidh a saothar aistrithe[2] go Béarla. Scríobhann sí dánta, gearrscéalta, drámaí agus leabhair do pháistí. *Dán na hUidhre* (1991), *Amhras Neimhe* (1997), agus *Rogha Dánta* (2000) cuid de na leabhair filíochta atá scríofa aici. *An Grá Riabhach: Gáirscéalta* (2000) agus *An tAthair Pádraig Ó Duinnín – Bleachtaire* (2008) cuid den saothar próis atá scríofa aici.

## Téama an dáin

Is iad na bealaí difriúla atá ag daoine chun plé lena ngairdíní agus lena saol is téama don dán seo. Feicimid beirt bhan agus dhá ghairdín atá an-éagsúil[3] lena chéile sa dán seo. Is duine údarásach[4] smachtúil[5] í bean amháin ach is duine a chaitheann a saol ar a comhairle féin,[6] gan rialacha ná rialacháin,[7] í an dara bean. Tá an dearcadh difriúil sin le feiceáil sna gairdíní.

Nuair a bhí Biddy Jenkinson ag caint faoin dán seo, dúirt sí gur phíosa diabhlaíochta[8] a bhí ann. De réir dealraimh, ní raibh a gairdín néata agus bhí a lán fiailí[9] ag fás ann. Lá amháin tháinig duine ó chumann na n-áitritheoirí[10] go dtí a doras agus d'iarr sé uirthi caoi a chur ar a gairdín. Scríobh sí an dán seo mar fhreagra ar an iarratas sin. Dúirt an file gur mhaith léi gairdín néata a bheith aici ach gur fhoghlaim sí óna taithí[11] agus óna saol féin nach féidir smacht a fháil ar an dúlra. Is láidre an dúlra ná an duine.

*Deachtú*

Foghlaim, scríobh agus ceartaigh an t-alt thuas.

## Teicnící filíochta

### Íomhánna

An bhean béal dorais

Is duine néata, ceannasach[12] agus smachtúil í an bhean béal dorais. Is maith léi smacht a chur ar gach rud ina saol. Tá a teach, a fear céile agus a mac faoi smacht aici cheana féin. Ceapann sí go mbeidh sí ábalta an rud céanna a dhéanamh lena gairdín.

*Tá bean béal dorais a choinníonn caoi ar a teach,*
*a fear, a mac,*
*is a shíleann gairdín a choinneáil mar iad, go baileach.*

Is beag tuiscint atá ag an mbean béal dorais ar an dúlra agus, i ndáiríre, ar an saol. Is féidir léi gach iarracht a dhéanamh ach i ndeireadh na dála ní féidir léi daoine ná an dúlra a smachtú.

1 pen name; 2 translated; 3 different; 4 authoritative; 5 controlling; 6 in her own way; 7 rules or regulations; 8 devilment; 9 weeds; 10 residents' association; 11 experience; 12 bossy

Is bean fhíochmhar, mhífhoighneach[13] agus mhíréalaíoch[14] í an bhean béal dorais. Bean an deimhis[15] atá inti. Gearrann sí síos gach rud a fhásann ina gairdín agus ní maith léi aon rud nach bhfuil eagar[16] air ná aon rud nach bhfuil néata ina gairdín. Tá an dearcadh seo míréalaíoch toisc nach bhfuil an domhan seo foirfe. Mar sin, caithfidh go bhfuil sí ag dul as a meabhair.

*Beireann sí deimheas ag an uile rud a fhásann. . . .*
*is ní maith léi an bláth a ligfeadh a phiotail ar lár.*

Ní thuigeann an bhean béal dorais nach mbuafaidh sí cogadh na ngairdíní go deo. Ní thuigeann sí go gcuireann sí isteach ar a comharsa agus gur comhghuaillithe[17] iad an dúlra agus a comharsa sa chogadh[18] i gcoinne na mná béal dorais.

*Cleachtadh*

An maith leat an bhean béal dorais? Cuir fáthanna le do thuairim.

An file

Is duine réchúiseach[19] (nó leisciúil fiú) í an file. Ní chuireann timpeallacht mhíshlachtmhar[20] isteach uirthi. Tá cead a chinn[21] ag an dúlra ina gairdín fás go fiáin.[22] Ní chuireann sí smacht ar rud ar bith ina gairdín. Tá gach planda, fiaile agus feithid[23] nach dtaitníonn le garraíodóirí[24] ag fás ina gairdín.

*Téann mo sheilidí de sciuird oíche ag ithe a cuid leitíse.*

Tá cion[25] ag an bhfile ar an dúlra – 'mo sheilidí', 'mo chaorthainnse' a deir sí agus í ag labhairt faoin dúlra. Tá sí cosúil le trodaí saoirse,[26] ag troid i gcoinne na mná béal dorais. Téann na seilidí[27] faoi ruathar[28] isteach i ngairdín na mná béal dorais agus is faoin bhfál, i bhfolach, a théann fréamhacha[29] na ndriseog[30] isteach ann.

*Síneann na driseacha agamsa a gcosa faoin bhfál.*

Tá tuiscint níos fearr ag an bhfile ar an dúlra. Tuigeann sí nach n-éireoidh go deo leis an gcomharsa smacht a chur ar an dúlra. Baineann sí sásamh mailíseach[31] as cruachás[32] na mná eile. Tá sí ag magadh fúithi sa dán.

*Tá bean béal dorais a choinneodh a gairdín faoi smacht*
*ach ní fada go mbainfimid deireadh dúil dá misneach.*

*Cleachtadh*

Scríobh alt faoin dán, ag baint úsáide as na focail seo a leanas:

smacht; tuiscint; dúlra; deimheas; réchúiseach; cead a chinn; fiáin; trodaí saoirse; comhghuaillithe; cruachás.

13 impatient; 14 unrealistic; 15 a woman with shears; 16 order; 17 allies; 18 war; 19 easy-going; 20 untidy; 21 free rein; 22 wild; 23 insect; 24 gardeners; 25 affection; 26 freedom fighter; 27 slugs; 28 attack; 29 roots; 30 bramble; 31 malicious; 32 plight

## An dúlra

Tá tús áite[33] ag an dúlra sa dán seo. Feicimid an dá dhearcadh a bhíonn ag daoine ar an dúlra agus feicimid chomh maith neart an dúlra. Ceapann comharsa an fhile gur cheart an dúlra a choinneáil faoi smacht, aon rud fiáin a ghearradh síos. Níl aon tuiscint aici ar an dúlra agus ar an tábhacht a bhaineann le feithidí beaga. Is naimhde[34] di an 'féileacán bán' agus an 'piast ag piastáil' agus ní thuigeann sí go bhfuil a ról féin acu san éiceachóras.[35]

Tá tuiscint níos fearr ag an bhfile ar an dúlra. Tuigeann sí gur rud dodhéanta[36] é an dúlra a choinneáil faoi smacht. Is cuma cad a dhéanann garraíodóirí, tá sé an-deacair deireadh a chur le driseoga, le feochadáin[37] agus le créatúir cosúil le seilidí agus cuileanna glasa. Is maith leis an bhfile na gnéithe fiáine den dúlra agus tá fáilte rompu ina gairdín.

*Cuirim feochadáin chuici ar an ngaoth.*
*Téann mo sheilidí de sciuird oíche ag ithe a cuid leitíse.*

Léiríonn an dá líne dheireanacha go bhfuil sé dodhéanta an lámh in uachtar[38] a fháil ar an dúlra.

*Tá bean béal dorais a choinneodh a gairdín faoi smacht*
*ach ní fada go mbainfimid deireadh dúil dá misneach.*

Cleachtadh

Cén dearcadh ar an dúlra is fearr leatsa? Cén fáth?

## An greann

Gan aon dabht tá dúghreann[39] sa dán seo. Tá an file ag aoradh[40] na mná béal dorais agus na n-iarrachtaí a dhéanann sí gach rud ina saol a choinneáil faoi smacht. Tá na daoine ina saol faoi smacht aici cheana féin[41] agus anois tá sí ag díriú ar a gairdín. Gearrann sí síos gach rud a fhásann rómhór. Cruthaíonn an file íomhá de bhean bhuile[42] ag rith amach sa ghairdín gach uair a thiteann piotal ar an talamh nó a eitlíonn féileacán bán sa ghairdín.

*is ní maith léi an bláth a ligfeadh a phiotail ar lár.*

Fad is atá an chomharsa bhocht ag iarraidh an dúlra a choinneáil faoi smacht, feicimid an file ag baint sásamh mailíseach as iarrachtaí fánacha[43] na mná. Tá áibhéil[44] sa dán, ar ndóigh. Cheapfá go raibh an file ag labhairt faoi chogadh.

33 prominence; 34 enemies; 35 ecosystem; 36 impossible; 37 thistles; 38 the upper hand; 39 black humour; 40 satirising; 41 already; 42 mad woman; 43 futile; 44 exaggeration

*Téann mo sheilidí de sciuird oíche ag ithe a cuid leitíse.*

Tá comhcheilg[45] ar siúl idir an dúlra agus an file. Tá an íomhá den fhile ag iarraidh an bhean eile a bhaint dá treoir[46] an-ghreannmhar. Níl seans dá laghad ag an mbean béal dorais an cogadh seo a bhuachan. Tá gairdín an fhile lán le fiailí agus le feithidí a mhilleann iarrachtaí na mná eile.

*Cuirim feochadáin chuici ar an ngaoth.*

Tá an íomhá den fhile ag breathnú ar an mbean eile ag cur a cuid ama amú ina gairdín an-ghreannmhar. Tá an file ag magadh fúithi agus faoina hiarrachtaí fánacha mar tuigeann sí go mbeidh an bua aici féin agus ag an dúlra ina coinne.

*ach ní fada go mbainfimid deireadh*
*dúil dá misneach.*

## Friotal

Úsáideann an file friotal lom simplí ach éiríonn léi cur síos an-mhagúil agus an-searbhasach[47] a dhéanamh ar an mbean béal dorais. Éiríonn leis an bhfile a lán a rá i mbeagán focal. Tá an líne 'Ní maith léi fiántas' cosúil le hachoimre[48] ar an mbean eile. Úsáideann an file friotal diúltach agus í ag caint fúithi. Tá a lán de na briathra diúltach – 'Ní maith', 'Ní fhoighníonn', mar shampla.

Tá an líne 'Beireann sí deimheas ag an uile rud a fhásann' an-éifeachtach mar tugann sé le fios gur bean fhoréigneach mhífhoighneach atá i gceist.

Tá friotal níos séimhe agus níos dearfaí in úsáid ag an bhfile agus í ag caint faoin ngairdín eile. Níl aon srian[49] curtha ar an dúlra ina gairdín. A mhalairt atá fíor, fiú – tá cead a chinn aige.

*Síneann na driseacha agamsa a gcosa faoin bhfál.*

Feicimid cion an fhile ar an dúlra nuair a úsáideann sí an aidiacht shealbhach[50] – '**mo** sheilidí', '**mo** chaorthainnse', agus an forainm réamhfhoclach[51] – 'na driseacha **agamsa**'.

Úsáideann an file friotal an chogaidh agus í ag caint. Téann na seilidí isteach 'de sciuird oíche' ina gairdín – tá siad cosúil le saighdiúirí. Is 'faoin bhfál' a théann fréamhacha[52] na ndriseog isteach i ngairdín na mná eile – as radharc, arís cosúil le saighdiúirí i gcogadh saoirse.[53]

45 conspiracy; 46 unsettle; 47 sarcastic; 48 summary; 49 limit; 50 possessive adjective; 51 prepositional pronoun; 52 roots; 53 war of independence

Feicimid an comhoibriú[54] agus an aontacht[55] idir an file agus an dúlra ag deireadh an dáin. Tá siad ar an taobh céanna; teastaíonn an rud céanna ón mbeirt acu – is é sin, deireadh a chur le smacht na mná eile ar an dúlra. Úsáideann an file an chéad phearsa iolra chun an aontacht seo a chur in iúl.

*ach ní fada go mbainfimid deireadh dúil dá misneach.*

Cleachtadh

Cén chaoi a gcuireann an friotal a roghnaíonn an file le téama an dáin?

Foirm agus meadaracht

Saorvéarsaíocht atá sa dán seo.

Tá uaim sa dán – '**b**ean **b**éal', '**d**eireadh **d**úil **d**á'.

Tá onamataipé[56] sa dán – 'piast ag piastáil'.

Tá rím dheiridh ann – 'teach' agus 'baileach'; 'bhfál' agus 'thál'.

Tá comhfhuaim[57] ann freisin – 'Ní fhoighníonn le galar n**á** sm**á**l n**á** féileac**á**n b**á**n'.

## Ceisteanna agus freagraí samplacha

### 1 Déan cur síos ar na mothúcháin atá le brath sa dán seo agus ar an mbealach a gcuirtear in iúl iad.

Tá grá don dúlra, dímheas agus mailís[58] le brath ar an dán seo.

Tá grá mór ag an bhfile don dúlra agus ní theastaíonn uaithi aon srian a chur air. Tá saoirse iomlán ag an dúlra ina gairdín – ní ghearrtar aon rud a fhásann, tá fáilte roimh an bhféileacán bán agus roimh an bpiast. Fásann feochadáin agus driseacha go fiáin ina gairdín.

*Cuirim feochadáin chuici ar an ngaoth.*

Ní amháin go bhfuil grá ag an bhfile don dúlra ach tá dímheas aici ar a comharsa. Níl meas madra aici ar bhean an deimhis agus déanann sí gach iarracht cur isteach ar a cuid pleananna dá gairdín. Ceapann sí go bhfuil a comharsa as a meabhair ag iarraidh srian agus smacht a chur ar gach rud ina saol agus déanann sí gach iarracht í a bhaint dá treoir.

*Síneann na driseacha agamsa a gcosa faoin bhfál.*

Is duine mailíseach í an file freisin. Baineann sí sásamh mailíseach as féachaint ar a seilidí ag ithe leitís na mná eile agus as na cuileanna glasa ag titim óna crann isteach sa ghairdín eile. Tá sí ag magadh faoin mbean eile. Tá an mhailís le feiceáil sa líne dheiridh ach go háirithe – tá an file ag rá nach bhfuil seans faoin spéir ag an mbean eile gairdín néata slachtmhar a choinneáil.

*ach ní fada go mbainfimid deireadh dúil dá misneach.*

Idir í féin agus an dúlra, beidh gairdín na mná eile scriosta.

54 cooperation; 55 unity; 56 onomatopoeia; 57 assonance; 58 malice

## 2 Cad a cheapann tú den úsáid a bhaineann an file as an gcodarsnacht sa dán? Tabhair samplaí agus fáthanna le do thuairim.

Ceapaim go mbaineann an file úsáid éifeachtach as an gcodarsnacht sa dán. Tá codarsnacht ann idir an bheirt bhan agus, ar ndóigh, idir an dá ghairdín.

Is duine smachtúil ceannasach í an bhean béal dorais. Teastaíonn uaithi gach rud ina saol a chur faoi smacht agus tá an chuma ar an scéal gur éirigh léi go dtí seo.

*Tá bean béal dorais a choinníonn caoi ar a teach,*
*a fear, a mac*

Is bean mhífhoighneach í an bhean seo. Níl sí sásta ligean don dúlra fás go nádúrtha – gearrann sí gach rud a fhásann agus déanann sí iarracht fáil réidh leis an bhféileacán bán agus na bláthanna míshlachtmhara. Níl aon tuiscint aici ar an dúlra ná aon chion aici air.

*Ní maith léi fiántas.*

I gcodarsnacht leis an mbean béal dorais is duine réchúiseach, tuisceanach ach b'fhéidir leisciúil í an file. Is cuma léi má théann a gairdín as smacht, má itheann seilidí na plandaí. Is aoibhinn leis an bhfile fiántas[59] – tá driseacha agus feochadáin as smacht ina gairdín. Ní ghearrann an file aon rud ina gairdín.

*Téann mo sheilidí de sciuird oíche ag ithe a cuid leitíse.*

Tá tuiscint níos fearr ag an bhfile ar an saol agus ar an dúlra ná mar atá ag an mbean béal dorais. Tuigeann an file nach féidir smacht iomlán a chur ar aon duine eile ná ar an dúlra go deo. Is féidir iarracht a dhéanamh ach luath nó mall[60] beidh daoine dílis dóibh féin – déanfaidh siad a rogha ruda agus beidh an dúlra fiáin.

*Tá bean béal dorais a choinneodh a gairdín faoi smacht*
*ach ní fada go mbainfimid deireadh dúil dá misneach.*

Ar ndóigh, tá dhá ghairdín go hiomlán éagsúil ann. Tá gairdín amháin faoi smacht iomlán agus níl seans ag aon rud fás ann. Tá cead a cinn ag gach gné den dúlra i ngairdín an fhile – ní chuireann sí srian dá laghad le fás ar bith. Tá pearsantacht na beirte ban le feiceáil ina ngairdíní.

## 3 Cén fáth, an dóigh leat, arb é 'Éiceolaí' teideal an dáin seo? Cuir fáthanna le do thuairim.

Déanann éiceolaí staidéar ar an ngaol a bhíonn idir plandaí, feithidí, ainmhithe, daoine agus a dtimpeallacht. Sa dán seo is léir go bhfuil eolas níos fearr ag an bhfile ar an dúlra ná mar atá ag an mbean béal dorais. Tuigeann an file gur maith le seilidí leitís a ithe agus nach féidir deireadh a chur le driseoga. Tá iarrachtaí fánacha ar siúl ag an mbean béal dorais smacht a chur ar fhás an dúlra. Tá péisteanna ag teastáil sa ghairdín agus tá a ról féin ag an bhféileacán bán.

B'fhéidir go bhfuil an file ag magadh faoin mbeirt bhan sa dán nuair a úsáideann sí teideal chomh huasal le 'Éiceolaí'. Níl ach cogadh beag suarach[61] ar siúl idir beirt chomharsan agus tá searbhas[62] i dteideal an dáin. An éiceolaí í ceachtar[63] den bheirt?

59 wildness; 60 sooner or later; 61 miserable; 62 bitterness/sarcasm; 63 either

## Ceisteanna breise

1. Déan cur síos ar an dá dhearcadh éagsúla ar an dúlra agus ar an saol atá le fáil sa dán seo.
2. An dóigh leat gur dán greannmhar é an dán seo? Cuir fáthanna le do thuairim.
3. 'Níl ceachtar den bheirt bhan sa dán seo go deas.' Do thuairim uait faoin ráiteas seo.
4. 'Is léir go bhfuil an-eolas ag an bhfile ar an dúlra.' An ráiteas seo a phlé.
5. 'Magadh agus aoradh atá chun tosaigh sa dán seo.' An aontaíonn tú leis an ráiteas seo? Tabhair fáthanna le do fhreagra.

### Aire duit!

**Bí cinnte go bhfuil na téarmaí seo a leanas ar eolas agat.**

- an file
- an bhean béal dorais
- i gcoinne na mná béal dorais
- an bheirt bhan
- an chomharsa
- iarrachtaí an fhile
- gairdín na mná béal dorais
- cogadh na ngairdíní
- gairdíní na beirte ban
- gairdín na comharsan

## FACSS

Foghlaim na habairtí seo thíos agus beidh tú ábalta aon cheist a fhreagairt!

| Féach, Abair, Clúdaigh | Scríobh | Seiceáil |
|---|---|---|
| 1 Tá dearcadh difriúil ag an mbeirt bhan ar an dúlra. | | |
| 2 Is bean cheannasach smachtúil í an chomharsa. | | |
| 3 Is duine réchúiseach í an file. | | |
| 4 Tá cion agus tuiscint ag an bhfile ar an dúlra. | | |
| 5 Tá gach rud faoi smacht i saol na mná béal dorais. | | |
| 6 Tá cead a chinn ag an dúlra i ngairdín an fhile. | | |
| 7 Tá an file cosúil le trodaí saoirse. | | |
| 8 Is comhghuaillithe iad an file agus an dúlra. | | |
| 9 Tá tús áite ag an dúlra sa dán. | | |
| 10 Tá grá don dúlra, dímheas agus mailís le brath ar an dán seo. | | |

# Prós 02

Clár

## Prós Ainmnithe (gnáthleibhéal agus ardleibhéal)

## Torthaí Foghlama

- San aonad seo déanfaidh an dalta staidéar ar shaothair phróis ó thréimhsí agus ó chineálacha éagsúla – béaloideas agus prós nua-aimseartha.
- I ngach píosa, beidh tuiscint ag an dalta ar na teicnící éagsúla a úsáideann an t-údar chun téama an tsaothair a fhorbairt.
- Beidh an dalta ábalta anailís a dhéanamh ar na píosaí próis, ag díriú ar fhriotal an phróis.
- Beidh an dalta ábalta anailís a dhéanamh ar an gcaoi a gcuirtear na carachtair in iúl agus ar an gcaoi a ndéantar forbairt orthu i rith na bpíosaí próis.
- Forbróidh an dalta a chuid scileanna chun léirmheastóireacht liteartha a dhéanamh ar na píosaí próis.
- Beidh an dalta in ann freagra cuimsitheach a scríobh faoi ghné ar bith den saothar.
- Cuirfidh an staidéar a dhéanfaidh an dalta ar na píosaí próis lena chumas sa Ghaeilge.

## Torthaí Foghlama – Scannán

- Beidh tuiscint ag an dalta ar an gcaoi a ndéantar scannán.
- Beidh an dalta ábalta anailís a dhéanamh ar an scannán agus ar na carachtair sa scannán.
- Tuigfidh an dalta an tábhacht a bhaineann leis na híomhánna éagsúla atá sa scannán.
- Beidh tuiscint ag an dalta ar thábhacht na seatanna éagsúla chun téama agus carachtair an scannáin a chur in iúl.
- Beidh tuiscint ag an dalta ar an tábhacht a bhaineann le ceol agus le fuaimrian an scannáin.
- Cuirfidh an staidéar a dhéanfaidh an dalta ar an scannán lena chumas Gaeilge.

# 1 Hurlamaboc[1]

**le hÉilís Ní Dhuibhne**

## Caibidil a haon: Fiche bliain faoi bhláth

### Ruán

Fiche bliain ó shin a pósadh Lisín agus Pól.

Bheadh an ócáid iontach á ceiliúradh[2] acu i gceann seachtaine. Bhí an teaghlach ar fad ag tnúth leis.[3] Sin a dúirt siad, pé scéal é.

'Beidh an-lá go deo againn!' a dúirt Cú, an mac ab óige. Cuán a bhí air, i ndáiríre, ach Cú a thugadar air go hiondúil.[4] Bhí trí bliana déag slánaithe[5] aige.

'Beidh sé *cool*,' arsa Ruán, an mac ba shine. Ocht mbliana déag a bhí aige siúd. Níor chreid sé go mbeadh an chóisir *cool*, chreid sé go mbeadh sé *crap*. Ach bhí sé de nós aige an rud a bhí a mháthair ag iarraidh a chloisint a rá léi. Bhí an nós sin ag gach duine.

Agus bhí Lisín sásta. Bhí a fhios aici go mbeadh an ceiliúradh go haoibhinn, an fhéile[6] caithréimeach,[7] mar ba chóir di a bheith. Caithréim a bhí bainte amach aici, dar léi. Phós sí Pól nuair nach raibh ann ach óganach anabaí,[8] gan maoin[9] ná uaillmhian.[10] Ag obair i siopa a bhí sé ag an am. Ise a d'aithin na féidearthachtaí[11] a bhí sa bhuachaill aineolach[12] seo. Agus anois fear saibhir, léannta a bhí ann, fear a raibh meas ag cách[13] air, ardfhear. Teach breá aige, clann mhac, iad cliste agus dathúil.

Bhí a lán le ceiliúradh acu.

Maidir leis an gcóisir féin, bhí gach rud idir lámha aici – bhí sí tar éis gloiní agus fíon a chur ar ordú sa siopa fíona; bhí an reoiteoir[14] lán le pióga agus ispíní agus bradán agus arán lámhdhéanta den uile short. Bhí an dara reoiteoir tógtha ar cíos aici – is féidir é seo a dhéanamh, ní thuigfeadh a lán daoine é ach thuig Lisín, b'in an saghas í – agus bhí an ceann sin líonta freisin, le rudaí deasa le hithe. Rudaí milse den chuid is mó de, agus rudaí nach raibh milis ach nach raibh i Reoiteoir a hAon. Dá mbeadh an lá go breá bheadh an chóisir acu amuigh sa ghairdín, agus bhí boird agus cathaoireacha le fáil ar iasacht aici ó na comharsana. Agus mura mbeadh an lá go breá bhí an teach mór go leor do na haíonna[15] ar fad. Bhí gach rud ann glan agus néata agus álainn: péint nua ar na ballaí, snas ar na hurláir, bláthanna sna prócaí.[16]

1 *hurlamaboc* – ruaille buaille, rí-rá, gleo agus gliotram
2 *ceiliúradh* – comóradh
3 *ag tnúth leis* – ag súil go mór leis
4 *go hiondúil* – de ghnáth
5 *slánaithe* – bainte amach
6 *an fhéile* – an fhlaithiúlacht
7 *caithréimeach* – buacach
8 *anabaí* – leanbaí, neamhaibí
9 *maoin* – saibhreas
10 *uaillmhian* – fonn chun dul chun cinn sa saol
11 *féidearthachtaí* – possibilities
12 *aineolach* – a bhfuil easpa eolais aige
13 *cách* – gach duine
14 *reoiteoir* – freezer
15 *aíonna* – daoine ag an gcóisir
16 *prócaí* – potaí, vásaí

Mar sin a bhí i gcónaí, sa teach seo. Teach Mhuintir Albright. Teach Lisín.

Bean tí den scoth[17] a bhí i Lisín. Bhí an teach i gcónaí néata agus álainn, agus ag an am céanna bhí sí féin néata agus álainn. De ghnáth is rud amháin nó rud eile a bhíonn i gceist ach níorbh amhlaidh a bhí i gcás Lisín.

'Ní chreidfeá go raibh do mháthair pósta le fiche bliain,' a dúirt an tUasal Mac Gabhann, duine de na comharsana, le Ruán, nuair a tháinig sé go dtí an doras lá amháin chun glacadh leis an gcuireadh chuig an gcóisir. 'Agus go bhfuil stócach[18] mór ar do nós féinig aici mar mhac! Tá an chuma uirthi gur cailín óg í.'

'*Yeah*,' arsa Ruán, gan mórán díograise.[19] Ach b'fhíor dó. Bhí an chuma ar Lisín go raibh sí ina hógbhean fós. Bhí sí tanaí agus bhí gruaig fhada fhionn uirthi. Bhuel, bhí an saghas sin gruaige ar na máithreacha go léir ar an mbóthar seo, Ascaill na Fuinseoige. Bóthar fionn[20] a bhí ann, cé go raibh na fir dorcha: dubh nó donn, agus, a bhformhór, liath. Ach ní raibh gruaig liath ar bhean ar bith, agus rud ab iontaí fós ná sin ní raibh ach bean amháin dorcha ar an mbóthar – Eibhlín, máthair Emma Ní Loingsigh. Ach bhí sise aisteach[21] ar mhórán bealaí. Ní raibh a fhios ag aon duine conas a d'éirigh léi teach a fháil ar an mbóthar. Bhí na mná eile go léir fionn, agus dathúil agus faiseanta, b'in mar a bhí, bhí caighdeán ard ar an mbóthar maidir leis na cúrsaí seo, ní bheadh sé de mhisneach ag bean ar bith dul amach gan smidiú[22] ar a haghaidh, agus éadaí deasa uirthi. Fiú amháin agus iad ag rith amach leis an mbruscar bhíodh gúnaí oíche deasa orthu, agus an ghruaig cíortha go néata acu, ionas go dtuigfeadh na fir a bhailigh an bruscar gur daoine deasa iad, cé nár éirigh siad in am don bhailiúchán uaireanta. Ach bhí rud éigin sa bhreis ag Lisín orthu ar fad. Bhí sí níos faiseanta agus níos néata ná aon duine eile. I mbeagán focal, bhí sí foirfe.[23]

Lig Ruán osna ag smaoineamh uirthi. Bhí grá aige dá mháthair. Níor thuig sé cén fáth gur chuir sí lagmhisneach[24] air an t-am ar fad, nuair nár thug sí dó ach moladh. Moladh agus spreagadh.[25]

'Inseoidh mé di go mbeidh tú ag teacht. Beidh áthas uirthi é sin a chloisint.' Dhún sé an doras, cuibheasach tapa.[26] Bhí rud éigin faoin Uasal Mac Gabhann a chuir isteach air. Bhí sé cairdiúil agus gealgháireach,[27] agus ba mhinic grinnscéal[28] de shaghas éigin aige. Ach bhí súile géara aige, ar nós na súl a bhíonn ag múinteoirí. Fiú amháin agus é ag caint ag an doras bhí na súile

17 *den scoth* – *iontach*
18 *stócach* – *fear óg*
19 *díograise* – *fonn, suim*
20 *fionn* – *bán, geal*
21 *aisteach* – *ait*
22 *smidiú* – make-up
23 *foirfe* – *ar fheabhas*
24 *lagmhisneach* – *éadóchas*
25 *spreagadh* – *gríosú*
26 *cuibheasach tapa* – *tapa go leor*
27 *gealgháireach* – *áthasach*
28 *grinnscéal* – *scéal suimiúil, scéal greannmhar*

sin ag stánadh ar Ruán, agus an chuma orthu go raibh x-ghathú á dhéanamh acu ar a raibh laistigh dá intinn agus ina chroí.

Bean thanaí, dhathúil, ghealgháireach, bean tí iontach, agus ag an am céanna bhí a lán rudaí eile ar siúl ag Lisín. Ní raibh post aici. Cén fáth go mbeadh? Bhí ag éirí go sármhaith le Pól; bhí sé ina léachtóir[29] san ollscoil, i gcúrsaí gnó, ach ní sa chomhthéacs sin a rinne sé a chuid airgid, ach ag ceannach stoc ar an Idirlíon. Bhí sé eolach agus cliste agus ciallmhar, agus bhí raidhse[30] mór airgid aige um an dtaca seo, agus é go léir infheistithe[31] sa chaoi is nach raibh air mórán cánach a íoc. Bhí árasáin agus tithe aige freisin, anseo is ansiúd ar fud na hEorpa, agus cíos á bhailiú aige uathu.

Ní raibh gá ar bith go mbeadh Lisín ag dul amach ag obair. Mar sin d'fhan sí sa bhaile, ach bhí sí gnóthach, ina ball de mhórán eagraíochtaí[32] agus clubanna: clubanna a léigh leabhair, clubanna a rinne dea-obair ar son daoine bochta, clubanna a d'eagraigh léachtaí ar stair áitiúil agus geolaíocht[33] áitiúil agus litríocht áitiúil, agus faoi conas do ghairdín a leagan amach ionas go mbeadh sé níos deise ná gairdíní na gcomharsan nó do theach a mhaisiú[34] ionas go mbeadh do chairde go léir ite le formad.[35] Murar leor sin, d'fhreastail sí ar ranganna teanga – Spáinnis, Rúisis, Sínis, Seapáinis. Bhí suim aici i scannáin agus i ndrámaí. Ní raibh sí riamh díomhaoin[36] agus ba bhean spéisiúil í, a d'fhéadfadh labhairt ar aon ábhar ar bith faoin ngrian.

Dáiríre.

29 *léachtóir* – lecturer
30 *raidhse* – *a lán*
31 *infheistithe* – *curtha i bhfiontar*
32 *eagraíochtaí* – *grúpaí*
33 *geolaíocht* – *eolas ar dhromchla an domhain*
34 *a mhaisiú* – *a dhéanamh níos áille*
35 *ite le formad* – *ite le héad*
36 *díomhaoin* – *leisciúil*

## Achoimre

Tá Lisín agus Pól Albright pósta ar feadh 20 bliain agus beidh cóisir mhór (nó féile **chaithréimeach**)[1] acu. Tá Lisín an-mhaith ag eagrú rudaí. Tá gloiní faighte aici **ar iasacht**[2] ón siopa agus tá neart fíona ceannaithe aici freisin. Tá **reoiteoir**[3] amháin aici atá lán le bia. Fuair sí an dara reoiteoir **ar cíos**[4] agus tá sé sin lán le bia milis. Má bhíonn an aimsir go maith, beidh an chóisir sa ghairdín agus gheobhaidh sí boird agus cathaoireacha ar iasacht ó na comharsana. Má bhíonn sé ag cur báistí, tá an teach mór go leor do gach duine. Tá gach rud glan, néata agus álainn, mar atá Lisín féin.

Nuair a bhuail Lisín agus Pól le chéile, bhí Pól ag obair i siopa. Ní raibh sé saibhir ach chonaic Lisín go raibh **féidearthachtaí**[5] ann, go mbeadh sé saibhir lá amháin **faoina stiúir**[6] – agus bhí an ceart aici. Is **léachtóir**[7] san ollscoil anois é. Déanann sé a lán airgid ar an Idirlíon agus **infheistíonn**[8] sé an t-airgead sin ionas nach mbeidh air **mórán cánach**[9] a íoc. Ceannaíonn sé tithe agus árasáin leis an airgead agus faigheann sé cíos ar na foirgnimh sin atá ar fud na hEorpa. Tá siad an-saibhir anois.

Tá Lisín agus Pól ina gcónaí ar Ascaill na Fuinseoige. Tá na daoine ar an mbóthar sin go léir saibhir. Tá gruaig fhionn ar na máithreacha go léir agus ní théann siad amach gan **smideadh**[10] agus éadaí deasa orthu, fiú nuair atá siad ag cur na mboscaí bruscair amach. Tá Lisín foirfe. Tá gruaig fhionn uirthi agus tá sí tanaí, dathúil agus sona. Féachann sí cosúil le bean óg. Tá teach deas néata aici agus tá sí féin deas néata. Tá sí níos faiseanta agus níos néata ná aon duine eile ar an **ascaill**.[11]

Tá beirt mhac ag Lisín agus ag Pól. Tá Cuán 13 bliana d'aois agus tá Ruán 18 mbliana d'aois. Níl Ruán ag súil leis an gcóisir, ach ní féidir leis é sin a rá le Lisín. Bíonn sé **de nós ag**[12] gach duine sa teaghlach pé rud atá Lisín ag iarraidh a chloisteáil a rá léi. Spreagann agus molann Lisín Ruán i gcónaí ach cuireann sí **lagmhisneach**[13] air.

Níl aon phost ag Lisín ach tá sí gnóthach lena saol. Tá sí ina ball de mhórán clubanna – clubanna leabhar, clubanna staire, clubanna a dhéanann obair ar son daoine bochta agus clubanna a thógann daoine isteach ag labhairt faoi ghairdíní deasa agus faoi thithe deasa. Téann sí go dtí ranganna teanga – Spáinnis, Rúisis, Sínis, Seapáinis. Is maith léi scannáin agus drámaí freisin. Tá sí an-suimiúil.

### An t-údar

Rugadh Éilís Ní Dhuibhne i mBaile Átha Cliath i 1954. Rinne sí staidéar ar an mBéarla agus ar an mbéaloideas san ollscoil. Scríobhann sí úrscéalta, gearrscéalta agus drámaí, i mBéarla agus i nGaeilge. Scríobh sí na leabhair *Hurlamaboc* (2006), *Dúnmharú sa Daingean* (2000) agus *Milseog an tSamhraidh* (1997), i measc saothar eile.

## Staidéar ar an scéal

### Téama an scéil

Is **aoir**[14] é an sliocht seo ar shaol daoine saibhre i mBaile Átha Cliath le linn ré an Tíogair Cheiltigh agus ar na **luachanna**[15] a bhí acu. Tá íomhá agus saibhreas an-tábhachtach dóibh. Féachann na mná ar Ascaill na Fuinseoige mar an gcéanna – tá siad go léir fionn agus tanaí. Tá an t-údar ag aoradh Lisín Albright (tá magadh sa sloinne sin – tá sí sona, saibhir agus **gealgháireach**[16] an t-am ar fad), agus ag

1 triumphant; 2 on loan; 3 freezer; 4 hired; 5 possibilities; 6 under her direction; 7 lecturer; 8 invests; 9 much tax; 10 make-up; 11 avenue; 12 customary for; 13 low spirits; 14 satire; 15 values; 16 cheerful

magadh faoin mbaothghalántacht[17] a bhaineann léi agus faoi na luachanna atá aici. Tá Lisín ina ball d'eagraíocht a chabhraíonn leis na bochtáin ach déanann sí féin agus Pól iarracht gan cáin a íoc ar an airgead atá infheistithe[18] acu. Léiríonn an t-údar go bhfuil rud éigin éadomhain[19] falsa[20] ag baint le saol na ndaoine sin agus nach dtuigeann siad saol na ngnáthdhaoine.

*Deachtú*

Foghlaim, scríobh agus ceartaigh an t-alt thuas.

## Na carachtair

### Lisín Albright

Bean chéile, máthair, bean tí agus bean ghnóthach í Lisín. Tá sí féin agus Pól pósta le 20 bliain. Tá beirt mhac acu, Cuán agus Ruán.

Faoi láthair, tá sí ag eagrú cóisire chun an 20 bliain pósta a cheiliúradh. Caithréim[21] atá sa chóisir – chuaigh Lisín agus Pól ó bhochtaineacht go saibhreas.

**Tá sí uaillmhianach.**[22] Theastaigh uaithi a bheith saibhir nuair a bhí sí óg agus tá sí saibhir anois. Phós sí Pól nuair a bhí sé ag obair i siopa, ach threoraigh[23] sí é ón bpost sin agus anois is fear saibhir rathúil é. Tá an chuma ar an scéal go raibh an saibhreas agus an stádas ní ba thábhachtaí di ná an grá – gur phós sí Pól toisc go raibh 'féidearthachtaí' ann.

Tá cónaí uirthi ar bhóthar galánta,[24] Ascaill na Fuinseoige, i dteach mór glan, néata agus álainn – teach Lisín.

**Tá colainn[25] fhoirfe ag Lisín.** Tá sí tanaí agus dathúil. Tá gruaig fhada fhionn uirthi; tá sí faiseanta, néata, álainn agus gealgháireach agus breathnaíonn sí go bhfuil sí ina hógbhean fós. Is léir go bhfuil a híomhá an-tábhachtach di agus tá sé tábhachtach di freisin go bhféachann sí níos faiseanta agus níos áille ná aon bhean eile ar an mbóthar.

**Níl Lisín díomhaoin.**[26] Toisc go bhfuil muintir Albright chomh saibhir sin, ní gá do Lisín dul amach ag obair, ach tá sí ina ball de gach cineál club: club leabhar, club staire áitiúla, club garraíodóireachta[27] agus eagraíocht a chabhraíonn leis na bochtáin. Foghlaimíonn sí an-chuid teangacha – Spáinnis, Rúisis, Sínis agus Seapáinis – cuid de na teangacha is deacra le foghlaim. Téann sí go dtí scannáin agus go dtí drámaí. Bean spéisiúil atá inti agus tá sí in ann labhairt faoi ábhar ar bith ar domhan.

17 snobbery; 18 invested; 19 shallow; 20 false; 21 triumph; 22 ambitious; 23 guided; 24 posh; 25 body; 26 idle; 27 gardening

**Tá sí éadomhain agus baothghalánta.** Mothaímid nach bhfuil fíorspéis ag Lisín sna rudaí seo ach, toisc gur maith léi a bheith níos fearr ná daoine eile, ligeann sí uirthi go bhfuil spéis aici iontu. Ní gá do Lisín a bheith buartha faoi fhíorfhadhbanna an tsaoil – bochtanas, dífhostaíocht, tinneas agus araile[28] – ach tá uirthi a saol folamh[29] a líonadh le rud éigin.

**Ní theastaíonn ó Lisín aon fhadhb a fheiceáil ina saol.** Níl a mac Ruán compordach léi agus ní mhothaíonn sé gur féidir leis fadhbanna a phlé léi. Tugann Lisín moladh agus spreagadh do Ruán ach ní féidir le Ruán a rá léi má tá sé míshona faoi rud éigin. Cuireann sí brú air a bheith sona. Bíonn ar gach duine i dteaghlach Lisín aontú léi. Ní féidir le duine ar bith a bheith macánta[30] léi.

Tá an t-údar, Éilís Ní Dhuibhne, ag aoradh Lisín agus ag magadh fúithi sa sliocht seo. Níl mórán measa aici ar Lisín ná ar a luachanna. Tá sí ag magadh faoin gcóisir atá á heagrú aici, faoin méid airgid atá á chaitheamh air.

*Cleachtadh*

An maith leat Lisín? Tabhair fáthanna le do thuairim.

## Pól Albright

Fear céile Lisín agus athair Ruáin agus Chuáin atá ann. Tá sé pósta le Lisín ar feadh 20 bliain.

Tá sé eolach,[31] cliste agus ciallmhar. Fear saibhir atá ann anois ach ní raibh sé saibhir i gcónaí. Nuair a bhuail sé le Lisín breis is 20 bliain ó shin, bhí sé ag obair i siopa agus ní raibh suim aige i gcúrsaí airgid. Bhí sé 'anabaí,[32] gan maoin[33] ná uaillmhian' agus aineolach.[34] Ach, faoi stiúir Lisín, d'athraigh sé a shaol. Chuaigh sé ag staidéar agus anois is léachtóir é i gcúrsaí gnó san ollscoil. Ceannaíonn sé stoc ar an Idirlíon agus leis an mbrabús[35] a dhéanann sé ansin, ceannaíonn sé tithe agus árasáin ar fud na hEorpa. Bailíonn sé cíos ó na foirgnimh sin. Infheistíonn sé airgead freisin agus ní bhíonn air mórán cánach a íoc ar an infheistíocht sin.

Tá an chuma ar an scéal go bhfuil Pól faoi bhois an chait[36] ag Lisín agus, cosúil le gach duine eile sa teach, go ndeir sé le Lisín pé rud atá sí ag iarraidh a chloisteáil. Ní mhothaímid gur duine róláidir é ach is léir go bhfuil cúrsaí airgid an-tábhachtach dó anois.

*Cleachtadh*

Cad é do mheas ar Phól? Tabhair fáthanna le do thuairim.

## Ruán Albright

Tá Ruán 18 mbliana d'aois agus cónaíonn sé ar Ascaill na Fuinseoige lena mhuintir.

Tá grá ag Ruán dá mháthair ach níl gaol macánta aige léi. Ní féidir leis easaontú[37] léi.

28 et cetera; 29 empty; 30 honest; 31 knowledgeable; 32 immature; 33 wealth; 34 ignorant; 35 profit; 36 under the thumb; 37 disagree

Spreagann agus molann Lisín é i gcónaí ach ní éisteann sí leis. Ní féidir le Ruán na rudaí atá ina chroí istigh a rá léi. Níl Ruán ag súil leis an gcóisir, ach ní féidir leis é sin a rá lena mháthair.

Bíonn lagmhisneach ar Ruán go minic. Tá brú air a bheith foirfe agus an íomhá cheart a bheith aige, mar atá ag a mháthair.

Níl Ruán sásta lena shaol. Mothaíonn sé gur féidir leis an Uasal Mac Gabhann gach rud atá ina chroí agus ina intinn a fheiceáil, agus níl sé compordach leis sin toisc nach bhfuil sé sona.

## An greann sa scéal

Is aoir é an sliocht seo ar **lucht an rachmais**[38] i mBaile Átha Cliath. Tá an greann **fite fuaite**[39] leis an aoir agus leis an magadh.

Tá greann le feiceáil sa chur síos ar na hullmhúcháin atá á ndéanamh ag Lisín don chóisir. Tá an t-údar ag magadh faoi 'Reoiteoir a hAon' agus faoin dara reoiteoir atá ar cíos ag Lisín, mar shampla.

Tá greann sa sloinne 'Albright' – tá an teaghlach seo sona, foirfe agus gealgháireach.

Tá magadh sa chur síos ar Lisín – tá a teach néata agus álainn mar atá sí féin. De ghnáth, ní féidir le duine agus a theach a bheith néata ag an am céanna.

*I mbeagán focal, bhí sí foirfe.*

Tá magadh sa chur síos ar na mná tanaí fionna ar fad atá ina gcónaí ar Ascaill na Fuinseoige, go háirithe sa chur síos orthu ag rith amach leis na boscaí bruscair agus gúnaí oíche deasa orthu agus an ghruaig cíortha go néata.

Tá greann sa chur síos ar na clubanna ar fad a bhfuil Lisín bainteach leo. Tá sí i gclub garraíodóireachta ionas go mbeidh a fhios aici conas a gairdín a leagan amach i mbealach a bheidh níos deise ná gairdín na gcomharsan. Tá sí i gclub eile ionas go mbeidh a fhios aici conas a teach a mhaisiú ionas go mbeidh a cairde ite le **formad**.[40] Baineann gach rud a dhéanann Lisín lena hiomhá agus leis an mbrú a chuireann sí uirthi féin a bheith foirfe. **Idir an dá linn**,[41] tá sí ag foghlaim cuid de na teangacha is deacra atá ann, iad lena **n-aibítir**[42] féin. Tá an greann fite fuaite leis an magadh anseo, cinnte.

*Cleachtadh*

Déan cur síos ar an ngreann atá sa scéal seo.

38 wealthy people; 39 intertwined; 40 jealousy; 41 in the meantime; 42 alphabet

## Ceisteanna agus freagraí samplacha

### 1 Déan cur síos ar Lisín mar a léirítear sa sliocht seo í.

Baineann an sliocht seo le cur síos ar charachtar Lisín agus, chun an fhírinne a rá, ní léiriú moltach[43] mealltach[44] é. Is cur síos é ar bhean atá gafa go hiomlán lena híomhá. Tá cóisir bhuacach[45] chaithréimeach á heagrú ag Lisín agus baineann an-chuid seafóide leis i ndáiríre. Tá dhá reoiteoir aici, iad lán le bia, agus tá an teach athmhaisithe[46] aici ó bhun. Féachann Lisín ar a saol agus ar an gcóisir chun a 20 bliain pósta a cheiliúradh mar chaithréim, mar bhua. Tá gach rud a bhí uaithi bainte amach aici – fear céile saibhir léannta, teach breá, 'clann mhac, iad cliste agus dathúil'. Féach gurb é an t-airgead an chéad rud atá luaite.

Cuireann Lisín an-bhéim ar a híomhá. Cónaíonn sí ar bhóthar ar a bhfuil an íomhá an-tábhachtach do gach aon bhean (ach amháin Eibhlín Ní Loingsigh, toisc nach bhfuil gruaig fhionn uirthi), ach tá Lisín í féin níos faiseanta agus níos néata ná aon bhean eile ar Ascaill na Fuinseoige. Tá sí foirfe.

Feicimid go bhfuil an t-údar ag aoradh na clainne seo leis an sloinne a thugann sí orthu – muintir 'Albright' – gach rud geal, foirfe (ón taobh amuigh ar aon nós). Breathnaíonn Lisín óg dá haois, cúis sásaimh eile. Ar ndóigh, tá sí néata, álainn agus tanaí, rud eile a léiríonn an smacht iomlán atá aici ar a saol.

Tá Lisín ina ball de na heagraíochtaí agus de na clubanna is faiseanta. Níl teorainn[47] lena cuid tallann![48] Cabhraíonn sí leis na bochtáin; tá sí an-eolach ar chúrsaí staire; is liosta le háireamh[49] iad na teangacha atá á bhfoghlaim aici (na teangacha is deacra ar domhan, gach ceann acu lena n-aibítir féin) agus cuireann a teach agus a gairdín formad agus éad ar na comharsana. Tá barr na haoire[50] sroichte nuair a deir an t-údar go searbhasach[51] gur bean spéisiúil í Lisín . . . 'Dáiríre.'

Is léir go bhfuil cúrsaí airgid an-tábhachtach do Lisín agus dá fear céile, Pól. Ní raibh siad i gcónaí saibhir ach a bhuí le spreagadh agus uaillmhian Lisín, d'éirigh le Pól athrú ó bheith ag obair i siopa go bheith ina léachtóir ollscoile. Tá an-chuid saibhris déanta aige ó bheith ag ceannach stoc ar an Idirlíon agus tá sealúchas[52] aige ar fud na hEorpa atá ligthe ar cíos aige. Tá sé chomh cliste sin nach mbíonn air mórán cánach a íoc. Tá cáineadh intuigthe[53] anseo freisin – gur tábhachtaí dó (agus do dhaoine eile dá leithéid) airgead ná leas[54] daoine eile.

Ar an iomlán, is cur síos é an sliocht seo ar bhean éadomhain bhréagach[55] bhaothghalánta. Mothaímid nach bhfuil dada taobh thiar den íomhá agus de na clubanna ar fad ach bréag-ghalántacht. Níl a mac Ruán ábalta a bheith macánta léi; tuigeann sé a ról chun aontú lena mháthair. In ainneoin[56] an tsaoil ghnóthaigh shaibhir atá á chaitheamh aici, lena smideadh, gruaig agus cruth foirfe, tá an chosúlacht uirthi go bhfuil anam agus croí in easnamh[57] uirthi. Ní dóigh liom gur duine spéisiúil í in aon chor.

43 complimentary; 44 attractive; 45 victorious; 46 redecorated; 47 limit; 48 talents; 49 a long list; 50 height of satire; 51 sarcastically; 52 property; 53 implied; 54 welfare; 55 false; 56 despite; 57 missing

## 2 'Is aoir é an sliocht seo ar lucht an rachmais i mBaile Átha Cliath.' An ráiteas seo a phlé.

Aontaím leis an ráiteas seo. Tá an t-údar, Éilís Ní Dhuibhne, ag aoradh Lisín agus Phóil Albright agus daoine dá leithéid a chuireann an-bhéim ar íomhá agus ar shaibhreas. Tá an scéal suite ar Ascaill na Fuinseoige, bóthar 'fionn' toisc go bhfuil gruaig fhionn ar gach bean a chónaíonn ann. Níl ach bean amháin ar an ascaill nach bhfuil fionn agus níl na mná eile sásta go bhfuil Eibhlín Ní Loingsigh ina cónaí ann. Tá caighdeán[58] ar an mbóthar seo – caithfidh na mná ar fad breathnú mar an gcéanna – is é sin, a bheith tanaí, fionn, dathúil agus faiseanta. Fiú má tá na mná ag rith amach déanach ar maidin leis an mbosca bruscair, caithfidh siad breathnú go maith.

Ón tús, taispeánann an t-údar chomh tábhachtach is atá cúrsaí airgid dóibh. Féile chaithréimeach atá á heagrú ag Lisín. Caithréim atá bainte amach ag Lisín toisc go bhfuil sí saibhir anois agus go bhfuil saol na mná saibhre á chaitheamh aici. Tá teach breá, 'clann mhac, iad cliste agus dathúil' ag Pól agus Lisín. Ní deir siad aon rud faoi shonas ná faoi shláinte – saibhreas an rud is tábhachtaí dóibh. Tá an t-údar ag cáineadh na mbealaí a rinne daoine de leithéid Phóil a gcuid airgid le linn ré an Tíogair Cheiltigh. Bhí siad an-chliste ag infheistiú airgid ionas nach mbeadh orthu mórán cánach a íoc. Is léir go bhfuil a saibhreas féin níos tábhachtaí do Phól agus do Lisín ná leas daoine eile.

Tá an t-údar ag magadh faoi Lisín agus faoin gcóisir – 'Reoiteoir a hAon' agus an dara reoiteoir ar cíos. Is dócha go mbíonn iomaíocht[59] ar siúl idir na mná agus iad ag eagrú cóisirí mar sin ach tá an lámh in uachtar[60] ag Lisín. Tá sí bainteach le go leor clubanna agus le heagraíochtaí – cá bhfaigheann sí an t-am? Is dócha nach bhfuil suim aici iontu ach téann siad leis an íomhá cheart. Tá an t-údar an-ghéar ag deireadh an tsleachta nuair a deir sí gur bean spéisiúil í Lisín, 'a d'fhéadfadh labhairt ar aon ábhar ar bith faoin ngrian. Dáiríre.' Ní cheapann an t-údar go bhfuil sí spéisiúil. Ceapann sí go bhfuil sí (agus daoine mar í) éadomhain agus leithleach,[61] iad ag cur béime ar rudaí nach bhfuil tábhachtach agus iad ar fad baothghalánta ardnósach agus ag leanúint an tslua shaibhir.

58 standard; 59 competition; 60 the upper hand; 61 selfish

### 3 Déan cur síos ar an ngaol atá ag Lisín le Pól agus le Ruán.

Ón taobh amuigh, breathnaíonn sé go bhfuil gaol an-mhaith idir gach duine i dteaghlach Albright. Tá Lisín an-sásta lena saol. Tá sí saibhir, fionn, tanaí, gnóthach agus foirfe. Cónaíonn sí i gceantar saibhir i dteach álainn le fear saibhir agus le clann dhathúil.

Tá an chuma ar an scéal go bhfuil Pól faoi bhois an chait ag Lisín. Bhí Lisín uaillmhianach i gcónaí agus ba mhaith léi a bheith saibhir. Nuair a bhuail sí le Pól breis is 20 bliain ó shin, bhí sé ag obair i siopa. Chonaic Lisín go raibh 'féidearthachtaí' ann agus mhúnlaigh[62] sí agus spreag sí é. Anois is fear saibhir léannta cliste é agus tá 'raidhse mór airgid aige'. Ní chloisimid aon rud eile faoi sa sliocht seo ach glacaimid leis go bhfuil se chomh sásta lena shaol is atá Lisín.

Ceapann Lisín go bhfuil gaol an-mhaith aici lena mac Ruán. Spreagann sí agus molann sí i gcónaí é. Is dócha go bhfuil uaillmhian leagtha síos aici do Ruán tar éis na hArdteiste agus seans nach bhfuil mórán rogha aige ach aontú léi. Bíonn sé de nós ag gach duine an rud a bhíonn Lisín ag iarraidh a chloisteáil a rá léi. Cuireann Lisín lagmhisneach ar Ruán. Is dócha go gcuireann sí brú air an íomhá cheart a bheith aige agus an saol a cheapann sise atá ceart a leanúint. Ní féidir le Ruán a bheith macánta lena mháthair. Tá a chuid tuairimí féin ag Ruán faoin gcóisir agus faoin saol, ach ní féidir leis iad a insint do Lisín. Sin an fáth a bhfuil sé chomh míchompordach nuair atá an tUasal Mac Gabhann ag an doras. Mothaíonn sé go bhfuil sé ábalta na fíor-rudaí a bhí 'laistigh dá intinn agus ina chroí' a fheiceáil – rudaí a choimeádann sé i bhfolach óna mháthair.

Tá grá ag Ruán dá mháthair ach níl gaol oscailte macánta eatarthu. Tá Lisín láidir agus údarásach agus ní féidir le duine ar bith easaontú léi. Ní féidir le Ruán a chuid fadhbanna a phlé léi, toisc nach mbíonn aon fhadhb ag aon duine de mhuintir Albright.

### Ceisteanna breise

1. 'Tugann an t-údar léiriú an-mhaith ar lucht an rachmais le linn laethanta an Tíogair Cheiltigh sa sliocht seo.' Do thuairim uait faoi sin.
2. 'Bean éadomhain bhaothghalánta í Lisín.' Déan plé ar an ráiteas seo.
3. An dóigh leat gur maith leis an údar carachtar Lisín? Tabhair fáthanna le do thuairim.
4. 'In ainneoin a saibhris ar fad, níl gach rud foirfe i saol Lisín.' An ráiteas seo a phlé.
5. Maidir leis an sliocht seo as *Hurlamaboc*, déan plé gairid ar do rogha dhá cheann de na ceannteidil seo a leanas:
   (i) An tábhacht a bhaineann leis an gcóisir i saol Lisín
   (ii) An tábhacht a bhaineann le hEibhlín Ní Loingsigh sa sliocht
   (iii) An greann agus an magadh sa sliocht seo.

62 moulded

# Féach, Abair, Clúdaigh, Scríobh, Seiceáil – FACSS

Foghlaim na habairtí seo thíos agus beidh tú ábalta aon cheist a fhreagairt!

| Féach, Abair, Clúdaigh | Scríobh | Seiceáil |
|---|---|---|
| 1 Is aoir é an sliocht seo ar lucht an rachmais le linn ré an Tíogair Cheiltigh. | | |
| 2 Tá cónaí ag Lisín ar Ascaill na Fuinseoige agus tá sí foirfe. | | |
| 3 Bhí Lisín uaillmhianach nuair a bhí sí óg agus chonaic sí na féidearthachtaí a bhí i bPól. | | |
| 4 Tá an t-údar ag magadh faoi Lisín agus faoin saol éadomhain a chaitheann sí. | | |
| 5 Tá Lisín faiseanta, néata agus gealgháireach. | | |
| 6 Tá sé de nós ag gach duine pé rud atá Lisín ag iarraidh a chloisteáil a rá léi. | | |
| 7 Níl gaol maith ag Ruán lena mháthair. | | |
| 8 Ní gá do Phól an iomarca cánach a íoc. | | |
| 9 Taobh thiar den íomhá agus de na clubanna, is bean bhaothghalánta í Lisín. | | |
| 10 Cuireann Lisín lagmhisneach ar Ruán. | | |

# 2 Seal i Neipeal

**le Cathal Ó Searcaigh**

I ndiaidh domh an dinnéar a chríochnú agus mé ar tí babhta[1] léitheoireachta a dhéanamh, tháinig fear beag, beathaithe[2] isteach chugam, gnúis dhaingean[3] air, a thóin le talamh. Sheas sé, a dheireadh leis an tine, gur thug sé róstadh maith dá mhásaí.[4] Ansin tharraing sé cathaoir chuige féin agus theann isteach[5] leis an tine, a lámha crágacha[6] spréite os a choinne, ag ceapadh teasa.[7] Bhí sé do mo ghrinniú[8] an t-am ar fad lena shúile beaga rógánta.[9] Níl mórán le himeacht ar an diúlach[10] seo, arsa mise liom féin. Ansin thosaigh an cheastóireacht,[11] tiubh[12] agus crua. Cén tír as a dtáinig mé? Cad é mar a shaothraigh mé[13] mo chuid? An raibh bean agam? An raibh cúram teaghlaigh orm? An raibh Éire rachmasach?[14] An raibh sé éasca cead isteach a fháil chun na tíre? An raibh cairde agam i Neipeal? An Críostaí a bhí ionam? An raibh gnó de mo chuid féin agam sa bhaile? An raibh mé ag tabhairt urraíochta[15] d'aon duine i Neipeal? Cad é an méid airgid a chaithfinn sa tír seo? An de bhunadh[16] saibhir mé i mo thír féin? Ós rud é nach mórán muiníne agam as cha dtug mé[17] dó ach breaceolas[18] agus bréaga, agus tuairimí leathcheannacha.[19]

Bhí gaol gairid aige le bean an tí agus sin an fáth a raibh sé ag fanacht ansin. Bhí sé ar a bhealach ar ais go Kathmandu, áit a raibh lámh aige i ngníomhaíochtaí[20] éagsúla, a dúirt sé: cairpéid, seálta *pashmina*, earraí páipéir. Bhí an tuile shí[21] as a bhéal agus é ag maíomh[22] as a ghaisce gnó. Ar ndóigh, bhí daoine ceannasacha[23] ar a chúl[24] ach sin ráite ní raibh cosc dár cuireadh ina shlí ariamh nár sháraigh sé.[25] Duine acu seo a bhí ann, a dúirt sé, a bhí ábalta rud ar bith a chur chun somhaoine[26] dó féin. Dá thairbhe sin[27] agus an dóchas dochloíte[28] a bhí ann ó dhúchas rith an saol leis.[29] Bhí an dá iarann déag sa tine aige i dtólamh,[30] arsa seisean, mórchúis[31] ina ghlór, ach bíodh thíos thuas, ar uair na cruóige,[32] rinne seisean cinnte de go ndéantaí cibé obair a bhí le déanamh ar an sprioc.[33] Fear faobhair[34] a bhí ann ina óige, arsa seisean, ag ligean gothaí troda[35] air féin go bródúil.

1 *babhta* – *tamall*
2 *beathaithe* – *breá ramhar*
3 *gnúis dhaingean* – *aghaidh dhocht*
4 *másaí* – *ceathrúna*
5 *theann isteach* – *bhrúigh isteach*
6 *crágacha* – *móra*
7 *ag ceapadh teasa* – *ag lorg teasa*
8 *do mo ghrinniú* – *ag féachaint go géar orm*
9 *rógánta* – *glic*
10 *diúlach* – *duine gan mhaith*
11 *ceastóireacht* – *ceistiúchán*
12 *tiubh* – *tapa*
13 *shaothraigh mé* – *thuill mé*
14 *rachmasach* – *saibhir*
15 *ag tabhairt urraíochta* – *ag tabhairt tacaíochta (airgid)*
16 *bunadh* – *muintir*
17 *cha dtug mé* – *níor thug mé*
18 *breaceolas* – *eolas nach raibh fairsing*
19 *leathcheannacha* – *claonta*
20 *gníomhaíochtaí* – *gnóthaí*
21 *tuile shí* – *sruth cainte*
22 *ag maíomh* – *ag déanamh gaisce*
23 *ceannasacha* – *údarásacha*
24 *ar a chúl* – *taobh thiar de*
25 *sháraigh sé* – *bhuaigh sé*
26 *chun somhaoine* – *chun tairbhe*
27 *dá thairbhe sin* – *mar thoradh air sin*
28 *dochloíte* – *dochreidte*
29 *rith . . . leis* – *d'éirigh leis*
30 *i dtólamh* – *i gcónaí*
31 *mórchúis* – *bród*
32 *ar uair na cruóige* – *ar uair an chruatain*
33 *ar an sprioc* – *in am*
34 *fear faobhair* – *fear crua, fear diongbháilte*
35 *gothaí troda* – *réidh chun troda*

Bhí an fuinneamh sin chomh géar agus a bhí ariamh, a dúirt sé, ach anois, bhí sé i bhfearas[36] aige i gcúrsaí gnó. Bhí an-chuid earraíochta ar siúl aige sna ceantair seo fosta, a dúirt sé. Bhí fir phaca aige a théann thart ag díol éadaigh i mbailte scoite[37] an tsléibhe, bhí mná ag cniotáil dó cois teallaigh, bhí dream eile ann a dhéanann páipéar dó. Bhí cuma an ghustail,[38] ceart go leor, ar an chóta throm clúimh[39] agus ar na brogá sléibhe den scoth an leathair a bhí á gcaitheamh aige. Ligfinn orm féin go raibh mé bog go bhfeicfinn cad é mar a bhí sé ag brath buntáiste a ghlacadh orm.[40] Thairg mé buidéal leanna[41] a cheannach dó agus ba eisean féin nár dhiúltaigh an deoch. Cha raibh an buidéal ina lámh aige i gceart gur ól sé a raibh ann d'aon slog cíocrach[42] amháin. D'ofráil mé an dara buidéal dó agus ach oiread leis an chéad cheann char chuir sé suas dó.[43]

'Nach ádhúil[44] gur casadh ar a chéile sinn,' a dúirt sé agus é ag cothú na tine le tuilleadh adhmaid chonnaidh.[45] 'Seo lá ár leasa,' arsa seisean agus é do mo ghrinniú lena shúile beaga santacha. Bhí a fhios aige chomh luath agus a leag sé súil orm, a dúirt sé, gurb é ár gcinniúint[46] é a bheith i mbeartas páirte[47] lena chéile. Ba mhór ab fhiú domh suim airgid a infheistiú láithreach sa chomhlacht déanta páipéir a raibh dlúthbhaint aige leis. Bheadh toradh fiúntach ar an infheistíocht seo gan aon dabht sa chruth go mbeadh ciste airgid fá mo choinne[48] i gcónaí nuair a d'fhillfinn ar Neipeal. Dé réir mar a bhí sé ag téamh[49] leis an racht ceana[50] seo, mar dhea, bhí sé ag tarraingt níos clósáilte domh ionas go raibh greim láimhe aige orm faoin tráth seo. Níor ghá, ar ndóigh, an socrú beag seo a bhí eadrainn a chur faoi bhráid an dlí. B'amaideach baoth dúinn airgead a chur amú ar shéala an dlíodóra.[51] Conradh an chroí a bheadh ann, arsa seisean go dúthrachtach,[52] ag teannadh a ghreama[53] ar mo lámh. Gníomh muiníne. Ba leor sin agus an trust a bhí eadrainn. Bhí sé ag féachaint orm go géar go bhfeicfeadh sé an raibh an chaint leataobhach[54] seo ag dul i bhfeidhm orm. Shíl sé go raibh mé somheallta[55] agus go dtiocfadh leis suí i mo bhun agus ceann siar[56] a chur orm. Bhí taithí aige, déarfainn, an ceann is fearr a fháil ar dhaoine. 'Dá gcreidfeá ann,' mar a deireadh na seanmhná sa bhaile fadó, 'chuirfeadh sé cosa crainn[57] faoi do chuid cearc.' Ní raibh smaoineamh dá laghad agam dul i bpáirtíocht leis an tslíodóir[58] seo. Ní rachainn fad mo choise leis. Is mairg a thaobhódh[59] lena chomhairle. Ach lena choinneáil ar bís

36 *i bhfearas* – *in úsáid*

37 *scoite* – *scaipthe*

38 *cuma an ghustail* – *cuma an tsaibhris*

39 *cóta throm clúimh* – *cóta trom fionnaidh*

40 *ag brath buntáiste a ghlacadh orm* – *ag iarraidh bob a bhualadh orm*

41 *buidéal leanna* – *buidéal beorach*

42 *cíocrach* – *santach*

43 *chuir sé suas dó* – *níor dhiúltaigh sé dó*

44 *ádhúil* – *ámharach*

45 *adhmaid chonnaidh* – *adhmad don tine*

46 *ár gcinniúint* – *an rud atá i ndán dúinn*

47 *i mbeartas páirte* – *ag obair le chéile*

48 *fá mo choinne* – *domsa*

49 *ag téamh* – *ag dul ar aghaidh le*

50 *racht ceana* – *cion*

51 *séala an dlíodóra* – lawyer's seal

52 *go dúthrachtach* – *go dílis*

53 *ag teannadh a ghreama* – *ag fáil greim níos láidre ar mo láimh*

54 *leataobhach* – *claonta*

55 *somheallta* – *éasca a mhealladh*

56 *ceann siar* – *dallamullóg*

57 *cosa crainn* – *cosa adhmaid*

58 *slíodóir* – *duine slim sleamhain, slíbhín*

59 *a thaobhódh* – *a ghlacfadh*

char lig mé a dhath orm[60] féin. Shuigh mé ansin go stuama, smaointeach, amhail is dá mbeadh gach focal dá chuid ag gabháil i gcion[61] orm.

I rith an ama seo bhí Ang Wong Chuu agus Pemba ar a gcomhairle féin sa chisteanach, gach scairt cheoil acu féin agus ag bean an tí. Nuair a d'ordaigh mé an tríú buidéal leanna don tslogaire[62] seo – bhí a chuid airgid féin, a dúirt sé, chóir a bheith reaite[63] i ndiaidh dó díolaíocht a thabhairt dá chuid oibrithe anseo sna cnoic, ach in Kathmandu dhéanfadh sé an comhar a íoc[64] liom faoi thrí. Thug Ang Wong Chuu i leataobh mé agus cuma an-tógtha air.[65] Is cosúil gur chuir bean an tí leid ina chluas go raibh an fear istigh do mo dhéanamh[66] go dtí an dá shúil. D'iarr sé orm gan baint ná páirt a bheith agam leis agus ar a bhfaca mé ariamh gan mo shúil a thógáil de mo sparán. Dúirt mé leis nach raibh baol ar bith go nglacfadh an breallán[67] seo lámh orm. Sa chluiche seo, gheall mé dó, bheadh an cúig deireanach[68] agamsa. Bhí sé i bhfách[69] go mór le dul isteach liom chun an tseomra le mé a chosaint ar chrúba[70] an fhir istigh ach d'éirigh liom é a chur ar a shuaimhneas agus a sheoladh ar ais chun na cisteanadh. Bhí mise ag gabháil a imirt mo chuid cnaipí[71] ar mo chonlán féin.[72]

Ba léir go raibh lúcháir[73] ar an fhear eile mé a fheiceáil ag teacht ar ais. Shocraigh sé mo chathaoir san áit ba theolaí[74] an teas. Shoiprigh sé na cúisiní go cúramach.

'Cá mhéad airgid a bheadh i gceist?' arsa mise go bladarach[75] nuair a bhí mo ghoradh[76] déanta agam.

Tháinig loinnir aoibhnis[77] ina ghnúis. Shíl sé go raibh leis. 'Braitheann sin ort féin ach thabharfadh míle dollar seasamh maith duit sa ghnó. I do leith féin atá tú á dhéanamh.' Bhí sé spreagtha.[78] Chrom sé síos le séideog[79] a chur sa tine. Chuir sé luaith[80] ar fud na háite le méid a dhíograise.[81] Bhí mé ag baint sásaimh as an chluichíocht chlúide[82] seo.

'An leor banna béil,'[83] arsa mise go ceisteach, amhras i mo ghlór, 'mar urrús[84] in aghaidh caillteanais?'

Bhí eagla air go raibh mé ag éirí doicheallach,[85] ag tarraingt siar. Phreab sé aniar as an chathaoir agus chaith sé a dhá lámh thart orm go cosantach. 'Ná bíodh imní ar bith ort taobhú liom,' arsa seisean go muiníneach. 'Nach bhfuil mé chomh saor ó smál[86] le gloine na fuinneoige sin?'

60 *char lig mé a dhath orm* – **níor lig mé rud ar bith orm**
61 *i gcion* – **i bhfeidhm**
62 *slogaire* – **fear mór óil**
63 *chóir a bheith reaite* – **beagnach imithe**
64 *an comhar a íoc* – **an fiach a ghlanadh**
65 *an-tógtha air* – **an-fheargach**
66 *do mo dhéanamh* – **ag déanamh amadáin díom**
67 *breallán* – **amadán**
68 *an cúig deireanach* – **an lámh in uachtar, an gáire deiridh**
69 *i bhfách* – **i bhfabhar**
70 *crúba* – **lámha**
71 *mo chuid cnaipí* – **mo chuid cleasa**
72 *ar mo chonlán féin* – **ar mo bhealach féin**
73 *lúcháir* – **áthas mór**
74 *teolaí* – **te**
75 *go bladarach* – **go plámásach**
76 *mo ghoradh* – **mo théamh**
77 *loinnir aoibhnis* – **solas áthais**
78 *bhí sé spreagtha* – **bhí sceitimíní áthais air**
79 *séideog* – **séideán**
80 *luaith* – **ash**
81 *a dhíograise* – **a dhúthracht**
82 *cluichíocht chlúide* – **cleasaíocht cois na tine**
83 *banna béil* – **gealltanas ó bhéal**
84 *urrús* – **gealltanas**
85 *doicheallach* – **naimhdeach**
86 *smál* – **peaca**

Fráinithe san fhuinneog, bhí ceathrú gealaí ag glinniúint i bhfuacht na spéire, í chomh faobhrach[87] le béal corráin.[88]

'Féach isteach i mo shúile i leith is gur fuinneoga iad,' arsa seisean, 'agus tchífidh[89] tú gur duine nádúrtha mé ó dhúchas. Bí cinnte nach ndéanfainn a dhath[90] ach an t-ionracas[91] le duine.' Bhí sramaí[92] lena shúile ar an mhéad is a bhí siad ar leathadh[93] aige os mo chomhair in iúl is go n-amharcfainn[94] síos isteach i nduibheagán[95] a dhúchais is go gcreidfinn go raibh sé gan choir,[96] gan chlaonadh.[97]

D'amharc mé idir an dá shúil air agus mé ag rá liom féin, 'Ní rachaidh leat, a dhiúlaigh.'[98] Leis an tsaothar anála a bhí air bhí na ribí fionnaidh[99] ina ghaosán[100] ar tinneall.[101] Faoin am seo bhí sé siúráilte go raibh mé faoina anáil[102] aige. 'Tabharfaidh mé suim airgid duit anois,' arsa mise go saonta,[103] amhail is dá mbeadh muinín iomlán agam as. 'Agus an chuid eile in Kathmandu má bhíonn obair na comhlachta sásúil.'

Shamhlófá nár tháinig lá dá leas[104] ach é. Bhí sé sna flaithis bheaga le lúcháir. Bhí sé do mo bheannú ionas go mba sheacht bhfearr a bheinn an bhliain seo chugainn. Bhí a fhios agamsa go raibh slám[105] de lire beagluachacha[106] na hlodáile sáite i leataobh agam le fada i dtóin mo mhála droma. D'aimsigh mé[107] iad láithreach agus chuntas mé[108] amach lab nótaí[109] díobh go mórluachach[110] go raibh lán a chráige[111] aige. Shíl sé go raibh a shaint de mhaoin[112] aige ina lámh nuair a chonaic sé na nótaí míle ag carnadh[113] ina

87 *faobhrach* – *géar*
88 *béal corráin* – *lann uirlise*, the blade of a sickle
89 *tchífidh* – *feicfidh*
90 *a dhath* – *rud ar bith*
91 *an t-ionracas* – *an rud ceart*
92 *sramaí* – discharges (of mucus)
93 *ar leathadh* – *oscailte go leathan*
94 *go n-amharcfainn* – *go bhféachfainn*
95 *i nduibheagán* – *i bpoll*
96 *gan choir* – *gan pheaca*
97 *gan chlaonadh* – *gan locht*
98 *a dhiúlaigh* – *a phleidhce*
99 *ribí fionnaidh* – *píosaí beaga gruaige*
100 *ina ghaosán* – *ina shrón*
101 *ar tinneall* – *ina seasamh*
102 *faoina anáil* – *faoina thionchar*
103 *go saonta* – *go simplí*
104 *lá dá leas* – *lá chomh maith dó*
105 *slám* – *suim mhór*
106 *beagluachacha* – of little value
107 *d'aimsigh mé* – *fuair mé*
108 *chuntas mé* – *chomhairigh mé*
109 *lab nótaí* – *suim mhór nótaí*
110 *go mórluachach* – *(ag ligint ar) go raibh luach mór leo*
111 *lán a chráige* – *lán a láimhe*
112 *maoin* – *saibhreas*
113 *ag carnadh* – *ag líonadh*

bhois. Ádhúil go leor, cha raibh a fhios aige, ach oiread lena thóin, cé chomh beagthairbheach[114] agus a bhí a stór lire.

Chomh luath agus a bhí an t-airgead istigh i gcúl a dhoirn aige, thosaigh sé ag méanfach[115] agus ag ligean air féin go raibh néal codlata ag teacht air. Thabharfadh sé a sheoladh in Kathmandu agus sonraí[116] iomlána an chomhlachta domh ar maidin ach anois bhí an codladh ag fáil bua air agus chaithfeadh sé an leabaidh a bhaint amach láithreach. I ndiaidh dó mé a mholadh is a mhóradh[117] thug sé na sála leis[118] chun na leapa. Ba seo oíche a bhí chun a shástachta. Chodlódh sé go sámh. Ní sparán trom croí éadrom.[119]

Bhí aoibh[120] an gháire orm gur thit mé i mo chodladh. Is fuath liom an míchothrom[121] a dhéanamh le duine ar bith ach d'fhóir sé[122] i gceart don chneámhaire[123] seo. Bhainfí croitheadh[124] ceart as nuair a chuirfí ar a shúile dó i mbanc nó i mbiúró in Kathmandu nach raibh ina charnán[125] lire ach sop gan luach.[126] Beidh sé ag téamh ina chuid fola agus ag éirí de thalamh le fearg nuair a thuigfear dó gur buaileadh bob air.[127]

Ar ndóigh, bhí sé ar shiúl[128] nuair a d'éirigh mé ar maidin. Bhain sé na bonnaí as[129] le bánú[130] an lae, a dúirt bean an tí. Bhí broid[131] air le bheith ar ais in Kathmandu. Bhí, leoga! Cé go raibh sé gaolta léi, a dúirt sí, is beag dáimh[132] a bhí aici leis. Cha raibh ann ach slíomadóir[133] agus b'fhearr léi gan é a bheith ag teacht faoin teach ar chor ar bith. Bhí seal i bpríosún déanta aige as a bheith ag déanamh slad[134] ar iarsmaí beannaithe[135] na dteampall[136] agus á ndíol le turasóirí. Cha raibh fostaíocht ar bith aige, a dúirt sí, agus bhí an t-iomrá[137] amuigh air gur ar bhuirgléireacht a bhí sé ag teacht i dtír.[138] Bhí sé tugtha don ól[139] ó bhí sé óg, a dúirt sí, agus chuir sé críoch fhliuch ar ar shaothraigh sé ariamh. Tá bean agus páistí aige ach bhí siad scartha óna chéile ón uair ar cúisíodh é[140] as gadaíocht agus ar gearradh téarma príosúin air.

114 *beagthairbheach* – *gan mhaith*
115 *ag méanfach* – yawning
116 *sonraí* – details
117 *a mhóradh* – *a mholadh*
118 *thug sé na sála leis* – *d'imigh sé leis*
119 *ní sparán trom croí éadrom* – *ní bhíonn gá le hairgead ag duine sona*
120 *aoibh* – *meangadh (gáire)*
121 *míchothrom* – *feall*
122 *d'fhóir sé* – *bhí sé oiriúnach*
123 *cneámhaire* – *rógaire*
124 *croitheadh* – *geit*
125 *charnán* – *carn beag*
126 *sop gan luach* – *rud gan mhaith*
127 *buaileadh bob air* – *imríodh cleas air*
128 *ar shiúl* – *imithe*
129 *bhain sé na bonnaí as* – *d'imigh sé leis ar chosa in airde*
130 *bánú* – *breacadh*
131 *broid* – *brú oibre*
132 *dáimh* – *cairdeas*
133 *slíomadóir* – *duine slim sleamhain*
134 *slad* – *scriosadh*
135 *iarsmaí beannaithe* – sacred relics
136 *teampall* – *séipéal*
137 *an t-iomrá* – *an cháil*
138 *ag teacht i dtír* – *ag maireachtáil*
139 *bhí sé tugtha don ól* – *bhí dúil mhór aige san ól*
140 *cúisíodh é* – *bhí sé ciontach*

## Achoimre

Tá an t-údar, Cathal Ó Searcaigh, ag fanacht i lóistín[1] i Neipeal. Oíche amháin, tagann fear ramhar isteach agus tosaíonn sé ag caint leis an údar. Tá sé an-fhiosrach[2] agus cuireann sé a lán ceisteanna ar an údar. An bhfuil a lán airgid ag a chlann in Éirinn? Cé mhéad airgid atá aige anois? An bhfuil a ghnó féin aige? Ba mhaith leis a fháil amach an bhfuil Cathal Ó Searcaigh saibhir.

Tosaíonn sé ag maíomh[3] as féin ansin. Deir sé go bhfuil sé an-rathúil[4] i gcúrsaí gnó. Deir sé go bhfuil baint aige le cúpla gnó cairpéid, seálta[5] *pashmina* agus earraí páipéir, agus go bhfuil mná ag cniotáil dó. Tá cuma shaibhir air – tá sé ag caitheamh cóta trom agus bróga leathair.

Tá an t-údar glic agus cliste. Ina intinn, glaonn sé slíodóir[6] agus cneámhaire[7] ar an bhfear. Tuigeann sé gur mhaith leis an bhfear airgead a fháil uaidh. Tá an t-údar ag imirt cluiche leis an bhfear. Ceannaíonn an t-údar cúpla deoch dó agus ólann an fear iad agus áthas air.

Ceapann an fear go bhfuil Cathal Ó Searcaigh bog saonta[8] agus ceapann sé go mbeidh sé ábalta airgead a fháil uaidh. Tosaíonn sé ag caint ansin faoi chúrsaí airgid. Ba mhaith leis go dtabharfadh an t-údar airgead dó mar go bhfuil comhlacht déanta páipéir[9] aige. Dar leis an bhfear nach gá go mbeidh aon bhaint ag an dlí leis an socrú. Conradh béil[10] idir cairde a bheidh ann.

Téann an t-údar amach chun an tríú deoch a cheannach don slíodóir agus deir muintir an tí (bean an tí agus Ang Wong Chuu, fear eile atá ag fanacht ar lóistín) leis a bheith cúramach. Ligeann an t-údar air go gcreideann sé an fear. Ligeann se air go bhfuil sé ag smaoineamh ar infheistíocht[11] a dhéanamh sa chomhlacht páipéir.

Cuireann sé ceist ar an bhfear ansin faoin méid airgid a bheadh i gceist. Tá áthas an domhain ar an bhfear. Luann sé míle dollar. Deir sé go bhfuil sé macánta.

Buaileann Ó Searcaigh bob ar[12] an bhfear. Tugann an t-údar lab nótaí *lire* don fhear. Ní bhaineann aon luach leis na nótaí ach ceapann an fear go bhfuil sé saibhir anois. Tá áthas an domhain air mar go gceapann sé go bhfuil sé tar éis bob a bhualadh ar an údar. Nuair a fhaigheann an fear an t-airgead, cailleann sé suim san údar. Tosaíonn sé ag méanfach[13] agus tá tuirse air. Deir sé go dtabharfaidh sé a sheoladh agus a chuid sonraí[14] don údar ar maidin. Téann sé a chodladh.

Tá aoibh an gháire[15] ar an údar nuair a théann sé a chodladh. Tá sé ag smaoineamh ar an bhfear ag dul isteach go dtí an banc in Kathmandu agus ag fáil amach nach bhfuil mórán airgid aige.

1 lodging; 2 curious; 3 boast; 4 successful; 5 shawls; 6 sly person; 7 crook; 8 naïve; 9 paper-making company; 10 verbal agreement; 11 investment; 12 Ó Searcaigh plays a trick on; 13 yawning; 14 details; 15 smile

Nuair a éiríonn an t-údar ar maidin, tá an fear imithe. Ní fhágann sé a sheoladh in Kathmandu don údar mar a gheall sé.

Tá bean an tí ag labhairt le Cathal Ó Searcaigh ansin. Tugann sí cúlra an fhir dó. Chaith sé tamall i bpríosún mar gur ghoid sé iarsmaí[16] ó na teampaill agus dhíol sé iad leis na turasóirí. Níl aon obair aige anois agus bíonn sé ag goid i gcónaí. Tá sé tugtha don ól agus caitheann sé aon airgead a bhíonn aige ar an ól. Bhí bean agus páistí aige ach tá siad scartha. Níor thug sé aon aire dóibh. Duine mímhacánta atá ann a insíonn bréaga i gcónaí.

### An t-údar

Rugadh Cathal Ó Searcaigh i 1956 i nGort an Choirce, Contae Dhún na nGall. Rinne sé staidéar ar an nGaeilge agus ar an mBéarla i gColáiste Phádraig, Má Nuad. Tá a chuid saothar aistrithe go dtí 15 theanga, ina measc an Rúisis, an Fhraincis, an Ghearmáinis agus an tSeapáinis. Is ball d'Aosdána é.

## Staidéar ar an scéal

### Téama an scéil

Is í an chaimiléireacht[17] téama an scéil seo agus an dearcadh[18] atá ag roinnt de mhuintir Neipeal ar eachtrannaigh[19] (atá saibhir, dar leo). Ceapann an fear ramhar sa scéal go bhfuil Ó Searcaigh saibhir toisc gur eachtrannach atá ann agus tapaíonn sé an deis[20] chun airgead a ghoid uaidh. Tá an t-údar féin glic agus tá sé breá ábalta don chaimiléir.[21] Buaileann sé féin bob ar an bhfear nuair a thugann sé *lire* don fhear. Ní thuigeann an fear nach bhfuil aon luach leo.

*Deachtú*

Foghlaim, scríobh agus ceartaigh an t-alt thuas.

### Na carachtair

An t-údar

**Tá sé** géarchúiseach[22] **agus glic.** Tuigeann an t-údar an cineál duine atá san fhear ramhar. Tá a fhios aige go bhfuil sé róchairdiúil agus rófhiosrach. Tá a fhios aige ó na ceisteanna a chuireann sé air go bhfuil sé ag iarraidh a fháil amach uaidh an bhfuil airgead aige agus an bhfuil sé saonta.

**Is duine** éirimiúil[23] **agus cliste é.** Ligeann an t-údar air féin go bhfuil sé saonta nuair a cheannaíonn sé deochanna don fhear agus nuair a deir sé go mbeidh sé sásta airgead a infheistiú ina chomhlacht. Ligeann sé air go bhfuil sé sásta an margadh[24] a dhéanamh gan dlíodóir freisin.

**Tá** féith an ghrinn[25] **ann.** Baineann an t-údar an-sult[26] as an lab mór *lire* a thabhairt don fhear agus ag féachaint air ag ceapadh go bhfuil an lá leis. Baineann sé an-taitneamh as smaoineamh ar an bhfear ag dul isteach go dtí an banc in Kathmandu ag iarraidh an t-airgead gan luach[27] a aistriú.

16 relics; 17 dishonesty; 18 attitude; 19 foreigners; 20 he takes advantage of the opportunity; 21 crook; 22 shrewd; 23 intelligent; 24 deal; 25 sense of humour; 26 enjoyment; 27 valueless

### An fear ramhar

**Tá sé santach agus** cam.[28] Tá an fear ag iarraidh bob a bhualadh ar an údar mar go gceapann sé go bhfuil sé saibhir toisc gur eachtrannach atá ann. Insíonn sé bréaga dó faoi na gnóthaí ar fad atá aige – go bhfuil mná ag cniotáil dó agus go bhfuil comhlacht páipéir aige. Tá sé ag iarraidh airgead a ghoid ón údar.

**Tá sé mímhacánta.** Insíonn sé bréaga don údar an oíche ar fad. Níl aon ghnó aige ach gadaíocht agus caimiléireacht. Chomh luath is a fhaigheann sé an t-airgead ón údar, bailíonn sé leis agus ní fheiceann an t-údar é ina dhiaidh sin.

**Is duine glic é.** Tá an fear gléasta go maith ionas go gceapfaidh an t-údar go bhfuil sé saibhir. Ligeann sé air gur duine cairdiúil macánta atá ann.

**Is duine** suarach[29] **é.** Tá saol suarach caite aige. Bhí sé i bpríosún cheana féin toisc gur ghoid sé iarsmaí ó na teampaill. D'fhág sé a bhean agus a chlann agus níor thug sé aon chabhair dóibh.

*Cleachtadh*

'Tá an t-údar breá ábalta don chaimiléir.' Déan plé ar an ráiteas seo.

### Ang Wong Chuu

Tá imní ar Ang Wong Chuu go ngoidfidh an fear ramhar airgead ón údar agus cuireann sé comhairle a leasa[30] air gan aon bhaint a bheith aige leis an bhfear sin. Duine deas macánta atá ann, murab ionann agus an fear ramhar.

### Bean an tí

Tá bean an tí gaolta leis an bhfear ramhar agus sin an fáth a bhfuil sé ag fanacht sa teach. Cé go bhfuil siad gaolta, níl na tréithe céanna iontu, mar tá bean an tí macánta. Níl aon mheas aici ar an bhfear agus tugann sí cúlra an fhir don údar. Insíonn sí dó faoin ngadaíocht ar fad atá déanta aige agus faoi mar a thréig sé a bhean agus a chlann.

28 dishonest; 29 mean; 30 good advice

## Ceisteanna agus freagraí samplacha

### 1 Faighimid léiriú maith ar roinnt daoine atá ina gcónaí i Neipeal nuair atá an t-údar ann.

Faighimid léiriú an-mhaith ar an bhfear beag beathaithe[31] a dhéanann iarracht dallamullóg a chur ar[32] an údar agus airgead a ghoid uaidh. Nuair a fhaigheann sé amach go bhfuil cuairteoir ó Éirinn ag fanacht sa teach lóistín, cuireann sé a lán ceisteanna air. Tá sé ag iarraidh a fháil amach an bhfuil an t-údar saibhir. Ligeann sé air go bhfuil roinnt mhaith gnóthaí aige féin – cairpéid, seálta, cniotáil, páipéar – ionas go gceapfaidh an t-údar go bhfuil sé féin saibhir. Tá sé gléasta mar fhear saibhir freisin. Nuair a cheannaíonn an t-údar cúpla deoch dó, ceapann sé go bhfuil an lá leis agus gur duine bog saonta atá san údar. Nuair a éiríonn leis (mar a cheapann sé) airgead a fháil ón údar, bailíonn sé leis agus ní fheiceann an t-údar arís é.

Faigheann an t-údar amach ina dhiaidh sin gur gadaí atá ann a chaith roinnt ama sa phríosún toisc gur ghoid sé iarsmaí ó na teampaill. Tá fadhb óil aige agus thréig sé a bhean agus a chlann. Ní duine ródheas atá ann.

Labhraíonn an t-údar faoi bheirt eile atá ag fanacht sa lóistín, agus daoine go hiomlán difriúil atá iontu. Tá siadsan macánta agus buartha faoin údar. Ang Wong Chuu agus bean an tí atá ann. Tá imní orthu go bhfuil an fear ramhar chun airgead a ghoid ón údar agus cuireann siad comhairle air a bheith cúramach agus a bheith san airdeall[33] air.

Tugann an sliocht seo le fios go bhfuil daoine maithe agus drochdhaoine i ngach aon tír. Tá Ang Wong Chuu agus bean an tí ag faire amach don údar fad is atá an fear ramhar ag iarraidh dallamullóg a chur air.

31 fat; 32 deceive; 33 on the lookout

## 2 Déan cur síos ar:

(i) An léiriú a fhaighimid ar an saol i Neipeal

(ii) Na cosúlachtaí agus na difríochtaí atá idir an t-údar agus an fear ramhar.

*(i) An léiriú a fhaighimid ar an saol i Neipeal*

Tír bhocht atá ann. Bíonn eachtrannaigh ag déanamh urraíochta[34] ar dhaoine sa tír. Is iad na gnóthaí atá ann ná gnóthaí páipéir, cniotála, agus *pashmina.* Is tír shléibhtiúil[35] í agus téann fir phaca[36] thart ag díol éadaigh i mbailte scoite[37] an tsléibhe agus bíonn mná ag cniotáil cois teallaigh.[38] Cosúil le gach tír ar domhan, tá daoine deasa agus daoine cama ann. Buaileann an t-údar le fear glic sleamhain[39] atá ag iarraidh airgead a ghoid uaidh. Fear an-fhiosrach atá ann agus tá sé den tuairim go bhfuil neart airgid ag eachtrannaigh. Tá beirt eile sa lóistín ina bhfuil sé ag fanacht atá an-deas agus an-chabhrach agus cuireann siad comhairle a leasa ar an údar.

*(ii) Na cosúlachtaí agus na difríochtaí atá idir an t-údar agus an fear ramhar*

Tá an t-údar agus an fear ramhar glic. Ceapann an fear ramhar gur féidir leis bob a bhualadh ar an údar agus airgead a ghoid uaidh. Ligeann sé air go bhfuil a lán gnóthaí aige agus, dá mbeadh an t-údar sásta airgead a infheistiú sa chomhlacht páipéir atá aige, go mbeadh airgead i gcónaí aige nuair a bheadh sé i Neipeal. Ar ndóigh, níl comhlacht ar bith aige. Tá an t-údar chomh glic leis. Ligeann sé air go gcreideann sé an fear agus tugann sé lab *lire* gan luach dó. Éiríonn leis an údar an cluiche sin a bhuachan.

Tá an t-údar níos saibhre ná an fear ramhar. Cuairteoir ar an tír is ea an t-údar ach duine dúchasach[40] atá san fhear eile. Tá an t-údar níos cliste agus níos éirimiúla ná an fear eile. Cé go ligeann sé air go gcreideann sé an fear ramhar, tá sé breá ábalta dó agus is é an t-údar a bhuaileann bob air. Tá an t-údar níos géarchúisí ná an fear eile. Ceapann an fear go bhfuil Ó Searcaigh bog agus saonta ach tá dul amú air. Tá léamh níos fearr ag an údar ar an bhfear ramhar ná mar atá aigesean ar Ó Searcaigh. Tá a fhios ag an údar nach bhfuil an fear eile ag insint na fírinne faoi na gnóthaí atá aige ach ceapann an fear ramhar gur airgead luachmhar a thugann Ó Searcaigh dó. Is é an Searcach a dhéanann amadán den fhear.

### Ceisteanna breise

1. Cén léiriú a fhaighimid ar charachtar an údair sa sliocht seo?
2. 'Níl aon seans ag an bhfear beag ramhar i gcoinne an údair.' Do thuairim uait faoi seo.
3. 'Is iontach an léiriú a fhaighimid sa scéal ar Neipeal agus ar a mhuintir.' Déan plé ar an ráiteas seo.
4. 'Bréagadóir den scoth atá san fhear beag ramhar.' An aontaíonn tú leis seo?
5. 'Léiríonn saol an fhir bhig an taobh suarach den saol i Neipeal.' Do thuairim uait faoi seo.

**Aire duit!**

**Bí cinnte go bhfuil na téarmaí seo a leanas ar eolas agat.**

- an t-údar
- an sliocht
- an fear ramhar
- gliceas an údair
- i rith an tsleachta
- gliceas an fhir ramhair

34 sponsorship; 35 mountainous; 36 packmen; 37 isolated towns; 38 at home; 39 slippery; 40 native

## FACSS

| Féach, Abair, Clúdaigh | Scríobh | Seiceáil |
|---|---|---|
| 1 Is duine glic mímhacánta é an fear ramhar sa scéal seo. | | |
| 2 Tá an fear ag iarraidh dallamullóg a chur ar an údar. | | |
| 3 Ligeann an fear air go bhfuil baint aige leis a lán gnóthaí. | | |
| 4 Ceapann an fear go bhfuil an t-údar bog saonta. | | |
| 5 Tá an fear ag iarraidh airgead a ghoid ón údar. | | |
| 6 Gadaí a chaith seal sa phríosún is ea an fear sa scéal seo. | | |
| 7 Tá an t-údar glic agus géarchúiseach agus tá sé breá ábalta don fhear eile. | | |
| 8 Buaileann an t-údar bob ar an bhfear eile nuair a thugann sé lab *lire* gan luach don fhear. | | |
| 9 Tá an t-údar ag gáire ag smaoineamh ar an bhfear ag dul isteach go dtí an banc in Kathmandu. | | |
| 10 Tá beirt chairde ag an údar sa teach lóistín a chuireann comhairle a leasa air. | | |

# 3 An Gnáthrud

**le Déirdre Ní Ghrianna**

Bhí pictiúir gan fhuaim ag teacht ón teilifís i gcoirnéal an tseomra sa bhear seo i mBéal Feirste, a bhí lán ó chúl go doras. D'amharc[1] Jimmy ar na teidil a bhí ag teacht agus ag imeacht ón scannán roimh nuacht a naoi a chlog. Bhain sé súimín[2] beag as an phionta a bhí roimhe agus smaointigh sé ar an léirscrios[3] a bheadh ina dhiaidh sa bhaile.

Bheadh Sarah, a bhean chéile, ag streachailt go crua ag iarraidh na páistí a chur a luí. Chuirfeadh John, an duine ba shine acu, gasúr crua cadránta[4] i gceann a cheithre mbliana, chuirfeadh sé ina héadan go deireadh, cé go mbeadh fáinní dearga fá na súile aige ar mhéad is a chuimil sé leis an tuirse iad. Ach ní raibh amhras ar bith ar Jimmy cé aige a bheadh bua na bruíne.[5] Dá ndearcfadh sé[6] ar an am a chuaigh thart, déarfadh geallghlacadóir[7] ar bith go mbeadh an bua ag Sarah arís eile.

Mhothaigh Jimmy i gcónaí ciontach[8] nuair a chuaigh sé a dh'ól lena chomrádaithe tráthnóna Dé hAoine nuair a bheadh obair na seachtaine déanta acu; agus ba mhíle ba mheasa é ó tháinig an cúpla ar an tsaol sé mhí ó shin. Bhí a choinsias ag cur isteach chomh mór sin air is nach raibh pléisiúr dá laghad aige san oilithreacht[9] sheachtainiúil go tobar Bhacais[10] lena chomrádaithe.

Chan ea[11] gur fear mór ólacháin a bhí riamh ann; níorbh ea. Gan fiú a chairde féin nach dtug 'fear ólta sú'[12] air ar mhéad is a chloígh sé leis an mheasarthacht[13] i ngnoithe[14] ólacháin. Agus leis an fhírinne a dhéanamh, bhí oiread dúil sa chraic agus sa chuideachta[15] aige is a bhí aige i gcaitheamh siar piontaí. Ar ndóigh, ba Sarah ba chúis le é a leanstan[16] den chruinniú sheachtainiúil seo. Ní ligfeadh an bród dí bheith ar a athrach de dhóigh,[17] nó níor lú uirthi an diabhal[18] ná a chairde a rá go raibh sé faoi chrann smola[19] aici.

1 *d'amharc – d'fhéach*
2 *súimín – braon beag*
3 *léirscrios – scrios mór*
4 *cadránta – ceanndána*
5 *bua na bruíne – bua na troda*
6 *dá ndearcfadh sé – dá bhféachfadh sé*
7 *geallghlacadóir* – bookmaker
8 *ciontach* – guilty
9 *oilithreacht – turas*
10 *tobar Bhacais – teach tábhairne*
11 *chan ea – ní hea*
12 *fear ólta sú – fear a ólann sú*
13 *measarthacht – gan dul thar fóir*
14 *i ngnoithe – i gcúrsaí*
15 *sa chuideachta – sa chomhluadar*
16 *a leanstan – a leanúint*
17 *ar a athrach de dhóigh – (ag iarraidh) an nós a bhí aige a athrú*
18 *níor lú uirthi an diabhal – b'fhearr léi an diabhal*
19 *faoi chrann smola – faoi údarás, faoi bhois an chait*

Mar sin de, bhí a fhios ag Jimmy nár bheo dó a bheo[20] dá dtigeadh sé na bhaile roimh an deich a chlog, nó dá ndéanfadh, bhéarfadh Sarah a sháith dó.[21] Bhí sé oibrithe amach ina intinn aige go raibh am aige le cur eile a chur ar clár[22] agus ansin go dtiocfadh leis slán a fhágáil ag an chuideachta agus a bhealach a dhéanamh a fhad leis an *Jasmine Palace*, áit a dtiocfadh leis curaí a fháil dó féin agus *chop suey* do Sarah, cuid eile de dheasghnátha[23] na hAoine.

'Anois, a fheara, an rud céanna arís?'

'Beidh ceann beag agam an t-am seo, murar miste leat, a Jimmy.'

Tháinig aoibh[24] ar bhéal Jimmy agus chlaon sé a cheann mar fhreagra. Bhí a fhios aige go mbeadh Billy sa bheár go gcaithfí amach é nó bhí a bhean ar shiúl[25] go Sasain a dh'amharc ar an ua[26] dá deireanaí dá gcuid. Ar ndóigh, bhí Billy ag ceiliúradh[27] an linbh úir i rith na seachtaine. Tháinig an *gaffer* air le casaoid chrua[28] fán dóigh[29] a raibh sé ag leagan[30] na mbrící. B'éigean do Jimmy tarrtháil[31] a tabhairt air agus geallstan[32] don *gaffer* go gcoinneodh sé ag gabháil[33] mar ba cheart é.

Rinne Jimmy cuntas ina intinn ar an deoch a bhí le fáil aige agus tharraing sé ar an bheár. Bhí Micí, an freastalaí, ansin roimhe agus é ag éisteacht leis na pótairí[34] a bhí ina suí ag an bheár, má b'fhíor dó. Chonacthas do Jimmy go raibh na pótairí céanna seo greamaithe[35] do na stólta. D'aithin sé na haghaidheanna uilig agus thug sé fá dear[36] go suíodh achan mhac máthar acu ar an stól chéanna gan teip. Chuaigh sé a smaointiú[37] ar an tsaol a chaithfeadh bheith acu sa bhaile; ní raibh a fhios aige cad é mar a thiocfadh leo suí ansin uair i ndiaidh uaire is gan scrupall coinsiasa[38] ar bith orthu.

Níor thuig Jimmy cad chuige nach raibh na fir seo ag iarraidh gabháil na bhaile. B'fhéidir gurbh airsean a bhí an t-ádh. Bhí Sarah agus na páistí aige; bhí, agus teach deas seascair.[39] Ina dhiaidh sin,[40] ní raibh an teach chomh maith sin nuair a cheannaigh siad é; ceithre mhíle punt a thug siad don *Housing Executive* ar son ballóige,[41] féadaim a rá, a raibh brící sna fuinneoga ann. Bhain sé bunús bliana[42] as deis a chur ar a theach, ag obair ag deireadh na seachtaine agus achan[43] oíche, amach ó oíche Aoine, ar ndóigh.

Ach ba é Sarah a rinne baile de, na cuirtíní a rinne sí as fuílleach éadaigh[44] a cheannaigh sí ag aonach na hAoine, nó na cathaoireacha nach dtug sí ach deich bpunt orthu i *jumble* agus ar chuir sí snas úr orthu. Ní raibh aon tseomra sa teach nár chóirigh sí[45] go raibh siad cosúil leis na pictiúir a tchífeá ar na hirisí

20 *nár bheo dó a bheo – nárbh fhiú dó a bheith beo*
21 *bhéarfadh Sarah a sháith dó – thabharfadh Sarah íde béil dó*
22 *le cur eile a chur ar clár – deochanna a cheannach*
23 *deasghnátha – nósanna*
24 *aoibh – cuma shásta*
25 *ar shiúl – imithe*
26 *ua – ó, garmhac*
27 *ag ceiliúradh – ag comóradh*
28 *casaoid chrua – gearán géar*
29 *fán dóigh – faoin mbealach ag cur síos*
30 *ag leagan – ag cur síos*
31 *tarrtháil – cúnamh*
32 *geallstan – gealluint a thabhairt*
33 *ag gabháil – ag obair, ag dul ar aghaidh*
34 *na pótairí – na meisceoirí*
35 *greamaithe – ceangailte*
36 *fá dear – faoi deara*
37 *a smaointiú – ag smaoineamh*
38 *scrupall coinsiasa – aiféala*
39 *seascair – compordach*
40 *ina dhiaidh sin – mar sin féin*
41 *ar son ballóige – ar son fothraigh, for a ruin*
42 *bunús bliana – an chuid is mó de bhliain*
43 *achan – gach*
44 *fuílleach éadaigh – éadaigh a bhí fágtha*
45 *chóirigh sí – d'ullmhaigh sí*

loinnireacha[46] ardnósacha. Anois, agus é ag fanacht lena sheal[47] ag an bheár, b'fhada le Jimmy go dtaradh[48] oíche Shathairn nuair a bheadh sé féin agus Sarah ábalta teannadh[49] lena chéile ar an tolg ag amharc ar *video* agus buidéal beag fíona acu.

'Seacht bpionta Guinness agus ceann beag, le do thoil, a Mhicí.'

'Cad é mar atá na girseacha[50] beaga, a Jimmy? Is dóiche nach bhfuil tú ag fáil mórán codlata ar an aimsir seo . . .'

'Gabh mo leithscéal, a Mhicí, déan sé phionta agus ceann beag de sin, murar miste leat.'

Thug caint Mhicí mothú ciontach chun tosaigh in intinn Jimmy, cé gur mhaith a bhí a fhios aige gurbh iad Elizabeth agus Margaret na páistí ab fhearr a cuireadh chun tsaoil riamh. Anois, b'fhada le Jimmy go dtógadh sé[51] iad, duine ar achan lámh, agus go dteannadh sé[52] lena chroí iad agus go dteadh sé a cheol[53] daofa agus éisteacht leo ag plobaireacht.[54]

Chuir Micí dhá losaid[55] fána lán gloiní ar an chuntar agus thug Jimmy chun tábla fá dheifir iad. Chaith sé siar deireadh a phionta, d'fhág sé slán ag an chuideachta agus rinne a bhealach a fhad le biatheach[56] na Síneach.

Amuigh ar an tsráid, agus ceo na Samhna thart air, ní raibh in Jimmy ach duine gan ainm. Thiontaigh[57] sé aníos coiléar a chasóige agus shiúil na cúpla céad slat a thug a fhad leis an *Jasmine Palace* é. Istigh ansin bhí an t-aer trom le boladh spíosraí agus teas bealaithe.[58]

Bhí triúr nó ceathrar de dhéagóirí istigh roimhe agus iad ar meisce ar fíon úll.[59] Bhí a n-aird ar an bhiachlár ghealbhuí fána lán mílitriú agus bhí siad ag cur is ag cúiteamh eatarthu féin fá cad é a cheannódh siad ar na pinginí a bhí fágtha acu.

Bhí Liz, mar a thug achan chustaiméir uirthi, ag freastal – girseach scór mbliain,[60] í díomhaoin,[61] cé go raibh iníon bheag ceithre mblian aici, rud a d'inis sí do Jimmy i modh rúin.[62]

'An gnáthrud, a Jimmy. Tá tú rud beag luath anocht, nach bhfuil?'

'Tá, nó ba mhaith liom gabháil na bhaile go bhfeice mé cad é mar atá na páistí.'

46 *loinnireacha – ardnósacha*
47 *lena sheal – lena dheis*
48 *go dtaradh – go dtiocfadh*
49 *teannadh – suí go dlúth le chéile*
50 *girseacha – cailíní*
51 *go dtógadh sé – go dtógfadh sé*
52 *go dteannadh sé – go bhfáiscfeadh sé, go dtabharfadh sé barróg (dóibh)*
53 *go dtéadh sé a cheol – go gcanfadh sé*
54 *ag plobaireacht – ag caint go leanbaí*
55 *losaid – tráidire*
56 *biatheach – bialann*
57 *thiontaigh – d'iompaigh*
58 *teas bealaithe – teas bia fhriochta*
59 *fíon úll – ceirtlis*
60 *girseach scór mbliain – cailín 20 bliain*
61 *díomhaoin – singil*
62 *i modh rúin – mar rún*

'Níl mórán de do mhacasamhail[63] ag gabháil ar an aimsir seo. Bunús[64] na bhfear, ní bhíonn ag cur bhuartha orthu ach iad féin agus na cairde agus a gcuid piontaí.'

Tháinig an deargnáire ar Jimmy. Ní raibh lá rúin[65] aige an tseanchuimhne nimhneach[66] sin a mhúscailt i gceann Liz – an stócach[67] a bhí seal[68] i ngrá léi agus a d'fhág ina dhiaidh sin í nuair a theann[69] an saol go crua orthu. Bhí tost míshuaimhneach eatarthu agus bhí Jimmy sásta nuair a tháinig duine de na stócaigh óga chuige ag iarraidh mionairgead briste ar bith a bheadh fá na pócaí aige. Thug Jimmy traidhfil airgead rua[70] agus boinn chúig pingine dó. Rinne sé gnúsachtach mar bhuíochas, phill[71] ar a chairde agus d'fhógair daofa go raibh a sáith[72] airgid anois acu le hiasc agus sceallóga a cheannach, agus tobán beag curaí lena chois.[73]

Rinne Jimmy staidéar ar na stócaigh seo. Shílfeadh duine gur bhaill iad de chumann rúnda inteacht ina raibh sé de dhualgas[74] ar gach ball beannú dá chéile sa chuid ba ghairbhe[75] de chaint ghraosta,[76] ghraifleach, ghnéasach na Sacsanach. D'fhéach Jimmy lena[77] chluasa a dhruidim in éadan[78] na tuile[79] seo. Ach, ar ndóigh, ní féidir an rabharta[80] a chosc.

Rinneadh foscladh[81] ar an chomhla bheag sa bhalla ar chúl an chuntair, agus cuireadh mála bia agus ticéad amach. Thiontaigh Liz a súile ó na stócaigh gharbha a bhí ag diurnú[82] bhuidéal an *Olde English*.

'Seo duit, a Jimmy, oíche mhaith agus slán abhaile.'

63 do mhacasamhail – *daoine cosúil leat*

64 bunús – *an chuid is mó*

65 lá rúin – *ar intinn*

66 nimhneach – *pianmhar*

67 stócach – *fear óg*

68 seal – *tamall*

69 a theann – *a d'éirigh*

70 traidhfil airgead rua – *cúpla pingin*

71 phill – *d'fhill*

72 a sáith – *dóthain*

73 lena chois – *chomh maith*

74 de dhualgas – *mar iachall*

75 ba ghairbhe – *ba ghránna*

76 caint ghraosta – *caint shalach*

77 d'fhéach Jimmy le – *rinne Jimmy iarracht*

78 in éadan – *i gcoinne*

79 tuile – *sruth cainte*

80 rabharta – *tuile*

81 foscladh – *oscailt*

82 ag diurnú – *ag ól*

Chlaon Jimmy a cheann mar fhreagra, thóg an mála donn agus d'fhoscail doras trom na sráide. Chonacthas dó gur éirigh an oíche iontach fuar. Chuir sé mála an bhia taobh istigh dá chasóg in aice lena chliabhrach[83] leis an teas a choinneáil ann, cé nach raibh i bhfad le siúl aige.

Chuaigh sé a smaointiú ar an chraos tine[84] a bheadh sa teallach roimhe, agus ar an dá phláta agus an dá fhorc a bheadh réidh ag Sarah agus í ag súil leis na bhaile. Ba mhian leis luí aici agus inse di[85] cad é chomh sona sásta is a bhí sé le linn iad bheith le chéile.

Chonaic sé ina intinn féin í, fána gruaig chatach[86] bhán. Chóir a bheith[87] go dtiocfadh leis[88] a boladh a chur,[89] ach a Dhia, chomh mór agus ba mhaith leis a lámha a chur thart uirthi agus luí aici.

Caillte ina smaointe féin, ní raibh a fhios ag Jimmy cad é a bhí ag gabháil ar aghaidh[90] thart air. Níor chuala sé an carr gan solas a bhí ag tarraingt air[91] go fadálach[92] as dorchadas na hoíche. Ní fhaca sé an splanc solais, ach ar an tsaol seo dáiríre, scaoil stócach a raibh caint ní ba ghraiflí[93] aige ná an mhuintir a bhí sa teach itheacháin, scaoil sé urchar[94] a shíob[95] leath an chloiginn de Jimmy agus a d'fhág ina luí ar an tsráid reoite[96] é. Bhí an fhuil ag púscadh[97] ar an talamh fhuar liath agus ag meascadh lena raibh sna boscaí *aluminium*.

83 *lena chliabhrach* – *lena chliabh*

84 *craos tine* – *tine mhór*

85 *inse di* – *insint di*

86 *catach* – *casta*

87 *chóir a bheith* – *ba cheart*

88 *go dtiocfadh leis* – *go mbeadh sé ábalta*

89 *a boladh a chur* – *a boladh a fháil*

90 *ag gabháil ar aghaidh* – *ag tarlúint*

91 *ag tarraingt air* – *ag teacht suas leis*

92 *go fadálach* – *go mall*

93 *ní ba ghraiflí* – *ní ba ghránna*

94 *scaoil sé urchar* – *scaoil sé piléar*

95 *a shíob* – *a bhain*

96 *reoite* – frozen

97 *ag púscadh* – *ag úscadh, ag doirteadh*

## Achoimre

Oíche Aoine atá ann. Tá Jimmy agus a chairde ag ól i dteach tábhairne i mBéal Feirste díreach roimh a naoi a chlog. Tá Jimmy ag smaoineamh ar a chlann agus ar a bhaile. Tá triúr páistí aige – John, atá ceithre bliana d'aois, agus cúpla, Margaret agus Elizabeth, atá sé mhí d'aois. Tá a fhios aige go mbeidh a bhean chéile, Sarah, ag streachailt[1] leis na páistí chun iad a chur a chodladh. B'fhearr leis a bheith sa bhaile lena chlann ach dúirt Sarah leis dul amach lena chairde. Mothaíonn Jimmy ciontach.[2] Tá grá mór ag Jimmy dá bhean chéile agus dá pháistí.

Tá a chara Billy leis sa teach tábhairne. Bhí Billy i dtrioblóid ag an obair i rith na seachtaine agus sheas Jimmy leis. Tá Jimmy ag ceannach deochanna dá chairde.

Tá Jimmy go mór i ngrá lena bhean chéile, Sarah, agus sona sásta sa bhaile. Tá sé ag súil le dul abhaile agus a bheith ag spraoi[3] agus ag canadh leis na páistí. Tá a fhios ag Jimmy go bhfuil an t-ádh leis go

1 struggling; 2 guilty; 3 playing

bhfuil bean chéile agus clann álainn aige. Tá trua aige do na daoine eile a chaitheann a gcuid ama ag ól sa teach tábhairne. Tá trua aige do na daoine nach bhfuil chomh sona is atá sé féin agus Sarah.

Tá Jimmy agus Sarah ina gcónaí i dteach beag a cheannaigh siad cúpla bliain ó shin. Nuair a cheannaigh siad an teach ar dtús, ní raibh ann ach ballóg.[4] Chaith siad gach deireadh seachtaine agus gach oíche, ach amháin oíche Aoine, ag obair ar an teach agus thóg sé bliain teach deas a dhéanamh de. Rinne Sarah cuirtíní agus cheannaigh sí seantroscán. Bhí an bheirt acu an-bhródúil as an teach.

Tá Jimmy sona sásta lena shaol. Taitníonn an deireadh seachtaine leis. Taitníonn an Aoine leis nuair a cheanníonn sé béile dó féin agus do Sarah sa Jasmine Palace ar a bhealach ar ais ón teach tábhairne. Taitníonn an Satharn leis nuair a bhíonn buidéal fíona acu agus nuair a fhéachann siad ar fhíseán[5] le chéile.

Téann Jimmy isteach sa bhialann Shíneach, an Jasmine Palace, chun bia a cheannach dó féin agus do Sarah. Tá sé ag súil go mór le dul abhaile go dtí Sarah. Tá cúpla déagóir sa bhialann. Tá siad garbh agus tá siad ag eascainí.[6] Tá duine amháin acu ar meisce[7] agus tugann Jimmy airgead dó. Ní thaitníonn na déagóirí le Jimmy ach tá sé cineálta agus deas le daoine. Tá sé ag caint le Liz, an freastalaí[8] atá ag obair ann. Tá leanbh amháin aici, cé nach bhfuil sí pósta – rud a d'inis sí faoi rún do Jimmy uair amháin.

Faigheann Jimmy an bia agus amach leis ar an tsráid fhuar. Tá sé caillte ina smaointe ag tnúth lena rá le Sarah cé chomh sona is atá sé léi agus lena shaol.

Ní fheiceann sé an carr gan solas ag druidim leis[9] agus ní fheiceann sé an buachaill a scaoileann urchar[10] leis agus a mharaíonn é. Titeann Jimmy ar an tsráid, fuil a choirp ag meascadh leis an mbia ón Jasmine Palace.

**An t-údar**

Iriseoir í Déirdre Ní Ghrianna. Foilsíodh an gearrscéal seo i 1999 agus foilsíodh leabhar eile dá cuid, *Eachtra*, in 2005.

## Staidéar ar an scéal

### Cúlra an scéil

Tá an gearrscéal seo suite le linn na dTrioblóidí i dTuaisceart Éireann, nuair a bhí foréigean agus ionsaithe[11] seicteacha[12] ar siúl go rialta.[13] Rinne daoine iarracht leanúint ar aghaidh lena saol féin ach ba mhinic a mhill an foréigean an saol, mar a fheicimid sa scéal cumhachtach seo. Ba mhinic a tháinig an foréigean aniar aduaidh ar dhaoine,[14] daoine nach raibh aon bhaint acu le cúrsaí polaitíochta.

### Téamaí an scéil

- An grá
- Foréigean/na Trioblóidí i dTuaisceart Éireann
- Saol na ngnáthdhaoine le linn na dTrioblóidí.

4 ruin; 5 video; 6 cursing; 7 drunk; 8 server; 9 drawing close to him; 10 shot; 11 attacks; 12 sectarian; 13 regularly; 14 the violence took people unawares

## Teideal an scéil

Tá brí mheafarach[15] le teideal an scéil. Fiafraíonn Liz, an freastalaí sa Jasmine Palace, 'An gnáthrud, a Jimmy' agus í ag tagairt don bhia a fhaigheann Jimmy gach Aoine. Ach is meafar é an gnáthrud don saol foréigneach i mBéal Feirste ag an am sin. Tharla ionsaithe agus dúnmharuithe[16] seicteacha ann go minic agus d'fhulaing gnáthdhaoine agus gnáthchlanna.

*Deachtú*

Foghlaim, scríobh agus ceartaigh an t-alt thuas.

## Na carachtair

### Jimmy

*Saol Jimmy*

Tá sé ag obair in earnáil na tógála[17] – níl sé saibhir. Tá seanteach ceannaithe aige agus ag a bhean chéile ón Housing Executive. Bhí Jimmy ag cur caoi air[18] thar thréimhse bliana – ag cur a chroí agus a anam isteach ann chun baile a dhéanamh dá chlann óg.

Is é buaic na seachtaine[19] dó ná béile a cheannach sa bhialann ghasta[20] ar an Aoine agus ar an Satharn físeán a fháil agus féachaint air lena bhean chéile, Sarah. Gnáthshaol ag gnáthdhaoine atá ann.

Protastúnach atá ann – tá sé sin soiléir ó ainmneacha na bpáistí.

Tá sé lánsásta leis an saol atá aige. An saol atá aige, is é sin an saol atá uaidh – ní athródh sé dada.

*Tréithe Jimmy*

**Is athair grámhar é.** Tá a chuid smaointe ar fad dírithe ar a chlann agus é sa bheár. Céard iad na smaointe sin? Sarah ag iarraidh na páistí a chur a chodladh; John, ceithre bliana d'aois ag troid go fíochmhar;[21] an cúpla, Elizabeth agus Margaret. Tá Jimmy lán le grá ag smaoineamh orthu agus ag mothú ciontach nach bhfuil sé ann chun cabhrú. B'fhearr leis a bheith sa bhaile ag teannadh[22] na bpáistí lena chroí, ag canadh dóibh agus ag éisteacht leo ag plobaireacht.[23]

15 metaphorical; 16 murders; 17 construction industry; 18 fixing it up; 19 high-point of the week; 20 take-away restaurant; 21 fiercely; 22 hugging; 23 babbling

**Is fear** freagrach[24] **é.** Ní fear mór ólacháin é – 'fear ólta sú' a glaodh air. Níl sé ag iarraidh éalú[25] óna dhualgais[26] mar athair.

**Is fear céile grámhar, dílis agus** buíoch[27] **é.** Tá sé go mór i ngrá le Sarah. Tá sé ag iarraidh í a shásamh agus mar sin téann sé amach ag ól lena chairde gach Aoine. Tá sé an-bhródúil as an obair a rinne Sarah ar an teach. Ba í a rinne baile den teach – ag déanamh cuirtíní, ag cur snasa ar[28] sheantroscán, mar shampla. Ar an Aoine chinniúnach[29] seo, tá sé ag súil go mór le dul abhaile agus le bheith léi, le rá léi chomh mór i ngrá léi is atá sé. Tá sé caillte sna smaointe sin nuair a mharaítear é.

Tá Jimmy an-bhuíoch as an saol atá aige. Tuigeann sé chomh hámharach[30] is atá sé agus é ag féachaint ar na pótairí[31] sa bheár. Ní thuigeann sé conas a d'fhéadfaidís gach oíche a chaitheamh amuigh ag ól seachas bheith sa bhaile lena gclann.

**Is cara maith dílis é Jimmy.** Bhí sé ag cosaint Billy agus é i dtrioblóid leis an n*gaffer* ag an obair, toisc go raibh sé ar an drabhlás[32] le tamall.

Tá sé tuisceanach[33] agus discréideach[34] le Liz, an freastalaí sa bhialann. Ligeann sí rún a saoil leis. Aithníonn sí an cineál fir atá ann agus cuireann sí muinín ann.

*Cleachtadh*

'Athair, fear céile agus cara iontach atá in Jimmy.' An ráiteas seo a phlé.

Sarah

**Is bean chéile ghrámhar í.** Bhí sí ag iarraidh go mbeadh an deis ag Jimmy bualadh lena chairde gach Aoine.

**Tá sí láidir.** Tá scáth[35] ar Jimmy roimpi – tá a fhios aige nach beo dó a bheo dá rachadh sé abhaile róluath.

**Tá sí bródúil.** Níor mhaith léi go mbeadh daoine ag rá go raibh Jimmy faoi bhois an chait[36] aici.

**Is oibrí maith í.** Chuir sí a hanam isteach ina teach go dtí go raibh sé chomh hálainn le haon teach in iris loinnireach[37] ardnósach.[38] Rinne sí na cuirtíní agus cheannaigh sí troscán dara láimhe agus chuir sí snas air.

**Is máthair ghrámhar láidir í.** Tá a fhios ag Jimmy go mbuafadh sí ar John sa chogadh chun é a chur a luí.

**Tá sí go mór i ngrá le Jimmy**. Taitníonn deasghnátha[39] na hAoine léi – an bia gasta ón Jasmine Palace. Tá sí ag súil go mór leis.

*Cleachtadh*

'Bean láidir is ea Sarah.' An ráiteas seo a phlé.

24 responsible; 25 escape; 26 duties; 27 grateful; 28 polishing; 29 fateful; 30 lucky; 31 drinkers; 32 on the booze; 33 understanding; 34 discreet; 35 fear; 36 under the thumb; 37 glossy; 38 posh; 39 rituals

### Billy

Cara le Jimmy atá ann a oibríonn leis san ionad tógála. Bhí sé i dtrioblóid leis an n*gaffer* i rith na seachtaine toisc nach raibh sé ag leagan na mbrící mar ba cheart. Ní raibh sé ag obair i gceart toisc go raibh sé ag ól i rith na seachtaine. Bhí **garmhac**[40] nua aige i Sasana agus bhí a bhean chéile imithe anonn chun é a fheiceáil. **Thapaigh Billy an deis**[41] chun dul amach ag ól agus **ag ceiliúradh**[42] bhreith a gharmhic nua. Tháinig Jimmy i gcabhair ar Billy leis an n*gaffer* agus gheall sé dó go gcoimeádfadh sé súil ar Billy. Feicimid gur cara maith dílis atá in Jimmy a sheasann lena chairde **in am an ghátair**.[43] Tugann **caidreamh**[44] Jimmy le Billy léargas dúinn ar an gcineál duine é Jimmy.

### Liz

Freastalaí sa bhialann ghasta, an Jasmine Palace, is ea í. Ní post róghalánta é toisc go mbíonn uirthi plé le daoine nach bhfuil ródheas (na déagóirí garbha, mar shampla). Tá sí 20 bliain d'aois agus nuair a bhí sí 16 bhí iníon aici, ach thréig athair an linbh í nuair a d'éirigh an saol crua. Níl a fhios ag mórán de na custaiméirí faoi pháiste Liz ach toisc gur duine deas discréideach é Jimmy, scaoileann sí a rún leis. Aithníonn sí gur fear deas tuisceanach é Jimmy.

*Cleachtadh*

'Léiríonn caidreamh Jimmy leis na mioncharachtair an cineál duine atá ann.' Déan plé ar an ráiteas seo.

40 grandson; 41 Billy took the opportunity; 42 celebrating; 43 in time of need; 44 relationship

## Ceisteanna agus freagraí samplacha

### 1 'Is tragóid é an scéal seo.' Déan plé ar an ráiteas seo.

Gan aon agó is tragóid é an scéal seo, agus is tragóid é a thagann aniar aduaidh ar an léitheoir. Is tragóid é toisc go maraítear fear clainne agus go milltear sonas a chlainne. Is é Jimmy an príomhcharachtar sa scéal. Tá sé go mór i ngrá lena bhean chéile, Sarah, agus taitníonn an deireadh seachtaine go mór leis nuair atá an seans aige am a chaitheamh léi, ag ithe béile ón Jasmine Palace ar an Aoine agus ag féachaint ar fhíseán le chéile ar an Satharn.

Téann Jimmy go dtí an teach tábhairne gach Aoine. B'fhearr leis a bheith sa bhaile lena chlann ach cuireann Sarah iachall air[45] dul mar ba mhaith léi go mbeadh am aige lena chairde. Nuair atá Jimmy sa bheár, mothaíonn sé ciontach i gcónaí nach bhfuil sé ag baile ag cabhrú le Sarah leis na páistí. Ceapann Jimmy nach bhfuil páistí eile ar an saol cosúil le John, Elizabeth agus Margaret. B'fhearr leis a bheith sa bhaile ag teannadh na bpáistí lena chroí, ag canadh dóibh agus ag éisteacht leo ag plobaireacht. Nuair a chuireann fear an bheáir, Micí, ceist ar Jimmy faoi na gasúir, mothaíonn sé ciontach arís agus socraíonn sé an beár a fhágáil níos luaithe ná mar is gnáth.

Téann Jimmy isteach sa Jasmine Palace chun béile a cheannach dó féin agus do Sarah. Feicimid cineáltas agus tuiscint Jimmy agus é istigh ann. Tugann sé airgead do na déagóirí garbha agus tagann náire air nuair a chuireann sé cuimhní brónacha in intinn Liz, an freastalaí. Aithníonn Liz an cineál duine atá ann agus deir sí leis nach bhfuil mórán aithreacha mar é ar fáil. Nuair atá Jimmy ag siúl abhaile, tá sé caillte ina smaointe ar Sarah. Tá sé ag súil go mór le dul abhaile chuici agus le rá léi cé chomh sona is atá sé léi.

Nuair a thagann an carr gan solas agus nuair a mharaítear Jimmy, baintear geit agus stangadh as[46] an léitheoir. Níl muid ag súil le críoch thragóideach mar sin. Go dtí sin ceapaimid gur scéal grá atá ann. Is tragóid é an scéal toisc go maraítear athair grámhar agus fear céile freagrach. Taitníonn Jimmy leis an léitheoir. Gnáthfhear atá ann ag caitheamh gnáthshaoil. Níl sé saibhir ach tá sé buíoch as an méid atá aige. Tuigimid caillteanas[47] Sarah agus na bpáistí. Tá trua againn dóibh.

### 2 'Féachann Jimmy lena chluasa a **dhruidim**[48] in éadan na tuile seo. Ach, ar ndóigh, ní féidir an **rabharta**[49] a chosc.' Mínigh seo i gcomhthéacs an scéil ar fad.

Nuair atá Jimmy sa Jasmine Palace ag ceannach béile dó féin agus dá bhean chéile, Sarah, tá grúpa déagóirí istigh ann. Tá siad ar meisce ar fhíon úll[50] agus tá caint ghránna, shalach agus ghnéasach[51] ar siúl acu. Ní thaitníonn a gcuid cainte le Jimmy, mar níl sé mar sin é féin. Fear mór clainne is ea é – athair agus fear céile grámhar atá ann. Tá sé go mór i ngrá le Sarah agus ceapann sé nach bhfuil aon pháiste ar an saol cosúil le John, Elizabeth agus Margaret. Tá Jimmy sona sásta lena shaol agus tuigeann sé go bhfuil an t-ádh leis. Nuair a fhéachann sé ar na pótairí sa bheár, iad ansin oíche i ndiaidh oíche, tuigeann sé go bhfuil difríocht mhór idir a shaol agus saol daoine eile. Níl an t-ádh céanna le gach duine. Níl an t-ádh céanna le Liz, an freastalaí sa Jasmine Palace, agus b'fhéidir nach bhfuil athair mar Jimmy ag na déagóirí sa bhialann.

Tá foréigean an tuaiscirt le brath sa scéal. Cheannaigh Jimmy agus Sarah a dteach ón Housing Executive agus ballóg a raibh brící sna fuinneoga a bhí ann. B'fhéidir go raibh ar chlann eile an teach a thréigean mar gheall ar chúrsaí polaitíochta.

45 Sarah makes him; 46 is startled; 47 loss; 48 shut; 49 (spring) tide; 50 cider; 51 sexual

Is é sin an rabharta is mó agus is láidre sa scéal – an foréigean fánach[52] a tharla go minic sa tuaisceart. Gnáthrud a bhí san fhoréigean sin.

Tá an chuma ar an scéal go bhfuil mí-ádh ceart ar Jimmy an oíche sin, go bhfuil sé san áit mhícheart ag an am mícheart. Dá mbeadh sé fós sa bheár, b'fhéidir go mbeadh sé fós ina bheatha. Tá dúnmharfóirí ag lorg duine le marú an oíche sin agus tagann siad ar Jimmy. Cé go gcaitheann Jimmy gnáthshaol agus cé nach gcuireann sé isteach ar aon duine, níl sé ábalta rabharta an fhoréigin a chosc.

## Ceisteanna breise

1. 'Tugtar léiriú maith dúinn ar shaol na ngnáthdhaoine sa tuaisceart sa ghearrscéal seo.' Déan plé gairid ar an ráiteas seo.
2. 'Tá an grá agus an ghruaim le feiceáil sa scéal seo.' Déan plé gairid ar an ráiteas seo.
3. 'Is scéal grá é an scéal seo.' Déan plé gairid ar an ráiteas seo.
4. 'Cé go bhfuil scáth[53] an fhoréigin ag rith tríd an scéal seo, tagann dúnmharú brúidiúil[54] Jimmy aniar aduaidh orainn.' Déan plé gairid ar an ráiteas seo.
5. Déan plé gairid ar do rogha dhá cheann de na ceannteidil seo a leanas, maidir leis an ngearrscéal 'An Gnáthrud':
   (i) An pháirt a ghlacann Sarah sa scéal
   (ii) Ról beirt de na mioncharachtair sa scéal
   (iii) An léiriú a fhaighimid ar an bhforéigean sa tuaisceart.

### Aire duit!

**Bí cinnte go bhfuil na téarmaí seo a leanas ar eolas agat.**

- fear céile
- athair grámhar
- an foréigean
- an chlann
- gnáthfhear
- bás a fir chéile
- máthair ghrámhar
- tionchar an fhoréigin
- fear clainne
- gnáthbhean

52 random; 53 shadow; 54 brutal

# FACSS

Foghlaim na habairtí seo thíos agus beidh tú ábalta aon cheist a fhreagairt!

| Féach, Abair, Clúdaigh | Scríobh | Seiceáil |
| --- | --- | --- |
| 1 Is scéal grá é an scéal seo agus is tragóid é freisin. | | |
| 2 Fear céile maith agus athair grámhar atá in Jimmy. | | |
| 3 Bean chéile agus máthair ghrámhar atá in Sarah. | | |
| 4 Mhill foréigean an tuaiscirt saol na gnáthchlainne seo. | | |
| 5 An saol atá ag Jimmy, is é sin an saol atá uaidh. | | |
| 6 Mothaíonn Jimmy ciontach sa bheár. | | |
| 7 B'fhearr le Jimmy a bheith sa bhaile ag teannadh na bpáistí lena chroí, ag canadh dóibh agus ag éisteacht leo ag plobaireacht. | | |
| 8 Tagann críoch fhoréigneach an scéil aniar aduaidh orainn. | | |
| 9 Tá Jimmy caillte ina smaointe ar Sarah. | | |
| 10 Tá trua an domhain againn do Sarah agus do na páistí mar tuigimid a gcaillteanas. | | |

# 4 Oisín i dTír na nÓg

Bhí trí chéad fear ag baint chloch[1] i nGleann na Smól,[2] gleann aoibhinn seilge[3] na Féinne. Bhí buíon acu crom[4] istigh faoi leac mhór agus gan dul acu a tógáil. Luigh sí anuas orthu[5] go raibh siad á gcloí[6] aici, agus cuid acu ag titim i laige. Chonaic siad chucu sa ghleann an fear mór álainn ar each bhán. Chuaigh duine de na maoir[7] ina araicis.[8]

'Á ríghaiscígh[9] óig,' ar seisean, 'tabhair tarrtháil[10] ar mo bhuíon, nó ní bheidh aon duine acu beo.'

'Is náireach le rá é nach dtig le neart bhur slua an leac sin a thógáil,' arsa an marcach. 'Dá mairfeadh Oscar, chuirfeadh sé d'urchar[11] í thar mhullach[12] bhur gcinn.'

1 *ag baint chloch* – ***ag iarraidh clocha a thochailt as an talamh***

2 *Gleann na Smól* – ***gleann atá i sléibhte Bhaile Átha Cliath***

3 *seilge* – ***fiach***

4 *crom* – ***cromtha***

5 *luigh sí anuas orthu* – ***chuir sí isteach orthu***

6 *á gcloí* – ***á gcosc***

7 *maoir* – ***ceannairí***

8 *ina araicis* – ***chuige***

9 *ríghaiscígh* – ***laoch mór***

10 *tarrtháil* – ***cabhair***

11 *d'urchar* – ***de chaitheamh***

12 *thar mhullach* – ***os cionn***

Luigh sé anonn ar a chliathán[13] deas agus rug ar an leac ina lámh. Le neart agus le lúth a ghéag[14] chuir sé seacht bpéirse[15] as a háit í.

Bhris giorta[16] an eich[17] bháin le meáchan an urchair,[18] agus sular mhothaigh an gaiscíoch bhí sé ina sheasamh ar a dhá bhonn[19] ar thalamh na hÉireann. D'imigh an t-each bán chun scaoill[20] air agus fágadh é féin ina sheanduine bhocht dhall i measc an tslua i nGleann na Smól.

Tugadh i láthair Phádraig Naofa é sa chill.[21] B'iontach le gach uile dhuine an seanóir críon liath a bhí os méid[22] gach fir agus an rud a tharla dó.

'Cé thú féin, a sheanóir bhoicht?' arsa Pádraig.

'Is mé Oisín i ndiaidh na Féinne,'[23] ar seisean. 'Chaill mé mo dheilbh agus mo ghnúis.[24] Tá mé i mo sheanóir bhocht dhall, gan bhrí, gan mheabhair,[25] gan aird.'

'Beannacht ort, a Oisín uasail,' arsa Pádraig. 'Ná bíodh gruaim ort fá bheith dall, ach aithris[26] dúinn cad é mar a mhair tú i ndiaidh na Féinne.'

'Ní hé mo bheith dall is measa liom,' arsa Oisín, 'ach mo bheith beo i ndiaidh Oscair agus Fhinn. Inseoidh mé mo scéal daoibh, cé gur doiligh liom[27] é.'

Ansin shuigh Oisín i bhfianaise[28] Phádraig agus na cléire[29] gur inis sé a scéal ar Thír na nÓg agus ar Niamh Chinn Óir a mheall ón Fhiann é.

Maidin cheo i ndiaidh Chath Ghabhra[30] bhí fuílleach áir[31] na Féinne ag seilg fá Loch Léin.[32] Níorbh fhada go bhfaca siad aniar chucu ar each bhán an marcach mná ab áille gnaoi. Rinne siad dearmad den tseilg le hiontas inti. Bhí coróin ríoga ar a ceann, agus brat[33] donn síoda a bhí buailte le[34] réalta dearg-óir[35] á cumhdach[36] go sáil. Bhí a gruaig ina duala[37] buí óir ar sileadh léi agus a gormshúile mar dhrúcht[38] ar bharr an fhéir.

'Cé thú féin, a ríon óg is fearr maise agus gnaoi?' arsa Fionn.

13 *a chliathán* – *a thaobh*
14 *lúth a ghéag* – *neart a lámh*
15 *péirse* – perch *(cúig slata go leith)*
16 *giorta* – *crios diallaite*
17 *eich* – *capall*
18 *meáchan an urchair* – the weight of the shot
19 *a dhá bhonn* – *a dhá chos*
20 *chun scaoill* – *le heagla*
21 *cill* – *séipéal beag*
22 *os méid* – *níos airde ná*
23 *Oisín i ndiaidh na Féinne* – *Oisín tar éis na Féinne, duine uaigneach, caillte*
24 *mo dheilbh agus mo ghnúis* – *m'áilleacht choirp agus aghaidhe*
25 *meabhair* – *ciall*
26 *aithris* – *inis*
27 *gur doiligh liom* – *gur deacair dom, gur leasc liom*
28 *i bhfianaise* – *i láthair*
29 *cléire* – *sagairt*
30 *Cath Ghabhra* – *cath a d'fhógair Fionn ar Chormac Mac Airt, rí Éireann*
31 *fuílleach áir* – *na daoine a tháinig slán ón gcath*
32 *Loch Léin* – *áit i gCill Airne*
33 *brat* – *cóta*
34 *buailte le* – studded with
35 *réalta dearg-óir* – a pure gold star
36 *á cumhdach* – *á clúdach*
37 *duala* – *cuacha*, ringlets
38 *drúcht* – dew

'Niamh Chinn Óir is ainm domh,' ar sise, 'agus is mé iníon Rí na nÓg.'

'An é do chéile a d'imigh uait, nó cad é an buaireamh[39] a thug an fad seo thú?' arsa Fionn.

'Ní hé mo chéile a d'imigh uaim agus níor luadh[40] go fóill le fear mé,' ar sise. 'Ach, a Rí na Féinne, tháinig mé le grá do do mhac féin, Oisín meanmnach[41] na dtréanlámh.'[42]

'A iníon óg,' arsa Fionn, 'cad é mar a thug tú grá do mo mhacsa thar fhir bhreátha an tsaoil?'

'Thug mé grá éagmaise[43] dó as an méid a chuala mé i dTír na nÓg fána phearsa agus fána mhéin,'[44] arsa Niamh.

Chuaigh Oisín é féin ina láthair ansin agus rug greim láimhe uirthi.

'Fíorchaoin fáilte romhat chun na tíre seo, a ríon álainn óg,' ar seisean.

'Cuirim geasa[45] ort nach bhfulaingíonn fíorlaoch,[46] a Oisín fhéil,' ar sise, 'mura dtaga tú ar ais liom go Tír na nÓg. Is í an tír í is aoibhne faoin ghrian. Tá a crainn ag cromadh de toradh[47] is bláth agus is fairsing inti mil is fíon. Gheobhaidh tú gach ní inti dá bhfaca súil. Ní fheicfidh tú meath[48] ná éag agus beidh mise go deo agat mar bhean.'

'Do dhiúltú[49] ní thabharfaidh mé uaim,' arsa Oisín. 'Is tú mo rogha thar mhná an domhain, agus rachaidh mé le fonn go Tír na nÓg leat.'

Ansin chuaigh Oisín ar mhuin[50] an eich bháin agus chuir Niamh Chinn Óir ar a bhéala.[51] Rinne na Fianna an dís[52] a chomóradh go béal na mara móire siar.

'A Oisín,' arsa Fionn, 'mo chumha[53] thú ag imeacht uaim agus gan súil agam le do theacht ar ais go brách.'

Shil na deora frasa[54] anuas le grua[55] Oisín agus phóg sé a athair go caoin. B'iomaí lá aoibhinn a bhí ag Fionn agus Oisín i gceann na Féinne fá réim, ag imirt fichille[56] is ag ól, ag éisteacht cheoil is ag bronnadh séad.[57] B'iomaí lá eile a bhí siad ag sealgaireacht[58] i ngleannta míne nó ag treascairt[59] laoch i ngarbhghleic.[60] D'imigh a ghné d'Fhionn[61] ar scaradh lena mhac.

39 *buaireamh* – *brón*

40 *níor luadh* – *níor gealladh,* (I) wasn't promised (in marriage)

41 *meanmnach* – *cróga*

42 *tréanlámh* – *lámh láidir*

43 *grá éagmaise* – unrequited love

44 *méin* – *dearcadh, cineál duine*

45 *geasa* – magic spells

46 *nach bhfulaingíonn fíorlaoch* – that no true hero could endure

47 *toradh* – *torthaí*

48 *meath* – *dul in aois*

49 *do dhiúltú* – *diúltú duit*

50 *ar mhuin* – *in airde ar*

51 *chuir Niamh Chinn Óir ar a bhéala* – *chuir sé Niamh Chinn Óir os a chomhair amach (ar an diallait)*

52 *dís* – *beirt*

53 *cumha* – *brón*

54 *deora frasa* – *deora flúirseacha*

55 *grua* – *leiceann*

56 *ag imirt fichille* – playing chess

57 *séad* – *rudaí luachmhara*

58 *ag sealgaireacht* – *ag fiach*

59 *ag treascairt* – *ag buachan ar*

60 *i ngarbhghleic* – *i dtroid fhíochmhar*

61 *d'imigh a ghné d'Fhionn* – *tháinig cuma an bhróin ar Fhionn*

Chroith an t-each bán é féin chun siúil. Rinne sé trí seitreacha ar an tráigh agus thug a aghaidh siar díreach ar an fharraige le hOisín is le Niamh. Ansin lig na Fianna trí gártha cumha[62] ina ndiaidh.

Thráigh an mhínmhuir[63] rompu agus líon na tonnta tréana ina ndiaidh. Chonaic siad grianáin lonracha[64] faoi luí gréine ar a n-aistear. Chonaic siad an eilit mhaol[65] ar léim lúith agus an gadhar bán á tafann.[66] Chonaic siad an ainnir óg[67] ar each dhonn ag imeacht ar bharr na toinne, úll óir ina deaslámh[68] agus an marcach ina diaidh ar each bhán le claíomh chinn óir.[69]

Tháinig siad i dtír ag dún[70] Rí na mBeo, mar a raibh iníon an rí ina brá[71] ag Fómhar Builleach. Chuir Oisín comhrac[72] thrí oíche is thrí lá ar Fhómhar Builleach, gur bhain sé an ceann de agus gur lig saor iníon Rí na mBeo.

Ansin ghluais siad leo thar an gharbhmhuir go bhfaca siad an tír aoibhinn lena dtaobh, na machairí míne[73] fá bhláth, na grianáin a cumadh[74] as clocha solais,[75] agus an dún rí a raibh gach dath ann dá bhfaca súil. Tháinig trí caogaid[76] laoch ab fhearr lúth agus céad ban óg ab áille gnaoi ina n-araicis,[77] agus tugadh le hollghairdeas[78] iad chuig Rí agus chuig Banríon Thír na nÓg.

'Fáilte romhat, a Oisín mhic Fhinn,' arsa Rí na nÓg. 'Beidh do shaol buan[79] sa tír seo agus beidh tú choíche óg.'

Níl aoibhneas dár smaoinigh croí air nach mbeidh agat, agus Niamh Chinn Óir go deo mar chéile.'

Chaith siad fleá is féasta a mhair deich n-oíche is deich lá i ndún an rí, agus pósadh Oisín agus Niamh Chinn Óir.

Is iomaí bliain a chaith siad fá aoibhneas i dTír na nÓg, gan meath ná éag[80] ná easpa.[81] Bhí beirt mhac acu ar bhaist siad Fionn is Oscar orthu agus iníon álainn a dtug siad Plúr na mBan uirthi.

Fá dheireadh smaoinigh Oisín gur mhaith leis Fionn agus na Fianna a fheiceáil arís. D'iarr sé an t-each bán ó Niamh go dtugadh sé cuairt ar Éirinn.

'Gheobhaidh tú sin, cé gur doiligh liom do ligean uaim,' arsa Niamh. 'Ach, a Oisín, cuimhnigh a bhfuil mé a rá! Má chuireann tú cos ar thalamh na hÉireann ní thiocfaidh tú ar ais go brách.'

'Ní heagal domh,[82] a Niamh álainn,' ar seisean. 'Tiocfaidh mé slán ar ais ar an each bhán.'

'Deirim leat fá dhó, a Oisín, má thig tú anuas den each bhán, nach bhfillfidh tú choíche[83] go Tír na nÓg.'

62 *gártha cumha* – *scairteanna bróin*

63 *thráigh an mhínmhuir* – *mhaolaigh an fharraige chalm,* the calm sea subsided

64 *grianáin lonracha* – *tithe gréine geala,* bright sunhouses

65 *an eilit mhaol* – *fia baineann,* the hornless doe

66 *á tafann* – barking at her

67 *ainnir óg* – *cailín óg*

68 *ina deaslámh* – in her right hand

69 *claíomh chinn óir* – gold-handled sword

70 *dún* – fortress

71 *ina brá* – *ina giall*

72 *comhrac* – *troid*

73 *machairí míne* – level plains

74 *a cumadh* – *a rinneadh*

75 *clocha solais* – *clocha geala,* precious stones

76 *trí caogaid* – *150*

77 *ina n-araicis* – *ina dtreo*

78 *le hollghairdeas* – *le háthas mór*

79 *buan* – *seasta*

80 *éag* – *bás*

81 *easpa* – *rud ar bith in easnamh*

82 *ní heagal domh* – *níl eagla orm*

83 *choíche* – *go deo*

Ná bíodh cian[84] ort, a Niamh chaoin. Tiocfaidh mé slán ar ais go Tír na nÓg.'

'Deirim leat fá thrí, a Oisín, má ligeann tú uait an t-each bán éireoidh tú i do sheanóir chríon liath, gan lúth, gan léim, gan amharc súl.[85] Níl Éire anois mar a bhí, agus ní fheicfidh tú Fionn ná na Fianna.'

D'fhág Oisín slán ag Niamh Chinn Óir, ag a dhís mhac agus ag a iníon. Chuaigh sé ar mhuin an eich bháin agus thug a chúl go dubhach[86] le Tír na nÓg.

Nuair a tháinig sé i dtír in Éirinn bhuail eagla é nach raibh Fionn beo. Casadh marcshlua[87] air a chuir iontas ina mhéid agus ina ghnaoi, agus nuair a chuir sé ceist orthu an raibh Fionn beo nó ar mhair aon duine eile den Fhiann dúirt siad go raibh seanchas[88] orthu ag lucht scéalaíochta.

Bhuail tuirse agus cumha Oisín agus thug sé a aghaidh ar Almhain Laighean.[89] Ní fhaca sé teach Fhinn in Almhain. Ní raibh ina ionad ach fliodh agus neantóg.[90]

'A Phádraig, sin duit mo scéal,' arsa Oisín. 'Nuair a fuair mé Almhain folamh thug mé m'aghaidh go dubhach ar ghnáthbhailte na Féinne. Ar theacht go Gleann na Smól domh thug mé tarrtháil ar an bhuíon gan bhrí agus chaill mé an t-each bán. Chaill mé mo lúth agus mo neart, mo dheilbh agus amharc mo shúl.'

'Cúis luaíochta[91] do chumha, a Oisín, agus gheobhaidh tú Neamh dá bharr,' arsa Pádraig.

Thairg Pádraig[92] ansin Oisín a choinneáil ar a theaghlach agus a thabhairt leis ar a thurais ar fud Éireann, óir[93] bhí trua aige don tseanóir dhall agus ba mhaith leis seanchas an tseansaoil a fháil uaidh agus soiscéal[94] Dé a theagasc[95] dó i ndeireadh a aoise. Thoiligh Oisín[96] dul leis mar gur shantaigh sé[97] gach cearn[98] agus gach baile ina mbíodh na Fianna a shiúl arís agus mar nach raibh lúth a choirp ná amharc a shúl aige le himeacht in aon áit leis féin, ná aon duine dá lucht aitheantais[99] le fáil.

Ansin tháinig a bproinn[100] agus d'fhiafraigh Pádraig d'Oisín an rachadh sé chun an phroinntí[101] mar aon le cách.

'Tabhair mo chuid bia agus mo leaba i leataobh[102] domh,' arsa Oisín, 'óir ní lucht comhaimsire[103] domh na daoine anois.'

84 *cian* – *brón*

85 *amharc súl* – *radharc na súl*

86 *dubhach* – *brónach*

87 *marcshlua* – *slua daoine ar mhuin capall*

88 *seanchas* – *caint, comhrá, scéalta*

89 *Almhain Laighean* – *áit atá cúig mhíle ar an dtaobh ó thuaidh de Bhaile Chill Dara*

90 *fliodh agus neantóg* – *fiailí agus neantóga,* weeds and nettles

91 *cúis luaíochta* – *cúis lúcháire,* a cause of joy, a cause for rewarding

92 *thairg Pádraig* – *thug Pádraig cuireadh dó*

93 *óir* – *mar*

94 *soiscéal* – gospel

95 *a theagasc* – *a mhúineadh*

96 *thoiligh Oisín* – *d'aontaigh Oisín*

97 *shantaigh sé* – *theastaigh uaidh*

98 *cearn* – *cúinne*

99 *lucht aitheantais* – *na daoine a raibh aithne aige orthu*

100 *a bproinn* – *a mbéile*

101 *chun an phroinntí* – *chun an tseomra bia*

102 *i leataobh* – *in áit chiúin*

103 *lucht comhaimsire* – *daoine a bhaineann leis an tréimhse chéanna ama leis*

## Achoimre

Lá amháin, tá trí chéad fear i nGleann na Smól agus tá siad ag baint cloch. Níl siad ábalta mar tá na clocha róthrom. Feiceann siad fear láidir dathúil (Oisín) ar chapall bán agus cabhraíonn an fear sin leo an chloch a bhogadh – ach titeann sé den chapall. Chomh luath is atá a chosa ar thalamh na hÉireann, tá sé ina sheanfhear críonna caite[1] dall.

Tógann na fir oibre é go dtí Naomh Pádraig. Tá Naomh Pádraig deas agus cineálta.[2]

'Is mé Oisín i ndiaidh na Féinne'[3], ar seisean. 'Tá brón orm go bhfuil mé beo anois agus go bhfuil Oscar agus Fionn Mac Cumhaill marbh.' Ba é Oscar a mhac agus ba é Fionn Mac Cumhaill a athair.

Insíonn Oisín a scéal faoi Thír na nÓg agus Niamh Chinn Óir.

Lá amháin, tar éis Chath Gabhra, bhí na Fianna ag seilg[4] in aice le Loch Léin. Chonaic siad bean álainn ar chapall bán. Bhí coróin ríoga[5] ar a ceann; bhí gúna síoda[6] le réalta dhearg-óir uirthi; bhí dath an óir ar a cuid gruaige agus bhí dath gorm ar a súile áille.

Niamh Chinn Óir ab ainm di agus tháinig sí go hÉirinn mar go raibh sí i ngrá le hOisín. Chuala sí faoina cháil i dTír na nÓg.

1 old, worn out; 2 kind; 3 last person left, all alone; 4 hunting; 5 royal crown; 6 silken

Chuir Niamh Oisín faoi gheasa[7] dul léi go Tír na nÓg. Tír álainn í Tír na nÓg – tá torthaí, bláthanna, mil agus fíon le fáil inti. Ní éiríonn aon duine sean ansin agus ní fhaigheann éinne bás inti. Bheadh Niamh Chinn Óir mar bhean chéile ag Oisín ansin.

Bhí Oisín sásta imeacht go Tír na nÓg le Niamh Chinn Óir ach bhí brón air freisin agus ar Fhionn (a athair). Bhí siad ag smaoineamh ar na laethanta a chaith siad ag seilg, ag imirt fichille,[8] ag ól agus ag éisteacht le ceol. Bhí Oisín ag caoineadh nuair a d'imigh sé agus bhí brón an domhain ar Fhionn Mac Cumhaill.

D'imigh Niamh Chinn Óir agus Oisín ar an gcapall bán trasna na farraige. Chuaigh siad go dtí dún Rí na mBeo. Bhí iníon ag an rí ach bhí sí ina brá[9] ag Fómhar Builleach. Fathach[10] ab ea é. Bhí Oisín an-chróga agus chaith sé trí lá agus trí oíche ag troid le Fómhar Builleach agus bhain sé a cheann de agus lig sé iníon an rí saor.

Ansin chuaigh siad go dtí Tír na nÓg. Chuir Rí agus Banríon Thír na nÓg fáilte mhór roimh Oisín agus bhí fleá is féasta a mhair deich lá agus deich n-oíche acu. Bhí Oisín agus Niamh Chinn Óir sona sásta i dTír na nÓg. Bhí beirt mhac acu agus iníon amháin. Bhaist siad Fionn is Oscar ar na buachaillí agus Plúr na mBan ar an gcailín.

Chaith Oisín na blianta ina chónaí i dTír na nÓg ach, lá amháin, dúirt sé gur mhaith leis dul ar ais go hÉirinn chun Fionn agus na Fianna a fheiceáil arís. Thug Niamh an capall dó ach thug sí rabhadh[11] dó faoi thrí – gan cos a chur ar thalamh na hÉireann. Dá gcuirfeadh sé cos ar thalamh na hÉireann, ní thiocfadh sé ar ais go Tír na nÓg go deo. Dúirt sí leis freisin nach mbuailfeadh sé leis na Fianna.

Nuair a tháinig Oisín go hÉirinn, bhí eagla air go raibh Fionn marbh. Chuir sé ceist ar dhaoine faoi Fhionn agus dúirt daoine gur chuala siad scéalta faoi.

Chuaigh Oisín go dtí Almhain Laighean, áit chónaithe Fhinn, ach ní raibh ach fiailí agus neantóga[12] ag fás ann. Bhí siad go léir marbh, mar bhí na céadta bliain caite ag Oisín i dTír na nÓg. Chuaigh sé go dtí na háiteanna eile a mbíodh na Fianna agus lá amháin tháinig sé go dtí Gleann na Smól agus chabhraigh sé leis na fir.

Tá trua ag Naomh Pádraig don seanfhear dall. Tugann sé aire dó ag deireadh a shaoil agus tógann sé timpeall na tíre é agus faigheann sé na scéalta faoi na Fianna uaidh. Múineann an naomh soiscéal Dé[13] d'Oisín freisin. Tá uaigneas an domhain ar Oisín ach tá se sásta dul le Naomh Pádraig mar teastaíonn uaidh dul go dtí gach áit a mbíodh na Fianna uair.

## Staidéar ar an scéal

### Téama agus cúlra

Is scéal bealoidis[14] de chuid na Fiannaíochta é an scéal cáiliúil seo. Buailimid le hOisín, lena athair, Fionn Mac Cumhaill, le Niamh Chinn Óir agus le Naomh Pádraig sa scéal grá brónach seo. Baineann an scéal leis an ngrá atá ag Niamh agus Oisín dá chéile agus an grá láidir atá ag Oisín dá mhuintir féin, na Fianna.

7 under a spell; 8 playing chess; 9 hostage; 10 giant; 11 warning; 12 weeds and nettles; 13 the gospel of God; 14 story from folklore

Faighimid léargas sa scéal freisin ar an saol a chaitheann na Fianna. Is saighdiúirí iad na Fianna, agus tá sé mar dhualgas orthu Éire **a chosaint ar ionróirí.**[15]

Tugtar 'litríocht Bhealtaine go Samhain' ar litríocht na Fiannaíochta, toisc go mbaineann na scéalta le saol na Féinne sna míonna sin – iad amuigh faoin aer ag troid nó ag seilg. Ar ndóigh, tá áit **lárnach**[16] ag an draíocht, ag an **niachas**[17] agus ag an **bhfantaisíocht**[18] sa scéal seo.

*Deachtú*

Foghlaim, scríobh agus ceartaigh an t-alt thuas.

### Saol na Féinne

Is saighdiúirí iad na Fianna agus tá sé mar dhualgas orthu Éire a chosaint ar ionróirí.

Caitheann siad a lán ama amuigh faoin aer ag troid nó ag seilg. Nuair a thagann Niamh go hÉirinn, buaileann sí leis na Fianna 'maidin cheo i ndiaidh Chath Ghabhra'. Feiceann sí 'fuílleach áir na Féinne ag seilg fá Loch Léin'.

Is **laochra**[19] iad na Fianna – cuireann siad fáilte roimh Niamh agus tá siad deas **béasach**[20] léi nuair a cheistíonn siad í. Feicimid **laochas**[21] na Féinne i gcarachtar Oisín. Glacann sé le geasa Néimhe; troideann sé in aghaidh Fhómhar Builleach; cabhraíonn sé leis na trí chéad fear i nGleann na Smól. Fear láidir cróga atá ann.

Tá an-**chion**[22] ag na Fianna ar a chéile agus tá siad **dílis**[23] dá chéile. Nuair atá Oisín ag fágáil na hÉireann le dul go dtí Tír na nÓg le Niamh, tá sé ag caoineadh, ag smaoineamh ar na laethanta deasa a chaith na Fianna 'ag imirt fichille is ag ól, ag éisteacht cheoil is ag bronnadh séad'.

> *B'iomaí lá eile a bhí siad ag sealgaireacht i ngleannta míne nó ag treascairt laoch i ngarbhghleic.*

Is **págánaigh**[24] iad na Fianna agus déanann Naomh Pádraig tagairt dó seo.

> *'Cúis luaíochta do chumha, a Oisín, agus gheobhaidh tú Neamh dá bharr.'*

Tá áthas ar Naomh Pádraig mar tá deis aige soiscéal Dé a mhúineadh d'Oisín, agus gheobhaidh sé bás mar **Chríostaí.**[25]

*Cleachtadh*

Cén t-eolas a fhaighimid ar shaol na Féinne sa scéal seo?

## Tréithe an bhéaloidis sa scéal

Insíodh an scéal seo, 'Oisín i dTír na nÓg', thar na céadta bliain. **Seanchaí**[26] a d'insíodh an scéal do lucht éisteachta a bhí gan léamh ná scríobh ach a chuir an-suim sna scéalta béaloidis. Thaitníodh sé leo go mbíodh an seanchaí ag insint scéalta dóibh ina mbíodh draíocht, cogaí agus eachtraí fantaisíochta ar siúl iontu.

15 protect against invaders; 16 central; 17 chivalry; 18 fantasy; 19 warriors; 20 mannerly; 21 heroism; 22 affection; 23 loyal; 24 pagans; 25 Christian; 26 storyteller

### Draíocht, áibhéil agus **an t-osnádúr**[27]

Gan an draíocht, ní bheadh aon scéal ann. Tarlaíonn rudaí áibhéalacha[28] agus dochreidte[29] mar gheall ar an draíocht. Mar shampla:

- Niamh ag teacht ar an gcapall a d'eitil thar na farraigí ó Thír na nÓg
- Na rudaí atá le feiceáil ar an turas go Tír na nÓg

  *ainnir óg ar each dhonn ag imeacht ar bharr na toinne*
- Tír na nÓg í féin

  *Is í an tír í is aoibhne faoin ghrian. Tá a crainn ag cromadh le toradh is bláth agus is fairsing inti mil is fíon. Gheobhaidh tú gach ní inti dá bhfaca súil.*
- Oisín ag maireachtáil[30] ar feadh na gcéadta bliain

  *Ní fheicfidh tú meath ná éag agus beidh mise go deo agat mar bhean.*
- Oisín níos láidre ná na fir ar fad i nGleann na Smól
- Oisín ag athrú isteach ina sheanfhear

  *fágadh é féin ina sheanduine bhocht dhall i measc an tslua i nGleann na Smól.*

### Uimhir a trí

Is uimhir dhraíochta í uimhir a trí sna scéalta Fiannaíochta.

- Tá trí chéad fear i nGleann na Smól ag iarraidh an chloch a thógáil.
- Cuireann Oisín comhrac 'thrí oíche is thrí lá' ar Fhómhar Builleach.
- Tá triúr páistí ag Niamh agus ag Oisín.
- Tugann Niamh rabhadh d'Oisín faoi thrí agus é ag filleadh ar Éirinn.

### Laochas agus **crógacht**[31]

Tá béim ar an laochas agus ar an gcrógacht sna scéalta. Tá sé seo le feiceáil i gcás Oisín ach go háirithe.[32]

Glacann Oisín le geasa Néimhe mar is é sin an rud a dhéanann laoch. Nuair atá Oisín agus Niamh ar a dturas go Tír na nÓg, troideann sé le Fómhar Builleach agus saorann sé iníon Rí na mBeo. Cabhraíonn Oisín leis na fir ag Gleann na Smól an chloch a thógáil.

### **Forlámhas**[33] na mban

Is carachtar láidir í Niamh agus tá páirt lárnach aici sa scéal. Titeann sí i ngrá le hOisín agus úsáideann sí cumhacht na ngeas chun Oisín a fháil. Is cuma léi go bhfuil Fionn agus Oisín ag caoineadh nuair atá siad ag fágáil a chéile.

### Neart agus **gaisce**[34]

Is laochra iad na Fianna sna scéaltaí agus tá siad sásta dul ag troid má fheiceann siad aon rud éagórach.[35] Mar shampla:

- An lá a fheiceann Oisín Niamh den chéad uair, tá na Fianna tar éis bheith ag troid i gCath Ghabhra.
- Saorann Oisín iníon Rí na mBeo ó Fhómhar Builleach – fathach atá ann agus caitheann Oisín trí lá agus trí oíche ag troid leis, go dtí go bhfuil an bua aige, agus baineann sé a cheann d'Fhómhar Builleach.
- Níl trí chéad fear ábalta an chloch a thógáil i nGleann na Smól ach tá Oisín in ann leis féin.

27 the supernatural; 28 exaggerated; 29 unbelievable; 30 living; 31 bravery; 32 especially; 33 supremacy; 34 valour; 35 unjust

An **choimhlint**[36] idir an **phágántacht**[37] agus an **Chríostaíocht**[38]

Is págánaigh iad na Fianna. Sa scéal seo, buaileann an duine deireanach de na Fianna, Oisín (atá ina phágánach), leis an gcéad Chríostaí in Éirinn, Naomh Pádraig. Tá áthas ar Naomh Pádraig mar beidh sé in ann creideamh Oisín a athrú – gheobhaidh Oisín bás mar Chríostaí.

*Cleachtadh*

Déan cur síos ar ról na draíochta agus na crógachta sa scéal seo.

## Na carachtair

### Oisín

**Tá Oisín dathúil.** Cloiseann Niamh faoi i dTír na nÓg agus titeann sí i ngrá leis. Tagann sí ó Thír na nÓg chun é a chur faoi gheasa í a phósadh.

**Tá sé láidir.** Tá sé ábalta an chloch ag Gleann na Smól a thógáil ach níl trí chéad fear ábalta é sin a dhéanamh.

**Is duine cabhrach é.** Cabhraíonn sé leis na fir i nGleann na Smól nuair a fheiceann sé go bhfuil fadhb acu.

**Tá sé gaisciúil.**[39] Glacann sé le geasa Néimhe. Saorann sé iníon Rí na mBeo ó Fhómhar Builleach. Cabhraíonn sé leis na fir i nGleann na Smól.

**Is duine grámhar é.** Tá grá mór aige do Niamh agus tá grá mór aige dá athair, Fionn Mac Cumhaill, agus dá chairde sna Fianna. Tá sé ag caoineadh nuair atá sé ag fágáil a athar. Teastaíonn uaidh na Fianna a fheiceáil arís agus is é sin an fáth a dtagann sé ar ais go hÉirinn.

**Tá sé cumhach.**[40] Tá cumha air i ndiaidh na Féinne agus tagann sé ar ais go hÉirinn chun iad a fheiceáil. Is trua nach n-éisteann sé le rabhadh Néimhe.

**Tá sé truamhéalach agus uaigneach.** Nuair a thiteann sé dá chapall ar thalamh na hÉireann, déantar seanfhear dall de a bhfuil a lúth agus a neart caillte aige. Tá deireadh a shaoil an-uaigneach agus brónach, toisc nach bhfeicfidh sé Niamh ná a pháistí arís agus níl aithne aige ar aon duine in Éirinn.

36 conflict; 37 paganism; 38 Christianity; 39 heroic; 40 sorrowful

### Niamh

Spéirbhean[41] **atá inti.** Tá sí chomh hálainn sin go stopann na Fianna ag seilg chun féachaint uirthi.

**Tá sí láidir agus** diongbháilte.[42] Titeann sí i ngrá le hOisín nuair atá sí i dTír na nÓg agus tagann sí trasna na farraige chun bualadh leis. Cuireann sí Oisín faoi gheasa dul léi – tá a fhios aici go nglacfadh sé leis na geasa toisc gur laoch é.

**Duine** stuama[43] **atá inti.** Nuair a thuigeann sí go bhfuil Oisín ag iarraidh filleadh ar Éirinn, ligeann sí dó, ach tugann sí rabhadh dó faoi thrí.

**Bean draíochta atá inti.** Tá cumhachtaí osnádúrtha[44] aici. Tá a fhios aici nach bhfillfidh Oisín uirthi má sheasann sé ar thalamh na hÉireann.

### Naomh Pádraig

**Is é an chéad Chríostaí in Éirinn é**. Tá áthas air gur bhuail sé le hOisín mar beidh sé ábalta 'soiscéal Dé a theagasc dó i ndeireadh a aoise'. Gheobhaidh Oisín bás mar Chríostaí, ní mar phágánach.

**Tá sé deas, cairdiúil agus cabhrach.** Tugann sé aire d'Oisín ag deireadh a shaoil.

**Is duine tuisceanach é.** Tuigeann sé cumha[45] Oisín i ndiaidh na Féinne. Tá an-suim aige 'seanchas an tseansaoil' a fháil ó Oisín agus téann sé timpeall na tíre le hOisín go dtí na háiteanna ina mbíodh na Fianna.

### Fionn Mac Cumhaill

Athair Oisín atá ann agus ceannaire[46] na Féinne é freisin.

**Is duine fáilteach agus béasach é.** Cuireann sé fáilte roimh Niamh nuair a thagann sí ó Thír na nÓg.

**Is duine** ceanúil[47] **é.** Is léir go bhfuil sé ceanúil ar a mhac, Oisín, agus tá sé croíbhriste nuair a théann Oisín go Tír na nÓg le Niamh.

*Cleachtadh*

'Tá Oisín freagrach as a chinniúint[48] féin.' Do thuairim uait faoi seo.

## Mothúcháin

### Grá agus cumha

Feicimid grá Néimhe d'Oisín sa scéal. Tagann sí trasna na bhfarraigí chun bualadh leis agus chun é a mhealladh léi ar ais go dtí Tír na nÓg.

41 beautiful woman; 42 determined; 43 sensible; 44 supernatural; 45 sorrow; 46 leader; 47 affectionate; 48 fate

Tá grá Fhinn dá mhac, Oisín, le feiceáil freisin.

*D'imigh a ghné d'Fhionn ar scaradh lena mhac*

Feicimid grá Oisín dá athair, Fionn, go soiléir. Tá brón an domhain ar Oisín nuair a fhágann sé Fionn chun dul go dtí Tír na nÓg le Niamh.

*Shíl na deora frasa anuas le grua Oisín agus phóg sé a athair go caoin.*

Tá grá Oisín do na Fianna le feiceáil freisin. **In ainneoin**[49] an tsaoil iontaigh atá aige i dTír na nÓg, tá a ghrá dá mhuintir chomh láidir sin go dteastaíonn uaidh Fionn agus na Fianna a fheiceáil arís.

### Brón agus uaigneas

Nuair a thagann Oisín ar ais go hÉirinn agus nuair a thuigeann sé go bhfuil na Fianna marbh, tá brón air.

*Bhuail tuirse agus cumha Oisín agus thug sé a aghaidh ar Almhain Laighean. Ní fhaca sé teach Fhinn in Almhain. Ní raibh ina ionad ach fliodh agus neantóg . . . thug [sé a] aghaidh go dubhach ar ghnáthbhailte na Féinne.*

Tá an cur síos agus an íomhá seo an-bhrónach agus truamhéalach – an laoch dathúil óg seo ag taisteal timpeall na tíre ag lorg **nasc**[50] ar bith lena mhuintir.

Feicimid brón Oisín ag an deireadh – é ina sheanfhear críonna caite dall. Níl aithne aige ar aon duine. Tuigeann sé a chinniúint – go bhfuil an bás i ndán dó. Ní fheicfidh sé na Fianna ná a chlann féin riamh arís. Tá íomhá an-truamhéalach de ann agus é ag dul timpeall na tíre le Naomh Pádraig 'gur shantaigh sé gach cearn agus gach baile ina mbíodh na Fianna a shiúl arís'.

Sa deireadh, tá Oisín ag brath go hiomlán ar dhaoine eile – níl 'lúth a choirp ná amharc a shúl aige le himeacht in aon áit leis féin'.

Tá Oisín an-uaigneach ag an deireadh – feicimid a uaigneas san íomhá de ag ithe leis féin 'óir ní lucht comhaimsire domh na daoine anois'. Cuireann an íomhá seo an tragóid a bhaineann le saol Oisín in iúl.

Gan aon agó, is scéal brónach é an scéal seo agus luíonn scamall an bhróin air. Is treise go mór an brón ná an grá.

*Cleachtadh*

Cad é an mothúchán is treise sa scéal? Tabhair fáthanna le do thuairim.

49 despite; 50 connection

## Ceisteanna agus freagraí samplacha

### 1 'Is treise go mór an brón ná an grá sa scéal seo.' Do thuairim uait faoi sin.

Aontaím go hiomlán leis an ráiteas seo. Cé go bhfuil téama an ghrá ag rith tríd an scéal, níl aon dabht ann ach gur scéal brónach é an scéal seo. Feicimid an grá sa ghaol idir Oisín agus a athair, Fionn Mac Cumhaill. Is léir go bhfuil grá agus meas acu ar a chéile agus nuair atá Oisín ag fágáil Éireann chun dul go dtí Tír na nÓg le Niamh, tosaíonn sé ag caoineadh. Tá Fionn gruama agus brónach freisin. Tá grá mór ag Niamh d'Oisín. Cloiseann sí faoi Oisín i dTír na nÓg agus taistealaíonn sí trasna na bhfarraigí chun bualadh leis. Cuireann sí Oisín faoi gheasa dul léi go Tír na nÓg agus tá a fhios aici, toisc gur laoch atá ann, **nach ndiúltóidh sé**[51] dá geasa.

Tá Oisín agus Niamh an-sona i dTír na nÓg. Tá triúr páistí acu agus ní éiríonn siad tinn ná sean. Cé go bhfuil Oisín an-sona ann lena theaghlach, tá a ghrá do na Fianna fós an-láidir. Tagann an lá agus teastaíonn uaidh dul ar ais chun a athair agus a chairde a fheiceáil. Tá a fhios ag Niamh go mbaineann dainséar agus baol leis an turas seo agus tugann sí rabhadh dó faoi thrí sula bhfágann sé. Deir sí leis gan seasamh ar thalamh na hÉireann mar, má sheasann sé air, ní fhillfidh sé abhaile go Tír na nÓg. Deir sí leis freisin nach bhfeicfidh sé Fionn ná na Fianna ach is léir nach gcreideann sé í agus imíonn sé leis ar an gcapall bán.

Luíonn scamall an bhróin ar an scéal ina dhiaidh sin. Nuair a thagann Oisín ar ais go hÉirinn, faigheann sé amach nach bhfuil na Fianna beo. Nuair a chuireann sé ceist ar dhaoine fúthu deir siad leis go bhfuil seanchas ann fúthu. Téann sé ansin go dtí Almhain Laighean (atá i gCill Dara) ach níl teach Fhinn ann. Níl ach fliodh agus neantóga ag fás ann. Tá an íomhá seo d'Oisín ag féachaint ar an áit atá **imithe i léig**[52] an-bhrónach ar fad. Leanann an brón nuair a thugann Oisín a aghaidh **go dubhach**[53] ar ghnáthbhailte na Féinne ach níl siad ann. Ansin téann sé go dtí Gleann na Smól. Titeann sé dá chapall agus déantar 'seanóir chríon liath, gan lúth, gan léim, gan amharc súl' de, mar a **thuar**[54] Niamh.

Tá críoch shaol Oisín an-bhrónach ar fad. Toisc go bhfuil sé chomh sean sin, agus é gan radharc na súl, tá sé ag brath ar chineáltas Naomh Pádraig chun aire a thabhairt dó. In ionad a bheith neamhspleách agus gaisciúil mar a bhí sé go dtí seo, tá sé anois **spleách**[55] ar Phádraig. Téann sé féin agus Naomh Pádraig ar thuras timpeall na hÉireann, mar 'shantaigh [Oisín] gach cearn agus gach baile ina mbíodh na Fianna a shiúl arís'. Nuair a tháinig Oisín ar ais go hÉirinn, bhí súil aige na Fianna a fheiceáil arís agus am a chaitheamh lena chairde. Mar sin, tá an radharc deiridh sa scéal an-bhrónach ar fad. Teastaíonn ó Oisín a bhéile a ithe leis féin toisc nach raibh aithne aige ar aon duine atá in éineacht le Pádraig.

Tá gach rud caillte ag Oisín. Ní fheicfidh sé Niamh ná a chuid páistí arís. Tá a athair agus na Fianna marbh agus tá sé féin an-sean agus dall. Tá trua an domhain ag an léitheoir do chás Oisín agus is treise go mór mar sin an brón ná an grá sa scéal.

51 that he will not refuse; 52 neglected; 53 despondently; 54 predicted; 55 dependent

## 2 Maidir leis an scéal béaloidis 'Oisín i dTír na nÓg', déan plé gairid ar na ceannteidil seo a leanas:

(i) Feidhm na draíochta sa scéal

(ii) An ról atá ag Oisín ina chinniúint féin.

*(i) Feidhm na draíochta sa scéal*

Tá an draíocht an-tábhachtach sa scéal. Gan an draíocht, ní bheadh aon scéal ann i ndáiríre.

Bhain an seanchaí úsáid as an draíocht sna scéalta a d'inis sé agus thaitin an **ghné**[56] sin go mór leis an lucht éisteachta.

Tagann Niamh trasna na bhfarraigí ar each bán toisc gur chuala sí faoi Oisín i dTír na nÓg. Ní gá a rá go bhfuil sé seo dochreidte. Tá draíocht ag baint leis na geasa a chuireann Niamh ar Oisín. Murach na geasa, ní bheadh ar Oisín dul go dtí Tír na nÓg. Is tír dhraíochta í Tír na nÓg. Ní théann duine in aois inti agus ní éiríonn aon duine tinn. Is í an áit is deise ar domhan í.

Cé go bhfuil an áit foirfe, tá cumha ar Oisín agus grá an-láidir aige dá athair agus do na Fianna. Tá draíocht ag baint le **tairngreacht**[57] Néimhe. Is léir go bhfuil cumhachtaí draíochta aici mar tá a fhios aici cad a tharlóidh d'Oisín má sheasann sé ar thalamh na hÉireann.

Cuireann an draíocht go mór leis an iontas atá sa scéal. A bhuí leis an draíocht, bhí an seanchaí ábalta scéal fantaisíochta a chumadh a thóg an lucht éisteachta i bhfad óna ngnáthshaol go dtí Tír na nÓg.

*(ii) An ról atá ag Oisín ina chinniúint féin*

Tá ról mór ag Oisín ina chinniúint féin. Nuair a thagann Niamh ó Thír na nÓg chun Oisín a mhealladh, cuireann sí faoi gheasa é. Mar laoch, bheadh sé deacair air diúltú do na geasa, ach glacann sé leis na geasa **go fonnmhar**.[58] Téann sé go Tír na nÓg léi agus tá saol sona aige ansin lena bhean chéile agus lena chlann. Ní éiríonn sé tinn agus ní théann sé in aois. Ach tá sé **corrthónach**[59] agus tá cumha air i ndiaidh a athar agus na Féinne. Teastaíonn uaidh iad a fheiceáil arís. Ní thuigeann sé go bhfuil na céadta bliain imithe agus nach mbeidh na Fianna fós beo. Dá mbeadh Oisín sásta lena shaol i dTír na nÓg agus dá bhfanfadh sé ann, ní bheadh cinniúint bhrónach aige.

Nuair atá sé ag imeacht, tugann Niamh rabhadh dó faoi thrí gan seasamh ar thalamh na hÉireann. Deir sí freisin nach mbeidh na Fianna beo ach ní chreideann sé í agus ní thugann sé aird ar na rabhaidh a thugann sí. Gaisce agus laoch atá in Oisín agus tá sé mór agus láidir. Ní ritheann sé leis go mbeidh aon fhadhb aige ag cabhrú leis na fir i nGleann na Smól agus ní fheiceann sé aon bhaol ann. Dá n-éistfeadh sé le Niamh agus leis na rabhaidh a thug sí dó, b'fhéidir go mbeadh sé fós beo!

### Ceisteanna breise

1. 'Cé gur seanscéal Fiannaíochta é an scéal seo, tá **daonnacht**[60] na gcarachtar chun tosaigh ann.' Pléigh an ráiteas seo.
2. Déan cur síos ar thragóid Oisín sa scéal seo.
3. 'Léiríonn Niamh go raibh ról láidir ag na mná sna scéalta Fiannaíochta.' Do thuairim uait faoi seo.
4. Déan cur síos ar an gcaidreamh atá idir Naomh Pádraig agus Oisín.
5. Taispeáin gur scéal béaloidis é an scéal seo.

56 aspect; 57 prophecy; 58 willingly; 59 restless; 60 humaneness

## FACSS

Foghlaim na habairtí seo thíos agus beidh tú ábalta aon cheist a fhreagairt!

| Féach, Abair, Clúdaigh | Scríobh | Seiceáil |
|---|---|---|
| 1 Is scéal brónach tragóideach é an scéal seo. | This story is a sad tragic story. | |
| 2 Tá béim ar an gcrógacht agus ar an laochas sa scéal. | There is a emphesis on the strength and heroism in the story | |
| 3 Saorann Oisín iníon Rí na mBeo ó Fhómhar Builleach. | Oisín frees the daughter of the king from living striking. | |
| 4 Déantar seanfhear dall críonna caite d'Oisín nuair a thiteann sé dá chapall i nGleann na Smól. | There is a old, blind man made of oisin when he falls from the horse in the Dublin mountains | |
| 5 Tá cumhachtaí draíochta ag Niamh. | niamh has magical powers | |
| 6 Tugann Niamh rabhadh faoi thrí d'Oisín. | niamh gives oisin three warnings. | |
| 7 Níl ach fiailí agus neantóga ag fás i seanteach Fhinn in Almhain Laighean. | There is only weeds and nettels growing in Finns old house. | |
| 8 Faightear léargas an-mhaith ar shaol na Féinne sa scéal seo. | we get a very good insight into the life of the warriors in this story | |
| 9 Ní théann aon duine in aois agus ní éiríonn aon duine tinn i dTír na nÓg. | no one ages and no one gets sick in the land of the youth. | |
| 10 Tá brón an domhain ar Oisín nuair a thuigeann sé go bhfuil na Fianna go léir marbh. | Oisin is so upset when he understands that all the warriors are dead | |

# 5 Dís

**le Siobhán Ní Shúilleabháin**

'`Sheáin?'

'Hu?'

'Cuir síos an páipéar agus bí ag caint liom.'

'Á anois, muna bhféadfaidh fear suí cois tine agus páipéar a léamh tar éis a lá oibre.'

'Bhíos-sa ag obair leis[1] feadh an lae, sa tigh.'

'Hu?'

'Ó, tá go maith, trom blúire den bpáipéar agus ná habair, "geobhair[2] é go léir tar éis tamaill".'

'Ní rabhas chun é sin a rá. Seo duit.'

Lánúin[3] cois tine tráthnóna.

Leanbh ina chodladh sa phram.

Stéig feola[4] ag díreo sa chistin.

Carr ag díluacháil[5] sa gharáiste.

Méadar leictreach ag cuntas chuige[6] a chuid aonad . . .

'Hé! Táim anso! 'Sheáin! Táim anso!'

'Hu?'

'Táim sa pháipéar.'

'Tusa? Cén áit? N'fhacas-sa tú.'

'Agus tá tusa ann leis.'

'Cad tá ort? Léas-sa an leathanach san roim é thabhairt duit.'

'Tá's agam. Deineann tú i gcónaí. Ach chuaigh an méid sin i ngan fhios duit. Táimid araon[7] anso. Mar gheall orainne atá sé.'

'Cad a bheadh mar gheall orainne ann? Ní dúrtsa faic le héinne.'

'Ach dúrtsa. Cuid mhaith.'

'Cé leis? Cad é? Taispeáin dom! Cad air go bhfuil tú ag caint?'

'Féach ansan. Toradh suirbhé a deineadh. Deirtear ann go bhfuil an ceathrú cuid de mhná pósta na tíre míshona, míshásta. Táimse ansan, ina measc.'

1 *leis – freisin*

2 *geobhair – gheobhaidh tú*

3 *lánúin – beirt atá pósta*

4 *stéig feola – píosa feola*

5 *ag díluacháil – ag cailliúint a luacha*

6 *ag cuntas chuige – ag comhaireamh*

7 *araon – beirt*

'Tusa? Míshona, míshásta? Sin é an chéad chuid a chuala de.'

'Tá sé ansan anois os comhair do dhá shúl. Mise duine des na mná a bhí sa tsuirbhé sin. Is cuimhin liom an mhaidean go maith. I mí Eanáir ab ea é; drochaimsir, doircheacht,[8] dochmacht,[9] billí, *sales* ar siúl agus gan aon airgead chucu, an sórt san. Eanáir, Feabhra, Márta, Aibreán, Bealtaine, Meitheamh. 'Cheart[10] go mbeadh sé aici aon lá anois.'

'Cad a bheadh aici?'

'Leanbh. Cad eile bheadh ag bean ach leanbh!'

'Cén bhean?'

'An bhean a tháinig chugam an mhaidean san.'

'Cad chuige, in ainm Dé?'

'Chun an suirbhé a dhéanamh, agus ísligh do ghlór nó dúiseoir[11] an leanbh. Munar féidir le lánú[12] suí síos le chéile tráthnóna agus labhairt go deas ciúin sibhialta le chéile.'

'Ní raibh uaim ach an páipéar a léamh.'

'Sin é é. Is tábhachtaí an páipéar ná mise. Is tábhachtaí an rud atá le léamh sa pháipéar ná an rud atá le rá agamsa. Bhuel, mar sin, seo leat agus léigh é. An rud atá le rá agam, tá sé sa pháipéar sa tsuirbhé. Ag an saol go léir le léamh. Sin mise feasta. Staitistic. Sin é chuirfidh mé síos leis in aon fhoirm eile bheidh le líonadh agam. *Occupation? Statistic*. Níos deise ná *housewife*, cad a déarfá?

'Hu?'

'Is cuma leat cé acu chomh fada is dheinim obair *housewife*. Sin é a dúrtsa léi leis.'

'Cad dúraís[13] léi?'

'Ná tugtar fé ndeara aon ní a dheineann tú mar bhean tú, ach nuair ná deineann tú é. Cé thugann fé ndeara go bhfuil an t-urlár glan? Ach má bhíonn sé salach, sin rud eile.'

'Cad eile a dúrais léi?'

'Chuile[14] rud.'

'Fúmsa leis?'

'Fúinn araon, a thaisce. Ná cuireadh sé isteach ort. Ní bhíonn aon ainmneacha leis an tsuirbhé – chuile rud neamhphearsanta, coimeádtar chuile eolas go discréideach[15] fé rún. Compútar a

8 *doircheacht – dorchadas*

9 *dochmacht – (dochma) duairceas, gruaim*

10 *'cheart – ba cheart*

11 *dúiseoir – dúiseoidh tú*

12 *lánú – lánúin, beirt atá pósta*

13 *dúraís – dúirt tú*

14 *chuile – gach uile*

15 *go discréideach – go rúnmhar, go tuisceanach*

dheineann amach an toradh ar deireadh, a dúirt sí. Ní cheapas riamh go mbeinn im lón compútair!'[16]

'Stróinséir mná a shiúlann isteach 'on tigh[17] chugat, agus tugann tú gach eolas di fúinne?'

'Ach bhí jab le déanamh aici. N'fhéadfainn gan cabhrú léi. An rud bocht, tá sí pósta le dhá bhliain, agus 'bhreá léi[18] leanbh, ach an t-árasán atá acu ní lomhálfaidh[19] an t-úinéir aon leanbh ann agus táid araon ag obair chun airgead tí a sholáthar[20] mar anois tá leanbh chucu agus caithfidh siad a bheith amuigh as an árasán, agus níor mhaith leat go gcaillfeadh sí a post, ar mhaith? N'fhéadfainn an doras a dhúnadh sa phus uirthi,[21] maidean fhuar fhliuch mar é, a bhféadfainn?'

'Ach níl aon cheart ag éinne eolas príobháideach mar sin fháil.'

'Ní di féin a bhí sí á lorg. Bhí sraith ceisteanna tugtha di le cur agus na freagraí le scrí[22] síos. Jab a bhí ann di sin. Jab maith leis, an áirithe sin sa ló, agus costaisí taistil. Beidh mé ábalta an sorn[23] nua san a cheannach as.'

'Tusa? Conas?'

'Bog réidh[24] anois. Ní chuirfidh sé isteach ar an gcáin ioncaim agatsa. Lomhálann[25] siad an áirithe[26] sin: *working wife's allowance* mar thugann siad air – amhail is[27] nach aon *working wife* tú aige baile, ach is cuma san.'

'Tá tusa chun oibriú lasmuigh? Cathain, munar mhiste dom a fhiafraí?'[28]

'Níl ann ach obair shealadach,[29] ionadaíocht[30] a dhéanamh di faid a bheidh sí san ospidéal chun an leanbh a bheith aici, agus ina dhiaidh san. Geibheann siad[31] ráithe[32] saoire don leanbh.'

'Agus cad mar gheall ar do leanbhsa?'

'Tabharfaidh mé liom é sa bhascaed i gcúl an chairr, nó má bhíonn sé dúisithe, im bhaclainn.[33] Cabhair a bheidh ann dom. Is maith a thuigeann na tincéirí san.'

'Cad é? Cén bhaint atá ag tincéirí leis an gcúram?'

'Ní dhúnann daoine doras ar thincéir mná go mbíonn leanbh ina baclainn.'

'Tuigim. Tá tú ag tógaint an jab seo, ag dul ag tincéireacht[34] ó dhoras go doras.'

'Ag suirbhéireacht ó dhoras go doras.'

16 *lón compútair – bia/ábhar don ríomhaire*

17 *'on tigh – sa teach*

18 *'bhreá léi – ba bhreá léi*

19 *ní lomhálfaidh – ní ligfidh, ní cheadóidh*

20 *a sholáthar – a dhéanamh, a bhailiú*

21 *sa phus uirthi – san aghaidh uirthi*

22 *le scrí – le scríobh*

23 *sorn – oigheann*

24 *bog réidh – go deas réidh*

25 *lomhálann – ceadaíonn*

26 *áirithe – méid*

27 *amhail is – cosúil le*

28 *a fhiafraí – a fháil amach*

29 *obair shealadach – obair pháirtaimseartha*

30 *ionadaíocht* – substitution

31 *geibheann siad – faigheann siad*

32 *ráithe – trí mhí*

33 *im bhaclainn – i mo lámha*

34 *ag tincéireacht – ag lorg déirce*

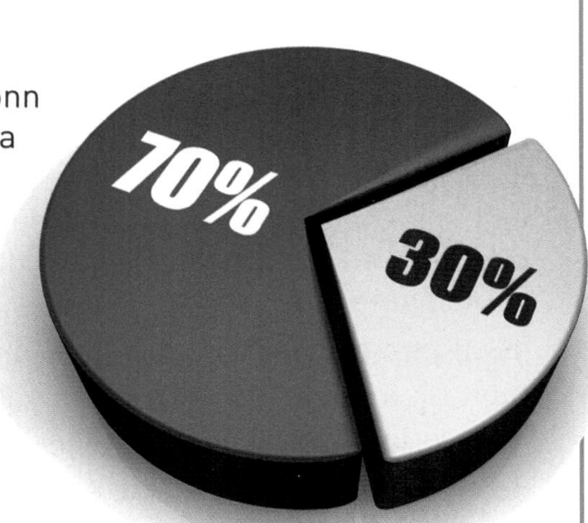

'Mar go bhfuil tú míshona, míshásta sa tigh.'

'Cé dúirt é sin leat?'

'Tusa.'

'Go rabhas míshona, míshásta. Ní dúirt riamh.'

'Dúraís. Sa tsuirbhé. Féach an toradh ansan sa pháipéar.'

'Á, sa tsuirbhé! Ach sin scéal eile. Ní gá gurb í an fhírinne a inseann tú[35] sa tsuirbhé.'

'Cad a deireann tú?'

'Dá bhfeicfeá an liosta ceisteanna, fé rudaí chomh príobháideach! Stróinséir mná a shiúlann isteach, go dtabharfainnse fios gach aon ní di, meas óinsí[36] atá agat orm, ea ea? D'fhreagraíos a cuid ceisteanna, a dúrt leat, sin rud eile ar fad.'

'Ó!'

'Agus maidir leis an jab, táim á thógaint chun airgead soirn nua a thuilleamh,[37] sin uile. Ar aon tslí, tusa fé ndear é.[38]'

'Cad é? Mise fé ndear cad é?'

'Na rudaí a dúrt léi.'

'Mise? Bhíos-sa ag obair.'

'Ó, bhís![39] Nuair a bhí an díobháil[40] déanta.'

'Cén díobháil?'

'Ní cuimhin liom anois cad a dheinis, ach dheinis rud éigin an mhaidean san a chuir an gomh[41] orm, nó b'fhéidir gurb é an oíche roimh ré féin é, n'fheadar. Agus bhí an mhaidean chomh gruama, agus an tigh chomh tóin-thar-ceann[42] tar éis an deireadh seachtaine, agus an bille ESB tar éis teacht, nuair a bhuail sí chugam[43] isteach lena liosta ceisteanna, cheapas gur anuas ós na Flaithis[44] a tháinig sí chugam. Ó, an sásamh a fuaireas scaoileadh liom féin[45] agus é thabhairt ó thalamh d'fhearaibh.[46] Ó, an t-ualach a thóg sé dem chroí! Diabhail chruthanta[47] a bhí iontu, dúrt, gach aon diabhal duine acu, bhíomar marbh riamh acu, dúrt, inár sclábhaithe[48] bhíomar acu, dúrt. Cad ná dúrt![49] Na scéalta a chumas[50] di! Níor cheapas riamh go raibh féith na cumadóireachta[51] ionam.'

'Agus chreid sí go rabhais[52] ag insint na fírinne, go rabhais ag tabhairt freagra macánta ar gach aon cheist a chuir sí?'

'Bhuel, ní raibh aon *lie detector* aici, is dóigh liom. N'fhaca é ar aon tslí.[53] Ní déarfainn gurb é a cúram é, ní mhór dóibh síceolaí[54]

35 *a inseann tú* – *a insíonn tú*
36 *meas óinsí* – *tuairim gur oinseach mé*
37 *a thuilleamh* – *a dhéanamh*
38 *tusa fé ndear é* – *tusa is cúis leis*
39 *bhís* – *bhí tú*
40 *díobháil* – *dochar*
41 *gomh* – *fearg, olc*
42 *tóin-thar-ceann* – *trína chéile*
43 *bhuail sí chugam* – *tháinig sí chugam*
44 *ós na Flaithis* – *ó neamh*
45 *scaoileadh liom féin* – *labhairt amach os ard*
46 *é thabhairt ó thalamh d'fhearaibh* – *na fir a ionsaí go láidir*
47 *diabhail chruthanta* – *drochdhaoine amach is amach*
48 *sclábhaithe* – *seirbhísigh*
49 *cad ná dúrt* – *cad iad na rudaí nach ndúirt mé*
50 *a chumas* – *a chruthaigh mé*
51 *féith na cumadóireachta* – *talann na ceapadóireachta*
52 *go rabhais* – *go raibh tú*
53 *n'fhaca é ar aon tslí* – *ní fhaca mé é ar aon chuma*
54 *síceolaí* – psychologist

a bheith acu i mbun na jaib mar sin. Ó, chuir sí an cheist agus thugas-sa an freagra, agus sin a raibh air. Agus bhí cupa caife againn ansin, agus bhíomar araon lánsásta.'

'Ach ná feiceann tú ná fuil[55] san ceart? Mná eile ag léamh torthaí mar seo. Ceathrú de[56] mhná pósta na tíre míshásta? Cothóidh sé[57] míshástacht iontusan leis.'

'Níl aon leigheas agamsa ar conas a chuireann siad rudaí sna páipéir. D'fhéadfaidís a rá go raibh trí ceathrúna de mhná na tíre sásta sona, ná féadfaidís, ach féach a ndúradar? Ach sé a gcúramsan an páipéar a dhíol, agus ní haon nath le héinne[58] an té atá sona, sásta. Sé an té atá míshásta, ag déanamh agóide,[59] a gheibheann éisteacht sa tsaol so, ó chuile mheán cumarsáide. Sin mar atá: ní mise a chum ná a cheap. Aon ní amháin a cheapas féin a bhí bunoscionn leis[60] an tsuirbhé, ná raibh a dóthain ceisteanna aici. Chuirfinnse a thuilleadh leo. Ní hamháin "an bhfuil tú sásta, ach an dóigh leat go mbeidh tú sásta, má mhaireann tú leis?"'

'Conas?'

'Na Sínigh fadó, bhí an ceart acu, tá's agat.'

'Conas?'

'Sa nós san a bhí acu, nuair a caillti an fear,[61] a bhean chéile a dhó[62] ina theannta. Bhí ciall leis.'

'Na hIndiaigh a dheineadh san, narbh ea?'

'Cuma cé acu, bhí ciall leis mar nós. Bhuel, cad eile atá le déanamh léi? Tá gá le bean chun leanaí a chur ar an saol agus iad a thógaint, agus nuair a bhíd[63] tógtha agus bailithe[64] leo, tá gá léi fós chun bheith ag tindeáil[65] ar an bhfear. Chuige sin a phós sé í, nach éa? Ach nuair a imíonn seisean, cad ar a mhaith í ansan?

55 *ná fuil – nach bhfuil*

56 *ceathrú de – an ceathrú cuid de*

57 *cothóidh sé – cruthóidh sé*

58 *ní haon nath le héinne – ní haon mhaith le héinne*

59 *ag déanamh agóide – ag cruthú conspóide*

60 *a bhí bunoscionn leis – a bhí cearr le*

61 *nuair a caillti an fear – nuair a d'fhaigheadh an fear bás*

62 *a dhó – a loisceadh*

63 *bhíd – a bhíonn siad*

64 *bailithe – imithe*

65 *ag tindeáil – ag tabhairt aire*

*Redundant*! Tar éis a saoil. Ach ní fhaghann sí aon *redundancy money*, ach pinsean beag suarach[66] baintrí.'

'Ach cad a mheasann tú is ceart a dhéanamh?'

'Níl a fhios agam. Sa tseansaol, cuirtí i gcathaoir súgáin[67] sa chúinne í ag riar seanchaíochta agus seanleigheasanna,[68] má bhí sí mór leis[69] an mbean mhic,[70] nó ag bruíon is ag achrann[71] léi muna raibh, ach bhí a háit aici sa chomhluadar. Anois, níl faic aici. Sa tslí ar gach éinne atá sí. Bhí ciall ag na Sínigh. Meas tú an mbeadh fáil in aon áit ar an leabhar dearg san?'

'Cén leabhar dearg?'

'Le Mao? 'Dheas[72] liom é léamh. 'Dheas liom rud éigin a bheith le léamh agam nuair ná geibhim[73] an páipéar le léamh, agus nuair ná fuil éinne agam a labhródh liom. Ach beidh mo jab agam sara fada. Eanáir, Feabhra, Márta, Aibreán, Bealtaine, Meitheamh; tá sé in am. Tá sé thar am. Dúirt sí go mbeadh sí i dteagbháil liom[74] mí roimh ré. Ní théann aon leanbh thar dheich mí agus a dhícheall a dhéanamh . . . Is é sin má bhí leanbh i gceist riamh ná árasán ach oiread. B'fhéidir ná raibh sí pósta féin. B'fhéidir gur ag insint éithigh[75] dom a bhí sí chun go mbeadh trua agam di, agus go bhfreagróinn a cuid ceisteanna. Agus chaitheas mo mhaidean léi agus bhí oiread le déanamh agam an mhaidean chéanna; níochán is gach aon ní ach shuíos síos ag freagairt ceisteanna di agus ag tabhairt caife di, agus gan aon fhocal den bhfírinne ag teacht as a béal! Bhuel, cuimhnigh air sin! Nach mór an lúbaireacht[76] a bhíonn i ndaoine!

Lánúin cois tine tráthnóna.

An leanbh ina chodladh sa phram.

An fear ina chodladh fén bpáipéar.

An stéig feola ag díreo sa chistin.

An carr ag díluachaíl sa gharáiste.

An bhean

Prioc preac[77]

liom leat[78]

ann as.[79]

Tic toc an mhéadair leictrigh ag cuntas chuige na n-aonad.

66 suarach – *gan mhaith*

67 cathaoir súgáin – *cathaoir déanta as píosaí tuí*

68 ag riar seanchaíochta agus seanleigheasanna – *ag insint scéalta agus ag cur seanleigheasanna ar fáil*

69 mór leis – *cairdiúil le*

70 mbean mhic – *bean a mic*

71 ag bruíon is ag achrann – *ag troid agus ag argóint*

72 'dheas – *ba dheas*

73 ná geibhim – *nach bhfaighim*

74 i dteagbháil liom – *ag bualadh liom*

75 ag insint éithigh – *ag insint bréige*

76 lúbaireacht – *cleasaíocht*

77 prioc preac – *ag fáil locht ar a chéile*

78 liom leat – *le chéile*

79 ann as – *ann agus gan a bheith ann*

## Achoimre

An oíche atá ann. Tá Seán agus a bhean chéile (atá gan ainm sa scéal) ina suí cois tine. Bhí Seán amuigh ag obair i rith an lae agus d'fhan a bhean chéile sa bhaile, ag tabhairt aire don leanbh agus ag glanadh an tí. Ba mhaith leis an mbean labhairt le Seán. Níl fonn cainte ar Sheán. B'fhearr leis a bheith ag léamh an nuachtáin. Deir an bhean go bhfuil sí féin agus Seán sa pháipéar. Tá ionadh ar Sheán mar ní fhaca sé a ainm ná a hainm sa nuachtán.

I Mí Eanáir, ghlac an bhean páirt i suirbhé. Tháinig bean go dtí an doras agus chuir sí ceisteanna ar bhean Sheáin. Bhí bean Sheáin míshona an lá sin. Bhí sí crosta le Seán faoi rud éigin agus bhí an aimsir go dona. Chaith an bhean cúpla uair an chloig le bean an tsuirbhé agus bhí cupán caife acu le chéile. Dúirt bean an tsuirbhé go raibh sí **torrach**[1] agus gur mhaith léi féin agus lena fear céile teach a cheannach.

Bhí a lán ceisteanna ag bean an tsuirbhé faoi mhná agus faoina saol. Toisc go raibh bean Sheáin míshona, thosaigh sí ag tabhairt amach faoi na fir. Dúirt sí go raibh sí míshona agus míshásta leis an saol.

Tá Seán feargach lena bhean toisc gur labhair sí le strainséir faoina saol. Dúirt an bhean go raibh mná mar **sclábhaithe**[2] ag na fir agus nach raibh meas madra ag aon duine ar obair na mban. Níor thug aon duine obair na mban faoi deara go dtí nach raibh an obair tí déanta acu. **Rinne na fir agus an saol talamh slán d'obair na mban tí.**[3] Dúirt sí go raibh mná sa domhan chun páistí a bhreith agus a thógáil agus chun aire a thabhairt do na fir. Dúirt sí gur staitisticí a bhí sna mná agus nach raibh meas madra ag aon duine ar mhná.

Anois, deirtear sa pháipéar go bhfuil an ceathrú cuid de mhná pósta míshona agus míshásta. Ansin, deir bean Sheáin nach bhfuil sí míshona agus míshásta. Deir sí gur inis sí bréaga do bhean an tsuirbhé. Tá Seán fós crosta léi.

Nuair a bhí bean an tsuirbhé ann, dúirt sí go mbeadh leanbh aici agus go mbeadh sí ag caint le bean Sheáin faoina post. Bhí bean Sheáin **ar bís**,[4] ag súil le dul ag obair ag déanamh suirbhéanna. Tá Seán ar buile nuair a cheapann sé go mbeadh a bhean chéile ag obair. Tugann sé 'tincéireacht' ar an obair. Níl sé sásta go mbeadh a bhean chéile ag obair nuair atá leanbh aici.

Deir bean Sheáin go bhfuil an saol ag athrú do mhná agus nach bhfuil **faic**[5] ag seanmhná anois. Deir sí go raibh nós ag na Sínigh na mná céile a dhó nuair a fuair a bhfir chéile bás, toisc nach raibh **aon ghnó**[6] le mná nuair a bhí na leanaí fásta agus na fir marbh. Deir sí ansin gur mhaith léi leabhar Mao a léamh, toisc nach bhfuil a fear sásta an páipéar a roinnt léi.

1 pregnant; 2 slaves; 3 men and the world took housewives' work for granted; 4 excited; 5 nothing; 6 any business

Tá bean Sheáin ar buile[7] le bean an tsuirbhé. Ceapann sí anois go raibh bean an tsuirbhé ag insint bréag agus nach bhfuil aon phost ann di. Tá sí ag tabhairt amach go raibh bean an tsuirbhé ag insint bréag – ach bhí sí féin ag insint bréag nuair a rinne sí an suirbhé.

Ag deireadh an scéil, tá Seán agus a bhean fós ina suí cois na tine. Tá an bhean fós ag tabhairt amach faoi Sheán agus faoi bhean an tsuirbhé. Tá Seán ina chodladh taobh thiar den nuachtán.

### An t-údar

Rugadh Siobhán Ní Shúilleabháin i mBaile an Fheirtéaraigh, Ciarraí, i 1928. Múinteoir ab ea í ar feadh tamaill agus d'oibrigh sí freisin ar fhoclóir Béarla–Gaeilge de Bhaldraithe. Scríobh sí na leabhair *Mise Mé Féin: Úrscéal do Dhaoine Óga* agus *Máirtín.* Bhuaigh sí 30 Gradam Oireachtais dá cuid scríbhneoireachta. Fuair sí bás in 2013.

## Staidéar ar an scéal

### Téama an scéil

Tá roinnt téamaí sa ghearrscéal seo.

- An léiriú a fhaighimid ar an saol pósta
- Saol na mná tí
- Saoirse na mban
- Ról na mban sa tsochaí.

Is tríd an gcomhrá aontaobhach[8] greannmhar sa ghearrscéal a fhaighimid léiriú ar na téamaí seo. Tá an bhean gan ainm ag caint gan stad gan staonadh ach is beag éisteacht a fhaigheann sí óna fear céile, Seán. Tá an saol ar a thoil[9] ag Séan. Tá sé lánsásta leis an gcaoi a bhfuil rudaí ag dul ar aghaidh agus níl sé sásta ar chor ar bith nuair a thosaíonn a bhean chéile ag ceistiú a róil agus ag léiriú go bhfuil sí míshásta lena saol.

*Deachtú*

Foghlaim, scríobh agus ceartaigh an t-alt thuas.

7 angry; 8 one-sided; 9 exactly as he likes

### Saol na mná tí

Léiríonn an bhean sa scéal seo saol na mná tí traidisiúnta. Tá sí pósta agus fanann sí sa bhaile ag tabhairt aire dá páiste fad is a théann a fear céile amach ag obair. Tá an bhean sa scéal **searbh**[10] nuair a deir sí 'Cad eile a bheadh ag bean ach leanbh!' mar gurb é sin an ról **teoranta**[11] atá ag mná.

Nuair a chloiseann Seán go bhfuil a bhean ag súil le dul amach ag obair an cheist atá aige ná 'agus cad mar gheall ar do leanbhsa?' (ní 'ár leanbhsa'). Déanann an bhean tí an obair tí ar fad. Níl a cuid airgid féin aici; tá sí ag brath ar a fear céile ó thaobh airgid de (ní raibh airgead aici chun **sorn**[12] a cheannach fiú). Dar leis an mbean sa scéal seo, níl aon mheas ag aon duine ar obair na mná tí. Ní thugann aon duine faoi deara go ndéanann siad an obair go dtí an lá nach ndéanann siad é. Deir an bhean gur deise an teideal staitistic ná bean tí. Nuair a fhásann na páistí suas, ba é ról na mná ná aire a thabhairt don fhear agus ansin, nuair a bheadh sí ina **baintreach**,[13] dul agus cónaí lena mac agus lena chlann.

*Cleachtadh*

Scríobh achoimre ar an alt thuas.

### An t-athrú sa saol

Taispeánann an scéal seo go raibh an saol pósta traidisiúnta ag athrú ag an am sin. Níl bean Sheáin cinnte faoina ról sa saol **a thuilleadh**.[14] Phós sí Seán agus tá leanbh acu. Tá an chuma ar an scéal nach bhfuil sí róshásta lena saol toisc go bhfuil sí ag gearán go minic faoin dearcadh atá ag daoine ar an ról. Dar léi, níl meas ag daoine ar obair na mná tí. Déantar talamh slán de na mná tí. Bhí uair ann agus bhí an bhean tí cinnte dá ról – pósadh, aire a thabhairt do na páistí agus dá fear agus ansin, ag deireadh a saoil, a bheith ina cónaí le clann a mic. Bhí **ar a laghad**[15] meas ar na mná nuair a chuaigh siad in aois. Ach tá na laethanta sin ag athrú.

*ach bhí a háit aici sa chomhluadar. Anois, níl faic aici. Sa tslí ar gach éinne atá sí.*

Léiríonn bean an tsuirbhé an t-athrú sin. Seo bean phósta a lean ar aghaidh ag obair agus í torrach agus bhí sí ag súil le filleadh ar an obair nuair a bheadh sí ina máthair. Chuir bean an tsuirbhé bean Sheáin ag smaoineamh faoina ról agus faoina saol. Is é sin an fáth a dtosaíonn sí ag caint faoi na Sínigh agus faoi Mao, mar níl a fhios aici anois cad atá uaithi agus cén cineál saoil a bheadh aici sa **todhchaí**.[16]

### An gaol idir Seán agus a bhean

Ní fhaighimid léiriú dearfach ar an ngaol atá eatarthu. Téann Seán amach ag obair i rith an lae agus nuair a thagann sé abhaile is maith leis an páipéar a léamh (tar éis dó a dhinnéar a ithe, ar ndóigh) **seachas**[17] labhairt lena bhean chéile. Ní léiríonn sé aon suim ina bhean go dtí go ndeir sí go bhfuil sí sa pháipéar. 'Hu?' a thugann sé mar fhreagra ar a cuid ceisteanna agus téann sé i bhfolach taobh thiar den pháipéar nuair nach bhfuil sé ag iarraidh labhairt lena bhean.

Ceapann an bhean nach bhfuil aon mheas ag Seán ar an obair a dhéanann sí agus ceapann sí freisin gur 'meas óinsí' atá aige uirthi. Nuair a labhraíonn sí faoi dhul amach ag obair, ag suirbhéireacht, 'tincéireacht' a thugann Seán ar an obair.

10 bitter; 11 limited; 12 cooker; 13 widow; 14 any more; 15 at least; 16 future; 17 instead of

Oireann[18] an saol mar atá do Sheán agus is cuma leis go bhfuil a bhean míshásta lena saol. Ní léiríonn sé mórán suime inti ná mórán ceana uirthi. In ionad iarracht a dhéanamh a saol a dhéanamh níos fearr, stopann sé ag éisteacht léi agus titeann sé ina chodladh taobh thiar den pháipéar. Is léir mar sin go bhfuil fadhbanna cumarsáide[19] idir an bheirt. Níl Seán sásta cúrsaí teaghlaigh[20] a phlé lena bhean.

Níl a fhios aige gur ghlac sí páirt sa suirbhé sé mhí roimhe sin sin ná go bhfuil a bhean míshona lena saol.

*Cleachtadh*

An dóigh leat go bhfuil Seán agus a bhean oiriúnach dá chéile? Cuir fáthanna le do thuairim.

## Na carachtair

### An bhean

Níl aon ainm ag an mbean sa scéal, rud a léiríonn an easpa stádais[21] atá aici sa saol. Tá leanbh amháin aici agus fanann sí sa bhaile ag tabhairt aire dó. Ní théann sí amach ag obair agus tá sí spleách[22] ar a fear céile, Seán.

**Is duine cainteach í.** Is maith leis an mbean a bheith ag caint. Tosaíonn an gearrscéal leis an mbean ag impí ar Shéan labhairt léi. Níl aon suim ag Seán labhairt léi agus deir a bhean leis 'Is tábhachtaí an páipéar ná mise'. Tá sé deacair coinneáil suas léi, mar léimeann sí ó ábhar go hábhar – bean an tsuirbhé, sorn a cheannach, an seansaol, na Sínigh agus leabhar dearg Mao ina measc. Toisc go mbíonn sí léi féin i rith an lae gan aon chomhluadar[23] ach an leanbh, teastaíonn uaithi a bheith ag caint le duine fásta eile.

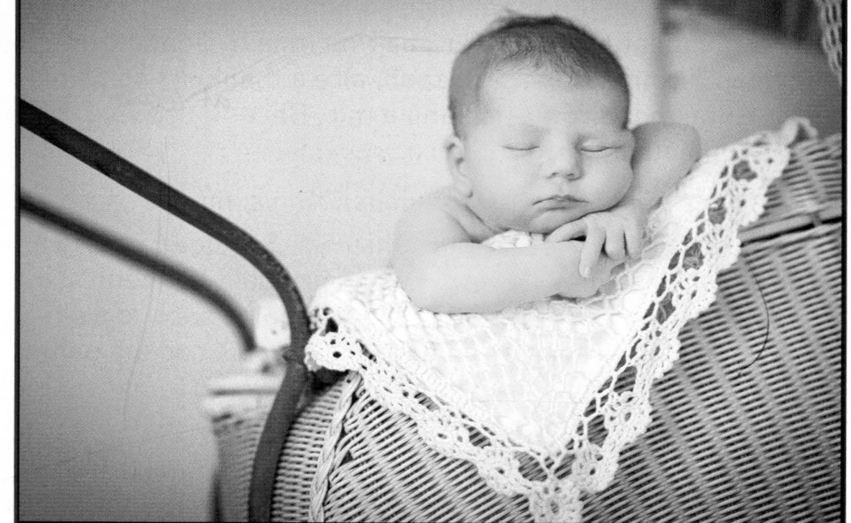

**Tá sí uaigneach.** Is dócha go bhfuil an bhean uaigneach, toisc nach mbíonn mórán comhluadair aici i rith an lae, í teannta[24] sa teach le leanbh óg. B'in an fáth ar labhair sí le bean an tsuirbhé.

**Tá sí gearánach[25] agus cantalach.[26]** Bhí sí sásta labhairt le bean an tsuirbhé toisc gur chuir Seán an gomh uirthi[27] an mhaidin sin. Bhí sí ag gearán nach raibh aon mheas ag daoine ar obair mná tí agus gur sclábhaithe a bhí sna mná ar fad. Tá sí ag gearán freisin nach bhfuil Seán ag iarraidh labhairt léi.

**Tá sí cineálta.[28]** Bhí sí cineálta le bean an tsuirbhé agus bhí trua aici di, ag ceapadh go raibh sí ag obair an lá gruama sin agus í ag iompar clainne. Bhí sí sásta a cuid ceisteanna ar fad a fhreagairt.

18 suits; 19 communication difficulties; 20 family matters; 21 lack of status; 22 dependent; 23 company; 24 stuck; 25 complaining; 26 cranky; 27 Seán annoyed her; 28 kind

**Is duine ceisteach í.** Is dócha gur chuir bean an tsuirbhé ag smaoineamh í. Seasann bean an tsuirbhé don saol nua – bean phósta neamhspleách ag leanúint ar aghaidh ag obair. Ba mhaith le bean Sheáin dul ag obair agus a cuid airgid a bheith aici féin. Is léir nach bhfuil an bhean cinnte faoina ról a thuilleadh. Ní maith léi a bheith ina sclábhaí ag na fir ach níl sí cinnte faoina todhchaí.

**Tá sí searbh agus géar.**[29] Tá sí searbh uaireanta agus í ag labhairt le Seán.

*Cad eile a bheadh ag bean ach leanbh! . . .*

*Ní cheapas riamh go mbeinn im lón compútair! . . .*

*ní raibh aon* lie detector *aici.*

**Tá frustrachas uirthi le Seán.** Diúltaíonn sé labhairt léi. B'in an fáth is dócha gur scaoil[30] sí le bean an tsuirbhé mar ar deireadh thug duine éigin éisteacht di!

**Tá sí luaineach.**[31] Téann sí siar ar a focal. Deir sí ar dtús go bhfuil sí míshásta agus ansin admhaíonn sí go raibh sí ag insint bréag do bhean an tsuirbhé. Ansin tá fearg uirthi nuair a cheapann sí go raibh bean an tsuirbhé ag insint bréag di!

*Cleachtadh*

Cad é do mheas ar bhean Sheáin? Cuir fáthanna le do thuairim.

## Seán

**Is fear traidisiúnta é Seán.** Tá sé pósta agus téann sé amach ag obair i rith an lae fad is a fhanann a bhean chéile sa bhaile ag tabhairt aire don leanbh. Tá sé lánsásta leis an saol seo agus níl sé sásta ar chor ar bith nuair a thosaíonn a bhean chéile ag caint faoi dhul amach ag obair. Dar leis, is é ról na mban pósta fanacht sa teach ag tabhairt aire do na páistí. Tá sé buartha faoi thorthaí an tsuirbhé sa pháipéar, go n-éireoidh níos mó ban míshásta agus ansin go n-athróidh an saol traidisiúnta a thaitníonn leis.

**Is duine príobháideach[32] é.** Níl sé sásta ar chor ar bith nuair a cheapann sé go raibh a bhean chéile ag caint le strainséir faoina shaol.

**Tá sé mímhúinte.**[33] Nuair atá a bhean ag iarraidh labhairt leis, ní léiríonn sé mórán suime inti go dtí go ndeir sí leis go bhfuil sí sa pháipéar. Mothaíonn an bhean gur tábhachtaí an páipéar ná í féin agus ní deas an mothúchán é sin. 'Hu?' an freagra a fhaigheann sí uaidh. Tá sé ina chodladh tar éis an chomhrá lena bhean, rud a léiríonn chomh mímhúinte is atá sé.

29 sharp; 30 let off steam; 31 fickle; 32 private; 33 rude

**Tá sé maslach.**[34] Nuair a deir a bhean leis go bhfuil sí ag smaoineamh ar phost bhean an tsuirbhé a dhéanamh, tugann sé 'tincéireacht' ar an bpost. Is cuma leis nuair a deir sí go bhfuil sí míshona, agus ní thugann sé aon tacaíocht[35] di nuair a deir sí gur mhaith léi dul ag obair. Tá sé maslach agus dímheasúil[36] faoina mianta.

**Is fear teasaí**[37] **é.** Éiríonn sé teasaí agus feargach nuair atá sé ag caint lena bhean agus tá uirthi a rá leis a ghuth a ísliú ar eagla go ndúiseoidh sé an leanbh.

**Tá easpa ceana**[38] **aige.** Ní úsáideann sé ainm a mhná céile oiread is uair amháin sa scéal. Sin an fáth nach bhfuil a hainm ar eolas againn. Léiríonn sé seo easpa suime inti agus easpa ceana uirthi.

*Cleachtadh*

'Fear traidisiúnta mímhúinte é Seán.' An aontaíonn tú leis an ráiteas seo? Cuir fáthanna le do thuairim.

Bean an tsuirbhé

**Is bean nua-aimseartha agus neamhspleách í.** Seasann bean an tsuirbhé don saol nua-aimseartha. Murab ionann agus an bhean, bhí sí fós ag obair agus í pósta agus bhí súil aici leanúint ar aghaidh ag obair nuair a bheadh sí ina máthair. Bhí sí féin agus a fear céile ag súil le teach a cheannach, ach ní raibh sí ag brath ar a fear céile chun an t-airgead go léir a fháil. Bhí sí ag déanamh a cuid féin chun an t-airgead a fháil.

**B'fhéidir go bhfuil sí neamhiontaofa.**[39] Dúirt sí go mbeadh sí i dteagmháil le[40] bean Sheáin faoina post ach focal níor chuala bean Sheáin uaithi. An raibh sí ag insint bréag do bhean Sheáin?

*Cleachtadh*

Déan cur síos ar na cosúlachtaí agus ar na difríochtaí atá idir bean Sheáin agus bean an tsuirbhé.

34 insulting; 35 support; 36 disrespectful; 37 hot-tempered; 38 lack of affection; 39 unreliable; 40 in contact with

## Ceisteanna agus freagraí samplacha

**1 'Is léir nach bhfuil an bhean sa scéal sásta lena saol ná lena gaol le Seán.' É seo a phlé.**

Ní féidir a shéanadh nach bhfuil gaol rómhaith idir Seán agus a bhean chéile. Is **lánúin phósta**[41] iad. Téann Seán amach ag obair agus fanann an bhean chéile (atá gan ainm sa scéal) sa bhaile ag tabhairt aire don leanbh. Tá Seán lánsásta leis an socrú seo agus ceapann sé go bhfuil a bhean sásta freisin. Chun an fhírinne a rá, níl mórán **plé**[42] idir an bheirt acu faoi chúrsaí teaghlaigh. Dar le Seán, d'fhanfadh a bhean ag baile ag tabhairt aire don leanbh, ag cur béilí ar fáil agus ag glanadh an tí. Cuireann torthaí an tsuirbhé (go bhfuil an ceathrú cuid de mhná pósta míshona) an-ionadh air agus tá níos mó ionaidh fós air nuair a fhaigheann sé amach go bhfuil a bhean chéile féin i measc na mban seo.

Is léir nach bhfuil mórán suime ag Seán i **ngnóthaí**[43] a mhná céile. An oíche áirithe seo, nuair a iarrann a bhean chéile air labhairt léi, ní thugann sé ach 'Hu?' mar fhreagra uirthi. Ní thugann sé a hainm ceart uirthi **oiread is**[44] uair amháin sa scéal – rud a léiríonn easpa suime agus easpa ceana, is dócha. Níl sé sásta caint léi go dtí go gceapann sé go bhfuil suim ag an domhan mór inti (nuair a deir sí go bhfuil sí sa pháipéar). I ndáiríre, tá an tríú líne den scéal truamhéalach.

*'Cuir síos an páipéar agus bí ag caint liom.'*

Cheapfá go labhródh sé léi ansin ach tá sé **mífhoighneach**[45] léi. Tuigeann an bhean gur tábhachtaí an páipéar dó ná ise, rud a chuireann brón agus frustrachas uirthi. Breathnaíonn sí uirthi féin mar sclábhaí aige agus mothaíonn sí nach bhfuil meas madra aige (agus ag an tsochaí trí chéile) uirthi mar bhean tí. Fad is a dhéanann sí an obair tí (obair nach dtugtar faoi deara in aon chor) níl suim ag aon duine inti. Is dócha go mothaíonn sí go bhfuil sí caillte agus i bhfolach mar bhean. Seachas tacaíocht a thabhairt di agus tuiscint a léiriú, **déanann Seán beag is fiú di**[46] nuair a deir sí gur mhaith léi post páirtaimseartha a fháil. 'Tincéireacht' a thugann sé ar an bpost seo.

Is duine cainteach **gátarach**[47] í an bhean, agus is léir nach bhfuil suim ag Seán labhairt léi nó a cuid fadhbanna a phlé léi. Tá sí an-mhíshona sa ghaol seo agus mothaíonn sí nach mbaineann luach ar bith léi. Éiríonn sí beagáinín seafóideach ag caint faoi na Sínigh agus na hIndiaigh agus iad ag dó na mbaintreach nuair a fhaigheann na fir chéile bás. Tá sí ag iarraidh a chur in iúl nach bhfuil ról ná **aitheantas**[48] ar bith ag mná seachas a bheith mar mháthair agus mar bhean chéile. B'fhéidir go raibh an bhean sásta leis an ról seo, ach tar éis di bualadh le bean an tsuirbhé – a sheasann don saol nua-aimseartha, ina leanann mná neamhspleácha ag obair – níl sí sásta le saol **teoranta**[49] mar sin a thuilleadh.

Ag deireadh an scéil, feicimid an bhearna mhór idir an bheirt acu. Níl fiú béasa ag Seán fanacht ina dhúiseacht ag éisteacht lena bhean ag caint. Tá sé thar a bheith maslach agus mímhúinte ag an deireadh. Ní haon ionadh go mothaíonn an bhean nach bhfuil inti ach staitistic agus sclábhaí.

41 married couple; 42 discussion; 43 affairs; 44 as much as; 45 impatient; 46 Seán belittles her; 47 needy; 48 recognition; 49 limited

## 2 Maidir leis an ngearrscéal 'Dís', déan plé gairid ar na ceannteidil seo a leanas:

(i) Ról an tsuirbhé sa scéal

(ii) An greann sa scéal

(iii) An comhrá mar stíl inste.

*(i) Ról an tsuirbhé sa scéal*

I Mí Eanáir, tháinig bean an tsuirbhé thart lena liosta ceisteanna. Cheap bean Sheáin 'gur anuas ós na Flaithis a tháinig sí' agus d'fhreagair sí a cuid ceisteanna go fonnmhar[50] – ach ní go macánta. Bhí drochaoibh[51] ar bhean Sheáin an mhaidin sin agus scaoil sí léi. Dúirt sí gur 'diabhail chruthanta'[52] a bhí sna fir agus go ndearna siad 'sclábhaithe' de na mná. D'admhaigh bean Sheáin ansin gur ag cumadh scéalta a bhí sí agus nach raibh a fhios aici go raibh 'féith na cumadóireachta'[53] inti. Toisc nach raibh aon *lie detector* ag bean an tsuirbhé, ghlac sí le freagraí bhean Sheáin. I Mí an Mheithimh, tá torthaí an tsuirbhé le léamh sa pháipéar – go bhfuil an ceathrú cuid de mhná pósta na tíre míshásta. D'fhéadfaidís, mar a deir bean Sheáin, a rá go bhfuil trí cheathrú de mhná pósta na tíre sásta sona ach ní dhíolfadh sé sin na páipéir.

Tá uafás ar Sheán go raibh a bhean ag insint bréag do bhean an tsuirbhé ach is cuma léi. B'fhéidir go léiríonn an scéal nach i gcónaí a bhíonn suirbhéanna iontaofa[54] ach go spreagann siad comhrá!

Chuir bean an tsuirbhé bean Sheáin ag smaoineamh faoina saol. Chonaic sí bean phósta neamhspleách a lean ar aghaidh ag obair. Smaoinigh sí ar chomh míshona is a bhí sí ina saol féin – mar sclábhaí ag Seán, nach raibh aon mheas aige ar obair a mhná agus nár thug aon tacaíocht[55] di agus nár éist léi. Tá an chuma ar an scéal gur athraigh an suirbhé saol bhean Sheáin.

*(ii) An greann sa scéal*

Tá an greann ag rith tríd an scéal seo. Toisc gur comhrá atá ann, tá an greann an-soiléir. Tá sé soiléir ó fhreagraí agus ó éamha[56] Sheáin, 'Hu?', nach bhfuil sé ag iarraidh labhairt lena bhean, ach leanann sí uirthi ag caint ar aon nós. Úsáideann Seán an páipéar mar sciath chosanta[57] ar a bhean – téann sé i bhfolach taobh thiar de. Tá greann sa chaoi a labhraíonn sí faoi na fir, ag rá gur 'diabhail chruthanta' iad agus an sásamh a bhain sí 'é a thabhairt ó thalamh d'fhearaibh'. Tá greann ann agus í ag labhairt faoi leabhar Mao (léifidh sí é toisc nach bhfuil Seán sásta labhairt léi) agus tá greann ann agus í ag caint faoi na Sínigh (agus í measctha suas faoin gcine a dhóigh na baintreacha). Tá an bealach a dtarraingíonn sí siar beagnach gach rud atá ráite aici faoi bhean an tsuirbhé agus faoina freagraí féin greannmhar. Tá greann ann freisin nuair a cháineann sí bean an tsuirbhé toisc gurbh fhéidir go raibh sí ag insint bréag (mar a bhí sí féin). Tá sé an-ghreannmhar ar fad nuair a thiteann an fear ina chodladh agus a bhean fós ag caint – ach tríd an ngreann ar fad feictear míshásamh na mná seo lena saol traidisiúnta.

50 willingly; 51 bad humour; 52 out-and-out; 53 ability to make things up; 54 reliable; 55 support; 56 annoyed, disapproving responses; 57 protective shield

*(iii) An comhrá mar stíl inste*

Is i bhfoirm comhrá den chuid is mó atá an scéal seo agus is **stíl inste**[58] an-éifeachtach é sin. Tá beocht agus fuinneamh sa scéal agus is **seift dhrámatúil**[59] é. Cloisimid bean Sheáin ag impí air labhairt léi agus cloisimid **neamhshuim**[60] Sheáin sna freagraí gearra a thugann sé. Is **ar éigean**[61] a labhraíonn sé léi agus feicimid nach léiríonn sé aon suim inti go dtí go ndeir sí leis go bhfuil sí sa pháipéar. Éiríonn Seán feargach lena bhean agus tá uirthi a rá leis a ghlór a ísliú ionas nach ndúiseodh sé an leanbh.

Toisc gur comhrá atá ann, tugaimid faoi deara nach n-úsáideann Seán ainm a mhná – rud a léiríonn an easpa ceana atá ag Seán uirthi. Léiríonn an comhrá chomh luaineach is atá bean Sheáin, ag léim ó ábhar go hábhar agus ansin ag tógáil siar gach rud a dúirt sí le bean an tsuirbhé.

Tugann an comhrá léiriú an-mhaith dúinn ar an gcoimhlint agus ar na fadhbanna atá sa ghaol seo. Ar thaobh amháin tá an bhean, atá ag iarraidh imeachtaí an lae a phlé lena fear, agus ar an taobh eile tá Seán, nach bhfuil ach ag iarraidh an páipéar a léamh agus titim ina chodladh ansin.

## Ceisteanna breise

1. 'Maidir leis an ngearrscéal "Dís", faightear cur síos spéisiúil ann ar chaidreamh idir lánúin phósta.' Déan plé ar an ráiteas seo.
2. 'Níl dabht ar bith ann ach gurb é saoirse na mban an téama is láidre sa ghearrscéal "Dís".' Déan plé ar an ráiteas seo.
3. Maidir leis an ngearrscéal 'Dís', déan plé gairid ar an ngreann atá ann, dar leat, agus ar an gcaoi a gcuirtear an greann sin os ár gcomhair sa scéal.
4. 'Tugann an gearrscéal "Dís" léiriú an-mhaith ar na fadhbanna a bhíonn idir lánúineacha pósta.' Déan plé ar an ráiteas seo.
5. 'Sa ghearrscéal "Dís", tugann an t-údar Siobhán Ní Shúilleabháin léiriú greannmhar ar an gcaoi a raibh an saol ag athrú do mhná pósta.' Déan plé ar an ráiteas seo.

**Aire duit!**

**Bí cinnte go bhfuil na téarmaí seo a leanas ar eolas agat.**

- Seán
- bean chéile
- easpa stádais
- bean tí
- mná pósta
- cion
- an suirbhé
- bean Sheáin
- ainm a mhná céile
- míshásta lena saol
- obair na mná tí
- obair na mban pósta
- easpa ceana
- bean an tsuirbhé

58 narrative style; 59 dramatic device; 60 indifference; 61 hardly

# FACSS

Foghlaim na habairtí seo thíos agus beidh tú ábalta aon cheist a fhreagairt!

| Féach, Abair, Clúdaigh | Scríobh | Seiceáil |
|---|---|---|
| 1 Bean gan ainm atá i mbean Sheáin, rud a léiríonn a heaspa stádais. | | |
| 2 Tá an bhean ag caint gan stad gan staonadh. | | |
| 3 Fanann bean Sheáin sa bhaile, ag brath ar Sheán agus ag tabhairt aire don leanbh. | | |
| 4 Ceapann bean Sheáin gur tábhachtaí an páipéar dó ná ise. | | |
| 5 Dar le bean Sheáin, is sclábhaithe iad na mná tí agus níl meas madra ag aon duine ar an obair a dhéanann siad. | | |
| 6 Tá an saol ar a thoil ag Seán agus níl sé sásta ar chor ar bith nuair a fhaigheann sé amach gur ghlac a bhean páirt sa suirbhé. | | |
| 7 'Tincéireacht' a thugann Seán ar an tsuirbhéireacht a dhéanfadh a bhean. | | |
| 8 Ní úsáideann Seán ainm a mhná oiread is uair amháin sa scéal, rud a léiríonn easpa ceana uirthi. | | |
| 9 Is bean nua-aimseartha í bean an tsuirbhé a sheasann don athrú sa saol traidisiúnta. | | |
| 10 Tá bean Sheáin ag ceistiú a róil sa tsochaí anois agus ag smaoineamh ar a todhchaí. | | |

# 6 An Lasair Choille

**le Caitlín Maude agus Mícheál Ó hAirtnéide**

**Foireann**

Séamas: Fear óg (25 bliana)
Micil: Seanfhear (cláiríneach)[1]
Míoda: Cailín a thagann isteach
Fear: Fear a thagann isteach

### Suíomh

*Tá dhá sheomra ar an ardán. Tá leaba i seomra amháin agus is seanchistin é an seomra eile.*

*Tá Micil sa leaba i seomra amháin agus tá Séamas sa gcistin.*

*Tá cás éin ar crochadh sa gcistin agus lasair choille istigh ann. Tá Séamas ag caint le Binncheol[2] (an lasair choille) agus ó am go chéile déanann sé fead leis an éan.*

Séamas: A Bhinncheoil! A Bhinncheoil! (*Fead.*) Cas poirtín dom. Tá tú an-chiúin inniu. Ní fhéadfadh aon údar bróin[3] a bheith agat sa teach seo. Tú te teolaí agus neart le n-ithe agat. (*Fead.*) Seo, cas port[4] amháin.

Micil: As ucht Dé ort, a Shéamais, agus éist leis an éan sin, nó an gceapann tú go dtuigeann sé thú?

Séamas: Á, mhuis, ní raibh mé ach ag caint leis. Shíl mé go raibh tú i do chodladh.

Micil: Cén chaoi a bhféadfainn codladh sa teach seo agus do leithéidse d'amadán ag bladaireacht in ard do ghutha.

Séamas: Tá aiféala[5] orm.

Micil: Tá, má tá. Tabhair aníos an t-airgead anseo chugam.

Séamas: Tá go maith. (*Téann sé suas chuige.*) Tá tuilleadh i mo phóca agam.

1 *cláiríneach* – cripple
2 *Binncheol* – *éan le guth binn, ceolmhar*
3 *údar bróin* – *cúis bhróin*
4 *port* – *amhrán*
5 *aiféala* – *brón*

Micil: Cuir sa sciléad uilig é.

Séamas: 2, 3, 4 agus sé pínne[6] – a dhiabhail, ní hea.

Micil: Seo, déan deifir.

Séamas: 5,-a, 1 -2 -3 -4 -5 -6 -7 -8, agus sé pínne.

Micil: £9 – £10 – 11 – is mór an t-ionadh go raibh an ceart agat. Dhá phunt eile is beidh mé in ann an carr asail a cheannacht ó Dhúgán. Sin é an uair a dhéanfas mé an t-airgead. Meas tú, cé mhéad lucht móna[7] atá agam faoi seo?

Séamas: Deich gcinn nó b'fhéidir tuilleadh.

Micil: Móin bhreá í. Ba cheart go bhfaighinn dhá phunt an lucht uirthi. Sin scór. Slám deas airgid. Tabhair dom peann is páipéar.

Séamas: Tá go maith. (*Téann síos.*) A Bhinncheoil, poirtín amháin. (*Fead.*) A Mhicil! (*Torann sa seomra.*)

Micil: A Shéamais, 'Shéamais! Tá mé gortaithe.

Séamas: Go sábhála Mac Dé sinn céard d'éirigh dhuit? Cén chaoi ar thit tú as an leaba? Maróidh tú thú féin.

Micil: Ó! (*Osna.*) Tá an t-airgead ar fud an urláir.

Séamas: Ná bac leis an airgead. Fan go gcuirfidh mé isteach sa leaba thú. 'Bhfuil tú gortaithe?

Micil: Tá mé ceart. Tá mé ceart. Cruinnigh suas an t-airgead go beo. Breathnaigh isteach faoin leaba. 'Bhfuil sé agat? 'Chuile phínn?[8]

Séamas: Tá. Tá. B'fhearr duitse aire a thabhairt duit féin. Céard a dhéanfá dá mbeinnse amuigh?

Micil: Imigh leat síos anois. Tá mé ceart. (*Téann Séamas síos leis an sciléad.*)

Séamas: Thit sé as a leaba, a Bhinncheoil. Nach air a bhí an t-ádh nach raibh mé amuigh? (*Fead.*) Féach an bhfuil d'airgead againn.

Micil: Ach an éistfidh tú leis[9] an airgead? Ach ar ndóigh tá sé chomh maith dom a bheith ag caint leis an tlú.[10]

Séamas: A dhiabhail, a Mhicil, Céard a dhéanfas muid leis?

Micil: Nár dhúirt mé leat cheana go gceannóinn carr asail leis?

Séamas: Ach leis an scór a dhéanfas tú ar an móin?

Micil: Nach mór a bhaineann sé dhuit?

Séamas: Ní raibh mé ach á fhiafraí dhíot.

6 *sé pínne* – *sé pingine*

7 *lucht móna* – *ualach móna*

8 *chuile phínn* – *gach uile phingin*

9 *an éistfidh tú leis* – *an dtabharfaidh tú aire do*

10 *tlú* – *uirlis don tine*

Micil: Céard tá ort anois? Céard tá ag gabháil[11] trí do cheann cipín[12] anois?

Séamas: Dheamhan[13] tada. (*Stad.*) Bhí braith orm[14] imeacht.

Micil: Imeacht. Imeacht cén áit?

Séamas: Go Sasana.

Micil: Go Sasana! Céard sa diabhail a thabharfadh thusa[15] go Sasana? Níl gnó ar bith acu d'amadáin i Sasana.

Séamas: Ach shíl mé . . .

Micil: Ach shíl tú. Céard a shíl tú? Cé a bhí ag cur na seafóide sin i do cheann?

Séamas: Bhí mé ag caint leis an mBúrcach inné.

Micil: Hu! Coinnigh leis an mBúrcach, a bhuachaill, is beidh tú ceart. Ach céard a dhéanfása i Sasana?

Séamas: Is dóigh nach ndéanfainn mórán ach . . .

Micil: Nuair a fhiafrós siad díot céard a bhí tú a dhéanamh sa mbaile céard a bheas le rá agat? 'Bhí mé ar aimsir ag cláiríneach.' Níl seanduine thall ansin ag iarraidh an dara péire cos agus lámh. Agus sin a bhfuil ionatsa. Níl éirim sciortáin[16] ionat. Ní bhfaighidh tú an dara duine a inseos duit le 'chuile shórt a dhéanamh, mar a dhéanaimse. Ar ndóigh ní choinneoidh aon duine eile thú ach mé féin.

Séamas: Tá a fhios agam. Ní raibh mé ach ag caint.

Micil: Bhuel, ná bíodh níos mó faoi anois. Nach bhfuil muid sona sásta anseo? Gan aon duine ag cur isteach ná amach orainn.

Séamas: Tá a fhios agam, ach ba mhaith liom rud éigin a dhéanamh as mo chonlán féin.[17]

Micil: Choíche, muis, ní dhéanfaidh tusa aon rud as do chonlán féin. Ach an fhad a bheas mise anseo le comhairle a thabhairt duit ní rachaidh tú i bhfad amú.

Séamas: Déanfaidh tusa mo chuid smaoinimh dhom. B'in é atá i gceist agat.

Micil: Is maith atá a fhios agat, nach bhfuil tú in ann smaoineamh a dhéanamh dhuit féin. Déanfaidh mise an smaoineamh dhuit. Beidh mise mar cheann agat.

11 *ag gabháil* – *ag dul*

12 *cheann cipín* – *ceann amadáin*

13 *dheamhan* – *faic na fríde*

14 *bhí braith orm* – *bhí sé ar intinn agam*

15 *céard . . . a thabharfadh thusa* – *cén chúis a bheadh agatsa (dul)*

16 *éirim sciortáin* – the wisdom of a tick

17 *as mo chonlán féin* – *as mo stuaim féin*

Séamas: Is beidh mise mar chosa is mar lámha agatsa. B'in é é!

Micil: Céard atá ort, a Shéamais? Tá tú dhá bhliain déag anseo anois. Ar chuir mise milleán ná bréag ná éagóir[18] ort riamh sa bhfad sin?[19]

Séamas: Níor chuir. Níor chuir, ach dúirt an Búrcach . . .

Micil: Ná bac leis an mBúrcach. Níl a fhios aigesean tada fút. Níl a fhios aige go mbuaileann na *fits* thú. Céard a dhéanfá dá mbuailfeadh siad siúd thú thall i Sasana?

Séamas: Níor bhuail siad le fada an lá anois mé.

Micil: Hu! Bhuailfeadh siad siúd thú, an uair is lú a mbeadh súil agat leo.

Séamas: Ní raibh mé ach ag rá. Ní raibh mé dáiríre. Tá a fhios agat go maith nach bhféadfaidh mé gabháil in aon áit. Bheidís uilig ag gáirí fúm.

Micil: Nach bhfuil tú ceart go leor anseo? Mar a chéile muid. Beirt chláiríneach. Easpa géag[20] ormsa agus easpa meabhrach[21] ortsa. Ach ní bheidh aon duine ag gáirí fúinn anseo.

Séamas: Tá aiféala orm. Nach seafóideach an mhaise[22] dhom é ar aon chaoi? Ar ndóigh, ní bheadh tada le déanamh ag aon duine liomsa?

Micil: Déan dearmad air. Cuir an clúdach ar an sciléidín agus leag suas é.

Séamas: Níl aon chall[23] clúdaigh air.

Micil: Tuige nach mbeadh? Nach bhfuil sé beagnach ag cur thar maoil? (*Tógann Séamas trí nó ceathair de chlúdaigh as an gcófra. Titeann ceann. Titeann siad uilig.*) Céard sin? Céard tá tú a dhéanamh anois?

Séamas: Thit an clúdach.

Micil: As ucht Dé ort agus cuir an clúdach ar an sciléad!

Séamas: Cé acu an ceann ceart?

Micil: Níl ann ach aon cheann ceart amháin.

Séamas: Thóg mé cúpla ceann as an bpreas. Ní raibh a fhios agam cérbh é an ceann ceart.

Micil: Bain triail as cúpla ceann eile.

Séamas: Tá siad róbheag.

Micil: Tá ceann acu ceart.

Séamas: Ní gá é a chlúdach, a Mhicil. Tá a fhios agat go maith nach bhfuil mé in ann aon rud mar seo a dhéanamh.

18 *éagóir – dochar*

19 *sa bhfad sin – san am sin*

20 *easpa géag – easpa lúth na gcos agus na lámh*

21 *easpa meabhrach – easpa céille*

22 *an mhaise – an rud*

23 *aon chall – aon ghá le*

Micil: Déan iarracht agus ná bí i do pháiste. Nach gcuirfeadh duine ar bith clúdach ar sciléad?

Séamas: Ach níl a fhios agam cé acu. A Mhuire anocht! Tá creathaí[24] ag teacht orm. Tá mé réidh!

Micil: Agus tusa an fear a bhí ag gabháil go Sasana!

Séamas: Éist liom. Éist liom. (*Sos.*)

Micil: Fág ansin é mar sin.

Séamas: (*Sos – ansin labhraíonn le Binncheol.*) Níl smid asat anocht. Céard tá ort? (*Fead.*) A Mhicil!

Micil: Céard é féin? (*Leath ina chodladh.*)

Séamas: Cuirfidh mé síos an tae?

Micil: Tá sé róluath. Ná bac leis go fóill.

Séamas: Cén uair a gheobhas muid an carr asail?

Micil: Nuair a bheas an t-airgead againn.

Séamas: An mbeidh mise ag gabháil go Gaillimh leis?

Micil: Beidh má bhíonn tú sách staidéarach. (*Sos.*)

Séamas: Scór punt! Slám breá. A Mhicil!

Micil: Céard sin? Is beag nach raibh mé i mo chodladh.

Séamas: Codail mar sin. (*Fead.*) A Mhicil!

Micil: Céard tá ort anois?

Séamas: Áit mhór í Sasana?

Micil: Bíodh beagán céille agat. Gabh i leith anseo chugam. Breathnaigh isteach sa scáthán sin. An dtuigfidh tú choíche nach mbeidh ionat ach amadán thall ansin? Ní theastaíonn uathu ansin ach fir atá in ann obair a dhéanamh, agus obair chrua freisin. Chomh luath is a labhraíonn duine leatsa tosaíonn tú ag déanamh cnaipí.[25]

Séamas: Ní raibh mé ach á rá.

Micil: Síos leat anois agus bíodh beagán céille agat. Bí ciúin nó ní bhfaighidh mé néal codlata.

24 *creathaí* – shakes

25 *ag déanamh cnaipí* – *ag déanamh amadáin*

Séamas: Tá go maith. (*Sos.*)
Micil: A Shéamais!
Séamas: Is ea.
Micil: Ná tabhair aon aird ormsa. Ar mhaithe leat a bhím.
Séamas: Tá sé ceart go leor. Ní raibh mé ach ag iarraidh a bheith ag caint le duine éigin.
Micil: Cuir na smaointe díchéillí[26] sin faoi Shasana as do cheann. Níl tú ach do do chur féin trína chéile.
Séamas: Tá a fhios agam. Téirigh a chodladh dhuit féin anois. (*Sos.*) A Bhinncheoil, tá tú chomh balbh le breac.[27] Cas barra[28] nó dhó. Fuar atá tú? Tabharfaidh mé gráinne mine[29] chugat. (*Fead.*) Seo, cas port. (*Buailtear an doras.*) Gabh isteach. (*Míoda isteach.*)
Míoda: Dia anseo.
Séamas: Go mba hé dhuit.
Míoda: Go méadaí Dia sibh agus an mbeadh greim le n-ithe agaibh? Tuige an bhfuil tú ag breathnú orm mar sin?
Séamas: Ar ndóigh ní tincéara thú? Ní fhaca mé do leithéid de chailín riamh cheana.
Míoda: Sílim gur fearr dom a bheith ag gabháil sa gcéad teach eile.
Séamas: Ná himigh, ná himigh. Ní dhéanfaidh mise tada ort. Ach ní cosúil le tincéara thú.
Míoda: Is maith atá a fhios agamsa céard tá ort.
Séamas: Ní leagfainnse lámh ort, a stór. A Bhinncheoil, an bhfaca tú a leithéid riamh cheana? A haghaidh bhog bhán. As Gaillimh thú?
Míoda: Leat féin atá tú anseo?
Séamas: Is ea. Ní hea. Tá Micil sa seomra. Tá sé ar an leaba. As Gaillimh thú?
Míoda: Ní hea.
Séamas: Ní faoi ghaoth ná faoi bháisteach a tógadh thusa.
Míoda: Ní hea. Is beag díobh a chonaic mé riamh. (*Go hobann.*) Meas tú an dtabharfá cabhair dom?
Séamas: Tuige? Céard a d'éirigh dhuit?
Míoda: Dá n-insínn mo scéal duit b'fhéidir go sceithfeá orm.[30]
Séamas: Ní sceithfinn.
Míoda: (*Osna.*) Níor ith mé greim le dhá lá ná níor chodail mé néal ach oiread.

26 *díchéillí – gan chiall, amaideach*

27 *chomh balbh le breac – dúr*

28 *cas barra – can amhrán/port*

29 *gráinne mine – píosa beag bia*

30 *go sceithfeá orm – go n-inseofá scéal fúm do dhuine eile*

Séamas: Ach céard a d'éirigh dhuit? Cá bhfuil do mhuintir?

Míoda: Inseoidh tú orm má insím duit é.

Séamas: Ní inseoidh mé do dhuine ná do dheoraí é.[31]

Míoda: Buíochas le Dia go bhfuil trua ag duine éigin dom.

Séamas: Déanfaidh mé a bhféadfaidh mé dhuit. Inis do scéal.

Míoda: Tá mé ag teitheadh[32] ó m'athair.

Séamas: Ag teitheadh ó t'athair? Cérb as thú?

Míoda: As Baile na hInse. Is é m'athair an tIarla – Iarla Chonnacht.

Séamas: Iarla Chonnacht! Tháinig tú an t-achar sin uilig leat féin.

Míoda: (*Go searbh.*) D'éirigh mé tuirseach den 'Teach Mór' is de na daoine móra.

Séamas: Fear cantalach[33] é d'athair?

Míoda: Ní hea ná ar chor ar bith. Níor dhúirt sé focal riamh liom a chuirfeadh brón ná fearg orm. Ach níor lig sé thar doras riamh mé.

Séamas: 'Bhfuil sé sean?

Míoda: Ceithre scóir. Sin é an fáth a raibh sé chomh ceanúil orm. Tá a fhios aige gur gearr uaidh[34] agus ní raibh aon rud eile le haiteas[35] a chur ar a chroí. Níor lig sé as a amharc[36] riamh mé. D'fheicinn aos óg an bhaile ag gabháil chuig an gcéilí agus mé i mo sheasamh i bhfuinneog mhór an pharlúis agus an brón agus an doilíos[37] ag líonadh i mo scornach.

Séamas: Ach nach raibh neart le n-ithe agus le n-ól agat? Céard eile a bhí uait?

Míoda: Bhí ach cén mhaith a bhí ann. Ba chosúil le éinín lag i ngéibheann mé. Cosúil leis an éinín sin ansin.

Séamas: Tá Binncheol lánsásta anseo. Nach bhfuilir, a Bhinncheoil? Ach céard a dhéanfas tú anois?

Míoda: Níl a fhios agam, ach ní rachaidh mé ar ais chuig an gcaisleán ar aon chaoi. Cé go mbeidh dinnéar mór agus coirm cheoil ann anocht. Beidh na boic mhóra[38] uilig ann faoi éide is faoi sheoda áille soilseacha.[39] Ach, ní bheidh an dream óg ann. Ní bheidh sult ná sórt ná suirí[40] ann. Fir mhóra, le boilg mhóra, leath ina gcodladh le tinneas óil.

Séamas: Beidh do mháthair uaigneach.

31 *do dhuine ná do dheoraí é – **do dhuine ar bith***

32 *ag teitheadh – **ag éalú***

33 *cantalach – **crosta***

34 *gur gearr uaidh – **nach rófhada uaidh (an bás)***

35 *le haiteas – **le háthas***

36 *amharc – **radharc***

37 *doilíos – **brón***

38 *boic mhóra – **daoine uaisle***

39 *faoi éide is faoi sheoda áille soilseacha – **gléasta suas in éadaí galánta agus seodra geala***

40 *suirí – **ag dul amach le chéile***

Míoda: Níl aon mháthair agam. Is fada an lá básaithe í. Dá mbeadh deirfiúr nó deartháir féin agam.

Séamas: Ní hionadh go raibh t'athair chomh ceanúil ort is gan aige ach thú.

Míoda: Ach dhearmad sé go raibh mo shaol féin amach romham agus gur orm féin a bhí é a chaitheamh. Cén mhaith, cén mhaith a bheith beo mura bhféadfaidh tú a dhéanamh ach ithe agus ól? Tá mé ag iarraidh rud éigin níos fearr a dhéanamh dhom féin agus bualadh amach faoin saol.

Séamas: (*Go simplí.*) Níos fearr! Ní fhéadfá mórán níos fearr a dhéanamh, ná a bheith i d'iníon ag Iarla Chonnacht.

Míoda: B'fhearr staid ar bith ná an staid ina raibh mé.

Séamas: Íosfaidh tú rud éigin? Tá tú caillte leis an ocras.

Míoda: Tá mé ceart go fóillín. Is mó an tuirse ná an t-ocras atá orm. Suífidh mé síos scaithimhín[41] mura miste leat.

Séamas: Suigh, suigh. Cén t-ainm atá ort?

Míoda: Míoda.

Séamas: Míoda! Nach deas. Séamas atá ormsa.

Míoda: Ainm breá d'fhear breá.

Séamas: Tá sé maith go leor. Binncheol atá air féin.

Míoda: Ó, a leithéid d'ainm álainn! (*Sos.*)

Séamas: Cá rachaidh tú anois?

Míoda: Níl a fhios agam. Go Sasana b'fhéidir.

Séamas: Go Sasana? Ach ní fhéadfá a ghabháil ann leat féin.

Míoda: Dar ndóigh níl le déanamh ag duine ach gabháil go Baile Átha Cliath agus bualadh ar an mbád ag Dún Laoghaire.

Séamas: Is ní bheidh leat ach thú féin?

Míoda: Nach liom féin a bhain mé amach an áit seo is nach beag a bhain dom.[42] Ach tá easpa airgid orm.

Séamas: Nach bhféadfá a ghabháil go Gaillimh is jab a fháil?

Míoda: Faraor nach bhféadaim. Tá leath na dúiche[43] ar mo thóir ag m'athair cheana féin. Má beirtear orm, beidh mo chaiscín déanta.[44] Caithfidh mé filleadh ar an gcarcair[45] sin de chaisleán. Nár fhága mé an teach seo beo más sin é atá i ndán dom.

Séamas: Go sábhála Dia sinn, ná habair é sin, ach céard a dhéanfas tú ar chor ar bith?

41 *scaithimhín – **tamaillín***

42 *nach beag a bhain dom – **níor tharla tada dom***

43 *dúiche – **ceantar***

44 *beidh mo chaiscín déanta – **beidh deireadh liom***

45 *carcair – **príosún***

Míoda: Ná bíodh imní ar bith ort fúmsa. Nuair a bheas mo scíth ligthe[46] agam, buailfidh mé bóthar arís, téadh sé olc, maith dom.[47] (*Sos.*) Cén sórt éin é sin?

Séamas: Lasair choille.

Míoda: Nach mór an spórt é? Go deimhin, is mór an náire é a choinneáil i ngéibheann[48] mar sin. Nach mb'fhearr i bhfad dó a bheith saor amuigh faoin spéir?

Séamas: Níorbh fhearr dó muis. Níl sioc ná seabhac ar cur isteach air anseo. (*Sos.*) Gléas ceoil é sin agat. 'Bhfuil tú in ann casadh?

Míoda: Táim. Is minic a chaith mé an tráthnóna uilig ag casadh do m'athair sa bparlús. Bratacha[49] boga an urláir, coinnleoirí óir is 'chuile shórt ann. Cé nár thaitnigh sé liom beidh sé tairbheach anois.

Séamas: Cén chaoi?

Míoda: Nach bhféadfaidh mé corrphort a chasadh i leataobh sráide má chinneann orm – gheobhainn an oiread is a choinneodh mé ar aon chaoi.

Séamas: Ní bheidh ortsa é sin a dhéanamh. Nach bhfuil scoil[50] ort? Gheobhfása post in oifig go héasca? Ní bheidh ortsa gabháil ó dhoras go doras.

Míoda: Is dóigh gur fíor duit é. Ach cén fáth a mbeifeása ag bacadh liom? Níl ionam ach strainséara.

Séamas: Ní hea, ná ar chor ar bith. Seanchairde muid le deich nóiméad. Ní fhaca mé cailín taobh istigh den doras seo riamh cheana agus riamh i mo shaol, ní fhaca mé do leithéidse de chailín.

Míoda: Ach, is beag an chabhair a fhéadfas tú a thabhairt dom, a Shéamais. Dhá mhéad míle bóthair a fhéadfas mé a chur idir mé agus Baile na hInse, is ea is fearr. Agus casfaidh mé ceol i leataobh sráide má chaithim . . .

Séamas: Ní chaithfidh tú, ná choíche, a stór. (*Sos.*) Cas port dom. B'fhéidir go dtosódh Binncheol é féin nuair a chloisfeadh sé thú.

Míoda: Ní maith liom thú a eiteach[51] ach ní ceol a bheas ann ach giúnaíl. Céard a chasfas mé?

Séamas: Rud ar bith.

Míoda: Céard faoi seo? (*Port sciobtha.*)

Micil: A Shéamais! Céard é sin?

Míoda: Cé atá ag caint?

46 mo scíth ligthe – *mo shos tógtha*

47 téadh sé olc, maith dom – *is cuma má bhíonn sé go maith nó go dona dom*

48 i ngéibheann – *i bpríosún*

49 bratacha – *cairpéid*

50 scoil – *oideachas*

51 eiteach – *diúltú*

Séamas: Níl ann ach Micil. Tá sé sa leaba. Tá cailín anseo, a Mhicil.
Micil: Céard tá uaithi?
Séamas: Greim le n-ithe.
Micil: Níl ár ndóthain againn dúinn féin, ní áirím do[52] 'chuile chailleach bóthair is bealaigh[53] dá mbuaileann faoin doras.
Séamas: Ní cailleach ar bith í.
Micil: Céard eile atá inti! Tabhair an doras amach di.
Míoda: Imeoidh mé. Ná lig anuas é.
Séamas: Ara, níl sé in ann siúl.
Micil: M'anam, dá mbeinn, ní bheinn i bhfad ag tabhairt bóthair duit.[54]
Séamas: Ach ní tincéara í, a Mhicil. Nach í iníon Iarla Chonnacht í?
Micil: Iníon Iarla Chonnacht! Chreidfeá an diabhal é féin. Cuir ar an tsráid í a deirim.
Séamas: Tá sí ag teitheadh óna hathair. Tá siad á tóraíocht.
Micil: Gabh aníos anseo, a iníon Iarla Chonnacht, go bhfeicfidh mé thú.
Míoda: Ní rachaidh mise sa seomra.
Micil: Céard sa diabhal a bheadh iníon Iarla Chonnacht a dhéanamh ag imeacht ag casadh ceoil ó dhoras go doras?
Míoda: Mura gcreidfidh tú mé tá sé chomh maith dhom a bheith ag imeacht.
Séamas: Ná himigh. Cá rachaidh tú anocht? Fan scaithimhín eile.
Micil: Ní ar mhaithe liomsa[55] ná leatsa a thaobhaigh sí[56] sin muid ar chor ar bith. Iníon Iarla Chonnacht! Go dtuga Dia ciall duit.
Míoda: Ní raibh uaim ach greim le n-ithe.
Micil: Tháinig tú isteach ag goid, a raicleach.[57] Coinnigh súil uirthi, a Shéamais. Ghoidfeadh a leithéid sin an tsúil as do cheann.
Séamas: Muise, éist leis an gcréatúr bocht. Tá ocras agus fuacht uirthi.
Micil: A Shéamais, a Shéamais, an t-airgead! Cá bhfuil sé?
Séamas: Ar an gcófra.

52 *ní áirím do – gan aon aird a thabhairt ar*

53 *cailleach bóthair is bealaigh – seanbhean a bhíonn ag lorg déirce*

54 *ag tabhairt bóthair duit – ag cur an ruaig ort*

55 *ar mhaithe liomsa – chun cabhrú*

56 *thaobhaigh sí – thug sí cuairt*

57 *raicleach – bean gan náire*

| | |
|---|---|
| Micil: | Cén áit ar an gcófra? |
| Séamas: | Sa scileád. 'Deile?[58] |
| Micil: | Dún do chlab is ná cloiseadh sí thú! |
| Míoda: | Caithfidh sé go bhfuil an diabhal is a mháthair ann leis an gcaoi a bhfuil tú ag caint. |
| Séamas: | Tá aon phunt déag ann. |
| Micil: | Dún do chlab mór, a amadáin! |
| Míoda: | Ná bac leis sin. Ag magadh fút atá sé. Níl sé sin ach ag iarraidh searbhónta a dhéanamh dhíot. 'Chuile shórt a dhéanamh dhósan is gan tada a dhéanamh dhuit féin. |
| Séamas: | Ach níl mé in ann aon rud a dhéanamh, a Mhíoda. |
| Míoda: | Ná bíodh seafóid ort. Déarfaidh sé sin leat nach bhfuil tú in ann rud a dhéanamh, ionas go gcoinneoidh sé anseo thú ag freastal air. Agus, cé leis an t-aon phunt déag sin? |
| Séamas: | Le Micil. |
| Míoda: | Le Micil! Cé a shaothraigh[59] é? An cláiríneach sin? |
| Séamas: | Ní hé. Mise. |
| Míoda: | Nach leatsa mar sin é? Níl baint dá laghad ag Micil dó. |
| Micil: | Cuir amach í. |
| Míoda: | Tá sé in am agatsa a bheith i t'fhear, agus mórán de do shaol á chur amú ag tabhairt aire don tseanfhear sin. |
| Séamas: | Níl a fhios agam céard a dhéanfas mé. |
| Míoda: | Mura bhfuil a fhios agatsa é, tá a fhios agamsa é. Seo é do sheans. Tá an bheirt againn sáinnithe i ngéibheann ar nós an lasair choille sin. Tabharfaidh an t-aon phunt déag sin go Sasana muid. |
| Séamas: | Go Sasana! Is ea! |
| Micil: | As do mheabhair atá tú, a Shéamais! Ní fhágfá anseo liom féin mé th'éis a ndearna mé dhuit riamh? |
| Séamas: | Níl a fhios agam. Ba mhaith liom imeacht. |
| Míoda: | Má ba mhaith féin tá an ceart agat. Nach fearr i bhfad dó sin a bheith thoir i dTeach na mBocht ná a bheith ag cur do shaoilse amú? |

58 *'deile – cad eile*

59 *a shaothraigh – a thuill*

Séamas: An dtiocfása in éineacht liom, a Mhíoda? Ní imeoinn asam féin.

Míoda: Thiocfainn gan amhras.

Micil: A Shéamais!

Míoda: D'éireodh thar barr linn. Gheobhadsa post breá thall ansiúd agus d'fhéadfá gabháil in do rogha áit agus do rogha rud a dhéanamh.

Micil: Ní fheicfidh tú aon amharc uirthi sin arís go brách má thugann tú di an t-airgead. Sin a bhfuil uaithi sin.

Séamas: Ach, céard tá uaitse? Mo chosa is mo lámha? Mo shaol fré chéile.[60]

Micil: Tá tú meallta[61] aici cheana féin.

Míoda: Níl uaim ach fear bocht a ligean saor uaitse. Bhí orm mé féin a scaoileadh saor ón ngéibheann cheana. Seanduine ag iarraidh beatha is misneach duine óig a phlúchadh.[62] Ní óinseach ar bith mise. Tá an deis againn anois agus bainfidh muid leas[63] as. Tá saol nua amach romhainn agus luach saothair[64] an ama atá caite.

Séamas: Tá mé ag gabháil go Sasana, a Mhicil.

Micil: Ar son anam do mháthar, a Shéamais!

Séamas: Tá mé ag iarraidh rud éigin a dhéanamh ionas nach mbeidh daoine ag gáirí fúm.

Míoda: Cé a dhéanfadh gáirí faoi fhear breá?

Séamas: An gceapfása gur fear breá mé, a Mhíoda? Ní dhéanfása gáirí fúm?

Míoda: Tuige a ndéanfainn? Tá mé ag inseacht na fírinne. (*Torann sa seomra.*)

Micil: A Shéamais, a Shéamais!

Séamas: Thit sé as an leaba.

Micil: Gabh i leith, a Shéamais. Gabh i leith.

Míoda: Ara, lig dó. Ag ligean air féin atá sé sin go bhfeicfidh sé an bhfuil máistreacht aige ort fós.

Séamas: Gabhfaidh mé suas chuige.

Míoda: Ná téirigh. Lig dó. Bíodh aige.

Séamas: Ní fhéadfaidh mé é a fhágáil 'na luí ar an urlár. 'Bhfuil tú gortaithe?

Micil: Ar ndóigh, ní imeoidh tú, a Shéamais? Ní fhágfá anseo liom féin mé. An t-airgead! Fainic an t-airgead.

*60 fré chéile – ar fad*

*61 meallta* – taken in by

*62 a phlúchadh – a mharú*

*63 leas – buntáiste*

*64 luach saothair – íocaíocht*

| | |
|---|---|
| Míoda: | Go deimhin, ní leagfainnse méar ar do chuid seanairgid lofa. |
| Micil: | Ardaigh aníos mé. Cuir 'mo shuí suas mé. Ní bheinn in ann tada a dhéanamh de d'uireasa. |
| Míoda: | Ach, dhéanfadh Séamas togha gnó de d'uireasa-sa.[65] |
| Séamas: | Éist leis, a Mhíoda. |
| Micil: | Is fearr an aithne atá agamsa ortsa ná atá ag aon duine ort. Ag magadh fút a bheas siad. Titfidh an t-anam asat[66] 'chuile uair a dhéanfas tú botún. Beidh an domhan mór ag faire ort. Níl anseo ach mise agus ní bheidh mise ag magadh fút. |
| Míoda: | Is maith atá a fhios agat go bhfuil an cluiche caillte agat, a sheanchlairínigh lofa. Éist leis. Lig dó a thuairim féin a bheith aige. |
| Micil: | Tá a fhios agat go maith, a Shéamais, go bhfuil mé ag inseacht na fírinne. Níl maith ná maoin leat ná ní bheidh go deo. Níl meabhair ar bith ionat. Cuireann an ruidín is lú trína chéile thú. Fan anseo, áit nach gcuirfear aon aird ort. |
| Séamas: | Níl a fhios agam, a Mhicil, ach ar ndóigh, tá an ceart agat. Níl maith ná maoin liom.[67] |
| Míoda: | Stop ag caint mar sin. Fear breá láidir thú. Dhéanfá rud ar bith dá ndéanfá iarracht. Breathnaigh, tá ár ndóthain dár saol curtha amú againn faoi bhos an chait[68] ag amadáin nach gcuirfeadh smacht ar mhada beag. Seanfhear agus cláiríneach. Níl tada cearr leatsa. Dhéanfása rud ar bith. |
| Séamas: | Meas tú? |
| Micil: | Má imíonn tú ní ligfidh mé taobh istigh den doras arís choíche thú. |
| Míoda: | Thoir i dTeach na mBocht ba chóir duitse a bheith le fiche bliain. |
| Séamas: | Bíonn togha lóistín[69] ann ceart go leor, a Mhicil. B'fhearr an aire a thabharfaidís duit ná mise. Gheobhfá 'chuile shórt ann! |
| Micil: | B'fhearr liom a bheith in ifreann! Ná fág liom féin mé! Ar son anam do mháthar! |
| Séamas: | Mura n-imím anois ní imeoidh mé go deo. B'fhéidir gurb é an seans deireanach é. |
| Micil: | Níl aon mhaith dhomsa a bheith ag caint mar sin. Imigh! Imigh! |

65 *d'uireasa-sa* – *gan tusa*

66 *titfidh an t-anam asat* – *beidh tú trí chéile*

67 *níl maith ná maoin liom* – *níl maitheas ar bith ionam*

68 *faoi bhos an chait* – *faoi smacht*

69 *togha lóistín* – *lóistín iontach*

Míoda: D'imeodh sé arís ar aon chaoi.
Micil: An imeodh?
Míoda: Céard a dhéanfadh sé dá bhfaighfeása bás? Fágtha leis féin é ag ceapadh nach raibh maith ná maoin leis. Dún suas[70] anois. Tabhair freagra ar an gceist má tá tú in ann.
Séamas: Tá cion agam ort, a Mhicil. Níl aon rud in t'aghaidh agam. Ach tá mé tuirseach den áit seo.
Micil: Ní chuirfidh mise níos mó comhairle ort.
Séamas: Beidh mé ag imeacht mar sin. Tabharfaidh mé liom an t-airgead.
Míoda: Míle moladh le Dia, tháinig misneach duit sa deireadh.
Séamas: Meas tú gur ceart dom é?
Míoda: Má imíonn tú beidh a fhios agat sin.
Séamas: Ach ní raibh mé amuigh faoin saol cheana riamh.
Míoda: Níl sa saol ach daoine. Cuid acu ar nós Mhicil. Cuid acu ceart go leor. Éireoidh thar barr leat. Má tá fúinn[71] imeacht tá sé chomh maith dhúinn tosú ag réiteach. Céard a thabharfas tú leat?
Séamas: Níl agam ach a bhfuil ar mo chraiceann.[72] Ar ndóigh, ní chaithfidh muid imeacht fós?
Míoda: Caithfidh muid. Gheobhaidh muid marcaíocht[73] go Gaillimh fós.
Séamas: An dtabharfaidh muid Binncheol linn?
Míoda: Ní thabharfaidh. Bheadh sé sa mbealach.[74]
Séamas: Céard faoi Mhicil? Caithfidh muid a inseacht do dhuine éigin go bhfuil sé anseo leis féin.
Míoda: Ar ndóigh, buaileann duine éigin isteach anois is arís?
Séamas: Beidh siad ag teacht leis an mbainne ar maidin.
Míoda: Cén chlóic[75] a bheas air go dtí sin? Seo, cá bhfuil do chóta?
Séamas: Sa seomra.
Míoda: Déan deifir. Faigh é.
Séamas: Níl mé ag iarraidh gabháil sa seomra.
Míoda: Ara, suas leat. Ná bíodh faitíos ort roimhe sin. B'fhéidir go dtosódh sé ag báisteach.
Séamas: Tá go maith, a Mhicil, sílim go bhfuil an ceart agam. A Mhicil, mura labhróidh tú liom mar sin, bíodh agat. Cén áit i Sasana a rachfas muid?

70 *dún suas* – ***dún do bhéal***

71 *má tá fúinn* – ***má tá sé i gceist againn***

72 *mo chraiceann* – ***mo chorp***

73 *marcaíocht* – ***síob***

74 *sa mbealach* – ***sa tslí***

75 *clóic* – ***baol***

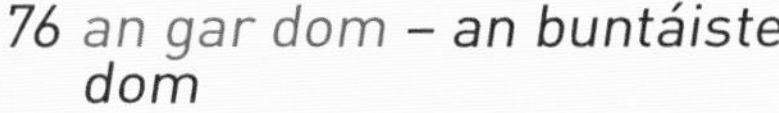

Míoda: Londain.

Séamas: Nach mór an gar dom[76] tusa a bheith liom, a Mhíoda. Ní dheachaigh mé ag taisteal riamh cheana. (*Osna.*) Meas tú an mbeidh sé ceart go dtí amárach leis féin?

Míoda: Déan dearmad air anois. Ní fheicfidh tú arís go brách é.

Séamas: Is dóigh nach bhfeicfead.

Míoda: Téanam.[77] 'Bhfuil tú réidh?

Séamas: Tá, ach ní imeoidh muid fós.

Míoda: Mura n-imeoidh, beidh aiféala ort. Téanam go beo.[78] Céard tá ort?

Séamas: Níl a fhios agam. B'fhéidir nach dtiocfainn ar ais go deo.

Míoda: Mura dtaga féin, ní dochar é sin.

Micil: Ná himigh, a Shéamais.

Séamas: Caithfidh mé, a Mhicil.

Micil: Caillfear[79] i dTeach na mBocht mé.

Míoda: Is gearr uait[80] ar aon chaoi.

Micil: Fágfaidh mé agat an teach is an talamh ar ball má fhanann tú.

Séamas: Cén mhaith ar ball?

Micil: Fágfaidh mé agat anois é.

Séamas: Níl aon mhaith dhuit a bheith ag caint. Tá bean anseo agus bean deas – nach gceapann gur amadán mé. Ar mhaithe leat féin a choinnigh tú anseo mé. Is beag an imní a bhí ort fúmsa riamh.

Micil: Admhaím gur beag a d'fhéadfainn a dhéanamh asam féin, ach cá bhfuil an dara duine a choinneodh thusa? Fuist, a bhean. Tagann *fits* air. Céard a dhéanfas tú ansin?

Míoda: A Shéamais!

Séamas: Níor tháinig na *fits* orm riamh ó bhí mé i mo pháiste.

76 *an gar dom* – *an buntáiste dom*

77 *téanam* – *tar liom*

78 *go beo* – *go tapa*

79 *caillfear* – *gheobhaidh (mé) bás*

80 *is gearr uait* – *ní fada eile (a mhairfidh tú)*

| | |
|---|---|
| Míoda: | Téanam! Cá bhfios dúinn nach bhfuil fir an Tí Mhóir sa gcomharsanacht? |
| Séamas: | Fan scaithimhín eile. Gheobhaidh muid marcaíocht go Gaillimh go héasca. |
| Míoda: | Cá gcuirfidh muid an t-airgead? Aon phunt déag! |
| Micil: | Sin a bhfuil uaithi sin. Mar a chéile í féin agus 'chuile bhean eile. Coinneoidh siad leat[81] a fhad is 'tá do phóca teann.[82] |
| Míoda: | Éist do bhéal thusa! (*Buailtear an doras.*) Ó! |
| Séamas: | Fir an Tí Mhóir! |
| Míoda: | Stop! S-s-shhhhh! *Guth (amuigh)*: A Mhíoda, a Mhíoda! |
| Míoda: | Ná habair tada. *Guth (fear isteach)*: A Mhíoda! |
| Séamas: | Cé thú féin? |
| Fear: | Cá raibh tú ó mhaidin? Is dóigh nach bhfuil sciúrlóg faighte agat? |
| Séamas: | A Mhíoda, cé hé féin? |
| Fear: | Is mór an t-ádh ort, a bhuachaill, nó thabhfadh mise crigín[83] faoin gcluas duit. Ceapann tú go bhféadfaidh tú do rogha rud a dhéanamh le cailín tincéara? |
| Séamas: | A Mhíoda! |
| Míoda: | Dún do bhéal, a amadáin! |
| Séamas: | Tincéara thú. |
| Míoda: | Ar ndóigh, ní cheapann tú gurb é seo Iarla Chonnacht agat? |
| Séamas: | Ach dúirt tú . . . |
| Míoda: | Dúirt mé – 'deile, céard eile a déarfainn, nuair a cheap amadán gur bean uasal a bhí ionam? 'Ar ndóigh, ní tincéara thú.' Há! Há! Há! |
| Fear: | Gabh abhaile, a óinseacháin, chuig do champa – áit ar rugadh is a tógadh thú. |
| Míoda: | Níl ionam ach tincéara, a Shéamais, nach bhfuil in ann rud ar bith a dhéanamh ach goid is bréaga. |
| Séamas: | Céard faoi Shasana? |
| Míoda: | Sasana! Brionglóidigh álainn ghlórmhar! Níl gnó dhíom ach in áit amháin – sa gcampa. Tá mé chomh dona leat féin. Fan le do sheanchláiríneach. |
| Fear: | Déan deifir. Ná bac le caint. Tá bóthar fada amach romhainn. |

81 *coinneoidh siad leat* – *fanfaidh siad leat*

82 *teann* – *lán (le hairgead)*

83 *crigín* – *buille*

Míoda: (*Ag gabháil amach.*) Iníon Iarla Chonnacht. Há! Há! Há! A amadáin! Há!

Fear: Ba chóir duit náire a bheith ort. Murach leisce a bheith orm, chuirfinnse néal ort.[84] Ag coinneáil Mhíoda go dtí an tráth seo. Ag déanamh óinseach di.

Séamas: Ach dúirt sí –

Fear: Dúirt sí! Ise ba chiontach. Cé a chreidfeadh tincéara? Agatsa atá an ceart mo léan. Go maithe Dia dhuit é. (*Imíonn.*)

Séamas: (*Stad.*) A Bhinncheoil! Rinne sí amadán díom.

Micil: Anois, tá a fhios agat é, is níl aon ghá dhomsa é a rá leat.

Séamas: Tá a fhios agam é.

Micil: Rinne sé amadán críochnaithe[85] dhíot.

Séamas: Rinne, ach, ar bhealach, ní dhearna. D'oscail sí mo shúile dhom. 'Bhfuil a fhios agat cén fáth a gcoinníonn an tincéara sin Míoda agus cén fáth a gcoinnímse Binncheol? Inseoidh mise dhuit cén fáth. Mar tá muid uilig go truamhéalach. Tá muid mar 'tá muid. Tá tusa i do chláiríneach agus bhí tú ag iarraidh cláiríneach a dhéanamh díomsa freisin. Agus, tá an tincéara ag iarraidh Míoda a choinneáil ina chuid salachair agus ina chuid brocamais[86] féin. Agus coinnímse Binncheol i ngéibheann ionas go mbeidh sé chomh dona liom féin. Ceapaim, má cheapaim, go maródh an sioc is an seabhac é dá ligfinn saor é – ach níl ansin ach leithscéal. Ach, ní i bhfad eile a bheas an scéal mar sin. (*Éiríonn. Imíonn amach leis an gcás. Sos.*)

Micil: A Shéamais, cá raibh tú?

Séamas: Scaoil mé amach[87] Binncheol. Agus an bhfuil a fhios agat céard é féin – chomh luath is a d'oscail mé an doras sciuird sé[88] suas i mbarr an chrainn mhóir agus thosaigh sé ag ceol.

Micil: 'Bhfuil tú ag imeacht, a Shéamais, nó ar athraigh tú t'intinn?

Séamas: Is áit an mac an saol. Ní bheadh a fhios agat céard a tharlódh fós. Tiocfaidh athrú ar an saol – orainne agus ar 'chuile shórt. Ach ní bheidh Binncheol ná éan ar bith i ngéibheann sa gcás sin arís go brách. (*Tógann suas an cás.*)

84 *chuirfinnse néal ort* – *chuirfinnse i do chodladh thú (le buille)*

85 *amadán críochnaithe* – *amadán mór*

86 *ina chuid brocamais* – *ina chuid salachair*

87 *scaoil mé amach* – *lig mé amach, lig mé saor*

88 *sciuird sé* – *d'eitil sé go tapa*

## Achoimre

Tá Séamas, fear óg 25 bliana d'aois, ina chónaí le seanfhear, Micil. Is **cláiríneach**[1] é Micil. Bhí Séamas ina chónaí le Micil ó bhí sé 13 bliana d'aois.

Tá Micil **suarach**[2] agus tá eagla air go n-imeoidh Séamas lá éigin. Tá Micil ag brath ar Shéamas chun an obair ar fad a dhéanamh. Caitheann Micil gach lá sa leaba toisc nach bhfuil sé ábalta siúl.

Déanann Séamas an obair go léir do Mhicil. Bailíonn agus díolann sé **móin**.[3] Tá sé mar 'chosa agus lámha' ag Micil. Tá Micil **gafa le**[4] hairgead. Is maith leis a bheith ag smaoineamh ar airgead. Ba mhaith leis carr asail a cheannach leis an airgead atá aige.

Tá **lasair choille**[5] mar pheata ag Séamas i **gcás**.[6] Binncheoil an t-ainm atá air. Ní chanann an lasair choille agus ní thuigeann Séamas an fáth mar, dar leis, tá gach rud aige. Tá sé te **teolaí**[7] agus tá a lán bia aige. Tá Seámas an-**séimh**[8] leis an lasair choille.

Deir Séamas go bhfuil sé ag smaoineamh ar dhul go Sasana. Tá Micil **ar buile**[9] mar nár mhaith leis go n-imeodh Séamas. Tosaíonn Micil ag gáire agus ag magadh faoi Shéamas. **Maslaíonn**[10] sé Séamas. Deir sé gur amadán é Séamas – 'Níl **éirim sciortáin**[11] ionat.' Deir sé nach mbeidh Séamas in ann aon obair a fháil i Sasana. Deir sé go mbíonn '*fits*' ag Séamas – go mbeidh gach duine ag gáire faoi. Níl aon **mhuinín**[12] ag Séamas mar go ndéanann Micil a chuid smaoinimh dó agus toisc go mbíonn sé ag magadh faoi i gcónaí. Ceapann Séamas go mbeidh gach duine eile ag gáire faoi freisin.

Ansin tagann cailín álainn chuig an doras. Is tincéir í ach ceapann Séamas nach tincéir í. Míoda an t-ainm atá ar an gcailín. Cumann sí scéal. Deir sí go bhfuil sí **ag teitheadh**[13] óna hathair, Iarla Chonnacht. Tá sí ag teitheadh mar nach dtugann a hathair aon saoirse di. Tá sí cosúil leis an lasair choille.

Creideann Séamas a scéal ach ní thuigeann sé í, mar tá go leor bia agus ceoil ag Míoda sa Teach Mór. Deir Míoda go raibh sí uaigneach sa Teach Mór ag féachaint ar dhaoine óga ag dul chuig an gcéilí le chéile agus bhí sise ina haonar. Bhí sí **scartha**[14] ón saol. Ba mhaith léi dul go Sasana.

Deir Micil le Séamas í a chaitheamh amach. Ní chreideann sé a scéal agus tá eagla air go bhfuil sí chun an t-airgead a ghoid. Deir Séamas 'éist leis an gcréatúr bocht. Tá ocras agus fuacht uirthi.'

Deir Míoda go bhfuil Micil ag déanamh **searbhónta**[15] de Shéamas agus gur cheart dó an t-airgead a thógáil agus imeacht go Sasana – mar gurbh é a rinne an obair don airgead.

Deir Míoda go rachaidh sí go Sasana leis agus go mbeidh saol iontach aige ann. Tugann sí **misneach**[16] dó nuair a deir sí nach mbeidh daoine ag gáire faoi agus nach bhfuil sí féin ag gáire faoi. Impíonn Micil

1 cripple; 2 mean; 3 turf; 4 obsessed with; 5 goldfinch; 6 cage; 7 cosy; 8 gentle; 9 angry; 10 insults; 11 wisdom of a tick; 12 confidence; 13 fleeing; 14 separated; 15 servant; 16 courage

ar Shéamas gan dul go Sasana agus gan é a fhágáil, gur tincéir í Míoda atá ag iarraidh an t-airgead a ghoid. Ba mhaith le Séamas dul go Sasana le Míoda ach tá sé buartha faoi Mhicil a fhágáil ina aonar. Tá croí mór bog ag Séamas.

A fhad is atá Séamas ag smaoineamh ar imeacht, tagann tincéir isteach ag lorg Mhíoda. Tuigeann Séamas ansin nach í iníon Iarla Chonnacht í. Tosaíonn Míoda ag gáire faoi ansin. Maslaíonn sí é, tugann sí amadán air agus deir sí nach raibh sa chaint faoi Shasana ach 'brionglóidigh álainn ghlórmhar'. Imíonn sí.

Nuair atá sí imithe, deir Micil go ndearna sí amadán de Shéamas. Deir Séamas gur oscail sí a shúile. Tuigeann sé anois go raibh Micil ag iarraidh cláiríneach a dhéanamh de féin agus go raibh Binncheol sa chás aige chun go mbeadh sé chomh dona leis féin.

Ligeann Séamas an lasair choille saor. Cuireann sé ionadh ar Shéamas mar den chéad uair cloiseann sé Binncheol ag canadh – rud nach ndearna sé nuair a bhí sé i ngéibheann sa chás. Tuigeann sé anois nach bhfuil sé go maith d'aon duine a bheith i ngéibheann mar atá sé féin, Míoda agus Micil.

### Na húdair

Rugadh Caitlín Maude i Ros Muc i gContae na Gaillimhe i 1941. Múinteoir scoile, ceoltóir, drámadóir, aisteoir agus file ab ea í. Fuair sí bás i 1982.

Rugadh Mícheál Ó hAirtnéide i Luimneach i 1941. Scríobh sé filíocht i mBéarla agus i nGaeilge. Fuair sé bás i 1999.

## Staidéar ar an scéal

### Téama an scéil

Is é téama an scéil ná mian[17] na saoirse. Teastaíonn ó gach duine a bheith saor agus is é sin an rud a fhoghlaimíonn Séamas i rith an scéil. Tá an lasair choille i ngéibheann ag Séamas; tá Séamas i ngéibheann ag Micil; tá Micil i ngéibheann ag a mhíchumas;[18] tá Míoda i ngéibheann ag a hathair agus ag saol an tincéara. Ní bheidh daoine sona go dtí go mbeidh siad saor. Ní chanann an lasair choille go dtí go bhfuil a shaoirse aige.

*Deachtú*

Foghlaim, scríobh agus ceartaigh an t-alt thuas.

#### Binncheol

Seasann Binncheol don dúil[19] atá ag gach duine sa tsaoirse. Nuair atá sé i ngéibheann sa chás, ní chanann sé in aon chor ach nuair atá sé saor canann sé go binn. Tuigeann Séamas go bhfuil gach duine ag iarraidh duine eile a choinneáil i ngéibheann ionas go mbeidh siad chomh dona leo féin. Ní ceart saoirse a bhaint de chréatúr ar bith.

17 desire; 18 disability; 19 desire

## Na carachtair

### Séamas

Is ógfhear 25 bliana d'aois é Séamas. Tá sé in aimsir[20] ag Micil le 12 bhliain.

**Tá sé uaigneach.** Caitheann sé a shaol ag obair do Mhicil. Tá sé ag smaoineamh ar dhul go Sasana. Nuair a bhuaileann sé le Míoda, déanann sé cara di taobh istigh de dheich nóiméad. Ba bhreá leis a bheith le duine óg eile.

**Níl aon mhuinín aige as féin.** Chaith Micil 12 bhliain ag rá gurbh amadán é Séamas, go mbeadh an saol go léir ag gáire faoi – agus creideann sé é.

**Is duine cneasta cineálta[21] é.** Tá sé cneasta leis an lasair choille – coimeádann sé an t-éan i gcás chun é a shábháil ón sioc agus ón seabhac.[22] Tá sé cineálta le Míoda nuair a thagann sí go dtí an doras. Agus tá sé cineálta le Micil. Níl sé éasca air imeacht go Sasana agus Micil a fhágáil.

**Is duine dílis[23] é.** Tá sé dílis do Mhicil agus tá sé deacair air é a fhágáil.

**Is duine saonta[24] agus simplí é.** Creideann sé Míoda nuair a deir sí gurb í iníon Iarla Chonnacht í, fiú nuair a deir Micil nach bhfuil sé sin fíor. Insíonn sé di cá bhfuil an t-airgead atá sa teach.

**Tá fonn saoirse air.** Ba mhaith leis a bheith saor. Ba mhaith leis imeacht go Sasana agus a shaol féin a dhéanamh ansin.

*Cleachtadh*

'Cé gur duine deas cineálta é Séamas, tá saol dian aige.' Do thuairim uait faoi sin.

### Micil

Is seanfhear agus clairíneach é.

**Tá sé leithleach.[25]** Is cuma leis go bhfuil sé ag goid shaol Shéamais uaidh. Is cuma leis faoi thodhchaí Shéamais. Cad a dhéanfadh sé nuair a bheadh Micil marbh? Cuireann sé Séamas ag obair ach coimeádann sé féin an t-airgead.

**Tá sé mífhoighneach[26] agus teasaí.[27]** Éiríonn sé an-chrosta agus an-mhífhoighneach le Séamas nuair a chuireann sé aon cheist agus nuair a thiteann an t-airgead ar an urlár. Níl aon mheas aige ar Shéamas.

20 in service; 21 kind; 22 hawk; 23 loyal; 24 naïve; 25 selfish; 26 impatient; 27 hot tempered

**Is duine suarach[28] agus maslach[29] é.** Milleann sé muinín agus saol Shéamais chun é a choimeád sa teach leis. Deir sé le Séamas gur amadán é agus go mbeidh an domhan go léir ag gáire faoi.

**Tá sé géar.[30]** Aon uair a deir Séamas go bhfuil sé ag smaoineamh ar imeacht as an teach, titeann sé as an leaba. Geallann sé an teach do Shéamas má fhanann sé leis. Tuigeann sé gur tincéir atá i Míoda.

**Tá eagla air roimh Theach na mBocht agus roimh an uaigneas.** Deir sé gurbh fhearr leis bheith in ifreann[31] ná i dTeach na mBocht. Cé go bhfuil an chuma air go bhfuil an smacht agus an t-údarás go léir aige, tá roinnt trua againn dó toisc go bhfuil sé ina chláiríneach agus nach bhfuil sé neamhspleách.

*Cleachtadh*

'Tá sé deacair dúinn aon trua a bheith againn do Mhicil.' É seo a phlé.

### Míoda

Is tincéir óg í. B'fhéidir go bhfuil sí ag iarraidh éalú óna muintir nó b'fhéidir go bhfuil sí ag lorg déirce.[32]

**Tá sí cliste agus glic.** Tuigeann sí go bhfuil Séamas saonta agus cumann sí scéal, gurb ise iníon Iarla Chonnacht.

**Tá sí uaigneach.** Tá brionglóid aici éalú agus bheith saor. Tuigeann sí go bhfuil sí i ngéibheann cosúil leis an lasair choille. Tá sí ag iarraidh bualadh amach faoin saol agus rud éigin níos fearr a dhéanamh di féin.

**Is duine cruálach[33] agus suarach í.** Deir sí gur cheart Micil a chur isteach i dTeach na mBocht. Tosaíonn sí ag gáire faoi Shéamas ag an deireadh agus tugann sí amadán air.

*Cleachtadh*

'Cé go bhfuil Míoda ag cumadh bréag, teastaíonn saol nua uaithi freisin.' Do thuairim uait faoi seo.

28 mean; 29 insulting; 30 sharp; 31 hell; 32 begging; 33 cruel

## Ceisteanna agus freagraí samplacha

### 1 'Tá an bheirt againn sáinnithe[34] i ngéibhinn ar nós an lasair choille sin.' Taispeáin fírinne an ráitis seo ó Mhíoda.

Tá Míoda ag insint na fírinne nuair a deir sí é sin. Gan aon agó, tá Séamas i ngéibheann ina shaol. Chuaigh sé in aimsir ag Micil nuair a bhí sé 13 bliana d'aois. D'fhan sé ann ar feadh 12 bhliain, ag obair agus ag sclábhaíocht[35] don seanfhear. Creideann sé go bhfuil sé ag brath go hiomlán ar Mhicil. Tá a óige agus an fhéinmhuinín[36] ar fad goidte ag Micil uaidh. Níl cearta ar bith ag Séamas sa teach. Nuair a chuireann sé ceist ar Mhicil faoin airgead a gheobhaidís ar an móin, freagraíonn Micil nach mbaineann sé leis. Nuair a thosaíonn sé ag caint faoi dhul go Sasana, tosaíonn Micil ag maslú agus ag magadh faoi Shéamas. Tugann sé amadán air; deir sé nach bhfuil 'éirim sciortáin' ann agus go mbeadh gach duine i Sasana ag gáire faoi. Cuireann sé Séamas ag féachaint isteach sa scáthán[37] chun aghaidh an amadáin a fheiceáil. Tá Séamas bocht chomh cloíte[38] ag an seanfhear tar éis na mblianta de mhaslaí mar sin go n-aontaíonn sé le Micil. Aontaíonn sé nach mbeadh sé riamh ábalta seasamh ar a bhoinn féin,[39] go mbeadh an domhan ar fad ag gáire faoi agus nach bhfuil 'maith ná maoin'[40] leis.

Níl aon dabht faoi ach go mothaíonn Míoda sáinnithe ina saol féin. Is léir ó chaint a hathar a thagann isteach ag an deireadh go raibh Míoda ar iarraidh ón gcampa ó mhaidin. Níl a fhios againn cad a bhí ar intinn aici i ndáiríre – an raibh sí ag iarraidh éalú ón saol sin nó an raibh sí chun airgead Shéamais a ghoid – ach ón gcaoi a labhraíonn sí faoin tsaoirse, is dócha go bhfuil sí dáiríre. Nuair atá sí ag cumadh scéalta, labhraíonn sí go brónach faoina bheith scartha ón ngnáthphobal (deir sí go bhfuil brón agus doilíos[41] uirthi ag féachaint ar aos óg an bhaile lena chéile). Toisc gur tincéir í, ní ghlacfadh muintir na háite léi. Tá uirthi taisteal ar fud na tíre, cónaí sa champa sa salachar agus sa bhrocamas,[42] dul timpeall na dtithe ag lorg déirce, a bheith faoi bhois an chait[43] ag duine agus ag saol nár thaitin léi.

Tá a brionglóid féin aici, ámh[44] – éalú go Sasana i bhfad ón 'seanduine ag iarraidh beatha is misneach duine óig a phlúchadh'.[45]

Tá sí an-chruálach ag an deireadh, ag magadh faoi Shéamas agus ag tabhairt amadáin air. Tuigeann sí nach bhfíorófar[46] a 'brionglóidigh álainn ghlórmhar' riamh anois agus go mbeidh sí sáinnithe ina saol go deo.

Ar ndóigh, is meafar é an lasair choille. Taispeánann sé an dochar a dhéanann easpa saoirse agus saol mínádúrtha. Níl sé sásta a bheith i ngéibheann, cé go raibh neart le hithe is le hól aige. Tá rud éigin in easnamh[47] ann. Mar an gcéanna le Séamas agus Míoda. Tá go leor le hithe ag Séamas ach tá folús[48] ina shaol. Níl sé nádúrtha go mbeadh fear óg ina chláiríneach ag seanfhear. Chomh luath is a ligtear saor an lasair choille, déanann sé an rud is dual[49] dó – tosaíonn sé ag canadh. Tá súil ag an léitheoir go mbeidh an seans céanna ag Séamas agus ag Míoda smacht a fháil ar a saol féin.

34 trapped; 35 slaving; 36 self-confidence; 37 mirror; 38 defeated; 39 stand on his own two feet; 40 wealth; 41 sorrow; 42 dirt; 43 under the thumb; 44 however; 45 suffocate; 46 will not come true; 47 missing; 48 void; 49 natural

## 2 Maidir leis an dráma *An Lasair Choille*, déan plé gairid ar na ceannteidil seo a leanas:

(i) Ról Mhíoda sa dráma

(ii) Ról Mhicil sa dráma.

*(i) Ról Mhíoda sa dráma*

Is í Míoda an duine a osclaíonn súile Shéamais dó agus a thaispeánann dó go bhfuil sé i ngéibheann. Is tincéir í Míoda agus tá sí ag dul ó theach go teach ag lorg déirce. Nuair a bhuaileann sí isteach ag teach Shéamais, tá ionadh uirthi nuair a chuireann sé fáilte chomh croíúil[50] sin roimpi. Tá sí an-ghéar agus tuigeann sí go bhfuil Séamas saonta agus beagáinín simplí. Nuair a thosaíonn sé ag caint faoi dhul go Sasana, deir sí leis go rachaidh sí leis. Deir sí leis gur fear breá atá ann agus nach mbeidh an saol ag magadh faoi. Tugann sí roinnt misnigh dó agus tá Séamas réidh chun saol nua a thosú in éineacht léi agus chun Micil a fhágáil.

Nuair a thagann athair Mhíoda isteach, tá a sheans chun imeachta caillte aige. Cé go n-éiríonn Míoda an-ghránna le Séamas, ag tabhairt amadáin air, admhaíonn Séamas gur oscail sí a shúile dó. Tar éis na cainte ar fad faoi dhul go Sasana agus seasamh ar a bhoinn féin, tuigeann Séamas go raibh sé féin, agus iad ar fad, i ngéibheann. Scaoileann sé Binncheol saor agus tosaíonn an t-éan ag canadh den chéad uair. Tuigeann Séamas tábhacht na saoirse anois.

Cabhraíonn Míoda leis greim[51] agus smacht Mhicil air a bhriseadh. Tar éis na mblianta ag éisteacht le Micil ag rá gurbh amadán é agus nach raibh maitheas ar bith ann, tá a chuid féinmhuiníne caillte aige. Is í Míoda a thaispeánann dó go bhfuil saol eile amuigh ansin dó agus gur féidir leis muinín a bheith aige as féin agus triail a bhaint as saol nua.

*(ii) Ról Mhicil sa dráma*

Is cláiríneach é Micil agus déanann sé cláiríneach intinne de Shéamas. Bhí Seámas in aimsir ag Micil ó bhí sé 13 bliana d'aois. Toisc go bhfuil Séamas saonta agus simplí, bhí sé an-éasca ar Mhicil dúshaothrú[52] a dhéanamh air agus an fhéinmhuinín ann a mhilleadh. Mar gheall ar mhaslaí Mhicil, ceapann Séamas gur amadán é agus go bhfuil an domhan go léir ag gáire faoi. Tá Micil suarach agus gránna leis nuair a deir Séamas gur mhaith leis dul go Sasana. Meabhraíonn[53] sé dó arís is arís eile go dtagann *fits* air agus nach mbeidh sé in ann tada a dhéanamh dó féin. Deir Micil leis nach bhfuil 'éirim sciortáin' ann agus nach bhfuil sé in ann smaoineamh dó féin.

50 hearty; 51 hold; 52 exploitation; 53 reminds

Nuair a leanann Séamas air ag caint faoi Shasana, deir sé go bhfágfaidh sé an teach agus an fheirm aige, ag iarraidh meon Shéamais a athrú. Titeann sé as an leaba aon uair a cheapann sé go bhfuil Séamas **ar tí**[54] fágáil.

Tá saol Shéamais nach mór scriosta ag Micil agus is í Míoda a chabhraíonn le Séamas **suarachas**[55] agus bréaga Mhicil a thuiscint. Tuigeann Séamas faoi dheireadh an dráma go bhfuil Micil ag iarraidh é a choinneáil i ngéibheann. Tuigeann Micil go bhfuil seisean ag brath ar Shéamas agus tá eagla air go dtuigfidh Séamas é sin. Dá bhfágfadh Séamas é, bheadh air dul go dtí Teach na mBocht agus tá eagla an domhain air roimh an áit sin. In ionad a bheith macánta agus **cothrom**[56] le Séamas, scriosann sé a shaol chun é a choinneáil ag tabhairt aire dó. Is duine suarach é, cinnte.

## Ceisteanna breise

1. 'Tá Micil, Séamas agus Míoda i ngéibheann ina saol féin.' Pléigh an ráiteas seo.
2. 'Léiríonn an dráma seo an dochar a dhéanann an easpa saoirse.' Do thuairim uait faoi seo.
3. 'Tá gach duine sa dráma seo uaigneach ina bhealach féin.' Pléigh an ráiteas seo.
4. An dóigh leat gur meafar éifeachtach é Binncheol sa dráma? Tabhair fáthanna le do thuairim.
5. 'Tá Míoda chomh suarach gránna le Micil maidir leis an gcaoi a bpléann an bheirt acu le Séamas.' Do thuairim uait faoi seo.

### Aire duit!

**Bí cinnte go bhfuil na téarmaí seo a leanas ar eolas agat.**

- Séamas
- Micil
- Míoda
- an tsaoirse
- fadhbanna Shéamais
- maslaí Mhicil
- spreagadh Mhíoda
- tábhacht na saoirse

54 about to; 55 meanness; 56 fair

## FACSS

Foghlaim na habairtí seo thíos agus beidh tú ábalta aon cheist a fhreagairt!

| Féach, Abair, Clúdaigh | Scríobh | Seiceáil |
|---|---|---|
| 1 Is í an tsaoirse téama an dráma seo. | | |
| 2 Tá gach duine sa dráma seo i ngéibheann. | | |
| 3 Is cláiríneach suarach gránna é Micil. | | |
| 4 Déanann Micil dúshaothrú ar Shéamas agus scriosann sé a shaol. | | |
| 5 Creideann Séamas Micil nuair a deir sé gur amadán é Séamas agus nach bhfuil éirim sciortáin ann. | | |
| 6 Is duine saonta simplí é Séamas nach bhfuil féinmhuinín ar bith aige. | | |
| 7 Is tincéir í Míoda atá ag lorg déirce. | | |
| 8 Cuireann Míoda ar shúile Shéamais go bhfuil sé i ngéibheann ag Micil. | | |
| 9 Scaoileann Séamas Binncheol saor ag deireadh an dráma. | | |
| 10 Léiríonn an dráma seo an dochar a dhéanann easpa saoirse don duine. | | |

# 7 Cáca Milis

le Brian Lynch (scríbhneoir)

**Stiúrthóir: Jennifer Keegan**
**Léiritheoir: Brian Willis**
**Eagarthóir: Gráinne Gavigan**
**Comhlacht léiriúcháin: Igloo Films**
**Aisteoirí: Brendan Gleeson (Paul) agus Charlotte Bradley (Catherine)**

## Achoimre

Tá Catherine ag an stáisiún traenach agus tá a máthair sa charr léi. Tá máthair Catherine sean agus cantalach.[1] Tá imní ar mháthair Catherine. Tá sí ag brath ar Catherine. Tá Catherine crosta lena máthair.

Tagann an cúramóir[2] agus imíonn Catherine ar an traein. Deir sí léi go mbeidh sí ar ais don dinnéar. Tá sí ag éalú óna máthair ar feadh tamaill.

Tá Catherine ina suí sa traein. Tá leabhar grá aici agus teastaíonn ciúnas uaithi chun an leabhar a léamh.

Tagann Paul isteach sa charráiste. Tá Paul mór, ciotach[3] agus dall. Líonann sé an carráiste le torann. Suíonn sé síos in aice le Catherine. Tá Paul cainteach agus cairdiúil. Ní stopann Paul ag caint. Tá sé ag dul ar a chuid laethanta saoire cois farraige. Leanann sé ag caint gan stad gan staonadh.

Tá asma ar Paul agus tá gearranáil[4] air. Bíonn sé ag brath ar a análóir.[5] Insíonn Paul do Catherine go bhfuil asma air ó bhí sé ina pháiste. Bhí sé ar an raidió ag caint faoin asma uair amháin.

Tá cáca milis bándearg ag Paul. Tógann sé amach as a mhála é. Trí thimpiste buaileann sé cosa Catherine faoin mbord. Toisc go bhfuil sé dall, ní fheiceann sé go bhfuil sé ag cur isteach ar Catherine. Tá fearg ag teacht ar Catherine toisc nach stopann Paul ag caint. Níl Catherine ábalta a leabhar a léamh.

Is aoibhinn le Paul a bheith ag caint. Deir sé le Catherine go bhfuil sé ag dul ar a laethanta saoire go dtí carbhán a mháthar. Tá sé ag dul ann ó bhí sé cúig bliana d'aois. Tá a fhios aige faoi na radhairc[6] ar fad atá taobh amuigh den fhuinneog. Bhí sé de nós ag an Uasal Ó Dubhthaigh, fear na dticéad, ceist a chur air faoi na radhairc taobh amuigh den fhuinneog.

Iarrann sé ar Catherine ceist a chur air faoi na radhairc sin. Tá Catherine ag éirí an-fheargach ach cuireann sí ceist. Déanann Paul cur síos ceart ar na radhairc. Tá sé an-sásta leis féin.

Tá fearg ar Catherine. Insíonn sí bréag do Paul. Deir sí leis go bhfuil loch agus báid (rud nach bhfuil) taobh amuigh den fhuinneog. Tá Paul bocht trína chéile.[7] Tagann taom asma[8] air agus úsáideann sé a análóir. Tá Catherine sásta go bhfuil Paul trína chéile. Baineann sí sult mailíseach[9] as cruachás[10] Paul.

1 cranky; 2 caregiver; 3 awkward; 4 panting breath; 5 inhaler; 6 views; 7 distraught; 8 asthma attack; 9 malicious pleasure; 10 plight

Tagann an freastalaí thart leis an gcaife. Ní chabhraíonn Catherine le Paul an siúcra a chur sa chaife. Titeann cuid de ar an mbord. Tá Catherine **cruálach**[11] agus **míthrócaireach**.[12]

Tosaíonn Paul ag ithe a cháca mhilis bhándeirg ansin. Brúnn sé an cáca isteach ina bhéal agus slogann sé siar an caife. Déanann sé a lán torainn. Tá an bia agus an deoch **ag prislíneacht**[13] amach as a bhéal. Ansin iarrann sé ar Catherine ar mhaith léi píosa den chíste a ithe.

Diúltaíonn sí **go borb**.[14] Cuireann Paul agus a bhéasa **samhnas**[15] ar Catherine. Tá an samhnas agus an fuath le feiceáil i súile Catherine.

Tá Catherine bréan de Paul agus dá chaint. Cumann sí scéal eile. Deir sí le Paul go raibh **péist**[16] sa cháca milis. Deir sí leis gur ith sé an phéist.

Tá eagla agus imní ar Paul. Creideann sé Catherine. Tagann taom asma air. Tá a análóir ag teastáil uaidh ach bogann Catherine é ar an mbord. Tá Paul **ag fulaingt**[17] agus tá sé ag fáil bháis. Níl sé ábalta **análú**[18] i gceart.

Suíonn Catherine ansin, ag féachaint ar Paul ag fáil bháis. Faigheann Paul bás agus fágann Catherine an traein.

## Staidéar ar an scannán

### Téama an scannáin

Is é téama an scannáin ná **cruálacht**[19] an duine agus an **claonadh chun oilc**[20] atá i roinnt daoine. Buaileann beirt strainséirí lena chéile ar thraein lá amháin. **Baintear siar asainn**[21] nuair a thuigimid chomh cruálach is atá Catherine le Paul. Feicimid í ag plé lena máthair ag tús an scannáin agus tá sí **mífhoighneach**[22] léi. Ní amháin go bhfuil sí mífhoighneach le Paul, ach tá sí mailíseach agus cruálach, agus ise is cúis lena bhás.

*Deachtú*

Foghlaim, scríobh agus ceartaigh an t-alt thuas.

### Na carachtair

#### Paul

**Tá Paul an-chairdiúil**. Tá áthas air suí in aice le Catherine toisc go mbeidh **comhluadar**[23] agus cabhair aige ar an turas.

**Tá sé cainteach.** Labhraíonn Paul gan stad gan staonadh. Líonann sé an carráiste le torann. Ní féidir leis fanacht ciúin ná **socair**.[24] Ní thuigeann sé go bhfuil sé ag cur isteach ar Catherine.

11 cruel; 12 merciless; 13 dribbling; 14 sharply; 15 disgust; 16 worm; 17 suffering; 18 breathe; 19 cruelty; 20 tendency towards evil; 21 we are taken aback; 22 impatient; 23 company; 24 still

**Tá sé dall.** Tá Paul faoi mhíchumas toisc é sin. Tá sé ag brath ar a bhata siúil[25] chun dul timpeall. Toisc go bhfuil sé dall, ní fheiceann sé go bhfuil sé ag cur isteach ar Catherine. Níl a shláinte go maith ach an oiread. Tá asma air ó bhí sé ina pháiste agus tá sé ag brath ar a análóir.

**Fear mór** ciotach[26] **agus** amscaí[27] **é Paul.** Nuair atá sé ag siúl isteach sa charráiste, tá sé ag bualadh i gcoinne na suíochán. Is beag nach mbuaileann sé Catherine san aghaidh lena bhata siúil. Tá a chosa in aice le cosa Catherine faoin mbord, rud a chuireann isteach uirthi. Toisc nach bhfuil radharc na súl aige, tá an saol deacair dó.

**Tá sé** spleách[28] **agus** leochaileach.[29] Tá Paul ag brath ar chineáltas daoine eile chun dul tríd an saol. Tá sé spleách freisin ar a bhata siúil agus ar a análóir.

**Tá Paul an-pháistiúil**. Tá sé cosúil le páiste nuair atá sé ag maíomh[30] as chomh dona is atá an asma agus go raibh sé ar an raidió uair ag caint faoi. Caitheann sé an turas ag caint agus ag útamáil[31] lena mhála agus lena cháca milis. Tá sé corrthónach;[32] ní féidir leis fanacht socair. Baineann sé pléisiúr páistiúil as an gcáca milis bándearg. Feicimid chomh páistiúil is atá sé nuair a iarrann sé ar Catherine ceist a chur air faoin radharc taobh amuigh den fhuinneog.

**Tá Paul an-**saonta.[33] Cuireann sé muinín i ndaoine agus i strainséirí. Tá iontaoibh[34] iomlán aige as Catherine. Ní ritheann sé leis go ndéanfadh sí aon dochar dó toisc nach ndéanfadh sé féin aon dochar d'aon duine.

*Cleachtadh*

'Cuireann míchumas agus pearsantacht Paul lena chinniúint.' An ráiteas seo a phlé.

### Catherine

**Tá Catherine an-mhífhoighneach**. Tá sí mífhoighneach lena máthair ag tús an scannáin agus is léir go bhfuil sí tuirseach di. Briseann ar a foighne le[35] Paul ar an traein nuair a bhíonn sé ag caint gan stad gan staonadh.

**Tá sí cruálach**. Tá Catherine cruálach le Paul nuair a chuireann sí an dallamullóg air[36] faoin radharc taobh amuigh d'fhuinneog na traenach. Tá sí tuirseach de Paul faoin am seo agus teastaíonn uaithi é a ghortú. Tá ciúnas uaithi ach ní stopann Paul ag caint.

**Tá sí míthrócaireach**. Ní chabhraíonn sí le Paul an siúcra a chur ina chupán caife agus tá Paul trína chéile nuair nach féidir leis é a chur isteach i gceart é féin.

**Tá sí mailíseach**. Nuair atá Catherine ag féachaint ar Paul ag alpadh an chíste agus ag déanamh torann uafásach lena chupán caife, cuireann sé déistin uirthi. Tá fuath agus gráin le feiceáil ina súile. Cumann sí bréag uafásach, ag insint do Paul go bhfuil péist ina cháca agus gur bhain sé plaic[37] aisti. Tá a fhios aici ón eachtra[38] leis an radharc taobh amuigh den fhuinneog go mbeidh sé trína chéile.

25 walking stick; 26 awkward; 27 awkward; 28 dependent; 29 vulnerable; 30 boasting; 31 fumbling; 32 restless; 33 naïve; 34 trust; 35 loses patience; 36 she deceives him; 37 bite; 38 incident

**Tá sí** díoltasach.[39] Milleann Paul an t-am atá ag Catherine di féin an mhaidin sin agus mar dhíoltas cránn[40] sí é le bréaga agus, sa deireadh, ise is cúis lena bhás.

**Is** dúnmharfóir[41] **í**. Tá Catherine freagrach as bás Paul. Bogann sí an t-análóir as aice[42] Paul. Tá sé dochreidte[43] dúinn go bhféadfadh sí suí ansin ag féachaint ar an bhfear bocht ag fáil bháis i mbealach pianmhar.[44] Feicimid chomh míthrócaireach, mailíseach agus cruálach is atá sí ag deireadh an scannáin.

### Máthair Catherine

Seanbhean í agus níl sí in ann siúl (tá a cathaoir rotha sa charr). Tá sí spleách ar Catherine agus ar a cúramóir, Nóra. Cónaíonn sí le Catherine. Tá sí imníoch agus buartha faoi dhul go dtí an leithreas. Is léir go n-éiríonn Catherine tuirseach di agus tá sí ag súil le héalú uaithi don lá.

*Cleachtadh*

'Is léir go gcuireann daoine leochaileacha isteach ar Catherine.' Do thuairim uait faoin ráiteas seo.

### Nóra, an t-altra

Tugann Nóra aire do mháthair Catherine i rith an lae. Buaileann sí le Catherine agus lena máthair ag an stáisiún traenach. Labhraíonn sí le Catherine ag an gcarr. Ní labhraíonn sí lena máthair. Tá an chuma ar an scéal nach mbacann Nóra le tuairimí na máthar (ach ní fhaighimid aon radharc eile uirthi arís i rith an scannáin).

## Teicnící scannánaíochta

Tá dhá ghné i gceist le scannán – pictiúr agus fuaim.

### Pictiúr

Bíonn seat[45] fada, meánseat agus seat teann[46] i gceist i scannán.

Bíonn seat fada ann ag tús an scannáin a chuireann suíomh an scéil in iúl. Úsáideann an stiúrthóir,[47] Jennifer Keegan, seat fada ag tús an scannáin nuair a fheicimid an traein ag teacht isteach sa stáisiún. Tá Paul agus Catherine ag dul ar thuras. Tá seat fada ann ag an deireadh, nuair a fheicimid an traein ag fágáil an stáisiúin. Tá turas Paul agus Catherine thart – ach i mbealach a chuireann uafás orainn.

Is iad na meánseatanna ná na seatanna nuair atá Catherine ag léamh a leabhair agus nuair atá Paul ag caint.

39 vengeful; 40 torments; 41 murderer; 42 out of reach; 43 incredible; 44 painful; 45 shot; 46 close up; 47 director

Is iad na seatanna teanna na seatanna is tábhachtaí agus is éifeachtaí. Seo a leanas cuid de na seatanna teanna:

- Cáca milis bándearg Paul – cuireann sé **soineantacht**[48] Paul in iúl
- Paul ag ithe – a bhéal ar oscailt, an bia ag prislíneacht as a bhéal, é **ag slogadh**[49] an chaife go torannach
- Cosa Catherine agus Paul **in aimhréidh**[50] faoin mbord
- Súile Catherine – an fuath, an mhailís agus an **fhuarchúis**[51] atá le feiceáil iontu
- Análóir Paul – siombail dá spleáchas agus dá thinneas, an easpa cumhachta atá aige
- Lámha Paul ag lorg an análóra – mothaímid **líonrith**[52] Paul
- Lámh Paul ag titim ar an suíochán – tuigimid go bhfuil Paul marbh.

Tugann an seat teann léargas an-mhaith agus an-ghéar dúinn ar mhothúcháin an duine.

### Fuaim

Tá an fhuaim (nó easpa fuaime) an-tábhachtach i scannán freisin. I measc na bhfuaimeanna sa scannán seo tá:

*An **chúlfhuaim**[53]*

- Fuaim **mheicniúil**[54] na traenach – ní fuaim shuaimhneach í
- Feadaíl na traenach nuair atá an traein ag dul tríd an **tollán**[55] – fuaim **bhagrach**;[56] tuigimid ón bhfuaim seo go mbeidh droch-chríoch le cúrsaí, ach nílimid ag súil le críoch chomh **scanrúil**[57] **scéiniúil**[58] sin
- Paul ag análú – toisc go bhfuil asma air, bíonn sé deacair air análú; táimid **míchompordach**[59] ag éisteacht le **hanálú saothraithe**[60] Paul, go háirithe ag an deireadh.

*An comhrá*

- Níl Catherine ag iarraidh caint le Paul. Cé go bhfuil sí go deas ag an tús, nuair a leanann Paul ar aghaidh ag caint, tá sí borb agus mífhoighneach. Casann sí leathanach a leabhair go mífhoighneach.
- Tá Paul ag caint gan stad gan staonadh. Líonann sé an carráiste le torann – ón gcaint, ón mbia, ón análóir, ó gach rud a dhéanann sé. Ní thuigeann sé go bhfuil ciúnas ag teastáil ó Catherine.

*Fuaimeanna ag deireadh an scannáin agus Paul marbh*

Cloisimid fuaimeanna ó óige Paul agus é ar laethanta saoire sa charbhán cois trá. Is fuaimeanna deasa sona iad, gan aon **bhagairt**[61] iontu. Cuireann siad leis an íomhá den fhear saonta páistiúil.

- Guthanna gasúr ag súgradh cois farraige
- Glór na dtonnta ar an trá
- Ceol an veain uachtair reoite.

*Cleachtadh*

Cé chomh héifeachtach is atá na seatanna teanna agus an fhuaim ag deireadh an scannáin, dar leat?

48 innocence; 49 swallowing; 50 entangled; 51 coldness; 52 panic; 53 background sound; 54 mechanical; 55 tunnel; 56 threatening; 57 frightening; 58 frightening; 59 uncomfortable; 60 laboured breathing; 61 threat

## Ceisteanna agus freagraí samplacha

**1 Is iontach an léiriú a thugtar dúinn sa scannán seo ar chruálacht an duine. Déan plé ar an ráiteas seo.**

Aontaím go hiomlán leis an ráiteas seo. Faighimid léargas iontach ar chruálacht Catherine sa scannán **dúghreannmhar**[62] sceirdiúil seo.

Ag tús an scannáin, tá an chuma ar an scéal gur gnáthbhean í Catherine. Tugann sí aire dá máthair agus an lá seo tá sí ag súil le héalú ó chúram na máthar ar feadh tamaill (is dócha go bhfuil sí ag dul ag obair). Is léir go bhfuil a máthair ag brath uirthi – iarrann sí ar Catherine í a thabhairt ag an leithreas agus tá sí imníoch nach mbeidh sí ar ais don dinnéar an oíche sin.

Tá Catherine ag súil lena leabhar grá a léamh agus éalú óna saol laethúil, ach cuireann Paul bocht deireadh lena cuid pleananna. Teastaíonn ciúnas ó Catherine. Ón gcéad nóiméad a thagann Paul ar an traein, líonann sé an carráiste le torann. Is beag nach mbuaileann sé Catherine san aghaidh lena bhata siúil, agus leanann sé ar aghaidh ag caint gan stad gan staonadh. Is duine saonta páistiúil **gealgháireach**[63] é Paul agus cuireann sé a mhuinín in Catherine. **Ní ritheann sé leis riamh**[64] go ndéanfadh an bhean seo dochar ná díobháil dó.

Éiríonn Catherine an-tuirseach de Paul. Ní chreideann sí go bhfuil an strainséir seo á crá le comhrá seafóideach. Baineann stiúrthóir an scannáin sárúsáid as seatanna teanna chun an frustrachas agus an fuath atá ag fás ar aghaidh Catherine a chur in iúl. Nuair a iarrann Paul uirthi ceist a chur air faoi na radhairc taobh amuigh den fhuinneog, feicimid an **t-amhras**[65] agus ansin an **déistin**[66] ina súile. Nuair a fheiceann sí an taitneamh a bhaineann sé as an gcur síos a dhéanamh, feiceann sí deis chun é **a bhaint dá threoir**.[67] Tá sí an-chruálach leis nuair a insíonn sí bréag dó faoi na radhairc. Tá Paul bocht trína chéile agus buaileann taom asma é. Ní ritheann sé leis, áfach, go bhfuil an bhean seo á chrá **d'aon ghnó**.[68] Ar ndóigh, dá mbeadh **radharc na súl**[69] aige, thuigfeadh sé go raibh sé ag cur isteach ar Catherine.

Cuireann pearsantacht Paul isteach go mór ar Catherine. Nuair a thosaíonn sé ag ithe a cháca mhilis, á bhrú isteach ina bhéal agus ag déanamh torainn le slogadh an chaife, briseann ar fhoighne Catherine. Arís, baintear úsáid an-éifeachtach as seatanna teanna chun é seo a chur in iúl. Tuigimid go gcuirfeadh radharc mar seo isteach uirthi ach ní thuigimid a freagairt air, ar ndóigh. Cumann sí bréag uafásach, ag insint dó gur bhain sé plaic as péist a bhí sa cháca. Tagann **meangadh**[70] ar a haghaidh agus í ag baint an-sult as an mbréag. **Mar bharr ar an donas**,[71] bogann sí an t-análóir agus is í is cúis le bás uafásach Paul. Baintear siar as an lucht féachana go bhféadfadh duine a bheith chomh cruálach sin. I ndáiríre, ní thuigimid go ndéanfadh duine ar bith beo a leithéid de **ghníomh**[72] cruálach.

62 darkly funny; 63 cheerful; 64 it never occurs to him; 65 disbelief; 66 disgust; 67 upset him; 68 on purpose; 69 sight; 70 smile; 71 to make matters worse; 72 deed

## 2 Scríobh cuntas ar an mbealach a gcuireann na teicnící scannánaíochta a úsáidtear le téama an scannáin.

Is é cruálacht an duine téama an scannáin. Buaileann beirt strainséirí, bean agus fear dall, le chéile ar thraein lá amháin. Faoi dheireadh an turais, tá an fear dall marbh, agus is í an bhean atá freagrach as a bhás. Baineann an stiúrthóir sárúsáid as seatanna teanna agus as **fuaimrian**[73] chun téama an scannáin a chur i láthair.

Is fear mór ciotach é Paul, an fear dall. Tá sé cainteach, cairdiúil agus saonta. Tá sé ag dul ar a laethanta saoire agus tá áthas an domhain air. Tá an bhean, Catherine, ag súil le ciúnas agus am di féin chun a leabhar grá a léamh. Taispeánann an stiúrthóir an chodarsnacht idir an bheirt sna seatanna teanna. Feicimid aghaidh oscailte ghealgháireach Paul agus súile fuara mailíseacha Catherine sna seatanna teanna. Tá cáca milis bándearg ag Paul. Díríonn an ceamara air sin, rud a chuireann a pháistiúlacht in iúl. Tá seat teann an-éifeachtach ann de Paul ag ithe an cháca agus ag slogadh siar an caife. Tá sé an-torannach ag ithe agus cuireann an seat sin déistin, ní amháin ar Catherine, ach orainn. Feicimid an t-uafás sa seat teann de shúile Catherine. Tá fuath, mailís agus déistin le feiceáil sa seat sin agus tá sé an-éifeachtach.

Seat teann eile atá an-éifeachtach ná an seat de Paul ag fáil bháis. Feicimid taom asma ag teacht ar Paul agus ansin Catherine ag bogadh an análóra. Tá an seat de Paul ag lorg an análóra agus ansin a lámh ag titim ar uilleann an tsuíocháin an-éifeachtach, agus tá uafás orainn nuair a thuigimid cad a tharla. Ní chreidimid i ndáiríre go ndéanfadh Catherine a leithéid.

Tá fuaimrian an scannáin éifeachtach freisin. Tá torann na traenach le cloisteáil go minic, cosúil uaireanta le **preabadh croí**.[74] Tá fuaim bhagrach le cloisteáil nuair a théann an traein isteach sa tollán. Cuireann sé sin in iúl go bhfuil Paul i mbaol. Tá análú saothraithe Paul le cloisteáil nuair atá Paul ag fáil bháis agus is fuaim an-sceirdiúil agus an-scanrúil é sin.

Ceapaim go bhfuil na fuaimeanna ag deireadh an scannáin an-éifeachtach. Nuair atá Paul ina luí marbh ar an traein, cloisimid glórtha páistí óga ag súgradh cois trá, torann bog na dtonnta agus fuaim an veain uachtair reoite. Fuaimeanna soineanta ó óige Paul atá iontu – fuaimeanna ó na laethanta saoire a chaith sé cois trá. Cuireann siad le brón agus le tragóid an bháis. Ní dhearna Paul dochar d'aon duine ina shaol; ní raibh ach pléisiúir shimplí uaidh – ach chuir an bhean chruálach sin, Catherine, deireadh lena shaol.

## 3 Déan plé gairid ar na ceannteidil seo a leanas, maidir leis an ngearrscannán *Cáca Milis*:

(i) An pháirt a ghlacann Paul sa scannán

(ii) Forbairt Catherine le linn an scannáin.

*(i) An pháirt a ghlacann Paul sa scannán*

Is duine cairdiúil cainteach é Paul. Tá sé saonta soineanta agus, toisc go bhfuil sé dall, ní fheiceann sé agus ní thuigeann sé uaireanta an bealach a gcuireann sé isteach ar dhaoine eile.

Tá Catherine ag éalú ó chúram a máthar don lá agus tá sí ag súil le ciúnas chun a leabhar grá a léamh ar an turas traenach. Nuair a thagann Paul mór ciotach isteach ar an traein, líonann sé an carráiste le

73 soundtrack; 74 heartbeat

torann. Is beag nach mbuaileann sé Catherine san aghaidh lena bhata siúil. Tá Catherine ag súil le héalú isteach go dtí domhan an leabhair atá á léamh aici, ach milleann Paul na pleananna sin. Tá Catherine ag léamh faoi Eric, agus os a comhair amach tá Paul – ag ithe go míbhéasach agus ag slogadh siar a chuid caife go torannach! Tuigimid di go bhfuil Paul ag milleadh an turais uirthi. Nuair a chuireann Paul ceist pháistiúil uirthi faoi na radhairc taobh amuigh den fhuinneog, tapaíonn Catherine an deis[75] chun Paul a bhaint dá threoir. Cumann sí bréag faoin radharc. Nuair atá uirthi féachaint ar Paul ag alpadh[76] an cháca síos i mbealach gránna, cumann sí bréag eile faoin bpéist – rud a scanraíonn Paul. Tá claonadh chun oilc i roinnt daoine agus tiomáineann iompar Paul an t-olc sin in Catherine. Dá mbeadh radharc na súl ag Paul, b'fhéidir go dtuigfeadh sé go raibh sé ag cur isteach ar Catherine agus go stopfadh sé ag caint. Ach níl sé féin ná an lucht féachana ag ceapadh go gcúiseodh sí a bhás mar gheall ar an bpearsantacht shona chainteach atá aige.

*(ii) Forbairt Catherine le linn an scannáin*

Nuair a fheicimid Catherine ag tús an scannáin, ní ritheann sé linn gur bean chruálach mhailíseach atá inti. Feicimid go bhfuil sí beagáinín mífhoighneach lena máthair. Tá faoiseamh[77] ar Catherine suí isteach sa charráiste léi féin agus am a fháil di féin.

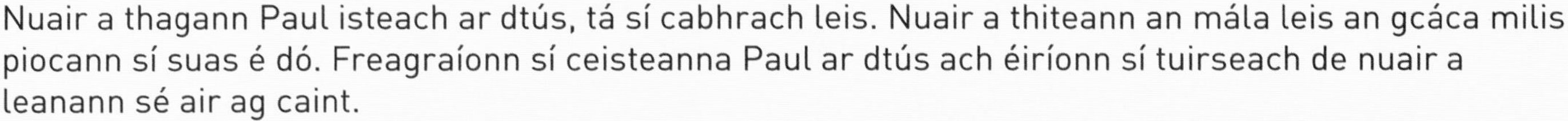

Nuair a thagann Paul isteach ar dtús, tá sí cabhrach leis. Nuair a thiteann an mála leis an gcáca milis, piocann sí suas é dó. Freagraíonn sí ceisteanna Paul ar dtús ach éiríonn sí tuirseach de nuair a leanann sé air ag caint.

Tá sé le léamh ar aghaidh Catherine nach gcreideann sí go gcaithfidh sí éisteacht leis an bhfear seo ag caint faoina asma, faoina laethanta saoire agus faoi na radhairc taobh amuigh den fhuinneog. Deir sí leis go bhfuil sí ag iarraidh a leabhar a léamh ach fós leanann sé air ag caint. Éiríonn sí cruálach ansin, agus cumann sí bréag faoi na radhairc taobh amuigh den fhuinneog. Tá Paul bocht cráite. Diúltaíonn sí cabhrú le Paul an siúcra a chur sa chaife agus bíonn Paul trína chéile arís.

Briseann ar fhoighne Catherine ar fad nuair a thosaíonn Paul ag alpadh an chíste agus ag ól an chaife go torannach. Feicimid an déistin agus an ghráin ina súile agus cumann sí an bhréag faoin bpéist. Tá a fhios aici ón eachtra leis an radharc go mbeidh Paul cráite agus ag brath ar a análóir, agus mar sin bogann sí as aice Paul é. Mar gheall air sin, faigheann Paul bás uafásach pianmhar.

Ansin, fágann Catherine láthair na coire[78] go fuarchúiseach,[79] gan breathnú siar ina diaidh. Le linn an scannáin, feicimid gnáthbhean ag athrú isteach ina dúnmharfóir nuair a chránn Paul bocht í lena chuid cainte, lena cheisteanna agus lena mhíchumas. Feicimid bean mhífhoighneach ag an tús, ach faoi dheireadh an scannáin feicimid bean chruálach, mhailíseach agus mharfach. Léirítear í mar dhuine gan trua gan taise[80] a bhfuil croí cloiche inti.

75 Catherine seizes the opportunity; 76 gulping; 77 relief; 78 scene of the crime; 79 coldly; 80 without mercy

## Ceisteanna breise

1. 'Is é an claonadh chun oilc i roinnt daoine téama an scannáin seo.' Do thuairim uait faoi sin.
2. 'Tá easpa cumhachta ag croí an scannáin seo.' Déan plé gairid ar an ráiteas seo.
3. Déan cur síos ar dhá theicníc scannánaíochta a thaitin leat agus abair cén fáth a raibh siad éifeachtach.
4. Déan plé gairid ar do rogha dhá cheann de na ceannteidil seo a leanas, maidir leis an ngearrscannán *Cáca Milis*:
   (i) An pháirt a ghlacann Catherine sa scannán
   (ii) Cruachás Paul
   (iii) An tréith scannánaíochta is mó a thaitníonn leat sa ghearrscannán (tabhair dhá fháth le do fhreagra).

### Aire duit!

**Bí cinnte go bhfuil na téarmaí seo a leanas ar eolas agat.**

- fear saonta
- an fear
- an scannán
- seat teann
- fuair sé bás
- bean chruálach
- bás an fhir
- ag deireadh an scannáin
- seatanna teanna
- ag fáil bháis

## FACSS

Foghlaim na habairtí seo thíos agus beidh tú ábalta aon cheist a fhreagairt!

| Féach, Abair, Clúdaigh | Scríobh | Seiceáil |
|---|---|---|
| 1 Is é cruálacht an duine téama an scannáin seo. | | |
| 2 Labhraíonn Paul gan stad gan staonadh agus líonann Paul an carráiste le torann. | | |
| 3 Tá Paul amscaí agus is beag nach mbuaileann sé Catherine san aghaidh lena bhata siúil. | | |
| 4 Toisc go bhfuil Paul dall, ní thuigeann sé go bhfuil sé ag cur isteach ar Catherine. | | |
| 5 Dá mbeadh radharc na súl ag Paul, is dócha nach mbeadh an chinniúint sin i ndán dó. | | |
| 6 Cuireann Paul déistin ar Catherine nuair atá sé ag slogadh an chaife go torannach agus ag alpadh an chíste, agus é ag prislíneacht. | | |
| 7 Feicimid cruálacht agus mailís ar aghaidh Catherine sna seatanna teanna. | | |
| 8 Fear saonta leochaileach é Paul atá ag brath ar chineáltas daoine eile. | | |
| 9 Cumann Catherine bréag mhailíseach, ag rá le Paul go bhfuil péist ina chíste. | | |
| 10 Tá fuaimrian an scannáin an-éifeachtach. | | |

# Ceapadóireacht/ Léamhthuiscint 03

Clár

## Ceapadóireacht/Léamhthuiscint

## Torthaí Foghlama

- San aonad seo foghlaimeoidh an dalta conas aiste/alt nuachtáin/alt irise a ullmhú.
- Foghlaimeoidh an dalta conas eolas a bhailiú agus a mheas ó fhoinsí éagsúla.
- Foghlaimeoidh an dalta na príomhphointí gramadaí atá ag teastáil agus é i mbun na ceapadóireachta.
- Cuirfidh an dalta le saibhreas agus le cruinneas a chuid Gaeilge.
- Bainfidh sé taitneamh as aiste/óráid/díospóireacht a scríobh.

# Treoracha don cheapadóireacht

Tá 100 marc ag dul don roinn seo agus is í an cheapadóireacht an ghné is tábhachtaí den obair scríofa a dhéanfaidh tú i scrúdú na hArdteiste. Is í an chéad rud a cheartaítear agus tá sé fíorthábhachtach go rachaidh tú i bhfeidhm ar an scrúdaitheoir!

## Cumas Gaeilge

Is éard atá i gceist le cumas Gaeilge ná:

- Fairsingeacht agus saibhreas na Gaeilge
- Gramadach chruinn cheart.

## Saibhreas na Gaeilge

Gheobhaidh tú an foclóir fairsing sin ó bheith ag léamh, ag caint agus ag éisteacht le Raidió na Gaeltachta agus ag féachaint ar TG4.

Is leor thart ar dhá nó trí leathanach (600 focal) don cheapadóireacht.

Ba cheart go mbeadh leathanach amháin ag cúl an fhreagarleabhair agat chun roinnt ullmhúcháin a dhéanamh. Scríobh **'Obair gharbh'** ar bharr an leathanaigh seo.

Beidh ort do rogha ceann amháin de na píosaí thíos a scríobh:

**A** **Aiste nó alt nuachtáin/irise**

**B** **Scéal**

**C** **Díospóireacht nó óráid.**

## A Aiste nó alt nuachtáin/irise

### 1 Ullmhúchán agus pleanáil – fadtéarmach

- Éist le Raidió na Gaeltachta agus féach ar TG4 chomh minic agus is feidir leat. Is í sin an tslí is fearr chun Gaeilge shaibhir na Gaeltachta a fhoghlaim gan stró.
- Faigh leabhar nótaí maith agus scríobh gach focal/nath/abairt de shaibhreas na teanga a dtiocfaidh tú air ann.
- Léigh píosa áirithe Gaeilge nach bhfuil ar do chúrsa scoile gach seachtain – beidh tú de shíor ag cur le do shaibhreas Gaeilge.
- Scríobh aiste Ghaeilge go minic, fiú leathanach amháin in aghaidh na seachtaine – arís, cleachtadh maith é seo ar fhoclóir a fhoghlaim agus a úsáid.

### 2 Ullmhúchán agus pleanáil – gearrthéarmach

Ba cheart go mbeadh trí roinn agat san aiste/alt:

- Oscailt/réamhrá
- Corp na haiste/an ailt
- Críoch.

### 3 Roghnú an ábhair

Ná caith an iomarca ama ag roghnú an ábhair. Ní ceart an iomarca ama a chur amú anseo. Ba cheart go mbeifeá in ann an cheist seo a fhreagairt: 'An bhfuil eolas ginearálta agam ar an ábhar seo?' Ní gá saineolas ar an ábhar. Scrúdú Gaeilge, ní scrúdú eolais atá ar siúl!

### 4 An teideal

Scríobh síos go cruinn agus go hiomlán an teideal atá roghnaithe agat agus bí cinnte go bhfuil gach uile fhocal litrithe go cruinn ceart agat. Na botúin a dhéantar sa teideal, bíonn siad ar fud na haiste/an ailt tríd síos. Mar shampla, is mór an difríocht idir:

- 'páiste' agus 'paiste'
- 'féar' agus 'fear'
- 'áit' agus 'ait'
- 'oileáin na hÉireann' agus 'oileán na hÉireann'.

### 5 Réamhrá na haiste/an ailt

Sa chéad alt, tabhair do thuairim féin agus an míniú atá agat ar theideal na haiste/an ailt, nó is féidir do thaithí féin ar an ábhar a thabhairt. Mar shampla, má tá tú ag scríobh faoin timpeallacht, d'fhéadfá scríobh faoi do cheantar féin sa chéad alt – faoin mbruscar atá ann nó faoi cé chomh glan is atá sé!

Is leor alt amháin, le tuairim is 40–60 focal, mar réamhrá.

Ba cheart a bheith an-chúramach faoi chruinneas na Gaeilge anseo – seo an t-alt is túisce a rachaidh i bhfeidhm ar an scrúdaitheoir.

Tosaigh an aiste/alt ar bhealach tobann drámata neamhghnách (más féidir leat). Murar féidir leat, cloígh go dlúth le téacs an teidil agus tabhair sainmhíniú air.

### 6 Corp na haiste/an ailt

Ba cheart go mbeadh thart ar thrí alt anseo agus pointe nua agat i ngach aon alt. Déan iarracht na hailt uile a bheith ar chomhfhad.

Drochnós is ea é alt rófhada a scríobh, mar tá seans ann nach mbeifeá ag cloí le príomhphointe an ailt.

Ní leor pointí a lua i gcorp na haiste/an ailt – caithfear gach pointe a mhíniú agus a fhorbairt.

### 7 Críoch

Tá tú ag iarraidh suim an scrúdaitheora a athmhúscailt anseo. Tabhair achoimre ar na pointí a tugadh i gcorp na haiste/an ailt, agus cuir na pointí in iúl ar bhealach eile más féidir – beidh éagsúlacht Ghaeilge i gceist anseo. Agus arís, bí an-chúramach maidir le cruinneas na Gaeilge.

### 8 Stíl na haiste/an ailt agus treoracha chun í a chruthú

Rud pearsanta is ea í seo agus tagann sí le cleachtadh.

- Ná tosaigh gach uile abairt le briathar. Cuir nath éigin cainte ag tús na habairte a choinneoidh an briathar siar beagán, nó athraigh ord na bhfocal.
- Bíodh ceisteanna anseo is ansiúd ar fud na haiste/an ailt.

- Bíodh meascán maith d'abairtí fada agus abairtí gearra agat.
- Cloígh le mórphointe amháin i ngach alt.
- Ná dearmad an greann a úsáid chun pointe a léiriú go spéisiúil agus go héifeachtach.
- Déan iarracht an saorbhriathar a úsáid.
- Bítear ag súil le saibhreas aidiachtaí ó dhaltaí Ardteiste. Sean-nós é sa Ghaeilge níos mó ná aidiacht amháin a chur leis an ainmfhocal –mar shampla, 'fear mór láidir', 'bean bheag bhídeach'.
- Seanfhocail – bain úsáid chiallmhar astu chun pointe éigin a léiriú nó a threisiú.

## B Scéal

Maidir leis an scéal, seo an áit a ndéantar an-chuid botún! Is dócha go mbeidh seanfhocal ar cheann de na teidil a bheidh ann. Mura bhfuil an seanfhocal cloiste agat go minic cheana agus tú cinnte go dtuigeann tú brí an tseanfhocail, nó mura bhfuil taithí mhaith agat ar an scríbhneoireacht chruthaitheach, moltar duit gan an scéal a dhéanamh. Is minic a bhíonn na scéalta páistiúil agus leadránach.

## C Díospóireacht nó óráid

Maidir leis an díospóireacht, cuir tús léi mar seo:

*A chathaoirligh, a mholtóirí, a lucht an fhreasúra agus a lucht éisteachta, is é an rún atá á phlé againn inniu ná . . . Táimse agus mo fhoireann go huile is go hiomlán i bhfabhar/glan i gcoinne an rúin seo agus tá súil agam go dtiocfaidh sibh lenár gcuid argóintí faoi dheireadh na díospóireachta. Beidh mé ag caint faoi . . .*

Maidir leis an óráid, cuir tús léi mar seo:

*A chairde, fáiltím romhaibh go léir anseo anocht. Iarradh orm labhairt libh faoi . . .*

Cuir deireadh léi mar seo:

*Go raibh maith agaibh as ucht éisteacht liom.*

## Seanfhocail

- Aithníonn ciaróg ciaróg eile.
- An rud a fhaightear go bog, caitear go bog.
- An rud is annamh is iontach.
- An té a bhíonn amuigh, fuaraíonn a chuid.
- An té is mó a bhfuil leabhar aige, ní hé is mó a bhfuil léann aige.
- An té nach bhfuil láidir, caithfidh sé a bheith glic.
- Ar scáth a chéile a mhaireann na daoine.
- Beart gan leigheas, foighne is fearr air.
- Bíonn adharca fada ar na ba thar lear.
- Bíonn an fhírinne searbh.
- Bíonn siúlach scéalach.
- Cuir gach rud ar an méar fhada agus beidh an mhéar fhada róghairid ar ball.
- Cuir síoda ar ghabhar agus is gabhar i gcónaí é.

- Dá mbeadh soineann go Samhain bheadh breall ar dhuine éigin.
- Filleann an feall ar an bhfeallaire.
- I dtús na haicíde is fusa í a leigheas.
- I ndiaidh a chéile a thógtar na caisleáin.
- Is ait an mac an saol.
- Is fearr an tsláinte ná na táinte.
- Is fearr beirt dá dhonacht ná fear dá fheabhas.
- Is fearr ciall cheannaithe ná dhá chiall mhúinte.
- Is fearr déanach ná choíche.
- Is fearr rith maith ná drochsheasamh.
- Is iomaí sórt duine ag Dia ann.
- Is maith an scéalaí an aimsir.
- Is maith an t-anlann an t-ocras.
- Is maith an t-iománaí an té atá ar an gclaí.
- Is measa cara fealltach ná namhaid follasach.
- Is minic a bádh long lámh le cuan.
- Is minic a bhíonn duine agus a chosúlacht in aghaidh a chéile.
- Is olc an ghaoth nach séideann maith do dhuine éigin.
- Mair, a chapaill, agus gheobhaidh tú féar.
- Minic gur sia a théann an bhréag ná an fhírinne.
- Mol an óige agus tiocfaidh sí.
- Múineann gá seift.
- Ná beannaigh don diabhal go mbeannaíonn sé duit.
- Ní bhíonn an rath ach mar a mbíonn an smacht.
- Ní bhíonn in aon rud ach seal.
- Ní bhíonn saoi gan locht.
- Ní bhíonn toit gan tine.
- Ní féidir ceann críonna a chur ar cholainn óg.
- Ní hé lá na gaoithe lá na scolb.
- Ní lia duine ná tuairim.
- Ní mhealltar an sionnach faoi dhó.
- Ní neart go cur le chéile.
- Níl aon tinteán mar do thinteán féin.
- Nuair a bhíonn an t-ól istigh, bíonn an chiall amuigh.
- Nuair is mó deifir is ea is mó moill.
- Oíche shúgach, maidin bhrónach.
- Tús maith leath na hoibre.

## Nathanna ginearálta don cheapadóireacht

| | |
|---|---|
| *alas* | faraor géar |
| *alternative* | an dara suí sa bhuaile |
| *an eternal problem* | fadhb shíoraí |
| *apparently* | de réir cosúlachta |
| *as I have already said* | mar a dúirt mé cheana/ó chianaibh |
| *as soon as possible* | chomh luath agus is féidir |
| *at the moment* | i láthair na huaire |
| *better be sure than sorry* | is fearr deimhin ná díomá |
| *cause of contention* | cnámh spairne |
| *every little helps* | bailíonn brobh beart |
| *everything's a mess* | tá an phraiseach ar fud na mias |
| *for a long time* | le fada an lá |
| *for one reason or another* | ar chúis amháin nó ar chúis eile |
| *from time immemorial* | le cuimhne na seacht sinsear |
| *hanging in the balance* | idir dhá cheann na meá |
| *harbingers of doom* | cailleacha an uafáis |
| *I am sick of listening to people* | táim bodhraithe ag éisteacht le |
| *I intend to discuss these topics in this essay* | tá sé ar intinn agam na hábhair sin a phlé san aiste seo |
| *in any shape or form* | dubh, bán nó riabhach |
| *in brief* | go hachomair |
| *in the vanguard* | ar thús cadhnaíochta |
| *it cannot be denied* | ní féidir a shéanadh |
| *it is predicted* | táthar ag tuar |
| *it is the responsibility of* | tá sé de dhualgas ar |
| *it was predicted* | bhíothas ag tuar |
| *it's not impossible* | ní fál go haer é |
| *lately* | ar na mallaibh/le déanaí |
| *lesser of two evils* | rogha an dá dhíogha |
| *more often than before* | níos minice ná riamh |
| *more than anything else* | thar aon rud eile |
| *not a day goes by that one doesn't hear or read about* | níl lá dá dtéann thart nach gcloistear nó nach léitear faoi |
| *spreading out* | ag leathnú |
| *the country is in a mess* | tá an tír ina cíor thuathail |
| *the problem is getting worse* | tá an fhadhb ag dul in olcas |
| *the problem must be tackled* | caithfear dul i ngleic leis an bhfadhb |
| *the sooner the better* | dá luaithe é is ea is fearr é |

| | |
|---|---|
| *the thing that worries me* | an rud atá ag dó na geirbe agam ná |
| *there are many problems* | is iomaí fadhb atá ann |
| *there are many problems with* | is iomaí fadhb a bhaineann le |
| *there's strength in unity* | ní neart go cur le chéile |
| *things happen by degrees* | i ndiaidh a chéile a thógtar na caisleáin |
| *things were neglected* | ligeadh na maidí le sruth |
| *totally against* | dubh dóite in éadan |
| *what a timely/appropriate question* | nach tráthúil an cheist í |
| *widespread* | forleathan |
| *without a doubt* | gan amhras |
| *without further delay* | gan a thuilleadh moille |
| *without hesitation* | gan fuacht gan faitíos |
| *world-changing event* | eachtra dhomhan-athraitheach |
| *you only have to* | ní gá duit ach |

# Treoracha don léamhthuiscint

## Seánra (cinéal/*genre*) scríbhneoireachta (ceist 6B)

Don cheist seo, caithfidh tú seánra an ailt a aithint agus dhá thréith a lua don seánra sin.

Caithfear an dá thréith a scaradh sa tslí seo, nó glacfar leo mar thréith amháin agus caillfear cúig mharc:

Tréith amháin a bhaineann leis an seánra (gcinéal/genre) seo scríbhneoireachta ná . . .
Tréith eile a bhaineann leis an seánra (gcinéal/genre) seo scríbhneoireachta ná . . .

Ní mór samplaí den dá thréith a roghnú ón sliocht – sampla amháin i gcás gach tréithe.

Bíodh na freagraí i do chuid focal féin – ná tóg na freagraí díreach ón sliocht.

Seo iad cuid de na seánraí is coitianta.

**1 Píosa iriseoireachta (ní sliocht iriseoireachta)**

- Tréith 1 – tuairisciú
- Tréith 2 – staitisticí.

**2 Píosa tuairisciúil**

- Tréith 1 – staitisticí
- Tréith 2 – fíricí
- Tréith 3 – tuairisciú.

**3 Píosa faisnéiseach**

- Tréith 1 – fíricí
- Tréith 2 – staitisticí
- Tréith 3 – taighde.

**4 Píosa eolasach (ní píosa eolais)**

- Tréith 1 – staitisticí
- Tréith 2 – fíricí.

**Ní ghlactar le:**

- alt
- alt nuachtáin
- sliocht de chuid nuachtáin
- píosa fíriciúil.

# 1 An teicneolaíocht agus na meáin chumarsáide

**An teicneolaíocht agus seanóirí**

áisiúil

ag cur ticéid in áirithe

ag fanacht i dteagmháil le cairde

scartha ó chlanna

**Na suíomhanna sóisialta**

ag fanacht i dteagmháil le daoine

ag méadú

achar airde[1]

tionchar as cuimse

cibearbhulaíocht

**An teicneolaíocht agus na bóithre**

is iad na ríomhairí a smachtaíonn

na soilse tráchta

cuireann na satailítí mapaí ar fáil

tarlaíonn timpistí nuair a bhíonn daoine ag caint ar an bhfón póca agus iad ag tiomáint

1 attention span

**An teicneolaíocht agus cúrsaí oideachais**

e-leabhair

an clár beo

eolas ar fáil ar bhrú cnaipe

is áis iontach é an tIdirlíon

taighde agus tionscnaimh

**Na meáin chumarsáide agus na ceiliúráin[2]**

bíonn na hiriseoirí sa tóir ar[3] na ceiliúráin

cosúil le paca con[4] ag drannadh leis[5] na ceiliúráin

clúmhilltear[6] daoine

cearta príobháideachta

pictiúir gháirsiúla gháifeacha[7]

'Is sia a théann an bhréag ná an fhírinne.'

**An teicneolaíocht agus cúrsaí fostaíochta**

cailltear poist

cruthaitear poist

comhlachtaí idirnáisiúnta ag lonnú in Éirinn

deiseanna fostaíochta

ag íoslódáil ceoil agus scannán go mídhleathach

ag ceannach rudaí ar an Idirlíon

**Na meáin chumarsáide agus an pholaitíocht**

caitheann na meáin súil ar na polaiteoirí

fiosraíonn na hiriseoirí imeachtaí a tharla na blianta ó shin

2 celebrities; 3 in pursuit of; 4 pack of hounds; 5 closing in on; 6 are libelled; 7 obscene, sensationalistic pictures

# An teicneolaíocht agus an eisimirce

## Éist agus scríobh

**Éist leis an múinteoir ag léamh an tsleachta seo thíos. Nuair atá sé scríofa agat, oscail do leabhar agus ceartaigh do chuid oibre!**

Ar ndóigh, baineann maitheas agus donas leis na meáin chumarsáide. Cuireann na meáin nua-aimseartha ar chumas an duine fanacht i dteagmháil le clann agus le cairde ar an taobh eile den domhan. Tá na mílte duine, go háirithe daoine óga, ag tógáil an bháid bháin agus ag fágáil na hÉireann. Cé go mbaineann brón agus uaigneas leis an eisimirce, tá deoraithe ábalta a ngaolta ag baile a fheiceáil a bhuí le leithéidí Skype agus FaceTime agus labhairt lena chéile ar chostas an-íseal ar an Idirlíon. Is mór idir inniu agus inné, nuair a d'fhág imircigh an tír seo gan cumarsáid ar bith acu lena muintir riamh arís.

Gluais

| | | | |
|---|---|---|---|
| a bhuí le | *thanks to* | ag tógáil an bháid bháin | *emigrating* |
| cúngaithe | *narrowed* | cumarsáid | *communication* |
| deoraithe | *exiles* | donas | *bad* |
| eachtraí | *events* | eisimirce | *emigration* |
| go háirithe | *especially* | imircigh | *emigrants* |
| is mór idir | *there's a big difference* | le brú cnaipe | *with the touch of a button* |

## Cleachtadh

**Líon na bearnaí leis an bhfoclóir cuí on sliocht thuas.**

Ar __________, baineann maitheas agus __________ le gach aon rud sa saol, ach is iomaí __________ a bhaineann leis na meáin __________. Tá fadhb mhór le __________ sa tír seo agus thar na blianta bhí na mílte duine óg ag tógáil an __________ __________. Murach __________ Skype, FaceTime agus araile, bheadh fadhb na heisimirce i bhfad ní ba phianmhaire agus ní ba bhrónaí ná mar atá. A __________ leis an Idirlíon, tá na __________ agus a ngaolta ag baile ábalta fanacht i __________ lena chéile ar chostas __________. Is mór idir sin agus na blianta ó shin nuair nach mbíodh __________ ar bith idir na deoraithe a d'imigh agus a muintir a d'fhan __________ Éirinn.

## Labhairt na teanga

**Pléigh na ceisteanna seo leis an duine atá in aice leat.**

1. An eol duit aon duine a chuaigh ar imirce? Cá ndeachaigh siad?
2. Céard iad na bealaí atá ag daoine sa lá atá inniu ann fanacht i dteagmháil le daoine?

## Léamhthuiscint: Na meáin shóisialta agus cúrsaí oideachais

**Léigh an sliocht seo a leanas agus freagair na ceisteanna a ghabhann leis.**

Fadhb eile a bhaineann leis na meáin shóisialta ná an méid ama a chaitheann daoine, go háirithe daoine óga, orthu. Ceaptar anois go bhfuil fáil ag tromlach na ndéagóirí sa domhan forbartha ar an Idirlíon. Mar is eol dúinn, is maith leis an aos óg fanacht i dteagmháil lena chéile. Tá taighde déanta a léiríonn go gcaitheann roinnt déagóirí cúpla uair an chloig gach lá ag caint lena gcairde ar Facebook nó ar an bhfón póca. Ní airíonn siad an t-am ag sleamhnú agus an chéad rud eile tá sé a trí a chlog ar maidin! Ní nach ionadh go gcuireann iompar mar sin isteach ar chúrsaí scoile toisc nach bhfaigheann daltaí go leor codlata. Tá múinteoirí buartha faoi seo mar go mbíonn tionchar aige sin ar achar airde na ndaltaí agus ní fheidhmíonn siad chomh maith agus is féidir leo ar scoil. Maítear freisin go mbíonn deacrachtaí ag glúin seo an Idirlín labhairt go pearsanta le daoine – tá an méid sin taithí acu ar a bheith ag caint i ndomhan fíorúil seachas a bheith ag caint le daoine sa domhan réadúil.

Gluais

| | | | |
|---|---|---|---|
| achar airde | *attention span* | airigh | *notice* |
| feidhmigh | *function* | fíorúil | *virtual* |
| forbartha | *developed* | iompar | *behaviour* |
| maítear | *it is claimed* | réadúil | *real* |
| taighde | *research* | tromlach | *majority* |

### Ceisteanna

**Ag baint úsáide as na nathanna/focail sa sliocht thuas, freagair na ceisteanna seo.**

1. (a) Cén fhadhb a luaitear le daoine óga agus na meáin shóisialta?
   (b) Cad a léiríonn an taighde atá déanta faoi dhéagóirí?
2. (a) Cén t-iompar a chuireann isteach ar chúrsaí scoile?
   (b) Conas a chuireann an t-iompar sin isteach ar dhaltaí na tíre?
3. (a) Cad iad na deacrachtaí eile a bhíonn ag daoine óga, dar leis an sliocht seo?
   (b) Cén fáth a mbíonn na deacrachtaí sin acu?
4. Scríobh achoimre ar an sliocht seo, ag baint úsáide as na focail sa ghluais thuas.

## Labhairt na teanga

**Pléigh na ceisteanna seo leis an duine atá in aice leat.**

1. An bhfuil fáil agat ar an Idirlíon?
2. Cé chomh minic is a úsáideann tú an tIdirlíon nó an fón póca?
3. Céard iad na buntáistí agus na míbhuntáistí a bhaineann leis na meáin shóisialta agus an teicneolaíocht maidir le cúrsaí oideachais?

# Cúinne na gramadaí

## An saorbhriathar

**Déan staidéar ar an tábla thíos chun an saorbhriathar a fhoghlaim.**

| Briathar | An Aimsir Láithreach | An Aimsir Chaite | An Aimsir Fháistineach | An Modh Coinníollach |
|---|---|---|---|---|
| ceap | ceaptar | ceapadh | ceapfar | cheapfaí |
| goid | goidtear | goideadh | goidfear | ghoidfí |
| tuairiscigh | tuairiscítear | tuairiscíodh | tuairisceofar | thuairisceofaí |
| fógair | fógraítear | fógraíodh | fógrófar | d'fhógrófaí |
| bí | táthar | bhíothas | beifear | bheifí |
| abair | deirtear | dúradh | déarfar | déarfaí |
| faigh | faightear | fuarthas | gheofar | gheofaí |
| déan | déantar | rinneadh | déanfar | dhéanfaí |
| tabhair | tugtar | tugadh | tabharfar | thabharfaí |
| beir | beirtear | rugadh | béarfar | bhéarfaí |

## Cleachtadh

**Líon na bearnaí thíos leis an bhfoirm cheart den saorbhriathar.**

__________ (*tuairiscigh*) ar maidin go bhfuil an comhlacht MaraMara le dúnadh agus __________ (*caill*) leathchéad post ann. __________ (*tabhair*) bata agus bóthar do dheichniúr fostaithe anuraidh agus (*bí*) __________ ag tuar dúnadh an chomhlachta le cúpla mí anois. __________ (*bunaigh*) an comhlacht 20 bliain ó shin. __________ (*bí*) __________ ag súil go dtiocfaidh comhlacht eile in áit MaraMara. __________ (*abair*) ar an raidió ar maidin go raibh brón agus fearg ar mhuintir na háite.

# An quizmháistir agus an saineolaí – ag bailiú eolais don aiste

**Léigh agus ullmhaigh an sliocht seo i gcomhair an quizmháistir agus an tsaineolaí.**

## Dochar na meán sóisialta

**Léigh an sliocht thíos agus ansin líon na boscaí leis an eolas cuí uaidh.**

1 Ní lia duine ná tuairim ó thaobh na meán sóisialta de, ach an eol dúinn na míbhuntáistí atá ag baint leo ina dhiaidh sin?

2 De réir taighde nua atá déanta ag Ionad Frithmhaistíneachta Choláiste na Tríonóide, theagmhaigh lámh fhuarchroíoch na cibearbhulaíochta le duine as gach ceathrar cailíní agus le buachaill as gach seisear. Tagann an méid sin lenar thug *Growing Up in Ireland* agus Microsoft araon le fios ina gcuid taighde. Dar le *Growing Up in Ireland*, rinneadh maistíneacht ar 24 faoin gcéad de dhaoine óga idir 9 agus 17 mbliana d'aois. Mar chuid de 'Suirbhé Sábháilteachta na hEorpa ar Líne' a rinne Microsoft in 2009, léiríodh gur fhulaing 22 faoin gcéad de dhéagóirí na hÉireann maistíneacht ar líne.

3 Agus í ag caint ar an ábhar, dúirt Frances Fitzgerald, an t-aire leanaí agus gnóthaí óige, 'is féidir le maistíneacht tionchar uafásach a imirt ar ár gcuid páistí agus ar dhaoine óga – ar a bhféinmhuinín, ar a bhféinmheas, ar a sláinte intinne. Déanann sí mí-úsáid ar dhaoine óga agus déanann sí an-dochar.'

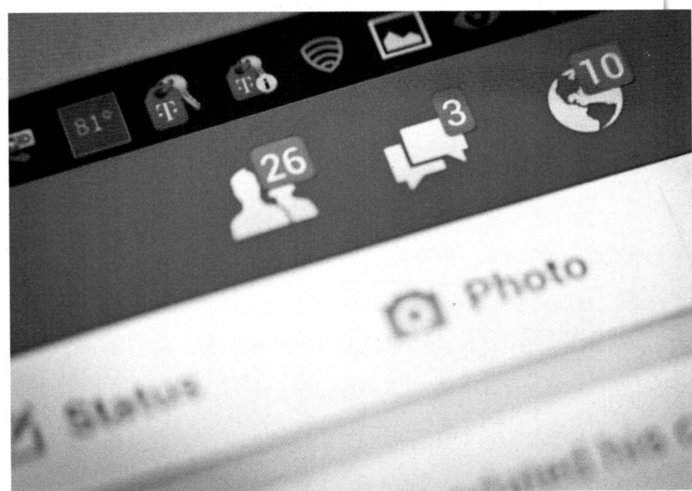


4 Maítear ar shuíomhanna Idirlín na meán sóisialta mór uile, Facebook san áireamh, go gcaithfidh an t-aos óg a bheith os cionn 13 bliana d'aois chun teacht ar a gcuid seirbhísí. Níl le déanamh acu, ámh, ach a mhaíomh gur os cionn 13 atá siad. Tá gach cosúlacht ar an scéal nach bhfuil bealach fós ag na suíomhanna seo le cinntiú nach gcuirtear an geal ina dhubh orthu i dtaobh aois na bpáistí.

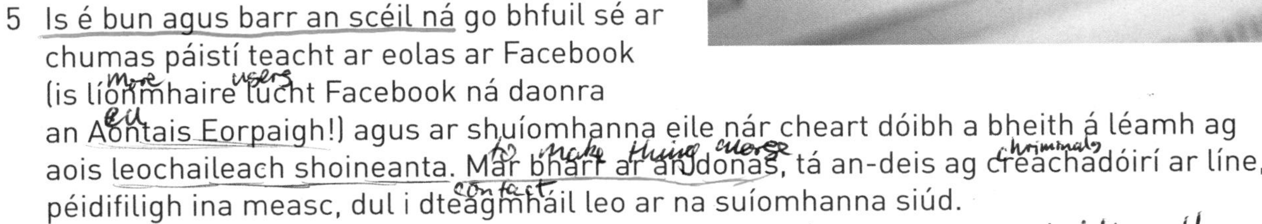

5 Is é bun agus barr an scéil ná go bhfuil sé ar chumas páistí teacht ar eolas ar Facebook (is líonmhaire lucht Facebook ná daonra an Aontais Eorpaigh!) agus ar shuíomhanna eile nár cheart dóibh a bheith á léamh ag aois leochaileach shoineanta. Mar bharr ar an donas, tá an-deis ag creachadóirí ar líne, péidifiligh ina measc, dul i dteagmháil leo ar na suíomhanna siúd.

6 An imríonn Facebook agus na meáin shóisialta eile tionchar mór ar aigne na n-óg agus iad as líne? Imríonn, dar le dhá staidéar a rinneadh sna Stáit Aontaithe agus sa Bhreatain, agus tá na torthaí le sonrú go soiléir sa seomra scoile mar gur dóichí go bhfaighidh daoine a úsáideann na suíomhanna sin marcanna níos ísle go mion minic dá dheasca.

7 Choimeád taighdeoirí súil ar dhaltaí ar feadh 15 nóiméad a fhad is a bhí siad ag tabhairt faoi obair bhaile a bhí thar a bheith tábhachtach dóibh. Theip ar na daltaí díriú i gceart ar an obair rompu de thoradh an riachtanais a leathanach Facebook a sheiceáil arís agus arís eile, thart ar gach uile thrí nóiméad!

Gluais

| | | | |
|---|---|---|---|
| creachadóirí | *criminals* | díriú | *focus* |
| féinmhuinín | *self-confidence* | frithmhaistíneacht | *anti-bullying* |
| fuarchroíoch | *cold-hearted* | fulaing | *suffer* |
| leochaileach | *vulnerable* | maistíneacht | *bullying* |
| péidifiligh | *paedophiles* | riachtanas | *necessity* |
| soineanta | *innocent* | taighdeoir | *researcher* |
| teagmhaigh | *touch* | tionchar | *influence* |

## Seánra

Cén seánra (cineál) litríochta lena mbaineann an sliocht seo? Luaigh dhá thréith a bhaineann leis an gcineál seo litríochta. Aimsigh sampla amháin de na tréithe sin sa sliocht. (Bíodh an freagra i do chuid focal féin. Ní gá níos mó ná 60 focal a scríobh.)

## An saineolaí — leathanach an eolais

**Fíricí**

**Tuairimíocht**

**An t-ábhar: Dochar na meán sóisialta**

**Nathanna cainte**

**Seánra an tsleachta**

## Labhairt na teanga

**Pléigh na ceisteanna seo leis an duine atá in aice leat.**

1. Céard iad na míbhuntáistí a bhaineann leis an Idirlíon?
2. Conas a chuireann an mhaistíneacht isteach ar dhaoine?
3. Cén baol a bhaineann le Facebook agus le suíomhanna eile?
4. An dóigh leat go gcaitheann daoine óga an iomarca ama ar an Idirlíon?

## Aiste: Domhan na meán agus na teicneolaíochta – domhan atá ag síorathrú

Nach iontach go deo iad na meáin chumarsáide sa lá atá inniu ann? Tá gach cineál meáin ann – na páipéir nuachta, an raidió, an teilifís, an fón cliste agus, ar ndóigh, an meán is uileghabhálaí díobh ar fad, an ríomhaire nó teicneolaíocht na faisnéise (TF nó *IT* sa Bhéarla). Is iomaí buntáiste a bhaineann leo ar fad agus ní féidir an domhan a shamhlú gan iad anois. Fiú sna tíortha is boichte ar domhan bíonn fón póca de shaghas éigin ag a lán daoine. A bhuí leis na meáin chumarsáide éagsúla is sráidbhaile domhanda é an domhan anois agus bíonn fáil againn ar an nuacht láithreach bonn agus é ag tarlú.

Ar ndóigh, baineann maitheas agus donas leis na meáin chumarsáide agus labhróidh mé ar dtús faoin maitheas a bhaineann leo. Mar a dúirt mé ó chianaibh, tá an domhan níos lú anois agus tá fáil againn anois ar aon eolas nó nuacht le brú cnaipe. Táimid in ann eachtraí a fheiceáil anois nuair atá siad ag tarlú. Is féidir le duine fanacht i dteagmháil le clann agus le cairde ar an taobh eile den domhan a bhuí leis na meáin. Cé go mbaineann brón agus uaigneas leis an eisimirce, tá deoraithe ábalta a ngaolta ag baile a fheiceáil a bhuí le leithéidí Skype agus labhairt lena chéile ar chostas an-íseal ar an Idirlíon. Is mór idir inniu agus inné, nuair a d'fhág imircigh an tír seo gan cumarsáid ar bith acu lena muintir riamh arís.

Tá aipeanna nua ag teacht ar an saol 'chuile lá agus déanann siad an saol níos éasca dúinn ar fad. Gan do sheomra suí a fhágáil is féidir leat ticéid a chur in áirithe le haghaidh na pictiúrlainne, ceolchoirmeacha, eitiltí – gach cineál ruda, i ndáiríre.

Ar an drochuair, tá taobh dorcha díobhálach leis na meáin chumarsáide agus is dócha go bhfuil an taobh sin le feiceáil ar an ríomhaire den chuid is mó. Ó thosaigh an tIdirlíon agus ó fuair níos mó agus níos mó daoine (go háirithe déagóirí) a ríomhaire pearsanta agus a bhfón póca cliste féin, tá an chibearbhulaíocht ag méadú. Tá suíomhanna sóisialta ann a mheallann daoine óga chun rudaí a scríobh faoina chéile agus uaireanta scríobhtar rudaí gránna maslacha ar na suíomhanna seo. Gortaíonn ráitis mhailíseacha daoine leochaileacha agus rómhinic cloistear scéalta faoi dhéagóirí ag cur lámh ina mbás féin mar gheall ar ábhar na suíomh sin. Uaireanta eile, cuirtear grianghraif de dhaoine ar na suíomhanna ach bíonn siad athraithe agus déantar ceap magaidh de na daoine. Cé go bhfuil rialacha diana ann, tá sé thar a bheith deacair iad a chur i bhfeidhm agus fulaingíonn an iomarca daoine. De réir

taighde nua atá déanta ag Ionad Frithmhaistíneachta Choláiste na Tríonóide, theagmhaigh lámh fhuarchroíoch na cibearbhulaíochta le duine as gach ceathrar cailíní agus le buachaill as gach seisear.

Níl aon dabht faoi ach go mbaineann siamsaíocht leis na meáin chumarsáide. Gach bliain bíonn táirge nua ar an margadh. Mealltar daoine – ach go háirithe déagóirí – chun cluichí éagsúla a imirt. Fadhb mhór a bhaineann leis seo ná go mbíonn cuid mhaith de na cluichí an-fhoréigneach agus bíonn páistí ag imirt cluichí nach bhfuil aois-oiriúnach dóibh. Ciallaíonn sé sin go dtéann déagóirí i dtaithí ar an bhforéigean agus ar an ábhar sin tá baol ann go mbeidh siad féin foréigneach ina saol.

Cé go gcuireann na meáin chumarsáide nuacht an domhain ar fáil dúinn le brú cnaipe, níl aon dabht faoi ach go dtéann cuid de na meáin thar fóir ag lorg scéalta, go háirithe maidir leis na ceiliúráin. Bíonn suim againn ar fad léamh faoin eachtra is deireanaí a bhaineann le réalta éigin ach tá cearta ag na ceiliúráin agus ag a gclanna. Níl sé ceart ná cóir daoine a chrá ar mhaithe le siamsaíocht a chur ar fáil. Is minic freisin a scríobhtar bréaga faoi dhaoine agus, mar is eol dúinn ar fad, is sia a théann an bhréag ná an fhírinne.

Cruthaíonn na meáin chumarsáide na mílte post, go háirithe anseo in Éirinn, a bhuí le comhlachtaí móra ar nós Google, Microsoft agus Intel. Ach mar gheall ar an Idirlíon tá na céadta post caillte freisin. Tá na siopaí ceoil beagnach imithe anois toisc gur féidir le daoine ceol a íoslódáil ón Idirlíon ar phraghas i bhfad níos saoire. Mar gheall ar an bpíoráideacht, bíonn daoine ag íoslódáil scannán freisin agus tá na mílte post i mbaol mar gheall air sin. Tá dhá thaobh ar an mbád, mar a deirtear!

Tá domhan na meán i gcónaí ag athrú. Is dócha go bhfuil aip ar an saol anois nach raibh ann inné. A bhuí leis an teicneolaíocht beidh jabanna ann sa todhchaí nach bhfuil ann anois. Labhraítear anois faoin néalríomhaireacht agus chuirfinn geall go mbeadh cineálacha eile ann taobh istigh de dheich mbliana eile. Níl teorainn leis na meáin ach an teorainn a bhaineann le samhlaíocht agus le hintinn an duine. Domhan corraitheach síorathraitheach é domhan na meán agus fad is atáimid airdeallach orthu, beidh an domhan sin agus muidne leis ag dul ó neart go neart.

Gluais

| | | | |
|---|---|---|---|
| airdeallach | *watchful* | aois-oiriúnach | *age-appropriate* |
| ceap magaidh | *laughing stock* | ceiliúrán | *celebrity* |
| láithreach bonn | *immediately* | leochaileach | *vulnerable* |
| mailíseach | *malicious* | maslach | *insulting* |
| néalríomhaireacht | *cloud computing* | ó chianaibh | *before* |
| píoráideacht | *piracy* | síorathraitheach | *ever-changing* |
| téigh i dtaithí ar | *get used to* | uileghabhálach | *comprehensive* |

## Ceapadóireacht

**Freagair do rogha ceann amháin de na teidil seo:**

1. Tionchar na teicneolaíochta ar shaol an lae inniu.
2. An mhaith is an donas a bhaineann leis na meáin chumarsáide.
3. Iarradh ort píosa cainte a dhéanamh le daltaí na hidirbhliana faoin dochar a dhéanann cuid de na suíomhanna sóisialta. Scríobh an píosa cainte a dhéanfá ag an gcruinniú sin.
4. Scríobh an chaint a dhéanfá i ndíospóireacht scoile ar son nó in aghaidh an rúin seo a leanas: 'Tá an iomarca cumhachta ag na meáin chumarsáide sa lá atá inniu ann.'

## Cluastuiscint

Logáil isteach ar **www.edcodigital.ie** leis na míreanna fuaime a chloisteáil.

**Bí ag faire amach do na focail seo.**

| | | | |
|---|---|---|---|
| ceanncheathrú | *headquarters* | céimithe | *graduates* |
| innealtóireacht | *engineering* | iomaíocht | *competition* |
| líonmhar | *numerous* | margaíocht | *marketing* |
| an Meánoirthear | *the Middle East* | mídhleathach | *illegal* |
| ríomhdhíoltóirí | *web-based retailers* | sliseanna | *chips* |
| suí-istigh | *sit-in* | taighde | *research* |
| tuillte | *earned* | | |

### Cuid A – Fógra

**Cluastuiscint 1A(i)–(ii)**

**Cloisfidh tú fógra raidió sa chuid seo. Cloisfidh tú é faoi dhó. Freagair na ceisteanna a ghabhann leis.**

1. (a) Cé mhéad siopa HMV atá i ndeisceart na tíre?

   ______________________________

   (b) Cé mhéad oibrí a chaillfidh a bpost sa deisceart?

   ______________________________

2. Luaigh dhá fháth a ndúnfaidh na siopaí.

   (i) ______________________________

   (ii) ______________________________

3. Cén fáth a raibh suí-istigh ag na hoibrithe i Luimneach?

   ______________________________

## Cuid B – Comhrá

**Cloisfidh tú comhrá sa chuid seo. Cloisfidh tú é faoi dhó. Cloisfidh tú an comhrá ó thosach deireadh an chéad uair. Ansin cloisfidh tú ina dhá mhír é. Freagair na ceisteanna a ghabhann leis.**

### An chéad mhír

1. Cad is teideal don aiste Ghaeilge?

   ______________________________

2. Cad a cheapann Seán den aiste atá scríofa aige?

   ______________________________

3. Cad a tharla do Sheán nuair a thosaigh sé ag déanamh taighde?

   ______________________________

4. Cén fhíric atá ag Máire faoi Facebook?

   ______________________________

### An dara mír

1. Cén chaint a thug an garda do na daltaí an mhí seo caite?

   ______________________________

2. Cad a dúirt an garda faoi Facebook?

   (i) ______________________________

   (ii) ______________________________

3. Luaigh rud amháin a scríobh Seán ina aiste.

   ______________________________

## Cuid C – Píosa nuachta

Cluastuiscint 1C(i)–(ii)

Cloisfidh tú píosa nuachta sa chuid seo. Cloisfidh tú é **faoi dhó**. Freagair na ceisteanna a ghabhann leis.

1. (a) Cad a fhógrófar inniu?

   ______________________________

   (b) Cén bhaint atá ag Google le Baile Átha Cliath cheana féin?

   ______________________________

2. (a) Cad a bheidh á lorg ag Google?

   ______________________________

   (b) Cé mhéad duine a oibríonn do Intel?

   ______________________________

3. Cad a dhéanann Intel?

   ______________________________

# 2 Cúrsaí sláinte

**Cúrsaí sláinte sa Tríú Domhan**
galair thógálacha[1]
daoine beo bocht
ionchas saoil[2] an-íseal
scaipeann galair go héasca
uisce truaillithe

**Fadhb an óil**
ragús óil
praghas an óil ró-íseal
piarbhrú[3]
tionchar na fógraíochta
na hospidéil ag cur thar maoil le meisceoirí
galar ae[4]
ísle brí

**Murtall[5]**
daoine ag ithe bia mhífholláin
bia gasta
easpa aclaíochta
easpa eolais
daoine ag éirí tinn

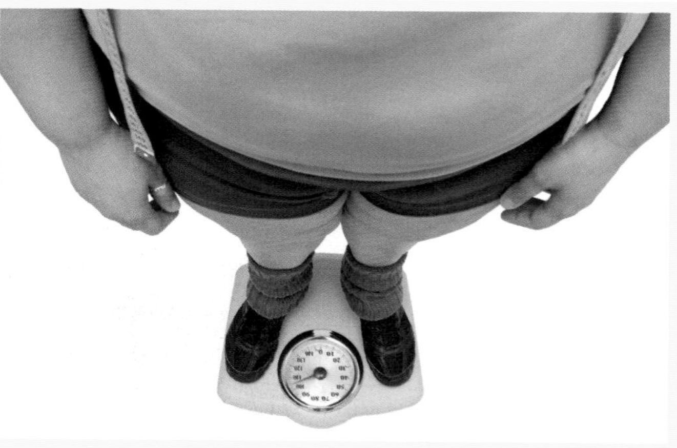

1 contagious diseases; 2 life expectancy; 3 peer pressure; 4 liver disease; 5 obesity

**Fionnachtana[6] agus dul chun cinn sa leigheas**

leigheas nua ag teacht ar an saol 'chuile bhliain

ionchas saoil níos fearr ag daoine

daoine níos eolaí faoi chúrsaí sláinte

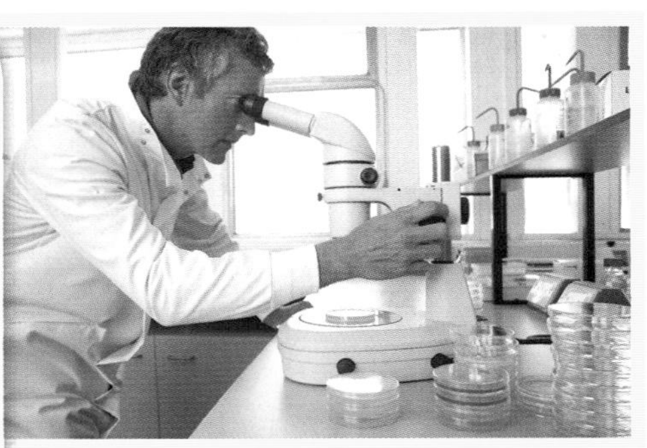

**An cúlú eacnamaíochta agus cúrsaí sláinte**

ganntanas airgid

laghdú ar an méid airgid a chaitear ar chúrsaí leighis

brú ar na seirbhísí sláinte

ciorruithe pá[7] do na dochtúirí agus do na haltraí

bardaí á ndúnadh

easpa áiteanna sna tithe altranais do sheandaoine

**Fadhb na ndrugaí**

toitíní

cannabas/cócaon/hearóin

ag leathnú ar fud na tíre

gafa le drugaí

eascraíonn fadhbanna sláinte as mí-úsáid drugaí

**Sláinte mheabhrach**

daoine faoi strus

in umar na haimléise

ag streachailt leis an saol

dubhach gruama

an iomarca brú ar dhaoine

eagraíochtaí ag cabhrú

ráta féinmharaithe

tá tuar dóchais ann

**An córas sláinte in Éirinn**

an mhaith agus an t-olc atá ann

ina chíor thuathail

liostaí feithimh

tralaithe

daoine ag fulaingt agus ag streachailt

daoine fós ag caitheamh toitíní cé go bhfuil a fhios acu cén dochar a dhéanann sé don tsláinte

6 discoveries; 7 pay cuts

# Cúrsaí ólacháin agus an córas sláinte

## Éist agus scríobh

**Éist leis an múinteoir ag léamh an tsleachta seo thíos. Nuair atá sé scríofa agat, oscail do leabhar agus ceartaigh do chuid oibre!**

Is cuid den chultúr é an t-ól in Éirinn, faraor. Tosaíonn roinnt daoine ag ól ag aois an-óg. Tá an t-ólachán mar chuid lárnach de shaol na tíre agus ní cheiliúrtar ócáid ar bith gan an t-ól mar chuid thábhachtach di. Tá cáil an óil ar mhuintir na hÉireann. Déanann na comhlachtaí óil urraíocht ar an spórt freisin agus mar sin bíonn fógraí alcóil i ngach áit. Tá sé an-deacair don duine óg cathú an óil a throid. Ar ndóigh, is é an t-alcól is cúis lena lán fadhbanna sláinte. Cuireann an t-alcól isteach ar mheon an duine mar gur dúlagrán é. Ní fheidhmíonn daoine a ólann an iomarca i gceart ar scoil ná san ionad oibre agus is minic a bhíonn siad in ísle brí. Ceaptar freisin go bhfuil baint ag an alcól leis an tríú cuid de na timpistí bóthair anseo in Éirinn.

Gluais

| | | | |
|---|---|---|---|
| cathú | *temptation* | ceiliúrtar | *is celebrated* |
| cúisigh | *create* | dúlagrán | *depressant* |
| feidhmigh | *function* | in ísle brí | *depressed* |
| lárnach | *central* | urraíocht | *sponsorship* |

## Cleachtadh

**Líon na bearnaí leis an bhfoclóir cuí on sliocht thuas.**

1. Bhris Seán a chos inné, ____________.
2. Is cuid ____________ de mo shaol é an ceol.
3. Tá ____________ ar an ngrúpa sin as an obair charthanachta a dhéanann siad.
4. Ní dóigh liom gur cheart go mbeadh na ____________ óil ag déanamh ____________ ar chúrsaí spóirt.
5. Ní ghlacann gach duine leis gur ____________ é an t-alcól agus go gcuireann sé ____________ brí ar dhaoine.

## Teasáras

**Aimsigh focail eile do na focail/nathanna seo.**

1. faraor
2. roinnt daoine
3. cathú
4. an-deacair
5. ní fheidhmíonn

## Labhairt na teanga

**Pléigh na ceisteanna seo leis an duine atá in aice leat.**

1. An bhfuil sé ceart go ndéanann na comhlachtaí óil urraíocht ar ócáidí spóirt?
2. An dóigh leat go bhfuil fadhb óil ann sa tír seo? Cén fáth?
3. Cad ba cheart a dhéanamh chun dul i ngleic leis an bhfadhb óil?

## Léamhthuiscint: Cúrsaí sláinte sa Tríú Domhan

**Léigh an sliocht seo a leanas agus freagair na ceisteanna a ghabhann leis.**

Má cheapaimid go bhfuil rudaí ina gcíor thuathail maidir le cúrsaí sláinte in Éirinn, tá siad seacht n-uaire níos measa sna tíortha atá i mbéal forbartha. Tá ionchas saoil i bhfad níos giorra ag daoine sna tíortha seo. Bíonn daoine breoite ag streachailt le fadhbanna leighis atá imithe ón tír seo leis na cianta cairbreacha. Maraíonn na galair bruitíneach, buinneach agus deilgneach daoine, páistí óga ach go háirithe, go laethúil i dtíortha an Tríú Domhan. Níl sna páistí bochta ach an craiceann agus na cnámha. Tá an ráta báis i measc leanaí an-ard i dtíortha na hAfraice agus na hÁise. Toisc go bhfuil na daoine beo bocht, ní bhíonn an t-airgead acu vacsaíniú a fháil agus bíonn siad go dona tinn. Toisc go mbíonn siad buailte srón ar thóin, scaipeann galair mharfacha go héasca. Ní bhíonn aon teacht aniar iontu agus tolgann siad na galair thuasluaite. Mar bharr ar an donas, is minic a bhíonn an t-uisce truaillithe agus is cúis le galair eile é seo. Tá ráta ard SEIF i gcuid de na tíortha is boichte ar domhan freisin. Ar ndóigh, tá carthanais Éireannacha ann – Trócaire, Concern, Bóthar agus cinn eile – atá ag déanamh a ndícheall chun cabhrú leis na daoine leochaileacha seo.

Gluais

| | | | |
|---|---|---|---|
| ag streachailt | *struggling* | bruitíneach | *measles* |
| buailte srón ar thóin | *in crowded conditions* | buinneach | *diarrhoea* |
| carthanais | *charities* | deilgneach | *chicken-pox* |
| galair thógálacha | *contagious diseases* | galair mharfacha | *fatal diseases* |
| i mbéal forbartha | *developing* | ionchas saoil | *life expectancy* |
| leis na cianta cairbreacha | *for many years* | leochaileach | *vulnerable* |
| ní bhíonn aon teacht aniar iontu | *they have no stamina* | ráta báis | *death rate* |
| ráta SEIF | *rate of AIDS* | tolg | *contract (disease)* |
| truaillithe | *polluted* | vacsaíniú (ar ghalar) | *vaccination (against disease)* |

## Ceisteanna

**Ag baint úsáide as na nathanna/focail sa sliocht thuas, freagair na ceisteanna seo.**

1. Cén chaoi a bhfuil cúrsaí sláinte sa tír seo?
2. Cén chaoi a bhfuil siad sa Tríú Domhan?
3. Céard iad na galair a mharaíonn páistí an Tríú Domhan?
4. Cén chaoi a bhfuil cúrsaí maireachtála sa Tríú Domhan?
5. Cé a bhíonn ag cabhrú leis na tíortha bochta?

## Cleachtadh

**Cuir na focail/nathanna seo a leanas in abairtí a léireoidh a mbrí agus a gceartúsáid.**

1. cianta cairbreacha
2. ag streachailt
3. an craiceann agus na cnámha
4. tolgann siad
5. galair thógálacha

## Labhairt na teanga

**Pléigh na ceisteanna seo leis an duine atá in aice leat.**

1. Céard iad na fadhbanna a bhíonn ar fáil sa Tríú Domhan?
2. Cén fáth a bhfuil na fadhbanna sin ann?
3. An bhfuil aon réiteach ar na fadhbanna?

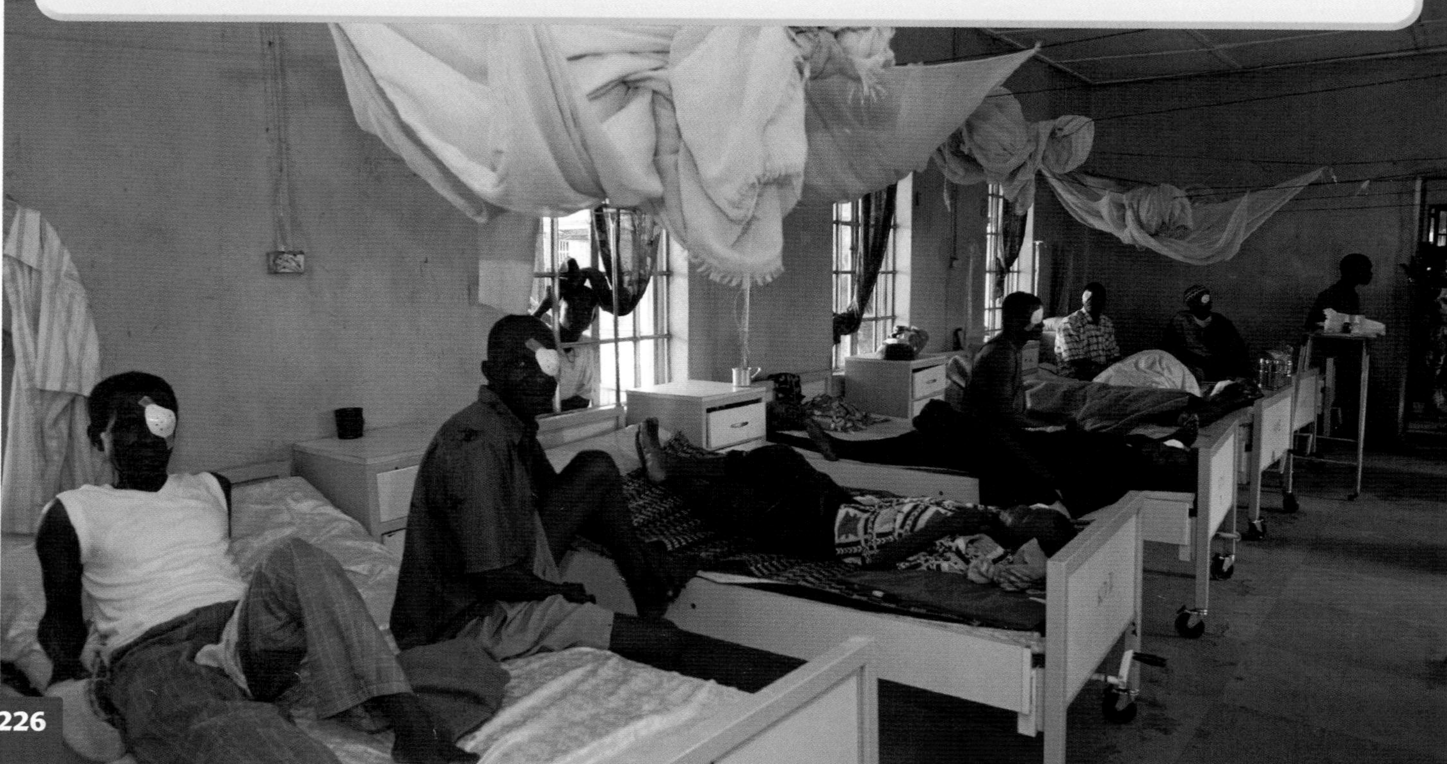

# An quizmháistir agus an saineolaí – ag bailiú eolais don aiste

**Léigh agus ullmhaigh an sliocht seo i gcomhair an quizmháistir agus an tsaineolaí.**

## Fadhb an mhurtaill

**Léigh an sliocht thíos agus ansin líon na boscaí leis an eolas cuí uaidh.**

Fad is atá daoine bochta i dtíortha an Tríú Domhan ag fulaingt agus ag streachailt le fadhb an ocrais, tá fadhb shláinte nua sa Chéad Domhan agus is í sin fadhb an mhurtaill. Le blianta beaga anuas tá daoine sa domhan forbartha ag éirí níos mó agus níos troime.

Céard is cúis leis an murtall? Is ceist chasta chigilteach í an cheist seo agus níl míniú simplí uirthi. Is iad na cúiseanna a thugtar leis ná aiste bia agus stíl mhaireachtála neamhghníomhach na haoise seo. Tá sé de nós againn tiomáint gach áit, nó an bus nó an traein a thógáil, in ionad siúl nó rothaíocht. Bhí uair ann agus bhíodh páistí taobh amuigh ag súgradh, ach sa lá atá inniu ann is taobh istigh ag súgradh le teicneolaíocht éigin a bhíonn siad. An t-aon aclaíocht a fhaigheann siad ná aclaíocht fhíorúil.

Tríocha bliain ó shin, bhain an galar le níos lú ná duine amháin as gach deichniúr, ach anois ceaptar go bhfuil thart ar 61 faoin gcéad de dhaoine fásta agus 22 faoin gcéad de pháistí na hÉireann murtallach – ráta atá i bhfad níos airde ná tíortha eile na hEorpa. Tá sé ráite (agus séanta!) go mbeidh Éire ar an tír is troime san Eoraip sa bhliain 2030. Tá muintir na hÉireann an-cheanúil ar bhia próiseáilte agus ar bhia gasta, atá lán le siúcra, le saill agus le salann. Ba cheart go mbeadh daoine ag ithe bia ní ba shláintiúla. Is iomaí fadhb shláinte a eascraíonn as an murtall. Maítear go gcosnaíonn an murtall agus na tinnis a ghabhann leis ceithre bhilliún euro in aghaidh na bliana, idir chostais leighis agus laethanta oibre caillte.

Níor éirigh le haon tír réiteach sásúil a fháil ar an murtall go fóill, ach moltar cáin a chur ar bhia atá lán le siúcra, le saill agus le salann. Chomh maith leis sin, moltar lipéid níos soiléire agus níos faisnéisí a chur ar ár mbia. Tá daoine eile den tuairim gur cheart méid na gcalraí atá sa bhia a thaispeáint. Deir daoine eile gur cheart go mbeadh ar a laghad rang amháin corpoideachais sna scoileanna gach lá. Agus os ag caint faoi na scoileanna atáimid, moltar freisin fáil réidh leis na meaisíní díola iontu ionas nach mbeidh fáil ag daltaí scoile ar dheochanna súilíneacha, ar chriospaí agus ar bhia mífholláin eile.

Cad a cheapann tú féin? An bhfuil moltaí ar bith eile agat?

Gluais

| | | | |
|---|---|---|---|
| aiste bia | *diet* | cigilteach | *sensitive* |
| fíorúil | *virtual* | forbartha | *developed* |
| lipéid | *labels* | meaisín díola | *vending machine* |
| murtall | *obesity* | murtallach | *obese* |
| neamhghníomhach | *sedentary/inactive* | saill | *fat* |

## An saineolaí — leathanach an eolais

**Staitisticí**

**Fáthanna leis an bhfadhb**

**An t-ábhar: Fadhb an mhurtaill**

**Moltaí chun an fhadhb a réiteach**

**Aidiachtaí agus breischéim na haidiachta ón sliocht**

## Cleachtadh

**Scríobh achoimre ar an alt thuas.**

## Seánra

Cén seánra (cineál) scríbhneoireachta lena mbaineann an sliocht seo? Luaigh dhá thréith a bhaineann leis an gcineál seo scríbhneoireachta. Aimsigh sampla amháin de na tréithe sin sa sliocht. (Bíodh an freagra i do chuid focal féin. Ní gá níos mó ná 60 focal a scríobh.)

# Cúinne na gramadaí

## An aidiacht

**Tugann an aidiacht eolas dúinn faoin ainmfhocal. Déan staidéar ar an tábla thíos.**

| Firinscneach, uatha | Baininscneach, uatha | Firinscneach, iolra | Baininscneach, iolra |
|---|---|---|---|
| an fear mór | an bhean mhór | na fir mhóra | na mná móra |
| an buachaill ciúin | an chlann chiúin | na buachaillí ciúine | na clanna ciúine |
| an file leisciúil | an ghirseach leisciúil | na filí leisciúla | na girseacha leisciúla |
| an t-othar murtallach | an bhanríon mhurtallach | na hothair mhurtallacha | na banríonacha murtallacha |

Má théann an aidiacht le hainmfhocal firinscneach san uimhir uatha, Tuiseal Ainmneach, ní chuirtear isteach séimhiú:

- an córas maith
- an t-ospidéal cáiliúil
- an t-aire cantalach.

Má théann an aidiacht le hainmfhocal baininscneach san uimhir uatha, Tuiseal Ainmneach, cuirtear isteach séimhiú:

- an chlann bhocht
- an fhadhb mhór
- an tír shaibhir.

Má théann an aidiacht le hainmfhocal san uimhir iolra, cuirtear '-a' nó '-e' léi go hiondúil:

- na hairí cantalacha
- na clanna ciúine
- na feirmeoirí leisciúla.

Má théann an aidiacht le hainmfhocal san uimhir iolra a chríochnaíonn le consan caol, cuirtear isteach séimhiú:

- na fir mhóra
- na hothair thinne
- na hospidéil mhaithe.

### Cleachtadh

**Bain amach na lúibíní sna leaganacha seo.**

1 comhlachtaí (mór)
2 uisce (truaillithe)
3 rialtas (crua)
4 galair (tógálach)
5 fadhb (tromchúiseach)
6 leapacha (glan)
7 dúshláin (mór)
8 spórtlann (salach)
9 meisceoirí (leisciúil)
10 scoileanna (cáiliúil)
11 daoine (sláintiúil)
12 drugaí (dainséarach)
13 laethanta (fada)
14 bia (gasta)
15 timpistí (uafásach)
16 fadhb (beag)

### Cleachtadh

**Cuir na haidiachtaí seo a leanas in abairtí a léireoidh a mbrí agus a gceartúsáid.**

1 beag
2 mór
3 tinn
4 tromchúiseach
5 sláintiúil
6 murtallach
7 gasta
8 truaillithe
9 dáiríre
10 tábhachtach
11 práinneach
12 salach
13 costasach
14 díograiseach
15 dian

## Léamhthuiscint: An córas sláinte in Éirinn

**Léigh an sliocht seo a leanas agus freagair na ceisteanna a ghabhann leis.**

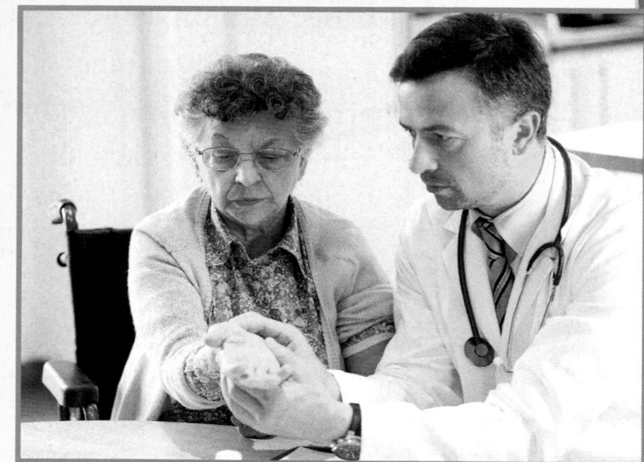

Níl aon dabht faoi ach go bhfuil a lán fadhbanna sa chóras sláinte. Bhí fadhbanna ann nuair a bhí an Tíogar Ceilteach ag búiríl tríd an tír; bhí fadhbanna níos mó ann nuair a bhí an cúlú eacnamaíochta ann; agus tá siad fós ann agus an tír in ainm is a bheith ar ais ar a cosa arís. Tagann agus imíonn airí sláinte ach tá an chuma ar an scéal go bhfanann na fadhbanna in ainneoin a n-iarrachtaí! Cé go bhfuil leigheasanna nua ag teacht ar an saol i gcónaí, tá cuid díobh an-chostasach ar fad agus cuireann sé sin brú ar Fheidhmeannacht na Seirbhíse Sláinte.

Cé go bhfuil ciste de bhreis is €13 bhilliún ag an FSS fós níl lá dá dtéann thart nach gcloistear nó nach léitear scéal eile faoi othair bhochta ina luí ar thralaithe i bpasáistí ospidéil, nó, níos measa, othair thinne ag fáil bháis fad is atá siad ar liostaí fada feithimh. Bhí scéal sa nuacht le déanaí gur fágadh seanbhean a bhí 102 bhliain d'aois ina luí ar thralaí ar feadh beagnach dhá lá! Tá sé deacair a chreidiúint go bhfuil rudaí mar sin ag tarlú sa lá atá inniu ann in ospidéil na tíre. Is mithid don rialtas rud éigin a dhéanamh faoin ngéarchéim seo agus é a dhéanamh go beo.

### Gluais

| | | | |
|---|---|---|---|
| ag búiríl | *roaring* | airí | *ministers* |
| dúshlán | *challenge* | go beo | *quickly* |
| in ainneoin | *despite* | liostaí feithimh | *waiting lists* |
| tralaithe | *trolleys* | | |

### Ceisteanna

**Ag baint úsáide as na nathanna/focail sa sliocht thuas, freagair na ceisteanna seo.**

1. (a) Cén chaoi a raibh cúrsaí sláinte in Éirinn le linn ré an Tíogair Cheiltigh?
   (b) Cad a deirtear sa sliocht faoin gcúlú eacnamaíochta?
2. (a) Cén éifeacht a bhíonn ag airí sláinte ar an suíomh?
   (b) Cad a chuireann brú ar an FSS?
3. (a) An leor ciste airgeadais an FSS?
   (b) Cad é an scéal scannalach a bhí ann le déanaí?
4. Aimsigh trí aidiacht sa sliocht thuas.
5. Scríobh achoimre ar an sliocht thuas, ag baint úsáide as na focail sa bhosca thuas.

## Aiste: An mhaith agus an t-olc sa chóras sláinte

Ní dhéanfaidh mé dearmad go deo ar an oíche a d'éirigh mo sheanathair tinn. Bhí sé 85 bliana d'aois ag an am agus go dtí an oíche chinniúnach sin bhí sláinte an bhradáin aige. Dhúisigh sé i lár na hoíche beagnach ag caoineadh leis an bpian agus chuir mo sheanmháthair glao ar an otharcharr. Tháinig an t-otharcharr gan mórán moille agus tugadh go dtí an t-ospidéal ba ghaire dó é. Bhí foireann an otharchairr ar fheabhas agus chuir siad mo mhamó ar a suaimhneas go mbeadh a fear céile ceart go leor.

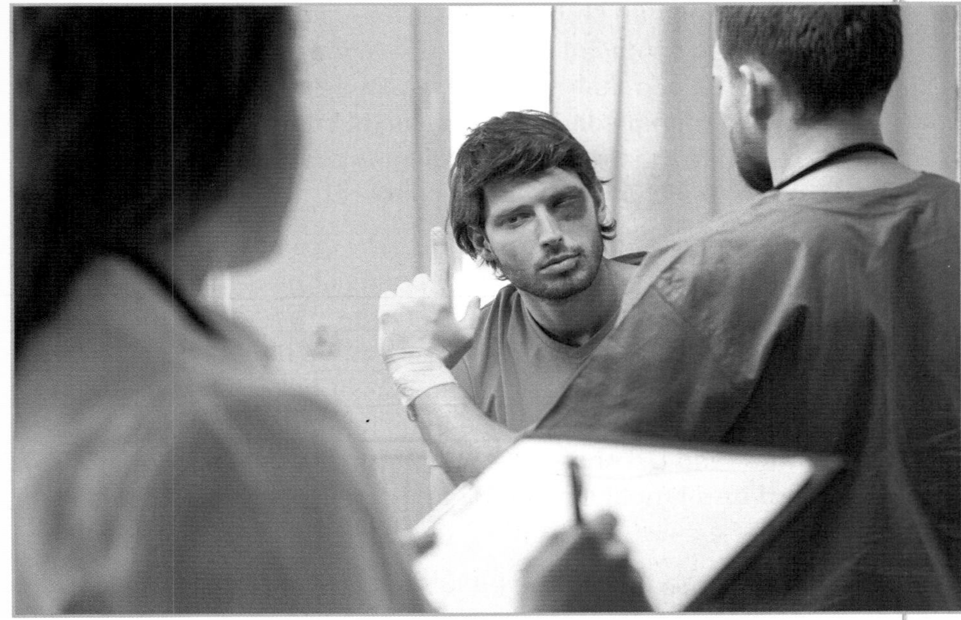

Scéal eile ar fad a bhí ann nuair a shroich siad an t-ospidéal féin. Ar an drochuair, oíche Shathairn a bhí ann agus an áit ag cur thar maoil le meisceoirí. Bhí an Roinn Timpistí agus Éigeandála ina cíor thuathail. Ní bréag a rá go raibh na dochtúirí agus na haltraí ag obair ar a seacht ndícheall ach snámh in aghaidh easa a bhí ann ag iarraidh freastal ar gach duine. Bhris troid amach i measc dhá ghrúpa mheisciúla agus glaodh ar na gardaí. Tugadh ógánach isteach agus é sáite sa chliabh.

Rinneadh scrúdú tapa ar mo sheanathair agus nuair a bhí an fhoireann leighis sásta nach raibh aon bhaol báis ann dó, fágadh é ina luí ar thralaí. Bhí sé ar an tralaí céanna ar feadh dhá lá. Buíochas le Dia, tá mo sheanathair ar ais ar a sheanléim arís. Níl aon amhras ach go bhfuair sé togha cúraim agus é san ospidéal ach bhí neart le cáineadh ann freisin.

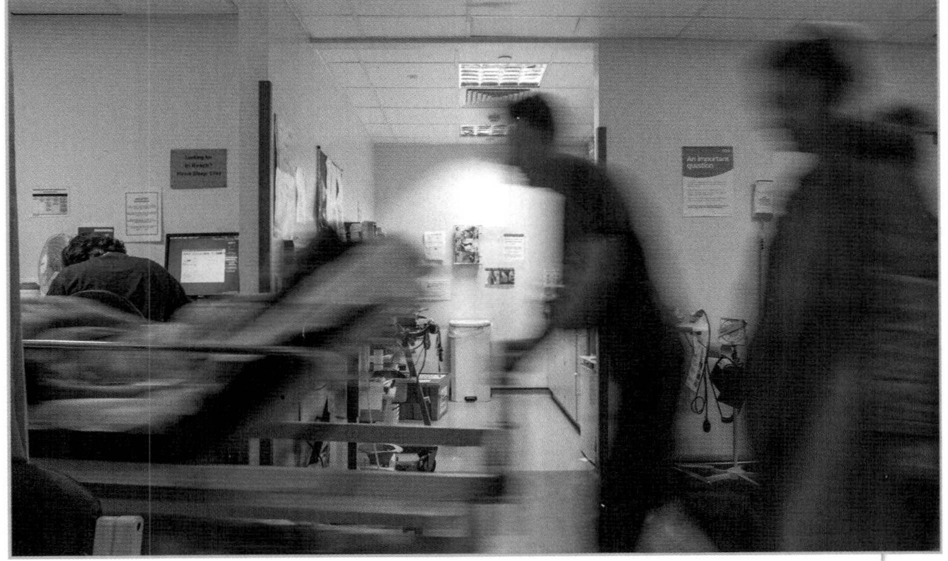

Bhí mo sheanathair ina luí ar thralaí toisc nach raibh go leor leapacha ar fáil. A bhuí leis an gcúlú eacnamaíochta cuireadh a lán ciorruithe i bhfeidhm sa chóras sláinte in Éirinn.

Dúnadh bardaí agus gearradh siar ar an bhfoireann leighis. Ciallaíonn sé sin go bhfuil gach duine a oibríonn sa chóras faoi níos mó brú agus struis agus níl sé sin cóir ná cothrom. Ní haon ionadh mar sin go ndéantar botúin sna hospidéil.

Ar scáth a chéile a mhaireann na daoine. Is fíor don seanfhocal sin agus mé ag caint faoin gcóras sláinte in Éirinn. Tá fadhb mhór againn sa tír seo le halcól agus le drugaí agus tá na hiarmhairtí le feiceáil sna hospidéil. Ní binn béal ina thost sna ranna timpistí agus éigeandála agus bíonn an chuma ar an scéal uaireanta gurb iad na daoine is bagraí agus is foréigní, seachas na daoine is tinne, a fhaigheann aird na ndochtúirí. Tá a fhios ag madraí na sráide nár cheart d'aon duine éirí tinn ag an deireadh seachtaine sa tír seo! Fáth eile a bhfuil na hospidéil lán, a mhínigh dochtúir a bhí ag plé le mo dhaideo, ná go bhfuil a lán daoine fós ag caitheamh toitíní. Cruthaíonn an nós sin an t-uafás fadhbanna sláinte. Is mór an trua nach féidir ceann críonna a chur ar cholainn caiteora!

Níl saoi gan locht agus is fíor sin i gcás ospidéil na tíre seo. Ag an am céanna, caithfear a admháil nach meánn fadhbanna chóras sláinte na tíre seo ach brobh i gcomparáid le fadhbanna sláinte an Tríú Domhan. Tá an t-ádh linn in Éirinn i ndáiríre – má éiríonn tú tinn, tá leigheas le fáil, is cuma más duine bocht nó saibhir thú. Má tá cónaí ort i dtíortha atá i mbéal forbartha, is scéal eile é. Níl fáil ar an leigheas is bunúsaí ansin agus más duine bocht thú, beidh do shaol millte agus mallaithe ag galair nach gcuireann isteach mórán ar dhaonra an Chéad Domhan. Toisc go bhfuil droch-chaighdeán maireachtála sna tíortha sin, tá ráta ard báis i measc na ndaoine, go háirithe i measc páistí óga, agus is bocht agus náireach an scéal é sin.

Is fearr an tsláinte ná na táinte agus tá an seanfhocal sin chomh fíor inniu is a bhí sé an lá a céadchumadh é. Mar sin féin, mar a thaispeáin mé san aiste seo, tá na táinte ag teastáil chun an tsláinte a chinntiú. Easpa airgid is cúis lena lán de na fadhbanna atá sa chóras sláinte anseo in Éirinn agus, gan dabht ar bith, i dtíortha an Tríú Domhan. Mura mbíonn go leor airgid agus áiseanna ar fáil, beidh an bua ag an olc ar an maith sa chóras sláinte, rud nach mbeidh chun tairbhe do dhuine ar bith beo sa domhan.

Gluais

| | | | |
|---|---|---|---|
| cinniúnach | *fateful/eventful* | cliabh | *chest* |
| ciorruithe | *cuts* | iarmhairtí | *consequences* |
| mallaithe | *cursed* | ní mheánn sé brobh | *it is of no importance* |
| Roinn Timpistí agus Éigeandála | *Accident and Emergency Department* | sáite | *stabbed* |
| snámh in aghaidh easa | *struggling to carry out an impossible task* | togha | *best* |

## Ceapadóireacht

**Freagair do rogha ceann amháin de na teidil seo:**

1. Fadhbanna sláinte na hÉireann – na daoine féin is cúis leo.
2. Léigh tú alt i gceann de na nuachtáin laethúla ag rá go raibh an t-aos óg millte ag alcól, ag toitíní agus ag drugaí. Chuir an t-alt fearg ort. Scríobh an freagra a chuirfeá chuig eagarthóir an nuachtáin ar an ábhar sin.
3. Scríobh an chaint a dhéanfá i ndíospóireacht scoile ar son nó in aghaidh an rúin seo a leanas: 'Ní tír dheas í Éire le bheith tinn inti.'
4. Ceap scéal a mbeidh sé seo oiriúnach mar theideal air: 'Is fearr an tsláinte ná na táinte.'

## Cluastuiscint

Logáil isteach ar **www.edcodigital.ie** leis na míreanna fuaime a chloisteáil.

**Bí ag faire amach do na focail seo.**

| | | | |
|---|---|---|---|
| áisiúil | *handy* | drugaí crua | *hard drugs* |
| fáil réidh leo | *to get rid of them* | Feidhmeannacht na Seirbhíse Sláinte | *Health Service Executive* |
| gafa leis | *hooked on it* | ísle brí | *depression* |
| saill | *fat* | meaisíní díola | *vending machines* |
| ráta ard féinmharaithe | *high suicide rate* | seirbhísí meabhairshláinte | *mental-health services* |
| deochanna súilíneacha | *fizzy drinks* | túsdruga | *gateway drug* |

### Cuid A – Fógra

**Cluastuiscint 2A(i)–(ii)**

**Cloisfidh tú fógra raidió sa chuid seo. Cloisfidh tú é faoi dhó. Freagair na ceisteanna a ghabhann leis.**

1. (a) Cad a bheidh ar siúl Déardaoin?

   _______________

   (b) Cén fáth a bhfuil na húdaráis buartha?

   _______________

2. Luaigh dhá rud a léirigh an taighde.

   (i) _______________

   (ii) _______________

3. Cad a mhaítear faoin druga cannabas?

   _______________

## Cuid B – Comhrá

Cluastuiscint 2B(i)–(ii)

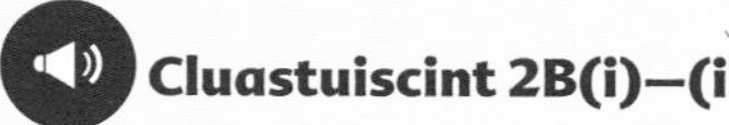

Cloisfidh tú comhrá sa chuid seo. Cloisfidh tú é **faoi dhó**. Cloisfidh tú an comhrá ó thosach deireadh an chéad uair. Ansin cloisfidh tú ina **dhá** mhír é. Freagair na ceisteanna a ghabhann leis.

### An chéad mhír

1. Cén fáth nach raibh aon eolas ag Liam faoin gcruinniú?

   ______________________________

2. Cad é ábhar an chruinnithe?

   ______________________________

3. Luaigh dhá thuairim atá ag Aoife faoin mbia ar scoil.

   (i) ______________________________

   (ii) ______________________________

### An dara mír

1. Cén fáth a gceapann Liam go bhfuil na meaisíní áisiúil?

   ______________________________

2. Cén moladh atá ag Liam faoi na deochanna?

   ______________________________

3. Cén moladh atá ag Aoife faoi am lóin?

   ______________________________

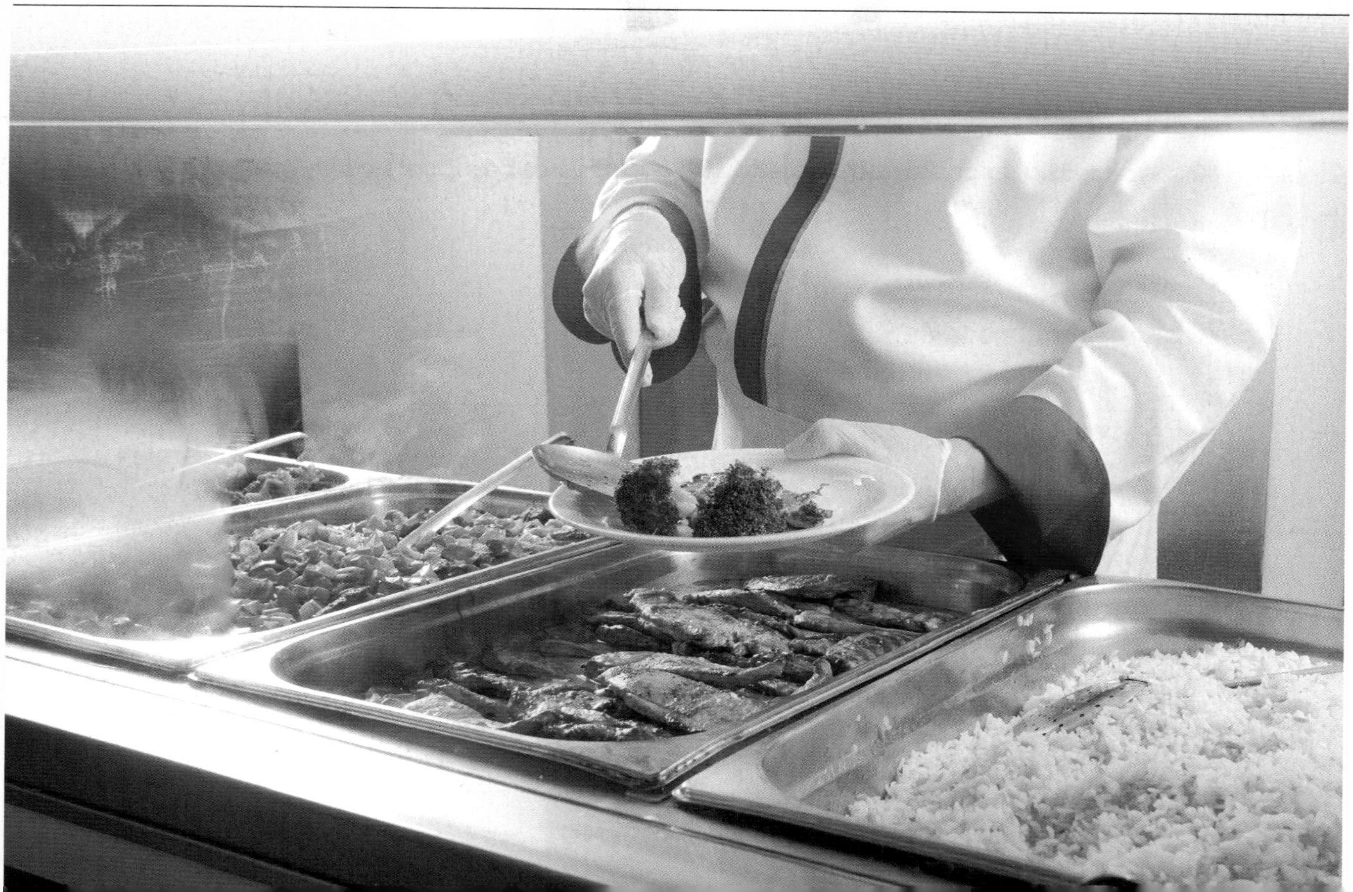

## Cuid C – Píosa nuachta

Cluastuiscint 2C(i)–(ii)

Cloisfidh tú píosa nuachta sa chuid seo. Cloisfidh tú é **faoi dhó**. Freagair na ceisteanna a ghabhann leis.

1. (a) Cé mhéad airgid atá i gceist?

   ______________________________

   (b) Cad chuige an t-airgead?

   ______________________________

2. Ainmnigh dhá rud a dhéanann na heagraíochtaí a luaitear san fhógra.

   (i) ______________________________

   (ii) ______________________________

3. Cad atá ina chúis mhór imní sa tír?

   ______________________________

# 3 Daoine a bhfuil meas agam orthu

## Léamhthuiscint: Joanne O'Riordan

**Léigh an sliocht seo a leanas agus freagair na ceisteanna a ghabhann leis.**

Cuid de na focail a chloistear agus daoine ag caint faoi Joanne O'Riordan ná 'diongbháilte' agus 'inspioráideach'. Rugadh Joanne gan géaga ar bith – siondróm Tetra-amelia a thugtar air agus níl ach seisear eile ar domhan a bhfuil an siondróm céanna orthu. Ar ndóigh, baineann a lán dúshlán le siondróm mar sin ach, in ainneoin na ndúshlán sin, caitheann Joanne saol gníomhach.

Chuir muintir na hÉireann aithne ar Joanne, a rugadh i 1996, den chéad uair nuair a bhí sí 16 bliana d'aois. Bhí Enda Kenny ag canbhasáil don olltoghchán agus bhuail sí leis. Bhí ceamaraí teilifíse ann agus rinne siad taifeadadh ar an gcomhrá. Dúirt an polaiteoir léi nach ndéanfadh sé aon chiorrú san airgead a tugadh do na seirbhísí a bhí ag freastal ar dhaoine faoi mhíchumas dá mbeadh sé ina thaoiseach. Nuair a ghearr sé siar ar an maoiniú do na seirbhísí agus é ina thaoiseach, chuaigh Joanne ar an *Late Late Show* ag gearán agus bhí ar an rialtas na ciorruithe a athrú.

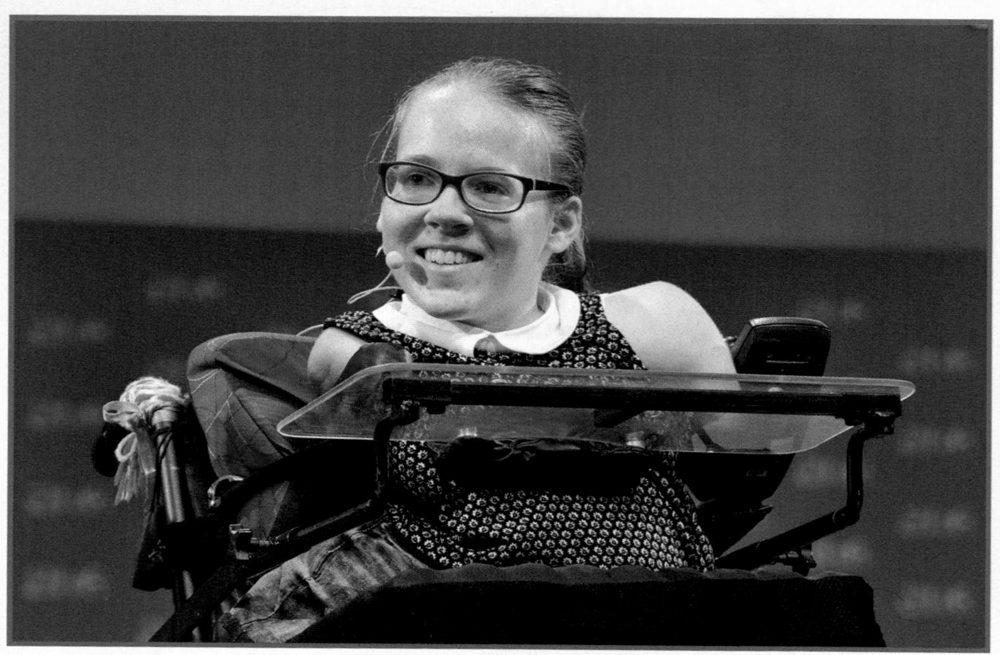

Labhair sí freisin leis na Náisiúin Aontaithe faoin nua-theicneolaíocht agus thug sí a ndúshlán róbat a thógáil di. Faoi láthair, tá sí ag obair le foireann i gColáiste na Tríonóide chun 'Robbie an Róbat' a thógáil a dhéanfadh an saol níos éasca di agus do dhaoine eile atá faoi mhíchumas.

Is iomaí gradam atá buaite ag an mbean chróga seo. In 2012 bhuaigh sí Duine Óg na Bliana agus in 2015 bhuaigh sí Sárdhuine Óg na Bliana, gradam idirnáisiúnta. Tá Joanne ag déanamh staidéir ar an gcoireolaíocht i gColáiste na hOllscoile, Corcaigh.

Tá meas mór agam uirthi toisc nár lig sí dá míchumas teorainn a chur lena saol. Tá pearsantacht iontach aici agus tá féith an ghrinn inti. Thaispeáin an scannán a rinne a deartháir Steven fúithi, *No Limbs No Limits*, a spiorad láidir agus a dearcadh dearfach ar an saol. Is duine neamhspleách í nach ngéilleann do na deacrachtaí atá ina saol. Molaim í go hard.

Gluais

| | | | |
|---|---|---|---|
| canbhasáil | *canvassing* | coireolaíocht | *criminology* |
| diongbháilte | *determined* | faoi mhíchumas | *disabled* |
| maoiniú | *funding* | siondróm | *syndrome* |
| taifeadadh | *recording* | teorainn | *limit* |

## Ceisteanna

**Ag baint úsáide as na nathanna/focail sa sliocht thuas, freagair na ceisteanna seo.**

1. Cad é Tetra-amelia? Cé mhéad duine ar domhan a bhfuil an siondróm seo orthu?
2. Cén tionchar a d'imir Joanne ar rialtas Enda Kenny?
3. Cén aidhm atá leis an togra 'Robbie an Róbat'?
4. Luaigh dhá ghradam a bhuaigh Joanne.
5. Cén cineál duine í Joanne? Tabhair fáthanna le do thuairim.

## Cleachtadh

**Cuir na focail/nathanna seo a leanas in abairtí a léireoidh a mbrí agus a gceartúsáid.**

1. diongbháilte
2. faoi mhíchumas
3. dúshlán
4. teorainn
5. ciorruithe

## Labhairt na teanga

**Pléigh na ceisteanna seo leis an duine atá in aice leat.**

1. Cén chaoi a gcaitear le daoine faoi mhíchumas in Éirinn?
2. Déan cur síos ar dhuine a bhfuil meas agat air/uirthi. Cén fáth a bhfuil an meas sin agat ar an duine sin?

## Léamhthuiscint: Malala Yousafzai

**Léigh an sliocht seo a leanas agus freagair na ceisteanna a ghabhann leis.**

Is minic a bhímid ag gearán faoin scoil agus faoin méid obair bhaile a bhíonn le déanamh againn ach i ndáiríre tá an t-ádh dearg linn a bheith ábalta dul ar scoil agus oideachas a fháil. Tá go leor áiteanna ar domhan ina bhfuil cosc ar an oideachas, go háirithe más cailín thú. Mar sin a bhí cúrsaí nuair a bhí an Talaban i réim i gceantar áirithe sa Phacastáin ach sheas cailín cróga an fód ar son oideachais do chailíní. Ba bheag nár cailleadh í ag troid ar son cearta cailíní chun freastal ar an scoil.

Rugadh Malala Yousafzai i 1997 agus bhí cónaí uirthi i nGleann Swat sa Phacastáin. Bhí suim mhór san oideachas ag a teaghlach agus tá sraith scoileanna acu. Khushal Public School is ainm dóibh. Ba ghníomhaí oideachais é a hathair agus spreag a ghníomhaíochtaí a iníon. Is minic a d'fhan Malala agus a hathair ina suí ag plé cúrsaí polaitíochta go raibh sé ina mhaidin. Nuair a bhí an Talaban, grúpa bunchreidmheach Ioslámach, i réim sa cheantar, chuir siad cosc ar an gceol agus ar an teilifís, ar mhná dul ag obair agus ar chailíní dul ar scoil. Nuair a bhí Malala 11 bhliain d'aois, thosaigh sí ag scríobh blag faoi ainm cleite don BBC. Ina blag rinne sí cur síos ar a saol faoin Talaban – faoi na hiarrachtaí a rinne an Talaban smacht a fháil ar an gceantar – agus labhair sí faoina dearcadh féin ar an oideachas. Ina dhiaidh sin, rinneadh clár faisnéise fúithi agus cuireadh faoi agallamh í sna meáin, ar an teilifís agus sna nuachtáin.

Ní nach ionadh níor thaitin an phoiblíocht a bhí á fáil aici leis an Talaban. Tráthnóna 12 Deireadh Fómhair 2012, nuair a bhí Malala ar a bus scoile, chuaigh gunnadóir ar bord an bhus. Lámhach sé Malala. Bhí Malala bhocht gan aithne gan urlabhra ar feadh cúpla lá agus í go dona tinn. Nuair a tháinig sí chuici féin, tugadh go dtí ospidéal i Sasana í, áit ar cuireadh cóir leighis eile uirthi.

Chuir an t-ionsaí ar Malala uafás ar dhaoine ar fud an domhain agus chaith sé solas freisin ar réimeas brúidiúil an Talaban. Tugadh a lán gradam do Malala, ina measc Duais Nobel na Síochána in 2014. Is í an duine is óige a fuair an duais sin riamh.

Chuaigh Malala agus a misneach go mór i bhfeidhm orm. Ceapaim go ndéanaimid talamh slán den saol atá againn anseo in Éirinn agus san iarthar i gcoitinne. Nílimid buíoch as na deiseanna atá againn. Tá daoine timpeall an domhain ag maireachtáil gan na háiseanna is bunúsaí: níl bia, dídean ná cearta ar bith acu. Ní fhaigheann mná cothrom na Féinne in a lán tíortha. Tá dualgas ar dhaoine a bhfuil saol maith acu troid ar son daoine atá ag fulaingt agus ag streachailt, mar a rinne Malala.

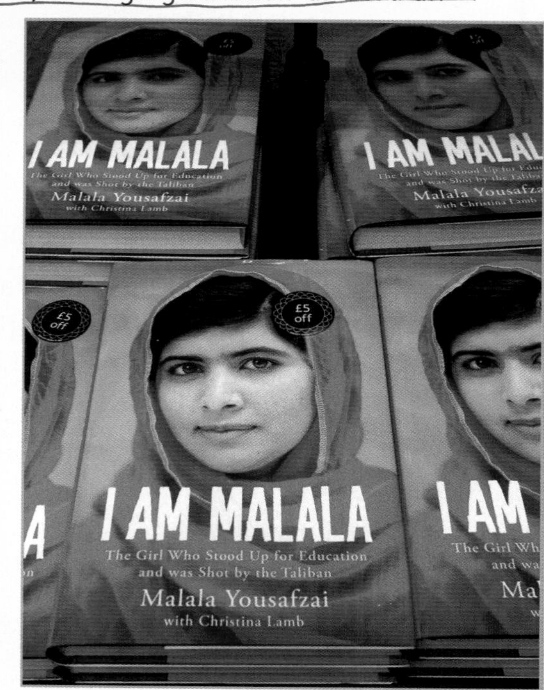

Gluais

| | | | |
|---|---|---|---|
| ainm cleite | *pen name* | bunchreidmheach | *fundamentalist* |
| cóir leighis | *medical treatment* | cothrom na Féinne | *equality* |
| dualgas | *duty* | gníomhaí | *activist* |
| Ioslámach | *Islamic* | lámhach | *shoot* |
| réimeas | *régime* | talamh slán a dhéanamh de | *to take for granted* |

## Ceisteanna

**Ag baint úsáide as na nathanna/focail sa sliocht thuas, freagair na ceisteanna seo.**

1. Cén fáth a ndeirtear go bhfuil an t-ádh dearg linn?
2. Cé hiad an Talaban agus cad a rinne siad nuair a bhí siad i réim i gceantar áirithe sa Phacastáin?
3. Cén bealach ar chuir Malala olc ar an Talaban?
4. Cén chaoi ar phléigh an Talaban le Malala?
5. Cén tréith is mó a bhaineann le Malala, dar leat? Cuir fáthanna le do thuairim.

## Cleachtadh

**Cuir na focail/nathanna seo a leanas in abairtí a léireoidh a mbrí agus a gceartúsáid.**

1. sheas sí an fód
2. gníomhaí
3. bunchreidmheach
4. gan aithne gan urlabhra
5. cothrom na Féinne

## Labhairt na teanga

**Pléigh na ceisteanna seo leis an duine atá in aice leat.**

1. Cad a cheapann tú den bhealach ar caitheadh le Malala sa Phacastáin?
2. An mbeadh an misneach céanna agat is a bhí ag Malala?
3. An dóigh leat go bhfuil daoine óga in Éirinn buíoch as an saol atá acu?

# Cúinne na gramadaí

## Na tíortha

Tá an chuid is mó de na tíortha baininscneach. Tá siad sa dara díochlaonadh. Cuirtear '-e' leis an bhfocal sa Tuiseal Ginideach.

**Críochnaigh an tábla thíos.**

| An tír | An Tuiseal Ainmneach | An Tuiseal Ginideach |
|---|---|---|
| Gearmáin | an Ghearmáin | muintir na Gearmáine |
| Sín | an tSín | muintir na Síne |
| Iodáil | an Iodáil | muintir na hIodáile |
| Astráil | | |
| Beilg | | |
| Frainc | | |
| Gréig | | |
| Nua-Shéalainn | | |
| Ostair | | |
| Pacastáin | | |
| Portaingéil | | |
| Rúis | | |
| Somáil | | |
| Tuirc | | |
| Ungáir | | |

## Eisceachtaí

Tá na tíortha seo (agus roinnt tíortha eile) firinscneach.

| | |
|---|---|
| Sasana | muintir Shasana |
| Ceanada | muintir Cheanada |
| Meiriceá | muintir Mheiriceá |

## Léamhthuiscint: Niall Breslin

**Léigh an sliocht seo a leanas agus freagair na ceisteanna a ghabhann leis.**

Tá an-mheas agam ar an bhfear ildánach Niall Breslin, nó Bressie, mar is fearr aithne air. Is duine rathúil é agus d'éirigh leis a lán rudaí a bhaint amach ina shaol go dtí seo. Tá meas agam air toisc go bhfuil sé sásta labhairt amach faoina chuid fadhbanna agus toisc go spreagann sé daoine óga chun cabhair a lorg má bhíonn rudaí ag cur isteach orthu.

B'imreoir peile le Contae na hIarmhí agus b'imreoir rugbaí le Cúige Laighean é ina óige. Chuaigh sé go dtí Coláiste na hOllscoile, Baile Átha Cliath ar scoláireacht spóirt agus bhain sé céim amach sa tráchtáil. Ina dhiaidh sin, in 2004, bhunaigh sé an grúpa ceoil The Blizzards le cairde. Mhair an grúpa go dtí 2009 agus fuair siad ardmholadh ó léirmheastóirí ceoil. Ba ghiotáraí, amhránaí agus scríbhneoir é leis an ngrúpa. Is amhránaí aonair é anois agus is duine de na moltóirí ar an gclár *The Voice of Ireland* é.

Bíonn a lán daoine óga ag streachailt le hísle brí na laethanta seo. Bíonn brú orthu nach raibh ar a dtuismitheoirí – brú scrúduithe agus piarbhrú chun tosú ag ól nó drugaí a ghlacadh. Bíonn mórfhadhbanna meabhairshláinte ag a lán daoine óga ach bíonn náire orthu é sin a admháil agus cabhair a lorg toisc nach maith le daoine labhairt go poiblí faoi na ceisteanna seo. Bíonn sé de nós againn in Éirinn rud ar bith a bhaineann leis an meabhairshláinte a chur i bhfolach, agus is mór an trua é. Sin an fáth a bhfuil meas chomh mór sin agam ar Bressie – tá sé sásta labhairt go poiblí faoina chuid fadhbanna féin chun cabhrú le daoine eile.

Nuair a bhí sé san ollscoil bhíodh sé in ísle brí agus cúpla bliain ó shin bhuail taom scaoill é. Fuair sé cabhair. Ceapann sé go bhfuil cleachtadh coirp tábhachtach agus duine ag plé le hísle brí. Ar ndóigh, tá sé an-tábhachtach dul agus labhairt le síceolaí freisin. Tá sé an-sásta go bhfuil daoine sásta labhairt faoin gceist seo anois. Scríobhann sé blag faoin ábhar chomh maith, dar teideal 'Mo Mhíle Uair'. Is ambasadóir é don eagraíocht Cycle Against Suicide agus bíonn sé ag tiomsú airgid don eagraíocht.

Is maith liom é mar go ndéanann sé beart de réir a bhriathair. Tá sé sásta a dhícheall a dhéanamh chun cabhrú le daoine leochaileacha agus is cuma leis cad a cheapann daoine faoi. Is cás leis daoine eile agus is ceannaire i ndomhan na meabhairshláinte in Éirinn é. Tuigeann sé go bhfuil sé tábhachtach agus cabhrach labhairt faoi chúrsaí meabhairshláinte agus úsáideann sé a cháil chun díriú ar an gceist seo. Is duine tuisceanach smaointeach é agus molaim go hard é.

Gluais

| | | | |
|---|---|---|---|
| moltóirí | *judges* | déanann sé beart de réir a bhriathair | *he carries out his word* |
| díriú | *focus* | ildánach | *multi-talented* |
| ísle brí | *depression* | leochaileach | *vulnerable* |
| meabhairshláinte | *mental health* | piarbhrú | *peer pressure* |
| síceolaí | *psychologist* | taom scaoill | *panic attack* |
| ag tiomsú airgid | *fundraising* | tráchtáil | *commerce* |

## Ceisteanna

**Ag baint úsáide as na nathanna/focail sa sliocht thuas, freagair na ceisteanna seo.**

1. Cén fáth, an dóigh leat, a ndeirtear gur fear ildánach é Bressie?
2. Céard iad na fadhbanna a bhíonn ag daoine óga sa lá atá inniu ann?
3. Cén chaoi a bpléitear le fadhbanna meabhairshláinte sa tír seo de ghnáth?
4. Cén chaoi ar phléigh Bressie lena chuid fadhbanna féin?
5. Conas a dhéanann Bressie beart de réir a bhriathair?

## Cleachtadh

**Cuir na focail/nathanna seo a leanas in abairtí a léireoidh a mbrí agus a gceartúsáid.**

1. ildánach
2. ag streachailt
3. meabhairshláinte
4. taom scaoill
5. smaointeach

## Labhairt na teanga

**Pléigh na ceisteanna seo leis an duine atá in aice leat.**

1. An dóigh leat go ndéanann na ceiliúráin a ndóthain chun cabhrú le daoine a bhfuil fadhbanna acu?
2. Cén fáth nach maith le daoine labhairt go poiblí faoin ísle brí?
3. Cad a cheapann tú féin de Bressie? An bhfuil meas agat air?

## Léamhthuiscint: Peter McVerry

**Léigh an sliocht seo a leanas agus freagair na ceisteanna a ghabhann leis.**

Tá an-chuid cainte na laethanta seo faoi dhaoine gan dídean agus an méadú mór atá tagtha ar an bhfadhb. Níor caitheadh mórán airgid ar an tithíocht shóisialta nuair a tharla an cúlú eacnamaíochta agus le blianta beaga anuas tá an cíos ar árasáin agus ar thithe ag dul i méid. Níl an t-airgead ag daoine íoc as lóistín agus tá a lán daoine ina gcónaí i gcarranna, ar na sráideanna agus, i gcúpla cás, ar bhinsí i bpáirceanna poiblí. Is uafásach an scéal é agus caitheann an tAthair Peter McVerry a shaol ag iarraidh an fhadhb sin a réiteach agus cabhrú le daoine nach bhfuil díon, dídean ná dóchas acu.

'Aingeal na Sráideanna' a thugtar ar an Athair McVerry i mBaile Átha Cliath. Rugadh san Iúr é agus bhí saol an mhadra bháin aige agus é ag fás aníos. D'fhreastail sé ar scoil chónaithe Clongowes agus tar éis dó an scoil a fhágáil oirníodh ina shagart é. Bhí sé ag obair mar mhúinteoir i scoil phríobháideach eile, Coláiste Belvedere, agus chonaic sé an bochtanas thart timpeall air toisc go bhfuil Coláiste Belvedere suite i gceantar atá faoi mhíbhuntáiste. Chuir an easpa cothromaíochta sa saol fearg air agus shocraigh sé a shaol a chaitheamh ag cabhrú le daoine nach raibh deiseanna saoil acu. Bhunaigh sé club óige sa cheantar agus cuireadh ranganna ceirde ar fáil chun ceard agus deis a thabhairt do na buachaillí óga a bhí ag teacht ag an gclub óige. Ina dhiaidh sin, fuair sé árasáin do na daoine óga a bhí ag caitheamh a saoil ar na sráideanna. Tugann sé seans dóibh agus léiríonn sé meas orthu. Mothaíonn daoine gan dídean nach bhfuil meas ag aon duine orthu ná suim ag aon duine iontu. Is minic mar sin a cheapann siad nach mbaineann dínit ná fiúntas ar bith leo agus cailleann siad misneach.

Tá meas mór agam ar Peter McVerry agus ar dhaoine eile a bhíonn ag troid ar son na mbochtán agus ar son daoine gan dídean. Nuair a chaitear ar charn aoiligh an tsaoil thú, ní bhíonn an fuinneamh agat troid ar do shon féin agus bíonn tú ag brath ar dhaoine eile chun pléadáil ar do shon. Sin a dhéanann daoine ar nós an Athar McVerry agus an tSiúr Stan, a bhunaigh Focus Ireland, eagraíocht eile a chabhraíonn le daoine gan dídean. Tá meas as cuimse agam freisin ar Alice Leahy, a bhunaigh an eagraíocht Trust, a chabhraíonn le daoine bochta atá mar strainséirí sa saol. Bíonn na daoine seo, agus na céadta deonach nach iad, ag obair go laethúil, Domhnach is dálach, chun an saol a dhéanamh níos fearr do na daoine is leochailí sa saol, daoine atá ar imeall na sochaí. Is obair dhian dhúshlánach í ach bíonn na daoine thuasluaite sásta seasamh le daoine in am an ghátair, am ar bith den lá nó den oíche. Tuilleann siad ár meas agus ár mbuíochas.

Gluais

| | | | |
|---|---|---|---|
| as cuimse | *huge* | caite ar charn aoiligh an tsaoil | *thrown on the scrapheap of life* |
| cíos | *rent* | cúlú eacnamaíochta | *recession* |
| deonach | *volunteer* | dínit | *dignity* |
| Domhnach is dálach | *day in, day out* | dúshlánach | *challenging* |
| easpa cothromaíochta | *lack of equality* | faoi mhíbhuntáiste | *disadvantaged* |
| fiúntas | *worth* | gan dídean | *homeless* |
| imeall | *margin* | in am an ghátair | *in time of need* |
| oirníodh é | *he was ordained* | saol an mhadra bháin | *a great life* |
| scoil chónaithe | *boarding school* | | |

## Ceisteanna

**Ag baint úsáide as na nathanna/focail sa sliocht thuas, freagair na ceisteanna seo.**

1. Cén fáth ar tháinig méadú ar líon na ndaoine gan dídean?
2. Cén chaoi ar chabhraigh an tAthair Peter McVerry le daoine óga i gceantar Choláiste Belvedere?
3. Cén fáth a gcailleann daoine gan dídean misneach?
4. Cé hiad na daoine eile a chabhraíonn le daoine leochaileacha?
5. Cén fáth a dtuilleann siad meas agus buíochas?

## Cleachtadh

**Cuir na focail/nathanna seo a leanas in abairtí a léireoidh a mbrí agus a gceartúsáid.**

1. gan dídean
2. Domhnach is dálach
3. deonach
4. faoi mhíbhuntáiste
5. as cuimse

### Labhairt na teanga

**Pléigh na ceisteanna seo leis an duine atá in aice leat.**

1. Pléigh an easpa cothromaíochta atá sa domhan. Cén chaoi a mothaíonn tú faoi?
2. Cad ba cheart a dhéanamh chun cabhrú le daoine i gceantair atá faoi mhíbhuntáiste?

## Ceapadóireacht

**Freagair do rogha ceann amháin de na teidil seo:**

1. Daoine cáiliúla – an tionchar atá acu ar dhaoine óga.
2. Iarradh ort píosa cainte a dhéanamh le daltaí na hidirbhliana faoi na daoine is mó a chuaigh i bhfeidhm ort. Scríobh an píosa cainte a dhéanfá ag an ócáid sin.
3. An fhreagracht atá ar cheiliúráin difríocht a dhéanamh sa saol.
4. Scríobh an chaint a dhéanfá i ndíospóireacht scoile ar son nó in aghaidh an rúin seo a leanas: 'Ní chaitear go cothrom le daoine faoi mhíchumas sa tír seo.'

## Cluastuiscint

Logáil isteach ar **www.edcodigital.ie** leis na míreanna fuaime a chloisteáil.

**Bí ag faire amach do na focail seo.**

| | | | |
|---|---|---|---|
| aire cosanta | *minister of defence* | ar féarach | *grazing* |
| braon san aigéan | *drop in the ocean* | Cabhlach na hÉireann | *Irish Navy* |
| ciseán bia | *food hamper* | faighteoirí | *recipients* |
| gáinneálaithe ar dhaoine | *people-traffickers* | mairnéalaigh | *sailors* |
| maoiniú | *funding* | mídhaonna | *inhuman* |
| neamhshuim | *indifference* | pléadálaithe | *advocates* |
| preasagallamh | *press conference* | tarrtháil | *rescue* |
| teifigh | *refugees* | tóin poill | *bottom of the sea* |

### Cuid A – Fógra  Cluastuiscint 3A(i)–(ii)

**Cloisfidh tú fógra raidió sa chuid seo. Cloisfidh tú é faoi dhó. Freagair na ceisteanna a ghabhann leis.**

1. Cad chuige an maoiniú a fógraíodh inniu?

_______________________________________________

2. Cé a d'fhógair an maoiniú?

_______________________________________________

3. Cad a dúirt pléadálaithe ar son daoine gan dídean faoin maoiniú?

___

4. (a) Cé mhéad airgid atá ag teastáil chun an fhadhb a réiteach?

   ___

   (b) Cad a cháin na pléadálaithe?

   ___

## Cuid B – Comhrá

**Cluastuiscint 3B(i)–(ii)**

**Cloisfidh tú comhrá sa chuid seo. Cloisfidh tú é faoi dhó. Cloisfidh tú an comhrá ó thosach deireadh an chéad uair. Ansin cloisfidh tú ina dhá mhír é. Freagair na ceisteanna a ghabhann leis.**

An chéad mhír

1. Luaigh dhá thír as a bhfuil na teifigh ag éalú.

   (i) ___

   (ii) ___

2. Cén chaoi a gcuireann na gáinneálaithe dallamullóg ar na teifigh?

   (i) ___

   (ii) ___

An dara mír

1. Cad a chuir bród ar Phól?

___

2. Cad a dúirt an t-aire cosanta faoi na mairnéalaigh?

___

3. Céard ba mhaith le Pól a dhéanamh?

___

4. Cén chaoi ar bhailigh an scoil airgead do Focus Ireland?

___

## Cuid C – Píosa nuachta

Cloisfidh tú píosa nuachta sa chuid seo. Cloisfidh tú é **faoi dhó**. Freagair na ceisteanna a ghabhann leis.

1. Cad a bronnadh ar an mBráthair Kevin Crowley?

   ______________________________

2. Cathain a bunaíodh Ionad Lae na gCaipisíneach?

   ______________________________

3. Cad a chuirtear ar fáil do na daoine a théann go dtí an tIonad Lae?

   ______________________________

4. Cad a rinne Bono agus The Edge nuair a bronnadh an gradam ar U2?

   ______________________________

5. Cén dualgas atá ar an mBráthair Kevin anois?

   ______________________________

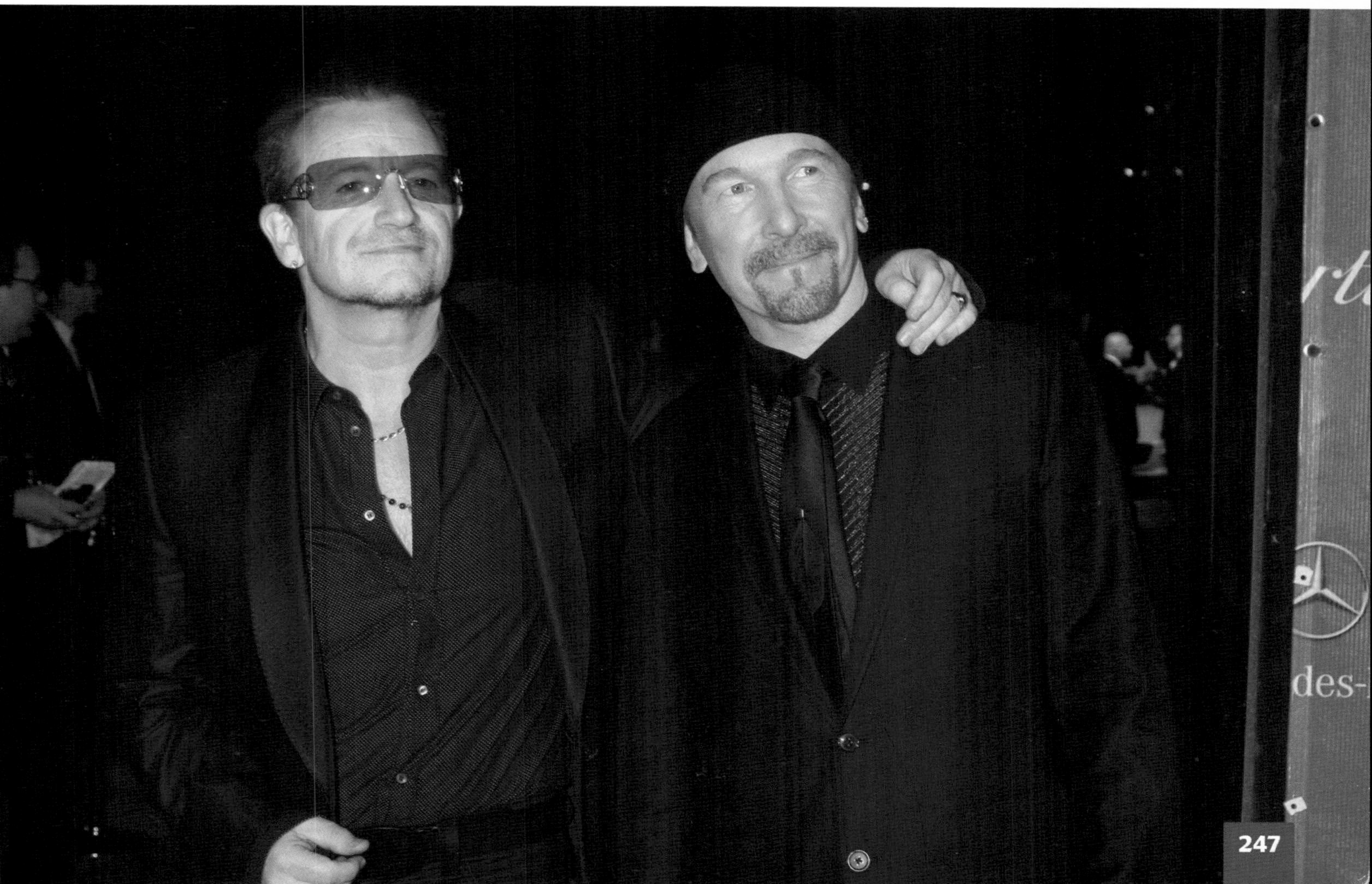

# 4 Cúrsaí oideachais in Éirinn

**Na blianta tosaigh**
blianta réamhscolaíochta
saor in aisce
chun tairbhe an pháiste
is mór idir inné agus inniu
pionós corpartha
cur chuige páistelárnach[1]

**Cúrsaí meánscoile**
ró-acadúil
an iomarca ábhar
blaiseadh beag de na hábhair
scrúdú an Teastais Shóisearaigh
in adharca a chéile
oideachasóirí
an leasú[2] is fearr

**Litearthacht agus uimhearthacht**
Seachtain Náisiúnta Feasachta ar Litearthacht d'Aosaigh[3]
tascanna simplí
ag maireachtáil sa dorchadas
gan léamh ná scríobh
imeallach sa tsochaí
fostaithe ar bheagán oiliúna
páirt iomlán ghníomhach

1 child-centred approach; 2 reform; 3 National Adult Literacy Awareness Week

**Is aoibhinn beatha an scoláire**

múinteoirí den scoth

ag cur le saol na ndaltaí

dul chun cinn pearsanta

béim ar imeachtaí seach-churaclaim

ranganna ióga agus aireachais

ranganna féinchosanta

buaicphointe na bliana

**Brú na scrúduithe**

éileamh mór ar áiteanna sna coláistí

córas na bpointí

ag streachailt agus in ísle brí

gach mac agus iníon máthar

an iomarca ama

ba cheart don aire athmhachnamh[4] a dhéanamh ar an ábhar

an iomarca airde

forlíontaí[5] i mbeagnach gach nuachtán

cúrsaí meabhairshláinte

an brú a mhaolú

**Dúshlán na hollscoile**

an táille chlárúcháin

a mhéadaítear bliain i ndiaidh bliana

na coláistí is mó éilimh

chomh hannamh le sneachta sa samhradh

gnólachtaí agus comhlachtaí[6] idirnáisiúnta

caighdeán an oideachais

oileán na naomh agus na n-ollamh

4 rethink; 5 supplements; 6 businesses and companies

# Cúrsaí bunscoile

## Éist agus scríobh

**Éist leis an múinteoir ag léamh an tsleachta seo thíos. Nuair atá sé scríofa agat, oscail do leabhar agus ceartaigh do chuid oibre!**

Déantar an-chuid cainte na laethanta seo faoi chúrsaí oideachais. Táthar ann a deir nach bhfuil an córas thar mholadh beirte agus tá daoine eile ann a mholann an córas go hard na spéire. Is dócha go bhfuil an fhírinne le fáil áit éigin sa lár. Níl aon dabht faoi ach go bhfuil a lán athruithe ag teacht ar an gcóras oideachais le blianta beaga anuas. Ag tosú le leanaí óga na tíre, tá bliain réamhscolaíochta saor in aisce ar fáil ag gach páiste sula dtosaíonn sé nó sí ar an mbunscoil. Tá roinnt daoine den tuairim gur cheart go mbeadh an dara bliain ar fáil freisin.

Is mór idir inné agus inniu ó thaobh cúrsaí bunscoile de. Bhí uair ann agus bhí eagla an domhain ar pháistí dul ar scoil toisc pionós corpartha a bheith sna scoileanna. Bhí cead ag múinteoirí páistí a bhualadh. Uaireanta d'aontaigh na tuismitheoirí leis an gcóras sin; uaireanta bhí eagla orthu aon rud a rá leis an múinteoir toisc go raibh a lán cumhachta ag an múinteoir sa tsochaí ag an am. Buíochas mór le Dia, tá cosc ar phionós corpartha sna scoileanna anois agus tá cur chuige páistelárnach sna bunscoileanna anois. Is aoibhinn le páistí dul ar scoil anois agus faigheann siad tuiscint agus tacaíocht óna múinteoirí agus iad ag foghlaim i mbealach taitneamhach spraíúil.

Gluais

| | | | |
|---|---|---|---|
| cosc | *ban* | cur chuige | *approach* |
| níl . . . thar mholadh beirte | *. . . leaves a lot to be desired* | páistelárnach | *child-centred* |
| pionós corpartha | *corporal punishment* | réamhscolaíocht | *preschool* |
| saor in aisce | *free of charge* | spraíúil | *enjoyable* |

## Cleachtadh

**Líon na bearnaí leis an bhfoclóir cuí on sliocht thuas.**

1. Dúirt an múinteoir nach raibh m'aiste ____________ ____________ ____________.
2. Ní féidir le mo chara an ____________ a insint; bíonn sé i gcónaí ag insint bréag.
3. Bhí áthas ar m'athair nuair a fuair sé ticéad ____________ ____________ ____________ don chluiche, mar de ghnáth bíonn céad euro orthu.
4. Is cuimhin le mo sheanathair nuair a bhí ____________ ____________ sna scoileanna agus bhíodh eagla an domhain air ag dul ar scoil.
5. Tá ____________ ar mhadraí sa bhialann áitiúil.

### Teasáras

**Aimsigh focail eile do na focail/nathanna seo.**

1. cosc
2. spraíúil
3. is aoibhinn le
4. saor in aisce
5. pionós corpartha

### Labhairt na teanga

**Pléigh na ceisteanna seo leis an duine atá in aice leat.**

1. Cad a cheapann tú féin den chóras oideachais?
2. An dóigh leat go bhfuil sé tábhachtach go bhfuil bliain réamhscolaíochta ag gach páiste?
3. Céard iad na cuimhní atá agat ar an mbunscoil?

## Léamhthuiscint: Litearthacht agus uimhearthacht i measc daoine fásta

**Léigh an sliocht seo a leanas agus freagair na ceisteanna a ghabhann leis.**

Dar le tuairisc a d'fhoilsigh an OECD in 2013, tá fadhb ag an séú cuid de dhaoine fásta in Éirinn le litearthacht. Bíonn sé an-deacair dóibh na tascanna is simplí a dhéanamh – mar shampla, treoracha ar bhuidéal leighis a leanúint. Bíonn fadhb ag an gceathrú cuid de dhaoine fásta le mata simplí. Agus é ag labhairt ag seoladh Sheachtain Náisiúnta Feasachta ar Litearthacht d'Aosaigh, labhair an t-uachtarán faoin náire a bhaineann leis an bhfadhb seo do na haosaigh atá i gceist. Bíonn daoine gan léamh ná scríobh imeallach sa tsochaí agus bíonn imní an domhain orthu go bhfaighidh daoine amach nach bhfuil na scileanna seo acu. Maireann siad sa dorchadas agus bíonn níos mó seans ann gur fostaithe ar bheagán oiliúna a bheidh iontu, ag obair i bpoist nach n-íocann go leor chun caighdeán maireachtála sásúil a bhaint amach, nó go mbeidh siad dífhostaithe. Samhlaigh an náire a bhaineann leis an saol sin, imní ort go bhfaighidh do pháistí amach nach bhfuil Daidí nó Mamaí in ann léamh.

Dúirt an t-uachtarán go mbaineann litearthacht leis an gcumas a bheith ábalta plé leis an nuatheicneolaíocht freisin. Mura bhfuil duine in ann ríomhaire, an tIdirlíon ná fón cliste a úsáid, tá siad thíos leis. Dar leis an uachtarán baineann litearthacht agus uimhearthacht le cúrsaí cearta daonna agus cothromaíocht. Mura bhfuil na scileanna seo ag duine, ní féidir leis ná léi páirt iomlán ghníomhach a imirt sa tsochaí agus is í an tsochaí ar fad atá thíos leis seo. Ag an seoladh mhol an t-uachtarán dhá ghrúpa – na teagascóirí deonacha a chabhraigh leis na haosaigh chun léamh agus scríobh a fhoghlaim, agus, ar ndóigh, na daoine fásta féin, ag gach aois agus ó gach cineál cúlra, a rinne an cinneadh na scileanna riachtanacha seo a fhoghlaim.

Gluais

| | | | |
|---|---|---|---|
| aosach | *adult* | caighdeán maireachtála | *standard of living* |
| cinneadh | *decision* | cumas | *ability* |
| cothromaíocht | *equality* | feasacht | *awareness* |

| | | | |
|---|---|---|---|
| fostaí ar bheagán oiliúna | *low-skilled worker* | gníomhach | *active* |
| imeallach | *marginalised* | litearthacht | *literacy* |
| seoladh | *launch* | tá siad thíos leis | *they suffer* |
| teagascóir | *tutor* | treoracha | *directions* |
| tuairisc | *report* | uimhearthacht | *numeracy* |

## Ceisteanna

**Ag baint úsáide as na nathanna/focail sa sliocht thuas, freagair na ceisteanna seo.**

1. Cén t-eolas a bhí le fáil i dtuairisc an OECD?
2. Cad a dúirt an t-uachtarán faoin gcaoi a gcuireann an fhadhb isteach ar aosaigh?
3. Cén chaoi a gcuireann an easpa litearthachta isteach ar fhostaíocht daoine?
4. Cén chaoi a mbaineann litearthacht agus uimhearthacht le cearta daonna?
5. Cé hiad na dreamanna a mhol an t-uachtarán ag an seoladh?

## Cleachtadh

**Cuir na focail/nathanna seo a leanas in abairtí a léireoidh a mbrí agus a gceartúsáid.**

1. treoracha
2. gan léamh ná scríobh
3. caighdeán maireachtála
4. thíos leis
5. cearta daonna

## Léamhthuiscint: Cúrsaí meánscoile

**Léigh an sliocht seo a leanas agus freagair na ceisteanna a ghabhann leis.**

Déantar an-chuid cainte na laethanta seo faoin gcóras oideachais sna meánscoileanna a leasú. Tá daoine ann a deir go bhfuil an córas oideachais ró-acadúil agus go bhfuil an iomarca ábhar le foghlaim, don Teastas Sóisearach go háirithe. Bhí laethanta ann agus bhí roinnt daltaí ag déanamh staidéir ar 12 ábhar don Teastas Sóisearach. Ar an taobh eile den argóint, deirtear go bhfuil sé go maith go bhfaigheann daltaí blaiseadh beag de na hábhair go léir. Tá aighneas le píosa idir an Roinn Oideachais agus múinteoirí meánscoile na tíre faoi scrúdú an Teastais Shóisearaigh. Níl aon dabht faoi ach gur cheart brú agus strus na scrúduithe a mhaolú ach bhí an dá thaobh in adharca a chéile faoin mbealach is fearr chun é sin a dhéanamh. Na múinteoirí ag ceartú obair a ndaltaí féin ar fad? Nó na múinteoirí ag ceartú cuid den obair agus níos lú scrúduithe stáit? Bhí uafás ar roinnt oideachasóirí ag ceapadh nach mbeadh aon scrúdú stáit ag daltaí go dtí bliain na hArdteiste, ach ar an taobh eile bhí daoine eile ag ceapadh gurbh é sin an leasú ab fhearr riamh.

Gluais

| | | | |
|---|---|---|---|
| acadúil | *academic* | aighneas | *dispute* |
| blaiseadh | *taste* | in adharca a chéile | *at loggerheads* |
| leasú | *reform* | maolú | *lessen* |

### Ceisteanna

**Ag baint úsáide as na nathanna/focail sa sliocht thuas, freagair na ceisteanna seo.**

1. Cad atá le cáineadh sa chóras oideachais?
2. Cén chaoi a mbíodh an Teastas Sóisearach?
3. Cén dá dhream a bhí in adharca a chéile?
4. Cén fáth a raibh aighneas eatarthu?
5. Cad a chuir uafás ar roinnt daoine?

### Teasáras

**Aimsigh focail eile do na focail/nathanna seo.**

1. leasú
2. aighneas
3. oideachasóir
4. acadúil
5. uafás

### Labhairt na teanga

**Pléigh na ceisteanna seo leis an duine atá in aice leat.**

1. An gceapann tú féin go bhfuil an córas oideachais ró-acadúil?
2. Cad a cheapann tú féin faoi chúrsa an Teastais Shóisearaigh?
3. Ar cheart scrúdú an Teastais Shóisearaigh a leasú?

## Brú na scrúduithe

**Léigh an sliocht seo a leanas agus freagair na ceisteanna a ghabhann leis.**

Níl aon dabht faoi ach go mbíonn a lán brú ar dhaltaí Ardteiste sa tír seo. Is maith le daltaí dul ar aghaidh go dtí coláistí tríú leibhéal agus bíonn éileamh mór ar áiteanna sna coláistí. Cuireann córas na bpointí an-bhrú ar dhaltaí agus bíonn cuid acu ag streachailt agus in ísle brí faoin am a bhíonn na scrúduithe féin ar siúl. Cúpla bliain ó shin shocraigh an t-aire oideachais breis marcanna a thabhairt don mhata ardleibhéil san Ardteist ach chruthaigh sé sin a thuilleadh fadhbanna. Anois tá gach mac agus iníon máthar ag iarraidh an t-ardleibhéal a dhéanamh sa mhata fiú mura bhfuil an cumas iontu. Caitheann siad an iomarca ama ag déanamh staidéir ar mhata agus bíonn na hábhair eile thíos leis. An gá mata ardleibhéil a bheith agat má tá tú ag iarraidh staidéar a dhéanamh ar Bhéarla san ollscoil, mar shampla? Ba cheart don aire athmhachnamh a dhéanamh ar an gceist seo agus é a dhéanamh go luath.

Ceapaim féin go bhfuil an iomarca airde sa tír seo ar an Ardteist agus go gcruthaíonn sé sin a thuilleadh brú. Tá a fhios agam gur scrúdú tábhachtach atá ann ach an gá go mbíonn cláir ar an raidió agus ar an teilifís faoi? An gá go mbíonn forlíonta i mbeagnach gach nuachtán? Tá an-chuid cainte sa tír seo anois faoi chúrsaí meabhairshláinte agus faoi chomh leochaileach is atá cuid dár ndaoine óga. Ar an ábhar sin, nár cheart do na meáin chumarsáide agus don Roinn Oideachais a bheith níos freagraí maidir le scrúdú na hArdteiste agus iarracht a dhéanamh an brú a mhaolú in ionad cur leis?

Gluais

| | | | |
|---|---|---|---|
| aird | *attention* | athmhachnamh | *rethink* |
| cumas | *ability* | éileamh | *demand* |
| forlíonta | *supplements* | in ísle brí | *depressed* |
| leochaileach | *vulnerable* | meabhairshláinte | *mental health* |

### Ceisteanna

**Ag baint úsáide as na nathanna/focail sa sliocht thuas, freagair na ceisteanna seo.**

1. Cén chaoi a gcuireann córas na bpointí isteach ar roinnt daltaí?
2. Cén cinneadh a rinne an t-aire oideachais agus cén tionchar a bhí ag an gcinneadh sin ar chúrsaí staidéir?
3. Conas a léirítear sa sliocht go bhfuil an iomarca airde ag muintir na tíre ar scrúdú na hArdteiste?
4. Cén moladh atá ag an údar maidir leis an mbrú ar dhaltaí a laghdú?

### Cleachtadh

**Scríobh achoimre ar an alt thuas.**

### Labhairt na teanga

**Pléigh na ceisteanna seo leis an duine atá in aice leat.**

1. Cad a cheapann tú faoi bhreis marcanna a thabhairt don mhata? An bhfuil sé cothrom?
2. An dóigh leat go dtéann an tír go léir thar fóir maidir leis an Ardteist? Tabhair fáthanna le do thuairim.

## Is aoibhinn beatha an scoláire

**Léigh an sliocht seo a leanas agus freagair na ceisteanna a ghabhann leis.**

Tá a fhios agam go mbíonn daoine ag gáire agus ag magadh faoin mana seo go minic. Tá sé an-éasca an córas oideachais sa tír seo a cháineadh, ach tá a lán le moladh freisin. Tá múinteoirí den scoth againn sa tír seo, múinteoirí a chaitheann uaireanta breise, gan phá, ag cabhrú agus ag cur le saol a ndaltaí. Is iomaí coiste agus cumann atá sna scoileanna – Comhairle na nDaltaí, an Coiste Timpeallachta agus an Coiste Carthanachta, chun cúpla ceann a lua. Ansin tá na clubanna éagsúla ann – an Club Leabhar, an Club Fichille, an Club Ceoil, an Club Díospóireachta agus an Club Ceardaíochta. In a lán scoileanna bíonn imeachtaí spóirt ar siúl i ndiaidh am scoile gach lá. Tá a lán imeachtaí ar siúl chun cabhrú leis an dalta dearmad a dhéanamh ar chúrsaí acadúla ar feadh tamaill – agus, níos tábhachtaí ná sin, b'fhéidir, cabhraíonn na himeachtaí éagsúla leo muinín a fháil agus dul chun cinn pearsanta a dhéanamh.

Baineann aoibhneas ar leith leis an idirbhliain. Cé go leanann an obair acadúil ar aghaidh, cuirtear an-bhéim ar imeachtaí seach-churaclaim freisin. Bíonn ranganna damhsa, ranganna féinchosanta, ranganna ióga agus ranganna aireachais ar siúl. Má ghlacann tú páirt i nGaisce, foghlaimaíonn tú scil nua nó déanann tú obair charthanachta. Cuireann tú aithne ar dhaltaí nua ón mbliain agus aimsíonn tú cairde nua. Má tá an t-ádh ag dalta, rachaidh sé nó sí ar chúpla turas i rith na bliana agus is iontach an spraoi agus an taitneamh a bhaineann leo. I roinnt scoileanna bíonn ceoldráma ar siúl, buaicphointe na bliana, gan aon agó. Is aoibhinn beatha an scoláire cinnte i rith na hidirbhliana.

Gluais

| | | | |
|---|---|---|---|
| aireachas | *mindfulness* | buaicphointe | *highlight* |
| coiste | *committee* | den scoth | *first-rate* |
| féinchosaint | *self-defence* | ióga | *yoga* |
| mana | *motto* | seach-churaclam | *extra-curricular* |

## Ceisteanna

**Ag baint úsáide as na nathanna/focail sa sliocht thuas, freagair na ceisteanna seo.**

1. Cén chaoi a moltar múinteoirí sa sliocht?
2. Cén chaoi a gcabhraíonn na himeachtaí éagsúla leis na daltaí?
3. Cén difríocht atá ann idir an idirbhliain agus na blianta scoile eile?
4. Cén fáth a ndeirtear gurb aoibhinn beatha an scoláire san idirbhliain?

## Cleachtadh

1. Scríobh alt ag déanamh cur síos ar an athrú a tháinig ort ó thosaigh tú sa mheánscoil go dtí an lá atá inniu ann.
2. Scríobh síos cuid de na hargóintí atá ann i bhfabhar agus i gcoinne na hidirbhliana.

## Labhairt na teanga

**Pléigh na ceisteanna seo leis an duine atá in aice leat.**

1. An ndearna tú an idirbhliain? Céard iad na cuimhní atá agat uirthi?
2. Céard iad na cumainn agus na coistí éagsúla atá i do scoil? Déan cur síos ar an obair a dhéanann ceann nó dhó díobh.

## Léamhthuiscint: Dúshlán na hollscoile

**Léigh an sliocht seo a leanas agus freagair na ceisteanna a ghabhann leis.**

Agus na scrúduithe thart, na pointí faighte, tugann an mac léinn dóchasach aghaidh ar an ollscoil nó ar an gcoláiste tríú leibhéal. Sin, ar ndóigh, má tá na táillí aige, nó an táille chlárúcháin, mar ba cheart dom a rá. Seo táille a mhéadaítear bliain i ndiaidh bliana agus má bhíonn fadhbanna airgeadais ag mac léinn nó ag a mhuintir ní bheidh ar a chumas leanúint ar aghaidh go dtí an tríú leibhéal. Deir an rialtas go bhfuil deontais ar fáil ach is líon beag mac léinn a fhaigheann iad. Má sháraíonn an mac léinn dúshlán na dtáillí, is é an dara ceann atá le sárú aige ná lóistín a fháil. Ní thuigeann muintir Bhaile Átha Cliath, muintir Chorcaí agus muintir na Gaillimhe an t-ádh dearg atá acu a bheith ina gcónaí in aice leis na coláistí is mó éilimh. Bíonn lóistín chomh gann le sneachta sa samhradh sna cathracha seo agus cuireann an ganntanas seo isteach ar chúrsaí oideachais mar uaireanta bíonn ar mhic léinn éirí as a gcúrsa toisc nach bhfuil aon lóistín acu. Tá an staid seo amaideach agus náireach sa lá atá inniu ann.

Dóibh siúd a n-éiríonn leo táillí a íoc agus lóistín a fháil, níl aon dabht ach go bhfaigheann siad oideachas an-mhaith. Tá an-mheas ag gnólachtaí agus ag comhlachtaí idirnáisiúnta ar chaighdeán an oideachais anseo in Éirinn agus sin an fáth a mbíonn siad sásta lonnú anseo. Oileán na naomh agus na n-ollamh a thugtaí ar an tír seo, ag léiriú cháil na tíre maidir le cúrsaí oideachais. Ach i gcomparáid le tíortha eile san Eoraip, ní chaitear méid mór airgid ar chúrsaí oideachais anseo. Is fiú go mór don rialtas infheistíocht mhór a dhéanamh i gcúrsaí oideachais sa tír, ó chúrsaí réamhscolaíochta go dtí cúrsaí tríú leibhéal. Má dhéantar a leithéid, beidh mic léinn na tíre ábalta gach dúshlán atá rompu a shárú.

Gluais

| | | | |
|---|---|---|---|
| comhlachtaí | *companies* | deontas | *grant* |
| dúshlán | *challenge* | ganntanas | *shortage* |
| gnólachtaí | *businesses* | idirnáisiúnta | *international* |
| infheistíocht | *investment* | lóistín | *accommodation* |
| lonnú | *set up* | méadaigh | *increase* |
| sáraigh | *overcome* | táille chlárúcháin | *registration fee* |

### Ceisteanna

**Ag baint úsáide as na nathanna/focail sa sliocht thuas, freagair na ceisteanna seo.**

1. Cén dúshlán a bhaineann leis an táille chlárúcháin do roinnt mac léinn?
2. Cén fáth a ndeirtear go bhfuil an t-ádh dearg le roinnt mac léinn?
3. Cén fhadhb a bhaineann le cúrsaí lóistín?
4. Cén fhianaise atá ann go bhfuil oideachas maith tríú leibhéal le fáil sa tír seo?
5. Céard ba cheart don rialtas a dhéanamh agus cén fáth?

### Cleachtadh

**Cuir na focail/nathanna seo a leanas in abairtí a léireoidh a mbrí agus a gceartúsáid.**

1. dóchasach
2. táille
3. infheistíocht
4. éileamh
5. comhlachtaí idirnáisiúnta

## Ceapadóireacht

**Freagair do rogha ceann amháin de na teidil seo:**

1. Is aoibhinn beatha an scoláire.
2. Iarradh ort labhairt le daltaí na chéad bhliana faoin gcaoi is fearr chun taitneamh agus tairbhe a bhaint as a laethanta scoile. Scríobh an píosa cainte a dhéanfá ar an ábhar sin.
3. Léigh tú alt i gceann de na nuachtáin laethúla ag rá go bhfuil an saol róbhog ag daltaí an lae inniu. Chuir an t-alt fearg ort. Scríobh an freagra a chuirfeá chuig eagarthóir an nuachtáin ar an ábhar sin.
4. Scríobh an chaint a dhéanfá i ndíospóireacht scoile ar son nó in aghaidh an rúin seo a leanas: 'Ba cheart deireadh a chur leis an idirbhliain.'

## Cluastuiscint

Logáil isteach ar **www.edcodigital.ie** leis na míreanna fuaime a chloisteáil.

**Bí ag faire amach do na focail seo.**

| | | | |
|---|---|---|---|
| breis maoinithe | *extra funding* | cliseadh | *downturn* |
| cóimheas | *ratio* | crannchur | *raffle* |
| cumasach | *capable* | dúthracht | *hard work* |
| gann | *scarce* | ilchreidmheach | *multidenominational* |
| líofa | *fluent* | marcaíocht siamsaíochta | *rollercoasters* |
| mórthír | *mainland* | Roinn Ealaíon, Oidhreachta agus Gaeltachta | *Department of Arts, Heritage and the Gaeltacht* |
| saol an mhadaidh bháin | *a great life* | scoláireachtaí | *scholarships* |

### Cuid A – Fógra  Cluastuiscint 4A(i)–(ii)

**Cloisfidh tú fógra raidió sa chuid seo. Cloisfidh tú é faoi dhó. Freagair na ceisteanna a ghabhann leis.**

1. Cad a fógraíodh inniu?

_______________________________________________

2. Luaigh dhá bhuntáiste a thugann scoil oileáin Ghaeltachta do dhaltaí.

   (i) ______________________________

   (ii) ______________________________

3. (a) Cé mhéad scoláireacht atá ar fáil faoi láthair?

   ______________________________

   (b) Cé a dhéanann maoiniú ar na scoláireachtaí?

   ______________________________

## Cuid B – Comhrá

**Cluastuiscint 4B(i)–(ii)**

**Cloisfidh tú comhrá sa chuid seo. Cloisfidh tú é faoi dhó. Cloisfidh tú an comhrá ó thosach deireadh an chéad uair. Ansin cloisfidh tú ina dhá mhír é. Freagair na ceisteanna a ghabhann leis.**

An chéad mhír

1. Cén fáth nach bhfaca Caoimhe Cian le fada?

   ______________________________

2. Cén fáth a raibh na daltaí sna trithí gáire?

   ______________________________

3. Cén chaoi a raibh an saol ag na ríthe fadó?

   ______________________________

An dara mír

1. Cén chaoi ar roghnaíodh daltaí chun an idirbhliain a dhéanamh i scoil Chéin?

   ______________________________

2. Luaigh fáth amháin nach raibh Cian ag iarraidh an idirbhliain a dhéanamh.

   ______________________________

3. Luaigh cúis amháin a gceapann Caoimhe gur cheart do gach duine an idirbhliain a dhéanamh.

   ______________________________

## Cuid C – Píosa nuachta

**Cluastuiscint 4C(i)–(ii)**

**Cloisfidh tú píosa nuachta sa chuid seo. Cloisfidh tú é faoi dhó. Freagair na ceisteanna a ghabhann leis.**

1. Cá bhfuil an ghaelscoil nua?

   ______________________________

2. Cé a thug an suíomh don scoil?

   ______________________________

3. Cad a chinnteoidh an scoil?

   ______________________________

# 5 Foréigean agus coiriúlacht

**Foréigean, alcól agus drugaí**
foréigean sráide
foréigean teaghlaigh
gnó na ndrugaí

**Ciníochas agus foréigean**
Tuaisceart Éireann
Iosrael agus an Phalaistín
an stair

**An cúlú eacnamaíochta agus cúrsaí coiriúlachta**
coiriúlacht an bhóna bháin
camscéimeanna[1]
ag cur dallamullóg ar[2] dhaoine saonta[3]
ag robáil
ag cur airgead rialtais amú

1 scams; 2 deceiving; 3 gullible people

**Sceimhlitheoireacht**
ionsaí sceimhlitheoireachta ar Ionad Trádála an Domhain ar 9/11
al-Qaeda agus IS
leagtar buamaí
caitear daoine
diúracáin núicléacha[4]
an nimh san fheoil ag . . . do

**Foréigean**
stair fhuilteach fhoréigneach
ionsaí foréigneach
foréigean fánach
sáitear[5] daoine
maraítear daoine
ionsaítear daoine
nasc idir ól/drugaí agus foréigean

**Cúiseanna le coiriúlacht**
bochtaineacht
easpa oideachais
dífhostaíocht
saint[6]
easpa deiseanna

4 nuclear missiles; 5 are stabbed; 6 greed

# Cúiseanna le foréigean

## Éist agus scríobh

**Éist leis an múinteoir ag léamh an tsleachta seo thíos. Nuair atá sé scríofa agat, oscail do leabhar agus ceartaigh do chuid oibre!**

Cad is cúis leis an bhforéigean? An bhfuil an foréigean ag éirí níos coitianta? Nó an bhfuil an oiread céanna foréigin ann is a bhí riamh ach go bhfuil sé ag éirí níos nimhní agus níos brúidiúla? An bhfuil sochaí níos cruálaí againn? Níos bagraí? Agus má tá, cén fáth? Táthar ann a chuireann an locht ar na meáin chumarsáide, ag maíomh go bhfuil fáil ag daoine óga ar chluichí agus ar íomhánna foréigneacha le brú cnaipe anois. Déantar an argóint go mbíonn tionchar fo-chomhfhiosach ag an bhforéigean sin ar aigne an aosa óig agus go bhfuil siad ag dul i dtaithí ar an bhforéigean ag aois ró-óg. Tá daoine eile ann a chuireann an locht ar an méid alcóil agus drugaí atá sa tsochaí sa lá atá inniu ann. Nuair a bhíonn daoine caochta ar meisce nó faoi thionchar manglaim de dhrugaí crua agus d'alcól, tarlaíonn foréigean scine agus a leithéid i bhfad rómhinic. I bhfad romhinic, oíche fhoréigneach mharfach a bhíonn mar thoradh ar oíche shúgach.

Gluais

| | | | |
|---|---|---|---|
| bagrach | *threatening* | brúidiúil | *brutal* |
| caochta ar meisce | *blind drunk* | coitianta | *common* |
| cruálach | *cruel* | fo-chomhfhiosach | *subconscious* |
| foréigean scine | *knife crime* | manglam | *mixture* |
| marfach | *fatal* | nimhneach | *vicious* |
| súgach | *merry* | taithí | *experience* |

## Cleachtadh

**Líon na bearnaí leis an bhfoclóir cuí on sliocht thuas.**

1. Tá na hionsaithe scine ag éirí níos ___________. Bhí 20 ceann ann an mhí seo le hais deich gcinn an mhí seo caite.
2. Tá i bhfad an iomarca íomhánna ___________ i gcuid de na cluichí ríomhairí.
3. Tá páistí an-óg ag dul i ___________ ar an ól anois.
4. 'Oíche ___________, maidin bhrónach,' a deir an seanfhocal.
5. Tá fadhbanna an ___________ óig ag dul i méid.

### Teasáras

**Aimsigh focail eile do na focail/nathanna seo.**

1. foréigean
2. caochta ar meisce
3. marfach
4. locht
5. an t-aos óg

### Labhairt na teanga

**Pléigh na ceisteanna seo leis an duine atá in aice leat.**

1. Labhair faoi scéal a bhí sna meáin le déanaí a bhain le foréigean.
2. Cén fáth a bhfuil an oiread sin foréigin sa tsochaí anois, an dóigh leat?
3. An bhfuil aon réiteach agat ar an bhfadhb?

## Léamhthuiscint: Stair an fhoréigin

**Léigh an sliocht seo a leanas agus freagair na ceisteanna a ghabhann leis.**

Ar an drochuair, tá stair an chine dhaonna breac le scéalta faoin bhforéigean agus faoin dearg-ghráin a bhíonn ag clanna, ag náisiúin agus ag ciníocha ar a chéile. Ní gá dul níos faide ná an Bíobla féin chun an claonadh seo i nádúr an duine a fheiceáil. Ní dóigh liom gur féidir a rá le cinnteacht go raibh síocháin i ngach áit ar domhan ag am ar bith ar leith. Bhí uair ann agus bhí ár scáileáin teilifíse agus ár nuachtáin lán le scéalta brónacha ó Thuaisceart Éireann nuair a bhíodh na Trioblóidí ar siúl. Buíochas mór le Dia, tháinig deireadh, a bheag nó a mhór, leis an bhforéigean ansin a bhuí le Comhaontú Aoine an Chéasta agus comhaontuithe eile nach é. Ach féach ar thíortha an Mheánoirthir sa lá atá inniu ann – easaontas agus nimh san fheoil i gcónaí ag muintir Iosrael do mhuintir na Palaistíne agus cogadh cathartha ar siúl sa tSiria. Chuirfeadh stair bhrónach fhuilteach an domhain idir aois agus éadóchas ort.

Gluais

| | | | |
|---|---|---|---|
| ar an drochuair | *unfortunately* | breac le | *full of* |
| cine daonna | *human race* | ciníocha | *races* |
| claonadh | *tendency* | cogadh cathartha | *civil war* |
| comhaontú | *agreement* | dearg-ghráin | *intense hatred* |
| éadóchas | *despair* | easaontas | *disagreement* |
| fuilteach | *bloody* | an Meánoirthear | *the Middle East* |
| nimh san fheoil | *hatred* | an tSiria | *Syria* |

## Ceisteanna

**Ag baint úsáide as na nathanna/focail sa sliocht thuas, freagair na ceisteanna seo.**

1. Cad é an drochrud a bhaineann le stair an chine dhaonna, dar leis an sliocht thuas?
2. Cén tagairt a dhéantar d'Éirinn sa sliocht?
3. Cad a chuir deireadh leis an bhforéigean in Éirinn?
4. Cén chaoi a bhfuil cúrsaí sa Mheánoirthear i láthair na huaire?
5. Conas a mhothaíonn an scríbhneoir agus é ag smaoineamh faoin bhforéigean?

## Cleachtadh

**Cuir na focail/nathanna seo a leanas in abairtí a léireoidh a mbrí agus a gceartúsáid.**

1. breac le
2. dearg-ghráin
3. a bheag nó a mhór
4. nimh san fheoil
5. stair fhuilteach

## Labhairt na teanga

**Pléigh na ceisteanna seo leis an duine atá in aice leat.**

1. Cén chaoi a mbíodh cúrsaí sa tuaisceart?
2. Cá bhfuil foréigean le feiceáil sa lá atá inniu ann?
3. Cén fáth, an dóigh leat, a bhfuil an domhan chomh foréigneach sin?

# An quizmháistir agus an saineolaí – ag bailiú eolais don aiste

**Léigh agus ullmhaigh an sliocht seo i gcomhair an quizmháistir agus an tsaineolaí.**

## Foréigean agus ciníochas

**Léigh an sliocht thíos agus ansin líon na boscaí leis an eolas cuí uaidh.**

An áit a mbíonn daoine, bíonn foréigean. Ar an drochuair, tá fírinne sa ráiteas sin i gcónaí. Nuair a fhéachaimid ar an stair, is iad na samplaí den chiníochas is túisce a thagann chun cuimhne ná an sclábhaíocht i Meiriceá agus an ciníochas uafásach a chuir Hitler i bhfeidhm sa Ghearmáin agus i dtíortha eile le linn an Dara Cogadh Domhanda, nuair a bhí géarleanúint na nGiúdach ar siúl aige. Tugadh na milliúin Giúdach chuig na campaí géibhinn agus cuireadh chun báis iad, uaireanta tar éis tástálacha mídhaonna a dhéanamh orthu. Chreid Hitler go raibh na hAirianaigh ní b'fhearr ná na Giúdaigh agus rinne sé leatrom ar a lán dreamanna eile, an lucht siúil agus daoine aeracha ina measc.

Ar ndóigh, tá an Ku Klux Klan beo beathach i gcónaí i stáit éagsúla i ndeisceart na Stát Aontaithe. Measann an dream sin go bhfuil an cine geal níos fearr agus níos éirimiúla ná an lucht gorm. Ceaptar go forleathan go ndéantar éagóir ar an gcine gorm i gcúrsaí oideachais agus fostaíochta fós i stáit éagsúla. Ar ndóigh, tá líon díréireach den chine gorm i bpríosúin na tíre agus daortha chun báis.

Tá an ciníochas agus an foréigean a eascraíonn as le feiceáil ar fud an domhain. Sa bhliain 1994, tharla cinedhíothú uafásach san Afraic nuair a fuair breis is leathmhilliún duine de na Tutsi bás i Ruanda nuair a d'ionsaigh treabh eile, na Hutu, iad. Bliain ina dhiaidh sin, i 1995, bhí ár bpáipéir nuachtáin agus ár scáileáin teilifíse líon lán de na heachtraí uafásacha gránna a bhí ar siúl ar leac ár ndorais, i ndáiríre, nuair a bhí polasaí an chineghlanta á chur i bhfeidhm i gCosobhó. Maraíodh 8,000 fear agus buachaill Moslamach go brúidiúil ann agus níl insint scéil ar an uafás a d'fhulaing na mná a bhí fágtha gan chosaint. Gach lá bhí na mílte teifeach ag éalú ón gceantar agus scéalta sceirdiúla agus scanrúla acu faoi na rudaí uafásacha a tharla dóibh.

Ar ndóigh, fadhb gan réiteach í fadhb an fhoréigin sa Mheánoirthear. Níl lá dá dtéann thart nach mbíonn ionsaí nó buamáil éigin ar siúl thall ansin agus daoine bochta ag streachailt leis an iliomad fadhbanna. Anois tá IS ar an saol agus eachtraí gránna uafásacha ar siúl acu. An mbeidh síocháin againn go deo?

Gluais

| | | | |
|---|---|---|---|
| beo beathach | *alive and well* | campaí géibhinn | *concentration camps* |
| cine geal | *white race* | cine gorm | *black race* |
| cinedhíothú | *genocide* | ciníochas | *racism* |
| daoine aeracha | *gay people* | daortha chun báis | *sentenced to death* |
| éagóir | *injustice* | géarleanúint | *persecution* |
| Giúdaigh | *Jews* | líon díréireach | *disproportionate number* |
| polasaí an chineghlanta | *policy of ethnic cleansing* | sclábhaíocht | *slavery* |
| treabh | *tribe* | trialacha mídhaonna | *inhuman experiments* |

## An saineolaí — leathanach an eolais

**Tíortha a luaitear**

**Samplaí den chiníochas**

**An t-ábhar: Foréigean agus ciníochas**

**Aidiachtaí**

**Mothúcháin**

## Léamhthuiscint: Coiriúlacht agus robáil gan foiréigean

**Léigh an sliocht seo a leanas agus freagair na ceisteanna a ghabhann leis.**

Ní gá, ar ndóigh, daoine a ghortú go fisiceach chun dochar a dhéanamh dóibh. Má ghoidtear ó dhaoine, má dhéantar an saol níos deacra agus níos measa dóibh, sin foréigean agus coiriúlacht freisin. Is iomaí duine atá ag streachailt leis an saol in Éirinn sa lá atá inniu ann. Le linn ré an Tíogair Cheiltigh, bhí na bainc ag brú iasachtaí ar dhaoine. Bhí amhantraithe agus tógálaithe ag tógáil tithe i ngach cearn den tír. Bhí praghas na dtithe ag dul in airde 'chuile lá beo agus bhí imní ar dhaoine óga nach mbeadh ar a gcumas teach a cheannach go deo. Mar sin thóg siad iasachtaí móra amach chun teach a cheannach. Ansin thit an tóin as an ngeilleagar agus fágadh daoine san fhaopach le fiacha móra. Mura bhfuil post ag daoine nó má ghearrtar pá, ní bhíonn an t-airgead ag daoine chun na billí móra a íoc. Tá polasaí déine an rialtais ag cruthú a lán fadhbanna do mhuintir na tíre. Tá daoine ar buile toisc, dar leo, nach bhfuil aon duine ag íoc as an bpraiseach ach amháin na gnáthdhaoine a bhfuil na hiasachtaí móra seo acu.

Cloistear an focal 'calaois' go minic na laethanta seo, nó 'coiriúlacht an bhóna bháin'. Níl na daoine seo ag dul amach le gunna ag robáil ó dhuine eile, ach fós féin is féidir dochar mór a dhéanamh. Mura bhfuil daoine sásta an cháin cheart a íoc, ciallaíonn sé sin go bhfuil ar dhaoine eile níos mó a íoc nó, níos measa, b'fhéidir, nach mbeadh an rialtas in ann seirbhísí a chur ar fáil. Cuirtear ciorruithe i bhfeidhm sa chóras oideachais agus sa chóras sláinte, le ranganna níos mó agus liostaí feithimh níos faide.

Coir cineál nua-aimseartha é goid aitheantais. Tarlaíonn sé sin nuair a ghoideann coirpigh an-chliste sonraí duine eile. B'fhéidir go bhfaighidís do sheoladh ó litir a chaith tú amach sa bhruscar. B'fhéidir go bhfaighidís do phasfhocal nó d'uimhir bhainc agus tú ag tógáil airgid amach as an meaisín bainc. An chéad rud eile, faigheann an duine saonta bille mór ón mbanc nó litir ag rá go bhfuil iasachtaí móra le haisíoc, iasachtaí nár thóg úinéir ceart an chuntais amach riamh. Cosnaíonn gadaíocht nó camscéimeanna mar sin na milliúin euro gach aon bhliain ar dhaoine neamhurchóideacha agus ar an stát. Níl teorainn leis an gcaimiléireacht ná leis an gcoiriúlacht sa lá atá inniu ann. Déanann an scuad calaoise a dhícheall chun breith ar na coirpigh seo, ach is braon san aigéan é obair na ngardaí i gcomparáid le cleasa agus seift na gcaimiléirí sin.

Gluais

| | | | |
|---|---|---|---|
| amhantraithe | *speculators* | bóna bán | *white collar* |
| braon san aigéan | *drop in the ocean* | caimiléireacht | *dishonesty* |
| caimiléirí | *fraudsters* | cáin | *tax* |
| calaois | *fraud* | camscéim | *scam* |
| ciorruithe | *cuts* | coir | *crime* |
| coirpigh | *criminals* | cumas | *ability* |
| fiacha | *debts* | fisiceach | *physical* |
| geilleagar | *economy* | goid aitheantais | *identity theft* |
| iasachtaí | *loans* | íospartach | *victim* |
| neamhurchóideach | *innocent* | polasaí déine | *austerity policy* |
| praiseach | *mess* | san fhaopach | *in a fix* |
| saonta | *naïve* | scuad calaoise | *fraud squad* |
| sonraí | *details* | teorainn | *limit* |

## Ceisteanna

**Ag baint úsáide as na nathanna/focail sa sliocht thuas, freagair na ceisteanna seo.**

1. (a) Cén sainmhíniú eile a thugtar sa sliocht ar fhoréigean?
   (b) Cén fáth a bhfuil daoine san fhaopach anois?
2. (a) Cad é coiriúlacht an bhóna bháin?
   (b) Conas a léirítear sa sliocht seo nach bhfuil aon choir gan íospartach ann?
3. (a) Conas a dhéantar goid aitheantais?
   (b) Cén chaoi a gcuireann an ghoid sin isteach ar dhaoine?
4. Scríobh achoimre ar an sliocht thuas.
5. Aimsigh trí shampla de bhreischéim na haidiachta sa sliocht thuas.

## Labhairt na teanga

**Pléigh na ceisteanna seo leis an duine atá in aice leat.**

1. An bhfuil aon taithí agat féin ar an bhforéigean nó ar an gcoiriúlacht? Cad a tharla? An raibh tú scanraithe?
2. Cén fáth, an dóigh leat, a bhfuil an oiread sin coireanna ag tarlú na laethanta seo?
3. Dá mbeifeá i d'aire dlí agus cirt, céard a dhéanfá faoin bhfadhb?

# Cúinne na gramadaí

## Céimeanna comparáide na haidaichta

Déan staidéar ar an tábla seo thíos chun na céimeanna a fhoghlaim.

| Bunchéim | Breischéim | Sárchéim |
|---|---|---|
| ***-ach*** | ***-aí*** | ***-aí*** |
| santach | níos santaí | is santaí |
| tábhachtach | níos tábhachtaí | is tábhachtaí |
| uaigneach | níos uaigní | is uaigní |
| ***-iúil*** | ***-iúla*** | ***-iúla*** |
| cairdiúil | níos cairdiúla | is cairdiúla |
| flaithiúil | níos flaithiúla | is flaithiúla |
| leisciúil | níos leisciúla | is leisciúla |
| ***críochnaíonn le consan*** | ***+ e*** | ***+ e*** |
| glic | níos glice | is glice |
| sean | níos sine | is sine |
| bocht | níos boichte | is boichte |
| ***críochnaíonn le guta*** | ***gan athrú*** | ***gan athrú*** |
| cliste | níos cliste | is cliste |
| gasta | níos gasta | is gasta |
| crua | níos crua | is crua |
| ***neamhrialta*** | ***neamhrialta*** | ***neamhrialta*** |
| mór | níos mó | is mó |
| beag | níos lú | is lú |
| fada | níos faide | is faide |
| maith | níos fearr | is fearr |
| olc | níos measa | is measa |

## Cleachtadh

**Líon na bearnaí thíos.**

1. Tá na cailíní sa chéad bhliain níos (*cainteach*) ____________ ná cailíní in aon bhliain eile.
2. Is é Seán an dalta is (*éirimiúil*) ____________ sa rang.
3. Tá cúrsaí ag éirí níos (*olc*) ____________, ní níos (*maith*) ____________, sa tír faoi láthair.
4. Tá na coirpigh ag éirí níos (*glic*) ____________ agus níos (*nimhneach*) ____________ anois.
5. Níl na ranganna ag éirí níos (*beag*) ____________, tá siad ag éirí níos (*mór*) ____________.
6. An bhfuil an domhan ag éirí níos (*foréigneach*) ____________ anois?
7. Bhí praghas na dtithe ag éirí níos (*daor*) ____________ agus na daoine ag éirí níos (*saibhir*) ____________.
8. 'Ciall cheannaithe an chiall is (*maith*) ____________,' dar leis an seanfhocal.
9. Is iad na daoine is (*sean*) ____________ agus is (*breoite*) ____________ na daoine is (*leochaileach*) ____________ anois.
10. Ní hiad na daoine is (*bocht*) ____________ na daoine is (*sláintiúil*) ____________ anois.

## Aiste: Foréigean agus coiriúlacht – is iomaí cúis atá leo

Chuir mé cluas le héisteacht orm féin ar maidin agus an nuacht ar siúl. Dúradh ann gur maraíodh polaiteoir sa Phacastáin agus gur mharaigh buama 40 duine san Iaráic. Tháinig na gardaí ar chorp fir i sléibhte Bhaile Átha Cliath agus tá siad den tuairim go raibh baint ag an mbás leis an drongchoiriúlacht. Bhí scéal eile ann faoi fhear atá os comhair na cúirte agus é curtha ina leith gur ghoid sé leathmhilliún euro ó bhanc fad is a bhí sé ag obair sa bhanc céanna, trí chuntais na gcustaiméirí a athrú. Dúradh freisin gur sádh ógánach aréir agus é amuigh sa chathair. Ag smaoineamh siar ar an nuacht ar fad, ceapaim go raibh baint ag an bhforéigean nó ag an gcoiriúlacht le beagnach gach scéal ann, fiú na cinn spóirt – bhí scéal ann arís faoi dhrugaí sa spórt. An bhfuil an domhan ag éirí níos foréigní agus níos coiriúla nó an é gur maith leis na meáin na scéalta gruama sin a chur chun tosaigh?

Ó thús ama bhí an foréigean mar dhlúthchuid den duine agus den domhan. Stair fhuilteach atá ag an domhan, faraor. Rómhinic a úsáideadh an lámh láidir chun argóint a bhuachan. Bhí ár dTrioblóidí féin againn sa tuaisceart a mhair breis is 30 bliain, ach den chuid is mó tá síocháin ar an oileán seo arís. Níl lá dá dtéann thart nach mbíonn cogadh éigin ar siúl i gcearn éigin den domhan, go háirithe sa Mheánoirthear.

Ní gá, ar ndóigh, go gcaitheann cogadh a bheith ann chun foréigean a fheiceáil. Is oth liom a rá go dtarlaíonn foréigean ar scála níos lú freisin. Uaireanta bíonn foréigean teaghlaigh ann, uaireanta mar gheall ar an alcól nó mar gheall ar dhrugaí. Is minic a bhíonn foréigean sráide ann, ógánaigh den chuid is mó ag ionsaí a chéile amuigh ar na sráideanna déanach san oíche, mar nuair a bhíonn an t-ól istigh bíonn an chiall amuigh. B'fhéidir go bhfuil an choiriúlacht le feiceáil níos mó i ngnó na ndrugaí seachas aon ghné eile de chúrsaí na tíre seo. Is gnó an-luachmhar é agus tá na barúin drugaí agus na coirpigh eile a bhíonn ag plé leis sásta foréigean brúidiúil a úsáid chun daoine a imeaglú nó, níos measa, daoine a mharú.

Cad as a dtagann an foréigean agus an choiriúlacht seo? Uaireanta cuirtear an locht ar an mbaile, go háirithe má fheiceann an páiste foréigean sa bhaile. Má fheiceann páiste tuismitheoirí ag dul i muinín na caimiléireachta nó na coiriúlachta, tá seans maith ann go leanfaidh an páiste an eiseamláir seo. Tagann a lán de choirpigh na tíre ó cheantair faoi mhíbhuntáiste. Tá sé an-deacair do bhealach a dhéanamh tríd an saol mura bhfuil suim san oideachas nó sa pháiste léirithe sa bhaile. Mar a deir an seanfhocal, 'Is treise an dúchas ná an oiliúint.' Má tá fadhb ag duine leis an alcól nó le drugaí, is mó seans freisin go mbeidh baint ag an duine leis an bhforéigean nó leis an gcoiriúlacht. Ar ndóigh, tá daoine ann atá santach agus leithleach freisin agus ar cuma leo faoi cheart agus faoi mhícheart.

Is ceist chasta chigilteach í ceist an fhoréigin agus na coiriúlachta. Táthar ann a deir gur cheart coirpigh a chaitheamh sa phríosún, an eochair a chailliúint agus gan trua ná taise a léiriú. Tá daoine eile ann a mhaíonn gur cheart tuiscint a bheith againn ar an gcoirpeach agus cúlra an choirpigh a chur san áireamh. Cosúil le roinnt ábhar eile, tá dhá thaobh ar an mbád agus beidh go deo.

Gluais

| | | | |
|---|---|---|---|
| ag ionsaí | *attacking* | brúidiúil | *brutal* |
| cigilteach | *delicate* | cuir i leith | *accuse* |
| dlúthchuid | *essential part* | drongchoiriúlacht | *gang crime* |
| eiseamláir | *example* | faoi mhíbhuntáiste | *disadvantaged* |
| fuilteach | *bloody* | imeaglú | *intimidate* |
| lámh láidir | *violence* | leithscéalta | *excuses* |
| luachmhar | *valuable* | nimh san fhuil | *hatred* |

## Ceapadóireacht

**Freagair do rogha ceann amháin de na teidil seo:**

1. Saol an lae inniu – saol foréigneach coiriúil atá ann.
2. Easpa cothromaíochta sa saol is cúis le foréigean agus le coiriúlacht sa domhan sa lá atá inniu ann.
3. Léigh tú alt i gceann de na nuachtáin laethúla ag rá go bhfuil an t-aos óg ag éirí níos foréigní. Chuir an t-alt fearg ort. Scríobh an freagra a chuirfeá chuig eagarthóir an nuachtáin ar an ábhar sin.
4. Scríobh an chaint a dhéanfá i ndíospóireacht scoile ar son nó in aghaidh an rúin seo a leanas: 'Ba cheart a bheith an-dian ar choirpigh.'
5. Ceap scéal a mbeidh sé seo oiriúnach mar theideal air: 'Ní thuigeann an sách an seang.'

## Cluastuiscint

Logáil isteach ar **www.edcodigital.ie** leis na míreanna fuaime a chloisteáil.

**Bí ag faire amach do na focail seo.**

| | | | |
|---|---|---|---|
| acmhainn | *capacity* | bac | *deterrent* |
| ceamaraí slándála | *security cameras* | cearta daonna | *human rights* |
| dúnmharú | *murder* | eagraíocht | *organisation* |
| éigniú | *rape* | eitinn | *TB* |
| i ngéibheann | *in prison* | galair thógálacha | *contagious diseases* |
| máguaird | *surrounding* | naimhde | *enemies* |
| cogadh | *war* | pionós an bháis | *death penalty* |
| príosúnacht saoil | *life imprisonment* | róphlódú | *overcrowding* |

### Cuid A – Fógra  **Cluastuiscint 5A(i)–(ii)**

**Cloisfidh tú fógra raidió sa chuid seo. Cloisfidh tú é faoi dhó. Freagair na ceisteanna a ghabhann leis.**

1. (a) Cé atá ag lorg cabhrach?

   ______________________________

   (b) Cad a tharla aréir sa chathair?

   ______________________________

2. Cén bhail atá ar an mbeirt ógánach?

   (i) ______________________________

   (ii) ______________________________

3. Conas is féidir dul i dteagmháil leis na gardaí?

___

## Cuid B – Comhrá Cluastuiscint 5B(i)–(ii)

**Cloisfidh tú comhrá sa chuid seo. Cloisfidh tú é faoi dhó. Cloisfidh tú an comhrá ó thosach deireadh an chéad uair. Ansin cloisfidh tú ina dhá mhír é. Freagair na ceisteanna a ghabhann leis.**

An chéad mhír

1. Cén t-ullmhúchán a rinne Máire don díospóireacht?

___

2. Cad é rún na díospóireachta?

___

3. Luaigh cúis amháin a úsáidtear pionós an bháis.

___

An dara mír

1. Cad a cheapann Máire faoi phionós an bháis?

___

2. Cén rogha a bheadh ag Máire in ionad phionós an bháis?

___

3. Cén locht a fhaigheann Seán ar an rogha sin?

___

## Cuid C – Píosa nuachta Cluastuiscint 5C(i)–(ii)

**Cloisfidh tú píosa nuachta sa chuid seo. Cloisfidh tú é faoi dhó. Freagair na ceisteanna a ghabhann leis.**

1. Cén cáineadh a rinne Amnesty International?

___

2. Cad í an fhadhb a bhaineann le ceann amháin de na príosúin a luaitear?

___

3. Cén baol atá sna príosúin a luaitear sa phíosa nuachta?

___

# 6 An comhshaol/an timpeallacht

**Fadhbanna a bhaineann leis an gcomhshaol**
truailliú aibhneacha agus uisce
ganntanas[1] breosla[2]
ganntanas bia
díothú na n-ainmhithe[3]

**Todhchaí an domhain**
idir dhá cheann na meá[4]
an domhan ag éirí níos fliche agus níos teo
tuilte, triomaigh, gortaí

**An comhshaol agus athrú aeráide**
daoine i dtíortha i mbéal forbartha
ag streachailt
ag fulaingt
ag fáil bháis
ionchas saoil[5] íseal

1 shortage; 2 fuel; 3 destruction of the animals; 4 hanging in the balance; 5 life expectancy

### An comhshaol agus an duine aonair

gach duine freagrach as
laghdú, athúsáid, athchúrsáil
cóirthrádáil[6]
bailíonn brobh beart[7]

### An comhshaol in Éirinn

fadhbanna tráchta
fadhbanna bruscair
fadhbanna le soláthar breosla
gnáthóga[8] na n-ainmhithe i mbaol

### An cúlú eacnamaíochta agus cúrsaí comhshaoil

níos lú airgid ag daoine
daoine ag lorg bia agus éadaí níos saoire ó thíortha i bhfad i gcéin
níl daoine ag ceannach earraí cóirthrádála toisc go bhfuil siad níos daoire

### Réiteach na faidhbe

breosla inathnuaite[9]
muilte gaoithe
cumhacht na dtonnta
cumhacht na gaoithe
cumhacht núicléach
cothromaíocht
meas ar an timpeallacht agus ar a chéile
méadair uisce[10]

6 fair trade; 7 every little helps; 8 habitats; 9 renewable fuel; 10 water meters

## Léamhthuiscint: Cúrsaí comhshaoil in Éirinn

**Léigh an sliocht seo a leanas agus freagair na ceisteanna a ghabhann leis.**

Tá Éire ag brath go huile is go hiomlán ar bhreosla iontaise ó thar lear agus caithfidh an scéal seo athrú. Tagann 90 faoin gcéad den ghás agus 100 faoin gcéad den ola a úsáidtear sa tír seo ón iasacht. Táimid róspleách ar thíortha eile. Cad a tharlóidh má bhíonn fadhb le táirgeacht na mbreoslaí sin nó má thiteann tír éigin – an Rúis nó an Araib Shádach, mar shampla – amach linn? Bheimis san fhaopach agus ar thrá fholamh fhuar!

Tá rialtais ar fud na cruinne ag iarraidh teacht aníos le bealaí nua chun fuinneamh inathnuaite a ghiniúint. Mar is eol do chách, tá an-chumhacht go deo ag tonnta na bhfarraigí agus ag gaotha na spéartha. Chun leas a bhaint as cumhacht na gaoithe, tá muilte gaoithe againn agus toisc gur tír an-ghaofar í Éire beidh an fhoinse fuinnimh sin againn go deo. Cheana féin tá Éire ag easpórtáil fuinnimh a dhéanann muilte gaoithe go dtí an Bhreatain.

Mar a deir an seanfhocal, 'Dá mbeadh soineann go Samhain bheadh breall ar dhuine éigin,' agus is amhlaidh atá sé mar gheall ar an gceist seo. Ní mó ná sásta atá a lán daoine i gConamara faoi phlean an rialtais feirm ghaoithe a thógáil sa cheantar iargúlta sin. Tá na daoine atá i gcoinne na feirme ag rá go bhfuil na tuirbíní gaoithe an-mhór, 135 mhéadar ar airde, agus go millfidh siad áilleacht nádúrtha an cheantair. Maíonn na daoine atá i bhfabhar an togra go mbeidh poist ar fáil do mhuintir na tuaithe agus go meallfaidh sé daoine ar ais chun an cheantair. Bíonn dhá thaobh ar an mbád!

Gluais

| | | | |
|---|---|---|---|
| breosla | *fuel* | cumhacht | *power* |
| easpórtáil | *exporting* | foinse | *source* |
| fuinneamh | *energy* | go huile is go hiomlán | *totally* |
| iargúlta | *remote* | inathnuaite | *renewable* |
| iontaise | *fossil* | leas | *benefit* |
| muilte gaoithe | *windmills* | ón iasacht | *from abroad* |
| róspleách | *too dependent* | san fhaopach | *in a fix* |
| táirgeacht | *production* | thar lear | *abroad* |
| togra | *enterprise* | tuirbíní | *turbines* |

### Ceisteanna

**Ag baint úsáide as na nathanna/focail sa sliocht thuas, freagair na ceisteanna seo.**

1. Cén fhianaise atá sa sliocht go bhfuil Éire róspleách ar thíortha eile dá cuid breosla?
2. Cén fáth a ndeirtear go bhféadfadh an tír a bheith san fhaopach?
3. Luaigh dhá fhoinse fuinnimh inathnuaite.
4. Cad iad na hargóintí atá ag roinnt daoine i gcoinne feirmeacha gaoithe?
5. Céard iad na hargóintí atá ar an taobh eile?
6. Aimsigh trí shampla den Tuiseal Ginideach uatha sa sliocht thuas.

### Cleachtadh

**Cuir na focail/nathanna seo a leanas in abairtí a léireoidh a mbrí agus a gceartúsáid.**

1. san fhaopach
2. róspleách
3. muilte gaoithe
4. cheana féin
5. iargúlta

### Labhairt na teanga

**Pléigh na ceisteanna seo leis an duine atá in aice leat.**

1. Céard iad na deacrachtaí atá ag Éirinn maidir le breosla?
2. Céard a cheapann tú féin faoi fhuinneamh a fháil ó na tonnta agus ón ngaoth?
3. Ar mhaith leatsa a bheith i do chónaí in aice le feirm ghaoithe? Cen fáth?

## Cúinne na gramadaí

### Cúpla

**Ar thug tú faoi deara go leanann an uimhir uatha an focal 'cúpla' i gcónaí?**

Féach ar na samplaí seo:

- cúpla tír
- cúpla duine
- cúpla cailín
- cúpla teach.

### Cleachtadh

1. Nuair a bheidh tú ag dul tríd an gcaibidil seo, aimsigh na samplaí den fhocal 'cúpla' atá inti.
2. Ceartaigh na botúin san alt seo.

   Cúpla lá ó shin, bhuail mé le cúpla cairde ón mbunscoil. Ní fhaca mé iad le cúpla blianta. Chaitheamar cúpla nóiméad ag caint faoi na seanlaethanta agus ansin chuaigh mé abhaile. Tá cúpla teangacha á ndéanamh agam i mbliana agus chaith mé roinnt mhaith ama ag déanamh staidéir orthu. Ansin thosaigh mé ag scríobh m'aiste Ghaeilge. Bhí cúpla pointí agam agus bhí siad go maith. Nuair a bhí mé críochnaithe leis sin, shuigh mé síos chun cúpla nóiméad a chaitheamh ag féachaint ar mo leathanach Facebook. Ach, nuair a d'fhéach mé ar m'uaireadóir, bhí mé tar éis cúpla uaireanta a chaitheamh air!

# An comhshaol agus athrú aeráide

## Éist agus scríobh

**Éist leis an múinteoir ag léamh an tsleachta seo thíos. Nuair atá sé scríofa agat, oscail do leabhar agus ceartaigh do chuid oibre!**

Is iomaí fadhb a bhaineann leis an gcomhshaol, in Éirinn agus ar fud na cruinne. Tá a fhios ag gach mac agus iníon máthar go bhfuil an domhan ag éirí níos fliche agus níos teo. Tá fadhbanna ann le hathrú aeráide agus maítear gurb é sin an fáth a mbíonn an oiread sin tuilte agus triomach sa domhan anois. Is minic a chloistear scéalta faoi aibhneacha agus locha truaillithe agus ainmhithe agus éin ag fáil bháis. Bhí tubaistí nádúrtha i gcónaí ann ach an cheist atá le cur anois ná an bhfuil cúrsaí timpeallachta ag dul in olcas nó i bhfeabhas? Neosaidh an aimsir.

Gluais

| | | | |
|---|---|---|---|
| aibhneacha | *rivers* | athrú aeráide | *climate change* |
| ag dul i bhfeabhas | *improving* | neosaidh an aimsir | *time will tell* |
| níos fliche | *wetter* | níos teo | *hotter* |
| triomaigh | *droughts* | truaillithe | *polluted* |
| tubaistí nádúrtha | *natural disasters* | tuilte | *floods* |

## Cleachtadh

**Líon na bearnaí leis an bhfoclóir cuí on sliocht thuas.**

1. Tá rudaí ag dul in ____________ ar fud na ____________ ó thaobh cúrsaí timpeallachta de.
2. Is é an t-athrú ____________ is cúis lena lán fadhbanna na laethanta seo.
3. Tharla tubaistí ____________ ó thús ama.
4. D'éirigh a lán daoine breoite nuair a d'ól siad uisce ón loch ____________.
5. Tá an chuma ar an scéal go bhfuil an aimsir ag éirí níos ____________ mar bíonn sé i gcónaí ag cur báistí.

### Teasáras

**Aimsigh focail eile do na focail/ nathanna seo.**

1. ar fud na cruinne
2. gach mac agus iníon máthar
3. comhshaol
4. ag dul in olcas

## Labhairt na teanga

**Pléigh na ceisteanna seo leis an duine atá in aice leat.**

1. Céard iad na fadhbanna a bhaineann leis an gcomhshaol inniu?
2. An dóigh leat go bhfuil athrú aeráide ag tarlú?
3. Conas a bhíonn an aimsir in Éirinn de ghnáth?

## Léamhthuiscint: Tubaistí nádúrtha

**Léigh an sliocht seo a leanas agus freagair na ceisteanna a ghabhann leis.**

Ó thús ama bhí tubaistí nádúrtha ann – tubaistí ar nós creathanna talún, súnámaithe, brúchtaí bolcánacha, spéirlingí agus stoirmeacha móra. Ar ndóigh, chúisigh agus cúisíonn tubaistí mar sin an t-uafás damáiste. Faigheann daoine agus ainmhithe bás agus scriostar foirgnimh

agus infreastruchtúr. Cúpla bliain ó shin, in 2011, tharla súnámaí uafásach sa tSeapáin agus maraíodh níos mó ná 16,000 sa tubaiste nádúrtha sin. Bhí idir uafás agus alltacht ar an domhan agus an tubaiste le feiceáil agus í ag tarlú díreach os comhair ár súl féin ar an scáileán teilifíse. Bliain níos túisce, tharla crith talún uafásach i Háítí. Maraíodh níos mó ná 222,000 duine agus d'fhulaing ar a laghad trí mhilliún eile. Bhí daoine gortaithe go dona, fágtha gan dídean agus ag éirí an-tinn nuair a scaip galair thógálacha ar nós calair. Toisc go bhfuil Háítí chomh bocht sin, bhí sé deacair ar an tír teacht slán ón tubaiste. Tá muintir Háítí fós ag streachailt agus ag fulaingt. I dtíortha níos saibhre, tógtar tithe agus foirgnimh níos láidre, atá ábalta an fód a sheasamh má bhuaileann crith talún nó spéirling an áit. Níl an nádúr féin cothrom!

### Gluais

| | | | |
|---|---|---|---|
| ag streachailt | *struggling* | brúchtaí bolcánacha | *volcanic eruptions* |
| calar | *cholera* | cothrom | *fair* |
| creathanna talún | *earthquakes* | fód a sheasamh | *stand their ground* |
| galair thógálacha | *contagious diseases* | gan dídean | *homeless* |
| nádúrtha | *natural* | níos túisce | *earlier* |
| scáileán | *screen* | spéirlingí | *hurricanes* |
| teacht slán ó | *recover from* | tubaiste | *disaster* |
| uafás agus alltacht | *horror and awe* | | |

### Ceisteanna

**Ag baint úsáide as na nathanna/focail sa sliocht thuas, freagair na ceisteanna seo.**

1. (a) Céard is tubaiste nádúrtha ann?
   (b) Cén dochar a dhéanann tubaistí nádúrtha?
2. (a) Cad a tharla sa tSeapáin in 2011?
   (b) Cad a chuir uafás agus alltacht ar dhaoine?
3. (a) Conas a chuir an crith talún isteach ar Háítí?
   (b) Cén fáth a bhfuil Háítí fós ag fulaingt?
4. (a) Cén fáth a ndeirtear nach bhfuil an nádúr féin cothrom?
   (b) Scríobh achoimre ar an sliocht thuas.
5. Aimsigh trí shampla den ainm briathartha san alt thuas.

### Obair bheirte – taighde

Roghnaigh tír ina raibh tubaiste nádúrtha. Déan taighde faoin tubaiste, faoi na tionchair a bhí aici ar an tír agus ar dhaonra na tíre. Cuir an t-eolas le chéile agus léigh amach alt bunaithe air don rang.

## An quizmháistir agus an saineolaí – ag bailiú eolais don aiste

**Léigh agus ullmhaigh an sliocht seo i gcomhair an quizmháistir agus an tsaineolaí.**

### Athrú aeráide agus an Mhaláiv

**Léigh an sliocht thíos agus ansin líon na boscaí leis an eolas cuí uaidh.**

Is í an Mhaláiv san Afraic an deichiú tír is boichte ar domhan agus deirtear go gcuireann míchothú ainsealach isteach ar pháiste amháin as gach cúigear atá faoi chúig bliana d'aois. Is é an grán buí príomhábhar na tíre agus, le blianta beaga anuas, mar gheall ar an athrú aeráide, tá ag teip ar an mbarr sin níos minice ná a mhalairt. Tá sé tugtha faoi deara ag muintir na tíre go dtagann an bháisteach níos déanaí gach bliain agus nach maireann sé chomh fada is a mhaireadh sé. Ciallaíonn sé sin go mbíonn triomach acu ar feadh cuid mhaith den bhliain agus ní fhásann an grán buí mar sin.

Bíonn iarmhairtí forleathana ag an triomach ar chlanna na tíre. Toisc nach bhfásann an grán buí, tá muintir na Maláive beo bocht. Tá ar na fir na feirmeacha a fhágáil chun obair ócáideach a fháil. Fágann sé sin na máithreacha ag obair ar na feirmeacha. Toisc go bhfuil orthu aire a thabhairt don fheirm, ní féidir leo aire a thabhairt do na leanaí. Bíonn ar na páistí níos sine an scoil a fhágáil agus fanacht sa bhaile ag cabhrú, nó dul ag lorg obair ócáideach iad féin. Is fáinne fí atá ann mar mura mbíonn oideachas acu níl aon seans faoin spéir ann go dtiocfaidh feabhas ar a saol amach anseo.

Iarmhairt eile a bhíonn ag an athrú aeráide agus ag an easpa oideachais ar an tír ná go dtosaíonn na daoine ag pósadh ag aois níos óige. Ciallaíonn sé sin go mbíonn clanna níos mó ag na daoine agus go gcaithfidh na tuismitheoirí aon chineál oibre a dhéanamh chun a gclanna

a chothú. Uaireanta téann na máithreacha i muinín an striapachais chun airgead a thuilleamh dá gclanna. Tolgann siad SEIF go minic agus, ar ndóigh, is iomaí galar ainsealach agus fadhb mhór a eascraíonn as sin.

An bhfuil réiteach ar bith ar fhadhbanna na Maláive? Maítear gur cheart do mhuintir na tíre barra eile a fhás, cinn a bheadh níos láidre i gcoinne tromaigh. Cheana féin tá na feirmeoirí ag fás oráistí agus bananaí. Tá cabhair agus maoiniú ag teastáil ón domhan forbartha ach toisc na tíortha saibhre a bheith chomh gafa sin leis an gcúlú eacnamaíochta ní bhíonn fáil ar an gcabhair sin go minic. Is fíor don seanfhocal, 'Ní thuigeann an sách an seang.'

Gluais

| | | | |
|---|---|---|---|
| ainsealach | *chronic* | athrú aeráide | *climate change* |
| fáinne fí | *vicious circle* | grán buí | *maize* |
| iarmhairtí forleathana | *far-reaching consequences* | Maláiv | *Malawi* |
| maoiniú | *funding* | míchothú | *malnourishment* |
| níos minice ná a mhalairt | *more often than not* | ní thuigeann an sách an seang | *the rich don't understand the poor* |
| ócáideach | *casual* | príomhábhar | *staple crop* |
| SEIF | *AIDS* | dul i muinín an striapachais | *resort to prostitution* |

## An saineolaí – leathanach an eolais

| Tíortha a luaitear | Samplaí den chiníochas |
| --- | --- |
| | |

**An t-ábhar: Foréigean agus ciníochas**

| Aidiachtaí | Mothúcháin |
| --- | --- |
| | |

## Díospóireacht: Is cuma le muintir an domhain faoin gcomhshaol

A chathaoirligh, a mholtóirí agus a lucht an fhreasúra, is é an rún atá á phlé againn inniu ná 'Is cuma le muintir an domhain faoin gcomhshaol.' Táimse agus m'fhoireann go huile is go hiomlán i gcoinne an rúin seo agus táimid cinnte go n-aontóidh sibh linn faoi dheireadh na díospóireachta.

Tá sé an-fhaiseanta agus ró-éasca muintir na hÉireann agus muintir na cruinne a cháineadh agus a rá go ndéanaimid ar fad an-dochar don timpeallacht. Luaigh an fhoireann eile an lorg carbóin mhóir atá ag gach duine sa lá atá inniu ann. Ba mhaith leo go mbeadh gach duine beo ag mothú ciontach aon uair a ithimid banana nó a chaithimid éadaí a thagann ó mhór-roinn eile. Nár chuala siad an seanfhocal, 'Ar scáth a chéile a mhaireann na daoine'? Dá stopfadh an domhan – an Eoraip agus Meiriceá ach go háirithe – ag ceannach earraí ó thíortha eile an domhain, bheadh fadhb na bochtaineachta i bhfad ní ba mheasa. Tá muintir an Tríú Domhan ag brath orainn chun a gcuid táirgí a cheannach. Cinnte, ba cheart go bhfaighidís praghas cóir orthu agus molaim an eagraíocht Trádáil Chóir as na hiarrachtaí a dhéanann siad chun a dheimhniú go bhfaigheann táirgeoirí beaga an praghas ceart atá ag dul dóibh.

Níl aon dabht faoi ach go bhfuil todhchaí an phláinéid idir dhá cheann na meá. Is iomaí fadhb atá ag bagairt ar shlándáil an domhain. Tarlaíonn tubaistí nádúrtha go minic agus tubaistí de dhéantús an duine. Ní haon eolaí mé, ach tá a fhios agam nuair a dhóitear breoslaí iontaise go scaoiltear dé-ocsaíd charbóin san atmaisféar agus tá a fhios ag gach mac agus iníon máthar faoin am seo go ndéanann sé sin an t-uafás damáiste dár bpláinéad leochaileach. Is é is cúis le téamh domhanda agus athrú aeráide. Mar gheall ar na fadhbanna sin, bíonn níos mó tuilte agus triomach ann. Bíonn daoine ag fáil bháis den ocras agus bíonn ar dhaoine i roinnt áiteanna a mbailte a fhágáil. Gan aon dabht, is bocht an scéal é sin. Níl sé fíor, áfach, gur cuma linn faoi sin. Bhunaigh iar-uachtarán na hÉireann, Máire Mhic Róibín, fondúireacht chun réiteach a fháil ar an athrú aeráide.

Ní hiad na saineolaithe amháin atá buartha agus atá ag déanamh iarrachta an pláinéad a shábháil. Mar a deir an seanfhocal, 'Bailíonn brobh beart,' agus is beag duine in Éirinn nach ndéanann a dhícheall ar son an chomhshaoil. Is beag teach nó ionad oibre sa tír nach bhfuil trí bhosca bruscair dhifriúla acu – ceann don bhruscar le hathchúrsáil, ceann do bhruscar ón gcistin agus ón ngairdín agus ceann do bhruscar a théann go dtí láithreán líonadh talún. I mo scoil féin, bíonn an comórtas Glan agus Glas againn. Is comórtas é idir ranganna na scoile a spreagann na daltaí chun an bruscar a scagadh agus an seomra ranga a ghlanadh agus is cúis mhór bhróid é an comórtas a bhuachan. Tá brat glas buaite ag a lán scoileanna timpeall na tíre toisc go ndéanann na daltaí agus na múinteoirí iontu sáriarrachtaí an timpeallacht a chaomhnú.

Tá an domhan ag athrú go han-tapa na laethanta seo agus tá aireagáin nua ag teacht ar an saol 'chuile lá. Tá a lán de na haireagáin sin ann le cabhrú leis an gcomhshaol. Tá carranna leictreacha agus hibrideacha ann a laghdaíonn an méid breosla a bhíonn ag teastáil chun iad a rith. Tá insliú nua ann le cur ar thithe chun costais teasa a laghdú. Tá méadar uisce i ngach teach anois freisin agus laghdaíonn sé sin an méid uisce a chuireann daoine amú. Gach bliain múchann na milliúin duine na soilse chun fuinneamh a shábháil agus chun an timpeallacht a chaomhnú do Uair don Domhan. Tá an freasúra ag cur dallamullóg orthu féin agus oraibhse, a lucht éisteachta, má cheapann siad i ndáiríre gur cuma le muintir an domhain faoin gcomhshaol. Go raibh maith agaibh as éisteacht liom anseo inniu. Slán abhaile.

Gluais

| | | | |
|---|---|---|---|
| aireagáin | *inventions* | bailíonn brobh beart | *every little helps* |
| ciontach | *guilty* | dallamullóg | *deception* |
| dé-ocsaíd charbóin | *carbon dioxide* | fondúireacht | *foundation* |
| idir dhá cheann na meá | *hanging in the balance* | insliú | *insulation* |
| láithreán líonadh talún | *landfill site* | leochaileach | *vulnerable* |
| lorg carbóin | *carbon footprint* | mór-roinn | *continent* |
| táirgí | *produce* | táirgeoir | *producer* |

## Ceapadóireacht

**Freagair do rogha ceann amháin de na teidil seo:**

1. An comhshaol – bás nó beatha atá i ndán dó?
2. Iarradh ort óráid a thabhairt faoin tábhacht a bhaineann leis an timpeallacht do Chomhairle na nDaltaí. Scríobh an óráid a thabharfá don chomhairle.
3. Léigh tú alt i gceann de na nuachtáin laethúla ag rá go raibh do bhaile féin salach agus gurbh iad na daoine óga ba chúis leis an bhfadhb. Chuir an t-alt fearg ort. Scríobh an freagra a chuirfeá chuig eagarthóir an nuachtáin faoin ábhar sin.
4. Scríobh an chaint a dhéanfá i ndíospóireacht scoile ar son nó in aghaidh an rúin seo a leanas: 'Níl an rialtas ag déanamh a dhóthain chun an comhshaol a chaomhnú.'
5. Ceap scéal a mbeidh sé seo oiriúnach mar theideal air: 'Bailíonn brobh beart.'

## Cluastuiscint

Logáil isteach ar **www.edcodigital.ie** leis na míreanna fuaime a chloisteáil.

**Bí ag faire amach do na focail seo.**

| | | | |
|---|---|---|---|
| Bailte Slachtmhara | *Tidy Towns* | breis is | *more than* |
| caomhnú | *preserve* | ceart daonna | *human right* |
| feachtas | *campaign* | foirgneamh | *building* |
| laghdú | *decrease* | méadú | *increase* |
| ó neart go neart | *from strength to strength* | pacáistiú | *packaging* |
| painéil ghréine | *solar panels* | Roinn Comhshaol, Pobal agus Rialtas Áitiúil | *Department of the Environment, Community and Local Government* |
| slogadh sa dorchadas | *were plunged into darkness* | tacaíocht | *support* |
| thar oíche | *overnight* | urraíocht | *sponsorship* |

### Cuid A – Fógra  Cluastuiscint 6A(i)–(ii)

**Cloisfidh tú fógra raidió sa chuid seo. Cloisfidh tú é faoi dhó. Freagair na ceisteanna a ghabhann leis.**

1. (a) Cén roinn rialtais atá i gceist anseo?

   ______________________________

   (b) Cad é an costas nua a bheidh ar na málaí plaisteacha?

   ______________________________

2. Cé mhéad mála plaisteach a úsáideadh sular tugadh an costas isteach ar dtús?

   ______________________________

3 (a) Cén tionchar a bhí ag an gcéad chostas ar úsáid na málaí?

(b) Cén aidhm atá leis an gcostas nua?

## Cuid B – Comhrá
Cluastuiscint 6B(i)–(ii)

**Cloisfidh tú comhrá sa chuid seo. Cloisfidh tú é faoi dhó. Cloisfidh tú an comhrá ó thosach deireadh an chéad uair. Ansin cloisfidh tú ina dhá mhír é. Freagair na ceisteanna a ghabhann leis.**

An chéad mhír

1 Cad é rún na díospóireachta?

2 Luaigh dhá phointe a bheidh ag Peadar sa díospóireacht.

(i)

(ii)

An dara mír

1 Cad a cheapann Peadar faoi chúrsaí uisce?

2 Cén chaoi a mbíonn na sráideanna ag an deireadh seachtaine, dar le hÚna? Luaigh dhá phointe.

(i)

(ii)

3 Cén fáth nach gceapann Peadar go bhfuil gach duine leithleach?

## Cuid C – Píosa nuachta
Cluastuiscint 6C(i)–(ii)

**Cloisfidh tú píosa nuachta sa chuid seo. Cloisfidh tú é faoi dhó. Freagair na ceisteanna a ghabhann leis.**

1 (a) Cad a tharla aréir?

(b) Luaigh trí cinn de na foirgnimh a luaitear sa phíosa.

2 Luaigh dhá aidhm a bhaineann leis an bhfeachtas.

(i)

(ii)

3 Cé a dhéanann urraíocht ar an uair seo?

# 7 Oidhreacht na hÉireann

**An Ghaeilge**
tír gan teanga, tír gan anam
an bata scóir
an Gorta Mór
faoi bhrú ag an mBéarla
ar an dé deiridh
Conradh na Gaeilge
na coláistí samhraidh
Daonáireamh 2011

**Ceol na hÉireann**
ceol traidisiúnta
Comhaltas Ceoltóirí Éireann
ag dul i léig
breis is 400 craobh
amhránaíocht
Fleá Cheoil na hÉireann

**Láithreáin oidhreachta**
foirgnimh stairiúla
Láithreán Oidhreachta Domhanda UNESCO
Sceilg Mhichíl
mainistir
clocháin choirceogacha[1]
srianta dochta[2]
Cairde Éanlaith Éireann
Brú na Bóinne
caomhnú na hoidhreachta

1 beehive huts; 2 strict controls

### Cumann Lúthchleas Gael

peil, iomáint, liathróid láimhe, camógaíocht, peil na mban
Mícheál Ó Cíosóg
2,800 club
800,000 ball
grá áite agus dílseacht
obair dheonach
Craobh na hÉireann – éileamh ar thicéid
Páirc an Chrócaigh
Corn Mhig Uidhir
Corn Mhic Cárthaigh
Corn Mháirtín
Corn Uí Dhufaigh

### Deich mBliana na gCuimhneachán

Éirí Amach na Cásca
seachtain na Cásca
saoirse agus neamhspleáchas
troideadh cathanna
na Péindlíthe
an creideamh Caitliceach
an creideamh Protastúnach
Forógra Phoblacht na hÉireann
Cogadh na Saoirse
an Cogadh Cathartha
críochdheighilt[3]
Banríon na Breataine

POBLACHT NA H EIREANN.

THE PROVISIONAL GOVERNMENT OF THE IRISH REPUBLIC TO THE PEOPLE OF IRELAND.

IRISHMEN AND IRISHWOMEN: In the name of God and of the dead generations from which she receives her old tradition of nationhood, Ireland, through us, summons her children to her flag and strikes for her freedom.

Having organised and trained her manhood through her secret revolutionary organisation, the Irish Republican Brotherhood, and through her open military organisations, the Irish Volunteers and the Irish Citizen Army, having patiently perfected her discipline, having resolutely waited for the right moment to reveal itself, she now seizes that moment, and, supported by her exiled children in America and by gallant allies in Europe, but relying in the first on her own strength, she strikes in full confidence of victory.

We declare the right of the people of Ireland to the ownership of Ireland, and to the unfettered control of Irish destinies, to be sovereign and indefeasible. The long usurpation of that right by a foreign people and government has not extinguished the right, nor can it ever be extinguished except by the destruction of the Irish people. In every generation the Irish people have asserted their right to national freedom and sovereignty: six times during the past three hundred years they have asserted it in arms. Standing on that fundamental right and again asserting it in arms in the face of the world, we hereby proclaim the Irish Republic as a Sovereign Independent State, and we pledge our lives and the lives of our comrades-in-arms to the cause of its freedom, of its welfare, and of its exaltation among the nations.

The Irish Republic is entitled to, and hereby claims, the allegiance of every Irishman and Irishwoman. The Republic guarantees religious and civil liberty, equal rights and equal opportunities to all its citizens, and declares its resolve to pursue the happiness and prosperity of the whole nation and of all its parts, cherishing all the children of the nation equally, and oblivious of the differences carefully fostered by an alien government, which have divided a minority from the majority in the past.

Until our arms have brought the opportune moment for the establishment of a permanent National Government, representative of the whole people of Ireland and elected by the suffrages of all her men and women, the Provisional Government, hereby constituted, will administer the civil and military affairs of the Republic in trust for the people.

We place the cause of the Irish Republic under the protection of the Most High God, Whose blessing we invoke upon our arms, and we pray that no one who serves that cause will dishonour it by cowardice, inhumanity, or rapine. In this supreme hour the Irish nation must, by its valour and discipline and by the readiness of its children to sacrifice themselves for the common good, prove itself worthy of the august destiny to which it is called.

Signed on Behalf of the Provisional Government,
THOMAS J. CLARKE.
SEAN Mac DIARMADA. THOMAS MacDONAGH.
P. H. PEARSE. EAMONN CEANNT.
JAMES CONNOLLY. JOSEPH PLUNKETT.

### Nathanna cainte

gualainn ar ghualainn
ar comhchéim le
ar an dé deiridh
ag dul i léig
freagrach as a gcinniúint féin
oidhreacht shainiúil[4]
faoi chois ag
ag déanamh a seacht ndícheall
ag dul i dtreise
ar fud na cruinne
i gcéin is i gcóngar
fás agus forbairt
idir dhá cheann na meá

3 partition; 4 distinctive heritage

## Léamhthuiscint: Oidhreacht na hÉireann

**Léigh an sliocht seo a leanas agus freagair na ceisteanna a ghabhann leis.**

Na traidisiúin agus na rudaí a thagann chugainn ó ghlúin go glúin agus a shainíonn muid mar thír is ea an sainmhíniú ar oidhreacht. I gcás na tíre seo, is iad ár gceol, ár dteanga, ár gcluichí agus ár stair ár n-oidhreacht shainiúil agus, cé go mbíonn an chuma ar an scéal uaireanta go mbíonn gné nó dhó di i mbaol, tá ardmheas ag tromlach na nGael ar ár n-oidhreacht agus níor mhaith linn go dtiocfadh deireadh le haon ghné di.

Bhí ár n-oidhreacht i mbaol leis na céadta bliain. Nuair a bhí na Sasanaigh i réim, rinneadh iarrachtaí ár dteanga dhúchais, an Ghaeilge, a chur faoi chois. Ní raibh an Ghaeilge á múineadh sna scoileanna náisiúnta. Baineadh úsáid as an mbata scóir chun deireadh a chur leis an teanga. Bhíodh bata ar crochadh timpeall ar a mhuineál ag gach dalta. Nuair a chuala na tuismitheoirí an páiste ag labhairt as Gaeilge ag baile, ghearr siad marc ar an mbata. An lá ina dhiaidh sin fuair an páiste buille ar gach marc ón máistir scoile. Bhí na tuismitheoirí agus na húdaráis scoile ag iarraidh gur Bhéarla amháin a bheadh ag na daltaí scoile. Mar gheall ar pholasaithe mar sin agus ar an nGorta Mór (1845–8), chuaigh an Ghaeilge i léig sa chuid is mó den tír. Fuair a lán cainteoirí Gaeilge sna Gaeltachtaí bás nó chuaigh siad ar imirce agus tá meath na Gaeilge sna Gaeltachtaí ag leanúint ar aghaidh ó shin. Tá an Ghaeilge faoi bhrú ag an mBéarla agus tá daoine a bhfuil grá acu don Ghaeilge buartha go bhfuil an teanga ar an dé deiridh. 'Tír gan teanga, tír gan anam,' a deirtear agus níl aon dabht faoi ach go mbeadh rud éigin luachmhar agus tábhachtach caillte againn dá mbeadh deireadh leis an nGaeilge mar theanga labhartha.

Tá a lán eagraíochtaí agus grúpaí éagsúla ag déanamh a seacht ndícheall chun an teanga a chaomhnú. I measc na n-eagraíochtaí sin tá Conradh na Gaeilge. Bunaíodh Conradh na Gaeilge sa bhliain 1893 agus é mar aidhm aige an Ghaeilge a chaomhnú mar theanga náisiúnta na hÉireann. Bhí uair ann agus bhí 600 craobh ag an gConradh. Bhíodh daoine ag foghlaim Gaeilge agus bhíodh ceol agus rincí Gaelacha á múineadh freisin. Tá Conradh na Gaeilge beo beathach fós agus cuireann siad ranganna Gaeilge ar fáil do chách, na nua-Éireannaigh ina measc. Bíonn an conradh ag troid ar son lucht labhartha na Gaeilge. Tuigeann an conradh go rómhaith go bhfuil sé tábhachtach go bhfuil cearta agus cabhair ar fáil do chainteoirí Gaeilge, sna Gaeltachtaí agus taobh amuigh díobh, agus do thuismitheoirí atá ag iarraidh a bpáistí a thógáil trí mheán na Gaeilge.

Dream eile atá ag déanamh a dhíchill ar son na Gaeilge ná Coláiste Lurgan i gConamara agus an banna ceoil Seo Linn a d'eascair as an gcoláiste. Scéal mór ar YouTube is ea Seo Linn. Le blianta fada tá sé de nós ag cuid de na coláistí Gaeilge amhráin Bhéarla a aistriú go Gaeilge agus is mór an spraoi é. Baineann na daltaí an-taitneamh as agus is bealach an-éifeachtach é chun an Ghaeilge a fhoghlaim. Ní amháin go ndearna Coláiste Lurgan agus Seo Linn é sin ach rinne siad taifeadadh ar a gcuid amhrán agus bhí siad, mar aon le daltaí an choláiste, ag canadh ar an *Late Late Show*. Deirtear gur fhéach breis is deich milliún ar a gcuid físeán, ceann amháin d'amhrán Avicii, 'Wake Me Up', agus ceann amháin d'amhrán a chum siad féin, 'Ar Scáth a Chéile'. Tá éacht déanta ag Seo Linn mar taispeánann siad go bhfuil áit ann don Ghaeilge i bpopchultúr an lae inniu.

Gluais

| | | | |
|---|---|---|---|
| ar an dé deiridh | *on its last legs* | buille | *blow* |
| caomhnú | *preserve* | craobh | *branch* |
| éacht | *achievement* | eascair | *arise* |
| faoi chois | *suppressed* | gné | *aspect* |
| luachmhar | *valuable* | lucht labhartha | *speakers* |
| meath | *decline* | oidhreacht | *heritage* |
| sainigh | *distinguish* | sainiúil | *distinctive* |
| sainmhíniú | *definition* | taifeadadh | *recording* |

## Ceisteanna

**Ag baint úsáide as na nathanna/focail sa sliocht thuas, freagair na ceisteanna seo.**

1. Céard iad na gnéithe éagsúla d'oidhreacht na hÉireann?
2. Céard iad na hiarrachtaí a rinneadh chun an Ghaeilge a mharú i gcaitheamh na mblianta?
3. Cén aidhm atá ag Conradh na Gaeilge?
4. Cé hiad Seo Linn?
5. Cad atá déanta ag Seo Linn chun an Ghaeilge a thabhairt chun cinn?

## Cleachtadh

**Cuir na focail/nathanna seo a leanas in abairtí a léireoidh a mbrí agus a gceartúsáid.**

1. sainiúil
2. polasaithe
3. faoi bhrú
4. lucht labhartha
5. luachmhar

## Labhairt na teanga

**Pléigh na ceisteanna seo leis an duine atá in aice leat.**

1. Cén ghné den oidhreacht is tábhachtaí duitse?
2. An mairfidh an Ghaeilge, an dóigh leat?
3. An raibh tú riamh sa Ghaeltacht? Déan cur síos ar do chuairt.

# An Ghaeilge

## Éist agus scríobh

**Éist leis an múinteoir ag léamh an tsleachta seo thíos. Nuair atá sé scríofa agat, oscail do leabhar agus ceartaigh do chuid oibre!**

Ceann de na teangacha is sine ar domhan í an Ghaeilge. Cé go ndearnadh an-chuid iarrachtaí i gcaitheamh na mblianta deireadh a chur léi, cuireann sé gliondar ar mo chroí go bhfuil sí fós beo agus, in áiteanna, ag dul i dtreise. De réir Dhaonáireamh 2011, deir breis is 1.77 milliún duine go bhfuil siad in ann Gaeilge a labhairt – méadú ó Dhaonáireamh 2006.

Is aoibhinn liom an Ghaeilge. Is aoibhinn liom a bheith ábalta labhairt i mo theanga dhúchais féin. Bíonn bród orm gach uair a chloisim grúpa déagóirí ag teacht amach as ceann de na gaelcholáistí agus iad ag spalpadh na teanga. Bíonn meangadh gáire orm nuair a fheicim greamáin ar na carranna ag cur in iúl go bhfuil an Ghaeilge sa chroí nó go bhfuil grá ag an duine áirithe sin don teanga. Is cuid dár gcultúr agus dár n-oidhreacht í an Ghaeilge. Is cuid dár bhféiniúlacht í – rud a shainíonn muid ó thíortha eile. Bheadh rud éigin sainiúil bunúsach caillte ag an tír dá n-imeodh an Ghaeilge. 'Tír gan teanga, tír gan anam,' a deirtear, agus tá iomlán na fírinne ansin.

## Cleachtadh

**Líon na bearnaí leis an bhfoclóir cuí on sliocht thuas.**

An bhfuil an Ghaeilge ag dul i ____________ nó i léig? De réir ____________ 2011 tá ____________ tagtha ar líon na ndaoine a labhraíonn an teanga. Is cuid dár ____________ í an Ghaeilge. ____________ an teanga muid ó thíortha eile. Tá ____________ ag na Sasanaigh; ba cheart go mbeadh an ____________ ag na Gaeil. 'Tír gan teanga, ____________ ____________ ____________,' a deir an seanfhocal agus tá ____________ na fírinne ann.

## Léamhthuiscint: Ceol na hÉireann

**Léigh an sliocht seo a leanas agus freagair na ceisteanna a ghabhann leis.**

Tá cáil ar cheol traidisiúnta na hÉireann timpeall an domhain ar fad. Cloistear ceol na tíre seo i Meiriceá, ar mhór-roinn na hEorpa agus san Astráil – leis an fhírinne a rá, in áit ar bith ina mbíonn Éireannaigh ina gcónaí, mar is aoibhinn linn ár gceol a sheinm pé áit a mbímid. Is é Comhaltas Ceoltóirí Éireann atá freagrach as ceol, amhráin agus rincí na hÉireann a chaomhnú agus a chur chun cinn i gcéin is i gcóngar.

Bhunaigh grúpa píobairí Comhaltas Ceoltóirí Éireann i 1951 sa Mhuileann gCearr mar bhí siad buartha go raibh an ceol traidisiúnta ag dul i léig. Tháinig fás agus forbairt ar an gComhalatas ó shin i leith, agus faoi láthair tá breis is 400 craobh aige ar fud na cruinne. I measc na dtíortha ina bhfuil craobhacha den gComhalatas tá an Rúis, Meiriceá, Ceanada, Sasana, an Spáinn, an Ghearmáin, Lucsamburg, an Fhrainc, an Astráil, an Nua-Shéalainn agus Meicsiceo!

Bíonn na céadta rang ar siúl 'chuile sheachtain in uirlisí éagsúla, san amhránaíocht agus sa damhsa Gaelach. An cultúr Gaelach a thabhairt ar aghaidh go dtí an chéad ghlúin eile, sin atá idir lámha ag an gComhaltas. Eagraíonn an Comhaltas Fleá Cheoil na hÉireann gach bliain – seachtain ina mbíonn ceol, amhránaíocht agus rince ar siúl. Idir cheoltóirí agus lucht féachana, bíonn suas le 400,000 páirteach sa fhleá agus bíonn sé le feiceáil ar TG4 freisin. Bíonn Scoil Éigse ar siúl an tseachtain roimh ré san áit chéanna agus bíonn ranganna ar siúl sa cheol, san amhránaíocht agus sna rincí. Bíonn gach duine atá ina bhall den gComhalatas agus daoine ar suim leo an ceol agus an cultúr Gaelach ag súil go mór leis an gcoicís seo gach bliain.

Gluais

| | | | |
|---|---|---|---|
| cáil | *fame* | glúin | *generation* |
| idir lámha | *engaged in* | i gcéin is i gcóngar | *far and near* |
| ag dul i léig | *declining* | mór-roinn | *continent* |
| píobairí | *pipers* | uirlisí | *instruments* |

### Ceisteanna

**Ag baint úsáide as na nathanna/focail sa sliocht thuas, freagair na ceisteanna seo.**

1. Luaigh cuid de na tíortha ina gcloistear ceol na hÉireann.
2. Cén fhreagracht atá ar Chomhaltas Ceoltóirí Éireann?
3. Cá bhfios go bhfuil ag éirí go maith le Comhaltas?
4. Cad é Fleá Cheoil na hÉireann?
5. Cad a bhíonn ar siúl le linn na Scoile Éigse?

### Cleachtadh

**Cuir na focail/nathanna seo a leanas in abairtí a léireoidh a mbrí agus a gceartúsáid.**

1. freagrach
2. i gcéin is i gcóngar
3. ag dul i léig
4. ar fud na cruinne
5. fás agus forbairt

### Labhairt na teanga

**Pléigh na ceisteanna seo leis an duine atá in aice leat.**

1. An bhfuil suim agat i gceol traidisiúnta na hÉireann? Cén fáth?
2. An seinneann tú aon uirlis?
3. Cén cineál ceoil a thaitníonn leat?

## Cúinne na gramadaí

### Éire/Éirinn/Éireann

**Tá trí bhealach ann chun an focal seo a litriú.**

Is í **Éire** an Tuiseal Ainmneach agus an Tuiseal Cuspóireach.

- Is í Éire mo thír dhúchais.
- Is breá liom Éire.

Is í **Éirinn** an Tuiseal Tabharthach.

- Cónaím in Éirinn.
- Tagaim go hÉirinn.
- ag caint faoi Éirinn.

Is í **Éireann** an Tuiseal Ginideach.

- muintir na hÉireann
- oidhreacht na hÉireann.

### Cleachtadh

**Ceartaigh na botúin sa sliocht seo.**

Is aoibhinn liom gach rud a bhaineann le hÉireann. Is aoibhinn liom teanga na hÉireann agus oidhreacht na hÉire. Tagann na mílte turasóir go hÉireann gach bliain chun blas a fháil ar chultúr Éirinn. Tá an-suim agam féin i gcluichí na hÉire agus is maith liom dul go dtí craobh na hÉirinn sa pheil gach bliain. Is í Éire mo thír dhúchais agus is í an Ghaeilge teanga dhúchais Éire. Níor mhaith liom Éire a fhágáil. Fiú dá mbeinn i mo chónaí in aon tír eile, thiocfainn ar ais go hÉirinn gach bliain ar mo laethanta saoire. Tá cáil ar cheol na hÉirinn ar fud na cruinne agus tagann a lán ceoltóirí go Éire gach bliain chun dul go dtí Fleá Cheoil na hÉireann.

## Léamhthuiscint: Sceilg Mhichíl agus *Star Wars*

**Léigh an sliocht seo a leanas agus freagair na ceisteanna a ghabhann leis.**

B'fhéidir nach smaoinímid ar an oidhreacht agus muid ag féachaint ar scannán ficsean eolaíochta, ach bhain conspóid le cuid dár n-oidhreacht cúpla bliain ó shin nuair a bhí Disney ag iarraidh cuid de scannán *Star Wars* a dhéanamh ar cheann de na háiteanna oidhreachta is sine agus is leochailí sa tír.

Cuid dár n-oidhreacht iad na foirgnimh agus áiteanna stairiúla atá breactha timpeall na tíre. Ceann de na háiteanna sin is ea Sceilg Mhichíl, oileán beag as cósta Chiarraí. Láithreán Oidhreachta Domhanda UNESCO is ea Sceilg Mhichíl, toisc go bhfuil láthair mainistreach ann. Bunaíodh an mhainistir am éigin idir an séú agus an t-ochtú céad agus mhair manaigh ann go dtí an 12ú céad. Tá clocháin choirceogacha agus seanchrosa ann, suite 600 troigh os cionn na farraige. Is gnáthóg é do na mílte éan, cuid acu an-neamhghnách. Tá cead ag turasóirí dul ann ach tá srianta dochta i bhfeidhm. Ní féidir dul ar cuairt ann ach i rith an tsamhraidh agus, toisc go bhfuil na clocháin suite ar thalamh géar agus go bhfuil sé contúirteach dul ag dreapadh ann, ní féidir dul ann ar lá an-fhliuch nó an-ghaofar.

Bhí conspóid ann in 2014 agus in 2015 nuair a thug an t-aire ealaíon, oidhreachta agus Gaeltachta cead do lucht Disney cuid dá scannán *Star Wars: The Force Awakens* a dhéanamh ansin. Chuir an eagraíocht An Taisce a gcuid imní in iúl, ag rá go raibh siad buartha go ndéanfaí damáiste don láithreán stairiúil toisc an líon foirne agus an méid trealaimh a bheadh acu. Dúirt Cairde Éanlaith Éireann go raibh siad an-bhuartha faoi chuid de na gearrcaigh a bhí ag neadú sna haillte agus istigh sna clocháin choirceogacha. Dúirt an t-aire go meallfadh an scannán na mílte turasóir go hÉirinn sa todhchaí. Beidh le feiceáil.

Taispeánann áiteanna ar nós Sceilg Mhichíl agus Bhrú na Bóinne an teannas atá ann idir caomhnú ár n-oidhreachta agus suim an phobail sna láithreáin seo. Cé go bhfuil sé tábhachtach go bhfaigheann daoine blaiseadh ar an oidhreacht, is féidir le daoine dochar a dhéanamh do na láithreáin agus iad ag siúl nó ag leagan láimhe ar na seaniarsmaí iontu. Músaem nó áit bheo? Tá an cheist sin idir dhá cheann na meá i gcónaí.

Cad a cheapann tú féin?

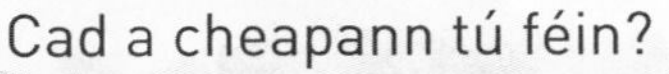

Gluais

| | | | |
|---|---|---|---|
| breactha | *dotted* | Brú na Bóinne | *Newgrange* |
| Cairde Éanlaith Éireann | *BirdWatch Ireland* | clocháin choirceogacha | *beehive huts* |
| conspóid | *controversy* | dreapadh | *climbing* |
| ficsean-eolaíochta | *science fiction* | iarsmaí | *remains* |
| láithreán | *site* | idir dhá cheann na meá | *hanging in the balance* |
| láthair mainistreach | *monastic site* | leochaileach | *fragile* |
| manaigh | *monks* | neadú | *nesting* |
| neamhghnách | *unusual* | srianta | *controls* |
| teannas | *tension* | trealamh | *equipment* |

## Ceisteanna

**Ag baint úsáide as na nathanna/focail sa sliocht thuas, freagair na ceisteanna seo.**

1. Cén ceangal atá ann idir Sceilg Mhichíl agus Disney?
2. Céard iad na rudaí stairiúla atá le fáil ar Sceilg Mhichíl?
3. Cén fáth a bhfuil srianta dochta i bhfeidhm maidir le cuairt a thabhairt ar an áit?
4. Cén fáth a raibh Cairde Éanlaith Éireann imníoch?
5. Cad é an teannas a bhaineann le háiteanna oidhreachta?

## Cleachtadh

**Cuir na focail/nathanna seo a leanas in abairtí a léireoidh a mbrí agus a gceartúsáid.**

1. conspóid
2. breactha
3. srianta
4. ag neadú
5. teannas

## Cumann Lúthchleas Gael

**Léigh an sliocht seo a leanas agus freagair na ceisteanna a ghabhann leis.**

Bunaíodh an eagraíocht spóirt is mó sa tír, an Cumann Lúthchleas Gael, sa bhliain 1884. Sular bunaíodh é bhí cluichí traidisiúnta, cosúil le peil, iomáint agus liathróid láimhe, ag dul i léig agus, má bhí siad á n-imirt, bhí rialacha difriúla ag na foirne ar fad. Chonaic Mícheál Ó Cíosóg agus daoine eile an baol a bhí ann don chuid sin d'oidhreacht na tíre agus bhunaigh siad an CLG. Tháinig fás agus forbairt ar an eagraíocht ó shin agus anois tá 2,800 club sa CLG agus tá breis is 800,000 ball acu in Éirinn agus thar lear.

Cothaíonn an CLG cairdeas, grá áite, mórtas pobail, scileanna spóirt agus dílseacht don chontae i measc na mball. Is iontach go deo an eagraíocht í. Cé gur ceann de na heagraíochtaí spóirt is gairmiúla sa tír é, braitheann an chuid is mó dá chuid rathúlachta ar obair dheonach. Is iad na tuismitheoirí na traenálaithe go minic mar go mothaíonn siad gur bhain siad féin tairbhe agus taitneamh as an CLG nuair a bhí siad féin óg agus ba mhaith leo an cúnamh a fuair siad a chúiteamh anois agus a bpáistí féin a spreagadh. Cuir ceist ar éinne atá nó a bhí ina bhall den chumann agus labhróidh siad faoi na laethanta fuara traenála sa gheimhreadh, daoine le post eile i rith an lae ag teacht amach san oíche nó ag an deireadh seachtaine chun an chéad ghlúin eile a thraenáil. Braitheann neart an chumainn ar na daoine seo agus ar a ndílseacht don chumann agus don chontae.

Tá clubanna de chuid an CLG le fáil timpeall an domhain in aon áit ina gcuireann na Gaeil fúthu. Uaireanta, agus uaigneas ar na deoraithe thar lear, is é an CLG agus an cairdeas a eascraíonn uaidh an rud a chabhraíonn leis na heisimircigh agus iad i bhfad ó bhaile.

Cé gur caitheamh aimsire é an spórt don chuid is mó de bhaill an chumainn, dóibh siúd a imríonn dá gcontae tá sé i bhfad níos tábhachtaí ná sin! Imrítear craobh na hÉireann sna spóirt éagsúla i Mí Mheán Fómhair gach bliain i bPáirc an Chrócaigh – Corn Sam Mhig Uidhir sa pheil, Corn Mhic Cárthaigh san iomáint, Corn Mháirtín i bpeil na mban agus Corn Uí Dhufaigh sa chamógaíocht. Freastalaíonn breis is 80,000 duine ar na craobhacha agus bíonn éileamh mór ar na ticéid. Bíonn na craobhacha le feiceáil ar an teilifís agus ar an Idirlíon, rud a chiallaíonn go mbíonn na céadta míle ag breathnú ar an gcuid thábhachtach seo dár n-oidhreacht agus dár gcultúr.

Gluais

| | | | |
|---|---|---|---|
| craobh na hÉireann | *all-Ireland final* | deonach | *voluntary* |
| deoraithe | *exiles* | dílseacht | *loyalty* |
| éileamh | *demand* | eisimircigh | *emigrants* |
| gairmiúil | *professional* | mórtas | *pride* |
| rathúlacht | *success* | tairbhe | *benefit* |

### Cleachtadh

**Scríobh alt ar thábhacht an CLG don tír.**

## Léamhthuiscint: Éirí Amach na Cásca 1916 agus Deich mBliana na gCuimhneachán

**Léigh an sliocht seo a leanas agus freagair na ceisteanna a ghabhann leis.**

1 Is maith le gach duine a bheith saor agus neamhspleách. Sin an téama a bhíonn in a lán dánta agus scéalta – fonn an duine a bheith saor. Tá sé mar an gcéanna le náisiúin. Leis na céadta bliain, troideadh cathanna chun neamhspleáchas a bhaint amach ó thír eile. Throid an Spáinn i gcoinne na Fraince; an Ísiltír, an tSile agus an Phortaingéil i gcoinne na Spáinne; an India, Meiriceá agus, ar ndóigh, Éire i gcoinne na Breataine. Is maith le daoine agus le náisiúin a mhothú go bhfuil siad ar comhchéim le daoine eile agus is maith le náisiúin a bheith freagrach as a dtodhchaí agus as a gcinniúint féin.

2 Bhí Éire faoi chois ag na Sasanaigh leis na céadta bliain agus i rith an ama sin rinneadh a lán iarrachtaí chun cultúr na tíre a scrios. Theastaigh ó ríthe Shasana deireadh a chur leis an gcreideamh Caitliceach in Éirinn agus, i ndáiríre, le haon rud a chur féiniúlacht na tíre in iúl, an Ghaeilge agus an cultúr Gaelach ach go háirithe. Cuireadh na Péindlíthe i bhfeidhm chun saol na gCaitliceach a dhéanamh chomh deacair sin go dtiontóidís go dtí an creideamh Protastúnach. Mar gheall ar pholasaithe an rialtais i dtaobh na Gaeilge, bhí líon na gcainteoirí Gaeilge ag titim go tubaisteach, go háirithe i ndiaidh an Ghorta Mhóir. Bhí an bhochtaineacht go forleathan sa tír freisin agus deirtear go raibh na plódtithe ba mheasa san Eoraip le fáil i gcathair Bhaile Átha Cliath.

3 B'in an cúlra le hÉirí Amach na Cásca 1916 agus na himeachtaí a lean é. Theastaigh ó Phádraig Mac Piarais, ó Shéamas Ó Conghaile agus ó shínitheoirí eile Fhorógra Phoblacht na hÉireann deireadh a chur le riail na Breataine in Éirinn. Níor mhair an tÉirí Amach ach sé lá ach d'athraigh sé stair na hÉireann. Chuir rialtas na Breataine ceannairí an Éirí Amach chun báis agus d'athraigh sé sin meon mhuintir na tíre. Lean Cogadh na Saoirse agus an Cogadh Cathartha sna blianta ina dhiaidh sin agus cuireadh críochdheighilt na hÉireann i bhfeidhm, rud a chruthaigh fadhbanna sa tír a mhaireann go dtí an lá atá inniu ann.

4 Tá Deich mBliana na gCuimhneachán ar siúl i láthair na huaire chun na himeachtaí thuasluaithe (agus imeachtaí eile) ó 1912–22 a chomóradh. Cé go gcuireann sé isteach ar dhaoine go raibh breith fhoréigneach ag Poblacht na hÉireann, tá sé tábhachtach nach ndéantar dearmad ar an gcuid seo dár stair. Rinneadh botúin, cinnte, ach is cuid mhór de scéal agus d'oidhreacht na hÉireann í Seachtain na Cásca.

5 Ní féidir a shéanadh, áfach, gur tír shaor neamhspleách í Éire anois, a sheasann gualainn ar ghualainn le tíortha eile na hEorpa. Tháinig Banríon na Breataine ar cuairt chun na hÉireann in 2011 ar cuireadh ónár n-uachtarán, mar chara agus mar chomharsa. Bhí bród ar mhuintir na hÉireann nuair a chuaigh an tUachtarán Mícheál D. Ó hUiginn ar an gcéad chuairt stáit de chuid chinn stáit na hÉireann go dtí an Bhreatain in 2014. Thaispeáin an chuairt don domhan gur tír shaor neamhspleách í Éire, tír atá ar chomhchéim le tír ar bith eile ar domhan. Oidhreacht shaibhir luachmhar í seo.

Gluais

| | | | |
|---|---|---|---|
| ar comhchéim | *equal* | breith | *birth* |
| ceann stáit | *head of state* | cinniúint | *fate* |
| críochdheighilt | *partition* | faoi chois | *oppressed* |
| féiniúlacht | *identity* | fonn | *desire* |
| forógra | *proclamation* | freagrach | *responsible* |
| gualainn ar ghualainn | *shoulder to shoulder* | meon | *attitude* |
| neamhspleách | *independent* | na Péindlíthe | *Penal Laws* |
| plódtithe | *slums* | sínitheoirí | *signatories* |
| todhchaí | *future* | tubaisteach | *disastrous* |

## Ceisteanna

**Ag baint úsáide as na nathanna/focail sa sliocht thuas, freagair na ceisteanna seo.**

1. (a) Cén fáth ar troideadh cathanna i gcaitheamh na mblianta, dar leis an sliocht?
   (b) (i) Cén bhaint a bhí ag an Spáinn le cúrsaí troda?
   (ii) Cén difríocht a dhéanann sé do thíortha a bheith neamhspleách, dar leis an sliocht?
2. (a) Céard a theastaigh ó rialtas Shasana?
   (b) (i) Cérbh iad na Péindlíthe?
   (ii) Cá bhfios go raibh an bhochtaineacht go dona sa tír?
3. (a) Cad a theastaigh ó shínitheoirí an Fhorógra?
   (b) (i) Cad a d'athraigh meon na tíre?
   (ii) Cén toradh a bhí ag an gcríochdheighilt ar Éirinn?
4. (a) Cén fáth a bhfuil Deich mBliana na gCuimhneachán ar siúl?
   (b) (i) Cad a chuireann isteach ar roinnt daoine?
   (ii) Cad atá tábhachtach, dar leis an sliocht?
5. (a) Cad a tharla in 2011?
   (b) (i) Cad a chuir bród ar mhuintir na hÉireann?
   (ii) Cén oidhreacht shaibhir atá i gceist?
6. (a) Aimsigh dhá shampla den Tuiseal Ginideach in alt 2.
   (b) Bunaithe ar an sliocht thuas, scríobh alt faoi na hathruithe atá tagtha ar Éirinn ó bhí na Sasanaigh i réim. (Bíodh an freagra i do chuid focal féin. Is leor 60 focal.)

## Ceapadóireacht

**Freagair do rogha ceann amháin de na teidil seo:**

1. Oidhreacht na hÉireann – seoid luachmhar atá inti.
2. An Cumann Lúthchleas Gael – an tábhacht a bhaineann leis i saol an lae inniu.
3. Léigh tú alt i gceann de na nuachtáin laethúla ag rá nár cheart Seachtain na Cásca a chomóradh. Chuir an t-alt fearg ort. Scríobh an freagra a chuirfeá chuig eagarthóir an nuachtáin ar an ábhar sin.
4. Scríobh an chaint a dhéanfá i ndíospóireacht scoile ar son nó in aghaidh an rúin seo a leanas: 'Is cuma le muintir na hÉireann faoina n-oidhreacht.'

## Cluastuiscint

Logáil isteach ar **www.edcodigital.ie** leis na míreanna fuaime a chloisteáil.

**Bí ag faire amach do na focail seo.**

| | | | |
|---|---|---|---|
| bratach | *flag* | conspóid | *controversy* |
| craobhacha | *championships* | éigeantach | *compulsory* |
| Forógra Phoblacht na hÉireann | *Proclamation of the Republic of Ireland* | fórsaí cosanta | *defence forces* |
| láthair mainistreach | *monastic site* | scannánú | *filming* |

### Cuid A – Fógra

**Cluastuiscint 7A(i)–(ii)**

**Cloisfidh tú fógra raidió sa chuid seo. Cloisfidh tú é faoi dhó. Freagair na ceisteanna a ghabhann leis.**

1. (a) Cad a gheobhaidh na bunscoileanna?

   ______________________________

   (b) Luaigh rud amháin a bheidh sa phacáiste.

   ______________________________

2. Cá bhfuil an scoil a luaitear?

   ______________________________

3. Luaigh beirt a thabharfaidh cuairt ar Scoil Náisiúnta Naomh Pádraig.

   (i) ______________________________

   (ii) ______________________________

## Cuid B – Comhrá Cluastuiscint 7B(i)–(ii)

**Cloisfidh tú comhrá sa chuid seo. Cloisfidh tú é faoi dhó. Cloisfidh tú an comhrá ó thosach deireadh an chéad uair. Ansin cloisfidh tú ina dhá mhír é. Freagair na ceisteanna a ghabhann leis.**

An chéad mhír

1. Cad é rún na díospóireachta?

2. Cén pointe a dhéanfaidh Seán faoin nGaeilge?

3. Dar le hAoife, cén fáth a bhfreastalaíonn daoine ar na coláistí samhraidh?

4. Cad a bhíonn ar siúl i bPáirc an Chrócaigh?

An dara mír

1. Luaigh dhá rud a deir Seán faoi Bhrú na Bóinne.
   (i) __________
   (ii) __________

2. Dar le hAoife, cad a tharla i scoil a dearthár?

## Cuid C – Píosa nuachta Cluastuiscint 7C(i)–(ii)

**Cloisfidh tú píosa nuachta sa chuid seo. Cloisfidh tú é faoi dhó. Freagair na ceisteanna a ghabhann leis.**

1. (a) Cén chaoi a raibh an aimsir?

   (b) Cén éifeacht a bhí ag an aimsir ar an scannánú?

2. Luaigh dhá ghrúpa atá buartha mar gheall ar an scannánú.
   (i) __________
   (ii) __________

3. Cad a deir an t-aire ealaíon, oidhreachta agus Gaeltachta?

# 8 Scéalta móra na linne seo

## Léamhthuiscint: Daoine gan dídean

**Léigh an sliocht seo a leanas agus freagair na ceisteanna a ghabhann leis.**

1 Ceist chasta chigilteach í ceist na heaspa dídine. Níl cúis amháin leis an bhfadhb. Uaireanta cliseann ar an teaghlach, bíonn fadhb le bochtanas nó bíonn fadhbanna meabhrach i gceist. Uaireanta bíonn fadhb le drugaí nó le halcól ag duine agus caitear amach as an teach é nó í. Scaití is foréigean teaghlaigh atá i gceist sa bhaile agus níl aon rogha ag an duine ach éalú.

2 Fáth eile leis an easpa dídine ná praghas an chíosa faoi láthair. Nuair a bhí an Tíogar Ceilteach ag búiríl sa tír, níor tógadh mórán tithe sóisialta do dhaoine ar ioncam íseal ná do theaghlaigh a bhí ag fáil sochar leasa shóisialta. Ansin, nuair a thit an tóin as an ngeilleagar agus chuaigh an tír ó bhorradh go cliseadh, chaill a lán daoine a gcuid post, ní raibh siad ábalta an morgáiste a íoc agus chaill siad a dtithe. Toisc go bhfuil daoine dífhostaithe, ní bhíonn siad in ann teach a cheannach agus bíonn orthu teach a fháil ar cíos. Cruthaíonn sé sin fáinne fí – tá éileamh ar thithe a fháil ar cíos; ardaíonn na tiarnaí talún an cíos; níl na tionóntaí ábalta an cíos a íoc; agus fágtar gan dídean iad. In 2012 fágadh ocht dteaghlach in aghaidh na míosa gan dídean; faoin mbliain 2015 fágadh 70 teaghlach in aghaidh na míosa sa chás céanna. Deirtear go raibh 556 teaghlach gan dídean, 1,185 páiste ina measc, i mBaile Átha Cliath i samhradh 2015, ach tá an fhadhb chéanna le fáil i gcathracha eile na tíre freisin – i gCorcaigh, i nGaillimh, i bPort Láirge agus i Luimneach.

3 Ar an drochuair, níl go leor lóistín ar fáil do na daoine a fhágtar gan dídean. Níl go leor tithe sóisialta ar fáil agus bíonn ar na daoine bochta seo fanacht in óstáin nó i lóistín éigeandála. Fiú ansin tarlaíonn sé uaireanta nach mbíonn spás sna háiteanna seo. Bíonn scéalta le cloisteáil faoi theaghlaigh ina gcodladh ar bhinsí i bpáirceanna poiblí nó i gcarranna. Deir na carthanais a phléann le daoine gan dídean, eagraíochtaí ar nós Chlann Shíomóin agus

Ionad Lae na gCaipisíneach, gur géarchéim náisiúnta agus séanadh cearta daonna atá ann. Nach náireach agus nach bocht an scéal é sin sa lá atá inniu ann agus a dteanga caite ag an rialtas ag rá go bhfuil feabhas ag teacht ar an ngeilleagar?

4 An bhfuil aon réiteach ar an bhfadhb? Deir daoine áirithe gur cheart don rialtas tuilleadh tithe sóisialta a thógáil agus iad a thógáil go beo. Moltar freisin gur cheart don rialtas an liúntas cíosa a mhéadú ionas gur féidir le daoine áit a fháil ar cíos. Tá daoine eile ann a deir gur cheart go mbeadh cíos rialaithe ann agus nach mbeadh cead ag tiarnaí talún an cíos a ardú uair ar bith is mian leo. Moladh eile ná tithe réamhdhéanta a thógáil – ní thógfadh sé ach sé seachtaine nó mar sin na tithe seo a thógáil agus, cé go bhfuil siad beag, ba réiteach gearrthéarmach é, níos fearr ná seomra i mbrú nó i lóistín leaba agus bricfeasta.

5 Léiríonn scéal Jonathan Corrie chomh casta is atá scéal na heaspa dídine. Is é Jonathan Corrie an t-ainniseoir a fuair bás in aice le Dáil Éireann i Mí na Nollag 2014. Bhí sé ina chodladh i ndoras cúpla slat ó Thithe an Rialtais agus, ní nach ionadh, chuir a bhás uafás agus alltacht ar mhuintir na tíre. Ach nuair a fiosraíodh a chúlra, fuarthas amach gur andúileach hearóine a bhí ann agus go raibh go leor cabhrach ar fáil dó. D'fhéadfadh sé leaba a fháil an oíche sin ach roghnaigh sé féin codladh i ndoras an oíche gheimhriúil sin. Léiríonn a chás an greim a fhaigheann drugaí ar dhaoine agus an dochar marfach a dhéanann siad.

6 Cé go bhfuil fadhb mhór le heaspa dídine in Éirinn, is iomaí cumann atá ann ag cabhrú leis na daoine a bhfuil saol crua acu. Tá Clann Shíomóin, Focus Ireland, Arm an tSlánaithe agus neart cumann eile ann a sheasann leis na bochtáin lá i ndiaidh lae. I mBaile Átha Cliath, mar shampla, tá Ionad Lae ag na Caipisínigh, a chuireann 500 béile ar fáil 'chuile lá dóibh siúd atá gan dídean. Chomh maith leis sin, cuireann siad seacht gcéad beart bia ar fáil do dhaoine a bheadh ag fulaingt go mór gan an bia seo. Cé is moite de chúpla oibrí a fhaigheann tuarastal, braitheann an tseirbhís seo ar oibrithe deonacha atá sásta a gcuid ama féin a chaitheamh ag cabhrú leis na daoine is leochailí inár sochaí. Ar ndóigh, eagraíonn Clann Shíomóin cuaird anraith. Is éard atá ann ná oibrithe deonacha (mic léinn ollscoile den chuid is mó) a théann amach gach oíche chun anraith, bia, cúnamh agus comhluadar a thabhairt do lucht na sráideanna. Taispeánann na cumainn seo nach bhfuil dearmad déanta ag an tsochaí ar fad ar dhaoine gan dídean.

Gluais

| | | | |
|---|---|---|---|
| alltacht | *amazement* | andúileach | *addict* |
| borradh | *boom* | carthanas | *charity* |
| cé is moite de | *except for* | cigilteach | *sensitive* |
| cíos | *rent* | cíos rialaithe | *controlled rent* |
| cliseadh | *bust* | cuaird anraith | *soup run* |
| dídean | *shelter* | easpa dídine | *lack of shelter* |
| fáinne fí | *vicious circle* | géarchéim | *crisis* |
| liúntas | *allowance* | lóistín éigeandála | *emergency accommodation* |
| marfach | *deadly* | réamhdhéanta | *prefabricated* |
| séanadh | *denial* | sochar leasa shóisialta | *social-welfare benefit* |
| tiarnaí talún | *landlords* | tionóntaí | *tenants* |

## Ceisteanna

**Ag baint úsáide as na nathanna/focail sa sliocht thuas, freagair na ceisteanna seo.**

1. (a) Céard iad na cúiseanna le heaspa dídine?
   (b) (i) Cén fáth a gcaitear daoine amach as tithe?
   (ii) Cén fáth nach mbíonn aon rogha ag daoine uaireanta?
2. (a) Cé dó na tithe sóisialta?
   (b) (i) Cad atá i gceist leis an bhfáinne fí a luaitear sa sliocht?
   (ii) Cén fhianaise atá ann go bhfuil an fhadhb ag dul in olcas?
3. (a) Cá bhfanann daoine gan dídean?
   (b) (i) Cad a deir na carthanais faoin bhfadhb?
   (ii) Cad atá náireach faoin scéal?
4. (a) Cad ba cheart don rialtas a dhéanamh, dar leis an sliocht?
   (b) (i) Cén difríocht a dhéanfadh cíos rialaithe?
   (ii) Cén buntáiste a bhaineann le tithe réamhdhéanta?
5. (a) Cad a léiríonn cás Jonathan Corrie?
   (b) (i) Cad a dhéanann Ionad Lae na gCaipisíneach chun cabhrú le daoine gan dídean?
   (ii) Cad é an chuaird anraith?
6. (a) Aimsigh dhá shampla den Tuiseal Ginideach in alt 2.
   (b) Cén seánra (cineál) scríbhneoireachta lena mbaineann an sliocht seo? Luaigh dhá thréith a bhaineann leis an gcineál seo scríbhneoireachta. Aimsigh sampla amháin de gach ceann den dá thréith sin sa sliocht. (Bíodh an freagra i do chuid focal féin. Is leor 60 focal.)

## Na dídeanaithe

**Léigh an sliocht seo a leanas agus freagair na ceisteanna a ghabhann leis.**

Ní dhéanfaidh mé dearmad go deo ar shamhradh na bliana 2015. Bhí scáileáin teilifíse agus na meáin shóisialta lán le scéalta faoi na dídeanaithe bochta a bhí ag iarraidh éalú ón tSiria. Bhí idir bhrón agus uafás ar mhuintir an iarthair ag féachaint ar na pictiúir bhrónacha de na hainniseoirí bochta a raibh gach rud sa saol caillte acu.

Bhí cogadh cathartha ar siúl sa tSiria ó 2011 agus d'fhág ceithre mhilliún Siriach an tír ó shin. D'éalaigh siad go dtí campaí dídeanaithe sna tíortha máguaird, sa Tuirc, sa Liobáin agus san Iordáin den chuid is mó, ach bhí na campaí sin plódaithe agus ní raibh go leor airgid ann chun aire cheart a thabhairt do na milliúin dídeanaí a bhí ag lorg cabhrach. B'in an chúis a rinne na dídeanaithe an cinneadh an turas baolach a dhéanamh go dtí an Eoraip, ag súil le saol níos fearr dóibh féin agus dá dteaghlaigh.

Ba é an fharraige an bealach ba ghiorra ach ba dhainséaraí le taisteal. Tháinig smuigléirí daoine i dtír ar na dídeanaithe bochta. Thóg siad a gcuid airgid uathu, gheall siad turas sábháilte dóibh agus ansin bhrúigh siad isteach ar bháid mhíchuí iad. Bhí na báid róbheag, bhí an iomarca daoine ar bord, ach ní raibh an dara rogha acu má bhí siad ag iarraidh éalú. Ar an drochuair, bádh na mílte dídeanaí ar an turas marfach sin ón Tuirc go dtí an Ghréig nó an Iodáil nuair a chuaigh na báid go tóin poill. Thar aon rud eile léiríonn sé sin chomh hainnis is a bhí cúrsaí sna campaí ag na dídeanaithe, go raibh siad réidh a mbeatha a chur i mbaol ar mhaithe le saol nua san Eoraip.

Dóibh siúd a tháinig slán ón turas báid, bhí todhchaí neamhchinnte rompu san Eoraip. Chuir cuid de thíortha na hEorpa fáilte rompu ach bhí cúpla tír doicheallach. Nuair a chonaic rialtais na hEorpa na céadta míle dídeanaí ag teacht, dhún cuid acu a dteorainneacha. Chuir muintir na hÉireann brú ar an rialtas fáilte a chur roimh dhídeanaithe agus ghlac Éire le cúpla míle dídeanaí.

Ach an é sin deireadh an scéil? An mbeidh géarchéim mar seo ann arís? Cad ba cheart do thíortha an domhain a dhéanamh chun a chinntiú nach mbeidh íomhánna brónacha, amhail an pictiúr a bhris croí gach duine a chonaic é den bhuachaill óg trí bliana d'aois, Aylan Kurdi, a fuarthas báite ar an trá sa Tuirc agus é ag iarraidh éalú lena mhuintir? 'Baist do leanbh féin ar dtús,' a deir daoine eile, ag rá go bhfuil a lán daoine bochta agus gan dídean in Éirinn cheana féin agus gur cheart dúinn aire a thabhairt dár muintir féin ar dtús. Nó an fíor, 'Ní lúide an trócaire a roinnt'? Cad is dóigh leat féin?

Gluais

| ainnis | *wretched* | ainniseoir | *miserable person* |
|---|---|---|---|
| baist do leanbh féin ar dtús | *charity begins at home* | báite | *drowned* |
| cinneadh | *decision* | cogadh cathartha | *civil war* |
| dídeanaithe | *refugees* | doicheallach | *unwelcoming* |
| máguaird | *surrounding* | míchuí | *unsuitable* |
| neamhchinnte | *uncertain* | ní lúide an trócaire a roinnt | *charity is not lessened by being shared* |
| plódaithe | *crowded* | smuigléirí | *smugglers* |
| teacht i dtír ar | *take advantage of* | teorainneacha | *borders* |
| todhchaí | *future* | tóin poill | *bottom of the sea* |

## Cleachtadh

**Scríobh achoimre ar an alt thuas.**

# An quizmháistir agus an saineolaí – ag bailiú eolais don aiste

**Léigh agus ullmhaigh an sliocht seo i gcomhair an quizmháistir agus an tsaineolaí.**

## Díospóireacht: Ba cheart deireadh a chur leis na táillí uisce

**Léigh an díospóireacht thíos agus ansin líon na boscaí leis an eolas cuí uaidh.**

A chathaoirligh, a mholtóirí, a lucht an fhreasúra agus a lucht éisteachta, is é an rún atá á phlé againn inniu ná 'Ba cheart deireadh a chur leis na táillí uisce.' Táimse agus m'fhoireann go láidir i bhfabhar an rúin seo agus tá súil agam go n-aontóidh sibh go léir linn faoi dheireadh na díospóireachta.

Tá conspóid na dtáillí uisce i mbéal an phobail le fada an lá anois. Lá i ndiaidh lae cloistear scéalta faoi agóidí agus léirsithe móra i mbailte agus i gcathracha timpeall na tíre. Is léir go bhfuil daoine ar mire leis an rialtas faoin ábhar seo. Insítear dúinn go gcaithfear táillí uisce a íoc chun an tseirbhís uisce a fheabhsú sa todhchaí. Gan na hacmhainní cuí, ní féidir le hUisce Éireann an córas a fheabhsú. Níor infheistíodh mórán airgid sa bhonneagar uisce leis na blianta. Tá píopaí uisce, cuid acu déanta as luaidhe, ag titim as a chéile. Tá éileamh mór ar uisce ar fud na tíre ach go háirithe i mBaile Átha Cliath agus i gcathracha eile agus is ar éigean is féidir coinneáil suas leis an éileamh. Mura bhfuil soláthar uisce cuí sa tír, ní bheidh comhlachtaí móra idirnáisiúnta sásta lonnú anseo agus caillfear amach ar phoist amach anseo. Ní aontaíonn a lán daoine leis na hargóintí seo. Is é an phríomhargóint atá ag an ngrúpa i gcoinne na dtáillí ná go n-íocaimid táillí i bhfoirm cánach cheana féin. Tá dream eile a cheapann nár chóir táillí uisce a íoc ar chor ar bith. Maíonn siad nach bhfuil fáil ar uisce ar chaighdeán ard sa tír seo. De réir dealraimh, tá bailte timpeall na tíre ina mbíonn ar na daoine uisce a cheannach san ollmhargadh áitiúil. Sin an fáth nach bhfuil siad toilteanach aon táille a íoc.

Ba mhaith liom cumhacht na hEorpa i leith na dtáillí uisce a phlé i dtosach. Nuair a thit an tóin as an Tíogar Ceilteach roinnt blianta ó shin, bhí ar na cumhachtaí móra san Eoraip teacht i gcabhair orainn. Fuaireamar iasachtaí móra airgid agus bhain coinníollacha diana leis na hiasachtaí sin. Cuireadh iachall ar an rialtas breis cánach a bhailiú i bhfoirm táillí uisce agus cáin ar thithe. Tá deacrachtaí móra ag daoine sa tír a mbillí a íoc, chomh maith le costais oideachais a íoc dá bpáistí. Measaim go gcaithfidh an rialtas tacaíocht agus cúnamh a thabhairt do na bochtáin agus dóibh siúd atá ag streachailt leis an saol in ionad a bheith ag iarraidh na daoine mífhortúnacha seo a chrá le breis táillí.

Gné eile den ábhar achrannach seo ná an méid airgid a chaith an rialtas ar an gcomhlacht Uisce Éireann a bhunú. Léiríodh i dtuairisc a foilsíodh le déanaí gur chaith Uisce Éireann níos mó ná €50 milliún ar chomhairleoirí agus ar chostais éagsúla eile agus gur thuill bainisteoirí Uisce Éireann bónais mhóra as ucht a gcuid oibre. Tá sé deacair don ghnáthdhuine atá ag streachailt le billí arda féachaint ar chur amú airgid mar sin.

Labhair an freasúra faoin ionsaí a rinne lucht agóide ar charr an tánaiste nuair a bhí sí ar cuairt ar scoil i dTamhlacht i mBaile Átha Cliath. Glacaim leis go ndeachaigh daoine thar fóir agus nár cheart riamh foréigean ná bagairt foréigin a úsáid i dtír dhaonlathach ach léiríonn an eachtra sin chomh feargach agus dáiríre is atá daoine faoin gceist seo.

Labhair an freasúra freisin faoin Eoraip. Dar leo go ngearrtar táillí uisce i ngach tír san Aontas Eorpach. Cén fáth nach mbeadh sé amhlaidh anseo? Deir siad freisin go gcaithfidh daoine íoc as gach fóntas eile a fhaigheann siad sa tír, leictreachas agus gás ina measc. Cén fáth nach n-íocfaidís as uisce? Caithfear an t-uisce a chóireáil – ní féidir an bháisteach ón spéir a ól!

Luaigh siad cúrsaí timpeallachta freisin. Deir siad go laghdóidh daoine an méid uisce a úsáideann siad má bhíonn orthu íoc as agus go mbeidh sé sin níos fearr don timpeallacht. Admhaím go bhfuil fiúntas sna hargóintí sin ach is é fírinne an scéil é ná nach bhfuil an t-airgead ag na daoine seo táillí uisce a íoc.

Ba mhaith liom mo bhuíochas a ghabháil libh arís, a dhaoine uaisle, as a bheith ag éisteacht liom inniu. Tá súil agam, a lucht éisteachta, go n-aontaíonn sibh leis na tuairimí a nocht mé inniu.

Gluais

| | | | |
|---|---|---|---|
| achrannach | *contentious* | acmhainn | *resource* |
| agóidí | *protests* | amhlaidh | *like this* |
| ar mire | *furious* | bonneagar | *infrastructure* |
| caighdeán | *standard* | cáin | *tax* |
| cóireáil | *treat* | comhairleoir | *advisor* |
| conspóid | *controversy* | cuí | *suitable* |
| daonlathach | *democratic* | fiúntas | *value* |
| fóntas | *utility* | iachall | *compulsion* |
| léirsithe | *protests* | luaidhe | *lead* |
| soláthar | *supply* | toilteanach | *willing* |

## An saineolaí — leathanach an eolais

**Líon na boscaí thíos.**

**Argóintí i bhfabhar na dtáillí uisce**

**Argóintí i gcoinne na dtáillí uisce**

**An t-ábhar: Táillí uisce**

**Uisce Éireann/an tánaiste**

**Do thuairimí faoin gceist**

## Cleachtadh

**Scríobh achoimre ar an ábhar thuas, ag úsáid an eolais atá bailithe agat.**

## Léamhthuiscint: Saol an tseanóra sa lá atá inniu ann

**Léigh an sliocht seo a leanas agus freagair na ceisteanna a ghabhann leis.**

1 Cáintear na meáin chumarsáide go minic ach níl aon dabht faoi ach go bhfuil ról an-tábhachtach acu. Caitheann siad súil agus solas ar institiúidí na tíre agus ar ár bpolaiteoirí. Fiosraíonn siad scéalta faoin éagóir a imrítear ar dhaoine leochaileacha. Cuireann siad iriseoirí faoi cheilt isteach go dtí tithe altranais agus is minic a nochtann siad scéalta uafásacha faoin gcaoi a gcaitear le daoine leochaileacha sa tír seo. Deirtear gur scáthán ar thír é an chaoi a gcaitear leis na daoine is leochailí sa tsochaí. Cad a fheiceann muintir na tíre nuair a fhéachann siad isteach sa scáthán?

2 Craoladh ceann de na cláir sin ar na mallaibh faoi sheandaoine in Éirinn. Léirigh an clár cé chomh huafásach is a bhíonn an saol do roinnt seandaoine. Rinneadh an clár i dteach altranais faoi rún agus chuir na híomhánna sceirdiúla uafás ar dhaoine idir óg agus aosta ar fud na tíre. Tugadh drochíde do na seandaoine leochaileacha agus ba minic a buaileadh gan chúis gan trócaire iad. Ba léir nach raibh na cúramóirí sa teach altranais foighneach, tuisceanach ná lách leis na hothair; a mhalairt a bhí fíor i gcásanna áirithe. A bhuí leis an gclár faisnéise seo, tugadh bata agus bóthar do na cúramóirí cruálacha seo. D'eisigh an t-aire sláinte ráiteas ansin agus dúirt sé go raibh sé chun reachtaíocht a thabhairt isteach chun cosaint a thabhairt do sheandaoine.

3 Tá fadhb an fhoréigin agus na coiriúlachta go dona in Éirinn sa lá atá inniu ann. Cloistear rómhinic faoi ionsaithe ar sheandaoine leochaileacha ar na sráideanna nó ina dtithe. Cónaíonn a lán seandaoine in áiteanna iargúlta agus ní bhíonn cabhair ar fáil dóibh má thagann coirpigh nó dronga chuig a ndoras déanach san oíche. Dúnadh stáisiúin na ngardaí i mbailte beaga agus i sráidbhailte timpeall na tíre i rith an chúlú eacnamaíochta agus dá bharr ní mhothaíonn seanóirí slán ina dtithe féin. Is minic a chumann na coirpigh scéalta bréagacha agus osclaíonn na seanóirí na doirse dóibh dá bharr. Mar bharr ar an donas, is minic a ghoideann na coirpigh an phingin deiridh a bhíonn acu tar éis batráil mhídhaonna a thabhairt dóibh. Is scannalach an ní é go mbíonn seandaoine sceimhlithe ina mbeatha in Éirinn sa lá atá inniu ann.

4 Is minic a cheapann daoine go bhfuil saol an mhadra bháin ag seandaoine in Éirinn – saoirse agus neamhspleáchas acu tar éis na mblianta ag obair; a dteaghlaigh ag tabhairt tacaíochta agus grá dóibh; garpháistí grámhara ag teacht ar cuairt; saol idéalach compordach acu ag taisteal agus ag baint taitnimh as comhluadar a gcairde. Ach, mar a léirigh mé thuas, is i bhfad ón saol foirfe taitneamhach sin a mhaireann líon mór seandaoine in Éirinn. Is minic a fheictear seandaoine uaigneacha bochta ar na sráideanna, iad tréigthe ag a gclanna, ag an tsochaí agus, ar ndóigh, ag ár bpolaiteoirí leithleacha. Bhí pictiúr amháin sna meáin le déanaí de bhean a bhí

beagnach 90 bliain d'aois ag lorg déirce ar shráideanna na príomhchathrach. Ní hé go raibh sí gan dídean ach ní raibh go leor airgid aici chun a billí a íoc. Ba cheart náire a bheith ar pholaiteoirí na tíre a shileann deora bréige faoi chás na seanóirí go bhfuil a leithéid de radharc le feiceáil i mbaile ar bith in Éirinn.

5 Is léir nach bhfuil meas madra ag ár bpolaiteoirí ar sheandaoine. I gcáinaisnéis i ndiaidh cáinaisnéise gearradh siar ar an tacaíocht stáit a tugadh do sheanóirí. Cuireadh srian leis an gcárta leighis agus stopadh an deontas móna, an deontas leictreachais agus an deontas don cheadúnas teilifíse. Gearradh siar ar a bpinsean. Ina theannta sin, méadaíodh an costas a bhíonn ar sheandaoine a íoc ar chógais. An féidir a rá go bhfuil meas ag ár bpolaiteoirí ar sheanóirí? Is ag tochras ar a gceirtlín féin a bhíonn siad i gcónaí. Throid cuid de na seandaoine seo ar son ár saoirse agus d'oibrigh siad ar feadh na mblianta chun feabhas a chur ar gheilleagar na tíre seo. Ar chóir dúinn iad a chaitheamh ar charn aoiligh an tsaoil anois?

6 Ní féidir críoch a chur leis an aiste seo gan na heagraíochtaí iontacha a oibríonn go laethúil le seandaoine a lua – eagraíochtaí ar nós Alone, Age Action Ireland agus Age Positive, chun cúpla ceann a lua. Oibríonn daoine maithe leis na heagraíochtaí seo agus eagraíonn siad imeachtaí éagsúla in ionaid lae agus i hallaí scoile go laethúil. Is aoibhinn le seanóirí bualadh lena chéile chun cupán caife a ól nó cluiche cártaí a imirt i gcomhluadar a gcairde. Téann siad ar thurais agus foghlaimíonn siad scileanna nua. Ní fhaigheann na hoibrithe deonacha seo mórán aitheantais ach is cuma leo mar go dtuigeann siad go ndéanann siad difríocht mhór i saol na seanóirí.

7 Tá infheistíocht mhór ag teastáil i seirbhísí do sheanóirí, go háirithe i gceantair thuaithe agus i gceantair bhochta. Ba cheart don aire straitéis chuimsitheach a chur le chéile le cabhair ó sheandaoine agus ó eagraíochtaí pobail. Ba cheart na stáisiúin ghardaí a dúnadh cúpla bliain ó shin a athoscailt. Bheadh na gardaí in ann seirbhísí tacúla a thabhairt do sheandaoine. Chomh maith leis sin, ba chóir dúinn go léir éisteacht le seandaoine, cabhrú leo agus meas a léiriú orthu.

Gluais

| | | | |
|---|---|---|---|
| ag tochras ar a gceirtlín féin | *looking out for number one* | bata agus bóthar | *the sack* |
| cáinaisnéis | *budget* | carn aoiligh an tsaoil | *the scrapheap of life* |
| cógas | *prescription* | coirpigh | *criminals* |
| comhluadar | *company* | cuimsitheach | *comprehensive* |
| cúramóir | *carer* | deora bréige | *crocodile tears* |
| drochíde | *ill treatment* | drong | *gang* |
| faoi cheilt | *undercover* | foighneach | *patient* |
| garpháiste | *grandchild* | iargúlta | *remote* |
| infheistíocht | *investment* | lách | *kind* |
| a mhalairt | *the opposite* | mar bharr ar an donas | *to make matters worse* |
| mídhaonna | *inhuman* | nocht | *reveal* |
| reachtaíocht | *legislation* | scáthán | *reflection/mirror* |
| sceimhlithe ina mbeatha | *terrified* | srian | *limit* |
| tacúil | *supportive* | teach altranais | *nursing home* |

## Ceisteanna

**Ag baint úsáide as na nathanna/focail sa sliocht thuas, freagair na ceisteanna seo.**

1. (a) Céard a fhiosraíonn na meáin?
   (b) (i) Cén chaoi ar nochtadh na scéalta uafásacha?
   (ii) Conas a léirítear cén cineál sochaí atá i dtír?
2. (a) Cén chaoi ar tugadh drochíde do na seanóirí?
   (b) (i) Cén cineál daoine a bhí sna cúramóirí?
   (ii) Cad a dúirt an t-aire sláinte?
3. (a) Cén chaoi ar chuir dúnadh na stáisiún gardaí isteach ar sheandaoine?
   (b) (i) Cén bealach a mbíonn ag coirpigh dul isteach i dtithe na seandaoine?
   (ii) Cad atá scannalach, dar leis an sliocht?
4. (a) Dar le roinnt daoine, cén cineál saoil atá ag seanóirí?
   (b) (i) Cén fáth a raibh an tseanbhean ar na sráideanna?
   (ii) Cén fáth a luaitear deora bréige san alt?
5. (a) Luaigh bealach amháin ar gearradh siar ar thacaíocht stáit do sheanóirí.
   (b) (i) Cén chaoi a gcabhraíonn na heagraíochtaí a luaitear leis na seanóirí?
   (ii) Luaigh rud amháin ba cheart a dhéanamh chun saol na seandaoine a fheabhsú.
6. (a) Aimsigh dhá shampla den Tuiseal Tabharthach in alt 3.
   (b) Cén seánra (cineál) scríbhneoireachta lena mbaineann an sliocht seo? Luaigh dhá thréith a bhaineann leis an gcineál seo scríbhneoireachta. Aimsigh sampla amháin de gach ceann den dá thréith sin sa sliocht. (Bíodh an freagra i do chuid focal féin. Is leor 60 focal.)

## Léamhthuiscint: An mhaitheas agus an donas a bhaineann le cúrsaí spóirt

**Léigh an sliocht seo a leanas agus freagair na ceisteanna a ghabhann leis.**

Is aoibhinn liom spórt. Imrím peil agus leadóg agus caithim an t-uafás ama ag féachaint ar chúrsaí spóirt ar an teilifís. Toisc go n-imrím spórt go rialta, táim aclaí, fuinniúil agus sláintiúil. Foghlaimíonn daoine spórtúla scileanna sóisialta nuair atá siad rannpháirteach sa spórt. Bíonn gá le comhoibriú, le comhghéilleadh agus le ceannaireacht ar gach foireann agus foghlaimítear conas buille agus maslaí a ghlacadh gan dul le báiní. Tá an spórt go maith don chorp agus don intinn. Is bealach iontach é chun plé le strus an tsaoil. Déanaim dearmad ar pé rud a bhíonn ag cur isteach orm agus mé amuigh ar an bpáirc peile nó ar an gcúirt leadóige. Chomh maith leis sin, tá cairde iontacha déanta agam tríd an spórt. Cothaíonn an spórt spiorad iontach i measc imreoirí agus dílseacht don fhoireann. Tugann an spórt faoiseamh agus taitneamh don lucht leanúna freisin ó bhuairt agus ó anró an tsaoil agus ar feadh cúpla uair an chloig is féidir le duine dearmad a dhéanamh ar fhadhbanna an tsaoil fad is atá sé ag screadaíl ar an réiteoir nó ar imreoir éigin.

Ní féidir a shéanadh, faraor, go bhfuil taobh eile ag baint leis an spórt. Tagann comhlachtaí spóirt i dtír ar lucht leanúna spóirt. Níl aon dabht faoi ach go ndéantar dúshaothrú ar an lucht leanúna. Tuigeann na comhlachtaí a meon agus a ndílseacht agus déanann siad brabús mór as an dílseacht sin. Féach praghas geansaithe spóirt, praghas na dticéad do na cluichí móra, praghas síntiús do na stáisiúin spóirt. Agus cuirtear an-bhrú freisin ar na himreoirí spóirt gairmiúla mar, i ndeireadh na dála, is maith linn go léir tacaíocht a thabhairt d'fhoireann bhuacach nó do lúthchleasaí rathúil. Sin an fáth a ndeirtear go dtógann roinnt lúthchleasaithe agus imreoirí drugaí mídhleathacha. Cuireann urraí an-bhrú ar na lúthchleasaithe mar nach suim leo tacaíocht a thabhairt dóibh siúd a chailleann.

Feictear an mhaitheas agus an donas sna Cluichí Oilimpeacha. Ceann de na hócáidí spóirt is mó ar domhan iad na Cluichí Oilimpeacha. Caitear

agus déantar na billiúin acu. Caitear an t-uafás airgid ar staid a thógáil agus bíonn iomaíocht mhór ann chun na conarthaí sin a fháil. Ceaptar go n-íoctar breabanna go minic chun na cluichí a mhealladh go dtí tír áirithe. Agus é sin go léir ar siúl, bíonn lúthchleasaithe ar fud an domhain ag ullmhú agus ag traenáil ar feadh na mblianta chun páirt a ghlacadh sna cluichí cáiliúla conspóideacha seo. Is onóir mhór é a bheith roghnaithe do d'fhoireann náisiúnta agus is mór an trua mar sin go bhfuil amhras mór ann faoi chuid mhaith de na lúthchleasaithe.

Cúpla bliain ó shin bhí domhan an spóirt croite ag scannal na dópála. De réir eolais ó sceithire, thaispeáin torthaí tástálacha fola go raibh caimiléireacht ar siúl ag na céadta lúthchleasaí le deich mbliana roimhe. Ghlac cuid acu drugaí coiscthe nó thug cuid eile fuilaistriú dóibh féin, rudaí a thug buntáiste míchothrom dóibh le hais na lúthchleasaithe macánta a bhí ag traenáil go dian lá i ndiaidh lae, ag déanamh a ndíchill agus ag brath ar a gcumas nádúrtha féin. Deirtear go bhfuil amhras ann faoi 55 lúthchleasaí a bhuaigh bonn óir ag Cluichí Oilimpeacha agus ag Craobhchomórtais Lúthchleasaíochta an Domhain i gcaitheamh na mblianta, deich gcinn acu sna Cluichí Oilimpeacha i Londain in 2012. Bíonn scannail ann go rialta freisin i ndomhan na rothaíochta agus milleann scéalta mar seo muinín an lucht leanúna. Tá sé an-deacair a bheith cinnte an fíorlaoch é an t-imreoir nó an lúthchleasaí is fearr leat nó an caimiléir é. Tá an iomarca béime ar an mbua agus ar airgead agus sin an fáth a bhfuil fadhb ann le drugaí mídhleathacha sa spórt. Níl aon dabht faoi ach go bhfuil maitheas mhór ag baint leis an spórt ach go bhfuil taobh olc ag baint leis freisin.

Gluais

| | | | |
|---|---|---|---|
| aclaí | *fit* | brabús | *profit* |
| breabanna | *bribes* | buacach | *victorious* |
| buairt agus anró an tsaoil | *troubles of life* | caimiléir | *cheat* |
| caimiléireacht | *cheating* | coiscthe | *banned* |
| comhghéilleadh | *compromise* | comhoibriú | *cooperation* |
| conarthaí | *contracts* | croite | *rocked* |
| dílseacht | *loyalty* | dul le báiní | *lose the rag* |
| dúshaothrú | *exploitation* | faoiseamh | *relief* |
| fíorlaoch | *true champion* | fuilaistriú | *blood transfusion* |
| fuinniúil | *energetic* | iomaíocht | *competition* |
| lucht leanúna | *supporters* | meall | *attract* |
| míchothrom | *unfair* | mídhleathach | *illegal* |
| rannpháirteach | *participating* | rathúil | *successful* |
| sceithire | *whistle-blower* | síntiús | *subscription* |
| staid | *stadium* | urraí | *sponsors* |

### Ceisteanna

**Ag baint úsáide as na nathanna/focail sa sliocht thuas, freagair na ceisteanna seo.**

1. Céard í an mhaitheas a bhaineann leis an spórt, dar leis an sliocht?
2. Cad é an donas a bhaineann le cúrsaí spóirt, dar leis an sliocht?
3. Cén chaoi a ndéantar dúshaothrú ar lucht leanúna spóirt?
4. Cén chaoi a bhfeictear an mhaitheas agus an donas sna Cluichí Oilimpeacha?
5. Cad a léirigh an t-eolas ó sceithire?
6. Dar leat féin, cad ba cheart a dhéanamh le caimiléirí spóirt?

### Ceapadóireacht

**Freagair do rogha ceann amháin de na teidil seo:**

1. Ní chaitear go deas le seanóirí na tíre seo.
2. Tá an daonlathas i mbaol in Éirinn anois.
3. Léigh tú alt i gceann de na nuachtáin laethúla ag rá nár cheart d'Éirinn glacadh le dídeanaithe. Chuir an t-alt fearg ort. Scríobh an freagra a chuirfeá chuig eagarthóir an nuachtáin ar an ábhar sin.
4. Scríobh an chaint a dhéanfá i ndíospóireacht scoile ar son nó in aghaidh an rúin seo a leanas: 'Cúrsaí airgid a rialaíonn domhan an spóirt sa lá atá inniu ann.'
5. Ceap scéal a mbeidh sé seo oiriúnach mar theideal air: 'Ní thuigeann an sách an seang.'

## Cluastuiscint

Logáil isteach ar **www.edcodigital.ie** leis na míreanna fuaime a chloisteáil.

**Bí ag faire amach do na focail seo.**

| | | | |
|---|---|---|---|
| ag déanamh áibhéile | *exaggerating* | amhras | *suspicion* |
| clár faisnéise | *documentary* | conradh | *contract* |
| cur i gcéill | *pretence* | feachtas | *campaign* |
| i dtreise | *stronger* | iarratas | *application* |
| iomaíocht | *competition* | maoiniú | *funding* |
| reáchtáil | *host* | trasteorann | *cross-border* |

### Cuid A – Fógra

**Cluastuiscint 8A(i)–(ii)**

**Cloisfidh tú fógra raidió sa chuid seo. Cloisfidh tú é faoi dhó. Freagair na ceisteanna a ghabhann leis.**

1. (a) Cén t-iarratas a chuir Éire isteach?

   ______________________________

   (b) Cé hé Dick Spring?

   ______________________________

2. Cén dá rialtas a chuirfidh maoiniú ar fáil?

   (i) ______________________________

   (ii) ______________________________

3. Cén buntáiste a bhainfeadh leis an gcomórtas don tír?

   ______________________________

## Cuid B – Comhrá

**Cluastuiscint 8B(i)–(ii)**

**Cloisfidh tú comhrá sa chuid seo. Cloisfidh tú é faoi dhó. Cloisfidh tú an comhrá ó thosach deireadh an chéad uair. Ansin cloisfidh tú ina dhá mhír é. Freagair na ceisteanna a ghabhann leis.**

An chéad mhír

1. Cén fáth, dar le Caitríona, nach féidir le duine a mhuinín a chur in aon duine sna Cluichí Oilimpeacha?

   ______________________________

2. Cén fáth a gceapann Diarmuid go bhfuil Caitríona ag déanamh áibhéile?

   ______________________________

3. Dar le Caitríona, cad atá níos tábhachtaí ná na Cluichí Oilimpeacha?

   ______________________________

An dara mír

1. Cén fáth a raibh an mháthair agus a mac ina gcodladh i bPáirc an Fhionnuisce?

   ______________________________

2. Dar le Caitríona, cad ba cheart don rialtas a dhéanamh?

   ______________________________

3. Cén fáth nár mhaith le Diarmuid a bheith ina pholaiteoir?

   ______________________________

## Cuid C – Píosa nuachta

**Cluastuiscint 8C(i)–(ii)**

**Cloisfidh tú píosa nuachta sa chuid seo. Cloisfidh tú é faoi dhó. Freagair na ceisteanna a ghabhann leis.**

1. Luaigh dhá chathair ina raibh na hagóidí ar siúl.

   ______________________________

2. Cén argóint atá ag daoine in aghaidh na dtáillí uisce?

   ______________________________

3. Cén dóchas a bhí ag an rialtas?

   ______________________________

# Léamhthuiscintí Breise 04

Clár

## Léamhthuiscintí Breise

## Torthaí Foghlama

- San aonad seo déanfaidh an dalta cleachtadh ar léamhthuiscintí atá ábhartha agus ar aon dul leis na cinn a bhíonn le déanamh san Ardteistiméireacht.
- Cabhróidh an staidéar ar na léamhthuiscintí le cumas foclóra agus gramadaí an dalta.
- Rachaidh an dalta i ngleic le foclóir fairsing agus le téarmaí nua-aimseartha.
- Beidh an dalta ábalta príomhghnéithe de ghramadach na Gaeilge a aithint.
- Forbróidh an dalta a scileanna chun staidéar agus breithiúnas a dhéanamh ar na sleachta agus chun freagraí beachta a scríobh.
- Cuirfidh staidéar ar na léamhthuiscintí le cumas labhartha agus scríofa an dalta.

# Sliocht 1

**Léigh an sliocht seo a leanas agus freagair na ceisteanna a ghabhann leis.**

## Géarchéim na dteifeach

1 Le tamall de bhlianta anois tá cogaíocht agus foréigean ar siúl i dtíortha sa Mheánoirthear agus sa tSiria ach go háirithe. Tá na céadta míle duine tar éis bás a fháil sa chaismirt fhuilteach seo cheana féin. In 2015 thosaigh na mílte teifeach ag teacht chun na hEorpa ag lorg dídine ón gcogadh. Chuir rialtas na hÉireann an bád cabhlaigh an LÉ *Eithne* go dtí an Mheánmhuir chun tarrtháil a dhéanamh ar na céadta teifeach thart faoi chósta na Libia a bhí i mbaol a mbáite i mbáid bheaga a bhí ag iarraidh iad a thabhairt i dtír san Iodáil. D'éirigh leis an LÉ *Eithne* breis agus 500 imirceach a tharrtháil sular tháinig sí thar n-ais go hÉirinn. I Mí Lúnasa cuireadh an LÉ *Niamh* go dtí an Mheánmhuir agus chuaigh sí ar dualgas amach ó chósta na Libia. Ar an dóigh chéanna leis an LÉ *Eithne*, d'éirigh léi na céadta agus na céadta teifeach a tharrtháil agus a thabhairt i dtír go slán sábháilte.

2 Cad ba chúis leis an ngéarchéim seo? An chúis ba mhó ná an cogadh cathartha agus an foréigean sa Mheánoirthear. Tá tromlach na dteifeach atá ag éalú agus ag teitheadh ag teacht ón tSiria. Ó thús an chogaidh in 2011, maraíodh idir 220,000 agus 330,000 duine agus tá 4,000,000 eile ar a laghad cláraithe mar theifigh. Tá an t-uafás dídeanaithe ón tSiria sa Tuirc, san Iordáin agus sa Liobáin cheana, ach de réir a chéile tá níos mó acu ag teacht i dtír san Eoraip. Chomh maith leis sin, tá dídeanaithe ag teitheadh ón díothú cine agus ó na cogaí cathartha san Iaráic agus sa Libia agus ón léigear i nGaza na Palaistíne. Chomh maith leis na tíortha atá luaite thuas, tagann teifigh ón Iaráic, ón Iaráin, ón bPalaistín agus ón Aetóip. Dáiríre, is liosta le háireamh é líon na dtíortha sa Mheánoirthear agus san Afraic a bhfuil dídeanaithe agus teifigh dá gcuid ag teitheadh ar thóir dídine agus ar thóir saoil nua i dtíortha na hEorpa. Bíonn cuid mhaith de na daoine seo i ndeireadh na feide agus ar an ngannchuid. I gcásanna áirithe bíonn a dtithe scriosta agus baill dá gclann curtha chun báis. Ní bhíonn an tarna rogha acu ach teitheadh ón gcaismirt, ón doirteadh fola agus ón nglanadh eitneach ina dtíortha féin.

3 Is iad an Ungáir agus an Ostair an dá thír atá sa bhearna bhaoil, más maith leat. Bíonn ar na teifigh a mbealach a dhéanamh trí na tíortha sin chun

an Ghearmáin, an Fhrainc, an Bhreatain agus Éire a shroicheadh. Tá ballaí cosanta curtha suas ag an Ungáir chun na teifigh a choinneáil amach agus is minic a bhíonn sceilmis, troid agus achrann ag teorainneacha na hUngáire idir na teifigh atá ag iarraidh teacht isteach sa tír agus na póilíní atá ag iarraidh gan ligean dóibh teacht isteach. Cé go bhfuil líon mór daoine i bhfabhar na dteifeach, tá líon sách ard ann chomh maith atá ina gcoinne.

**4** Ach chuir an grianghraf a glacadh den bhuachaill beag trí bliana d'aois ón tSiria – Aylan Kurdi – a bádh sa Mheánmhuir agus ar tháinig a chorp i dtír ar thrá sa Tuirc uafás agus alltacht ar an domhan mór. Bhí trua an domhain ag daoine do na teifigh bhochta agus mhéadaigh suim an phobail i ngéarchéim na dteifeach go mór. Anois tá daoine sásta glacadh le líon méadaithe díobh ina dtír féin. Ag cruinniú mullaigh sa Bhruiséil i lár na bliana seo caite lean comhráite go moch maidine faoin tslí is fearr dul i ngleic leis an ngéarchéim maidir le himircigh sa Mheánmhuir. D'aontaigh na ceannairí sa deireadh na mílte imirceach, atá tar éis an Iodáil agus an Ghréig a shroicheadh, a athlonnú. Dúirt Áisíneacht na dTeifeach de chuid na Náisiún Aontaithe gur céim thábhachtach í seo ach go gcaithfear i bhfad níos mó a dhéanamh.

**5** Tá sé i gceist líon mór imirceach a athlonnú sa chéad dá bhliain eile, ach ní bheidh cuótaí éigeantacha ann do bhallstáit, rud a bhí á lorg ag an gCoimisiún Eorpach. D'aontaigh rialtas na hÉireann go mbeidís sásta glacadh le 4,000 teifeach agus soláthar díreach a chur ar fáil dóibh sa tír seo.

Mar fhocal scoir, ba mhaith liom a rá gur fadhb mhór í fadhb na dteifeach. Is in olcas atá an ghéarchéim seo ag dul agus tá líon na dteifeach atá ag lorg dídine agus ag teitheadh chun na hEorpa ag dul i méid an t-am ar fad. Tá muintir na hÉireann ag déanamh a ndíchill cuidiú leis na teifigh atá tagtha chugainn ach ní dóigh liom go bhfuil go leor áiseanna ná go leor tithe againn anseo in Éirinn chun freastal ar an síoréileamh atá ann don soláthar díreach. Luath nó mall, caithfidh ceannairí an domhain teacht ar phlean chun an chogaíocht agus an foréigean go léir sa Mheánoirthear a laghdú.

Gluais

| | | | |
|---|---|---|---|
| athlonnú | *resettle* | ballstáit | *member states* |
| caismirt fhuilteach | *bloody conflict* | cláraithe | *registered* |
| cogadh cathartha | *civil war* | cogaíocht | *warfare* |
| cruinniú mullaigh | *summit* | cuótaí éigeantacha | *compulsory quotas* |
| dídeanaithe | *refugees* | díothú cine | *genocide* |
| glanadh eitneach | *ethnic cleansing* | léigear | *siege* |
| méadaithe | *increased* | sa bhearna bhaoil | *in the gap of danger (in the centre of the crisis)* |
| sceilmis | *disturbances* | síoréileamh | *continuous demand* |
| soláthar díreach | *direct support* | tarrtháil | *rescue* |
| teifeach | *refugee* | uafás agus alltacht | *horror and astonishment* |

## Ceisteanna

1. (a) Luaigh dhá phointe faoin bpáirt a ghlac an LÉ *Eithne* i ngéarchéim na dteifeach sa Mheánmhuir. (Alt 1)
   (b) (i) Céard a tharla i Mí Lúnasa? (Alt 1)
   (ii) Conas a d'éirigh leis an LÉ *Niamh*? (Alt 1)

   (7 marc)

2. (a) Luaigh dhá phointe eolais faoi ghéarchéim na dteifeach. (Alt 2)
   (b) (i) Céard a bhíonn á lorg ag na daoine a theitheann chun na hEorpa? (Alt 2)
   (ii) Céard a bhíonn ar siúl ina dtíortha féin a thugann orthu teitheadh? (Alt 2)

   (7 marc)

3. (a) Cén t-aistear a bhíonn orthu a dhéanamh chun an Ghearmáin, an Fhrainc, an Bhreatain agus Éire a shroicheadh? (Alt 3)
   (b) (i) Céard atá déanta ag an Ungáir chun na teifigh a choinneáil amach? (Alt 3)
   (ii) Céard a tharlaíonn go minic idir na teifigh agus na póilíní? (Alt 3)

   (7 marc)

4. (a) Cad a chuir uafás agus alltacht ar an domhan mór? (Alt 4)
   (b) (i) Cad atá daoine sásta a dhéanamh anois? (Alt 4)
   (ii) Cad a d'aontaigh na ceannairí a dhéanamh sa deireadh? (Alt 4)

   (7 marc)

5. (a) Céard a d'aontaigh rialtas na hÉireann a dhéanamh? (Alt 5)
   (b) (i) Conas atá an ghéarchéim seo ag dul, de réir an údair? (Alt 5)
   (ii) Céard í an fhadhb is mó atá ag muintir na hÉireann maidir leis na teifigh, dar leis an údar? (Alt 5)

   (7 marc)

6. (a) Ainmnigh sampla d'ainmfhocal baininscneach sa Tuiseal Ginideach uatha in alt 1 agus sampla den bhriathar saor san Aimsir Chaite in alt 4.
   (b) Bunaithe ar an eolas atá sa sliocht thuas, cé chomh mór is atá géarchéim na dteifeach, dar leat? Tabhair dhá chúis le do fhreagra agus bíodh sampla amháin as an sliocht mar thacaíocht le gach cúis a luann tú. (Bíodh an freagra i do chuid focal féin. Is leor 60 focal.)

   (15 mharc)

# Sliocht 2

**Léigh an sliocht seo a leanas agus freagair na ceisteanna a ghabhann leis.**

## Fadhb na cibearbhulaíochta sa lá atá inniu ann

**1** Deacair a chreidiúint, ach maireann cuid mhór d'aos óg an lae inniu i ndomhan fíorúil. Ar ndóigh, bíonn orthu maireachtáil sa domhan réadúil chomh maith ach, de réir a chéile, feictear domsa, tá claonadh iontu tréimhsí fada dá saol a chaitheamh sa domhan fíorúil. Bheifeá den tuairim uaireanta go gcaitheann déagóirí áirithe formhór a saoil sa domhan fíorúil. Ní haon rud nua é, ar bhealach. Teastaíonn áit éalaithe ón óige i gcónaí. Céad bliain ó shin bheidís ag éalú isteach i ndomhan na miotaseolaíochta agus na scéalaíochta. Bheidís faoi gheasa ag scéalta rómánsúla na Fiannaíochta agus na Rúraíochta agus iad ar a mbealach go Tír na nÓg i dteannta Néimhe agus Oisín, ag teitheadh ar fud na hÉireann i dteannta Dhiarmada agus Ghráinne nó ag dul i gcomhrac le Cú Chulainn na nÉacht. Leathchéad bliain ó shin ní raibh trácht ar ghréasáin shóisialta mar bhealaí éalaithe ón domhan réadúil, saol na scoile, obair bhaile, scrúduithe agus crá na dtuismitheoirí.

**2** Ní raibh a leithéid de rud ann agus domhan fíorúil sna seanlaethanta. Bhí domhan na fantaisíochta agus domhan na samhlaíochta ann gan aon agó ach ba dhomhain sábháilte iad seo den chuid ba mhó. Ní raibh siad contúirteach agus ní fhéadfaidís dochar a dhéanamh do dhaoine óga. Cinnte, ba chuid lárnach de shaol an cheoil cultúr na ndrugaí sna seascaidí agus ba thréimhse réabhlóideach chorraithe í ina ndearna daoine óga iarracht rudaí nua a thriail agus iad ar bís ag iarraidh saoirse phearsanta a aimsiú.

**3** I ndomhan na ngréasán sóisialta níl aon rud sábháilte, áfach. Nuair a théann daoine óga ar an Idirlíon agus nuair a chuireann siad eolas pearsanta ar líne, nuair a nochtann siad don domhan mór is a mháthair cé hiad féin, tugann siad deis do dhaoine mailíseacha, gangaideacha, neamhaithnidiúla iad a ionsaí. Cosúil leis na daoine óga a thum iad féin go huile is go hiomlán i ndomhan na miotaseolaíochta agus na fantaisíochta, tá daoine óga an lae inniu goilliúnach agus soghortaithe agus bíonn sé éasca teacht i dtír orthu. An difríocht atá idir domhan fíorúil an lae inniu agus domhan miotaseolaíochta/fantaisíochta an lae inné ná go bhfuil an domhan fíorúil idirghníomhach. Is féidir leis na 'drochdhaoine' tú a ionsaí. Is féidir le cibearbhulaithe neamhaithnidiúla tú a mhaslú, a ghortú agus do shaol a lot, fiú. I gcásanna áirithe, is féidir leo tú a mharú.

**4** Tuigimid go léir faoin am seo cé chomh dona is atá fadhb na cibearbhulaíochta agus an dochar atá á dhéanamh aici do shaol na n-óg. Loiteann agus scriosann sí éinne nach bhfuil in ann seasamh suas ina coinne. Is cuma cén domhan a bhíonn i gceist – an domhan fíorúil nó an domhan réadúil – níl ach bealach amháin ann chun deileáil le bulaí agus is é sin seasamh suas ina c(h)oinne, é/í a ainmniú agus a náiriú – nó, más rud é gur bulaí neamhaithnidiúil atá ann/inti, neamhaird iomlán a dhéanamh air/uirthi. An rud is mó a theastaíonn ón mbulaí ná duine eile a ghortú. Má ligtear dó/di é sin a dhéanamh, tá íobartach na bulaíochta ag cailliúint agus tá an bulaí ag buachan. Is fuath leis an mbulaí neamhaird. Muna bhfaigheann sé/sí aird, luath nó mall, imeoidh sé/sí.

**5** Is feiniméan scanrúil é feiniméan na cibearbhulaíochta. Faoi láthair braithim go gcaitear i bhfad róbhóg le bulaithe. Ní bhíonn na pionóis a ghearrtar orthu dian go leor. Éistear leo agus tugtar cead a gcinn dóibh a dtaobh den scéal a insint in ionad bata agus bóthar a thabhairt dóibh amach as an scoil agus iad a chiontú as coir a dhéanamh. Dá mbeadh níos mó cumhachta ag údaráis na scoile, d'fhéadfaí an fhadhb a réiteach ní b'fhusa, dar liom. Chomh maith leis sin, ba cheart an dlí a chur ar na gréasáin shóisialta as ligean do chibearbhulaithe feidhmiú go neamhaithnidiúil ar líne agus iad ag scaipeadh bréag agus nimhe agus ag lot saol daoine eile. Ba cheart na bulaithe a chur i bpríosún dá bhfaighfí ciontach iad. Tá an t-am tagtha chun beart a dhéanamh de réir briathair agus tabhairt faoi fhadhb na cibearbhulaíochta a réiteach. Tá sé thar am, measaim.

Gluais

| | | | |
|---|---|---|---|
| ar líne | *online* | ciontú as coir | *convict of a crime* |
| claonadh | *tendency* | contúirteach | *dangerous* |
| corraithe | *unsettled* | domhan fíorúil | *virtual world* |
| faoi gheasa | *spellbound* | feiniméan | *phenomenon* |
| i gcomhrac | *fighting* | idirghníomhach | *interactive* |
| íobartach | *victim* | neamhaird | *ignoring* |
| neamhaithnidiúil | *anonymous* | soghortaithe | *vulnerable* |
| teacht i dtír | *exploit* | | |

## Ceisteanna

1. (a) Cén claonadh atá in aos óg an lae inniu, dar leis an údar? (Alt 1)
   (b) (i) 'Teastaíonn áit éalaithe ón óige i gcónaí.' Céard atá i gceist ag an údar leis an ráiteas seo, dar leat? (Alt 1)
   (ii) Luaigh beirt de na laochra a théadh i bhfeidhm ar an aos óg céad bliain ó shin. (Alt 1)

(7 marc)

2. (a) Cérbh iad an dá dhomhan a bhí ann sna seanlaethanta? (Alt 2)
   (b) Luaigh dhá phointe faoi na seascaidí. (Alt 2)

(7 marc)

3. (a) Cad a tharlaíonn nuair a théann daoine ar an Idirlíon? Luaigh dhá phointe. (Alt 3)
   (b) Céard í an difríocht atá idir domhan fíorúil an lae inniu agus domhan miotaseolaíochta/fantaisíochta an lae inné? Luaigh dhá phointe. (Alt 3)

(7 marc)

4. (a) Cén tionchar a bhíonn ag an gcibearbhulaíocht ar shaol na n-óg? (Alt 4)
   (b) (i) Céard é an bealach is fearr chun déileáil le bulaí? (Alt 4)
   (ii) Céard é an rud is mó a theastaíonn ón mbulaí? (Alt 4)

(7 marc)

5. (a) 'Is feiniméan scanrúil é feiniméan na cibearbhulaíochta.' É sin a phlé. Luaigh dhá phointe. (Alt 5)
   (b) (i) Cad ba cheart a dhéanamh do na gréasáin shóisialta? (Alt 5)
   (ii) Cad ba cheart a dhéanamh do na bulaithe? (Alt 5)

(7 marc)

6. (a) Ainmnigh sampla d'ainmfhocal firinscneach sa Tuiseal Ginideach iolra in alt 2 agus sampla den Mhodh Coinníollach in alt 5.
   (b) Cén seánra (cinéal) scríbhneoireachta lena mbaineann an sliocht seo? Luaigh dhá thréith a bhaineann leis an gcineál seo scríbhneoireachta. Aimsigh sampla amháin de gach ceann den dá thréith sin sa sliocht. (Bíodh an freagra i do chuid focal féin. Is leor 60 focal.)

(15 mharc)

# Sliocht 3

**Léigh an sliocht seo a leanas agus freagair na ceisteanna a ghabhann leis.**

## Tionscal na turasóireachta in Éirinn sa lá atá inniu ann

**1** Is tionscal domhanda é tionscal na turasóireachta faoin am seo. Is tionscal é freisin atá ag síorathrú le himeacht ama. Tráth dá raibh bhíodh laethanta saoire an ghnáthoibrí teoranta go maith. Ní bhíodh i gceist ach coicís nó trí seachtaine i Mí Iúil nó i Mí Lúnasa. Lasmuigh de thréimhse an tsamhraidh, ba bheag tionchar a bhí ag tionscal na turasóireachta ar gheilleagar na tíre. Thagadh daoine go hÉirinn ó chian is ó chóngar mar thoradh ar an íomhá den tír a chuir Bord Fáilte os a gcomhair nó de bharr gur imircigh de chuid na tíre féin ba ea iad. Bhí pictiúr réamhdhéanta d'Éirinn ina n-aigne acu: daoine cairdiúla fáilteacha; aer úr folláin; timpeallacht ghlas ghlan; praghsanna ísle; daoine óga ag rince ag crosbhóithre; agus pionta Guinness den scoth!

**2** Sa lá atá inniu ann táimid bogtha ar aghaidh go mór ó thaobh na híomhá sin de. Téann daoine ar laethanta saoire i bhfad níos minice i rith na bliana anois: ag an deireadh seachtaine; le linn na Nollag agus na Cásca; i rith an fhómhair agus an gheimhridh; nuair a bhíonn sos beag oibre acu agus mar sin de. Ar ndóigh, bíonn gach áit plódaithe fós i rith an tsamhraidh ach, mar sin féin, níl éinne ag brath go huile is go hiomlán ar an samhradh a thuilleadh. Tá athrú mór tagtha freisin ar nádúr na turasóireachta féin. Faoi láthair tá 'an turasóireacht ghlas' againn, mar shampla amháin: caitheann daoine áirithe a laethanta saoire ag spaisteoireacht ar fud na tuaithe agus ag cur suime i ngnéithe den dúlra, seandálaíocht, cultúr, ceol agus stair. Tagann na sluaite anseo chun an Ghaeilge a fhoghlaim agus chun freastal ar fhéilte agus ar chúrsaí sa Ghaeltacht. Ar an ábhar sin, tá tábhacht faoi leith ag baint lenár n-oidhreacht, lenár ndúchas agus lenár dteanga faoi láthair.

**3** Tá an turasóir nua i bhfad níos deacra a shásamh agus níos géarchúisí freisin. Ní féidir an dallamullóg a chur air. Is maith leis compord an tsaoil. Lorgaíonn sé áiseanna agus seirbhísí den uile chineál. Tuigeann sé go maith nuair a dhéantar éagóir air. Lorgaíonn sé luach a chuid airgid agus muna mbíonn sé sásta leis an mbealach a gcaitear leis, déanfaidh sé gearán agus lorgóidh sé cúiteamh. Agus, ar ndóigh, ní thiocfaidh sé thar n-ais go deo arís. Tá an-chuid rudaí

ag cur bac ar thionscal na turasóireachta in Éirinn faoi láthair. Leis an dul chun cinn atá déanta againn le linn ré an Tíogair Cheiltigh, tá ardú millteanach tagtha ar phraghsanna lóistín, bia agus dí, taistil, siamsaíochta agus roinnt rudaí eile. Ní tír shaor í Éire níos mó ach tír dhaor, tír chostasach.

**4** Cosnaíonn sé an t-uafás airgid teacht anseo chun saoire a chaitheamh. Chomh maith leis sin, tá íomhá na tíre athraithe. Nílimid chomh fáilteach, chomh cairdiúil ná chomh flaithiúil is a bhíomar fadó. Déantar gearán faoi chaighdeán na seirbhíse sna hóstáin agus deirtear nach mbíonn sé thar mholadh beirte go minic. Níl an timpeallacht chomh glan is a bhí. Níl 'an turasóireacht ghlas' chomh glas sin níos mó. Níl sráideanna na mbailte móra agus na gcathracha chomh sábháilte ach an oiread. Is minic a dhéantar ionsaí ar thurasóirí agus iad ag siúl timpeall i rith an lae, fiú. Tá neart fadhbanna sóisialta againn sa tsochaí: foréigean, truailliú, bruscar, ciníochas, iompar frithshóisialta agus mar sin de.

**5** Mar sin féin, tá fás agus forbairt ag teacht ar an turasóireacht de réir a chéile agus tá lucht gnó na turasóireachta in Éirinn ar a ndícheall ag iarraidh coinneáil suas leis na héilimh go léir atá ag teacht ó na turasóirí. Obair chrua leanúnach atá ann agus tá géariomaíocht ar siúl idir óstáin, tithe lóistín, bialanna agus gnónna eile atá ag brath ar thionscal na turasóireachta. Tá Fáilte Éireann agus eagraíochtaí eile nach í ag déanamh dianmhargaíochta ar ár n-áiseanna agus ar ár n-achmainní nádúrtha. Tá siad siúd atá fostaithe i dtionscal na turasóireachta ag freastal ar éilimh ollmhóra agus ar riachtanais an mhargaidh. Mar sin, ar an iomlán, ní baol don tionscal cé go gcaithfear tréaniarracht a dhéanamh troid in aghaidh na géariomaíochta atá ann le blianta beaga anuas agus brú chun tosaigh i gcónaí.

Gluais

| | | | |
|---|---|---|---|
| (an) bealach a gcaitear leis | *how he's treated* | achmainní nádúrtha | *natural resources* |
| ag síorathrú | *constantly changing* | an dallamullóg a chur air | *to hoodwink him* |
| ciníochas | *racism* | cúiteamh | *compensation* |
| dianmhargaíocht | *hard selling* | dúchas | *tradition* |
| dul chun cinn | *progress* | éagóir | *injustice* |
| éilimh | *demands* | forbairt | *development* |
| géariomaíocht | *keen competition* | geilleagar | *economy* |

| | | | |
|---|---|---|---|
| gnéithe | *aspects* | imircigh | *emigrants* |
| iompar frithshóisialta | *antisocial behaviour* | millteanach | *terrible* |
| neart | *plenty* | níos géarchúisí | *more discerning* |
| oidhreacht | *heritage* | ré | *era* |
| réamhdhéanta | *pre-prepared* | riachtanais | *needs* |
| sa tsochaí | *in society* | seandálaíocht | *archaeology* |
| teoranta | *restricted* | thar mholadh beirte | *(not) any good* |

## Ceisteanna

1 (a) Luaigh dhá phointe eolais faoi thionscal na turasóireachta. (Alt 1)
  (b) (i) Cad chuige a dtagadh daoine go hÉirinn ó chian is ó chóngar? (Alt 1)
    (ii) Luaigh íomhá amháin d'Éirinn a bhí in aigne na dturasóirí san am a chuaigh thart. (Alt 1)

(7 marc)

2 (a) Luaigh dhá athrú atá tagtha ar an turasóireacht in Éirinn sa lá atá inniu ann. (Alt 2)
  (b) (i) Cad is ciall leis an téarma 'an turasóireacht ghlas', de réir an tsleachta seo? (Alt 2)
    (ii) Luaigh rud amháin eile a mheallann na sluaite go hÉirinn gach bliain. (Alt 2)

(7 marc)

3 (a) Luaigh dhá dhifríocht atá idir an 'turasóir nua' agus an seanturasóir. (Alt 3)
  (b) (i) Cad a dhéanfaidh an 'turasóir nua' seo muna bhfaighidh sé luach a chuid airgid? (Alt 3)
    (ii) Luaigh rud amháin atá ag cur baic ar thionscal na turasóireachta in Éirinn faoi láthair. (Alt 3)

(7 marc)

4 (a) Conas atá íomhá na tíre athraithe? Luaigh dhá phointe. (Alt 4)
(b) (i) Cén t-athrú atá tagtha ar an timpeallacht? (Alt 4)
(ii) Luaigh dhá fhadhb shóisialta atá sa tsochaí, dar leis an sliocht. (Alt 4)
(7 marc)

5 (a) Luaigh dhá phointe eolais faoi na dúshláin atá tugtha do lucht gnó na turasóireachta. (Alt 5)
(b) (i) Céard atá ar siúl ag Fáilte Éireann? Luaigh pointe amháin eolais. (Alt 5)
(ii) Céard atá ar siúl acu siúd atá fostaithe i dtionscal na turasóireachta? (Alt 5)
(7 marc)

6 (a) Ainmnigh sampla den chopail san Aimsir Chaite in alt 1 agus sampla den bhriathar saor san Aimsir Láithreach in alt 4.
(b) Bunaithe ar an eolas sa sliocht thuas, cé chomh dóchasach is atá an t-údar maidir le todhchaí thionscal na turasóireachta in Éirinn? Tabhair dhá chúis le do fhreagra agus bíodh sampla amháin as an sliocht mar thacaíocht le gach cúis a luann tú. (Bíodh an freagra i do chuid focal féin. Is leor 60 focal.)
(15 mharc)

# Sliocht 4

**Léigh an sliocht seo a leanas agus freagair na ceisteanna a ghabhann leis.**

## An Ghaeilge – teanga i mbaol?

**1** Is fada an Ghaeilge i mbaol! Ní inniu ná inné a thosaigh an díospóireacht seo faoi thodhchaí na teanga. Ag deireadh an 19ú haois bhíothas den tuairim go raibh meath chomh mór sin tagtha ar an nGaeilge go raibh sí geall agus a bheith marbh. Spreag an t-éadóchas i dtaobh na teanga feachtas athbheochana i measc na ndaoine agus roimh dheireadh an chéid sin bhí an teanga ag teacht chun cinn. Bunaíodh eagraíochtaí ar bhonn náisiúnta chun teacht i gcabhair ar an teanga agus cuireadh béim níos mó ar an nGaeilge mar ábhar scoile ar an gcuraclam. Leanadh leis an bhfeachtas seo go dtí an lá atá inniu ann. Bunaíodh gaelscoileanna, naíonraí Gaelacha, coláistí samhraidh, teaglaigh Ghaelacha agus araile agus é mar aidhm acu an Ghaeilge a chaomhnú agus a neartú i measc na n-óg.

**2** Cad is teanga i mbaol ann? De réir dealraimh, tá breis agus 6,000 teanga ar chlár na cruinne sa lá atá inniú ann. De réir na saineolaithe tá 3,000 teanga – thart ar leath de theangacha uile an domhain – i mbaol a mbáis. Is staitistic scanrúil í sin, dar liom. Tá na mionteangacha go léir fágtha ar an imeall agus táthar ag tuar nach mbeidh aon cheann de na 3,000 teanga sin atá i mbaol fágtha faoin mbliain 2100. Níos measa fós, d'fhéadfadh 5,000 teanga a bheith i mbaol a mbáis faoin am sin. Tá na mórtheangacha – an Béarla, an Mhandairínis, an Chantainis, an Spáinnis, an Ghearmáinis agus an Rúisis – ag fáil seilbhe ar theangacha uile an domhain. Is iad siúd na sárchumhachtaí teanga agus, sa tslí chéanna is atá an t-ollmhargadh ag ruaigeadh an tsiopa bhig chun siúil, tá an 'ollteanga' ag ruaigeadh na teanga bige chun siúil.

**3** Tá teanga i mbaol a báis nuair nach bhfuil go leor daoine á labhairt go laethúil. Ta teanga i mbaol a báis nuair a chailltear lucht a labhartha agus nuair nach dtagann éinne ina n-áit chun an teanga a labhairt ina ndiaidh. Tá teanga i mbaol a báis nuair a stopann daoine ag labhairt na teanga sin agus nuair a thosaíonn siad ag labhairt teanga eile, teanga an tromlaigh go hiondúil. I gcás na hÉireann, braitheann todhchaí na Gaeilge cuid mhaith ar chinniúint na Gaeltachta. Tá an Ghaeltacht ag meath le blianta beaga anuas agus ar an ábhar sin tá líon na gcainteoirí dúchais ag titim go tubaisteach. Sa lá atá inniu ann tá an teanga ag brath cuid mhaith ar chainteoirí a bhfuil cónaí orthu lasmuigh den Ghaeltacht.

**4** Ta drochthionchar ag na feiniméin ar a dtugtar 'domhandú' agus 'nuachoilíniú' ar na mionteangacha. Tá na feiniméin seo ag síorídiú agus ag síoralpadh na dteangacha beaga. Mar shampla, is teangacha domhanda iad an Béarla agus an tSínis agus tá an-dochar go deo á dhéanamh acu do na mionteangacha. Tá na mionteangacha Ceilteacha truaillithe ag tionchar an Bhéarla ach go háirithe. Tá an tSínis ag dul i bhfeidhm ar mhionteangacha na hÁise ar an dóigh chéanna. Ar ndóigh, nuair a imíonn teanga, imíonn cultúr, traidisiúin agus anam náisiúin ina teannta, gan trácht ar shaibhreas cainte, ceoil, amhránaíochta, filíochta agus litríochta eile.

**5** Ar an ábhar sin, tá sé tábhachtach go ndéanfadh gach glúin iarracht a dteanga dhúchais a fhorbairt agus a chaomhnú. An bealach is fearr chun é seo a dhéanamh ná í a labhairt. Mar a deir an seanfhocal, 'Beatha teanga í a labhairt.' Mar is eol do chách, 'Tír gan teanga, tír gan anam' agus ní theastaíonn ó éinne maireachtáil i dtír gan anam. Ní bheidh an Ghaeilge i mbaol má dhéantar iarracht mhacánta í a labhairt agus a léamh. Ba cheart dúinn a bheith bródúil as ár dteanga dhúchais agus féachaint chuige go bhfanfaidh sí beo agus go mbeidh sí ann don chéad ghlúin eile a thiocfaidh inár ndiaidh.

Gluais

| | | | |
|---|---|---|---|
| ag fáil seilbhe | *gaining control* | ag ruaigeadh | *chasing off* |
| ag tuar | *predicting* | cinniúint | *fate* |
| domhandú | *globalisation* | feachtas | *campaign* |
| feiniméin | *phenomena* | meath | *decline* |
| nuachoilíniú | *neo-colonisation* | saineolaithe | *experts* |
| sárchumhachtaí | *superpowers* | | |

## Ceisteanna

1. (a) Luaigh dhá phointe eolais faoi staid na Gaeilge ag deireadh an 19ú haois. (Alt 1)
   (b) (i) Cad a rinneadh chun teacht i gcabhair ar an teanga? (Alt 1)
   (ii) Cén aidhm a bhí leis an obair seo go léir? (Alt 1)

   (7 marc)

2. (a) Luaigh dhá phointe eolais faoi na teangacha atá i mbaol. (Alt 2)
   (b) (i) Céard atá ar siúl ag na mórtheangacha, de réir an tsleachta seo? (Alt 2)
   (ii) Céard atá ar siúl ag an 'ollteanga'? (Alt 2)

   (7 marc)

3. (a) Cathain a bhíonn teanga i mbaol a báis? Luaigh dhá phointe. (Alt 3)
   (b) (i) Cad air a mbraitheann todhchaí na teanga in Éirinn? (Alt 3)
   (ii) Cad chuige a bhfuil líon na gcainteoirí dúchais ag titim? (Alt 3)

   (7 marc)

4. (a) Luaigh dhá phointe eolais faoi na feiniméin 'domhandú' agus 'nuachoílíniú'. (Alt 4)
   (b) (i) Céard atá tarlaithe do mhionteangacha na hÁise? (Alt 4)
   (ii) Céard a tharlaíonn nuair a imíonn teanga? (Alt 4)

   (7 marc)

5. (a) Cad é an bealach is fearr chun teanga a chaomhnú? (Alt 5)
   (b) (i) Cad nach dteastaíonn ó éinne a dhéanamh? (Alt 5)
   (ii) Cén moladh atá ag an údar chun a chinntiú go mairfidh ár dteanga féin? (Alt 5)

   (7 marc)

6. (a) Ainmnigh sampla den aidiacht bhriathartha in alt 2 agus sampla den aidiacht shealbhach san uimhir iolra in alt 5.
   (b) Cén seánra (cineál) scríbhneoireachta lena mbaineann an sliocht seo? Luaigh dhá thréith a bhaineann leis an gcineál seo scríbhneoireachta. Aimsigh sampla amháin de gach ceann den dá thréith sin sa sliocht. (Bíodh an freagra i do chuid focal féin. Is leor 60 focal.)

   (15 mharc)

# Sliocht 5

**Léigh an sliocht seo a leanas agus freagair na ceisteanna a ghabhann leis.**

## An Ghaeilge agus an Ghaeltacht sna blianta atá romhainn

**1** Cén seasamh atá ag an nGaeilge in Éirinn an lae inniu? Bhuel, cé gurb í teanga an mhionlaigh í, tá stádas dá cuid féin aici. Is cuid dár n-oidhreacht í an Ghaeilge. Is cuid dár ndúchas í. Ba cheart go mbeimis bródúil aisti. Ba cheart go mbeimis toilteanach í a chaomhnú. Ach an rud is tábhachtaí ar fad – ba cheart go mbeimis sásta í a fhoghlaim is a labhairt eadrainn féin. Ní ceart go mbeadh ceann faoi orainn ina taobh ná go mbeadh náire orainn í a labhairt. Is tír dhátheangach í Éire le breis agus céad bliain anuas. Labhraítear Gaeilge agus Béarla inti. Cé gur teanga oifigiúil an stáit í an Ghaeilge, fós féin is é an Béarla an teanga a labhraíonn tromlach na ndaoine sa stát céanna.

**2** Agus cad faoin nGaeltacht, foinse ár dteanga náisiúnta? Bhuel, mar is eol do chách, tá na Gaeltachtaí ag cúngú le blianta anuas. Tá líon na gcainteoirí dúchais ag laghdú. Tá a lán daoine óga ag tréigean na nGaeltachtaí. Tá na daoine seo, daoine óga a bhformhór, ag tabhairt aghaidh ar na cathracha agus ar na bailte móra de bhrí nach bhfuil ar a gcumas fostaíocht a fháil ina gceantar dúchais féin. Tá an tuath á bánú le fada agus tá na Gaeltachtaí ag dul sa treo céanna. Tá líon na ndaoine sna limistéir Ghaeltachta tite go tubaisteach ó thús an chéid nua.

**3** Tá faillí déanta sna ceantair Ghaeltachta, is baolach. Is beag forbairt tionsclaíochta ná eacnamaíochta atá déanta sa chuid is mó díobh le fada. Tá an t-infreastruchtúr (na bóithre, na háiseanna spóirt agus siamsaíochta, agus araile) iontu go dona. Is beag fianaise atá ann go bhfuil rialtas ar bith sásta aon infheistíocht chuí a chur ar fáil dóibh. Tá sé soiléir freisin nár chaith rialtas ar bith ó lár an chéid seo caite dua ar bith leis na ceantair Ghaeltachta. Mar thoradh ar an bhfaillí seo, tá an teanga ag meath ar an dóigh chéanna is atá an daonra ag titim.

**4** Ar an taobh eile den scéal, níl cúrsaí chomh héadóchasach is a cheapann daoine. Tá an dearcadh i leith na Gaeilge i bhfad níos sláintiúla le blianta beaga anuas. A bhuíochas sin d'eagraíochtaí áirithe i saol na Gaeilge, do cheannairí cróga pobail, do pholaiteoir báúil anseo is ansiúd agus do ghníomhaithe fadradharcacha teanga inár measc. Cabhraíonn an nuatheicneolaíocht le cúrsaí cumarsáide agus le forbairt na teanga i measc na n-óg trí íomhá dhearfach tharraingteach den teanga a chruthú. Tá feabhas mór tagtha ar na háiseanna foghlama teanga sna scoileanna. Tá líon na marcanna don scrúdú cainte méadaithe go mór i scrúdú na hArdteistiméireachta agus tá sé faiseanta an teanga a labhairt na laethanta seo más duine óg tú.

**5** Is cabhair mhór iad na meáin chumarsáide, TG4 agus Raidió na Gaeltachta ach go háirithe, chun dearcadh dearfach i leith na teanga a chothú ar bhonn náisiúnta agus í a fhorbairt i measc na n-óg. Tá sé tábhachtach go mbeadh cláir theilifíse den scoth á gcraoladh atá dírithe ar dhaoine óga; mar an gcéanna ó thaobh an cheoil de. Tá aos óg an lae inniu faoi gheasa ag an Idirlíon agus is áis iontach é chun iad a spreagadh le suim a léiriú sa teanga. Ach caithfidh an tIdirlíon freastal ar an nGaeilge. Mar an gcéanna, cuidíonn na gaelscoileanna go mór le híomhá na teanga a neartú i measc na n-óg agus iad a spreagadh chun an teanga a labhairt mar theanga bheo laethúil. Ar an ábhar sin, ní ceart a bheith éadóchasach. Tá comharthaí dearfacha ann. Braitheann todhchaí na Gaeilge agus na Gaeltachta orainn féin mar náisiún sna blianta atá romhainn. Má theastaíonn uainn iad a chaomhnú, caomhnófar iad. Muna dteastaíonn, caillfear iad. Ach caithfimid tús áite a thabhairt dóibh araon agus a bheith sásta troid ar a son.

Gluais

| | | | |
|---|---|---|---|
| ag cúngú | *narrowing* | bánú | *clear out* |
| dátheangach | *bilingual* | faillí | *neglect* |
| faoi gheasa | *captivated* | fianaise | *evidence* |
| foinse | *source* | gníomhaithe fadradharcacha | *far-seeing activists* |
| infheistíocht | *investment* | oidhreacht | *heritage* |
| tionsclaíocht | *industry* | toilteanach | *willing* |

## Ceisteanna

1. (a) Luaigh dhá phointe eolais faoin seasamh atá ag an nGaeilge in Éirinn an lae inniu. (Alt 1)
   (b) (i) Céard é an rud is tábhachtaí ar fad, dar leis an údar? (Alt 1)
   (ii) 'Is tír dhátheangach í Éire . . .' Cad a chiallaíonn sé sin? (Alt 1)

   (7 marc)

2. (a) Luaigh dhá phointe eolais faoi na Gaeltachtaí. (Alt 2)
   (b) (i) Cad atá á dhéanamh ag na daoine óga? (Alt 2)
   (ii) Céard atá tarlaithe ó thús an chéid nua? (Alt 2)

   (7 marc)

3. (a) Tá faillí déanta sna ceantair Ghaeltachta. Luaigh dhá phointe faoi sin. (Alt 3)
   (b) (i) Céard atá soiléir, dar leis an údar? (Alt 3)
   (ii) Cén tionchar atá ag titim an daonra ar an teanga? (Alt 3)

   (7 marc)

4. (a) Luaigh dhá phointe eolais faoin dearcadh i leith na Gaeilge. (Alt 4)
   (b) (i) Conas a chabhraíonn an nuatheicneolaíocht leis an teanga a fhorbairt? (Alt 4)
   (ii) Cén dul chun cinn atá déanta i scrúdú na hArdteistiméireachta? (Alt 4)

   (7 marc)

5. (a) Conas is féidir leis na meáin chumarsáide cabhrú le forbairt na teanga i measc na n-óg? Luaigh dhá phointe. (Alt 5)
   (b) (i) Conas a chuidíonn na gaelscoileanna leis an teanga? (Alt 5)
   (ii) An bhfuil údar an tsleachta dóchasach nó éadóchasach maidir le todhchaí na teanga, meas tú? (Alt 5)

   (7 marc)

6. (a) Ainmnigh sampla de shárchéim na haidiachta in alt 1 agus sampla den aidiacht san uimhir iolra in alt 4.
   (b) Cén seánra (cineál) scríbhneoireachta lena mbaineann an sliocht seo? Luaigh dhá thréith a bhaineann leis an gcineál seo scríbhneoireachta. Aimsigh sampla amháin de gach ceann den dá thréith sin sa sliocht. (Bíodh an freagra i do chuid focal féin. Is leor 60 focal.)

   (15 mharc)

# Sliocht 6

**Léigh an sliocht seo a leanas agus freagair na ceisteanna a ghabhann leis.**

## An glas iad na cnoic i bhfad uainn? Fadhb na himirce in Éirinn sa lá atá inniu ann

**1** Tá traidisiún láidir imirce sa tír seo. Téann an imirce i bhfad siar inár stair, chomh fada siar leis na meánaoiseanna nó níos faide, fiú. Mar sin féin, níor ardaigh an imirce a ceann i gceart go dtí na blianta i ndiaidh an Ghorta Mhóir. Mar is eol do chách, rinne an Gorta Mór tír na hÉireann a scriosadh. Fuair breis agus milliún duine bás den ghorta sna blianta 1845–52 agus chuaigh breis agus milliún duine ar imirce sa tréimhse chéanna. B'in suas le 25 faoin gcéad den daonra san iomlán. D'imigh na daoine seo go Sasana, go Ceanada, go dtí an Astráil agus go dtí na Stáit Aontaithe go príomha. Roimh an Drochshaol ba bheag imirce a bhí ar siúl ó Éirinn go dtí tíortha iasachta ón mbliain 1800 go dtí an bhliain 1850. Ach i ndiaidh an Drochshaoil osclaíodh geataí tuile na himirce.

**2** Lean an taoide imirce go deireadh an 19ú haois. Ba bheag maolú a tháinig uirthi ag tús an 20ú haois. Chuaigh na milliúin ar imirce ón tír seo idir 1900 agus 1930. Tháinig laghdú ar líon na n-imirceach idir 1930 agus 1947. Ansin mhéadaigh sé go tubaisteach idir 1947 agus 1960. Tharla laghdú suntasach uirthi idir 1960 agus 1980 ach arís idir 1981 agus 1989 thosaigh sí ag méadú arís. Idir 1989 agus 2008 ba bheag an líon daoine a d'fhág an tír seo i gcoinne a dtola. Bhí neart post le fáil in Éirinn agus ba 'imirce roghnach' a cleachtadh den chuid ba mhó. Ach nuair a theip ar an Tíogar Ceilteach agus nuair a thosaigh an cúlú eacnamaíochta ba ghéire amuigh sa bhliain 2008 osclaíodh na geataí tuile arís. Ón mbliain 2008 go dtí Eanáir 2015 bhí breis agus leathmhilliún duine tar éis an tír seo a fhágáil. Ní 'imirce roghnach' atá i gceist ach 'imirce éigeantach', a chiallaíonn nach bhfuil an tarna rogha ag daoine ach imeacht as a dtír dhúchais.

**3** Sna cásanna thuasluaite ba í géarchéimeanna eacnamaíochta ba chúis leis an imirce. Nuair a bhíonn géarchéim eacnamaíochta ar siúl is é an t-aos óg is mó a bhíonn i gcruachás dá barr. Nuair nach mbíonn aon deis fostaíochta ann bíonn ar dhaoine óga rogha chrua a dhéanamh: fanacht mar a bhfuil siad ina dtír dhúchais agus an dól a tharraingt nó imeacht as an tír ar thóir oibre. Den leathmhilliún duine atá imithe ar imirce as an tír le ceithre bliana anuas is daoine óga iad 75 faoin gcéad díobh – triúr as gach ceathrar, más maith leat. 'Imircigh éigeantacha' iad a bhformhór díobh. Tá siad ag tógáil an bháid bháin de bharr nach bhfuil ar a gcumas aon fhostaíocht a fháil in Éirinn. Dá mbeadh an rogha acu ní dhéanfaidís a leithéid. Bíonn a bhformhór mór acu ag súil go mbeidh ar a gcumas filleadh ar a dtír dhúchais arís uair éigin.

**4** Cé go bhfuil titim mhór ar líon na ndaoine ar an mbeochlár dífhostaíochta, is beag dóchas a thugann sé sin do dhaoine óga. Is é 9.75 an céatadán atá ar an mbeochlár faoi láthair ach tugann an céatadán sin pictiúr bréagach dúinn d'fhírinne an scéil. Má dhéantar scrúdú géar ar an líon atá dífhostaithe is í fírinne an scéil ná go bhfuil 24.65 faoin gcéad de dhaoine óga san aoisghrúpa 18–28 dífhostaithe. Is beag deis fostaíochta atá ann don aos óg agus tá monarchana, gnóthaí, siopaí agus ionaid fostaíochta ag dúnadh. Níl poist á gcruthú san earnáil phoiblí ná san earnáil phríobháideach agus nuair a éiríonn duine as a phost nó nuair a théann sé amach ar pinsean ní líontar an post atá fagtha ina dhiaidh aige. Is feiniméin fhíorghránna iad feiniméin na himirce agus na dífhostaíochta, dhá cheann a bhfuil gaol gairid acu lena chéile – muna mbíonn poist ann, bíonn imirce ann.

**5** Cé go bhfuil an cúlú eacnamaíochta a bhí againn in Éirinn maolaithe beagán le bliain nó dhó anuas, fós féin tá an-dochar déanta aige do shochaí na tíre seo. Ba é an cúlú eacnamaíochta ba mheasa a bhí againn ó na caogaidí nuair a d'imigh slua mór daoine óga go Sasana, go Meiriceá, go dtí an Astráil agus go dtí tíortha éagsúla eile. Ach ar a laghad, bhí buntáiste mór amháin acusan ag an am sin. Bhí neart post le fáil acu sna tíortha sin. Sa lá atá inniu ann, áfach, níl aon chinnteacht ag cuid mhaith de na himircigh óga a fhágann an tír seo go bhfaighidh siad post i pé tír a roghnaíonn siad chun socrú síos inti. Ba chóir don rialtas agus iad siúd a scrios an tír le linn an Tíogair Cheiltigh leithscéal a ghabháil leis an dream mór daoine óga a raibh orthu an tír seo a fhágáil ón mbliain 2008 ar aghaidh. 'Is glas iad na cnoic i bhfad uainn?' Cinnte, ach go minic ní bhíonn siad féarmhar.

Gluais

| | | | |
|---|---|---|---|
| an bád bán | *the emigrant ship* | an Drochshaol | *the Bad Times (the Great Famine)* |
| beochlár | *live register* | deis fostaíochta | *employment opportunity* |
| earnáil | *sector* | féarmhar | *grassy* |
| feiniméin | *phenomena* | geataí tuile | *flood gates* |
| go príomha | *mainly* | imirce éigeantach | *compulsory emigration* |
| imirce roghnach | *voluntary emigration* | imircigh | *emigrants* |
| maolaithe | *calmed* | maolú | *decrease* |
| móramh | *majority* | | |

## Ceisteanna

1. (a) Luaigh dhá phointe faoi thraidisiún na himirce in Éirinn. (Alt 1)
   (b) (i) Cá ndeachaigh an chuid is mó de na himircigh? (Alt 1)
   (ii) Céard a tharla i ndiaidh an Drochshaoil? (Alt 1)

(7 marc)

2. (a) Luaigh dhá phointe eolais faoin imirce ó Éirinn sa tréimhse 1900–89. (Alt 2)
   (b) (i) Cad chuige nár imigh ach líon beag daoine ar imirce sa tréimhse 1989–2008? (Alt 2)
   (ii) Céard is brí leis an téarma 'imirce éigeantach'? (Alt 2)

(7 marc)

3. (a) Luaigh dhá phointe eolais faoi mar a théann an imirce i bhfeidhm ar dhaoine óga. (Alt 3)
   (b) (i) Céard í an phríomhchúis a bhfágann siad an tír? (Alt 3)
   (ii) Cad leis a mbíonn formhór na ndaoine óga a théann ar imirce ag súil? (Alt 3)

(7 marc)

4. (a) Luaigh dhá phointe eolais faoi líon na ndaoine óga atá ar an mbeochlár? (Alt 4)
   (b) (i) Cad chuige nach bhfuil deiseanna fostaíochta ann dóibh? Luaigh pointe amháin eolais. (Alt 4)
   (ii) Conas atá gaol gairid idir an dífhostaíocht agus an imirce? (Alt 4)

(7 marc)

5. (a) Luaigh dhá phointe eolais faoin gcúlú eacnamaíochta. (Alt 5)
   (b) (i) Cén buntáiste a bhí ag na daoine a chuaigh ar imirce sna caogaidí? (Alt 5)
   (ii) Cad ba chóir don rialtas agus iad siúd a scrios an tír a dhéanamh, dar leis an údar? (Alt 5)

(7 marc)

6. (a) Ainmnigh sampla den bhriathar saor san Aimsir Chaite in alt 2 agus sampla den Mhodh Coinníollach in alt 3.
   (b) Bunaithe ar an eolas sa sliocht thuas, cén dearcadh a léiríonn údar an tsleachta ar fheiniméan na himirce go háirithe nuair is daoine óga a bhíonn i gceist? Tabhair dhá chúis le do fhreagra agus bíodh sampla amháin as an sliocht mar thacaíocht le gach cúis a luann tú. (Bíodh an freagra i do chuid focal féin. Is leor 60 focal.)

(15 mharc)

# Sliocht 7

**Léigh an sliocht seo a leanas agus freagair na ceisteanna a ghabhann leis.**

## An turas ba mheasa – riamh!

**1** Is aistear é an saol ar fad, agus nuair a théann tú ag taisteal foghlaimíonn tú níos mó faoi do chultúr féin, fút féin agus faoi do chuid teorainneacha. Tharla seo domsa ar chúpla saoire le roinnt blianta anuas. Scríobh Apsley Cherry-Garrard leabhar dar teideal *The Worst Journey in the World* mar gheall ar a thuras le Scott go dtí an tAntartach. Ní dhéanfainn mo chuid turas féin a chur i gcomparáid go deo lena gceann siúd ach tuigim go maith nach mairfinnse go deo ar a leithéid de thuras. Na rudaí is uafásaí domsa agus mé thar lear ná an teas, an ghrian, easpa bia, easpa uisce agus lóistín salach míchompordach ag deireadh an lae. Cén fáth ansin ar chuir mé romham an Camino de Santiago de Compostela a shiúl mar shaoire? Nach bhfuil an saol sa bhaile duairc agus dian go leor gan cur leis an duairceas agus an phian trí bhreis agus 20 ciliméadar a shiúl sa teas, faoin ngrian agus le mála mór ar mo dhroim le mo chuid balcaisí agus bia an lae ann? Ansin, an oíche a chaitheamh i gceann de na *hospedajes* ar thrí euro.

**2** Le linn mo chuid siúil bhí neart ama agam le smaoineamh ar chruatan shaol na ndaoine úd a shiúil an *camino* sna meánaoiseanna. Ach b'fhéidir go raibh sé ní b'éasca orthu siúd ná ar mo leithéidse, le mo ghlóthach ceatha agus mo ghlóthach speisialta do m'aghaidh, mo *factor 60*, mo thaos fiacla, mo spéaclaí gréine, mo stocaí agus mo bhuataisí siúil, mo bhríste siúlóide speisialta le pócaí agus zipeanna speisialta, mo mhála droma a dearadh go heolaíoch, agus na *plasters* speisialta do na spuaiceanna. Is saineolaí mé anois ar chúram spuaiceanna agus ar conas codladh i leaba gan bhraillíní atá níos cosúla le hámóg, i seomra le 30 duine eile, cuid acu ina speisialtóirí i srannadh go hard. Ó, agus gan aon fhuinneog sa seomra, ná aon aer úr ag teacht isteach. Príosún, purgadóir, ifreann – chuaigh na smaointe ar fad trí m'aigne agus mé i mo luí ansin ag gealllúint dom féin gurb é seo an uair dheireanach a rachainn i ngleic lena leithéid de phurgadóir. Deir mé é seo 'chuile bhliain ach is dona an chuimhne atá agam.

**3** Chaith mé féin agus beirt chairde liom seacht lá ag siúl ar shléibhte na bPiréiní agus ar bhánta Navarra agus ar thír na mBascach. Bhíodh daoine ag éirí óna sé ar maidin ach bhíodh triúr spéirbhan na hÉireann á gcaitheamh amach as gach *hospedaje* faoi 7.30 'chuile mhaidin. Cúpla ball éadaigh, glan ach fós fliuch, ag crochadh ón mála droma. Aistear de bhreis agus 20 ciliméadar romhainn. Teas na gréine dian orainn óna naoi ar aghaidh. Cosán fada gan scáth go dtí pointe feiliúnach don lón – áit le scáth agus gan seangáin. Picnic agus ar aghaidh arís faoi bhrothall an lae. Allas agus *factor 60* ag meascadh le chéile ar mo chraiceann. Bríste agus léine salach ón dusta agus an meascán ar mo chraiceann. Geallúint dul chuig an Artartach an chéad uair eile.

**4** Seacht gciliméadar fós le siúl. Spuaiceanna ag éirí níos mó le 'chuile chéim, ach iad ar gach aon taobh de mo chos. Níl an Compeed ag cabhrú. Táim cinnte go mbeidh Naomh Peadar ag cur fáilte agus fiche romham ag doras na bhflaitheas nuair a thiocfaidh an lá. Geallúint go rachaidh mé chuig faoistin agus ar Aifreann go rialta as seo amach. Cúig chiliméadar fós le siúl. Na cosa ag titim díom. An ghrian fós an-te. B'fhéidir go mbeadh an *hospedaje* lán agus go mbeadh orainn fanacht in óstán. B'fhéidir go dtiocfadh ciall chuig Martina agus Fionnuala. Radharc deas, ach cad is fiú sin?

**5** *Aha!* An baile sroichte againn. An *hospedaje* bainte amach. Bothán le seanbhuncanna, boladh ait sa seomra. Daoine cairdiúla. Oibrithe deonacha iad ar fad. Cá bhfuil an seomra folctha agus an cith? Ar ais amach sa chlós, isteach doras eile, agus sin é – ina ghlóire ar fad. Gan chuirtín, gan doras, gan phríobháideachas. Táim ar stailc faoin am seo. Diúltaím glan fanacht ann. Tá mé i ndeireadh na péice. Seo mo shaoire, seachas príosún nó *bootcamp*! Nílim ar an ngannchuid. Breathnaíonn bean an óstáin orainn agus ardaíonn a malaí. Níl seomra aici dúinn. Samhlaím í ag glanadh na háite le Dettol ar imeacht dúinn. Ar ais linn chuig an 'bpálás' agus roghnaím leaba in aice le fuinneog – ach diabhal fuinneog is féidir a oscailt. As sin chuig an gcith, beag beann ar phríobháideachas ag an staid seo. Cithfholcadh breá sula ním léine agus stocaí le crochadh ar mo mhála le triomú an lá dár gcionn. Fanfaidh mé sa bhaile an bhliain seo chugainn. Tá mo mheas ar thaistealaithe agus ar thaiscéalaithe méadaithe go mór.

Gluais

| | | | |
|---|---|---|---|
| a dearadh go heolaíoch | *scientifically designed* | aistear | *journey* |
| ar an ngannchuid | *poverty stricken* | balcaisí | *clothes* |
| bánta | *grasslands* | cith | *shower* |
| cithfholcadh | *shower (wash)* | cosán | *pathway* |
| duairceas | *gloom* | faoistin | *confession* |

| | | | |
|---|---|---|---|
| feiliúnach | *suitable* | gan scáth | *without shade* |
| glóthach ceatha | *shower gel* | hámóg | *hammock* |
| i ndeireadh na péice | *at the end of (my) tether* | malaí | *eyebrows* |
| méadaithe | *increased* | oibrithe deonacha | *voluntary workers* |
| *hospedaje* | *hostel* | seangáin | *ants* |
| spuaiceanna | *blisters* | srannadh | *snoring* |
| taiscéalaithe | *explorers* | taistealaithe | *travellers* |
| taos fiacla | *toothpaste* | teorainneacha | *limits* |

## Ceisteanna

1 (a) Luaigh dhá phointe eolais faoina bhfuil le rá ag an údar maidir leis an taithí atá aici ar a bheith ag taisteal. (Alt 1)

(b) (i) Cérbh iad na rudaí is uafásaí di agus í thar lear? (Alt 1)

(ii) Céard a chuir sí roimpi a shiúl mar shaoire? (Alt 1)

(7 marc)

2 (a) 'Ach b'fhéidir go raibh sé níos éasca orthu siúd ná ar mo leithéidse.' Cad chuige a ndeir sí é seo, meas tú? Luaigh dhá phointe. (Alt 2)

(b) (i) Cad air a bhfuil sí ina saineolaí anois? (Alt 2)

(ii) Cén ghealltúint a rinne sí di féin? (Alt 2)

(7 marc)

3 (a) Luaigh dhá phointe eolais faoin seacht lá a chaith sí féin agus a cairde ag siúl. (Alt 3)

(b) (i) Céard a bhí ag meascadh le chéile ar a craiceann? (Alt 3)

(ii) Cá raibh sé i gceist acu dul an chéad uair eile? (Alt 3)

(7 marc)

4 (a) Cad faoi a bhfuil sí cinnte? (Alt 4)

(b) (i) Conas a bhí na cosa aici? (Alt 4)

(ii) Conas a bhí an aimsir? (Alt 4)

(7 marc)

5 (a) Cad chuige a ndiúltaíonn sí fanacht san *hospedaje*? Luaigh dhá phointe. (Alt 5)

(b) (i) Céard a roghnaíonn sí sa 'phálás'? (Alt 5)

(ii) Cad a dhéanfaidh sí an bhliain seo chugainn, dar léi? (Alt 5)

(7 marc)

6 (a) Ainmnigh sampla d'ainmfhocal baininscneach sa Tuiseal Ginideach uatha in alt 3 agus sampla de bhriathar san Aimsir Fháistineach in alt 5.

(b) Bunaithe ar an eolas sa sliocht thuas, cén pictiúr de thuras an Camino de Santiago de Compostela a chruthaíonn an t-údar dúinn? Tabhair dhá chúis le do fhreagra agus bíodh sampla amháin as an sliocht mar thacaíocht le gach cúis a luann tú. (Bíodh an freagra i do chuid focal féin. Is leor 60 focal.)

(15 mharc)

# Scrúdú Cainte 05

Clár

## Torthaí Foghlama

- San aonad seo foghlaimeoidh an dalta conas an teanga a labhairt go cruinn agus go líofa.
- Beidh an dalta ábalta cur síos a dhéanamh air féin, ar a mhuintir agus ar ghnéithe éagsúla dá shaol.
- Beidh an dalta ábalta cur síos a dhéanamh ar a thimpeallacht féin agus ar chuid d'fhadhbanna an lae inniu.
- Trí obair bheirte agus obair ghrúpa a dhéanamh, chomh maith le féachaint ar an DVD a bhfuil na topaicí atá san aonad seo air, beidh an dalta muiníneach as féin agus ar a shuaimhneas ag tabhairt faoin scrúdú cainte.
- De réir mar a rachaidh líofacht agus cumas an dalta chun cinn, is mó taitnimh a bhainfidh an dalta as an teanga agus is mó measa a bheidh aige ar an nGaeilge.
- Rachaidh líofacht sa chaint chun tairbhe do scríobh na teanga freisin.

# Nótaí ginearálta

Tá 40 faoin gcéad de na marcanna don Ardteistiméireacht ag dul don scrúdú cainte – sin 240 marc ar fad.

Dáiltear na marcanna mar seo:

- Beannú: 5 mharc
- Léamh na filíochta: 35 mharc
- Sraith pictiúr: 80 marc
- Triail chainte: 120 marc

- Baineann ullmhú don scrúdú cainte le gach rang Gaeilge. I ngach aiste agus díospóireacht a ullmhóidh tú i rith na bliana beidh tú ag ullmhú don scrúdú cainte. Tá foclóir, nathanna cainte agus ceisteanna a bhaineann leis na hábhair chomhaimseartha i ngach aon chaibidil a bhaineann leis an gceapadóireacht. Moltar duit cóipleabhar a fháil agus tú ag ullmhú don scrúdú cainte agus gach nath, focal agus seanfhocal a bhaineann leis na hábhair éagsúla a bhreacadh síos ann.
- Ná dearmad éisteacht le Raidió na Gaeltachta agus le Raidió na Life chomh maith le féachaint ar TG4 agus féachaint ar an nuacht ar RTÉ freisin. Is maith an rud é nuachtán Gaeilge a léamh chomh minic agus is féidir freisin. Bí ag labhairt Gaeilge le do mhuintir agus le do chairde aon deis a fhaigheann tú agus beidh an 240 marc sin sa mhála agat!
- Ná bíodh eagla ort a rá leis an scrúdaitheoir nach dtuigeann tú ceist éigin:

  Dalta: Gabh mo leithscéal ach ní thuigim an cheist sin.

  ***Nó***

  Dalta: Tá brón orm ach ní thuigim an cheist sin.

Nó, má chuireann an scrúdaitheoir ceist ort faoi ábhar nach bhfuil mórán eolais agat air nó mórán suime agat ann, abair é sin leis/léi:

  Dalta: Tá brón orm ach níl mórán eolais agam faoin ábhar sin. Tá níos mó suime agam i . . .

- Labhair amach – tabhair cúpla líne mar fhreagra ar na ceisteanna a chuirtear; ná bí ag rá ''sea/ní hea' mar fhreagra go rómhinic – tá an scrúdaitheoir lánsásta an deis a thabhairt duit labhairt agus do chuid eolais agus ullmhúcháin a thaispeáint.
- Is féidir leat an comhrá a threorú beagáinín – déan iarracht na hábhair atá ullamh agat a shníomh isteach sa scrúdú, mar shampla:

  Scrúdaitheoir: An bhfuil aon chaitheamh aimsire agat?

  Dalta: Tá an-suim agam i leabhair staire. Faoi láthair táim ag léamh . . . Baineann sé le . . . (agus ar aghaidh leat ag caint faoin leabhar agus faoin stair.)

**Go n-éirí an t-ádh leat!**

# 1 Beannú

Freagair na ceisteanna thíos i do chóipleabhar.
Déan cleachtadh i ngrúpaí beaga sa rang.

1. **Ceist**

   Cén t-ainm atá ort?

   **Freagra**

   Sorcha de Bhailís an t-ainm atá orm.

2. **Ceist**

   Cén aois thú?

   **Freagra**

   Tá mé ocht mbliana déag d'aois.

3. **Ceist**

   Cén dáta breithe atá agat?

   **Freagra**

   Rugadh mé ar an dara lá déag de Lúnasa, míle naoi gcéad nócha is a naoi.

4. **Ceist**

   Cén seoladh baile atá agat?

   **Freagra**

   Cónaím in uimhir a dó, Páirc Naomh Pádraig, Dún Dealgan, Contae Lú.

5. **Ceist**

   Cén uimhir scrúdaithe atá agat?

   **Freagra**

   An uimhir scrúdaithe atá agam ná a haon, a dó, a trí, a ceathair, a cúig.

Rugadh mé . . .

| | |
|---|---|
| ar an gcéad lá | d'Eanáir |
| ar an dara lá | d'Fheabhra |
| ar an tríú lá | de Mhárta |
| ar an gceathrú lá | d'Aibreán |
| ar an gcúigiú lá | de Bhealtaine |
| ar an séú lá | de Mheitheamh |
| ar an seachtú lá | d'Iúil |
| ar an ochtú lá | de Lúnasa |
| ar an naoú lá | de Mheán Fómhair |
| ar an deichiú lá | de Dheireadh Fómhair |
| ar an bhfichiú lá | de Shamhain |
| ar an aonú lá is fiche | de Nollaig |
| ar an dara lá is fiche | |
| ar an tríochadú lá | |
| ar an aonú lá is tríocha | |

| | |
|---|---|
| míle naoi gcéad nócha a hocht | míle naoi gcéad nócha a naoi |
| sa bhliain dhá mhíle | sa bhliain dhá mhíle is a dó |
| sa bhliain dhá mhíle is a trí | sa bhliain dhá mhíle is a ceathair |

Rugadh mé ar an gceathrú lá déag d'Iúil, míle naoi gcéad nócha a hocht.
Rugadh mé ar an seachtú lá déag de Mhárta, míle naoi gcéad nócha a naoi.
Rugadh mé ar an dara lá déag d'Eanáir, sa bhliain dhá mhíle.
Rugadh mé ar an séú lá déag de Bhealtaine, sa bhliain dhá mhíle is a trí.

# 2 Déan cur síos ort féin

Bain úsáid as na freagraí samplacha chun na ceisteanna thíos a fhreagairt.

**Ceist**

Inis dom fút féin.

**Freagra**

Tá gruaig ghearr dhonn orm agus tá súile donna agam. Tá mé méadar agus cúig cheintiméadar is ochtó ar airde. Is duine cairdiúil, tuisceanach agus spórtúil mé. Is maith liom bualadh le mo chairde agus caithim a lán ama leo ag an deireadh seachtaine. Taitníonn ceol go mór liom.

| | | | |
|---|---|---|---|
| gruaig ghearr | *short hair* | gruaig fhionn | *blond(e) hair* |
| gruaig fhada | *long hair* | gruaig dhonn | *brown hair* |
| gruaig chatach | *curly hair* | gruaig dhubh | *black hair* |
| gruaig liath | *grey hair* | maol | *bald* |
| féasóg | *beard* | croiméal | *moustache* |

| | | | | | |
|---|---|---|---|---|---|
| cainteach | *chatty* | sona | *happy* | aclaí | *fit* |
| cairdiúil | *friendly* | tuisceanach | *understanding* | ceolmhar | *musical* |
| beomhar | *lively* | foighneach | *patient* | cancrach | *cranky* |

**Ceist**

Cé mhéad duine atá sa teaghlach?

**Freagra**

Tá cúigear sa teaghlach, mé féin san áireamh.

| duine | beirt | triúr | ceathrar | cúigear |
|---|---|---|---|---|
| seisear | seachtar | ochtar | naonúr | deichniúr |

| | | | |
|---|---|---|---|
| deartháir | *brother* | deirfiúr | *sister* |
| mamó | *granny* | daideo | *grandad* |
| uncail | *uncle* | aintín | *aunt* |
| leasathair | *stepfather* | leasmháthair | *stepmother* |
| leasdeartháir/ leasdeirfiúr | *stepbrother/stepsister* | col ceathrar | *cousin* |
| tuismitheoir | *parent* | scartha | *separated* |
| réitím go maith leo | *I get on well with them* | an duine is óige/ an duine is sine | *the youngest/the eldest* |

## Teaghlach

Bain úsáid as na freagraí samplacha chun na ceisteanna thíos a fhreagairt.

**Ceist**

Inis dom faoi do theaghlach.

**Freagra**

Tá ceathrar i mo theaghlach, mé féin san áireamh. Is mise an páiste is sine sa chlann. Tá deartháir amháin agam atá níos óige ná mé. Cillian an t-ainm atá air. Is buachaill ceanndána é agus ní réitím leis ar chor ar bith. Bím le ceangal nuair a thagann sé isteach sa teach lena chairde glóracha. Níl sé ach ceithre bliana déag d'aois. Tá sé sa dara bliain sa mheánscoil anois agus is buachaill spórtúil é. Tá sé méadar agus ochtó ceintiméadar ar airde agus is aoibhinn leis cispheil. Réitím go maith le mo thuismitheoirí, Tom agus Áine. Oibríonn siad sa bhanc áitiúil. Is daoine foighneacha cairdiúla iad. Tugann siad a lán saoirse dom.

| | | | |
|---|---|---|---|
| mé féin san áireamh | *myself included* | ceanndána | *headstrong* |
| bím le ceangal | *I'm fit to be tied* | cairde glóracha | *noisy friends* |

**Ceist**

An dtugann do thuismitheoirí go leor saoirse duit?

**Freagra**

Bhuel, tá mé ocht mbliana déag d'aois anois agus mar sin tugann siad a lán saoirse dom. Ní théim amach i rith na seachtaine ach buailim le mo chairde ag an deireadh seachtaine. Téimid isteach sa chathair nó chuig club oíche nuair a bhíonn an t-airgead againn. Is daoine foighneacha tuisceanacha iad mo thuismitheoirí agus tugann siad a lán tacaíochta dom.

**Ceist**

An réitíonn tú le do dheartháir?

**Freagra**

Ní réitím le mo dheartháir ar chor ar bith. Tá sé níos sine ná mé agus tá sé ag freastal ar an gcoláiste. Cónaíonn sé ar an gcampas i rith na seachtaine agus tagann sé abhaile ag an deireadh seachtaine. Roinnim seomra leis agus caitheann sé a chuid éadaigh go léir ar an urlár nuair a thagann sé abhaile. Bíonn an seomra ina phraiseach. Chomh maith leis sin, caitheann sé an deireadh seachtaine sínte ar an tolg ag ithe píotsa! Tagann a chairde timpeall agus ní bhíonn seans agam féachaint ar an teilifís sa seomra suí. Bíonn áthas an domhain orm oíche Dhomhnaigh nuair a fhilleann sé ar an gcoláiste!

# Cairde

Bain úsáid as na freagraí samplacha thíos chun na ceisteanna a fhreagairt i do chóipleabhair.

**Ceist**

Inis dom faoi do chairde.

**Freagra**

Tá a lán cairde agam sa chlub peile agus ar scoil. Siúlaim ar scoil le mo dhlúthchairde Dónall agus Peadar. Buailimid le chéile ag an siopa áitiúil agus bímid ag pleidhcíocht ar an mbealach. Is buachaill beomhar spórtúil é Dónall agus caitheann sé a lán ama ag imirt peile. Bhí sé seacht mbliana déag d'aois an tseachtain seo caite agus thug a thuismitheoirí iPad nua dó dá bhreithlá. Is buachaill ciúin tacúil é Peadar agus taitníonn ceol go mór leis. Uaireanta tagann Peadar chuig mo theach ag an deireadh seachtaine agus imrímid cluichí ríomhaire le chéile. Seinneann sé an giotár.

**Ceist**

Inis dom faoi do chairde scoile.

**Freagra**

Is iomaí cara atá agam ar scoil. Is í Niamh an cara is gaire dom ar scoil agus tugann sí cabhair dom le mo chuid obair bhaile nuair a bhíonn fadhb agam. Is cailín foighneach tacúil í, i mo thuairim. Ba mhaith léi a bheith ina múinteoir bunscoile sa todhchaí. Tá sé ar intinn aici freastal ar Choláiste Mhuire i mBéal Feirste. Oibríonn sí go dian dícheallach ar scoil agus bhuaigh sí gradam scoláire na bliana anuraidh. Bhí a tuismitheoirí an-bhródúil aisti.

## Na daoine i mo shaol

Bain úsáid as na freagraí samplacha thíos chun na ceisteanna a fhreagairt.

**Ceist**

Cén sórt duine í do mham?

**Freagra**

Is bean ghealgháireach, spreagúil agus ghrámhar í mo mham. Ní bhíonn drochaoibh uirthi riamh. Oibríonn sí sa bhunscoil áitiúil. Nuair a thagann sí abhaile gach tráthnóna, ullmhaíonn sí an dinnéar dúinn. Is bean chliste í. Tugann sí cabhair dom le mo chuid mata go minic. Téim chuig an bpictiúrlann léi uair sa mhí. Is bean shláintiúil spórtúil í freisin. Imríonn sí leadóg lena cairde ag an deireadh seachtaine. Tugann sí inspioráid dom i gcónaí.

**Ceist**

An bhfuil aon duine inspioráideach i do shaol?

**Freagra**

Cinnte, tá. Is duine inspioráideach é mo dhaideo. Dónall an t-ainm atá air. Tá sé ochtó bliain d'aois anois agus is fear greannmhar, spórtúil agus tuisceanach é. Imríonn sé galf dhá uair sa tseachtain agus buaileann sé lena chairde tar éis an Aifrinn gach maidin. Caitheann sé laethanta fada ag obair ina ghairdín agus baineann sé an-taitneamh as an saol. Tugaim cuairt air gach seachtain agus bíonn cupán tae againn le chéile.

**Ceist**

An bhfuil peata agat sa bhaile?

**Freagra**

Tá madra againn sa bhaile. Millie is ainm di. Tá sí ocht mbliana d'aois anois. Is peata ceart í sa bhaile. Nuair a théimid amach, léimeann sí ar an tolg agus téann sí a chodladh. Ansin, nuair a chloiseann sí doras an tí ag oscailt arís, léimeann sí ón tolg go tapa agus cuireann sí fáilte romhainn. Téim ag siúl léi gach oíche tar éis dom mo chuid obair bhaile a chríochnú.

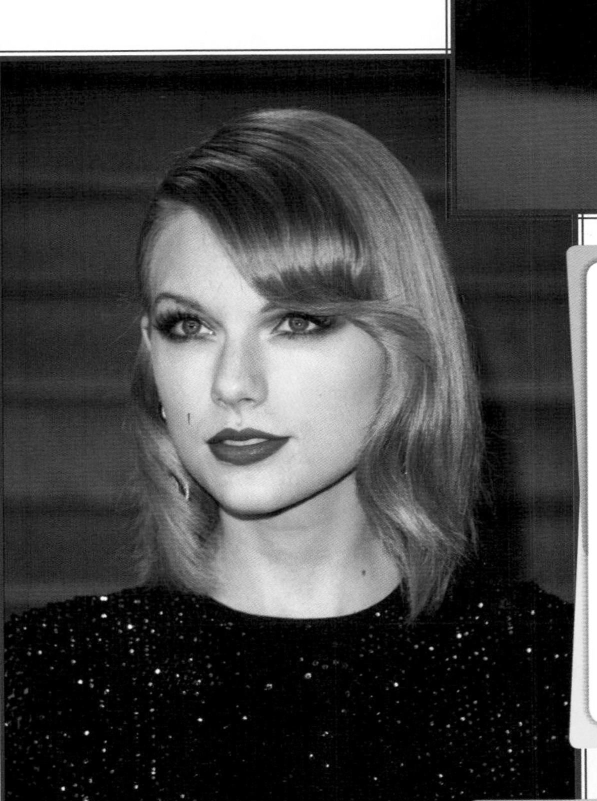

**Ceist**

An bhfuil meas agat ar aon duine cáiliúil?

**Freagra**

Tá an-mheas agam ar Taylor Swift. Is amhránaí í a bhfuil cáil uirthi ar fud an domhain. Tá sí an-saibhir ach fós is duine tuisceanach, cineálta agus flaithiúil í. Chuala mé le déanaí gur bhronn sí caoga míle dollar ar chailín le leoicéime i Meiriceá. Bhí an cailín ar an nuacht ag gabháil buíochais léi. Gan amhras, is duine inspioráideach í Taylor Swift.

**Ceist**

Cén sórt daoine nach maith leat?

**Freagra**

Sin ceist dheacair. Is fuath liom daoine mímhacánta. Ní maith liom gadaithe ná daoine a thugann drochíde do pháistí nó do sheandaoine.

# ULLMHÚ DON SCRÚDÚ

CD 1 Rian 7–8

## 1

1. **Scrúdaitheoir:** Cén t-ainm atá ort?
   **Dalta:** Pól Ó Laoire is ainm dom.
2. **Scrúdaitheoir:** Cén aois thú?
   **Dalta:** Tá mé ocht mbliana déag d'aois.
3. **Scrúdaitheoir:** Cén dáta breithe atá agat?
   **Dalta:** Rugadh mé ar an gcéad lá de Lúnasa, míle naoi gcéad nócha a naoi.
4. **Scrúdaitheoir:** Cá gcónaíonn tú?
   **Dalta:** Tá cónaí orm ar Bhóthar na Trá, Ros Láir, Contae Loch Garman.
5. **Scrúdaitheoir:** Cén uimhir scrúdaithe atá agat?
   **Dalta:** An uimhir scrúdaithe atá agam ná a haon, a dó, a trí, a ceathair, a cúig.

## 2

**Scrúdaitheoir**

Déan cur síos ort féin, a Phóil.

**Dalta**

Is buachaill cairdiúil agus cainteach mé, caithfidh mé a rá. Tá gruaig ghearr dhubh orm agus tá súile donna agam. Níl mé ró-ard.

Tá a lán cairde agam ach is é Niall an cara is gaire dom. Faighimid an bus scoile le chéile ar maidin.

Tá ceathrar againn sa bhaile agus is mise an páiste is óige sa chlann. Tá deirfiúr amháin agam. Aoife is ainm di. Réitím go maith léi. Tá sí ag staidéar san ollscoil anois.

Tá mo thuismitheoirí tacúil agus foighneach. Tugann siad a lán saoirse dom.

Tugaim cuairt ar mo mhamó gach deireadh seachtaine. Cónaíonn sí in aice láimhe.

| | | | |
|---|---|---|---|
| caithfidh mé a rá | *I have to say* | an cara is gaire dom | *my closest friend* |
| gruaig ghearr dhubh | *short black hair* | is óige | *youngest* |
| níl mé ró-ard | *I'm not too tall* | tacúil agus foighneach | *supportive and patient* |
| saoirse | *freedom* | in aice láimhe | *close by* |

# 3 An teach

Bain úsáid as na freagraí samplacha thíos chun na ceisteanna a fhreagairt i do chóipleabhair.

**Ceist**

Cén saghas tí atá agat?

**Freagra**

Cónaím i dteach leathscoite.

| | | | |
|---|---|---|---|
| teach scoite | *detached house* | teach leathscoite | *semi-detached house* |
| bungaló | *bungalow* | árasán | *apartment* |
| ar phríomhbhóthar | *on a main road* | ar chúlbhóthar | *on a quiet road* |
| i lár an bhaile | *in the centre of town* | ar imeall na cathrach | *on the outskirts of the city* |
| faoin tuath | *in the country* | teach trí stór | *three-storey house* |

**Ceist**

Céard iad na seomraí atá sa teach?

**Freagra**

Bhuel, is teach mór é mo theach. Ar urlár na talún, tá cistin mhór, chomh maith le seomra suí agus seomra bia. Ar thaobh an tí, tá garáiste agus seomra gréine. Thuas staighre, tá ceithre sheomra leapa agus dhá sheomra folctha. Tá mo sheomra leapa féin agam. Ní roinnim é le mo chuid deartháireacha. Is seomra mór é. Tá seomra staidéir againn san áiléar. Déanaim mo chuid obair bhaile ann.

### Ceist

Cén saghas tí atá agat?

### Freagra

Tá cónaí orm i dteach sraithe. Os comhair an tí, tá gairdín álainn atá lán le bláthanna agus crainn agus ar chúl an tí tá gairdín beag. Tá seid ag bun an ghairdín. Is teach mór é mo theach agus tá cúig sheomra leapa agus dhá sheomra folctha thuas staighre. Thíos staighre, tá cistin fhairsing, seomra áise, seomra suí agus seomra teilifíse. Is é an seomra suí an seomra is fearr liom sa teach. Lasann mo thuismitheoirí an tine sa gheimhreadh agus bíonn sé an-teolaí.

| seomra suí | *sitting room* |
|---|---|
| seomra áise | *utility room* |
| seomra folctha | *bathroom* |
| seomra teilifíse | *TV room* |
| halla | *hall* |
| seomra staidéir | *study* |
| seomra bia | *dining room* |
| áiléar | *attic* |
| cistin | *kitchen* |
| seomra leapa | *bedroom* |
| garáiste | *garage* |
| seomra gréine | *sunroom/conservatory* |
| thuas staighre | *upstairs* |
| thíos staighre | *downstairs* |
| ar urlár na talún | *on the ground floor* |

## Ag cabhrú sa teach

Bain úsáid as na notaí thíos chun na ceisteanna a fhreagairt.

**Ceist**

An gcabhraíonn tú sa teach go minic?

**Freagra**

Ní bhíonn a lán ama agam i mbliana chun obair tí a dhéanamh, ach cuirim na gréithe sa mhiasniteoir agus scuabaim an t-urlár anois is arís. Nuair a thagaim abhaile ón scoil, leagaim an bord don dinnéar. Glanaim mo sheomra leapa uair sa tseachtain. Is fuath liom a bheith ag folúsghlanadh!

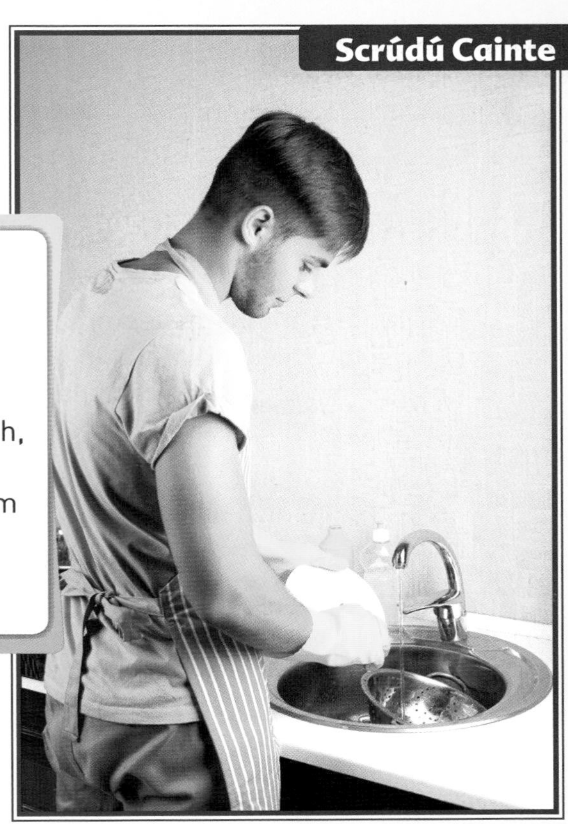

| | | | |
|---|---|---|---|
| ag folúsghlanadh | *vacuum cleaning* | ag ní na ngréithe | *washing the dishes* |
| ag scuabadh an urláir | *sweeping the floor* | ag ullmhú na mbéilí | *preparing the meals* |
| ag cur snasa ar an troscán | *polishing the furniture* | ag leagadh an bhoird | *setting the table* |

**Ceist**

Cá bhfuil tú i do chónaí?

**Freagra**

Tá cónaí orm i mbungaló deas faoin tuath. Tá gairdín mór os comhair an tí agus ceann eile ar chúl an tí. Níl tithe eile i ngar dúinn agus is aoibhinn liom an tuath. Caithim a lán ama sa ghairdín i rith an tsamhraidh. Tá ceithre sheomra leapa agus dhá sheomra folctha sa bhungaló. Is é mo sheomra leapa an seomra is fearr liom sa teach. Ní seomra mór é ach tá sé geal agus compordach. Tá cistin dheas, seomra teilifíse agus seomra bia sa teach freisin. Ar thaobh an tí tá garáiste mór.

### Ceist

Déan cur síos ar an seomra suí.

### Freagra

Ní seomra mór é an seomra suí ach is seomra geal é. Tá tolg mór agus dhá chathaoir uillinn sa seomra, chomh maith le bord caife agus leabhragán. Ag bun an tseomra tá fuinneog mhór agus tá dallóga ar an bhfuinneog. Tá tine gháis sa seomra agus tá scáthán ar crochadh os cionn an mhatail. Is seomra an-chompordach é an seomra suí.

| | | | |
|---|---|---|---|
| tolg | *sofa* | urlár adhmaid | *wooden floor* |
| lampa | *lamp* | ruga | *rug* |
| scáthán | *mirror* | cairpéad | *carpet* |
| dallóga | *blinds* | pictiúir | *pictures* |
| tine gháis | *gas fire* | cathaoir uillinn | *armchair* |
| cuirtiní | *curtains* | matal | *mantelpiece* |
| bord caife | *coffee table* | fuinneog | *window* |
| leabhragán | *bookcase* | teolaí | *cosy* |
| geal | *bright* | ildaite | *multicoloured* |
| ar crochadh | *hanging* | i lár | *in the middle of* |
| os cionn | *over* | ag bun | *at the bottom of* |
| in aice | *beside* | ag barr | *at the top of* |

# ULLMHÚ DON SCRÚDÚ

CD 1 Rian 9–10

## 1

**Scrúdaitheoir**

Cén sórt tí atá agat?

**Dalta**

Tá teach leathscoite agam.

## 2

**Scrúdaitheoir**

Déan cur síos ar do theach.

**Dalta**

Tá cónaí orm i dteach leathscoite ar imeall na cathrach. Is teach mór nua-aimseartha é. Tógadh an teach deich mbliana ó shin agus cheannaigh mo thuismitheoirí é trí bliana ó shin. Thíos staighre tá seomra suí, seomra folctha agus oifig mo dhaid. Tá cistin mhór againn ar chúl an tí. Is cistin gheal í agus caithimid a lán ama ann. Tá tolg agus teilifís sa chistin agus féachaim ar an teilifís tar éis dom mo chuid obair bhaile a chríochnú. Ar thaobh an tí, tá grianán. Is aoibhinn le mo thuismitheoirí an grianán.

| | |
|---|---|
| ar imeall na cathrach | *on the outskirts of the city* |
| tógadh an teach | *the house was built* |
| nua-aimseartha | *modern* |
| grianán | *conservatory* |

# 4 Áit chónaithe

Bain úsáid as na notaí thíos chun na ceisteanna a fhreagairt.

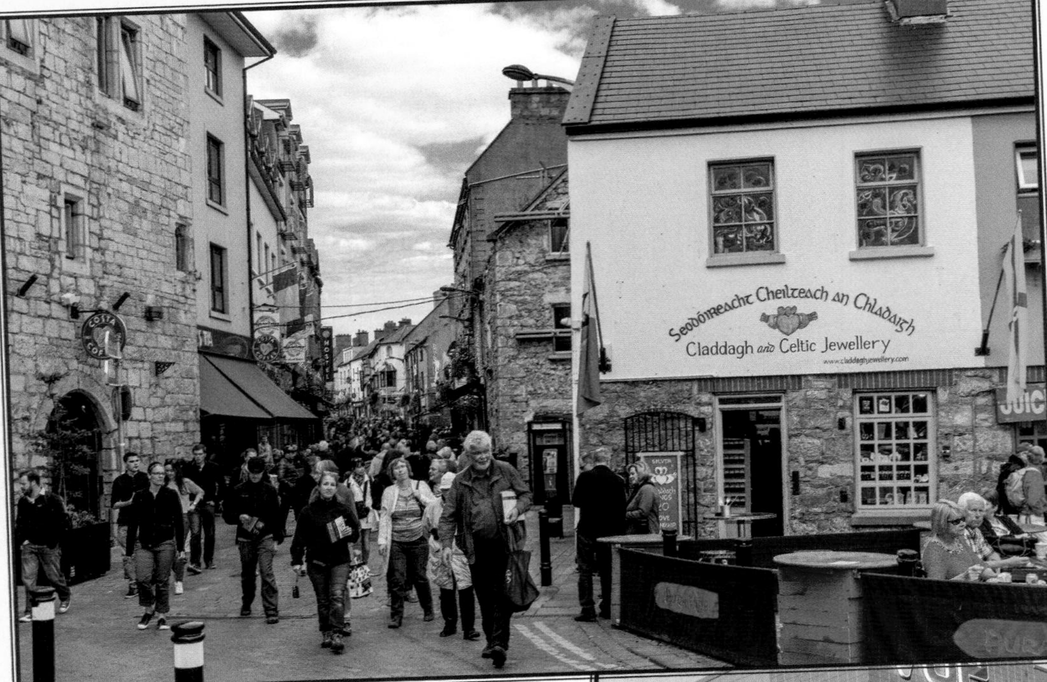


**Ceist**

Cá bhfuil cónaí ort?

**Freagra**

Tá cónaí orm sa chathair.

**Ceist**

Déan cur síos ar d'áit chónaithe.

**Freagra**

Tá mé i mo chónaí sa bhaile mór. Is áit bheomhar í, go háirithe ag an deireadh seachtaine, nuair a thagann daoine isteach sa bhaile mór chun bualadh le cairde. Ar imeall an bhaile, tá a lán clubanna spóirt, chomh maith le pictiúrlann agus amharclann. I lár an bhaile, tá siopaí de gach saghas agus cúpla bialann. Bíonn atmaisféar deas cairdiúil sa bhaile mór i gcónaí.

| | | | |
|---|---|---|---|
| faoin tuath | *in the country* | i mbruachbhaile cathrach | *in a city suburb* |
| i mbaile beag | *in a small town* | is áit chiúin í | *it is a quiet place* |
| is áit álainn í | *it is a beautiful place* | is áit fhuadrach í | *it is a busy place* |
| is áit bheomhar í | *it is a lively place* | tá an radharc tíre go hálainn | *the scenery is beautiful* |
| tá áiseanna den scoth ann | *there are excellent facilities there* | | |

**Ceist**

Ainmnigh na siopaí i do cheantar.

**Freagra**

Tá siopaí de gach saghas i mo cheantar. Ar an bpríomhbhóthar tá siopa nuachtán, bacús agus siopa búistéara agus ar imeall an bhaile tá ollmhargadh agus cógaslann. Tá cúpla siopa faisin sa cheantar freisin.

| | | | |
|---|---|---|---|
| bácús | *bakery* | ollmhargadh | *supermarket* |
| cógaslann | *pharmacy* | siopa nuachtán | *newsagent* |
| gruagaire | *hairdresser* | siopa fón | *phone shop* |
| siopa búistéara | *butcher's shop* | séipéal | *church* |
| bialann | *restaurant* | banc | *bank* |
| siopa faisin | *clothes shop* | ospidéal | *hospital* |

| | | | |
|---|---|---|---|
| ionad spóirt | *sports centre* | leabharlann | *library* |
| club gailf | *golf club* | stáisiún na ngardaí | *police station* |
| oifig fiaclóra | *dentist's surgery* | stáisiún traenach | *train station* |
| ionad pobail | *community centre* | oifig an phoist | *post office* |

## Áiseanna

Bain úsáid as na notaí thíos chun na ceisteanna a fhreagairt.

**Ceist**

Céard iad na háiseanna atá ar fáil i do cheantar?

**Freagra**

Tá áiseanna iontacha i mo cheantar. Tá ionad pobail in aice an tséipéil agus tá clubanna spóirt de gach saghas sa cheantar. Tá club rugbaí, peile agus leadóige ann, chomh maith le club gailf agus ionad spóirt. Tá ospidéal agus leabharlann sa cheantar freisin.

**Ceist**

An maith leat siopadóireacht?

**Freagra**

Taitníonn siopadóireacht go mór liom. Nuair a thugann mo thuismitheoirí airgead dom, téim isteach sa chathair le mo chairde. Is aoibhinn liom éadaí spóirt agus tugaim aghaidh ar an siopa spóirt.

**Ceist**

An bhfuil na háiseanna do sheandaoine sa cheantar go maith?

**Freagra**

Caithfidh mé a rá go bhfuil na háiseanna do sheandaoine sa cheantar ar fheabhas. Tá club do sheandaoine ann agus bailíonn na baill le chéile cúpla uair sa tseachtain san ionad pobail áitiúil. Bíonn imeachtaí éagsúla ar siúl acu i rith na seachtaine. Buaileann na seandaoine le chéile go minic sna bialanna tar éis Aifreann na maidine freisin. Bíonn cupán caife acu agus caitheann siad tamall ag comhrá lena chéile. Tá spiorad pobail iontach sa cheantar seo agus déanann gach duine an-iarracht cabhrú leis na seandaoine.

| | | | |
|---|---|---|---|
| ar fheabhas | *excellent* | ionad pobail | *community centre* |
| tar éis Aifreann na maidine | *after morning Mass* | spiorad pobail | *community spirit* |

## Fadhbanna sa cheantar

Pléigh na ceisteanna thíos sa rang.

**Ceist**

Céard iad na fadhbanna atá i do cheantar?

**Freagra**

Is iomaí fadhb atá againn sa cheantar seo. Bíonn an trácht go dona ar maidin agus ní thagann an bus go rórialta. Bíonn daoine i gcónaí ag gearán. Níl oifig poist sa cheantar agus bíonn ar na seandaoine dul go lár na cathrach chun a bpinsean a bhailiú nó chun litreacha a sheoladh. Níl sé inghlactha i mo thuairim.

| | |
|---|---|
| is iomaí fadhb atá againn | *we have many problems* |
| ag gearán | *complaining* |
| trácht | *traffic* |
| pinsean | *pension* |
| níl sé inghlactha | *it's not acceptable* |

**Ceist**

An bhfuil fadhb le drugaí i do cheantar?

**Freagra**

Chun an fhírinne a rá, níl a fhios agam an bhfuil fadhb le drugaí sa cheantar. Tá a fhios agam go mbailíonn dronga sa pháirc ag an deireadh seachtaine agus go mbíonn siad ag ól. Uaireanta cuireann daoine glao ar na gardaí agus tagann siad chun labhairt leis na déagóirí. Bíonn siad ar meisce agus caitheann siad buidéil agus cannaí stáin timpeall na páirce.

**Ceist**

Céard ba cheart a dhéanamh chun an ceantar a fheabhsú?

**Freagra**

Ba cheart airgead a infheistiú sa cheantar. Tá gá freisin le boscaí bruscair sa cheantar. Ba cheart do Bhus Éireann níos mó busanna a chur ar fáil ag tráth an bhrú. Níl aon chlub óige sa cheantar do na daoine óga agus mar sin bailíonn siad le chéile ar na sráideanna.

| airgead a infheistiú | *to invest money* | ag tráth an bhrú | *at peak times* |
|---|---|---|---|

# ULLMHÚ DON SCRÚDÚ

CD 1 Rian 11–12

## 1

**Scrúdaitheoir**

Cá bhfuil tú i do chónaí?

**Dalta**

Tá mé i mo chónaí faoin tuath.

## 2

**Scrúdaitheoir**

Déan cur síos ar d'áit chónaithe.

**Dalta**

Tá cónaí orm in áit dheas faoin tuath. Is áit chiúin í, ach tá an baile mór gar go leor dúinn. Tá áiseanna den scoth ar fáil sa bhaile mór. Ar imeall an bhaile, tá pictiúrlann agus ionad spóirt agus caitheann na déagóirí a lán ama sa dá áit seo ag an deireadh seachtaine. Tá siopaí de gach saghas sa bhaile mór. Is aoibhinn liom an t-ionad siopadóireachta nua. Tá na siopaí móra go léir ann agus tá bialann iontach ann chomh maith.

Is aoibhinn liom m'áit chónaithe mar go bhfuil áiseanna inti do dhaoine idir óg agus aosta.

| | | | |
|---|---|---|---|
| gar go leor dúinn | *close enough to us* | ar imeall an bhaile | *on the outskirts of the town* |
| pictiúrlann | *cinema* | ionad siopadóireachta | *shopping centre* |

# Freagra fada

### Inis dom fút féin.

Aoife an t-ainm atá orm. Tá mé ocht mbliana déag d'aois. Cé go mothaím neirbhíseach inniu, is duine beomhar, cainteach agus cairdiúil mé. Gruaig fhada dhubh atá orm agus tá súile donna agam. Níl mé ró-ard. Tá mé méadar agus cúig cheintiméadar is seachtó ar airde.

Cúigear ar fad atá againn sa bhaile. Tá deirfiúr amháin agus deartháir amháin agam. Is mise an duine is óige sa teaghlach agus is é Seán an páiste is sine sa chlann. Ar an iomlán, réitímid go maith le chéile.

Is daoine ciúine foighneacha iad mo thuismitheoirí, seachas nuair a bhíonn cluiche mór rugbaí ar siúl. Cloistear mo dhaid ag screadach in ard a chinn is a ghutha.

Is fear mór spóirt é mo dhaid. Imríonn sé galf dhá uair sa tseachtain anois agus cloistear é i gcónaí ag maíomh as na comórtais iontacha atá buaite aige.

Is bean dheas thuisceanach í mo mham. Oibríonn sí mar bhainisteoir sa bhanc áitiúil agus insíonn sí scéalta greannmhara dúinn go minic faoi na custaiméirí a bhíonn ag gearán. Bímid sna trithí gáire ag éisteacht léi.

Tá gaol an-láidir agam le mo dheirfiúr, Úna. Is cailín bríomhar í. Bhí a breithlá ann Dé Luain seo caite. Caithimid a lán ama le chéile ag an deireadh seachtaine. Tá post páirtaimseartha aici sa teach tábhairne áitiúil agus oibríonn sí mar fhreastalaí oíche Shathairn. Téimid chuig an bpictiúrlann le chéile ar a laghad uair sa mhí. Is aoibhinn léi scannáin ghrá.

Bailíonn an chlann go léir sa teach ar an Domhnach agus bíonn dinnéar mór rósta againn de ghnáth. Is cócaire iontach í mo mham agus ullmhaíonn sí béilí blasta dúinn. Uaireanta, bíonn argóint eadrainn faoi na soithí tar éis an dinnéir. Is fuath liom na soithí a ní!

Is duine foighneach tuisceanach é mo dheartháir, Seán. De ghnáth, luíonn sé ar an tolg tar éis an dinnéir agus féachann sé ar chluiche iománaíochta nó peile ar TG4. Imríonn sé iománaíocht agus peil ar an bhfoireann áitiúil. Is múinteoir bunscoile é sa bhaile mór agus ceapann na páistí gur múinteoir iontach é. Bíonn an-chraic acu sa rang, go háirithe nuair a thógann sé isteach a ghiotár. Taitníonn ceol go mór leis.

# 5 An scoil

Bain úsáid as na notaí thíos chun na ceisteanna a fhreagairt.

**Ceist**

Cén saghas scoile í an scoil seo?

**Freagra**

Is pobalscoil í an scoil seo.

| | | | |
|---|---|---|---|
| pobalscoil | *community school* | meánscoil | *secondary school* |
| scoil chuimsitheach | *comprehensive school* | scoil dara leibhéal | *second-level school* |

**Ceist**

Cén t-ainm atá ar an scoil seo?

**Freagra**

Meánscoil Naomh Peadar an t-ainm atá ar an scoil seo.

**Ceist**

An scoil mhór í?

**Freagra**

Is ea. Freastalaíonn thart ar sheacht gcéad dalta ar an scoil.

**Ceist**

Cén t-ainm atá ar an bpríomhoide?

**Freagra**

Pól Ó Néill is ainm dó.

**Ceist**

An bhfuil atmaisféar deas sa scoil?

**Freagra**

Tá atmaisféar beomhar cairdiúil sa scoil.

| | | | |
|---|---|---|---|
| cairdiúil | *friendly* | beomhar | *lively* |
| cabhrach | *helpful* | deas | *nice* |
| taitneamhach | *enjoyable* | dian | *strict* |
| tuisceanach | *understanding* | | |

**Ceist**

An réitíonn na daltaí agus na múinteoirí go maith lena chéile?

**Freagra**

Réitíonn siad go han-mhaith lena chéile.

Bain úsáid as na nótaí thíos chun alt a scríobh faoi do scoil.

| | | | |
|---|---|---|---|
| tógadh an scoil | *the school was built* | tá an scoil suite | *the school is situated* |
| ar imeall na cathrach | *on the outskirts of the city* | i lár an bhaile | *in the centre of town* |
| is scoil sheanaimseartha í | *it is an old-fashioned school* | is scoil nua-aimseartha í | *it is a modern school* |
| freastalaíonn thart ar sheacht gcéad dalta ar an scoil | *about seven hundred students attend the school* | freastalaíonn cúig chéad dalta ar an scoil | *five hundred students attend the school* |
| tá atmaisféar deas inti | *there is a nice atmosphere there* | ní bhíonn na múinteoirí ródhian orainn | *the teachers aren't too tough on us* |

## An lá scoile

Freagair na ceisteanna thíos i do chóipleabhar agus déan cleachtadh sa rang.

**Ceist**

Cén t-am a thosaíonn na ranganna ar maidin?

**Freagra**

Tosaíonn na ranganna ar a cúig chun a naoi ar maidin.

**Ceist**

Conas a thagann tú ar scoil gach maidin?

**Freagra**

Rothaím ar scoil le mo chairde.

**Ceist**

Inis dom faoina ndéanann tú gach lá ar scoil.

**Freagra**

Bhuel, éirím thart ar a seacht agus cuirim mo chuid éadaí scoile orm. Ina dhiaidh sin, ithim tósta agus ólaim cupán tae. Ansin ullmhaím mo mhála scoile agus déanaim ceapaire don lón. Cuirim mo chóta orm agus fágaim slán ag mo thuismitheoirí. Siúlaim chuig stad an bhus agus buailim le mo chairde ann. Fanaimid ag stad an bhus go dtí go dtagann an bus scoile. De ghnáth, sroicheann an bus scoile geata na scoile ar a deich chun a naoi. Téim isteach sa rang ansin agus tógaim amach mo chuid leabhar agus mo chuid cóipleabhar. Fanaim leis an múinteoir.

Athscríobh an t-alt thuas san Aimsir Chaite agus san Aimsir Fháistineach.

**Ceist**

Céard a dhéanann tú ag am lóin?

**Freagra**

Ag am lóin, buailim le mo chairde agus téimid chuig bialann na scoile. Uaireanta, ceannaím ceapaire nó sceallóga. Fanaimid sa bhialann ag caint agus ag comhrá ar feadh tamaill. Ina dhiaidh sin, téimid amach chuig an gcúirt cispheile agus imrímid cluiche le chéile. Nuair a chloisimid an clog, tagaimid ar ais sa rang agus ullmhaímid do ranganna an tráthnóna.

## Ábhair scoile

Léigh na nótaí thíos agus ansin freagair na ceisteanna.

| | |
|---|---|
| Tá seacht n-ábhar scoile idir lámha agam i mbliana. | *I'm taking seven subjects this year.* |
| Tá ocht n-ábhar scoile á ndéanamh agam i mbliana. | *I'm doing eight subjects this year.* |
| Tá mé ag staidéar sé ábhar i mbliana. | *I'm studying six subjects this year.* |
| Gaeilge, Béarla agus matamaitic na hábhair atá éigeantach. | *Irish, English and maths are the subjects that are compulsory.* |
| Roghnaigh mé ansin staidéar a dhéanamh ar . . . | *Then I chose to study . . .* |

| | | | | | |
|---|---|---|---|---|---|
| ealaín | *art* | bitheolaíocht | *biology* | fisic | *physics* |
| ceimic | *chemistry* | cuntasaíocht | *accounting* | eacnamaíocht | *economics* |
| stair | *history* | tíreolaíocht | *geography* | tíos | *home economics* |

| | |
|---|---|
| Is é . . . an t-ábhar is fearr liom. | *My favourite subject is . . .* |
| Taitníonn . . . go mór liom mar tá sé suimiúil. | *I really enjoy . . . because it's interesting.* |
| Ní maith liom . . . mar tá sé deacair. | *I don't like . . . because it's difficult.* |

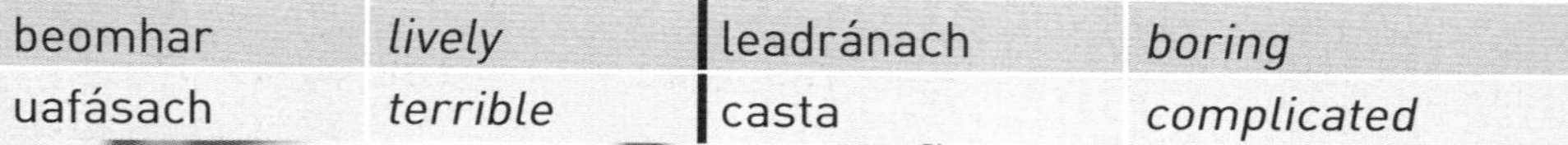

| | | | |
|---|---|---|---|
| beomhar | *lively* | leadránach | *boring* |
| uafásach | *terrible* | casta | *complicated* |

| | |
|---|---|
| Tá mé ag déanamh staidéir ar dhá theanga i mbliana. | *I'm studying two languages this year.* |
| Is aoibhinn liom na teangacha. | *I love languages.* |
| Ní maith liom na teangacha. | *I don't like languages.* |
| Sílim go bhfuil na teangacha deacair. | *I find languages difficult.* |

| | | | | | |
|---|---|---|---|---|---|
| Spáinnis | *Spanish* | Fraincis | *French* | Iodáilis | *Italian* |
| Gearmáinis | *German* | Rúisis | *Russian* | Sínis | *Chinese* |

| | |
|---|---|
| Is í an Fhraincis an teanga is suimiúla, i mo thuairim. | *French is the most interesting language, in my opinion.* |
| Tá an Ghearmáinis casta agus deacair. | *German is complicated and difficult.* |
| Is teanga cheolmhar í an Ghaeilge. | *Irish is a musical language.* |

| | | | | | |
|---|---|---|---|---|---|
| spreagadh | *encouragement* | cúnamh | *support* | comhairle | *advice* |
| an iomarca | *too much* | dian | *tough* | ag tabhairt amach | *giving out/ complaining* |
| ar an iomlán | *overall* | dúshlánach | *challenging* | smacht | *discipline* |

| | |
|---|---|
| Taitníonn na múinteoirí liom ar an iomlán. | *I like the teachers on the whole.* |
| Tugann siad spreagadh agus cúnamh dúinn gach lá. | *They give us encouragement and support every day.* |
| Uaireanta faighimid an iomarca obair bhaile. | *Sometimes we get too much homework.* |

**Freagair na ceisteanna thíos i do chóipleabhar agus léigh na freagraí i do ghrúpa sa rang.**

1. Cé mhéad ábhar scoile atá á ndéanamh agat i mbliana?
2. Céard iad na hábhair atá éigeantach?
3. Ainmnigh na teangacha atá á ndéanamh agat.
4. Cén teanga is fearr leat?
5. Céard iad na hábhair is fearr leat?
6. Céard iad na hábhair eile atá roghnaithe agat?
7. An bhfuil aon ábhar ann nach maith leat?
8. Cén t-am a thosaíonn na ranganna ar maidin?
9. Cén t-am a chríochnaíonn na ranganna tráthnóna?
10. An bhfaigheann tú an iomarca obair bhaile?

### Ceist

Déan cur síos ar an scoil seo.

### Freagra

Tá mé ag freastal ar Mheánscoil Lorcáin. Is scoil nua-aimseartha í a tógadh fiche bliain ó shin. Taobh thiar den scoil tá páirceanna imeartha, cúirteanna cispheile agus cúirteanna leadóige agus os comhair na scoile tá carrchlós mór.

Tá áiseanna den scoth ar fáil i Meánscoil Lorcáin. Ar urlár na talún tá oifig an phríomhoide, oifig an leas-phríomhoide agus oifig an rúnaí. Ní bhíonn cead ag na daltaí an príomhdhoras a úsáid; iarrtar orthu teacht isteach trí dhoras ar thaobh na scoile. Tá seomraí ranga chomh maith le seomra ealaíne, seomra ceoil, seomra tíreolaíochta agus ceaintín ar urlár na talún freisin.

Thuas staighre tá breis seomraí ranga, chomh maith le trí shaotharlann, dhá chistin, leabharlann agus oifig an ghairmthreoraí. Tá halla staidéir agus halla tionóil ar thaobh na scoile freisin.

Bíonn naoi rang ag na daltaí gach lá agus críochnaíonn na ranganna ar a leathuair tar éis a trí de ghnáth. Bíonn cruinniú foirne ann gach Céadaoin agus críochnaíonn na ranganna ar a trí a chlog.

Scríobh sliocht gearr i do chóipleabhar faoi do scoil. Léigh an sliocht os ard i do ghrúpa.

## An idirbhliain

Freagair an cheist thíos i do chóipleabhar agus léigh na freagraí i do ghrúpa sa rang.

**Ceist**

An ndearna tú an idirbhliain?

**Freagra**

Rinne mé an idirbhliain arú anuraidh agus bhain mé idir thairbhe agus taitneamh as. Ag tús na bliana, chuamar ar thuras chuig campa eachtraíochta agus bhí dhá lá iontacha againn. Chuamar ag bádóireacht agus ag sléibhteoireacht agus rinneamar bac-chúrsa i lár na tuaithe. Ba thuras iontach é.

I lár na bliana, chaitheamar seachtain ag obair leis na bochtáin agus coicís ar thaithí oibre. Bhí mé ag obair in oifig dlíodóra ar feadh seachtaine agus ag obair in ospidéal ina dhiaidh sin. Rinneamar an ceoldráma *Oklahoma* tar éis na Nollag. Chuireamar seó iontach ar an stáitse. Bhí jab agam mar ealaíontóir agus thaitin sé liom.

Ag deireadh na bliana, chuamar ar thuras scoile go Beirlín. Chonaiceamar na radhairc go léir agus thugamar cúirt ar an bParlaimint freisin. Bhí an-bhrón orm ag deireadh na bliana.

**Cuir na ceisteanna thíos ar dhalta i do ghrúpa.**

1. An ndearna tú an idirbhliain?
2. Ainmnigh ábhar nua amháin a rinne tú san idirbhliain.
3. An ndeachaigh tú ar thuras scoile san idirbhliain? Cá ndeachaigh tú?
4. Ar imir tú spórt san idirbhliain? Cén spórt?
5. Ar ghlac tú páirt i gceoldráma san idirbhliain?
6. Cá ndeachaigh tú ar thaithí oibre san idirbhliain?
7. Ar oibrigh tú leis na bochtáin san idirbhliain?
8. Ar thaitin an idirbhliain leat?
9. An ndearna tú cairde nua san idirbhliain?

## Rialacha na scoile

Freagair na ceisteanna thíos i do chóipleabhar agus léigh na freagraí i do ghrúpa sa rang.

**Ceist**

An bhfuil a lán rialacha sa scoil seo?

**Freagra**

Níl mórán rialacha sa scoil seo, i mo thuairim.

**Ceist**

Céard iad na rialacha atá sa scoil seo?

**Freagra**

Bhuel, níl cead ag daltaí fón póca a úsáid ná tobac a chaitheamh agus níl cead againn bróga reatha a chaitheamh leis an éide scoile. Má bhímid déanach don scoil ar maidin trí huaire sa tseachtain, bíonn orainn fanacht siar tar éis scoile ar an Aoine chun obair bhreise a dhéanamh.

| | |
|---|---|
| Is iomaí riail atá againn sa scoil seo. | *We have lots of rules at this school.* |
| Níl mórán rialacha againn sa scoil seo. | *We don't have many rules at this school.* |

| | |
|---|---|
| Níl cead againn fón póca a úsáid sa rang. | *We aren't allowed to use a mobile phone in class.* |
| Bíonn orainn éide scoile a chaitheamh gach lá. | *We have to wear the school uniform every day.* |
| Níl cead againn tobac a chaitheamh. | *We aren't allowed to smoke cigarettes.* |
| Má bhímid as láthair, bíonn orainn nóta a thabhairt isteach. | *If we are absent, we have to bring in a note.* |
| Níl cead againn guma a chogaint sa rang. | *We aren't allowed to chew gum in class.* |
| Tá orainn ár ndícheall a dhéanamh i ngach rang. | *We have to do our best in every class.* |
| Níl cead againn a bheith drochbhéasach. | *We aren't allowed to be bad mannered.* |
| Níl cead againn bróga reatha a chaitheamh. | *We aren't allowed to wear runners.* |

**Ceist**

Céard a tharlaíonn nuair a bhriseann na daltaí na rialacha?

**Freagra**

De ghnáth, bíonn ar an dalta a bhriseann na rialacha dul chuig oifig an leas-phríomhoide. Labhraíonn an leas-phríomhoide leis an dalta. Go minic, cuireann an príomhoide an dalta ar fionraí ar feadh lá nó dhó. Anois is arís, bíonn ar an dalta breis oibre a dhéanamh nó coimeádann an príomhoide an dalta siar tar éis scoile ar feadh uair nó dhó.

**Ceist**

An gcaitheann tú éide scoile?

**Freagra**

Caithim sciorta dúghorm, léine ghorm agus geansaí liath. Caithim carbhat na scoile agus bróga dubha freisin.

| | |
|---|---|
| bríste | *trousers* |
| geansaí | *jumper* |
| carbhat | *tie* |
| blús | *blouse* |
| bróga | *shoes* |
| seaicéad | *jacket* |
| léine | *shirt* |
| stocaí | *socks* |
| cóta | *coat* |

## An córas oideachais

Freagair na ceisteanna thíos i do chóipleabhar agus léigh na freagraí i do ghrúpa sa rang.

**Ceist**

An gcuirtear an iomarca brú ar dhaltaí scoile in Éirinn?

**Freagra**

Gan amhras, cuirtear an iomarca brú ar dhaltaí scoile in Éirinn. Féach ormsa. Bíonn orm an lá a chaitheamh ar scoil agus an oíche a chaitheamh sa bhaile ag staidéar. Fiú ag an deireadh seachtaine ní bhíonn an seans agam bualadh le mo chairde. Déanaimid seacht n-ábhar agus faighimid obair bhaile i ngach ábhar gach seachtain. Tá sé iomarcach, i mo thuairim.
Ní thuigeann na múinteoirí an brú atá orainn. Tá a fhios agam go ndéanann siad a ndícheall ar son na ndaltaí ach ba cheart níos mó béime a chur ar spórt agus ar ábhair phraiticiúla.
Ní oireann córas acadúil do gach dalta ach ní bhíonn an dara rogha acu.

**Ceist**

An gcuireann córas na bpointí brú ort?

**Freagra**

Cuireann córas na bpointí brú dochreidte orm. Athraíonn na pointí bliain i ndiaidh bliana agus ní bhíonn a fhios ag daltaí an bhfaighidh siad a gcúrsa san ollscoil tar éis na mblianta a chaitheamh ag staidéar. Anuraidh tháinig méadú mór ar na pointí a bhí ag teastáil do chúrsaí dlí san ollscoil. Bhí díomá an domhain ar a lán daltaí nuair nach bhfuair siad áit tar éis marcanna maithe a fháil san Ardteist. Ba cheart an córas a athrú. Níl sé ceart ná cóir an strus sin a chur ar dhaltaí scoile.

**Ceist**

An gcuirtear an iomarca béime ar scrúduithe sna scoileanna inniu?

**Freagra**

Gan dabht ar bith, cuirtear an iomarca béime ar scrúduithe ar scoil. Fiú sa bhunscoil bíonn scrúdú ag na daltaí gach seachtain. Sa mheánscoil cuirtear an iomarca béime ar na hábhair acadúla. Ní bhíonn an deis ag daltaí taitneamh a bhaint as a gcuid laethanta scoile. Caitheann daltaí an lá ar fad ina suí sa seomra ranga ag éisteacht le múinteoir ag caint. Ba cheart do mhúinteoirí seans a thabhairt do dhaltaí níos mó taighde agus tionscadal a dhéanamh sa rang. Ba cheart freisin níos mó neamhspléachais a thabhairt do dhaltaí sa rang. Dá mbeadh na háiseanna teicneolaíochta ní b'fhearr sna scoileanna, bheadh seans againn níos mó taighde a dhéanamh.

# ULLMHÚ DON SCRÚDÚ

## 1

**Scrúdaitheoir**

Déan cur síos ar an scoil seo.

**Dalta**

Is scoil mhór í an scoil seo. Freastalaíonn níos mó ná seacht gcéad dalta ar an scoil agus múineann caoga múinteoir sa scoil. Tá an scoil suite sa chathair agus tógadh í fiche bliain ó shin. Is í Bean de Róiste an príomhoide le cúig bliana anois. Is bean chairdiúil chabhrach í ach éiríonn sí feargach nuair a fheiceann sí na daltaí ag teacht isteach déanach ar maidin. Is é an tUasal Ó Cathain an leas-phríomhoide. Is fear tuisceanach é. Tosaíonn na ranganna ar a ceathrú chun a naoi ar maidin agus críochníonn siad gach tráthnóna ar a leathuair tar éis a trí.

| | | | |
|---|---|---|---|
| múineann caoga múinteoir | *fifty teachers teach* | leas-phríomhoide | *deputy principal* |
| feargach | *angry* | tuisceanach | *understanding* |

## 2

**Scrúdaitheoir**

An bhfuil na háiseanna go maith sa scoil seo?

**Dalta**

Gan amhras, tá áiseanna iontacha sa scoil seo. Tá dhá shaotharlann agus dhá chistin thuas staighre. Cuireadh síneadh leis an scoil anuraidh agus anois tá seomra ceoil agus seomra ealaíne nua againn. Ar urlár na talún, tá seomra ríomhaire agus halla spóirt mór. Tá an seomra tíreolaíochta ar an dara hurlár, chomh maith leis an gceaintín. Is scoil nua-aimseartha í an scoil seo, gan dabht ar bith!

| | | | |
|---|---|---|---|
| na háiseanna | *the facilities* | saotharlann | *laboratory* |
| síneadh | *extension* | urlár na talún | *the ground floor* |

## Coláiste

Scríobh freagraí ar na ceisteanna thíos i do chóipleabhar agus déan cleachtadh os ard sa rang.

### Ceist

Ar mhaith leat freastal ar an gcoláiste an bhliain seo chugainn?

### Freagra

Cinnte, ba mhaith liom freastal ar an ollscoil. Tá sé ar intinn agam céim a bhaint amach sa dlí. Is dlíodóir í mo mham agus tá an-suim agam sa dlí. Nuair a bhí mé san idirbhliain, chaith mé seachtain ag déanamh taithí oibre ina hoifig agus ansin chaith mé seachtain sna cúirteanna. Thaitin sé go mór liom. Is léir gur post fíorshuimiúil é post an dlíodora.

| | | | |
|---|---|---|---|
| cáilíocht | *qualification* | céim | *degree* |
| dioplóma | *diploma* | teastas | *certificate* |
| cúrsa oiliúna | *training course* | printíseacht | *apprenticeship* |

| | |
|---|---|
| Beidh trí chéad pointe/ceithre chéad pointe ag teastáil uaim. | *I will need three hundred/four hundred points.* |
| Rachaidh mé chuig an ollscoil. | *I will go to university.* |
| Déanfaidh mé cúrsa traenála. | *I will do a training course.* |
| Déanfaidh mé printíseacht. | *I will do an apprenticeship.* |
| Mairfidh an cúrsa trí bliana. | *The course will last three years.* |
| Déanfaidh mé scrúduithe scríofa agus praiticiúla i rith an chúrsa. | *I will do written and practical exams during the course.* |
| Gheobhaidh mé taithí oibre i rith an chúrsa. | *I will get work experience during the course.* |

1. Cén cúrsa ba mhaith leat a dhéanamh an bhliain seo chugainn?
2. Cá mbeidh an cúrsa ar siúl?
3. Céard iad na pointí a bheidh ag teastáil uait don chúrsa?
4. Cá fhad a mhairfidh an cúrsa?
5. An mbeidh scrúduithe scríofa le déanamh agat le linn an chúrsa?
6. An mbeidh scrúduithe praiticiúla le déanamh agat le linn an chúrsa?
7. Cén cháilíocht a gheobhaidh tú ag deireadh an chúrsa?

# ULLMHÚ DON SCRÚDÚ

CD 1 Rian 15–16

## 1

**Scrúdaitheoir**

Céard a dhéanfaidh tú an bhliain seo chugainn?

**Dalta**

Ba mhaith liom céim san altracht a bhaint amach san ollscoil an bhliain seo chugainn. Leanfaidh an cúrsa ar feadh ceithre bliana agus beidh orm tamall fada a chaitheamh ag traenáil san ospidéal le linn an ama sin. Beidh orm a lán scrúduithe scríofa agus praiticiúla a dhéanamh i rith an chúrsa. Cloisim gur cúrsa dúshlánach é ach tá mé ag tnúth leis.

| | | | |
|---|---|---|---|
| altracht | *nursing* | ag traenáil | *training* |
| dúshlánach | *challenging* | ag tnúth leis | *looking forward to it* |

## 2

**Scrúdaitheoir**

Ar mhaith leat freastal ar an ollscoil an bhliain seo chugainn?

**Dalta**

Ba mhaith liom céim a bhaint amach san ealaín san ollscoil. Tá an-suim agam san ealaín agus chaith mé tréimhse ag obair le healaíontóir nuair a bhí mé san idirbhliain. Cúrsa ceithre bliana a bheidh ar siúl agam agus beidh mé ag staidéar cúrsaí péintéireachta, dealbhóireachta agus faisin i rith an chúrsa. Ba mhaith liom a bheith i mo dhearthóir faisin sa todhchaí.

| | | | |
|---|---|---|---|
| tréimhse | *some time* | ealaíontóir | *artist* |
| dealbhóireacht | *sculpture* | dearthóir | *designer* |

# 6 Cúrsaí oibre

Freagair na ceisteanna thíos i do chóipleabhar agus ansin pléigh na ceisteanna sa rang.

**Ceist**

Cén post ar mhaith leat sa todhchaí?

**Freagra**

Ba mhaith liom a bheith i mo dhochtúir sa todhchaí.

**Ceist**

Cá bhfaighidh tú post?

**Freagra**

Gheobhaidh mé post in ospidéal.

| | | | | | |
|---|---|---|---|---|---|
| altra | *nurse* | meicneoir | *mechanic* | iriseoir | *journalist* |
| siúinéir | *carpenter* | múinteoir | *teacher* | tógálaí | *builder* |
| cuntasóir | *accountant* | gruagaire | *hairdresser* | dearthóir | *designer* |
| eolaí | *scientist* | ealaíontóir | *artist* | oibrí sóisialta | *social worker* |
| tréidlia | *vet* | aisteoir | *actor* | freastalaí | *waiter* |
| rúnaí | *secretary* | bainisteoir | *manager* | cócaire | *chef* |
| tiománaí | *driver* | leictreoir | *electrician* | gníomhaire taistil | *travel agent* |

| | | | | | |
|---|---|---|---|---|---|
| ríomhaireacht | *computing* | riarachán | *administration* | rúnaíocht | *secretarial* |

**Ceist**

Céard iad na cáilíochtaí a bheadh ag teastáil don phost sin?

**Freagra**

Bheadh céim sa leigheas ag teastáil uaim.

**Ceist**

Céard iad na tréithe a bheadh ag teastáil don phost sin?

**Freagra**

Bheadh sé tábhachtach a bheith éirimiúil agus stuama agus b'fhéidir tuisceanach agus foighneach.

**Ceist**

Céard ba mhaith leat a dhéanamh sa todhchaí?

**Freagra**

Ba mhaith liom a bheith i mo mhúinteoir bunscoile sa todhchaí. Is post dúshlánach é gan amhras ar bith, ach is post fíorshuimiúil é freisin. Taitníonn páistí óga liom agus b'aoibhinn liom mo shaol a chaitheamh ag múineadh. Is maith liom ceol agus spórt agus taitníonn drámaíocht liom freisin. Measaim go mbeinn in ann páistí óga a spreagadh. Chaith mé seachtain sa bhunscoil áitiúil nuair a bhí mé san idirbhliain. Bhí mé ag obair leis na daltaí i rang a dó. Chabhraigh mé leis an múinteoir sa rang agus thug mé aire do na páistí sa chlós ag am lóin. Rinne mé corpoideachas agus ealaín leo agus bhí seachtain iontach agam. Ag deireadh na seachtaine bhí mé cinnte faoin tslí bheatha a bhí ag teastáil uaim.

| | |
|---|---|
| sa todhchaí | *in the future* |
| éirimiúil | *intelligent* |
| cáilíochtaí | *qualifications* |
| stuama | *sensible* |
| tréithe | *qualities* |
| tuisceanach | *understanding* |

## Post páirtaimseartha

**Ceist**

An raibh post páirtaimseartha agat riamh?

**Freagra**

Bhí post agam an samhradh seo caite san óstán áitiúil.

**Ceist**

Cá raibh tu ag obair?

**Freagra**

Bhí mé ag obair san ollmhargadh áitiúil.

| | | | |
|---|---|---|---|
| sa siopa nuachtán | *in the newsagent* | san ionad spóirt | *in the sports centre* |
| san ollmhargadh | *in the supermarket* | ag tabhairt aire do leanaí | *looking after children* |
| i mbialann | *in a restaurant* | i stáisiún peitril | *in a petrol station* |
| sa teach tábhairne | *in the pub* | in oifig | *in an office* |

**Ceist**

Cén sórt oibre a rinne tú?

**Freagra**

Bhí me ag cur fáilte roimh chustaiméirí i dtosach. Ansin bhí mé ag bailiú na ngloiní, ag tógáil orduithe agus ag dáileadh deochanna. Ag deireadh na hoíche, chaith mé tamall ag scuabadh na n-urlár agus ag ní na ngréithe.

| | | | |
|---|---|---|---|
| ag freastal ar na custaiméirí | *serving the customers* | ag scuabadh na n-urlár | *sweeping the floors* |
| ag líonadh na málaí | *packing bags* | ag líonadh na seilfeanna | *filling shelves* |
| ag freagairt an fhóin | *answering the phone* | ag bailiú na ngloiní salacha | *collecting the dirty glasses* |
| ag ní carranna | *washing cars* | ag garraíodóireacht | *gardening* |

**Ceist**

Cé mhéad airgid a thuill tú?

**Freagra**

Thuill mé ceithre chéad euro in aghaidh na seachtaine.

| | | | |
|---|---|---|---|
| *thuill mé* | I earned | *fuair mé an t-íosphá* | I got the minimum wage |
| *ocht euro san uair* | eight euro per hour | *naoi euro san uair* | nine euro per hour |

**Ceist**

Céard a rinne tú leis an airgead a thuill tú?

**Freagra**

Chuaigh mé ar shaoire campála le mo chairde.

**Ceist**

At thaitin an post leat?

**Freagra**

Thaitin sé go mór liom, cé go raibh mé traochta gach oíche!

| | | | |
|---|---|---|---|
| chuaigh mé ag siopadóireacht | *I went shopping* | chuaigh mé ar saoire | *I went on holiday* |
| chuir mé airgead i dtaisce sa bhanc | *I saved money in the bank* | cheannaigh mé ticéad d'fhéile cheoil | *I bought a ticket for a music festival* |

# ULLMHÚ DON SCRÚDÚ

 CD 1 Rian 17–18

## 1

**Scrúdaitheoir**

Cén post ba mhaith leat nuair a bheidh tú críochnaithe sa choláiste?

**Dalta**

Ba mhaith liom a bheith i m'iriseoir amach anseo. Rinne mé taithí oibre nuair a bhí mé san idirbhliain leis an nuachtán áitiúil agus thaitin sé go mór liom. Ba mhaith liom a bheith ag taisteal timpeall an domhain ag fiosrú scéalta móra. Tá an-suim agam sa léitheoireacht agus is aoibhinn liom a bheith ag léamh an nuachtáin. Is iriseoir é m'uncail agus deir sé gur post iontach é, cé go bhfuil sé deacair agus dúshlánach.

| | |
|---|---|
| iriseoir | *journalist* |
| ag fiosrú | *investigating* |
| ag taisteal | *travelling* |
| dúshlánach | *challenging* |

## 2

**Scrúdaitheoir**

An raibh post páirtaimseartha agat riamh?

**Dalta**

Bhí post páirtaimseartha agam an samhradh seo caite. Bhí mé ag obair sa teach tábhairne áitiúil. D'oibrigh mé gach oíche óna hocht a chlog go dtí meánoíche. Chaith mé an oíche ag siúl timpeall ag bailiú na ngloiní salacha agus ag dáileadh deochanna. Ghlan mé na boird agus ag deireadh na hoíche scuab mé na hurláir. Bhuail mé le daoine cairdiúla deasa ar an iomlán agus thuill mé naoi euro san uair. Bhí mo chara ag obair sa teach tábhairne céanna agus bhí an-chraic againn le chéile.

| | | | |
|---|---|---|---|
| d'oibrigh mé | *I worked* | meánoíche | *midnight* |

# 7 Laethanta saoire

Scríobh freagraí ar na ceisteanna thíos i do chóipleabhar agus déan cleachtadh os ard sa rang.

**Ceist**

An maith leat taisteal?

**Freagra**

Is aoibhinn liom a bheith ag taisteal.

**Ceist**

An ndeachaigh tú ar saoire anuraidh?

**Freagra**

Chuaigh mé ar saoire chuig an bhFrainc le mo mhuintir anuraidh.

**Ceist**

Cár fhan sibh sa Fhrainc?

**Freagra**

Bhíomar ag fanacht in óstán cois trá i sráidbhaile beag i ndeisceart na Fraince. Cap Ferrat an t-ainm atá ar an mbaile.

**Ceist**

An raibh an aimsir go maith sa Fhrainc?

**Freagra**

Bhí an aimsir ar fheabhas. Bhí an ghrian ag scoilteadh na gcloch ó mhaidin go hoíche. Bhí sé róthe do mo mham. Chaith sí an lá ag snámh san fharraige.

**Ceist**

An ndeachaigh sibh go dtí aon áit shuimiúil i rith na saoire?

**Freagra**

Bhuel, lá amháin chuamar ar thuras lae chuig cathair Nice. Is cathair álainn stairiúil í Nice agus thugamar cuairt ar áiteanna suimiúla sa bhaile. Chonaiceamar seanchaisleán agus seanséipéal agus ina dhiaidh sin bhí lón blasta againn i mbialann i lár an bhaile. Lá amháin thógamar bád ar cíos agus thugamar aghaidh ar San Tropez. Bhí an-chraic againn ar an mbád agus chaitheamar an tráthnóna ag spaisteoireacht timpeall San Tropez. Bhí siopaí de gach saghas ann, iad an-daor agus an-ghalánta!

**Ceist**

Céard a rinne sibh san oíche?

**Freagra**

San oíche, chuamar amach le haghaidh dinnéir. Bhí bialanna deasa in aice an óstáin agus bhí béilí blasta againn gach oíche.

**Ceist**

Ar bhuail sibh le daoine eile ar an tsaoire?

**Freagra**

Cinnte, bhuail mé le clann ón Iodáil agus bhí siad ag fanacht i mbaile beag in aice linn.

**Ceist**

Céard a dhéanfaidh tú an samhradh seo chugainn?

**Freagra**

Rachaidh mé ar ais chuig an bhFrainc, gan amhras ar bith.

# Turais shuimiúla

**Ceist**

Ar thug tú cuairt ar chathair mhór riamh?

**Freagra**

Nuair a bhí mé san idirbhliain, thug mé cuairt ar chathair Pháras le mo rang ealaíne. Chaitheamar dhá lá ag siúl timpeall na cathrach ag féachaint ar na radhairc stairiúla. Chonaiceamar ardeaglais Notre Dame agus Túr Eiffel, agus thugamar turas báid síos ceann de na haibhneacha is cáiliúla ar domhan, an tSéin. Bhí an aimsir te agus grianmhar agus bhaineamar taitneamh as na béilí iontacha agus as na radhairc áille.

**Ceist**

Céard a rinne tú an samhradh seo caite?

**Freagra**

An samhradh seo caite, chaith me coicís le mo chlann i mbaile álainn darbh ainm Beaulieu-sur-Mer i ndeisceart na Fraince. Ar maidin, shiúlamar chuig an gcearnóg i lár an bhaile agus shuíomar sa chearnóg ag ól caife agus ag ithe *croissants*. Bhíodh margadh ar siúl gach maidin agus bhuail na daoine le chéile ag an margadh. Cheannaigh siad bláthanna agus torthaí, glasraí agus éisc ann. Tar éis bricfeasta, thugamar aghaidh ar an trá. Bhí sé plódaithe le daoine, idir óg agus aosta, ag sú na gréine.

San oíche, shiúlamar síos chuig an gcuan agus d'itheamar béile i gceann de na bialanna deasa ansin. Chonaiceamar na báid áille ag teacht agus ag imeacht.

Lá eile, thógamar an traein ó Beaulieu-sur-Mer isteach chuig cathair Nice. Is seanchathair stairiúil í agus bhí lón deas againn cois trá. Bhí an ghrian ag spalpadh anuas orainn agus bhí brón orainn nach raibh ár gcultacha snámha linn. Ina dhiaidh sin, chaitheamar tamall ag ceannach cuimhneachán sna siopa beaga sular fhilleamar ar Beaulieu-sur-Mer.

## An samhradh seo chugainn

Freagair na ceisteanna thíos os ard sa rang agus scríobh na freagraí i do chóipleabhar.

**Ceist**

An rachaidh tú thar lear an samhradh seo chugainn?

**Freagra**

Rachaidh mé ar saoire chuig m'aintín in Chicago an samhradh seo chugainn. Tá cónaí uirthi i mbruachbhaile álainn ar imeall na cathrach.

**Ceist**

An bhfaighidh tú post an samhradh seo chugainn?

**Freagra**

Gheobhaidh mé post sa bhialann áitiúil. Tá aithne ag m'aintín ar bhainisteoir na bialainne agus gheall sé go dtabharfadh sé post samhraidh dom. Beidh mé ag obair mar fhreastalaí ag dáileadh tae agus caife agus ag glanadh na mbord.

**Ceist**

An bhfuil plean agat don samhradh?

**Freagra**

Cinnte, tá plean agam don samhradh. Ag tús an tsamhraidh, glacfaidh mé sos. Beidh an-tuirse orm tar éis na hArdteiste agus ligfidh mé mo scíth ar feadh seachtaine nó dhó. Ina dhiaidh sin, gheobhaidh mé post sa siopa áitiúil. Oibreoidh mé i rith na seachtaine óna hocht go dtí a ceathair. Buailfidh mé le mo chairde gach tráthnóna agus rachaimid in áiteanna difriúla. Ba mhaith liom dul chuig an bpictiúrlann agus isteach sa chathair agus imreoimid spórt freisin.

I lár an tsamhraidh, rachaidh mé chuig féile cheoil le mo chairde i mBaile Átha Cliath. Má bhíonn an t-airgead againn, rachaimid ag campáil faoin tuath ar feadh deireadh seachtaine.

Ag deireadh an tsamhraidh, beidh mé an-neirbhíseach ag fanacht le torthaí na hArdteiste. Ullmhóidh mé le haghaidh an choláiste ina dhiaidh sin.

| | | | | | |
|---|---|---|---|---|---|
| rachaidh mé | *I will go* | gheobhaidh mé | *I will get* | ní bhfaighidh mé | *I will not get* |
| oibreoidh mé | *I will work* | cabhróidh mé | *I will help* | tabharfaidh mé | *I will give* |
| glacfaidh me | *I will take* | tuillfidh mé | *I will earn* | buailfidh mé le | *I will meet with* |

# ULLMHÚ DON SCRÚDÚ

CD 1 Rian 19–20

## 1

**Scrúdaitheoir**

An raibh post samhraidh riamh agat?

**Dalta**

Bhí mé ag obair san óstán áitiúil an samhradh seo caite. Thaitin an post go mór liom ach bhí an obair tuirsiúil. Thosaigh mé ar a sé a chlog ar maidin agus bhí orm na seomraí leapa a ghlanadh. Bhí orm na leapacha a chóiriú agus an seomra a ghlanadh ó bhun go barr. Bhí sos agam don lón i lár an lae agus um thráthnóna bhí mé ag obair sa bhialann, ag freastal ar na cuairteoirí. Thuill mé a lán airgid agus rinne mé a lán cairde nua san óstán. Thug an bainisteoir cuireadh dom teacht ar ais an samhradh seo chugainn, tar éis na hArdteiste.

## 2

**Scrúdaitheoir**

Céard iad na difriochtaí idir an Fhrainc agus an tír seo?

**Dalta**

Tá a lán difríochtaí idir an Fhrainc agus an tír seo. I dtosach, tá níos mó daoine ina gcónaí sa Fhrainc ná mar a chónaíonn sa tír seo, ach ceapaim go bhfuil na daoine sa tír seo níos cairdiúla. Bíonn an aimsir níos teo sa Fhrainc agus níos fuaire in Éirinn i rith an tsamhraidh. Measaim go bhfuil an tuath agus na radhairc sa tír seo níos áille ná an Fhrainc, ach taitníonn an bia sa Fhrainc go mór liom.

# 8 Ceol agus scannáin i mo shaol

Freagair na ceisteanna thíos os ard sa rang agus scríobh na freagraí i do chóipleabhar.

**Ceist**

An bhfuil suim agat sa cheol?

**Freagra**

Tá an-suim agam sa cheol. Éistim le ceol gach maidin ar an mbus scoile. Is é Olly Murs an t-amhránaí is fearr liom. Ghlac sé páirt sa tsraith teilifíse *X Factor* cúpla bliain ó shin. Taitníonn an grúpa One Direction go mór liom freisin agus is maith liom Snoop Dogg agus Kanye West. Ní sheinnim aon uirlis cheoil, ach is maith liom freastal ar na féilte ceoil i rith an tsamhraidh. Bhí Oxegen ar fheabhas an samhradh seo caite. Ceannaím na ticéid ar an Idirlíon de ghnáth.

**Ceist**

An seinneann tú uirlis cheoil?

**Freagra**

Ní sheinnim aon uirlis cheoil, ach éistim le ceol gach lá ar m'fhón póca.

**Ceist**

An raibh tú riamh i do bhall de bhanna ceoil?

**Freagra**

Bhí mé i mo bhall de cheolfhoireann na scoile.

**Ceist**

Ainmnigh an ceoltóir is fearr leat.

**Freagra**

Is é Ed Sheeran an ceoltóir is fearr liom.

**Ceist**

Inis dom faoin ngrúpa ceoil is fearr leat.

**Freagra**

Is é 5 Seconds of Summer an grúpa ceoil is fearr liom.

**Ceist**

An raibh tú riamh ag ceolchoirm?

**Freagra**

Bhí mé ag ceolchoirm The Script i bPáirc an Chrócaigh cúpla bliain ó shin.

**Ceist**

Cé a thug an ticéad duit?

**Freagra**

Thug mo thuismitheoirí an ticéad dom do mo bhreithlá.

**Ceist**

Cár cheannaigh tú an ticéad?

**Freagra**

Chuir mé an ticéad in áirithe ar an Idirlíon.

**Ceist**

Ar thaitin an cheolchoirm leat?

**Freagra**

Bhí an cheolchoirm ar fheabhas. Bhí atmaisféar beomhar ann.

# Ceol

Freagair na ceisteanna thíos os ard sa rang agus scríobh na freagraí i do chóipleabhar.

**Ceist**

Inis dom faoin ngrúpa ceoil is fearr leat.

**Freagra**

Is é One Direction an grúpa ceoil is fearr liom. Tháinig an grúpa le chéile den chéad uair don chomórtas teilifíse *X Factor* in 2010.

Bhí cúigear sa ghúpa nuair a bunaíodh é, ach d'fhág Zayn Malik an grúpa in 2015.

Tá ceithre albam eisithe ag One Direction. Is é an t-albam *Four* an ceann is fearr liom. Nuair a sheinn an grúpa i bPáirc an Chrócaigh in 2014, chuaigh mé ann le mo chairde chun iad a fheiceáil. Bhí an cheolchoirm dochreidte, cé go raibh an aimsir go hainnis an oíche sin. Chan siad na hamhráin is cáiliúla óna n-albam. Is iad na hamhráin 'What Makes You Beautiful' agus 'Midnight Memories' na cinn is fearr liom.

**Ceist**

An éisteann tú le ceol nuair a bhíonn tú ag déanamh do chuid obair bhaile?

**Freagra**

Ní éistim le ceol nuair a bhím ag déanamh mo chuid obair bhaile. Éisteann mo chairde leis an raidió nuair a bhíonn siad ag staidéar, ach measaim go mbeadh sé ródheacair díriú ar an obair. Bheifeá leath ag éisteacht leis an raidió agus leath ag obair ag an am céanna. Is aoibhinn liom tamall a chaitheamh ag éisteacht le ceol i mo sheomra leapa tar éis dom mo chuid staidéir a chríochnú.

| ag íoslódáil ceoil | *downloading music* | ag éisteacht le ceol | *listening to music* |
|---|---|---|---|
| ag seinm ceoil | *playing music* | tá mé i mo bhall | *I am a member* |
| ag freastal ar | *attending* | ceolchoirmeacha | *concerts* |
| ceolfhoireann | *orchestra* | banna ceoil | *band* |
| cór | *choir* | comórtais | *competitions* |

## An phictiúrlann

**Ceist**

An dtéann tú chuig an bpictiúrlann go minic?

**Freagra**

Téim chuig an bpictiurlann uair sa mhí. Is aoibhinn liom scannáin.

**Ceist**

An ndeachaigh tú chuig an bpictiúrlann le déanaí?

**Freagra**

Chuaigh mé chuig an bpictiúrlann an tseachtain seo caite.

**Ceist**

Cá gceannaíonn tú na ticéid?

**Freagra**

Cuirim na ticéid in áirithe ar an Idirlíon de ghnáth.

**Ceist**

Cé mhéad a chosnaíonn na ticéid?

**Freagra**

Cosnaíonn siad ocht euro.

**Ceist**

An bhfuil na ticéid róchostasach?

**Freagra**

Tá siad i bhfad róchostasach, i mo thuairim.

**Ceist**

Cén saghas scannán a thaitníonn leat?

**Freagra**

Is aoibhinn liom scannáin bhleachtaireachta.

| | | | |
|---|---|---|---|
| scannáin ghrinn | *comedy films* | scannáin uafáis | *horror films* |
| scannáin ficsean eolaíochta | *science-fiction films* | scannáin rómánsacha | *romantic films* |
| scannáin bhleachtaireachta | *detective films* | scannáin fhoréigneacha | *violent films* |

**Ceist**

An maith leat scannáin ficsean eolaíochta?

**Freagra**

Is maith. Taitníonn siad go mór liom.

**Ceist**

Cén t-aisteoir is fearr leat?

**Freagra**

Is é Ryan Reynolds an t-aisteoir is fearr liom.

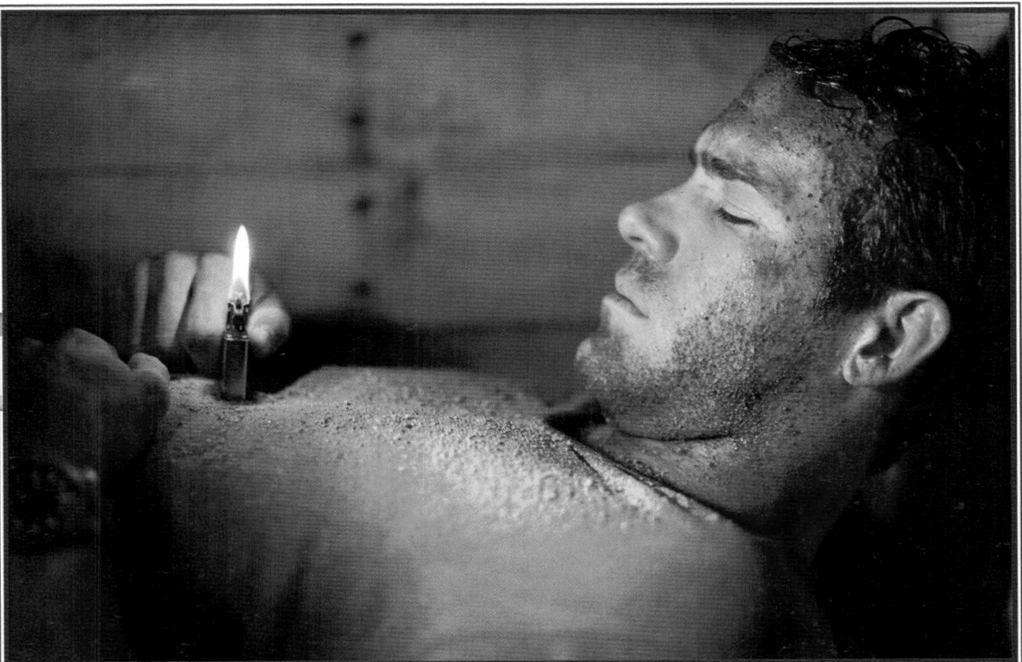

**Ceist**

Cén scannán is fearr leat?

**Freagra**

Is é *Forrest Gump* an scannán is fearr liom.

# ULLMHÚ DON SCRÚDÚ

## 1

**Scrúdaitheoir**

An raibh tú riamh ag ceolchoirm?

**Dalta**

Bhí mé ag ceolchoirm 5 Seconds of Summer an samhradh seo caite agus bhí sé dochreidte. Tá lucht leanúna an ghrúpa seo ag méadú in aghaidh na seachtaine. Is é Luke Hemmings príomhamhránaí an ghrúpa agus seinneann sé an giotár chomh maith. Thosaigh siad an cheolchoirm le 'She Looks so Perfect' agus bhí an slua ag canadh agus ag damhsa an t-am ar fad. Chuir siad seó iontach ar siúl an oíche sin agus chan siad na hamhráin is fearr liom i rith na hoíche, ina measc 'Amnesia' agus 'Good Girls'. Bhí oíche iontach agam ag ceolchoirm 5 Seconds of Summer.

| dochreidte | *unbelievable* |
|---|---|
| lucht leanúna | *fans* |

## 2

**Scrúdaitheoir**

An dtéann tú chuig an bpictiúrlann go minic?

**Dalta**

Chun an fhírinne a rá, ní théim chuig an bpictiúrlann go rómhinic. Ní bhíonn an t-airgead agam. Anois is arís tugann mo mhamó cúpla euro dom agus téim ann le mo dheartháir nó mo chara Éamonn. Is aoibhinn liom scannáin uafáis nó scannáin fhicsean eolaíochta. Thaitin *Jurassic World* go mór liom.

# 9 Léitheoireacht

Scríobh freagraí ar na ceisteanna thíos i do chóipleabhar agus déan cleachtadh os ard sa rang.

**Ceist**

An maith leat ag léamh?

**Freagra**

Is maith liom a bheith ag léamh ach ní bhíonn a lán ama agam na laethanta seo leabhair a léamh. Bím róghnóthach ag staidéar.

**Ceist**

Cén saghas leabhar a léann tú?

**Freagra**

Is aoibhinn liom leabhair fantaisíochta. Léigh mé na leabhair go léir sa tsraith *Lord of the Rings*. Bhí siad ar fheabhas ar fad. Bhí na leabhair i bhfad ní b'fhearr ná na scannáin.

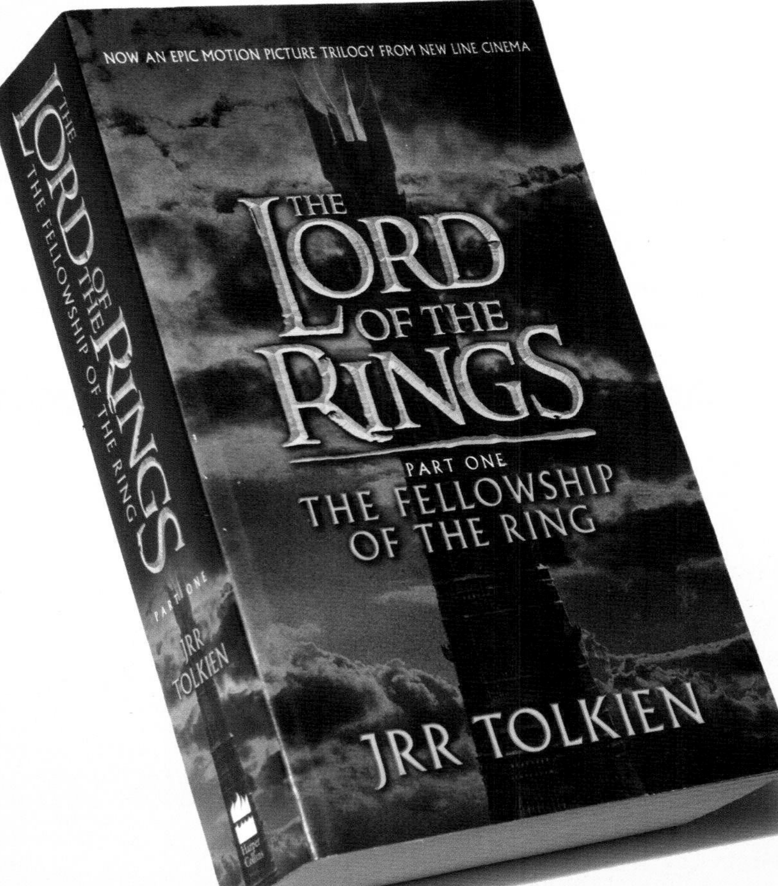


**Ceist**

Cén t-údar is fearr leat?

**Freagra**

John Green an t-údar is fearr liom. Scríobh sé na leabhair *Paper Towns* agus *The Fault in Our Stars*. Thaitin na leabhair sin go mór liom.

**Ceist**

Cén t-úrscéal is fearr a léigh tú riamh?

**Freagra**

Bhuel, sin ceist dheacair. Thaitin an leabhar *Twilight* le Stephenie Meyer go mór liom. Scríobh sí trí leabhar sa tsraith ach an chéad leabhar is mó a thaitin liom.

**Ceist**

An léann tú nuachtáin nó irisí?

**Freagra**

Léim an t-irisleabhar *Seachtain* a bhíonn san *Irish Independent* uair sa tseachtain. Bíonn ailt shuimiúla ann faoi chúrsaí spóirt, faoi chúrsaí ceoil agus faoi chúrsaí reatha. Uaireanta léim alt nó dhó ar tuairisc.ie.

**Ceist**

An léann do thuismitheoirí nuachtáin?

**Freagra**

Faigheann mo thuismitheoirí an nuachtán an *Irish Times* uair sa tseachtain. De ghnáth, caitheann mo dhaid an Satharn ina shuí ar an tolg ag léamh.

**Ceist**

Ar léigh tú úrscéal Gaeilge riamh?

**Freagra**

Léigh mé na giotaí próis ar chúrsa na hArdteiste. Bhí an chéad chaibidil den úrscéal *Hurlamaboc* ar an gcúrsa. Léamar an t-úrscéal sin san idirbhliain. Ba leabhar suimiúil é.

# ULLMHÚ DON SCRÚDÚ

CD 1 Rian 23–24

## 1

**Scrúdaitheoir**

An éisteann tú leis an raidió go minic?

**Dalta**

Is aoibhinn liom a bheith ag éisteacht leis an raidió. Ag an deireadh seachtaine éistim leis an gclár *Spóirt an Domhnaigh*. Bíonn tráchtaireacht iontach ar na cluichí peile agus iománaíochta ar an gclár. Is aoibhinn liom éisteacht le cláir chainte agus cheoil freisin. Ní maith liom cláir faoi chúrsaí reatha. I rith na seachtaine, ní bhíonn an t-am agam éisteacht leis an raidió. Bíonn an iomarca staidéir le déanamh agam.

## 2

**Scrúdaitheoir**

An maith leat a bheith ag léamh?

**Dalta**

Is maith liom a bheith ag léamh. Nuair a bhí mé óg, léigh mé úrscéalta agus gearrscéalta agus giotaí próis. Anois léim leabhair scoile den chuid is mó. Nuair a théim ar laethanta saoire is aoibhinn liom úrscéal maith a thabhairt liom. Taitníonn leabhair bhleachtaireachta go mór liom. Is aoibhinn le mo thuismitheoirí léitheoireacht freisin agus bíonn leabhair i ngach áit sa bhaile. Taitníonn leabhair staire le mo mham ach is fearr le mo dhaid leabhair dhírbheathaisnéise a léamh.

# 10 An spórt i mo shaol

Freagair na ceisteanna thíos os ard sa rang agus scríobh na freagraí i do chóipleabhar.

**Ceist**

An bhfuil suim agat sa spórt?

**Freagra**

Tá an-suim agam sa spórt. Imrím peil agus iománaíocht ar fhoireann na scoile agus is ball mé de chlub freisin.

| | | | | | |
|---|---|---|---|---|---|
| rugbaí | *rugby* | iománaíocht | *hurling* | sacar | *soccer* |
| cispheil | *basketball* | eitpheil | *volleyball* | galf | *golf* |
| haca | *hockey* | badmantan | *badminton* | lúthchleasaíocht | *athletics* |
| leadóg | *tennis* | peil | *football* | camógaíocht | *camogie* |

**Ceist**

Cathain a bhíonn traenáil agat?

**Freagra**

Bíonn traenáil againn dhá uair sa tseachtain agus imrímid cluichí ag an deireadh seachtaine.

**Ceist**

Céard iad na spóirt a imrítear sa scoil seo?

**Freagra**

Is í an chispheil is mó a imrítear sa scoil seo, ach imrítear badmantan agus peil anseo freisin.

**Ceist**

An raibh foireann na scoile riamh sa chluiche ceannais?

**Freagra**

Bhíomar sa chluiche ceannais sa pheil anuraidh, ach chailleamar an cluiche. Bhí díomá an domhain orainn. Ní rabhamar sásta leis an réiteoir. Rinne imreoir ón bhfoireann eile calaois orm agus ní dhearna an réiteoir faic.

| | | | |
|---|---|---|---|
| cluiche ceannais | *final (match)* | cluiche leathcheannais | *semi-final (match)* |
| réiteoir | *referee* | calaois | *foul* |
| i lár na páirce | *in the middle of the pitch* | ar an gcliathán | *on the wing* |
| lántosaí | *full forward* | lánchúlaí | *full back* |

**Ceist**

Cá n-imríonn tú ar an bpáirc imeartha?

**Freagra**

Imrím i lár na páirce.

## Na cluichí móra

Scríobh freagraí ar na ceisteanna thíos i do chóipleabhar.

**Ceist**

An bhfaca tú cluiche riamh i bPáirc an Chrócaigh?

**Freagra**

Bhí foireann peile na scoile ag imirt sa chluiche ceannais san iománaíocht i bPáirc an Chrócaigh cúpla bliain ó shin. Bhí mé ag an gcluiche agus bhí atmaisféar dochreidte ann. Bhuamar an cluiche agus bhí áthas an domhain orainn.

**Ceist**

Ar imir tú cluiche riamh i bPáirc an Chrócaigh?

**Freagra**

Níor imir mé cluiche riamh i bPáirc an Chrócaigh. Ba bhreá liom cluiche a imirt ansin lá éigin.

**Ceist**

An bhfaca tú cluiche riamh i Staid Aviva?

**Freagra**

Bhí mé ag cluiche rugbaí i Staid Aviva le déanaí. Bhí foireann na hÉireann ag imirt i gcoinne fhoireann na Fraince. Bhí na himreoirí ab fhearr ar fhoireann na hÉireann ag imirt – Rob agus Dave Kearney, Cian Healy agus, ar ndóigh, Robbie Henshaw. Ba chluiche iontach é. Bhí ár bhfoireann ar fheabhas. Ar an drochuair, chailleamar an cluiche. Bhí díomá orainn go léir ach bhíomar bródúil as foireann na hÉireann.

**Ceist**

An bhfuil sé ródhaor freastal ar na cluichí móra?

**Freagra**

Tá sé i bhfad ródhaor freastal ar na cluichí móra agus bíonn sé an-deacair na ticéid a fháil. Ba cheart go mbeadh cead ag daltaí scoile freastal ar na cluichí móra saor in aisce. Tugann spórt faoiseamh dúinn ón obair scoile agus ó bhrú an tsaoil.

**Ceist**

An mbíonn lá spóirt agaibh sa scoil seo?

**Freagra**

Bíonn lá spóirt againn ar na páirceanna imeartha uair sa bhliain. Bíonn lá iontach ag gach duine, na múinteoirí san áireamh. Eagraíonn na daltaí sa séú bliain an lá spóirt agus bíonn comórtais de gach saghas ar siúl. Ar na cúirteanna bíonn comórtais haca, camógaíochta agus cispheile ar siúl agus bíonn cluiche mór peile ar siúl idir na múinteoirí agus na daltaí ag deireadh an lae.

## Na Cluichí Oilimpeacha

**Ceist**

An bhféachann tú ar na Cluichí Oilimpeacha?

**Freagra**

Cinnte, is aoibhinn liom féachaint ar na Cluichí Oilimpeacha.

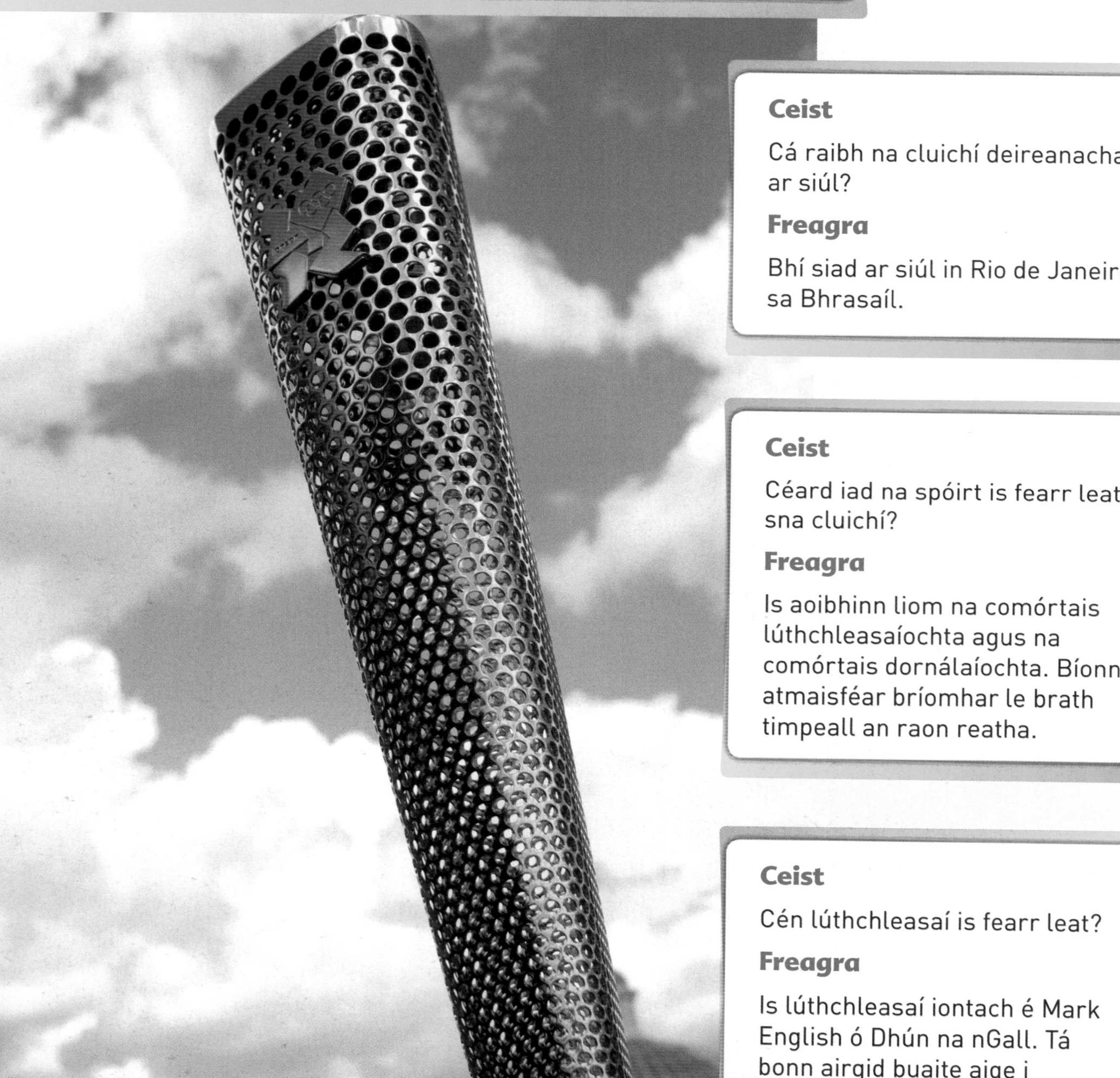

**Ceist**

Cá raibh na cluichí deireanacha ar siúl?

**Freagra**

Bhí siad ar siúl in Rio de Janeiro sa Bhrasaíl.

**Ceist**

Céard iad na spóirt is fearr leat sna cluichí?

**Freagra**

Is aoibhinn liom na comórtais lúthchleasaíochta agus na comórtais dornálaíochta. Bíonn atmaisféar bríomhar le brath timpeall an raon reatha.

**Ceist**

Cén lúthchleasaí is fearr leat?

**Freagra**

Is lúthchleasaí iontach é Mark English ó Dhún na nGall. Tá bonn airgid buaite aige i gCraobh na nEorpa.

| | | | |
|---|---|---|---|
| lúthchleasaíocht | *athletics* | raon reatha | *running track* |
| atmaisféar bríomhar | *lively atmosphere* | bonn óir | *gold medal* |
| bonn airgid | *silver medal* | bonn cré-umha | *bronze medal* |

**Ceist**

Céard é do thuairim faoi Katie Taylor?

**Freagra**

Is bean inspioráideach í, gan dabht ar bith. Bíonn bród an domhain orm nuair a fheicim í sa chró dornálaíochta. Measaim go bhfuil John Joe Nevin go hiontach freisin.

**Ceist**

Conas is féidir feabhas a chur ar chúrsaí spóirt in Éirinn?

**Freagra**

Ba cheart béim níos mó a chur ar spóirt sna scoileanna. Tá gá freisin le hinfheistíocht sna scoileanna. Níl na háiseanna spóirt rómhaith in go leor scoileanna timpeall na tíre. Ba cheart daoine óga a spreagadh i dtaobh an spóirt.

| | | | |
|---|---|---|---|
| cró dornálaíochta | *boxing ring* | bíonn bród orm | *I am proud* |
| béim | *emphasis* | gá le hinfheistíocht | *a need for investment* |
| go leor | *many* | a spreagadh | *to encourage* |

# ULLMHÚ DON SCRÚDÚ

CD 1 Rian 25–26

## 1

**Scrúdaitheoir**

An imríonn a lán daltaí spórt sa scoil seo?

**Dalta**

Cinnte, imríonn na daltaí a lán spóirt sa scoil seo. Sa chéad bhliain, bíonn an-bhéim ar an spórt. Bíonn seans ag na daltaí spórt a imirt ag am lóin agus eagraíonn na daltaí sa séú bliain comórtais pheile agus chispheile tar éis na scoile gach lá. Gach bliain bíonn lá spóirt againn ar na páirceanna imeartha agus glacann gach duine páirt sna comórtais. Bíonn an-chraic ag gach duine. Ag deireadh an lae, imríonn na daltaí agus na múinteoirí cluiche peile in aghaidh a chéile. Cuireann an spórt go mór le hatmaisféar beomhar na scoile.

## 2

**Scrúdaitheoir**

Inis dom faoin spórt is fearr leat.

**Dalta**

Is aoibhinn liom peil. Imrím leis an gclub áitiúil agus tá mé ar fhoireann na scoile freisin. Is cúl báire mé. Bíonn seisiún traenála againn ar an Luan agus arís ar an gCéadaoin agus bíonn cluiche againn maidin Sathairn. Is é Seán Ó Laoi ár mbainisteoir sa chlub. Bíonn sé an-dian orainn ach tugann sé an-tacaíocht dúinn freisin. Bhuamar craobh an chontae anuraidh. Bhí cóisir mhór againn sa chlubtheach tar éis an chluiche. Téim chuig Páirc an Chrócaigh chun cluiche peile a fheiceáil le mo chairde go minic. Bíonn atmaisféar bríomhar ag na cluichí i gcónaí.

# 11 An Ghaeilge sna meáin

Scríobh freagraí ar na ceisteanna thíos i do chóipleabhar agus déan cleachtadh os ard sa rang.

**Ceist**

An bhféachann tú ar TG4 go minic?

**Freagra**

Féachaim ar TG4 ar scoil gach seachtain.

**Ceist**

Cén saghas clár a thaitníonn leat?

**Freagra**

Is aoibhinn liom cláir faisnéise.

| | | | |
|---|---|---|---|
| cláir spóirt | *sports programmes* | cláir faisnéise | *documentary programmes* |
| cláir cheoil | *music programmes* | cláir nuachta | *news programmes* |
| cláir shiamsaíochta | *entertainment programmes* | sobalchláir | *soaps* |

**Ceist**

Inis dom faoin gclár is fearr leat.

**Freagra**

Is aoibhinn liom féachaint ar TG4 tar éis dom mo chuid obair bhaile a chríochnú. Tugann an teilifís sos dom ó mo chuid staidéir. Taitníonn an clár *Naíonáin an Zú* go mór liom. Déanann an clár cur síos ar na hainmhithe óga a chónaíonn sa zú i mBeirlín. Is clár iontach é agus is minic a chuireann ár múinteoir Gaeilge an clár ar siúl sa rang.

**Ceist**

An éisteann tú le Raidió na Gaeltachta go minic?

**Freagra**

Chun an fhirínne a rá, ní bhíonn a lán ama agam chun a bheith ag éisteacht le Raidió na Gaeltachta. Tar éis dom mo chuid obair bhaile a chríochnú, éistim le *Rí-Rá ar RnaG* ar Raidió na Gaeltachta ar feadh tamaill bhig.

**Ceist**

Inis dom faoin gclár *Rí-Rá ar RnaG*.

**Freagra**

Cuireann Cillian de Búrca agus Niamh Ní Chróinín an clár i láthair óna naoi a chlog go dtí a deich a chlog ón Máirt go dtí an Aoine. Craoltar na hamhráin is déanaí ó na cairteacha mar aon le comhrá faoi na scéalta is déanaí ó shaol an phopcheoil ar an gclár. Tugtar eolas faoi fhéilte ceoil agus gigeanna agus scéalta na réaltaí ar an gclár freisin.

**Ceist**

Céard iad na suíomhanna Idirlín is mó a thaitníonn leat?

**Freagra**

Is aoibhinn liom suíomh Idirlín TG4 agus léim ailt anois is arís ar tuairisc.ie. Nuair a bhím ag cuardach focal, téim ar tearma.ie.

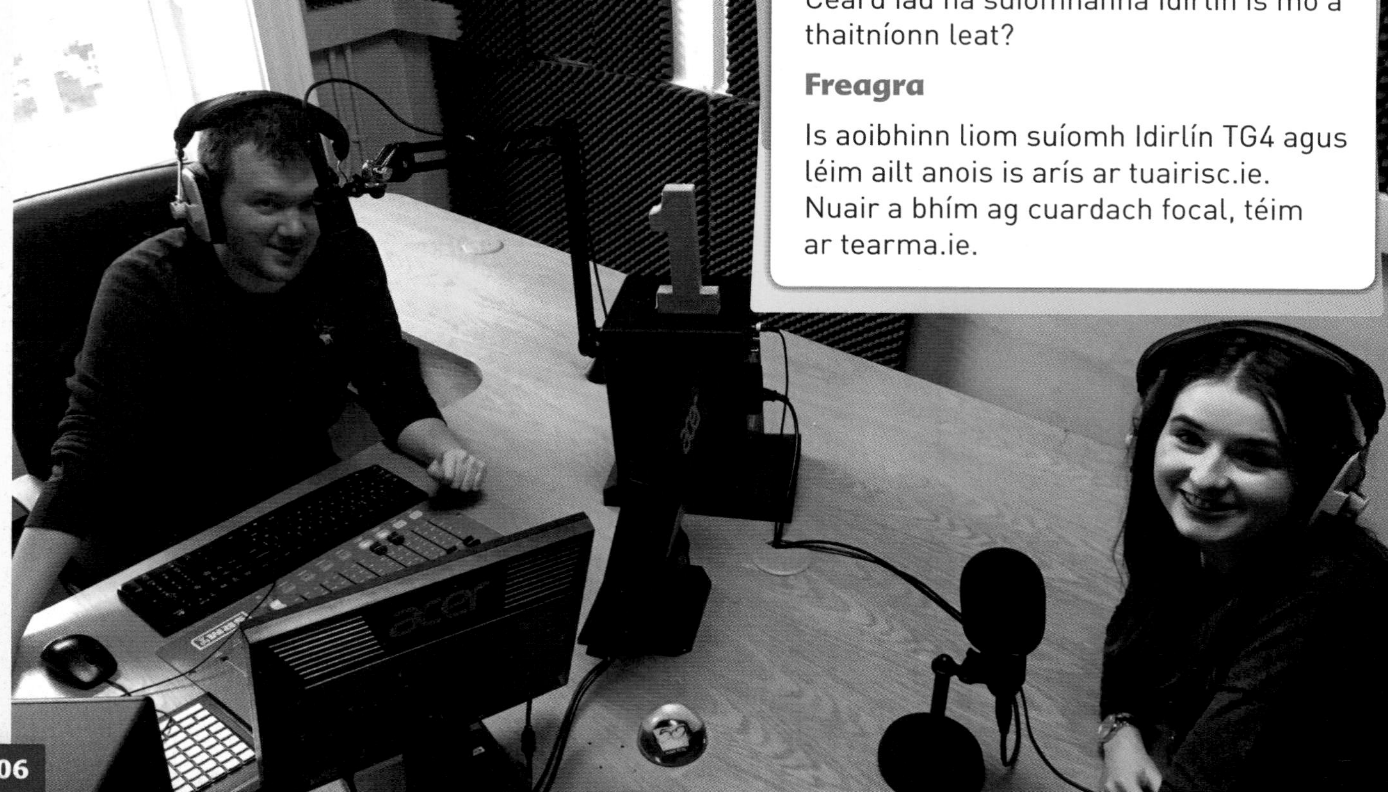

## An Ghaeltacht

Scríobh freagraí ar na ceisteanna thíos i do chóipleabhar agus déan cleachtadh os ard sa rang.

**Ceist**

Ar fhreastail tú ar choláiste samhraidh riamh?

**Freagra**

D'fhreastail mé ar Choláiste Chiaráin.

**Ceist**

Cá bhfuil Coláiste Chiaráin?

**Freagra**

Tá an coláiste suite i gConamara, Contae na Gaillimhe.

| Conamara | *Connemara* |
|---|---|
| Dún na nGall | *Donegal* |

| An Rinn | Corca Dhuibhne | Cúil Aodha | Ráth Cairn |
|---|---|---|---|

**Ceist**

Ar thaitin an Ghaeltacht leat?

**Freagra**

Thaitin sé go mór liom. Bhí an-chraic agam ann le mo chairde.

**Ceist**

Cá raibh tú ag fanacht?

**Freagra**

Bhí mé ag fanacht i mbungaló deas in aice na farraige.

**Ceist**

Inis dom faoi bhean an tí.

**Freagra**

Ba bhean álainn í. Bhí sí cairdiúil agus deas agus ní raibh sí rodhian orainn. D'ullmhaigh sí béilí blasta dúinn gach lá. Ba chócaire iontach í.

**Ceist**

Ar shiúil sibh ar scoil ar maidin?

**Freagra**

Níor shiúil. Bhí an turas rófhada agus tháinig bus scoile chun síob a thabhairt dúinn.

**Ceist**

Céard a d'fhoghlaim sibh sna ranganna?

**Freagra**

D'fhoghlaimíomar amhráin agus dánta agus léamar scéalta freisin. Uair sa tseachtain bhí tráth na gceist againn sa rang. Bhí an múinteoir cabhrach agus spreagúil.

**Ceist**

Ar thaitin na cluichí spóirt leat?

**Freagra**

Bhí siad ar fheabhas. Bhuaigh m'fhoireann an chéad áit sa chluiche peile. D'imríomar gach saghas spóirt, eitpheil, leadóg agus cispheil ina measc.

**Ceist**

Céard a tharla san oíche?

**Freagra**

Bhí céilí nó dioscó ar siúl sa halla san oíche. Uair sa tseachtain bhí seó tallainne againn agus chan na cailíní i mo theach amhrán deas ach níor bhuamar aon duais.

# An ceantar Gaeltachta is fearr liom

**Ceist**

Déan cur síos ar aon cheantar Gaeltachta dom.

**Freagra**

I mo thuairim, is é Oileán Árainn Mhór i gContae Dhún na nGall an áit is deise ar domhan. D'fhreastail mé ar an nGaeltacht ar an oileán ar feadh na mblianta agus caithfidh mé a rá gur thit mé i ngrá le draíocht an oileáin i rith an ama sin. Tá na radhairc thíre ar an oileán go hálainn ós rud é go bhfuil an fharraige i ngach áit. Tá na tránna ach go háirithe galánta.

Is daoine cairdiúla iad muintir an oileáin. Bíonn siad i gcónaí ag cabhrú le turasóirí nó scoláirí má bhíonn fadhb acu, nó má bhíonn siad caillte. I rith an tsamhraidh cuireann siad fáilte roimh dhaltaí ar na cúrsaí samhraidh agus bíonn atmaisféar beomhar, bríomhar ar an oileán, go háirithe nuair a bhíonn an ghrian ag taitneamh. Bíonn saoirse ag páistí ar an oileán agus feictear iad ag pleidhcíocht le chéile ar an trá nó ag imirt peile ar thaobh an bhóthair.

Ar ndóigh, is í an Ghaeilge an teanga a labhraítear ar an oileán den chuid is mó. Is teanga cheolmhar í an Ghaeilge agus is aoibhinn liom fuaimeanna na teanga. Ar Árainn Mhór seinneann a lán daoine ceol tráidisiúnta freisin. Seinneann siad an fhidil agus an phíb uillinn, an fheadóg mhór agus an fheadóg stáin. Is féidir éisteacht leis an gceol sna tithe tábhairne san oíche. Buaileann daoine isteach chun labhairt lena gcairde agus chun éisteacht le ceol draíochtúil álainn an oileáin.

Bíonn brón orm i gcónaí nuair a bhíonn orm an bád a thógáil ar ais chuig an mórthír. Bíonn uaigneas orm sa chathair agus bím ag tnúth go mór le filleadh ar an oileán is deise in Éirinn.

## Seachtain na Gaeilge

Scríobh freagraí ar na ceisteanna thíos i do chóipleabhar agus déan cleachtadh os ard sa rang.

**Ceist**

Céard a tharlaíonn i do scoil i rith Sheachtain na Gaeilge?

**Freagra**

Bhuel, i dtosach, déanann gach duine an-iarracht an Ghaeilge a labhairt i rith na seachtaine. Bíonn céilí againn de ghnáth, chomh maith le tráth na gceist. Uaireanta bíonn díospóireacht ar siúl idir na daltaí sa chúigiú agus sa séú bliain. Eagraíonn na múinteoirí Gaeilge comórtas filíochta agus ealaíne i rith Sheachtain na Gaeilge. Bíonn atmaisféar beomhar sa scoil an tseachtain sin.

**Ceist**

An maith leat Seachtain na Gaeilge?

**Freagra**

Is aoibhinn liom Seachtain na Gaeilge. Bíonn seisiún ceoil sa halla againn gach lá ag am lóin agus bíonn atmaisféar bríomhar sa scoil. Féachaimid ar TG4 sa rang agus ní thugann an múinteoir obair bhaile dúinn.

**Ceist**

An ndéanann na daltaí iarracht an Ghaeilge a labhairt i rith Sheachtain na Gaeilge?

**Freagra**

Cinnte, déanann gach duine iarracht an Ghaeilge a labhairt sa scoil. Tá Gaeilge líofa ag an bpríomhoide agus labhraíonn sí le gach duine i nGaeilge i rith Sheachtain na Gaeilge.

**Ceist**

An ndearna sibh aon rud suimiúil sa scoil i rith Sheachtain na Gaeilge?

**Freagra**

Rinne, gan amhras. Chuamar ar thuras chuig Páirc an Chrócaigh. D'eagraigh ár múinteoir Gaeilge an turas. Thógamar turas timpeall na staide agus ansin bhí seans againn tamall a chaitheamh sa mhúsaem. Thug an treoraí a lán eolais dúinn faoi stair an Chumainn Lúthchleas Gael. Ba lá iontach é.

# ULLMHÚ DON SCRÚDÚ

CD 1 Rian 27–28

## 1

**Scrúdaitheoir**

An bhféachann tú ar TG4 go minic?

**Dalta**

Ní bhíonn seans agam féachaint ar an teilifís go rómhinic. Téim ar shuíomh Idirlín TG4 nuair a bhíonn an t-am agam agus féachaim ar chláir. Is iad na cláir is fearr liom ná *Dochreidte gan Dabht!* agus *An Lá a Rugadh Mé*. Taitníonn *Bean an Tí sa Chistin* agus *Ponc @ na Movies* le mo dheirfiúr. Tugann TG4 sos dom ó mo chuid obair scoile.

## 2

**Scrúdaitheoir**

An raibh tú riamh sa Ghaeltacht?

**Dalta**

Bhí mé sa Ghaeltacht dhá uair. Chaith mé trí seachtaine ar Inis Meáin sa chéad bhliain agus ansin chaith mé trí seachtaine ar Ráth Cairn, Contae na Mí nuair a bhí mé san idirbhliain. Thaitin an dá shaoire go mór liom agus labhair mé Gaeilge an t-am ar fad. D'aimsigh mé cairde nua sa Ghaeltacht agus tá mé fós i dteagmháil leis na cairde sin. Cé go raibh na múinteoirí dian orainn i rith an chúrsa, tá áthas orm anois gur labhair mé Gaeilge. Tháinig feabhas mór ar mo chuid Gaeilge agus ba mhaith liom a bheith i mo chinnire sa Ghaeltacht an bhliain seo chugainn.

# 12 Féilte na bliana

## Lá Fhéile Pádraig, Oíche Shamhna agus an Nollaig

Scríobh freagraí ar na ceisteanna thíos i do chóipleabhar agus déan cleachtadh os ard sa rang.

**Ceist**

Céard a dhéanann tú ar Lá Fhéile Pádraig?

**Freagra**

Faighim lá saor ón scoil Lá Fhéile Pádraig. Má bhíonn tuirse orm, fanaim sa leaba agus cuirim glao ar mo chairde nuair a éirím. De ghnáth, téimid isteach sa bhaile mór chun féachaint ar an bparáid. Bíonn carnabhal ar siúl sa bhaile mór agus bíonn spraoi againn ann. San oíche bíonn céilí mór ar siúl sa chlub Chumann Lúthchleas Gael áitiúil agus téim ann le mo chairde. Bíonn an-chraic againn ag damhsa.

**Ceist**

An maith leat Oíche Shamhna?

**Freagra**

Taitníonn Oíche Shamhna go mór liom. Tá deirfiúr óg agam agus bíonn sceitimíní an domhain uirthi Oíche Shamhna. Gléasann sí in éide bhréige agus siúlann sí timpeall an cheantair lena cairde ag bailiú milseán. Imríonn siad cluichí sa teach an oíche sin freisin.

**Ceist**

Céard a tharlaíonn i do theach Lá Nollag?

**Freagra**

Éiríonn gach duine go luath maidin Nollag agus bailímid le chéile sa seomra suí. Bíonn na bronntanais go léir faoin gcrann agus osclaímid tar éis bricfeasta iad. Téimid ar Aifreann ansin agus nuair a fhillimid abhaile tagann na comharsana isteach ar feadh tamaill bhig. Cabhraím le mo thuismitheoirí an dinnéar a ullmhú agus tagann mo dhaideo agus m'aintín thart ar a trí a chlog don dinnéar. Tar éis an dinnéir, suímid cois tine agus féachaimid ar an teilifís. De ghnáth, titeann mo dhaid ina chodladh ar an tolg.

# ULLMHÚ DON SCRÚDÚ

CD 1 Rian 29—30

## 1

**Scrúdaitheoir**

Ar thaitin Seachtain na Gaeilge leat?

**Dalta**

Thaitin Seachtain na Gaeilge go mór liom. Bhí imeachtaí éagsúla ar siúl i rith na seachtaine ar scoil agus ghlacamar sos ón obair dhian sa rang Gaeilge. D'eagraigh na daltaí san idirbhliain céilí dúinn sa halla ar an gCéadaoin agus bhí an-chraic againn. Bhuaigh mo chara comórtas ceoil i rith na seachtaine agus bhí comórtas damhsa agus amhránaíochta againn ag deireadh na seachtaine. Rinneamar go léir an-iarracht an Ghaeilge a labhairt i rith Sheachtain na Gaeilge.

## 2

**Scrúdaitheoir**

Cén fhéile is fearr leat?

**Dalta**

Is aoibhinn liom an Cháisc. Bíonn sos fada againn ón scoil agus ní bhíonn orainn aon staidéar ná obair scoile a dhéanamh. Éiríonn an aimsir níos teo agus níos gile i rith laethanta saoire na Cásca. Tugann mo thuismitheoirí uibheacha Cásca dom Domhnach Cásca.

# 13 Ceol agus cultúr na hÉireann

Scríobh freagraí ar na ceisteanna thíos i do chóipleabhar agus déan cleachtadh os ard sa rang.

**Ceist**

An maith leat ceol traidisiúnta?

**Freagra**

Taitníonn ceol traidisiúnta go mór liom. Seinnim an consairtín agus an fhidil agus is ball mé de ghrúpa traidisiúnta. Seinnimid ar Shráid Grafton i mBaile Átha Cliath anois is arís chun airgead a thuilleamh.

**Ceist**

An bhfuil suim agat sa cheol traidisiúnta?

**Freagra**

Tá an-suim agam sa cheol traidisiúnta. Tá mé i mo bhall de Chomhaltas Ceoltóirí Éireann. Seinnim an fheadóg stáin agus seinneann mo dheartháir an consairtín. Bíonn cleachtadh againn uair sa tseachtain agus ansin seinnimid ag seisiúin cheoil ar fud an cheantair. Cibé an grúpa traidisiúnta is fearr liom.

| | | | | | |
|---|---|---|---|---|---|
| an fhidil | *the fiddle* | an bosca ceoil | *the accordion* | an bainseó | *the banjo* |
| an chruit | *the harp* | an consairtín | *the concertina* | an fheadóg mhór | *the flute* |

### Ceist

An raibh tú riamh ag Fleá Cheoil na hÉireann?

### Freagra

Téim chuig Fleá Cheoil na hÉireann gach bliain. Bíonn ardatmaisféar sa cheantar i rith na seachtaine sin. Bíonn ceol breá Gaelach le cloisteáil ó mhaidin go hoíche. Níor bhuaigh mé duais riamh ach bainim taitneamh as páirt a ghlacadh sna comórtais.

## Béaloideas

| | |
|---|---|
| ag insint scéalta | *telling stories* |
| ag damhsa | *dancing* |
| ag seinm ceoil | *playing music* |
| ag bailiú seanfhocal | *collecting old sayings* |
| ag aithris filíochta | *reciting poetry* |
| ag amhránaíocht | *singing* |
| ag imirt cluichí Gaelacha | *playing Irish games* |
| ag foghlaim faoi logainmneacha | *learning about placenames* |

1. Céard iad na seanfhocail atá ar eolas agat? Scríobh liosta i do chóipleabhar.
2. Ainmnigh na damhsaí Gaelacha a d'fhoghlaim tú sa rang nó sa Ghaeltacht.
3. An bhfuil ainmneacha bailte nó sráidbhailte ar eolas agat? Scríobh síos iad.
4. Ainmnigh cúpla amhrán Gaelach a d'fhoghlaim tú sa bhunscoil nó sa Ghaeltacht.
5. Ainmnigh na dánta Gaeilge is fearr leat.
6. Ainmnigh cúpla scéal béaloidis ar nós 'Oisín i dTír na nÓg'.

# ULLMHÚ DON SCRÚDÚ

CD 1 Rian 31–32

## 1

**Scrúdaitheoir**

An maith leat ceol traidisiúnta?

**Dalta**

Is aoibhinn liom ceol traidisiúnta. Ní sheinnim aon uirlis cheoil ach éistim le ceol ar m'fhón póca gach lá. Nuair a bhí mé sa Ghaeltacht, thaitin na seisiúin cheoil go mór liom. Féachaim ar na cláir cheoil ar TG4 nuair a bhíonn an t-am agam. Enya an ceoltóir is fearr liom. Measaim go bhfuil draíocht ag baint lena cuid ceoil.

## 2

**Scrúdaitheoir**

Ar thaitin an scéal béaloidis 'Oisín i dTír na nÓg' leat?

**Dalta**

Thaitin sé go mór liom, cé gur cheap mé go raibh sé an-bhrónach. Ba laoch dathúil é Oisín a thit i ngrá le cailín álainn. Chaith Oisín trí chéad bliain le Niamh i dTír na nÓg. Bhí saol foirfe acu i dTír na nÓg ach tháinig sé ar ais go hÉirinn. Nuair a thit sé dá chapall, bhí sé sean agus dall, agus ní fhaca sé Niamh ná a chuid páistí riamh arís. Ba scéal románsúil é agus thaitin sé liom.

# 14 Na meáin leictreonacha

## An fón póca

Foghlaim na nathanna cainte thíos.

| | | | |
|---|---|---|---|
| blag | *blog* | clúdach | *cover* |
| ríomhphost | *email* | creidmheas | *credit* |
| íoslódáil | *download* | aip | *app* |
| uaslódáil | *upload* | haisclib | *hashtag* |
| suíomh sóisialta | *social-media site* | pictiúr a roinnt | *to share a picture* |
| suíomh Idirlín | *website* | inneall cuardaigh | *search engine* |
| siopadóireacht ar líne | *online shopping* | mapa | *map* |
| luchtaire | *charger* | ag tvuíteáil/ag giolcaireacht | *tweeting* |
| cadhnra | *battery* | féinphic | *selfie* |
| mír físe | *video clip* | | |

**Ceist**

An bhfuil fón póca agat?

**Freagra**

Cinnte, tá fón póca agam.

**Ceist**

Cén úsáid a bhaineann tú as an bhfón póca?

**Freagra**

Úsáidim an fón, ar ndóigh, chun glao a chur ar mo chairde agus ar mo thuismitheoirí. Éistim le ceol ar m'fhón póca freisin. Bheinn caillte gan an fón. Is féidir liom clár ama an bhus nó na traenach a fháil ar m'fhón. Tá aip ann do gach rud anois agus is féidir eolas ar ábhar ar bith a íoslódáil ón Idirlíon. Nuair a bhím amuigh le mo chairde glacaimid grianghraif lenár bhfóin.

**Ceist**

Ar ghlac tú féinphic riamh?

**Freagra**

Cinnte, glacaim go minic iad. Bíonn an-chraic agam le mo chairde agus is féidir na pictiúir seo a uaslódáil ar ár leathanaigh Facebook.

**Ceist**

An úsáideann na déagóirí i do scoil an fón póca ar scoil?

**Freagra**

Ní bhíonn cead ag na daltaí an fón póca a úsáid ar scoil, ach mar sin féin déanann gach duine é. Uaireanta seolann daltaí téacsanna sa rang. Bíonn na múinteoirí ar buile nuair a fheiceann siad daltaí ar a bhfón sa rang.

**Ceist**

An íocann do thuismitheoirí an bille fóin?

**Freagra**

Tugann mo thuismitheoirí deich euro dom gach mí don bhille fóin. Ní bhíonn cead agam níos mó ná deich euro in aghaidh na míosa a úsáid. De ghnáth is leor sin.

**Ceist**

Ar chaill tú d'fhón póca riamh?

**Freagra**

Chaill mé an fón uair amháin nuair a bhí mé ag cluiche rugbaí. Chonaic mo chara an fón ar an talamh ag deireadh an chluiche. Bhí an t-ádh liom an lá sin.

## An ríomhaire

Scríobh freagraí ar na ceisteanna thíos i do chóipleabhar agus déan cleachtadh os ard sa rang.

**Ceist**

An maith leat siopadóireacht a dhéanamh ar an Idirlíon?

**Freagra**

Bhuel, cuirim ticéid do cheolchoirmeacha agus do scannáin in áirithe ar an Idirlíon. Ceannaím leabhair agus rudaí eile freisin, ach ní maith liom éadaí ná bróga a cheannach ar an Idirlíon. Bíonn sé an-deacair iad a sheoladh ar ais muna mbíonn siad oiriúnach.

**Ceist**

An gcaitheann daoine óga an iomarca ama ar an Idirlíon?

**Freagra**

Ní chaitheann déagóirí an iomarca ama ar an Idirlíon. Ní aontaíonn mo thuismitheoirí leis an tuairim sin, áfach. Ní thuigeann daoine fásta saol an lae inniu. Bímid ag caint lenár gcairde ar na suíomhanna sóisialta.

**Ceist**

Inis dom faoi shuíomh Idirlín a úsáideann tú go minic.

**Freagra**

Téim ar dublinbus.ie go minic. Faighim an bus gach maidin agus tráthnóna agus bíonn sé an-áisiúil an clár ama a aimsiú ar an Idirlíon.

**Ceist**

An dtarlaíonn a lán bulaíochta ar na suíomhanna sóisialta?

**Freagra**

Is oth liom a rá go dtarlaíonn a lán bulaíochta ar Facebook agus Snapchat. Ní féidir mórán a dhéanamh faoin mbulaíocht sin. Scríobhann daoine rudaí maslacha ar na suíomhanna sóisialta. Is minic a chuireann daoine óga lámh ina mbás féin de bharr na bulaíochta ar líne.

**Ceist**

An dtéann do mhúinteoir Gaeilge ar an Idirlíon sa rang?

**Freagra**

Cinnte, féachaimid ar chláir ar shuíomh TG4 sa rang go minic. Chomh maith leis sin, má bhíonn foclóir ag teastáil uainn, féachaimid ar shuíomh Idirlín. Anois is arís, féachaimid ar fhíseáin ar YouTube. Is iomaí suíomh iontach atá ann do mhúinteoirí sa lá atá inniu ann.

**Ceist**

An imríonn tú cluichí ar an ríomhaire?

**Freagra**

Ní imrím cluichí ar an ríomhaire anois, ach nuair a bhí mé ní b'óige d'imir mé a lán cluichí ar an ríomhaire. B'aoibhinn liom cluichí leadóige agus gailf a imirt le mo chairde.

**Ceist**

An bhfuil sé níos éasca rudaí a fhoghlaim ón Idirlíon sa rang?

**Freagra**

Tá sé i bhfad níos éasca agus níos suimiúla ag foghlaim ón Idirlíon. Sa rang tíreolaíochta, féachaimid ar fhíseáin agus bíonn siad an-suimiúil.

**Ceist**

An bhfuil na háiseanna teicneolaíochta i do scoil go maith?

**Freagra**

Tá áiseanna iontacha teicneolaíochta i mo scoil. Tá bord beo i ngach seomra ranga agus tá seomra ríomhairí againn freisin. Tá na ríomhairí sa seomra ríomhairí nua-aimseartha. Tá suíomh Idirlín iontach ag an scoil freisin.

# ULLMHÚ DON SCRÚDÚ

CD 1 Rian 33–34

## 1

**Scrúdaitheoir**

An bhfuil an teicneolaíocht tábhachtach i do shaol?

**Dalta**

Tá an teicneolaíocht an-tábhachtach i mo shaol. Tá fón agam, chomh maith le ríomhaire, agus caithim a lán ama gach lá ag caint le mo chairde, ag féachaint ar fhíseáin, ag seoladh téacsanna agus ag éisteacht le ceol. Is aoibhinn liom a bheith ag surfáil an Idirlín agus ag ceannach éadaí agus ticéad ar an Idirlíon. Tá áit lárnach ag an teicneolaíocht i mo shaol.

## 2

**Scrúdaitheoir**

An mbíonn daoine ag brath an iomarca ar an teicneolaíocht?

**Dalta**

Tá an teicneolaíocht thart timpeall orainn i ngach áit sa lá atá inniu ann – i siopaí, sna hospidéil, i scoileanna agus, ar ndóigh, inár dtithe. Braitheann gach duine i saol an lae inniu ar an teicneolaíocht. Sin an saol nua-aimseartha, i mo thuairim. Uaireanta feicim daoine ar a bhfón nuair a bhíonn siad ag iarraidh carr a thiomáint nó nuair a bhíonn siad ag siúl trasna an bhóthair. Tá sé sin amaideach. Ach, ar an iomlán, measaim gur rud maith é an teicneolaíocht nua-aimseartha.

# 15 Sláinte

Scríobh freagraí ar na ceisteanna thíos i do chóipleabhar agus déan cleachtadh os ard sa rang.

**Ceist**

An dtéann tú chuig an bhfiaclóir go minic?

**Freagra**

Téim chuig an bhfiaclóir ar a laghad dhá uair sa bhliain. Cúpla bliain ó shin chuir an fiaclóir teanntáin ar mo chuid fiacla agus bhí orm dul chuige uair sa mhí. Bhí mo chuid fiacla an-phianmhar ar feadh tamaill.

**Ceist**

An raibh tinneas fiacaile ort riamh?

**Freagra**

Gan amhras, bhí tinneas fiacaile uafásach orm anuraidh. Chuaigh mé chuig an bhfiaclóir agus dúirt sé go raibh easpa ar m'fhiacail. Bhí air an fhiacail a bhaint amach.

**Ceist**

An raibh tú riamh tinn?

**Freagra**

Chun an fhírinne a rá, ní bhím tinn go rómhinic. An geimhreadh seo caite, bhí an fliú orm agus bhí orm fanacht sa leaba ar feadh trí lá. Chuaigh mé chuig an dochtúir agus rinne sé scrúdú orm. Thug sé oideas dom agus mhol sé dom fanacht sa leaba ar feadh trí lá. Tar éis cúpla lá, tháinig biseach orm agus d'fhill mé ar scoil.

**Ceist**

Ar chaith tú tréimhse san ospidéal riamh?

**Freagra**

Nuair a bhí mé deich mbliana d'aois, phléasc m'aipindic. Bhí orm cúpla lá a chaitheamh san ospidéal áitiúil. Bhí mé lag le pian agus bhí orm dul faoi scian.

**Ceist**

An itheann tú bia sláintiúil?

**Freagra**

Déanaim an-iarracht bia sláintiúil a ithe. Is fuath liom bia gasta agus bia próiseáilte. Ceannaíonn mo thuismitheoirí torthaí agus glasraí úra gach seachtain agus bíonn dinnéar blasta againn gach oíche.

**Ceist**

Céard a bhíonn agat don lón gach lá?

**Freagra**

Bíonn ceapaire cáise nó sailéad agam, chomh maith le húll nó oráiste. Tugaim sú oráiste liom ar scoil freisin.

**Ceist**

An ndéanann tú cleachtadh coirp go minic?

**Freagra**

Imrím spórt cúpla uair sa tseachtain tar éis na scoile agus ag an deireadh seachtaine. Uaireanta téim chuig an ionad spóirt le mo chairde. Is maith linn a bheith ag snámh.

**Ceist**

An bhfuil sé tábhachtach a bheith sláintiúil?

**Freagra**

Tá sé an-tábhachtach a bheith sláintiúil, i mo thuairim. Gan do shláinte ní féidir leat rud ar bith a dhéanamh sa saol. Measaim go mbíonn níos mó fuinnimh ag na daoine a itheann an bia is fearr agus is sláintiúla.

**Ceist**

An gcuirtear béim ar chúrsaí sláinte sa scoil seo?

**Freagra**

Cuirtear béim ar chúrsaí sláinte sa scoil seo. Bíonn Seachtain na Sláinte againn gach bliain agus déanaimid iarracht bia sláintiúil a ithe. Bíonn imeachtaí éagsúla ar siúl sa scoil i rith na seachtaine – siúlóid urraithe, mar shampla – agus bíonn comórtais spóirt ar siúl ag am lóin gach lá. Baineann gach duine taitneamh as na himeachtaí.

**Ceist**

An ndearna tú an scrúdú tiomána?

**Freagra**

Ní dhearna mé an scrúdú tiomána go fóill. Ba bhreá liom a bheith ag tiomáint ach níl an t-am agam roimh scrúdú na hArdteiste ceachtanna tiomána a dhéanamh. Chomh maith leis sin, níl carr agam agus cloisim go bhfuil sé an-daor ceachtanna tiomána a dhéanamh.

**Ceist**

An bhfuil do chairde ag tiomáint?

**Freagra**

Tiomáineann mo chara Ruairí ar scoil gach maidin. Tá sé ag tiomáint le bliain anois. Tá carr beag aige. Fuair sé dá bhreithlá anuraidh é. Ní bhíonn pingin rua aige riamh mar bíonn air airgead a chur i dtaisce don cháin agus don árachas. Deir sé freisin go gcuireann sé luach fiche euro de pheitreal sa charr gach seachtain.

**Ceist**

An dtiomáineann daoine óga go róthapa?

**Freagra**

Deir mo thuismitheoirí go dtiomáineann daoine óga i bhfad róthapa. Measaim go mbíonn daoine óga níos cúramaí ar na bóithre sa lá atá inniu ann de bharr na bpointí pionóis.

**Ceist**

An raibh tú riamh i dtimpiste bhóthair?

**Freagra**

Buíochas le Dia, ní raibh mé riamh i dtimpiste bhóthair, ach leagadh mo chara dá rothar agus é ar a bhealach ar scoil cúpla mí ó shin. Fágadh é gan aithne ar an talamh agus bhí ar thiománaí an chairr glao a chur ar otharcharr. Níor gortaíodh mo chara go dona ach leon sé a rúitín agus bhí air an oíche a chaitheamh san ospidéal.

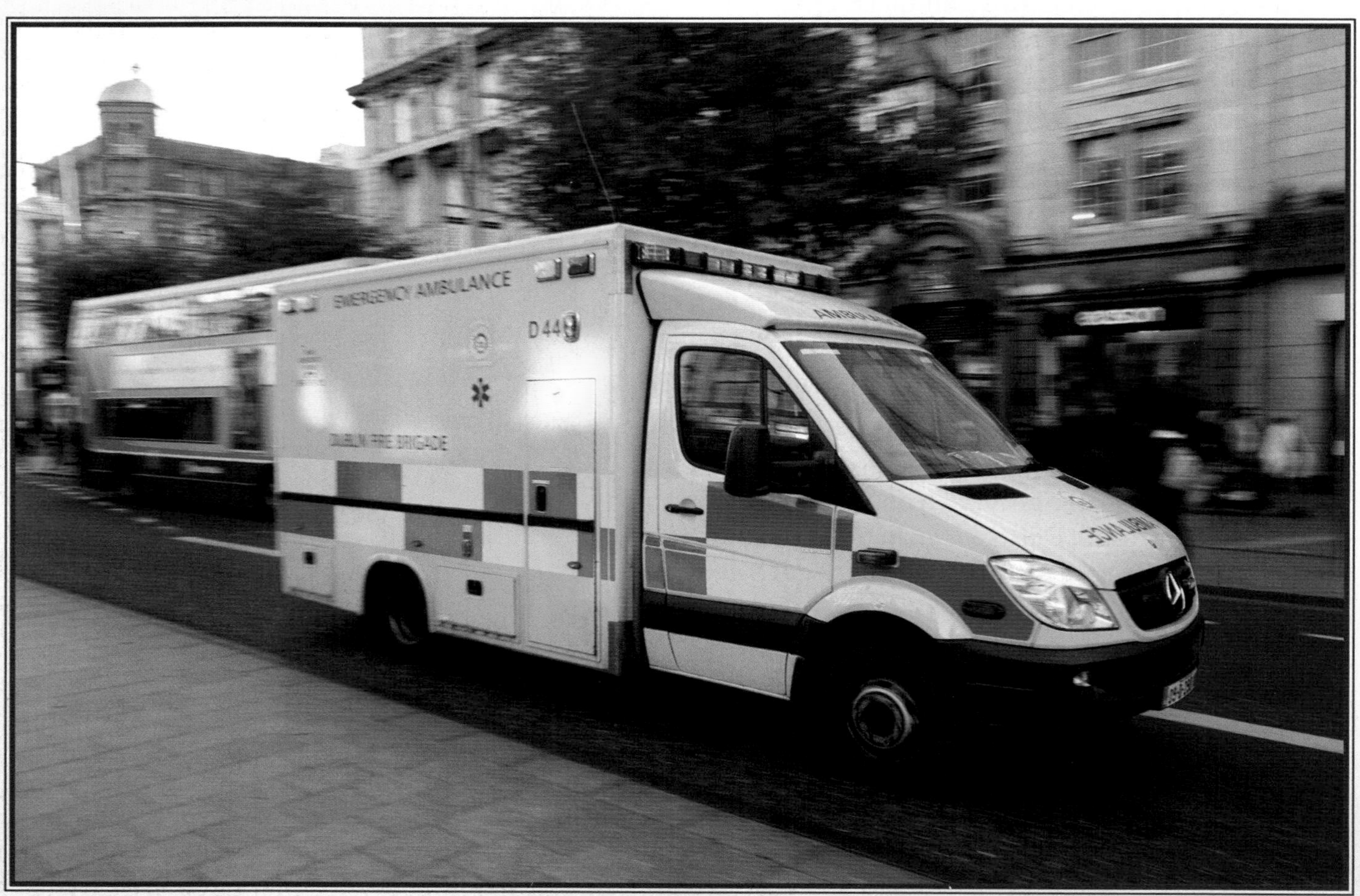

# ULLMHÚ DON SCRÚDÚ

 CD 1 Rian 35–36

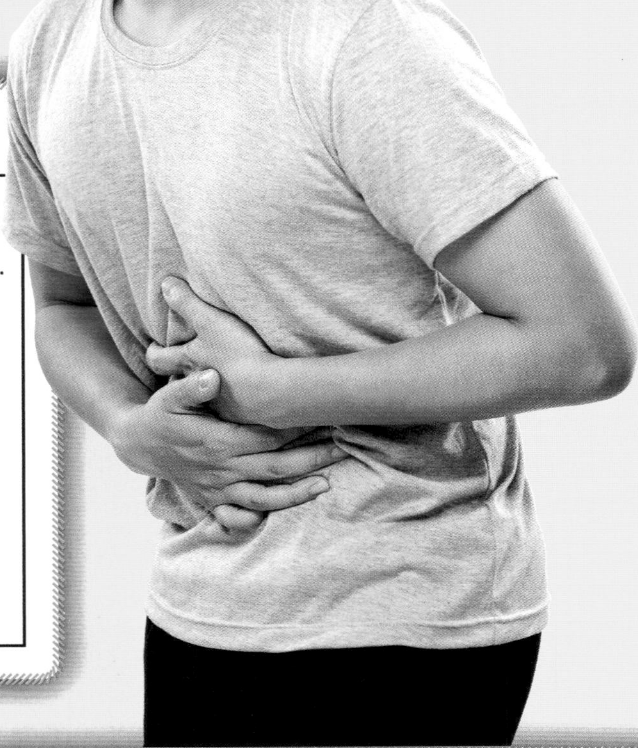

## 1

**Scrúdaitheoir**

Inis dom faoi thréimhse a chaith tú sa leaba tinn.

**Dalta**

Bhuel, caithfidh mé smaoineamh ar an gceist sin. Bhí tinneas goile orm cúpla mí ó shin agus bhí orm fanacht sa leaba ar feadh dhá lá. Ní raibh fonn orm aon rud a ithe agus chaith mé an chuid is mó den am i mo chodladh. Ní dheachaigh mé chuig an dochtúir mar ní raibh fiabhras orm. Tar éis cúpla lá, tháinig biseach orm agus d'fhill mé ar scoil.

## 2

**Scrúdaitheoir**

Céard a rinne tú Lá na Máithreacha?

**Dalta**

Thóg mo mham sos ar Lá na Máithreacha. D'éirigh mé go luath agus d'ullmhaigh mé bricfeasta di. Thug mé cárta deas agus bronntanas beag di freisin. Chabhraigh mo dhaid liom an dinnéar a ullmhú agus bhí dinnéar blasta againn an lá sin. Tar éis an dinnéir, thugamar cuairt ar mo mhamó agus bhí cupán tae againn léi. Um thráthnóna, shuíomar síos agus d'fhéachamar ar scannán le chéile. Thaitin Lá na Máithreacha go mór le mo mham.

# 16 Fadhbanna na tíre seo

Scríobh freagraí ar na ceisteanna thíos i do chóipleabhar agus déan cleachtadh os ard sa rang.

**Ceist**

Céard iad na fadhbanna atá againn in Éirinn inniu?

**Freagra**

Tá a lán fadhbanna móra againn in Éirinn sa lá atá inniu ann. Is í fadhb na ndrugaí an fhadhb is measa sa tír, i mo thuairim. Tá fadhb na ndrugaí le sonrú i ngach áit – sna ceantair bhochta agus sna ceantair shaibhre. Glacann daoine drugaí chun éalú óna gcuid fadhbanna. Go minic bíonn brú orthu ar scoil nó sa bhaile agus cabhraíonn na drugaí leo éalú ón strus.

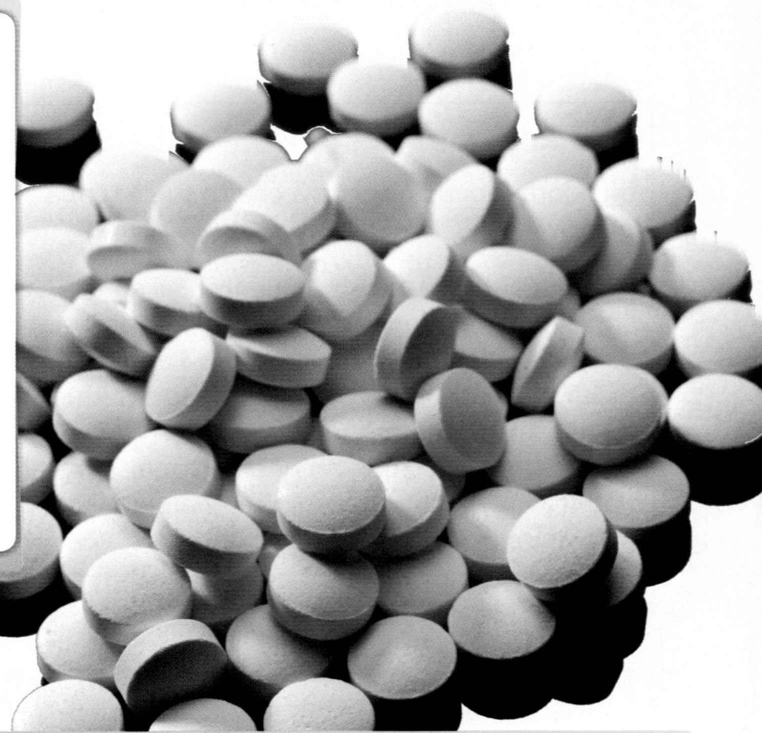

**Ceist**

An bhfuil nasc idir fadhb na ndrugaí agus fadhbanna eile sa tír?

**Freagra**

Cinnte, tá nasc idir fadhb na ndrugaí agus fadhbanna sóisialta eile. Is minic a thosaíonn daoine ag goid chun drugaí a cheannach. Má bheirtear orthu agus má chuirtear sa phríosún iad, buaileann siad le coirpigh eile agus bíonn sé deacair dóibh gnáthshaol a leanúint ina dhiaidh sin.

**Ceist**

An bhfuil feabhas ag teacht ar chúrsaí fostaíochta sa tír seo?

**Freagra**

Tá feabhas ag teacht ar chúrsaí fostaíochta sa tír le cúpla bliain anuas. Cé go bhfuil an dífhostaíocht fós go dona sa tír, is léir go bhfuil níos mó daoine ag obair anois. Tá an rialtas ag iarraidh comhlachtaí a mhealladh chuig an tír seo chun fostaíocht a chruthú.

| fadhb | *problem* | fadhbanna | *problems* |
|---|---|---|---|
| is iomaí fadhb atá sa tír seo | *there are many problems in this country* | dífhostaíocht | *unemployment* |
| fadhb na ndrugaí | *the problem of drugs* | fadhb an óil | *the problem of drink* |
| fadhb an bhruscair | *the problem of rubbish* | brú ar dhaoine óga | *pressure on young people* |
| daoine bochta | *poor people* | na ceantair bhochta | *the poor areas* |
| fulaingíonn daoine | *people suffer* | an rialtas | *the government* |
| aire rialtais | *a government minister* | polaiteoirí áitiúla | *local politicians* |
| ag cáineadh | *criticising* | an tuaisceart | *the north* |
| straitéis ag teastáil | *strategy is needed* | infheistíocht | *investment* |

## Fadhb an bhruscair

Scríobh freagraí ar na ceisteanna thíos i do chóipleabhar agus déan cleachtadh os ard sa rang.

**Ceist**

An bhfuil fadhb le bruscar i do cheantar?

**Freagra**

Níl fadhb bruscair i mo cheantar. Is ceantar deas glan é. Tá boscaí bruscair timpeall an cheantair agus cuireann daoine a mbruscar sna boscaí bruscair. Tá gach duine bródúil as an áit.

| | |
|---|---|
| bruscar | *rubbish* |
| cannaí stáin | *tin cans* |
| boscaí bruscair | *rubbish bins* |
| lofa salach | *filthy dirty* |
| an ceantar a lot | *to destroy the area* |
| bródúil | *proud* |
| daoine a spreagadh | *to encourage people* |
| painéil ghréine | *solar panels* |
| gual | *coal* |
| dramhaíl | *waste* |
| athchúrsáil | *recycle* |
| málaí plaisteacha | *plastic bags* |
| ionad dumpála | *dumping site* |
| truailliú | *pollution* |
| comórtas na mBailte Slachtmhara | *Tidy Towns competition* |
| áilleacht na tíre a chaomhnú | *to preserve the beauty of the country* |
| dea-shampla a thabhairt do pháistí óga | *to give a good example to young children* |
| muilte gaoithe | *windmills* |

**Ceist**

An nglacann do cheantar páirt i gcomórtas na mBailte Slachtmhara?

**Freagra**

Chonaic mé fógraí timpeall an bhaile faoi chomórtas na mBailte Slachtmhara. Caithfidh mé a rá nach bhfuil mórán ar eolas agam faoi.

**Ceist**

Céard atá ar eolas agat faoi thruailliú na timpeallachta?

**Freagra**

Bhuel, is ábhar fíorthábhachtach dúinn go léir in Éirinn agus ar fud an domhain sa lá atá inniu ann é. Tá poll sa tsraith ózóin de bharr gásanna nimhneacha san aer agus tá na cnapáin oighir ag leá. Dá bharr seo, tá leibhéal na bhfarraigí ag ardú timpeall an domhain. Tá athrú an-mhór tagtha ar an aimsir le caoga bliain anuas. Deir saineolaithe go bhfuil muid go léir i mbaol agus go gcaithimid iarracht a dhéanamh an timpeallacht a chaomhnú.

| | | | |
|---|---|---|---|
| fíorthábhachtach | *very important* | sa tsraith ozóin | *in the ozone layer* |
| gásanna nimhneacha | *poisonous gases* | cnapáin oighir | *ice caps* |
| leibhéal na bhfarraigí | *the level of the seas* | saineolaithe | *experts* |
| i mbaol | *in danger* | a chaomhnú | *to preserve* |

**Ceist**

Céard a dhéanann do theaghlach chun an timpeallacht a chaomhnú?

**Freagra**

Déanaimid iarracht na soilse a mhúchadh nuair a fhágaimid seomra sa teach agus ní úsáidimid málaí plaisteacha sa bhaile. Déanaimid iarracht ár mbruscar a scagadh. Tá painéil ghréine againn ar an díon freisin.

**Ceist**

An bhfuil coiste glas sa scoil?

**Freagra**

Cinnte, tá coiste glas sa scoil seo agus tá mé ar an gcoiste. Buailimid le chéile uair sa tseachtain ag am lóin. Eagraímid comórtas póstaer do na daltaí sa chéad bhliain agus bíonn díospóireachtaí ag na daltaí sa dara agus sa tríú bliain. Déanaimid iarracht na daltaí a spreagadh a mbruscar a scagadh. Iarraimid orthu na soilse a mhúchadh agus gan málaí plaisteacha a thabhairt isteach sa scoil.

| | | | |
|---|---|---|---|
| bruscar a scagadh | *to separate rubbish* | soilse a mhúchadh | *to turn off lights* |

# ULLMHÚ DON SCRÚDÚ

CD 1 Rian 37–38

## 1

**Scrúdaitheoir**

Céard í an fhadhb is mó atá in Éirinn sa lá atá inniu ann?

**Dalta**

Is í fadhb an bhochtanais an fhadhb is mó atá in Éirinn sa lá atá inniu ann. Tá daoine, idir óg agus aosta, ina gcónaí ar na sráideanna agus ní féidir leo poist a aimsiú. Go minic casann siad i dtreo na ndrugaí nó na coiriúlachta chun éalú óna gcuid fadhbanna. Is fáinne fí é an bochtanas i mo thuairim.

| | | | |
|---|---|---|---|
| fadhb an bhochtanais | *the problem of poverty* | casann siad | *they turn* |
| i dtreo na ndrugaí | *towards drugs* | éalú | *to escape* |
| óna gcuid fadhbanna | *from their problems* | fáinne fí | *vicious circle* |

## 2

**Scrúdaitheoir**

Céard ba chóir don rialtas a dhéanamh chun fadhb an bhochtanais a shárú?

**Dalta**

Ba cheart don rialtas cabhair a thabhairt do dhaoine óga oideachas maith a fháil. Ba cheart níos mó clubanna bricfeasta a eagrú i scoileanna sna ceantair bhochta. Tá scoláireachtaí ag teastáil ó dhaltaí freisin. Dá mbeadh cabhair airgid ar fáil, ní bheadh orthu dul amach ag obair tar éis na scoile agus ag an deireadh seachtaine. Tá straitéis ag teastáil freisin chun fostaíocht a chruthú do dhaoine bochta. Tá sé thar a bheith deacair dóibh poist a aimsiú.

| | | | |
|---|---|---|---|
| clubanna bricfeasta | *breakfast clubs* | a eagrú | *to organise* |
| scoláireachtaí | *scholarships* | cabhair airgid | *financial assistance* |
| fostaíocht | *employment* | a chruthú | *to create* |

# 17 Ceisteanna sa Mhodh Coinníollach

**Ceist**

Dá mbeifeá déanach ag teacht ar scoil, céard a dhéanfá?

**Freagra**

**Dá mbeinn** déanach, **rithfinn** i dtreo stad an bhus. **Bheadh** imní an domhain orm agus **dheifreoinn** isteach sa rang. **Thabharfadh** mo mham nóta dom agus **mhíneodh** sí don mhúinteoir nach **dtarlódh** sé arís. Ag deireadh an ranga, **rachainn** chuig oifig an leas-phríomhoide agus **thabharfainn** an nóta di. **Bheadh** an-aiféala orm.

**Ceist**

Dá mbeadh an múinteoir as láthair, céard a dhéanfadh na daltaí?

**Freagra**

**Dá mbeadh** an múinteoir as láthair, gan amhras **bheadh** áthas ar na daltaí. **D'fhanfaimis** sa rang ag feitheamh leis an múinteoir. **Bheadh** seans againn labhairt le chéile ar feadh tamaill. Tar éis cúpla nóiméad, **thiocfadh** múinteoir eile chun aire a thabhairt dúinn. Ansin, **thógfaimis** amach ár gcuid leabhar agus **thosóimis** ag léamh. **Dá mbeadh** obair bhaile le déanamh againn, **dhéanfaimis** ár gcuid obair bhaile. Ag deireadh an ranga, **d'ullmhóimis** don chéad rang eile.

**Ceist**

Dá mbeadh lá saor agat ón scoil amárach, céard a dhéanfá?

**Freagra**

**Dá mbeadh** lá saor agam ón scoil amárach, **bheadh** áthas an domhain orm. **D'fhanfainn** sa leaba go dtí a deich a chlog. Tar éis bricfeasta, **chuirfinn** glao ar mo chairde agus **bhuailfinn** leo ar feadh tamaill. **Bheadh** áthas orainn go léir. **Dhéanfainn** roinnt staidéir agus **chríochnóinn** mo chuid obair bhaile freisin. **Rachainn** chuig an ionad spóirt nó an chathair um thráthnóna le mo chairde. **D'fhéachfainn** ar an teilifís um thráthnóna. Ansin **rachainn** a chodladh.

**Ceist**

Dá mbeadh seans agat páirt a ghlacadh sna Cluichí Oilimpeacha, cén spórt a roghnófá?

**Freagra**

**Bheadh** sceitimíní an domhain orm **dá mbeadh** seans agam páirt a ghlacadh sna Cluichí Oilimpeacha. **Roghnóinn** dornálaíocht agus **bheinn** i mo bhall d'fhoireann na hÉireann. **Thosóinn** ag traenáil go luath gach maidin agus **dhéanfainn** mo dhícheall ar son na tíre. **Rothóinn** chuig an gclub dornálaíochta gach maidin agus **bhuailfinn** leis na dornálaithe eile sa chlub. **Chaithfimis** an lá ar fad ag traenáil. **Bheinn** ag tnúth leis na Cluichí Oilimpeacha agus **bheinn** an-bhródúil as páirt a ghlacadh iontu. **Dá mbuafainn** bonn, **bheadh** áthas an domhain orm.

### Ceist

Dá mbeadh seans agat taisteal chuig áit ar bith ar domhan, cá rachfá?

### Freagra

Bhuel, sin ceist shuimiúil. **Rachainn** chuig an bhFrainc. Is tír álainn í. **Chaithfinn** tamall ag taisteal timpeall na tíre agus ansin **rachainn** chuig deisceart na Fraince. **Gheobhainn** post páirtaimseartha ann agus **chaithfinn** laethanta fada ag sú na gréine ar an trá. **D'íosfainn** béilí deasa agus **thabharfadh** mo chairde cuairt orm. **Bheadh** saol iontach agam sa Fhrainc. **Thabharfainn** cuairt ar na háiteanna stairiúla agus na bailte beaga agus **d'fhoghlaimeoinn** faoi stair agus faoi chultúr na Fraince.

| | | | |
|---|---|---|---|
| rachainn | *I would go* | shiúlfainn | *I would walk* |
| thabharfainn | *I would give* | d'imreoinn | *I would play* |
| chaithfinn | *I would spend/wear/throw* | d'oibreoinn | *I would work* |
| chuirfinn | *I would put* | chríochnóinn | *I would finish* |
| cheannóinn | *I would buy* | d'eagróinn | *I would organise* |
| chabhróinn | *I would help* | thógfainn | *I would take/build* |
| bhaileoinn | *I would gather* | d'fheicfinn | *I would see* |
| bheinn | *I would be* | thosóinn | *I would start* |

# Cluastuiscint 06

Clár

## Cluastuiscint

## Torthaí Foghlama

- San aonad seo déanfaidh an dalta cleachtadh ar chluastuiscintí atá ábhartha agus ar aon dul leis na cinn a bhíonn le déanamh san Ardteistiméireacht.
- Rachaidh an dalta i dtaithí ar chanúintí na Gaeilge agus aithneoidh sé an foclóir agus na fuaimeanna difriúla.
- Cloisfidh agus aithneoidh an dalta roinnt de logainmneacha na tíre.
- Cuirfidh an t-aonad seo le cumas an dalta i labhairt na teanga freisin.
- Beidh cumas an dalta sa teanga ag dul i bhfeabhas agus staidéar á dhéanamh aige ar na cluastuiscintí.

# Treoracha don chluastuiscint

Tá sé an-tábhachtach go dtuigeann tú na ceisteanna difriúla. Seo iad na cinn is coitianta.

## Ceisteanna

| | |
|---|---|
| Cathain? | *When?* |
| Cén uair? | *When?* |
| Cén lá? | *What day?* |
| Cén t-am? | *What time?* |
| Cá fhad? | *How long?* |
| Cad é an dáta deireanach? | *What is the last date?* |
| Cad é an spriocdháta? | *What is the closing date?* |
| Cén bhliain? | *In what year?* |
| Cén lá a bheidh . . .? | *What day will be . . .?* |
| Cén oíche a bheidh . . .? | *What night will be . . .?* |
| Cén? | *What/Which?* |
| Cad? | *What?* |
| Céard? | *What?* |
| Cén fáth? | *Why?* |
| Cad chuige? | *Why?* |
| Tuige? | *Why?* |
| Cá? | *Where?* |
| Cá háit? | *Where?* |
| Cén áit? | *Where?* |
| Cé? | *Who?* |
| Cén duine? | *Who?* |
| Conas? | *How?* |
| Cén chaoi? | *How?* |
| Cé mhéad? | *How much/many?* |
| Cén sórt . . .? | *What sort of . . .?* |
| Cén táille? | *What fee?* |
| Cad a bheidh ar siúl? | *What will be happening/taking place?* |
| Cé a sheol . . .? | *Who launched . . .?* |
| Ainmnigh . . . | *Name . . .* |
| Luaigh . . . | *Mention/state . . .* |

## Focail choitianta

| | | | |
|---|---|---|---|
| cáilíochtaí | *qualifications* | taithí | *experience* |
| scileanna | *skills* | iarrthóirí | *candidates* |
| rúnaíocht | *secretarial* | ríomhaireacht | *computing* |
| líofa | *fluent* | ardchaighdeán | *high standard* |
| pearsantacht thaitneamhach | *pleasant personality* | tuarastal | *salary* |
| riarachán | *administration* | oifigeach pearsanra | *personnel officer* |
| rannóg na gceapachán | *recruitment department* | feidhmeannach | *official* |
| craoltóir | *broadcaster* | láithreoir | *presenter* |
| oifigeach caidrimh phoiblí | *public-relations officer* | léiritheoir | *producer* |
| stiúrthóir | *director* | taighdeoir | *researcher* |
| printíseach | *apprentice* | earcach | *recruit* |
| spriocdháta | *closing date* | ionad | *centre* |
| coláiste teicniúil | *technical college* | institiúid teicneolaíochta | *institute of technology* |
| ceadúnas tiomána | *driving licence* | comórtas | *competition* |
| urraithe | *sponsored* | duais | *prize* |

## Eagraíochtaí tábhachtacha

| | |
|---|---|
| an Chomhairle Ealaíon | *Arts Council* |
| Roinn Dlí agus Cirt | *Department of Justice and Equality* |
| Cáin agus Custaim na hÉireann | *Irish Tax and Customs* |
| Údarás na Gaeltachta (na Forbacha, Contae na Gaillimhe) | *Gaeltacht Authority (na Forbacha, County Galway)* |
| coiste réigiúnach | *regional committee* |
| coistí forbartha | *development committees* |
| comharchumann turasóireachta | *tourism association* |
| ionad fiontair | *enterprise centre* |
| ionad pobail | *community centre* |
| Raidió Teilifís Éireann (Domhnach Broc, Baile Átha Cliath 4) | *RTÉ (Donnybrook, Dublin 4)* |
| TG4 (Baile na hAbhann, Contae na Gaillimhe) | *TG4 (Baile na hAbhann, County Galway)* |
| Comhar Creidmheasa | *Credit Union* |
| Gael Linn | |
| Glór na nGael | |
| Taibhdhearc na Gaillimhe | |

## Contaetha na tíre

| Cúige Uladh | Ulster |
|---|---|
| Aontroim | *Antrim* |
| Ard Mhacha | *Armagh* |
| an Cabhán | *Cavan* |
| Doire | *Derry* |
| an Dún | *Down* |
| Dún na nGall/Tír Chonaill | *Donegal* |
| Fear Manach | *Fermanagh* |
| Muineachán | *Monaghan* |
| Tír Eoghain | *Tyrone* |

| Cúige Laighean | Leinster |
|---|---|
| Baile Átha Cliath | *Dublin* |
| Ceatharlach | *Carlow* |
| Cill Chainnigh | *Kilkenny* |
| Cill Dara | *Kildare* |
| Cill Mhantáin | *Wicklow* |
| an Iarmhí | *Westmeath* |
| Laois | *Laois* |
| Loch Garman | *Wexford* |
| an Longfort | *Longford* |
| an Lú | *Louth* |
| an Mhí | *Meath* |
| Uíbh Fhailí | *Offaly* |

| Cúige Mumhan | Munster |
|---|---|
| Ciarraí | *Kerry* |
| an Clár | *Clare* |
| Corcaigh | *Cork* |
| Luimneach | *Limerick* |
| Port Láirge | *Waterford* |
| Tiobraid Árann | *Tipperary* |

| Cúige Chonnacht | Connacht |
|---|---|
| Gaillimh | *Galway* |
| Liatroim | *Leitrim* |
| Maigh Eo | *Mayo* |
| Ros Comáin | *Roscommon* |
| Sligeach | *Sligo* |

## Bailte na tíre

| Cúige Uladh | Ulster |
|---|---|
| Béal Feirste | *Belfast* |
| Bealach Féich | *Ballybofey* |
| Bun Cranncha | *Buncrana* |
| Caisleán na Finne | *Castlefinn* |
| na Cealla Beaga | *Killybegs* |
| Cionn Caslach | *Kincaslough* |
| Inis Ceithleann | *Enniskillen* |
| Leifear | *Lifford* |
| Leitir Ceanainn | *Letterkenny* |
| an Ómaigh | *Omagh* |

| Gaeltacht Uladh |
|---|
| an Clochán Liath |
| na Doirí Beaga |
| an Fál Carrach |
| Gaoth Dobhair |
| Gort an Choirce |
| Rann na Feirste |

| Cúige Chonnacht | Connacht |
|---|---|
| Béal an Mhuirthead | *Belmullet* |
| Caisleán an Bharraigh | *Castlebar* |
| an Teach Dóite | *Maam Cross* |
| Cathair na Mart | *Westport* |

| Gaeltacht Chonnacht |
|---|
| Baile na hAbhann |
| Carna |
| Casla |
| an Cheathrú Rua |
| Cill Chiaráin |
| Corr na Móna |
| na Forbacha |
| Indreabhán |
| Inis Meáin |
| Inis Oírr |
| Inis Treabhair |
| Ros an Mhíl |
| Ros Muc |
| an Spidéal |
| Tír an Fhia |

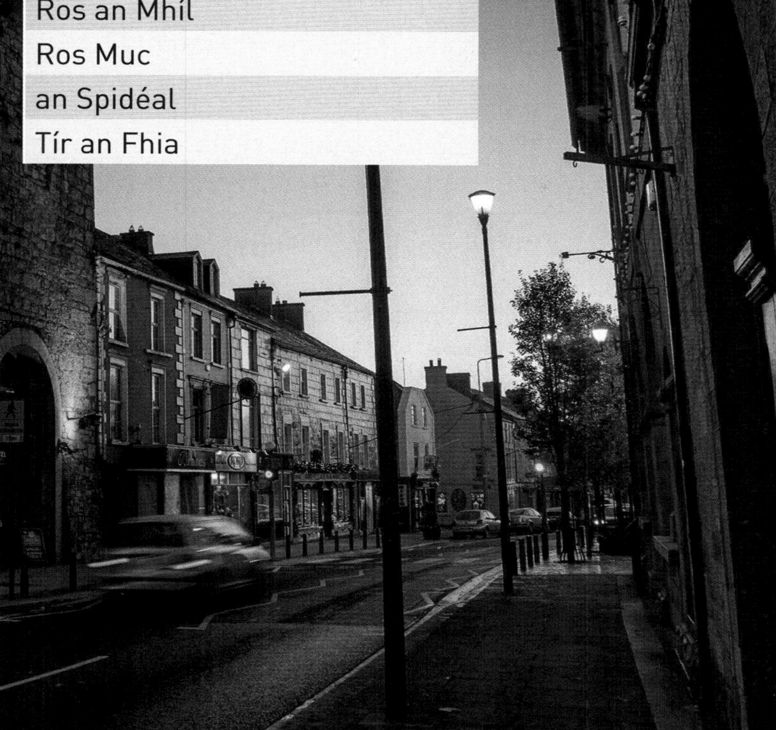

| Cúige Laighean | Leinster |
|---|---|
| Baile Átha Fhirdhia | *Ardee* |
| Caisleán an Chomair | *Castlecomer* |
| Cúil an tSúdaire | *Portarlington* |
| Droichead Átha | *Drogheda* |
| Dún Dealgan | *Dundalk* |
| an tInbhear Mór | *Arklow* |
| Inis Córthaidh | *Enniscorthy* |
| Maigh Nuad | *Maynooth* |
| an Muileann gCearr | *Mullingar* |
| an Uaimh | *Navan* |

| Cúige Mumhan | Munster |
|---|---|
| Baile an Easpaig | *Bishopstown* |
| Cill Airne | *Killarney* |
| Cluain Meala | *Clonmel* |
| Dún Garbhán | *Dungarvan* |
| Durlas | *Thurles* |
| Lios Tuathail | *Listowel* |
| Trá Lí | *Tralee* |

| Gaeltacht na Mumhan |
|---|
| Baile an Fheirtéaraigh |
| Corca Dhuibhne |
| an Daingean |
| Dún Chaoin |
| an Mhuiríoch |
| Rinn Ó gCuanach |

# 1 Scrúdú a haon

CD 2 Rian 2–4

## Cuid A

Cloisfidh tú **dhá** fhógra raidió sa chuid seo. Cloisfidh tú gach fógra díobh **faoi dhó**. Beidh sos ann leis na freagraí a scríobh tar éis na chéad éisteachta **agus** tar éis an dara héisteacht.

### Fógra a haon

Bí ag faire amach do na focail seo:

| | | | | | |
|---|---|---|---|---|---|
| cáilíocht | *qualification* | folúntas | *vacancy* | iarrthóirí | *candidates* |
| sonraí | *details* | taighde | *research* | taighdeoirí | *researchers* |

1. Cad atá á lorg ag Raidió na Gaeltachta?

   ______________________________

2. Luaigh dhá cháilíocht maidir leis an nGaeilge atá riachtanach don phost seo.

   ______________________________

3. (a) Cá bhfuil Raidió na Gaeltachta lonnaithe?

   ______________________________

   (b) Cad é an spriocdháta le haghaidh na n-iarratas?

   20ú Lá de Lúnasa

### Fógra a dó

Bí ag faire amach do na focail seo:

| | | | | | |
|---|---|---|---|---|---|
| a thuilleadh | *more* | aíonna | *guests* | eagarthóir | *editor* |
| éileamh | *demand* | foilseofar | *will be published* | sraith | *series* |

1. Cad a seoladh aréir?

   ______________________________

2. (a) Cé a scríobh an leabhar?

   ______________________________

   (b) Cad a chuir áthas ar an údar?

   ______________________________

3. Luaigh beirt aíonna a bhí ann.

   ______________________________

## Cuid B CD 2 Rian 5–6

Cloisfidh tú **dhá** chomhrá sa chuid seo. Cloisfidh tú gach comhrá díobh **faoi dhó**. Cloisfidh tú an comhrá ó thosach deireadh an chéad uair. Ansin cloisfidh tú ina **dhá** mhír é. Beidh sos ann leis na freagraí a scríobh tar éis gach míre díobh.

### Comhrá a haon

Bí ag faire amach do na focail seo:

| | | | | | |
|---|---|---|---|---|---|
| ar cíos | *rented* | comhlánaithe | *filled in* | droch-choinníollacha | *bad conditions* |
| idir dhá chomhairle | *in two minds* | meascán mearaí | *confusion* | | |

An chéad mhír

1. Cad atá cearr le Peadar?

   ___

2. Luaigh dhá mhíbhuntáiste a bhaineann le Coláiste na Tríonóide.

   ___

3. Cad a mholann Máire?

   ___

An dara mír

1. Cad atá le rá ag Máire faoin taithí oibre a rinne sí?

   ___

2. Luaigh dhá mhíbhuntáiste a bhaineann le saol an dochtúra óig.

   ___

3. Cén fáth a molann Peadar an bhunmhúinteoireacht do Mháire?

   ___

## Comhrá a dó

CD 2 Rian 7

Bí ag faire amach do na focail seo:

| | | | | | |
|---|---|---|---|---|---|
| ag tochailt | *digging* | cúramach | *careful* | deonach | *voluntary* |
| drochaoibh | *bad mood* | seandálaí | *archaeologist* | uachtar gréine | *sun cream* |

### An chéad mhír

1. Cén post atá ag Úna?

   Seandálaí

2. Cad a bhí ar siúl ag Ciarán nuair a bhí sé sa Ghréig?

   Bhí sé ag cabhrú [illegible]

3. Céard iad na ceithre thír atá luaite sa sliocht?

   Fraince, Spáinn, [illegible], Gréig

### An dara mír

1. Cá raibh Áine ag obair?

   ag obair sa [illegible]

2. Cén fhadhb a bhain leis an aimsir?

   Bhí an [illegible] ag [illegible]

3. Luaigh dhá rud a deir Áine faoin tseachtain campála.

   Bhí an aimsir [illegible], bhí [illegible] ag [illegible].

## Cuid C

CD 2 Rian 8–10

Cloisfidh tú **dhá** phíosa nuachta sa chuid seo. Cloisfidh tú gach píosa díobh **faoi dhó**. Beidh sos ann leis na freagraí a scríobh tar éis na chéad éisteachta **agus** tar éis an dara héisteacht.

### Píosa a haon

Bí ag faire amach do na focail seo:

| | | | | | |
|---|---|---|---|---|---|
| bronnadh | *presentation* | bunaitheoirí | *founders* | clúiteach | *famous* |
| comóradh | *commemoration* | Gaoth Dobhair | | uirlisí ceoil | *musical instruments* |

1. Cad a bheidh ar siúl ag Scoil Gheimhridh Frankie Kennedy?
2. Luaigh dhá rud a bheidh ar siúl ag an scoil.
3. Luaigh dhá rud faoi Liam Ó Maonlaí.

### Píosa a dó

Bí ag faire amach do na focail seo:

| | | | | | |
|---|---|---|---|---|---|
| aillte | *cliffs* | Carn Uí Néid | *Mizen Head* | Cionn Mhálanna | *Malin Head* |
| cósta an Atlantaigh | *Atlantic coast* | Oileán Dairbhre | *Valentia Island* | sciobfar | *will be swept* |

1. Cad atá á rá ag Met Éireann?
2. Luaigh dhá áit a mbeidh gálaí.
3. Cad a mholtar do dhaoine?

# 2 Scrúdú a dó

CD 2 Rian 11–13

## Cuid A

Cloisfidh tú **dhá** fhógra raidió sa chuid seo. Cloisfidh tú gach fógra díobh **faoi dhó**. Beidh sos ann leis na freagraí a scríobh tar éis na chéad éisteachta **agus** tar éis an dara héisteacht.

### Fógra a haon

Bí ag faire amach do na focail seo:

| | | | | | |
|---|---|---|---|---|---|
| a fheabhsú | *to improve* | bunaíodh | *was founded* | eagraíocht | *organisation* |
| siúlóid urraithe | *sponsored walk* | trealamh leighis | *medical equipment* | | |

1. Cén fáth ar bunaíodh an eagraíocht?

   *le airgead a bhailiú*

2. Céard iad na rudaí atá curtha ar fáil ag an eagraíocht?

3. (a) Cén lá a bheidh an tsiúlóid urraithe ar siúl?

   *3ú lá de bealtaine*

   (b) Cén áit a mbeidh an tsiúlóid urraithe ar siúl?

   *i bPáirc an Fhiaonnise*

### Fógra a dó

Bí ag faire amach do na focail seo:

| | | | | | |
|---|---|---|---|---|---|
| cóip chlóscríofa | *typed copy* | cóip leictreonach | *electronic copy* | foilsíodh | *was published* |
| gearrscéal | *short story* | nua-aimseartha | *modern* | | |

1. Cad é méid na duaise?

   *3 mhíle euro*

2. Luaigh dhá choinníoll a bhaineann leis an gcomórtas.

   *Gearrscéal nua Gaeilge, 5 míle focal*

3. Cad é an seoladh ar cheart na hiarratais a chur chuige?

   *Radio na G- casla Co. na Gaillimhe*

## Cuid B

CD 2 Rian 14–15

Cloisfidh tú **dhá** chomhrá sa chuid seo. Cloisfidh tú gach comhrá díobh **faoi dhó**. Cloisfidh tú an comhrá ó thosach deireadh an chéad uair. Ansin cloisfidh tú ina **dhá** mhír é. Beidh sos ann leis na freagraí a scríobh tar éis gach míre díobh.

### Comhrá a haon

Bí ag faire amach do na focail seo:

| | | | | | |
|---|---|---|---|---|---|
| déileáil | *deal* | go háirithe | *especially* | iarthar | *west* |
| scaip sé | *it spread* | troscadh | *fast* | | |

An chéad mhír

1. Cén chaoi a bhfuil Úna?

   Tá ocras air
   
   ______________________________

2. Cén fáth a bhfuil sí mar sin?

   ______________________________

3. Cathain a thosaigh Úna agus cathain a chríochnóidh sí?

   ______________________________

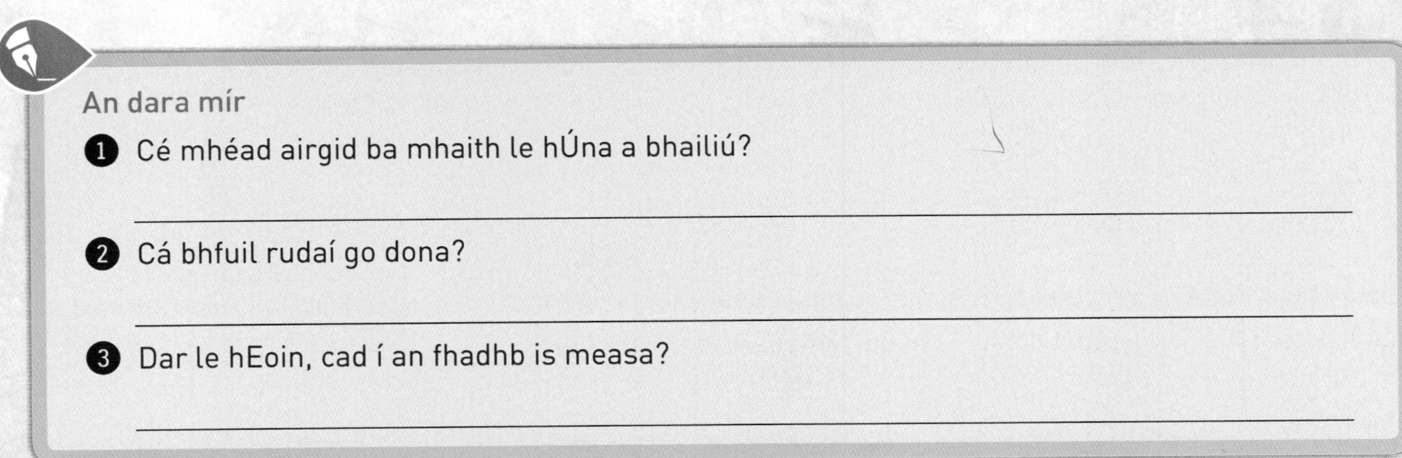

An dara mír

1. Cé mhéad airgid ba mhaith le hÚna a bhailiú?

   ______________________________

2. Cá bhfuil rudaí go dona?

   ______________________________

3. Dar le hEoin, cad í an fhadhb is measa?

   ______________________________

## Comhrá a dó

Bí ag faire amach do na focail seo:

| crannchur | *lottery* | déiríocht | *dairy* | gan dídean | *homeless* |
|---|---|---|---|---|---|
| lón machnaimh | *food for thought* | morgáiste | *mortgage* | talmhaíocht | *agriculture* |

An chéad mhír

1. Cén fáth ar cheap Aoife gur bhuaigh muintir Thomáis an crannchur?
2. Cén fáth nach raibh Tomás ar scoil?
3. Cad a dhéanfadh Tomás dá mbuafadh sé an crannchur?

An dara mír

1. Cad a tharla ar scoil nuair a bhí Tomás as láthair?
2. Céard ba mhaith le hAoife agus le Tomás a dhéanamh tar éis na hArdteiste?
3. Cén fáth a rachadh Tomás go dtí an Nua-Shéalainn?

## Cuid C

CD 2 Rian 17–19

Cloisfidh tú **dhá** phíosa nuachta sa chuid seo. Cloisfidh tú gach píosa díobh **faoi dhó**. Beidh sos ann leis na freagraí a scríobh tar éis na chéad éisteachta **agus** tar éis an dara héisteacht.

### Píosa a haon

Bí ag faire amach do na focail seo:

| | | | |
|---|---|---|---|
| aisteoireacht | *acting* | gradam | *award* |
| príomhpháirt | *main part* | stiúir | *directed* |

1. Cad atá buaite ag Jack Reynor?
   a ról a bhí aige sa scannán Glassland
2. Cathain a rugadh Jack Reynor?
   I 1992
3. Cén bhaint a bhí ag Kirsten Sheridan le saol Jack?
   Bhí sé i scannán a scríobh sí

### Píosa a dó

Bí ag faire amach do na focail seo:

| | | | | | |
|---|---|---|---|---|---|
| ar tí | *about to* | cáil | *fame* | feachtas | *campaign* |
| geilleagar | *economy* | iarsma | *remains* | seit | *set* |

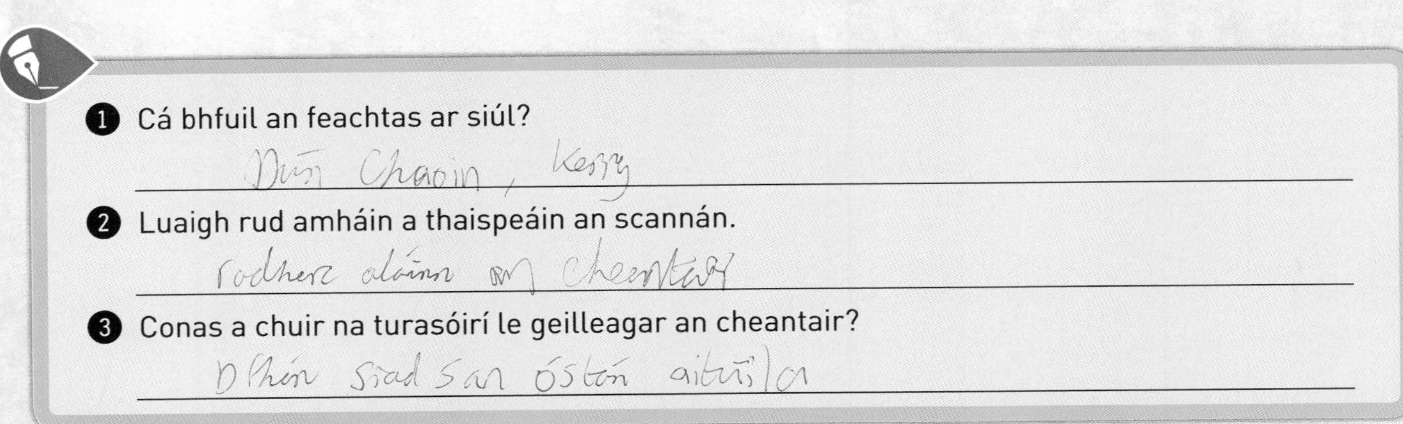

1. Cá bhfuil an feachtas ar siúl?
   Dún Chaoin, Kerry
2. Luaigh rud amháin a thaispeáin an scannán.
   radharc álainn an cheantair
3. Conas a chuir na turasóirí le geilleagar an cheantair?
   D'fhan siad san óstán áitiúla

# 3 Scrúdú a trí

CD 2 Rian 20–22

## Cuid A

Cloisfidh tú **dhá** fhógra raidió sa chuid seo. Cloisfidh tú gach fógra díobh **faoi dhó**. Beidh sos ann leis na freagraí a scríobh tar éis na chéad éisteachta **agus** tar éis an dara héisteacht.

### Fógra a haon

Bí ag faire amach do na focail seo:

| | | | | | |
|---|---|---|---|---|---|
| a chur chun cinn | *to advance* | bliantúil | *annual* | comórtas | *competition* |
| foirmeacha iontrála | *application forms* | iarratais | *applications* | | |

1. Cé atá ag eagrú an chomórtais?

   Glór na nGael

2. Luaigh dhá rud faoin gcomórtas.

   bliantúil náisiúnta

3. (a) Cad í aidhm an chomórtais?

   an Ghaeilge a chur chun cinn

   (b) Cé a bhronnann na duaiseanna?

   an tUachtarán

### Fógra a dó

Bí ag faire amach do na focail seo:

| | | | | | |
|---|---|---|---|---|---|
| caighdeán | *standard* | feidhmeannaigh | *officials* | Gort an Choirce | |
| lonnaithe | *based* | pearsantacht | *personality* | taithí ríomhaireachta | *computer experience* |

1. Cén eagraíocht atá ag lorg feidhmeannach?

2. Cá mbeidh na feidhmeannaigh ag obair?

3. Luaigh dhá cháilíocht ba cheart a bheith ag na hiarratasóirí.

   Qualifications

## Cuid B

CD 2 Rian 23–24

Cloisfidh tú **dhá** chomhrá sa chuid seo. Cloisfidh tú gach comhrá díobh **faoi dhó**. Cloisfidh tú an comhrá ó thosach deireadh an chéad uair. Ansin cloisfidh tú ina **dhá** mhír é. Beidh sos ann leis na freagraí a scríobh tar éis gach míre díobh.

### Comhrá a haon

Bí ag faire amach do na focail seo:

| | | | | | |
|---|---|---|---|---|---|
| dúshláin | *challenges* | fial flaithiúil | *generous* | inspioráideach | *inspiring* |
| ionraic | *honest* | lúthchleasaíocht | *athletics* | méaite ar | *committed to* |
| neamhspleách | *independent* | tacúil | *supportive* | | |

An chéad mhír

1. Céard iad na fadhbanna a bhí ag Katie nuair a rugadh í?

   [illegible] agus cos [illegible] an gear

2. Cad a dúradh le máthair Katie fúithi?

   Dhúirt sí an [illegible] sí brú uirthi

3. Luaigh dhá éacht a rinne Katie agus í ar scoil.

   Bhuaigh sí bonn óir sa lúthchleasaíocht bhí sí ag marcaíocht

An dara mír

1. Cé mhéad airgid a bhí ag teastáil chun na lámha bréige a cheannach?

   300,000

2. Cé mhéad airgid a bailíodh i Meiriceá?

   200,000

3. Cén fáth a raibh Caoimhe beagnach ag caoineadh?

   Nuair a [illegible] sí don chéad uair

## Comhrá a dó

CD 2 Rian 25

Bí ag faire amach do na focail seo:

| | | | | | |
|---|---|---|---|---|---|
| anaithnid | *anonymous* | claonta | *biased* | cothrom | *fair* |
| díomách | *disappointing* | gairmiúil | *professional* | níor coinníodh siar thú | *you were not given detention* |

### An chéad mhír

1. Cén fáth a raibh díomá ar Aoife lena haiste Bhéarla?
2. Cad a fuair Colm dá aiste?
3. Cén fáth a gceapann Aoife go dtaitníonn Colm leis an múinteoir?

### An dara mír

1. Cén fáth nár mhaith le hAoife go mbeadh múinteoirí ag ceartú obair a ndaltaí féin?
2. Dar le hAoife, cén fáth a mbeadh sé deacair ar mhúinteoirí obair na ndaltaí a cheartú?
3. Cén réiteach atá ag Colm ar an bhfadhbh?

## Cuid C — CD 2 Rian 26–28

Cloisfidh tú **dhá** phíosa nuachta sa chuid seo. Cloisfidh tú gach píosa díobh **faoi dhó**. Beidh sos ann leis na freagraí a scríobh tar éis na chéad éisteachta **agus** tar éis an dara héisteacht.

### Píosa a haon

Bí ag faire amach do na focail seo:

| | | | |
|---|---|---|---|
| éacht | *achievement* | oíche cheiliúrtha | *night of celebration* |

| | | |
|---|---|---|
| an Cheathrú Rua | Indreabhán | Tír an Fhia |

1. Cá mbeidh an oíche mhór cheiliúrtha ar siúl?
   Óstán an Doilín
2. Cad a bhuaigh Áine?
   Duais €5,000 as an leabhar grá sa Mhaor
3. Cár rugadh Áine?
   Tír ~~[illegible]~~ an Fhia

### Píosa a dó

Bí ag faire amach do na focail seo:

| | | | | | |
|---|---|---|---|---|---|
| áiseanna | *facilities* | a laghad suime | *what little interest* | ceapachán | *appointment* |
| maoiniú | *funding* | seomra feistis | *changing room* | tionscnaimh | *projects* |

1. Cá mbeidh an t-aire (minister) ag dul?
   Gaeltacht Mhuscraí Bhuscerai
2. Céard ba mhaith leis an gcumann peile a dhéanamh leis an airgead?
   Seomra feistis a fhógairt
3. Cén fáth ar cáineadh ceapachán an aire?
   Tá sé freagrach as gnóthaí gaeltachta

# 4 Scrúdú a ceathair

CD 2 Rian 29–31

## Cuid A

Cloisfidh tú **dhá** fhógra raidió sa chuid seo. Cloisfidh tú gach fógra díobh **faoi dhó**. Beidh sos ann leis na freagraí a scríobh tar éis na chéad éisteachta **agus** tar éis an dara héisteacht.

### Fógra a haon

Bí ag faire amach do na focail seo:

| | | | | | |
|---|---|---|---|---|---|
| comhlacht | *company* | i measc eisimirceach | *among emigrants* | infheistíocht | *investment* |
| maoiniú | *funding* | taighde leighis | *medical research* | táirgí | *products* |

1. Cé a chuir an fógra amach?

   Údarás na Gaeltachta

2. Luaigh an líon daoine atá ag obair sa chomhlacht anois agus a bheidh faoi cheann cúig bliana eile.

   7 → 540

3. Cé hé Ciarán Richardson? Cad a dúirt sé maidir le heisimircigh?

   An dochtúir

### Fógra a dó

Bí ag faire amach do na focail seo:

| | | | |
|---|---|---|---|
| báúil | *well disposed* | líon | *number* |
| scoláireacht lóistín | *accommodation scholarship* | tréimhse | *period* |

1. Cad is ainm don mheánscoil?

   Coláiste Naomh Eoin

2. (a) Cad is fiú an scoláireacht?

   €5,500

   (b) Cá bhfanann na daltaí?

   le teaghlach ar an oileán

3. Cé a fhaigheann scoláireacht don tréimhse oideachais iomlán?

   Nuair a bhí siad ag dul cun cinn sásta

## Cuid B

CD 2 Rian 32–33

Cloisfidh tú **dhá** chomhrá sa chuid seo. Cloisfidh tú gach comhrá díobh **faoi dhó**. Cloisfidh tú an comhrá ó thosach deireadh an chéad uair. Ansin cloisfidh tú ina **dhá** mhír é. Beidh sos ann leis na freagraí a scríobh tar éis gach míre díobh.

### Comhrá a haon

Bí ag faire amach do na focail seo:

| | | | | | |
|---|---|---|---|---|---|
| árachas | *insurance* | fána | *slope* | géar | *steep* |
| Lá Caille | *New Year's Day* | reophointe | *freezing point* | sladmhargadh | *sale* |

An chéad mhír

1. Cé chomh fuar is a bhí sé i mBostún?

   -5°C

2. Luaigh dhá bhealach ar chuir an sneachta isteach ar shaol na cathrach.

   Dhún na scoileanna agus ní raibh aon traein ag taisteal

3. Cén fáth a raibh timpiste ag athair Bhreandáin?

   Chuaigh sé ar fána géar

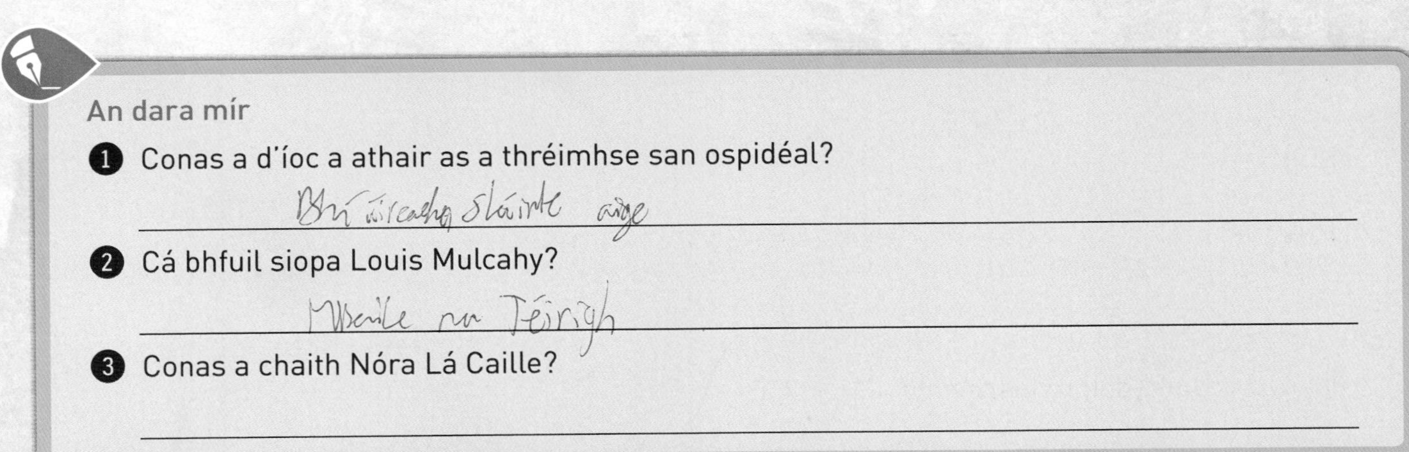

An dara mír

1. Conas a d'íoc a athair as a thréimhse san ospidéal?

   Bhí árachas sláinte aige

2. Cá bhfuil siopa Louis Mulcahy?

   Mhaoile na Teirigh

3. Conas a chaith Nóra Lá Caille?

## Comhrá a dó

CD 2 Rian 34

Bí ag faire amach do na focail seo:

| | | | | | |
|---|---|---|---|---|---|
| ag méadú | *increasing* | ball | *member* | cíosanna | *rents* |
| gan dídean | *homeless* | siúlóid urraithe | *sponsored walk* | tiarnaí talún | *landlords* |

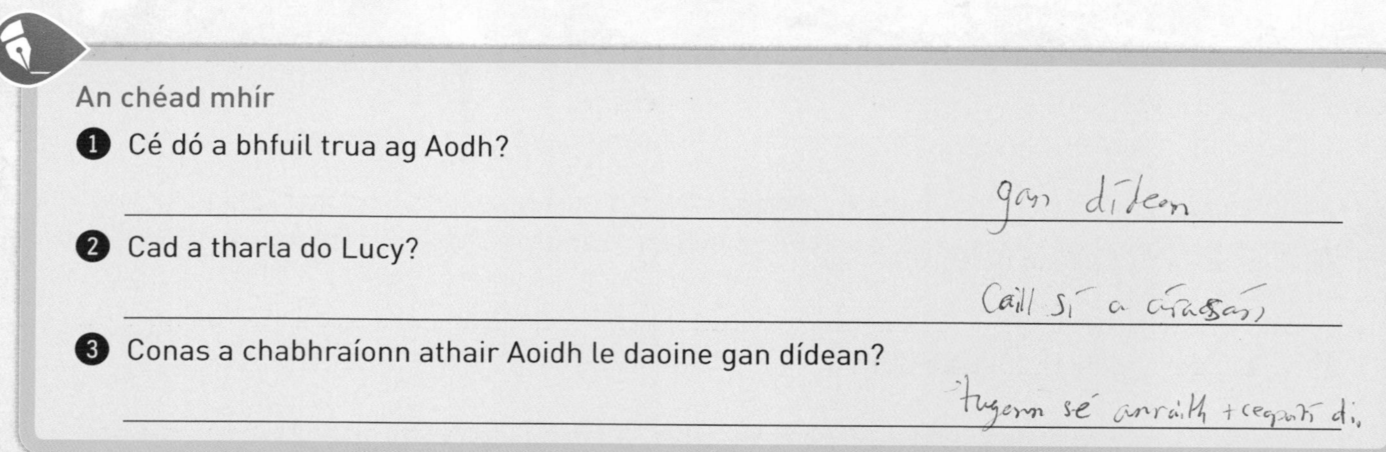

An chéad mhír

1. Cé dó a bhfuil trua ag Aodh?

   gan dídean

2. Cad a tharla do Lucy?

   Caill sí a [illegible]

3. Conas a chabhraíonn athair Aoidh le daoine gan dídean?

   tugann sé anraith + [illegible] di.

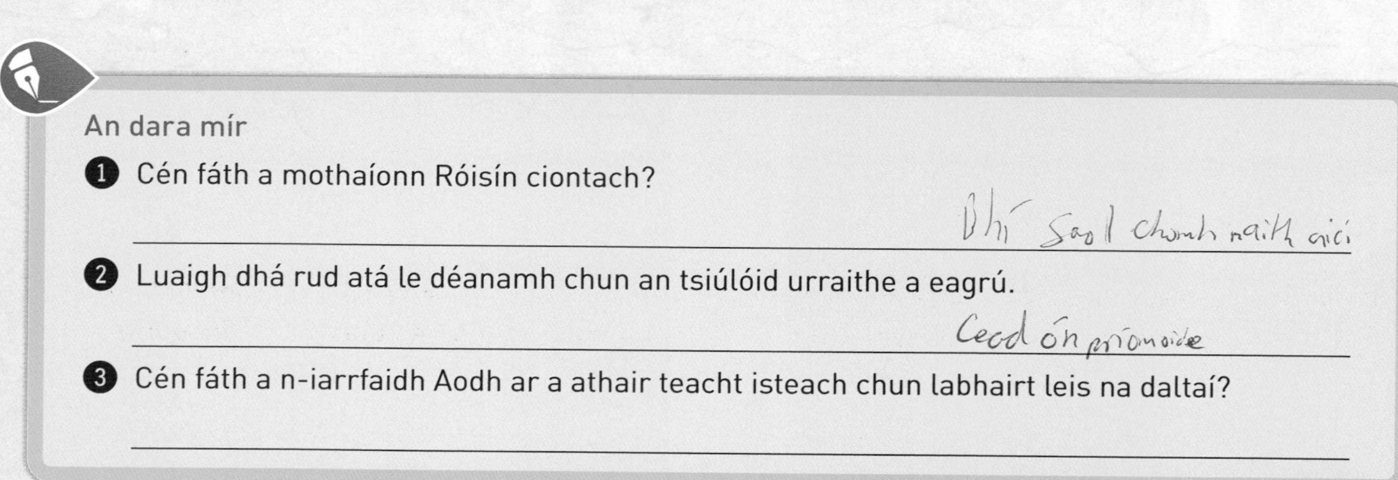

An dara mír

1. Cén fáth a mothaíonn Róisín ciontach?

   Bhí saol chomh maith aici

2. Luaigh dhá rud atá le déanamh chun an tsiúlóid urraithe a eagrú.

   Cead ón príomhoide

3. Cén fáth a n-iarrfaidh Aodh ar a athair teacht isteach chun labhairt leis na daltaí?

## Cuid C CD 2 Rian 35–37

Cloisfidh tú **dhá** phíosa nuachta sa chuid seo. Cloisfidh tú gach píosa díobh **faoi dhó**. Beidh sos ann leis na freagraí a scríobh tar éis na chéad éisteachta **agus** tar éis an dara héisteacht.

### Píosa a haon

Bí ag faire amach do na focail seo:

| | | | | | |
|---|---|---|---|---|---|
| ag fiosrú | *investigating* | bagairt | *threat* | gnáthéide | *plain clothes* |
| luach | *value* | seodra | *jewellery* | | |

1. Cad atá á fhiosrú ag na gardaí?
   robáil [illegible] siopa Hestman
2. Cad a dúradh faoi na robálaithe?
   Bhí 4 fhear ann agus bhí gunna aige agus mascaí
3. Cad a goideadh?
   uaireadóirí

### Píosa a dó

Bí ag faire amach do na focail seo:

| | | | | | |
|---|---|---|---|---|---|
| agallamh | *interview* | aonach ceardaíochta | *craft fair* | buaiteoirí | *winners* |
| cúlra | *background* | geilleagar | *economy* | tinte ealaíne | *fireworks* |

1. Cé a bheidh mar fhear an tí ar an bhféile?
   Dáithí Ó Sé
2. Cé atá in ann cur isteach ar an gcomórtas?
   mná [illegible]-álainn le cúlra Éireannach
3. Luaigh dhá rud eile a bhíonn ar siúl le linn na féile.
   éalacht bia, comórtas ceoil

# 5 Scrúdú a cúig

CD 2 Rian 38–40

## Cuid A

Cloisfidh tú **dhá** fhógra raidió sa chuid seo. Cloisfidh tú gach fógra díobh **faoi dhó**. Beidh sos ann leis na freagraí a scríobh tar éis na chéad éisteachta **agus** tar éis an dara héisteacht.

### Fógra a haon

Bí ag faire amach do na focail seo:

| | | | |
|---|---|---|---|
| cosc | *ban* | forleathan | *widespread* |
| srianta | *restrictions* | vacsaín fliú | *flu vaccine* |

1. Cé a chuir an fógra amach?
2. (a) Cén fáth a bhfuil cosc ar chuairteoirí?
   (b) Cé atá ábalta teacht go dtí an t-ospidéal?
3. (a) Cén fáth nach bhfuil an vacsaín éifeachtach?
   (b) Cé hí Ríona Ní Mhurchú?

### Fógra a dó

Bí ag faire amach do na focail seo:

| | | | | | |
|---|---|---|---|---|---|
| a chartlannú | *to archive* | cruinneas | *accuracy* | díograiseach | *enthusiastic* |
| fostaithe | *employed* | lonnaithe | *based* | meáin chumarsáide | *media* |

1. Cé atá á lorg ag Europus?
2. (a) Cá mbeidh an duine ag obair?
   (b) Luaigh dhá cháilíocht atá riachtanach.
3. Cad é an spriocdháta do na hiarratais?

## Cuid B — CD 2 Rian 41–42

Cloisfidh tú **dhá** chomhrá sa chuid seo. Cloisfidh tú gach comhrá díobh **faoi dhó**. Cloisfidh tú an comhrá ó thosach deireadh an chéad uair. Ansin cloisfidh tú ina **dhá** mhír é. Beidh sos ann leis na freagraí a scríobh tar éis gach míre díobh.

### Comhrá a haon

Bí ag faire amach do na focail seo:

| | | | | | |
|---|---|---|---|---|---|
| aoichainteoir | *guest speaker* | coiste | *committee* | cur i gcéill | *pretence* |
| féith an ghrinn | *sense of humour* | tráth na gceist | *quiz* | | |

**An chéad mhír**

1. Cad atá á eagrú ag Tomás?

   tráth na gceist

2. (a) Cén bhaint a bheidh ag na múinteoirí le tráth na gceist?

   (b) Cad é ábhar na díospóireachta?

3. Luaigh argóint amháin a bheidh ag Órla sa díospóireacht.

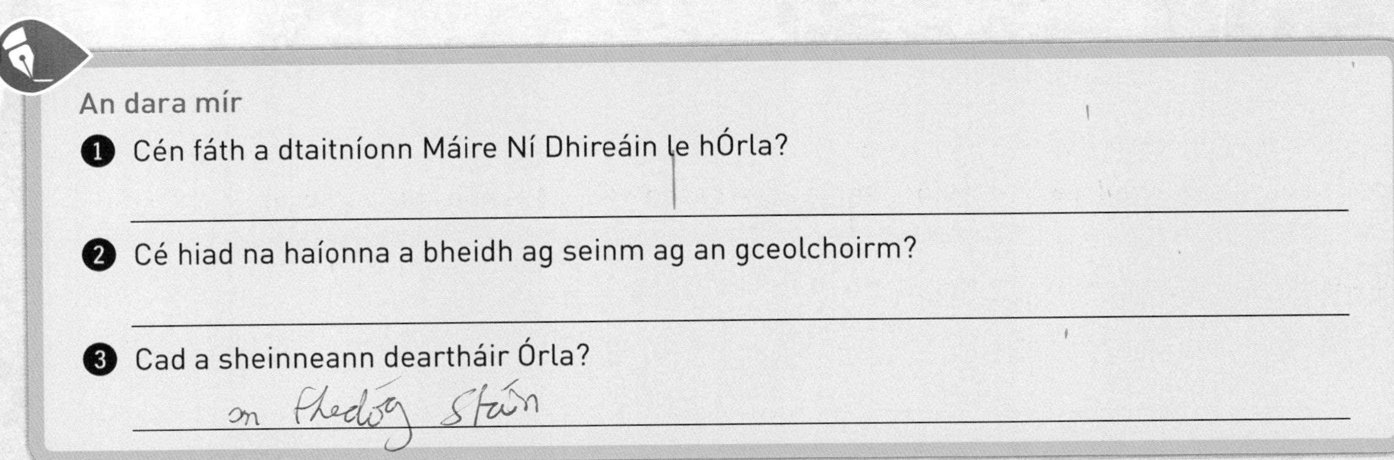

**An dara mír**

1. Cén fáth a dtaitníonn Máire Ní Dhireáin le hÓrla?

2. Cé hiad na haíonna a bheidh ag seinm ag an gceolchoirm?

3. Cad a sheinneann deartháir Órla?

   an fheadóg stáin

## Comhrá a dó

CD 2 Rian 43

Bí ag faire amach do na focail seo:

| cóipeáil | *copy* | óinseach | *fool* | pionós | *punishment* |
|---|---|---|---|---|---|

### An chéad mhír

1. Cén obair bhaile a fuair na daltaí?

   cúpla ceist sa mhata

2. Cad é nach bhfuil déanta ag Aoife?

   aiste

3. Cad a cheap Stiofán den obair bhaile sin?

   bhí an aiste dheacair thóg sé brí lae

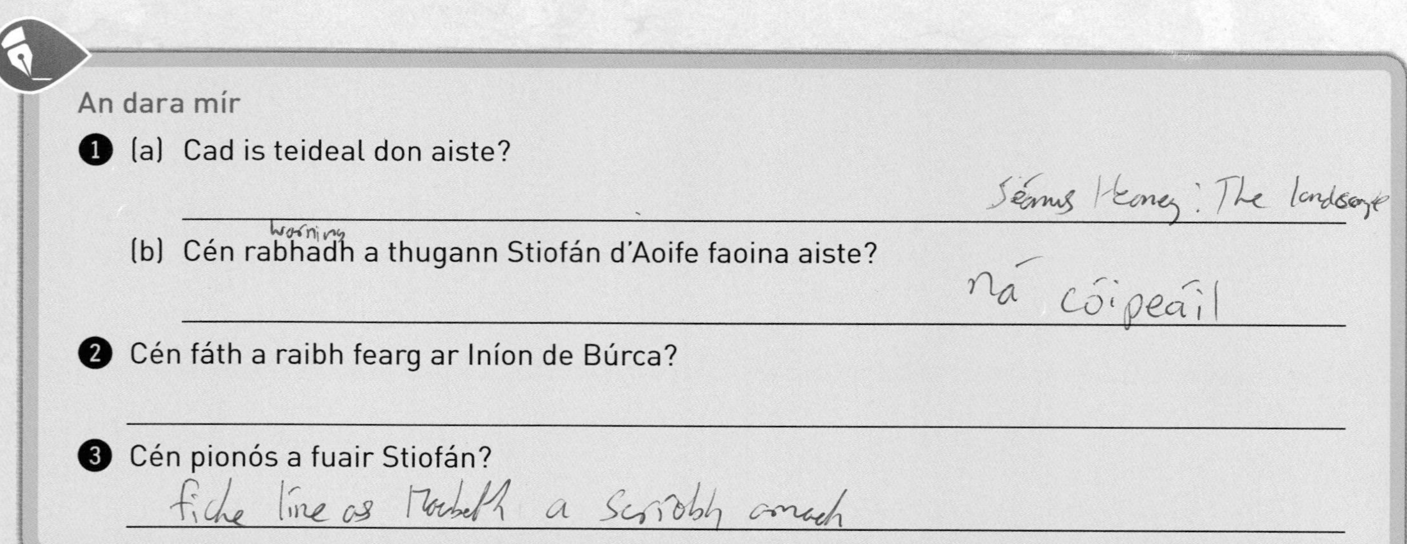

### An dara mír

1. (a) Cad is teideal don aiste?

   Séamus Heaney: The landscape

   (b) Cén rabhadh (warning) a thugann Stiofán d'Aoife faoina aiste?

   ná cóipeáil

2. Cén fáth a raibh fearg ar Iníon de Búrca?

3. Cén pionós a fuair Stiofán?

   fiche líne as Macbeth a scríobh amach

## Cuid C

CD 2 Rian 44–46

Cloisfidh tú **dhá** phíosa nuachta sa chuid seo. Cloisfidh tú gach píosa díobh **faoi dhó**. Beidh sos ann leis na freagraí a scríobh tar éis na chéad éisteachta **agus** tar éis an dara héisteacht.

### Píosa a haon

Bí ag faire amach do na focail seo:

| Bealach Féith | *Ballybofey* | Leitir Ceanainn | *Letterkenny* | druidte | *closed* |
|---|---|---|---|---|---|
| seirbhísí éigeandála | *emergency services* | trácht | *traffic* | | |

1. Cén fáth a bhfuil an bóthar druidte?
2. Cár tugadh na daoine a bhí gortaithe?
3. Dar leis an nGarda Delap, cén fhadhb atá ag éirí níos coitianta?

### Píosa a dó

Bí ag faire amach do na focail seo:

| craobh shóisearach | *junior championship* | deacrachtaí breise | *extra difficulties* | droichead | *bridge* |
|---|---|---|---|---|---|
| mórthír | *mainland* | sháraigh | *overcame* | | |

1. Cén bua stairiúil a bhí ann?
2. Cá raibh an cluiche ar siúl?
3. (a) Cad é an difríocht idir Oileáin Árann agus Oileán Acla?

   (b) Cén chaoi a dtéann imreoirí Árann go dtí cluiche a bhíonn ar siúl in Inis Oírr?

# Gramadach 07

Clár

## Gramadach

## Torthaí Foghlama

- San aonad seo déanfaidh an dalta staidéar ar na príomhghnéithe de ghramadach na Gaeilge.
- Beidh tuiscint níos fearr ag an dalta ar rialacha na gramadaí agus ar na heisceachtaí gramadaí, agus conas iad a chur i bhfeidhm agus an dalta i mbun cainte agus scríbhneoireachta.
- Cabhróidh na cleachtaí gramadaí leis an dalta seilbh a fháil ar na príomhghnéithe de ghramadach na Gaeilge.
- Beidh an dalta níos muiníní agus níos cruinne ag scríobh agus ag labhairt na teanga.
- Aithneoidh an dalta na téarmaí gramadaí agus beidh sé ábalta tabhairt go muiníneach faoin gceist gramadaí ar an léamhthuiscint ar Pháipéar 2.

# 1 Téarmaí gramadaí

## Na briathra

Tá trí ghrúpa de bhriathra ann – an chéad réimniú, an dara réimniú agus na briathra neamhrialta.

### An chéad réimniú

Baineann briathra le siolla amháin sa fhréamh (**dún**, **caith**, **ól**, **scríobh**) nó briathra le níos mó ná siolla amháin sa fhréamh a bhfuil síneadh fada ar ghuta sa siolla deireanach (**úsáid**, **sábháil**) leis an gcéad réimniú.

### An dara réimniú

Baineann briathra le níos mó ná siolla amháin sa fhréamh (**ceannaigh**, **oibrigh**, **oscail**) leis an dara réimniú.

### Briathra neamhrialta

Seo iad na briathra neamhrialta.

- abair
- beir
- bí
- clois
- déan
- faigh
- feic
- ith
- tabhair
- tar
- téigh.

## Consain

### Consan leathan

Is consan leathan é consan a bhfuil guta leathan (**a**, **o**, **u**) roimhe.

### Consan caol

Is consan caol é consan a bhfuil guta caol (**i**, **e**) roimhe.

## Forainmneacha

- **mé** – an chéad phearsa uatha
- **tú** – an dara pearsa uatha
- **sé** – an tríú pearsa uatha (firinscneach)
- **sí** – an tríú pearsa uatha (baininscneach)
- **sinn/muid** – an chéad phearsa iolra
- **sibh** – an dara pearsa iolra
- **siad** – an tríú pearsa iolra.

## An aidiacht shealbhach

- **mo** – an chéad phearsa uatha
- **a** – an tríú pearsa uatha
- **bhur** – an dara pearsa iolra
- **do** – an dara pearsa uatha
- **ár** – an chéad phearsa iolra
- **a** – an tríú pearsa iolra.

## Ainmfhocail

Tá cuid de na hainmfhocail firinscneach – mar shampla, **fear**.

Tá cuid de na hainmfhocail baininscneach – mar shampla, **bean**.

## Céimeanna comparáide na haidiachta

Is aidiacht é an focal **sean**.

Is é **níos sine** breischéim na haidiachta **sean** (san Aimsir Láithreach agus san Aimsir Fháistineach).

Is é **is sine** sárchéim na haidiachta **sean** (san Aimsir Láithreach agus san Aimsir Fháistineach).

# 2 An Aimsir Chaite

## An chéad réimniú

- Cuir séimhiú ar chonsan.
- Cuir **d'** roimh ghuta nó **f**.
- Is í **níor** an mhír dhiúltach.
- Is í **ar** an mhír cheisteach.

| **caith** | **féach** | **éist** |
|---|---|---|
| chaith mé/tú/sé/sí | d'fhéach mé/tú/sé/sí | d'éist mé/tú/sé/sí |
| chaitheamar (*nó* chaith muid) | d'fhéachamar (*nó* d'fhéach muid) | d'éisteamar (*nó* d'éist muid) |
| chaith sibh/siad | d'fhéach sibh/siad | d'éist sibh/siad |
| níor chaith mé *srl.* | níor fhéach mé *srl.* | níor éist mé *srl.* |
| ar chaitheamar? *srl.* | ar fhéachamar? *srl.* | ar éisteamar? *srl.* |
| caitheadh | féachadh | éisteadh |

### Cleachtadh

**A** Scríobh na briathra seo a leanas san Aimsir Chaite (mar atá déanta sa tábla thuas).

| | | | | |
|---|---|---|---|---|
| **1** fás | **2** bris | **3** fág | **4** díol | **5** íoc |
| **6** tóg | **7** buail | **8** bain | **9** geall | **10** sroich |

**B** Athscríobh na habairtí seo a leanas san Aimsir Chaite, gan na lúibíní.

1. (*Fág : mé*) an teach ag a hocht a chlog aréir.
2. (*Glan : siad*) an teach arú inné.
3. (*Fill : mé*) ar mo theach ag a naoi a chlog aréir.
4. (*Sroich : sí*) an scoil roimh an múinteoir inné.
5. (*Féach : sé*) ar an gclár sin Dé Luain seo caite.
6. (*Coimeád*) an múinteoir na daltaí dána siar Dé hAoine seo caite.
7. (*Siúil : mé*) ar scoil inné.
8. (*Buail : mé*) le mo chairde Dé Sathairn seo caite.
9. (*Goid*) na buachaillí úlla sa ghairdín an samhradh seo caite agus (*caith : siad*) isteach san abhainn iad.
10. (*Tuill : sé*) a lán airgid an samhradh seo caite.

**C** Scríobh alt san Aimsir Chaite, ag baint úsáide as deich gcinn ar a laghad de na briathra thuas.

## An dara réimniú

| cuimhnigh | ullmhaigh | freagair |
|---|---|---|
| chuimhnigh mé/tú/sé/sí | d'ullmhaigh mé/tú/sé/sí | d'fhreagair mé/tú/sé/sí |
| chuimhníomar (*nó* chuimhnigh muid) | d'ullmhaíomar (*nó* d'ullmhaigh muid) | d'fhreagraíomar (*nó* d'fhreagair muid) |
| chuimhnigh sibh/siad | d'ullmhaigh sibh/siad | d'fhreagair sibh/siad |
| níor chuimhnigh mé *srl.* | níor ullmhaigh mé *srl.* | níor fhreagair mé *srl.* |
| ar chuimhníomar? *srl.* | ar ullmhaíomar? *srl.* | ar fhreagraíomar? *srl.* |
| cuimhníodh | ullmhaíodh | freagraíodh |

### Cleachtadh

A Scríobh na briathra seo a leanas san Aimsir Chaite (mar atá déanta sa tábla thuas).

**1** bailigh **2** cabhraigh **3** oibrigh **4** gortaigh **5** bagair

**6** impigh **7** mothaigh **8** codail **9** éirigh **10** críochnaigh

B Athscríobh na habairtí seo a leanas san Aimsir Chaite, gan na lúibíní.

1. (*Bailigh*) an múinteoir na cóipleabhair inné agus (*ceartaigh : sí*) ansin iad.
2. (*Cuardaigh*) na gardaí an áit an tseachtain seo caite agus (*aimsigh*) an t-airgead a bhí goidte.
3. (*Oibrigh : siad*) óna deich go dtí a cúig a chlog an deireadh seachtaine seo caite agus (*tuill : siad*) céad euro.
4. (*Cóirigh : sí*) an leaba ar maidin agus (*glan : sí*) an seomra.
5. (*Fiosraigh*) na gardaí an suíomh mar bhí tine san áit.
6. (*Codail : mé*) go sámh an deireadh seachtaine seo caite agus (*dúisigh : mé*) ag meán lae.
7. (*Freagair : sí*) na ceisteanna go léir don rang inné.
8. (*Imir : siad*) go maith sa chluiche Dé Domhnaigh seo caite.
9. (*Oibrigh : sé*) go dian agus (*éirigh*) go maith leis sa scrúdú.
10. (*Sleamhnaigh*) an carr ar an leac oighir agus (*buail : sé*) i gcoinne an bhalla.

C Scríobh alt san Aimsir Chaite, ag baint úsáide as deich gcinn ar a laghad de na briathra thuas.

# Na briathra neamhrialta

| abair | | |
|---|---|---|
| dúirt mé/tú/sé/sí | ní dúirt mé/tú/sé/sí | an ndúirt mé/tú/sé/sí? |
| dúramar | ní dúramar | an ndúramar? |
| dúirt sibh/siad | ní dúirt sibh/siad | an ndúirt sibh/siad? |
| dúradh | ní dúradh | an ndúradh? |

| beir | | |
|---|---|---|
| rug mé/tú/sé/sí | níor rug mé/tú/sé/sí | ar rug mé/tú/sé/sí? |
| rugamar | níor rugamar | ar rugamar? |
| rug sibh/siad | níor rug sibh/siad | ar rug sibh/siad? |
| rugadh | níor rugadh | ar rugadh? |

| bí | | |
|---|---|---|
| bhí mé/tú/sé/sí | ní raibh mé/tú/sé/sí | an raibh mé/tú/sé/sí? |
| bhíomar | ní rabhamar | an rabhamar? |
| bhí sibh/siad | ní raibh sibh/siad | an raibh sibh/siad? |
| bhíothas | ní rabhthas | an rabhthas? |

| clois | | |
|---|---|---|
| chuala mé/tú/sé/sí | níor chuala mé/tú/sé/sí | ar chuala mé/tú/sé/sí? |
| chualamar | níor chualamar | ar chualamar? |
| chuala sibh/siad | níor chuala sibh/siad | ar chuala sibh/siad? |
| chualathas | níor chualathas | ar chualathas? |

| déan | | |
|---|---|---|
| rinne mé/tú/sé/sí | ní dhearna mé/tú/sé/sí | an ndearna mé/tú/sé/sí? |
| rinneamar | ní dhearnamar | an ndearnamar? |
| rinne sibh/siad | ní dhearna sibh/siad | an ndearna sibh/siad? |
| rinneadh | ní dhearnadh | an ndearnadh? |

| faigh | | |
|---|---|---|
| fuair mé/tú/sé/sí | ní bhfuair mé/tú/sé/sí | an bhfuair mé/tú/sé/sí? |
| fuaireamar | ní bhfuaireamar | an bhfuaireamar? |
| fuair sibh/siad | ní bhfuair sibh/siad | an bhfuair sibh/siad? |
| fuarthas | ní bhfuarthas | an bhfuarthas? |

| feic | | |
|---|---|---|
| chonaic mé/tú/sé/sí | ní fhaca mé/tú/sé/sí | an bhfaca mé/tú/sé/sí? |
| chonaiceamar | ní fhacamar | an bhfacamar? |
| chonaic sibh/siad | ní fhaca sibh/siad | an bhfaca sibh/siad? |
| chonacthas | ní fhacthas | an bhfacthas? |

| **ith** | | |
|---|---|---|
| d'ith mé/tú/sé/sí | níor ith mé/tú/sé/sí | ar ith mé/tú/sé/sí? |
| d'itheamar | níor itheamar | ar itheamar? |
| d'ith sibh/siad | níor ith sibh/siad | ar ith sibh/siad? |
| itheadh | níor itheadh | ar itheadh? |

| **tabhair** | | |
|---|---|---|
| thug mé/tú/sé/sí | níor thug mé/tú/sé/sí | ar thug mé/tú/sé/sí? |
| thugamar | níor thugamar | ar thugamar? |
| thug sibh/siad | níor thug sibh/siad | ar thug sibh/siad? |
| tugadh | níor tugadh | ar tugadh? |

| **tar** | | |
|---|---|---|
| tháinig mé/tú/sé/sí | níor tháinig mé/tú/sé/sí | ar tháinig mé/tú/sé/sí? |
| thángamar | níor thángamar | ar thángamar? |
| tháinig sibh/siad | níor tháinig sibh/siad | ar tháinig sibh/siad? |
| thángthas | níor thángthas | ar thángthas? |

| **téigh** | | |
|---|---|---|
| chuaigh mé/tú/sé/sí | ní dheachaigh mé/tú/sé/sí | an ndeachaigh mé/tú/sé/sí? |
| chuamar | ní dheachamar | an ndeachamar? |
| chuaigh sibh/siad | ní dheachaigh sibh/siad | an ndeachaigh sibh/siad? |
| chuathas | ní dheachthas | an ndeachthas? |

### Cleachtadh

Athscríobh an sliocht seo a leanas san Aimsir Chaite.

Maidin inné (*clois : sí*) an clog ag bualadh. (*Dúisigh : sí*) agus (*éirigh : sí*) as a leaba. (*Téigh : sí*) isteach sa seomra folctha agus (*nigh : sí*) í féin. (*Tar : sí*) ar ais go dtí a seomra leapa agus (*cuardaigh : sí*) a cuid éadaigh. (*Bí : siad*) ar fud na háite. (*Feic : sí*) a cuid éadaigh faoin leaba. (*Beir : sí*) ar na héadaí agus (*cuir : sí*) uirthi iad. (*Glaoigh*) a máthair uirthi. (*Abair : sí*) léi dul síos an staighre. (*Téigh : sí*) síos an staighre agus (*ith : sí*) a bricfeasta. (*Déan : sí*) a lón agus (*faigh : sí*) airgead óna hathair don bhus. (*Tabhair : sí*) póg dá tuismitheoirí agus (*imigh : sí*).

## Deachtú

Éist leis an múinteoir ag léamh an tsleachta seo thíos agus scríobh é.

Thosaigh Seán ag obair ag a deich a chlog nuair a osclaíodh an banc. Chabhraigh sé leis na custaiméirí agus d'fhreagair sé na ceisteanna a bhí acu. Go tobann mhothaigh sé teannas sa bhanc. Tháinig gadaithe isteach. Bhí gunnaí acu agus bhagair siad ar na custaiméirí leis na gunnaí. Chuardaigh siad an banc ag lorg airgid. Bhí cuid de na custaiméirí sceimhlithe ina mbeatha agus d'impigh siad ar na gadaithe gan iad a ghortú. Shleamhnaigh gadaí amháin ar an urlár agus ghortaigh sé a lámh. Thit a ghunna ar an urlár agus rug Seán air. D'éalaigh na gadaithe eile as an mbanc. Tháinig na gardaí agus d'fhiosraigh siad an scéal. Chríochnaigh na gardaí a gcuid fiosrúchán agus d'imigh gach duine abhaile. Níor chodail aon duine an oíche sin.

# 3 An Aimsir Láithreach

## An chéad réimniú

### Briathar leathan

Cuir **-aim**
**-ann tú/sé/sí**
**-aimid**
**-ann sibh/siad**
**-tar** leis an bhfréamh.

### Briathar caol

Cuir **-im**
**-eann tú/sé/sí**
**-imid**
**-eann sibh/siad**
**-tear** leis an bhfréamh.

| **féach** | **caith** | **éist** |
|---|---|---|
| féachaim | caithim | éistim |
| féachann tú/sé/sí | caitheann tú/sé/sí | éisteann tú/sé/sí |
| féachaimid | caithimid | éistimid |
| féachann sibh/siad | caitheann sibh/siad | éisteann sibh/siad |
| ní fhéachaim *srl.* | ní chaithim *srl.* | ní éistim *srl.* |
| an bhféachaimid? *srl.* | an gcaithimid? *srl.* | an éistimid? *srl.* |
| féachtar | caitear | éistear |

### Cleachtadh

A Scríobh na briathra seo a leanas san Aimsir Láithreach (mar atá déanta sa tábla thuas).

1 fás 2 bris 3 fág 4 díol 5 íoc
6 tóg 7 buail 8 bain 9 geall 10 sroich

B Athscríobh na habairtí seo a leanas san Aimsir Láithreach, gan na lúibíní.

1 (*Fág : mé*) an teach ag a hocht a chlog gach maidin.
2 (*Glan : siad*) an teach gach Satharn.
3 (*Fill : tú*) ar do theach ag a naoi a chlog gach oíche.
4 (*Sroich : sí*) an scoil roimh an múinteoir de ghnáth.
5 (*Féach : sé*) ar an gclár sin gach Luan.
6 (*Coimeád*) an múinteoir na daltaí dána siar gach Aoine.
7 (*Siúil : mé*) ar scoil gach maidin.
8 (*Buail : mé*) le mo chairde gach Satharn.
9 (*Goid*) na buachaillí úlla sa ghairdín gach aon samhradh agus (*caith : siad*) isteach san abhainn iad.
10 (*Tuill : sé*) a lán airgid gach samhradh.

C Scríobh alt san Aimsir Láithreach, ag baint úsáide as deich gcinn ar a laghad de na briathra thuas.

# An dara réimniú

## Briathar leathan

(mar shampla: **tosaigh**, **críochnaigh**, **gortaigh**, **sleamhnaigh**)

1 Bain an **-aigh** den bhriathar.

2 Cuir **-aím**
**-aíonn tú/sé/sí**
**-aímid**
**-aíonn sibh/siad**
**-aítear** leis an bhfréamh.

gortaigh → gort → **gortaím**

## Briathar caol

(mar shampla: **éirigh**, **dúisigh**, **cuidigh**, **bailigh**)

1 Bain an **-igh** den bhriathar.

2 Cuir **-ím**
**-íonn tú/sé/sí**
**-ímid**
**-íonn sibh/siad**
**-ítear** leis an bhfréamh.

dúisigh → dúis → **dúisím**

## Briathra a chríochnaíonn le -air, -ir, -ail, -il, -is

(mar shampla: **imir**, **oscail**, **inis**)

1 Bain an guta deireanach nó na gutaí deireanacha den bhriathar.

2 Cuir **-aím/-ím**
**-aíonn/-íonn tú**
**-aímid/-ímid**
**-aíonn/-íonn sibh/siad**
**-aítear/-ítear** leis an bhfréamh.

oscail → oscl → **osclaím**

| **ullmhaigh** | **cuimhnigh** | **freagair** |
|---|---|---|
| ullmhaím | cuimhním | freagraím |
| ullmhaíonn tú/sé/sí | cuimhníonn tú/sé/sí | freagraíonn tú/sé/sí |
| ullmhaímid | cuimhnímid | freagraímid |
| ullmhaíonn sibh/siad | cuimhníonn sibh/siad | freagraíonn sibh/siad |
| ní ullmhaím *srl.* | ní chuimhním *srl.* | ní fhreagraím *srl.* |
| an ullmhaímid? *srl.* | an gcuimhnímid? *srl.* | an bhfreagraímid? *srl.* |
| ullmhaítear | cuimhnítear | freagraítear |

### Cleachtadh

A Scríobh na briathra seo a leanas san Aimsir Láithreach (mar atá déanta sa tábla thuas).

1 bailigh 2 cabhraigh 3 oibrigh 4 gortaigh 5 bagair
6 impigh 7 mothaigh 8 codail 9 éirigh 10 críochnaigh

B Athscríobh na habairtí seo a leanas san Aimsir Láithreach, gan na lúibíní.

1 (*Bailigh*) an múinteoir na cóipleabhair gach lá agus (*ceartaigh : sí*) ansin iad.
2 (*Cuardaigh*) na gardaí an áit go cúramach agus (*aimsigh*) an t-airgead a bhí goidte.
3 (*Oibrigh : siad*) óna deich go dtí a cúig a chlog gach deireadh seachtaine agus (*tuill : siad*) céad euro.
4 (*Cóirigh : sí*) an leaba ar maidin agus (*glan : sí*) an seomra.
5 (*Fiosraigh*) na gardaí an suíomh aon uair a bhíonn tine san áit.
6 (*Codail : mé*) go sámh gach deireadh seachtaine agus (*dúisigh : mé*) ag meán lae.
7 (*Freagair : sí*) na ceisteanna go léir don rang gach lá.
8 (*Imir : siad*) go maith sa chluiche gach Domhnach.
9 (*Oibrigh : sé*) go dian agus (*éirigh*) go maith leis sna scrúduithe.
10 (*Sleamhnaigh*) an carr ar an leac oighir agus (*buail : sé*) i gcoinne an bhalla.

C Scríobh alt san Aimsir Láithreach, ag baint úsáide as deich gcinn ar a laghad de na briathra thuas.

## Na briathra neamhrialta

| **abair** | | |
|---|---|---|
| deirim | ní deirim | an ndeirim? |
| deir tú/sé/sí | ní deir tú/sé/sí | an ndeir tú/sé/sí? |
| deirimid | ní deirimid | an ndeirimid? |
| deir sibh/siad | ní deir sibh/siad | an ndeir sibh/siad? |
| deirtear | ní deirtear | an ndeirtear? |

| **beir** | | |
|---|---|---|
| beirim | ní bheirim | an mbeirim? |
| beireann tú/sé/sí | ní bheireann tú/sé/sí | an mbeireann tú/sé/sí? |
| beirimid | ní bheirimid | an mbeirimid? |
| beireann sibh/siad | ní bheireann sibh/siad | an mbeireann sibh/siad? |
| beirtear | ní bheirtear | an mbeirtear? |

| **bí** | | |
|---|---|---|
| táim | nílim | an bhfuilim? |
| tá tú/sé/sí | níl tú/sé/sí | an bhfuil tú/sé/sí? |
| táimid | nílimid | an bhfuilimid? |
| tá sibh/siad | níl sibh/siad | an bhfuil sibh/siad? |
| táthar | níltear | an bhfuiltear? |

| **clois** | | |
|---|---|---|
| cloisim | ní chloisim | an gcloisim? |
| cloiseann tú/sé/sí | ní chloiseann tú/sé/sí | an gcloiseann tú/sé/sí? |
| cloisimid | ní chloisimid | an gcloisimid? |
| cloiseann sibh/siad | ní chloiseann sibh/siad | an gcloiseann sibh/siad? |
| cloistear | ní chloistear | an gcloistear? |

| **déan** | | |
|---|---|---|
| déanaim | ní dhéanaim | an ndéanaim? |
| déanann tú/sé/sí | ní dhéanann tú/sé/sí | an ndéanann tú/sé/sí? |
| déanaimid | ní dhéanaimid | an ndéanaimid? |
| déanann sibh/siad | ní dhéanann sibh/siad | an ndéanann sibh/siad? |
| déantar | ní dhéantar | an ndéantar? |

| **faigh** | | |
|---|---|---|
| faighim | ní fhaighim | an bhfaighim? |
| faigheann tú/sé/sí | ní fhaigheann tú/sé/sí | an bhfaigheann tú/sé/sí? |
| faighimid | ní fhaighimid | an bhfaighimid? |
| faigheann sibh/siad | ní fhaigheann sibh/siad | an bhfaigheann sibh/siad? |
| faightear | ní fhaightear | an bhfaightear? |

| **feic** | | |
|---|---|---|
| feicim | ní fheicim | an bhfeicim? |
| feiceann tú/sé/sí | ní fheiceann tú/sé/sí | an bhfeiceann tú/sé/sí? |
| feicimid | ní fheicimid | an bhfeicimid? |
| feiceann sibh/siad | ní fheiceann sibh/siad | an bhfeiceann sibh/siad? |
| feictear | ní fheictear | an bhfeictear? |

| **ith** | | |
|---|---|---|
| ithim | ní ithim | an ithim? |
| itheann tú/sé/sí | ní itheann tú/sé/sí | an itheann tú/sé/sí? |
| ithimid | ní ithimid | an ithimid? |
| itheann sibh/siad | ní itheann sibh/siad | an itheann sibh/siad? |
| itear | ní itear | an itear? |

| **tabhair** | | |
|---|---|---|
| tugaim | ní thugaim | an dtugaim? |
| tugann tú/sé/sí | ní thugann tú/sé/sí | an dtugann tú/sé/sí? |
| tugaimid | ní thugaimid | an dtugaimid? |
| tugann sibh/siad | ní thugann sibh/siad | an dtugann sibh/siad? |
| tugtar | ní thugtar | an dtugtar? |

| tar | | |
|---|---|---|
| tagaim | ní thagaim | an dtagaim? |
| tagann tú/sé/sí | ní thagann tú/sé/sí | an dtagann tú/sé/sí? |
| tagaimid | ní thagaimid | an dtagaimid? |
| tagann sibh/siad | ní thagann sibh/siad | an dtagann sibh/siad? |
| tagtar | ní thagtar | an dtagtar? |

| téigh | | |
|---|---|---|
| téim | ní théim | an dtéim? |
| téann tú/sé/sí | ní théann tú/sé/sí | an dtéann tú/sé/sí? |
| téimid | ní théimid | an dtéimid? |
| téann sibh/siad | ní théann sibh/siad | an dtéann sibh/siad? |
| téitear | ní théitear | an dtéitear? |

| bí (an Aimsir Ghnáthláithreach) | | |
|---|---|---|
| bím | ní bhím | an mbím? |
| bíonn tú/sé/sí | ní bhíonn tú/sé/sí | an mbíonn tú/sé/sí? |
| bímid | ní bhímid | an mbímid? |
| bíonn sibh/siad | ní bhíonn sibh/siad | an mbíonn sibh/siad? |
| bítear | ní bhítear | an mbítear? |

### Cleachtadh

Athscríobh an sliocht seo a leanas san Aimsir Láithreach.

Gach maidin (*clois : sí*) an clog ag bualadh. (*Dúisigh : sí*) agus (*éirigh : sí*) as a leaba. (*Téigh : sí*) isteach sa seomra folctha agus (*nigh : sí*) í féin. (*Tar : sí*) ar ais go dtí a seomra leapa agus (*cuardaigh : sí*) a cuid éadaigh. (*Bí : siad*) ar fud na háite. (*Feic : sí*) a cuid éadaigh faoin leaba. (*Beir : sí*) ar na héadaí agus (*cuir : sí*) uirthi iad. (*Glaoigh*) a máthair uirthi. (*Abair : sí*) léi dul síos an staighre. (*Téigh : sí*) síos an staighre agus (*ith : sí*) a bricfeasta. (*Déan : sí*) a lón agus (*faigh : sí*) airgead óna hathair don bhus. (*Tabhair : sí*) póg dá tuismitheoirí agus (*imigh : sí*).

## Deachtú

Éist leis an múinteoir ag léamh an tsleachta seo thíos agus scríobh é.

Tosaíonn Seán ag obair ag a deich a chlog nuair a osclaítear an banc. Cabhraíonn sé leis na custaiméirí agus freagraíonn sé na ceisteanna a bhíonn acu. Go tobann mothaíonn sé teannas sa bhanc. Tagann gadaithe isteach sa bhanc. Tá gunnaí acu agus bagraíonn siad ar na custaiméirí leis na gunnaí. Cuardaíonn siad an banc ag lorg airgid. Tá cuid de na custaiméirí sceimhlithe ina mbeatha agus impíonn siad ar na gadaithe gan iad a ghortú. Sleamhnaíonn gadaí amháin ar an urlár agus gortaíonn sé a lámh. Titeann a ghunna ar an urlár agus beireann Seán air. Éalaíonn na gadaithe eile as an mbanc. Tagann na gardaí agus fiosraíonn siad an scéal. Críochnaíonn na gardaí a gcuid fiosrúchán agus imíonn gach duine abhaile. Ní chodlaíonn aon duine an oíche sin.

# 4 An Aimsir Fháistineach

## An chéad réimniú

### Briathar leathan

Cuir **-faidh mé/tú/sé/sí**

**-faimid**

**-faidh sibh/siad**

**-far** leis an bhfréamh.

### Briathar caol

Cuir **-fidh mé/tú/sé/sí**

**-fimid**

**-fidh sibh/siad**

**-fear** leis an bhfréamh.

| **féach** | **bain** | **éist** |
|---|---|---|
| féachfaidh mé/tú/sé/sí | bainfidh mé/tú/sé/sí | éistfidh mé/tú/sé/sí |
| féachfaimid | bainfimid | éistfimid |
| féachfaidh sibh/siad | bainfidh sibh/siad | éistfidh sibh/siad |
| ní fhéachfaidh mé *srl.* | ní bhainfidh mé *srl.* | ní éistfidh mé *srl.* |
| an bhféachfaimid? *srl.* | an mbainfimid? *srl.* | an éistfimid? *srl.* |
| féachfar | bainfear | éistfear |

### Cleachtadh

A Scríobh na briathra seo a leanas san Aimsir Fháistineach (mar atá déanta sa tábla thuas).

1 fás 2 bris 3 fág 4 díol 5 íoc

6 tóg 7 buail 8 bain 9 geall 10 sroich

B Athscríobh na habairtí seo a leanas san Aimsir Fháistineach, gan na lúibíní.

1 (*Fág : mé*) an teach ag a hocht a chlog maidin amárach.
2 (*Glan : siad*) an teach Dé Sathairn seo chugainn.
3 (*Fill : tú*) ar do theach ag a naoi a chlog san oíche amárach.
4 (*Sroich : sí*) an scoil roimh an múinteoir amárach.
5 (*Féach : sé*) ar an gclár sin Dé Luain seo chugainn.
6 (*Coimeád*) an múinteoir na daltaí dána siar Dé hAoine seo chugainn.
7 (*Siúil : mé*) ar scoil maidin amárach.
8 (*Buail : mé*) le mo chairde Dé Sathairn seo chugainn.
9 (*Goid*) na buachaillí úlla sa ghairdín sin an samhradh seo chugainn agus (*caith : siad*) isteach san abhainn iad.
10 (*Tuill : sé*) a lán airgid an samhradh seo chugainn.

C Scríobh alt san Aimsir Fháistineach, ag baint úsáide as deich gcinn ar a laghad de na briathra thuas.

# An dara réimniú

## Briathar leathan

(mar shampla: **tosaigh**, **críochnaigh**, **gortaigh**, **sleamhnaigh**)

1 Bain an **-aigh** den bhriathar.

2 Cuir **-óidh mé/tú/sé/sí**
**-óimid**
**-óidh sibh/siad**
**-ófar** leis an bhfréamh.

gortaigh → gort → **gortóidh mé**

## Briathar caol

(mar shampla: **éirigh**, **dúisigh**, **cuidigh**, **bailigh**)

1 Bain an **-igh** den bhriathar.

2 Cuir **-eoidh mé/tú/sé/sí**
**-eomid**
**-eoidh sibh/siad**
**-eofar** leis an bhfréamh.

dúisigh → dúis → **dúiseoidh mé**

## Briathra a chríochnaíonn le -air, -ir, -ail, -il, -is

(mar shampla: **imir**, **oscail**, **inis**)

1 Bain an guta deireanach nó na gutaí deireanacha den bhriathar.

2 Cuir **-óidh/-eoidh**
**-óimid/-eoimid**
**-óidh/-eoidh**
**-ófar/-eofar** leis an bhfréamh.

oscail → oscl → **osclóidh mé**

| ullmhaigh | cuimhnigh | freagair |
|---|---|---|
| ullmhóidh mé/tú/sé/sí | cuimhneoidh mé/tú/sé/sí | freagróidh mé/tú/sé/sí |
| ullmhóimid | cuimhneoimid | freagróimid |
| ullmhóidh sibh/siad | cuimhneoidh sibh/siad | freagróidh sibh/siad |
| ní ullmhóidh mé *srl.* | ní chuimhneoidh mé *srl.* | ní fhreagróidh mé *srl.* |
| an ullmhóimid? *srl.* | an gcuimhneoimid? *srl.* | an bhfreagróimid? *srl.* |
| ullmhófar | cuimhneofar | freagrófar |

## Cleachtadh

A Scríobh na briathra seo a leanas san Aimsir Fháistineach (mar atá déanta sa tábla thuas).

1 bailigh 2 cabhraigh 3 oibrigh 4 gortaigh 5 bagair

6 impigh 7 mothaigh 8 codail 9 éirigh 10 críochnaigh

B Athscríobh na habairtí seo a leanas san Aimsir Fháistineach, gan na lúibíní.

1 (*Bailigh*) an múinteoir na cóipleabhair amárach agus (*ceartaigh : sí*) ansin iad.
2 (*Cuardaigh*) na gardaí an áit go cúramach agus (*aimsigh*) an t-airgead a bhí goidte.
3 (*Oibrigh : siad*) óna deich go dtí a cúig a chlog an deireadh seachtaine seo chugainn agus (*tuill : siad*) céad euro.
4 (*Cóirigh : sí*) an leaba ar maidin agus (*glan : sí*) an seomra.
5 (*Fiosraigh*) na gardaí an suíomh aon uair a bheidh tine san áit.
6 (*Codail : mé*) go sámh an deireadh seachtaine seo chugainn agus (*dúisigh : mé*) ag meán lae.
7 (*Freagair : sí*) na ceisteanna go léir don rang amárach.
8 (*Imir : siad*) go maith sa chluiche Dé Domhnaigh seo chugainn.
9 (*Oibrigh : sé*) go dian agus (*éirigh*) go maith leis sa scrúdú.
10 (*Sleamhnaigh*) an carr ar an leac oighir agus (*buail : sé*) i gcoinne an bhalla.

C Scríobh alt san Aimsir Fháistineach, ag baint úsáide as deich gcinn ar a laghad de na briathra thuas.

# Na briathra neamhrialta

| **abair** | | |
|---|---|---|
| déarfaidh mé/tú/sé/sí | ní déarfaidh mé/tú/sé/sí | an ndéarfaidh mé/tú/sé/sí? |
| déarfaimid | ní déarfaimid | an ndéarfaimid? |
| déarfaidh sibh/siad | ní déarfaidh sibh/siad | an ndéarfaidh sibh/siad? |
| déarfar | ní déarfar | an ndéarfar? |

| **beir** | | |
|---|---|---|
| béarfaidh mé/tú/sé/sí | ní bhéarfaidh mé/tú/sé/sí | an mbéarfaidh mé/tú/sé/sí? |
| béarfaimid | ní bhéarfaimid | an mbéarfaimid? |
| béarfaidh sibh/siad | ní bhéarfaidh sibh/siad | an mbéarfaidh sibh/siad? |
| béarfar | ní bhéarfar | an mbéarfar? |

| **bí** | | |
|---|---|---|
| beidh mé/tú/sé/sí | ní bheidh mé/tú/sé/sí | an mbeidh mé/tú/sé/sí? |
| beimid | ní bheimid | an mbeimid? |
| beidh sibh/siad | ní bheidh sibh/siad | an mbeidh sibh/siad? |
| beifear | ní bheifear | an mbeifear? |

| clois | | |
|---|---|---|
| cloisfidh mé/tú/sé/sí | ní chloisfidh mé/tú/sé/sí | an gcloisfidh mé/tú/sé/sí? |
| cloisfimid | ní chloisfimid | an gcloisfimid? |
| cloisfidh sibh/siad | ní chloisfidh sibh/siad | an gcloisfidh sibh/siad? |
| cloisfear | ní chloisfear | an gcloisfear? |

| déan | | |
|---|---|---|
| déanfaidh mé/tú/sé/sí | ní dhéanfaidh mé/tú/sé/sí | an ndéanfaidh mé/tú/sé/sí? |
| déanfaimid | ní dhéanfaimid | an ndéanfaimid? |
| déanfaidh sibh/siad | ní dhéanfaidh sibh/siad | an ndéanfaidh sibh/siad? |
| déanfar | ní dhéanfar | an ndéanfar? |

| faigh | | |
|---|---|---|
| gheobhaidh mé/tú/sé/sí | ní bhfaighidh mé/tú/sé/sí | an bhfaighidh mé/tú/sé/sí? |
| gheobhaimid | ní bhfaighimid | an bhfaighimid? |
| gheobhaidh sibh/siad | ní bhfaighidh sibh/siad | an bhfaighidh sibh/siad? |
| gheofar | ní bhfaighfear | an bhfaighfear? |

| feic | | |
|---|---|---|
| feicfidh mé/tú/sé/sí | ní fheicfidh mé/tú/sé/sí | an bhfeicfidh mé/tú/sé/sí? |
| feicfimid | ní fheicfimid | an bhfeicfimid? |
| feicfidh sibh/siad | ní fheicfidh sibh/siad | an bhfeicfidh sibh/siad? |
| feicfear | ní fheicfear | an bhfeicfear? |

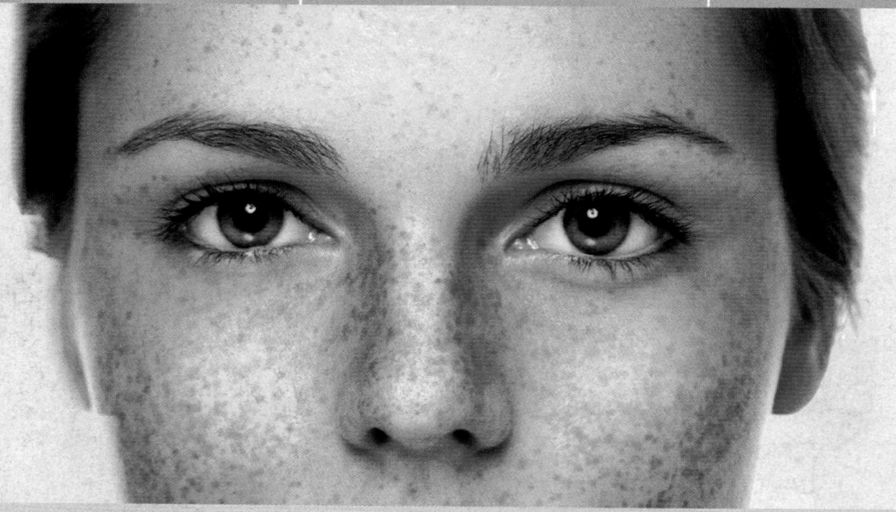

| ith | | |
|---|---|---|
| íosfaidh mé/tú/sé/sí | ní íosfaidh mé/tú/sé/sí | an íosfaidh mé/tú/sé/sí? |
| íosfaimid | ní íosfaimid | an íosfaimid? |
| íosfaidh sibh/siad | ní íosfaidh sibh/siad | an íosfaidh sibh/siad? |
| íosfar | ní íosfar | an íosfar? |

| tabhair | | |
|---|---|---|
| tabharfaidh mé/tú/sé/sí | ní thabharfaidh mé/tú/sé/sí | an dtabharfaidh mé/tú/sé/sí? |
| tabharfaimid | ní thabharfaimid | an dtabharfaimid? |
| tabharfaidh sibh/siad | ní thabharfaidh sibh/siad | an dtabharfaidh sibh/siad? |
| tabharfar | ní thabharfar | an dtabharfar? |

| téigh | | |
|---|---|---|
| rachaidh mé/tú/sé/sí | ní rachaidh mé/tú/sé/sí | an rachaidh mé/tú/sé/sí? |
| rachaimid | ní rachaimid | an rachaimid? |
| rachaidh sibh/siad | ní rachaidh sibh/siad | an rachaidh sibh/siad? |
| rachfar | ní rachfar | an rachfar? |

| tar | | |
|---|---|---|
| tiocfaidh mé/tú/sé/sí | ní thiocfaidh mé/tú/sé/sí | an dtiocfaidh mé/tú/sé/sí? |
| tiocfaimid | ní thiocfaimid | an dtiocfaimid? |
| tiocfaidh sibh/siad | ní thiocfaidh sibh/siad | an dtiocfaidh sibh/siad? |
| tiocfar | ní thiocfar | an dtiocfar? |

**Athscríobh an sliocht seo a leanas san Aimsir Fháistineach.**

Maidin amárach (*clois : sí*) an clog ag bualadh. (*Dúisigh : sí*) agus (*éirigh : sí*) as a leaba. (*Téigh : sí*) isteach sa seomra folctha agus (*nigh : sí*) í féin. (*Tar : sí*) ar ais go dtí a seomra leapa agus (*cuardaigh : sí*) a cuid éadaigh. (*Bí : siad*) ar fud na háite. (*Feic : sí*) a cuid éadaigh faoin leaba. (*Beir : sí*) ar na héadaí agus (*cuir : sí*) uirthi iad. (*Glaoigh*) a máthair uirthi. (*Abair : sí*) léi dul síos an staighre. (*Téigh : sí*) síos an staighre agus (*ith : sí*) a bricfeasta. (*Déan : sí*) a lón agus (*faigh : sí*) airgead óna hathair don bhus. (*Tabhair : sí*) póg dá tuismitheoirí agus (*imigh : sí*).

## Deachtú

Éist leis an múinteoir ag léamh an tsleachta seo thíos agus scríobh é.

Tosóidh Seán ag obair ag a deich a chlog nuair a osclófar an banc. Cabhróidh sé leis na custaiméirí agus freagróidh sé na ceisteanna a bheidh acu. Go tobann mothóidh sé teannas sa bhanc. Tiocfaidh gadaithe isteach sa bhanc. Beidh gunnaí acu agus bagróidh siad ar na custaiméirí leis na gunnaí. Cuardóidh siad an banc ag lorg airgid. Beidh cuid de na custaiméirí sceimhlithe ina mbeatha agus impeoidh siad ar na gadaithe gan iad a ghortú. Sleamhnóidh gadaí amháin ar an urlár agus gortóidh sé a lámh. Titfidh a ghunna ar an urlár agus béarfaidh Seán air. Éalóidh na gadaithe eile as an mbanc. Tiocfaidh na gardaí agus fiosróidh siad an scéal. Críochnóidh na gardaí a gcuid fiosrúchán agus imeoidh gach duine abhaile. Ní chodlóidh aon duine an oíche sin.

# 5 An Modh Coinníollach

## An chéad réimniú

- Cuir séimhiú ar an gcéad chonsan.
- Cuir **d'** roimh ghuta nó **f**.
- Cuir urú tar éis **dá/mura**.

### Briathar leathan

Cuir **-fainn**
**-fá**
**-fadh sé/sí**
**-faimis**
**-fadh sibh**
**-faidís**
**-faí** leis an bhfréamh.

### Briathar caol

Cuir **-finn**
**-feá**
**-feadh sé/sí**
**-fimis**
**-feadh sibh**
**-fidís**
**-fí** leis an bhfréamh.

| **bain** | **féach** | **éist** |
|---|---|---|
| bhainfinn | d'fhéachfainn | d'éistfinn |
| bhainfeá | d'fhéachfá | d'éistfeá |
| bhainfeadh sé/sí | d'fhéachfadh sé/sí | d'éistfeadh sé/sí |
| bhainfimis | d'fhéachfaimis | d'éistfimis |
| bhainfeadh sibh | d'fhéachfadh sibh | d'éistfeadh sibh |
| bhainfidís | d'fhéachfaidís | d'éistfidís |
| ní bhainfinn *srl.* | ní fhéachfainn *srl.* | ní éistfinn *srl.* |
| an mbainfimis? *srl.* | an bhféachfaimis? *srl.* | an éistfimis? *srl.* |
| dá/mura mbainfinn *srl.* | dá/mura bhféachfainn *srl.* | dá/mura n-éistfinn *srl.* |
| bhainfí | d'fhéachfaí | d'éistfí |

## Cleachtadh

A Scríobh na briathra seo a leanas sa Mhodh Coinníollach (mar atá déanta sa tábla thuas).

1 fás 2 bris 3 fág 4 díol 5 íoc
6 tóg 7 buail 8 bain 9 geall 10 sroich

B Athscríobh na habairtí seo a leanas sa Mhodh Coinníollach, gan na lúibíní.

1 (*Fág : mé*) an teach ag a hocht a chlog maidin amárach dá mbeadh scoil agam.
2 (*Glan : siad*) an teach Dé Sathairn seo chugainn dá mbeadh sé salach.
3 (*Fill : tú*) ar do theach ag a naoi a chlog san oíche amárach dá mbeadh ort.
4 (*Sroich : sí*) an scoil roimh an múinteoir dá n-éireodh sí in am.
5 (*Féach : sé*) ar an gclár sin Dé Luain seo chugainn dá mbeadh teilifís aige.
6 (*Coimeád*) an múinteoir na daltaí siar Dé hAoine seo chugainn dá mbeidís dána.
7 (*Siúil : mé*) ar scoil maidin amárach mura mbeadh sé ag cur báistí.
8 (*Buail : mé*) le mo chairde Dé Sathairn seo chugainn dá mbeadh an t-am agam.
9 Dá (*goid*) na buachaillí úlla sa ghairdín sin an samhradh seo chugainn (*caith : siad*) isteach san abhainn iad.
10 (*Tuill : sé*) a lán airgid an samhradh seo chugainn dá mbeadh post aige.

C Scríobh alt sa Mhodh Coinníollach, ag baint úsáide as deich gcinn ar a laghad de na briathra thuas.

## An dara réimniú

### Briathar leathan

(mar shampla: **tosaigh**, **críochnaigh**, **gortaigh**, **sleamhnaigh**)

1 Bain an **-aigh** den bhriathar.

2 Cuir **-óinn**
**-ófá**
**-ódh sé/sí**
**-óimis**
**-ódh sibh**
**-óidís**
**-ófaí** leis an bhfréamh.

gortaigh → gort → **ghortóinn**

### Briathar caol

(mar shampla: **éirigh**, **dúisigh**, **cuidigh**, **bailigh**)

1 Bain an **-igh** den bhriathar.

2 Cuir **-eoinn**
**-eofá**
**-eodh sé/sí**
**-eoimis**
**-eodh sibh**
**-eoidís**
**-eofaí** leis an bhfréamh.

dúisigh → dúis → **dhúiseoinn**

## Briathra a chríochnaíonn le -air, -ir, -ail, -il, -is

(mar shampla: **imir**, **oscail**, **inis**)

1 Bain an guta deireanach nó na gutaí deireanacha den bhriathar.

2 Cuir **-óinn/-eoinn**
**-ófá/-eofá**
**-ódh/-eodh sé/sí**
**-óimis/-eoimis**
**-ódh/-eodh sibh**
**-óidís/-eoidís**
**-ófaí/-eofaí** leis an bhfréamh.

oscail → oscl → **d'osclóinn**

| ullmhaigh | cuimhnigh | freagair |
|---|---|---|
| d'ullmhóinn | chuimhneoinn | d'fhreagróinn |
| d'ullmhófá | chuimhneofá | d'fhreagrófá |
| d'ullmhódh sé/sí | chuimhneodh sé/sí | d'fhreagródh sé/sí |
| d'ullmhóimis | chuimhneoimis | d'fhreagróimis |
| d'ullmhódh sibh | chuimhneodh sibh | d'fhreagródh sibh |
| d'ullmhóidís | chuimhneoidís | d'fhreagróidís |
| ní ullmhóinn *srl.* | ní chuimhneoinn *srl.* | ní fhreagróinn *srl.* |
| an ullmhóimis? *srl.* | an gcuimhneoimis? *srl.* | an bhfreagóimis? *srl.* |
| dá/mura n-ullmhóinn *srl.* | dá/mura gcuimhneoinn *srl.* | dá/mura bhfreagróinn *srl.* |
| d'ullmhófaí | chuimhneofaí | d'fhreagrófaí |

### Cleachtadh

A Scríobh na briathra seo a leanas sa Mhodh Coinníollach (mar atá déanta sa tábla thuas).

1 bailigh　2 cabhraigh　3 oibrigh　4 gortaigh　5 bagair
6 impigh　7 mothaigh　8 codail　9 éirigh　10 críochnaigh

B Athscríobh na habairtí seo a leanas sa Mhodh Coinníollach, gan na lúibíní.

1 Dá (*bailigh*) an múinteoir na cóipleabhair amárach (*ceartaigh : sí*) ansin iad.
2 Dá (*cuardaigh*) na gardaí an áit go cúramach (*aimsigh*) an t-airgead a bhí goidte.
3 (*Tuill : siad*) céad euro dá (*oibrigh : siad*) óna deich go dtí a cúig a chlog an deireadh seachtaine seo chugainn.
4 (*Cóirigh : sí*) an leaba ar maidin agus (*glan : sí*) an seomra dá mbeadh gá leis.
5 (*Fiosraigh*) na gardaí an suíomh dá (*bí*) tine san áit.
6 Dá (*codail : mé*) go sámh an deireadh seachtaine seo chugainn ní (*dúisigh : mé*) go dtí meán lae.

7 (*Freagair : sí*) na ceisteanna go léir don rang amárach dá (*bí*) sí ann.
8 (*Imir : siad*) go maith sa chluiche Dé Domhnaigh seo chugainn dá (*bí*) an aimsir go maith.
9 Dá (*oibrigh : sé*) go dian (*éirigh*) go maith leis sa scrúdú.
10 Dá (*sleamhnaigh*) an carr ar an leac oighir (*buail : sé*) i gcoinne an bhalla.

C Scríobh alt sa Mhodh Coinníollach, ag baint úsáide as deich gcinn ar a laghad de na briathra thuas.

## Na briathra neamhrialta

| **abair** | | |
|---|---|---|
| déarfainn | ní déarfainn | an ndéarfainn? |
| déarfá | ní déarfá | an ndéarfá? |
| déarfadh sé/sí | ní déarfadh sé/sí | an ndéarfadh sé/sí? |
| déarfaimis | ní déarfaimis | an ndéarfaimis? |
| déarfadh sibh | ní déarfadh sibh | an ndéarfadh sibh? |
| déarfaidís | ní déarfaidís | an ndéarfaidís? |
| déarfaí | ní déarfaí | an ndéarfaí? |

| **beir** | | |
|---|---|---|
| bhéarfainn | ní bhéarfainn | an mbéarfainn? |
| bhéarfá | ní bhéarfá | an mbéarfá? |
| bhéarfadh sé/sí | ní bhéarfadh sé/sí | an mbéarfadh sé/sí? |
| bhéarfaimis | ní bhéarfaimis | an mbéarfaimis? |
| bhéarfadh sibh | ní bhéarfadh sibh | an mbéarfadh sibh? |
| bhéarfaidís | ní bhéarfaidís | an mbéarfaidís? |
| bhéarfaí | ní bhéarfaí | an mbéarfaí? |

| **clois** | | |
|---|---|---|
| chloisfinn | ní chloisfinn | an gcloisfinn? |
| chloisfeá | ní chloisfeá | an gcloisfeá? |
| chloisfeadh sé/sí | ní chloisfeadh sé/sí | an gcloisfeadh sé/sí? |
| chloisfimis | ní chloisfimis | an gcloisfimis? |
| chloisfeadh sibh | ní chloisfeadh sibh | an gcloisfeadh sibh? |
| chloisfidís | ní chloisfidís | an gcloisfidís? |
| chloisfí | ní chloisfí | an gcloisfí? |

| bí | | |
|---|---|---|
| bheinn | ní bheinn | an mbeinn? |
| bheifeá | ní bheifeá | an mbeifeá? |
| bheadh sé/sí | ní bheadh sé/sí | an mbeadh sé/sí? |
| bheimis | ní bheimis | an mbeimis? |
| bheadh sibh | ní bheadh sibh | an mbeadh sibh? |
| bheidís | ní bheidís | an mbeidís? |
| bheifí | ní bheifí | an mbeifí? |

| déan | | |
|---|---|---|
| dhéanfainn | ní dhéanfainn | an ndéanfainn? |
| dhéanfá | ní dhéanfá | an ndéanfá? |
| dhéanfadh sé/sí | ní dhéanfadh sé/sí | an ndéanfadh sé/sí? |
| dhéanfaimis | ní dhéanfaimis | an ndéanfaimis? |
| dhéanfadh sibh | ní dhéanfadh sibh | an ndéanfadh sibh? |
| dhéanfaidís | ní dhéanfaidís | an ndéanfaidís? |
| dhéanfaí | ní dhéanfaí | an ndéanfaí? |

| faigh | | |
|---|---|---|
| gheobhainn | ní bhfaighinn | an bhfaighinn? |
| gheofá | ní bhfaighfeá | an bhfaighfeá? |
| gheobhadh sé/sí | ní bhfaigheadh sé | an bhfaigheadh sé? |
| gheobhaimis | ní bhfaighimis | an bhfaighimis? |
| gheobhadh sibh | ní bhfaigheadh sibh | an bhfaigheadh sibh? |
| gheobhaidís | ní bhfaighidís | an bhfaighidís? |
| gheofaí | ní bhfaighfí | an bhfaighfí? |

| feic | | |
|---|---|---|
| d'fheicfinn | ní fheicfinn | an bhfeicfinn? |
| d'fheicfeá | ní fheicfeá | an bhfeicfeá? |
| d'fheicfeadh sé/sí | ní fheicfeadh sé/sí | an bhfeicfeadh sé/sí? |
| d'fheicfimis | ní fheicfimis | an bhfeicfimis? |
| d'fheicfeadh sibh | ní fheicfeadh sibh | an bhfeicfeadh sibh? |
| d'fheicfidís | ní fheicfidís | an bhfeicfidís? |
| d'fheicfí | ní fheicfí | an bhfeicfí? |

| ith | | |
|---|---|---|
| d'íosfainn | ní íosfainn | an íosfainn? |
| d'íosfá | ní íosfá | an íosfá? |
| d'íosfadh sé/sí | ní íosfadh sé/sí | an íosfadh sé/sí? |
| d'íosfaimis | ní íosfaimis | an íosfaimis? |
| d'íosfadh sibh | ní íosfadh sibh | an íosfadh sibh? |
| d'íosfaidís | ní íosfaidís | an íosfaidís? |
| d'íosfaí | ní íosfaí | an íosfaí? |

| tabhair | | |
|---|---|---|
| thabharfainn | ní thabharfainn | an dtabharfainn? |
| thabharfá | ní thabharfá | an dtabharfá? |
| thabharfadh sé/sí | ní thabharfadh sé/sí | an dtabharfadh sé/sí? |
| thabharfaimis | ní thabharfaimis | an dtabharfaimis? |
| thabharfadh sibh | ní thabharfadh sibh | an dtabharfadh sibh? |
| thabharfaidís | ní thabharfaidís | an dtabharfaidís? |
| thabharfaí | ní thabharfaí | an dtabharfaí? |

| tar | | |
|---|---|---|
| thiocfainn | ní thiocfainn | an dtiocfainn? |
| thiocfá | ní thiocfá | an dtiocfá? |
| thiocfadh sé/sí | ní thiocfadh sé/sí | an dtiocfadh sé/sí? |
| thiocfaimis | ní thiocfaimis | an dtiocfaimis? |
| thiocfadh sibh | ní thiocfadh sibh | an dtiocfadh sibh? |
| thiocfaidís | ní thiocfaidís | an dtiocfaidís? |
| thiocfaí | ní thiocfaí | an dtiocfaí? |

| **téigh** | | |
|---|---|---|
| rachainn | ní rachainn | an rachainn? |
| rachfá | ní rachfá | an rachfá? |
| rachadh sé/sí | ní rachadh sé/sí | an rachadh sé/sí? |
| rachaimis | ní rachaimis | an rachaimis? |
| rachadh sibh | ní rachadh sibh | an rachadh sibh? |
| rachaidís | ní rachaidís | an rachaidís? |
| rachfaí | ní rachfaí | an rachfaí? |

### Cleachtadh

Athscríobh an sliocht seo a leanas sa Mhodh Coinníollach.

Dá mbeadh sí ag baile, (*clois : sí*) an clog ag bualadh. (*Dúisigh : sí*) agus (*éirigh : sí*) as a leaba. (*Téigh : sí*) isteach sa seomra folctha agus (*nigh : sí*) í féin. (*Tar : sí*) ar ais go dtí a seomra leapa agus (*cuardaigh : sí*) a cuid éadaigh. (*Bí : siad*) siad ar fud na háite. (*Feic : sí*) a cuid éadaigh faoin leaba. (*Beir : sí*) ar na héadaí agus (*cuir : sí*) uirthi iad. (*Glaoigh*) a máthair uirthi. (*Abair : sí*) léi dul síos an staighre. (*Téigh : sí*) síos an staighre agus (*ith : sí*) a bricfeasta. (*Déan : sí*) a lón agus (*faigh : sí*) airgead óna hathair don bhus. (*Tabhair : sí*) póg dá tuismitheoirí agus (*imigh : sí*).

## Deachtú

Éist leis an múinteoir ag léamh an tsleachta seo thíos agus scríobh é.

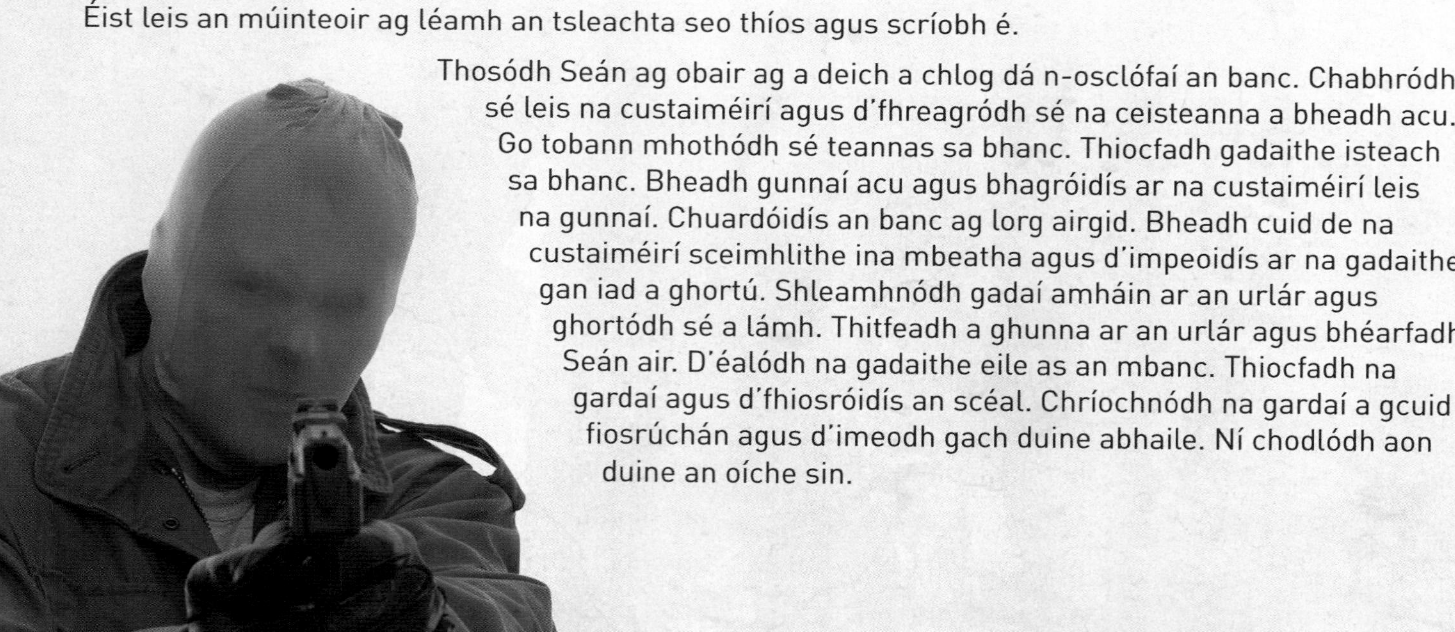

Thosódh Seán ag obair ag a deich a chlog dá n-osclófaí an banc. Chabhródh sé leis na custaiméirí agus d'fhreagródh sé na ceisteanna a bheadh acu. Go tobann mhothódh sé teannas sa bhanc. Thiocfadh gadaithe isteach sa bhanc. Bheadh gunnaí acu agus bhagróidís ar na custaiméirí leis na gunnaí. Chuardóidís an banc ag lorg airgid. Bheadh cuid de na custaiméirí sceimhlithe ina mbeatha agus d'impeoidís ar na gadaithe gan iad a ghortú. Shleamhnódh gadaí amháin ar an urlár agus ghortódh sé a lámh. Thitfeadh a ghunna ar an urlár agus bhéarfadh Seán air. D'éalódh na gadaithe eile as an mbanc. Thiocfadh na gardaí agus d'fhiosróidís an scéal. Chríochnódh na gardaí a gcuid fiosrúchán agus d'imeodh gach duine abhaile. Ní chodlódh aon duine an oíche sin.

# 6 An aidiacht shealbhach

## Roimh chonsan

| | | | |
|---|---|---|---|
| **mo (*my*) + séimhiú** | mo chara | mo dheartháir | mo mháthair |
| **do (*your*) + séimhiú** | do chara | do dheartháir | do mháthair |
| **a (*his*) + séimhiú** | a chara | a dheartháir | a mháthair |
| **a (*her*)** | a cara | a deartháir | a máthair |
| **ár (*our*) + urú** | ár gcairde | ár ndeartháireacha | ár máthair |
| **bhur (*your*) + urú** | bhur gcairde | bhur ndeartháireacha | bhur máthair |
| **a (*their*) + urú** | a gcairde | a ndeartháireacha | a máthair |

### Cleachtadh

Athscríobh na habairtí seo a leanas gan na lúibíní.

1 Chuaigh mé abhaile le mo (*deartháir*) ón scoil inné.
2 Thit a (*cóipleabhar*) ar an urlár agus phioc sé suas é.
3 Bhí a (*máthair*) crosta léi mar nár thug sí a (*mála*) ar scoil.
4 D'itheamar ár (*dinnéar*) go tapaidh mar go raibh ocras orainn.
5 Tá mo (*deirfiúr*) seacht mbliana d'aois.
6 Tá ár (*teach*) suite faoin tuath agus is aoibhinn linn é.
7 Téim ar mo chuid laethanta saoire gach samhradh le mo (*muintir*) agus le mo (*cara*) Úna.
8 Is aoibhinn léi a (*múinteoir*) Gaeilge ach ní maith léi a (*príomhoide*).
9 'Tá bhur (*bróga*) agus bhur (*cótaí*) in aice an dorais,' a dúirt Mam leis na páistí.
10 Thug siad a (*cártaí*) don mhúinteoir um Nollaig.

## Roimh ghuta

| | | | |
|---|---|---|---|
| **m' (*my*)** | m'athair | m'uncail | m'ordóg |
| **d' (*your*)** | d'athair | d'uncail | d'ordóg |
| **a (*his*)** | a athair | a uncail | a ordóg |
| **a (*her*) + h** | a hathair | a huncail | a hordóg |
| **ár (*our*) + urú (n-)** | ár n-athair | ár n-uncail | ár n-ordóga |
| **bhur (*your*) + urú (n-)** | bhur n-athair | bhur n-uncail | bhur n-ordóga |
| **a (*their*) + urú (n-)** | a n-athair | a n-uncail | a n-ordóga |

## Cleachtadh

Athscríobh na habairtí seo a leanas gan na lúibíní.

1 Scríobh sí a (*ainm*) ar a (*mála*) nua.

2 D'éirigh a (*aghaidh*) an-dearg mar thit sé ar an talamh.

3 Chaill mé (*mo : eochair*) ar mo (*bealach*) ar scoil.

4 Bhí an cailín an-álainn agus thit an fear i ngrá lena (*aghaidh*).

5 Léigh gach duine a (*alt*) a scríobh siad sa pháipéar.

6 Cheannaigh a (*uncail*) bronntanas dóibh um Nollaig.

7 Scríobhamar ár (*aistí*) Béarla Dé Domhnaigh.

8 Mhill a (*éad*) a (*clann*) agus bhí brón uirthi ansin.

9 Is maith liom (*mo : eastát*) tithíochta mar tá sé an-deas.

10 Ní maith leo a (*éide*) scoile mar go bhfuil dath dubh air.

11 Bhí fearg ar (*mo : athair*) nuair a briseadh isteach ina (*siopa*).

12 Bhí mo (*muintir*) go léir ann – mo (*col ceathracha*) agus (*mo : aintín*) agus (*mo: uncail*) – ach bhí díomá ar mo (*máthair*) mar ní raibh a (*aintíní*) ann.

| An aidiacht shealbhach le 'i' | An aidiacht shealbhach le 'le' | An aidiacht shealbhach le 'do' |
|---|---|---|
| táim i mo chónaí | bhí mé ag caint le mo chara | thug mé an leabhar do mo chara |
| tá tú i do chónaí | bhí tú ag caint le do chara | thug tú an leabhar do do chara |
| tá sé ina chónaí | bhí sé ag caint lena chara | thug sé an leabhar dá chara |
| tá sí ina cónaí | bhí sí ag caint lena cara | thug sí an leabhar dá cara |
| táimid inár gcónaí | bhíomar ag caint lenár gcara | thugamar an leabhar dár gcara |
| tá sibh in bhur gcónaí | bhí sibh ag caint le bhur gcara | thug sibh an leabhar do bhur gcara |
| tá siad ina gcónaí | bhí siad ag caint lena gcara | thug siad an leabhar dá gcara |

## Cleachtadh

Athscríobh na habairtí seo gan na lúibíní.

1 Bíonn Máire i gcónaí ag caint lena (*cara*).
2 Thug an buachaill bronntanas dá (*deartháir*) mar go raibh a (*breithlá*) ann.
3 Téann na cailíní amach lena (*cairde*) gach deireadh seachtaine.
4 Is aoibhinn le mo (*cara*) ceol agus thug mé ticéad don cheolchoirm dó dá (*breithlá*).
5 Bhí Úna ag caint lena (*athair*) sula ndeachaigh sí ar scoil ar maidin.
6 Tá mo mhamó an-sean agus caitheann sí an lá ar fad ina (*suí*) in aice na tine.
7 Uaireanta bíonn Iníon de Barra ina (*seasamh*) agus uaireanta bíonn sí ina (*suí*).
8 Is aoibhinn liom a bheith i mo (*suí*) os comhair na teilifíse agus ag caint le mo (*máthair*).
9 Feicim na daoine bochta ina (*suí*) ar an talamh ag lorg déirce.
10 D'fhág ár (*cairde*) an baile seo.
11 Tá siad ina (*cónaí*) faoin tuath anois.
12 Bhí sí neirbhíseach nuair a bhí sí ag fanacht lena (*cuid*) torthaí.

# 7 Séimhiú agus urú

## Séimhiú

Leanann séimhiú na focail seo a leanas go hiondúil, má chuirtear roimh chonsan iad.

- **ar**
  bhí áthas **ar** M**h**áire
- **don**
  **don** c**h**ailín
- **trí**
  chuaigh an teach **trí** t**h**ine
- **mo**
  **mo** c**h**ara
- **ní**
  **ní** d**h**éanann sí aon obair
- **nuair a**
  **nuair a** t**h**agaim abhaile
- **an-**
  **an**-m**h**aith
- **de**
  d'fhiafraigh mé **de** S**h**eán
- **faoi**
  ag caint **faoi** S**h**eán
- **roimh**
  chuir mé fáilte **roimh** S**h**eán
- **do**
  **do** m**h**áthair
- **níor**
  **níor** c**h**uir mé
- **má**
  **má** d**h**éanann tú
- **uimhreacha 1–6**
  **aon** b**h**ád (*ach* **aon** duine)
  **dhá** b**h**ád
  **trí** b**h**ád
  **ceithre** b**h**ád
  **cúig** b**h**ád
  **sé** b**h**ád.
- **do**
  **do** P**h**ádraig
- **ó**
  saor **ó** b**h**uairt
- **sa**
  **sa** b**h**aile (*ach* **sa** teach)
- **a** (*his*)
  **a** m**h**áthair
- **ar**?
  **ar** c**h**uir sé?
- **ró-**
  **ró**m**h**ór

### Eisceachtaí

#### d, n, t, l, s

Má chríochnaíonn focal amháin le **d**, **n**, **t**, **l** nó **s**, agus má thosaíonn an chéad fhocal eile le **d**, **n**, **t**, **l** nó **s**, ní ghlacann an dara focal séimhiú go hiondúil.

Mar shampla:

- aon teach
- an-simplí
- don dochtúir.

#### Sa

Cuireann **sa** séimhiú ar an gconsan ina dhiaidh (mar shampla, **sa bhaile**), ach amháin nuair a thosaíonn an focal le **d**, **n**, **t**, **l** nó **s** (mar shampla, **sa siopa**).

Cuireann **sa t** roimh **s** más focal baininscneach atá i gceist.

Mar shampla:

- sa tsaotharlann
- sa tsráid.

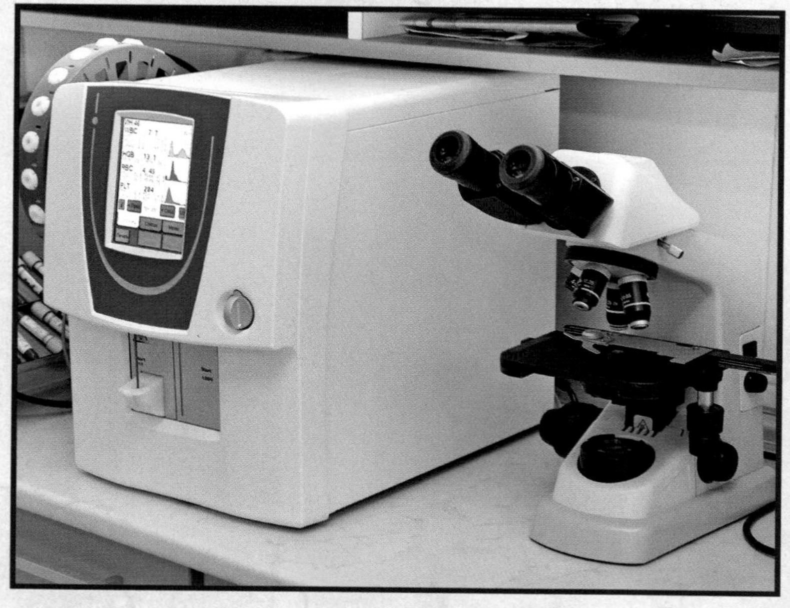

### Cleachtadh

Athscríobh na habairtí thíos gan na lúibíní.

1 Nuair a (*féachann*) Máire ar an teilifís bíonn áthas agus brón uirthi.
2 Chuir mé fáilte roimh (*Pól*) nuair a tháinig sé abhaile ón Spáinn lena (*muintir*).
3 Tá mo (*cara*) an-(*dána*) agus bhí uirthi fanacht siar sa (*scoil*) Dé hAoine.
4 Nuair a (*tagaim*) abhaile ón scoil athraím mo (*cuid*) éadaigh.
5 Chuala mé ráfla faoi (*Máire*) a dúirt gur bhuaigh a (*athair*) an crannchur.
6 Chuaigh trí (*teach*) trí (*tine*) aréir sa (*cathair*).
7 Thug mé an leabhar do (*Ciara*) agus chuir sí ina (*mála*) é.
8 Thug sí cúnamh don (*múinteoir*) ach níor thug sí aon (*cúnamh*) don (*dochtúir*).
9 Bhí an rang ag magadh faoi (*cailín*) nua a tháinig isteach agus bhí an múinteoir an-(*feargach*) leis an rang.
10 Bhí mo (*máthair*) ag caint lena (*cara*) aréir.

## Urú

Leanann urú na focail seo a leanas, má chuirtear roimh chonsan iad.

- **i**
  **i d**trioblóid
- **ar an**
  **ar an g**cailín
- **leis an**
  **leis an m**buachaill
- **chuig an**
  **chuig an m**bord
- **bhur**
  **bhur g**cótaí
- **dá**
  **dá m**beadh an lá go maith
- **ag an**
  **ag an g**cailín
- **as an**
  **as an g**cailín
- **tríd an**
  **tríd an b**post
- **roimh an**
  **roimh an g**cuairteoir
- **a** (*their*)
  **a g**cótaí
- **uimhreacha 7–10**
  **seacht g**capall
  **ocht g**capall
  **naoi g**capall
  **deich g**capall
- **ón**
  **ón b**páirc
- **faoin**
  **faoin m**bord
- **thar an**
  **thar an m**balla
- **ár**
  **ár g**cótaí
- **an**?
  **an n**déanann tú? (*ach* an imíonn tú?)

### Eisceachtaí

#### d, n, t, l, s

Má chríochnaíonn focal amháin le **d**, **n**, **t**, **l** nó **s**, agus má thosaíonn an chéad fhocal eile le **d**, **n**, **t**, **l** nó **s**, ní ghlacann an dara focal urú go hiondúil.

Mar shampla:

- ag an doras
- chuig an teach
- as an siopa.

Más ainmfhocal baininscneach atá i gceist a thosaíonn le **s**, cuirtear **t** roimh an **s**.

Mar shampla:

- ar an tsráid
- leis an tseanbhean.

## An t-urú

- **m** roimh **b**
  ar an **mb**ád
- **n** roimh **g**
  roimh an **ng**arda
- **d** roimh **t**
  i **dt**ír
- **g** roimh **c**
  ar an **gc**apall
- **bh** roimh **f**
  ar an **bhf**arraige
- **n** roimh **d**
  naoi **nd**oras
- **b** roimh **p**
  ar an **bp**áiste

## Cleachtadh

**A Athscríobh na habairtí seo a leanas gan na lúibíní.**

1. Bhí fearg ar an (*bean*) nuair a goideadh a (*mála*).
2. Beidh áthas an domhain ar an (*fear*) nuair a gheobhaidh sé a (*céad*) duais.
3. Bíonn Séamas i (*cónaí*) ag caint sa rang agus bíonn sé i (*trioblóid*) an t-am ar fad lena (*múinteoir*).
4. D'éalaigh na gadaithe ón (*príosún*) aréir agus d'fhág siad a (*cótaí*) príosúin ina (*diaidh*).
5. Is aoibhinn le mo (*cara*) ainmhithe. Tá seacht (*cat*), trí (*capall*) agus naoi (*coinín*) aici.
6. Nuair a chuaigh an teach trí (*tine*) chuir an bhean glaoch ar an (*briogáid*) dóiteáin ar an (*fón*).
7. Bhí sé ag caint leis an (*fiaclóir*) ach ní raibh sé ag éisteacht leis. Bhí sé ag féachaint ar an (*teilifís*).
8. Chuir an bhean fáilte roimh an (*cuairteoir*) nuair a tháinig sé anseo ar cuairt ar a (*teach*).
9. Nuair a bhíomar ag an (*trá*) d'fhanamar ag féachaint ar an (*farraige*) an lá ar fad.
10. Bhí fearg ar an (*fear*) a bhí in aice leis an (*fuinneog*).

**B Athscríobh na habairtí seo a leanas gan na lúibíní.**

1. D'iarr mé ar (*Pádraig*) dul amach agus an bia a thabhairt don (*bó*).
2. Tháinig sé abhaile ó (*Baile*) Átha Cliath ina (*carr*) agus bhí áthas ar a (*máthair*) é a fheiceáil.
3. Thug sé an leabhar do (*Siobhán*) agus scríobh sí a (*ainm*) ar an (*clúdach*).
4. Nuair a (*féachaim*) ar an (*clár*) sin bím i mo (*suí*) ar an (*cathaoir*).
5. Tá an rang snámha seo an-(*maith*) ach ró(*mór*).
6. Tá na páistí ró(*cainteach*) agus tá a (*athair*) an-(*feargach*) leo.
7. Bhí náire ar (*Bríd*) nuair a thit a (*fiacla bréige*) amach.
8. Ní (*ceannaím*) a lán milseán mar go lobhann siad mo (*cuid*) fiacla agus bíonn (*mo : fiaclóir*) an-(*crosta*) liom.
9. Chuaigh Máire, a (*athair*) agus a (*cara*) isteach sa (*cathair*) agus cheannaigh siad bronntanais dá (*cairde*).
10. Tá a lán daoine óga faoi (*brú*) inniu, go háirithe óna (*cairde*) agus óna (*tuismitheoirí*).

# 8 Na réamhfhocail

## ar + séimhiú

| | |
|---|---|
| ar + mé | orm |
| ar + tú | ort |
| ar + sé | air |
| ar + sí | uirthi |
| ar + sinn/muid | orainn |
| ar + sibh | oraibh |
| ar + siad | orthu |

Úsáidtear **ar** tar éis roinnt briathra.

- féach ar
- teip ar
- glaoigh ar
- braith ar
- freastail ar
- iarr ar
- déan dearmad ar.

Úsáidtear **ar** tar éis cuid de na mothúcháin agus de na tinnis.

- tá slaghdán orm
- tá brón ort
- tá ocras air
- tá eagla uirthi
- tá uaigneas orainn
- tá tinneas cinn oraibh
- tá éad orthu.

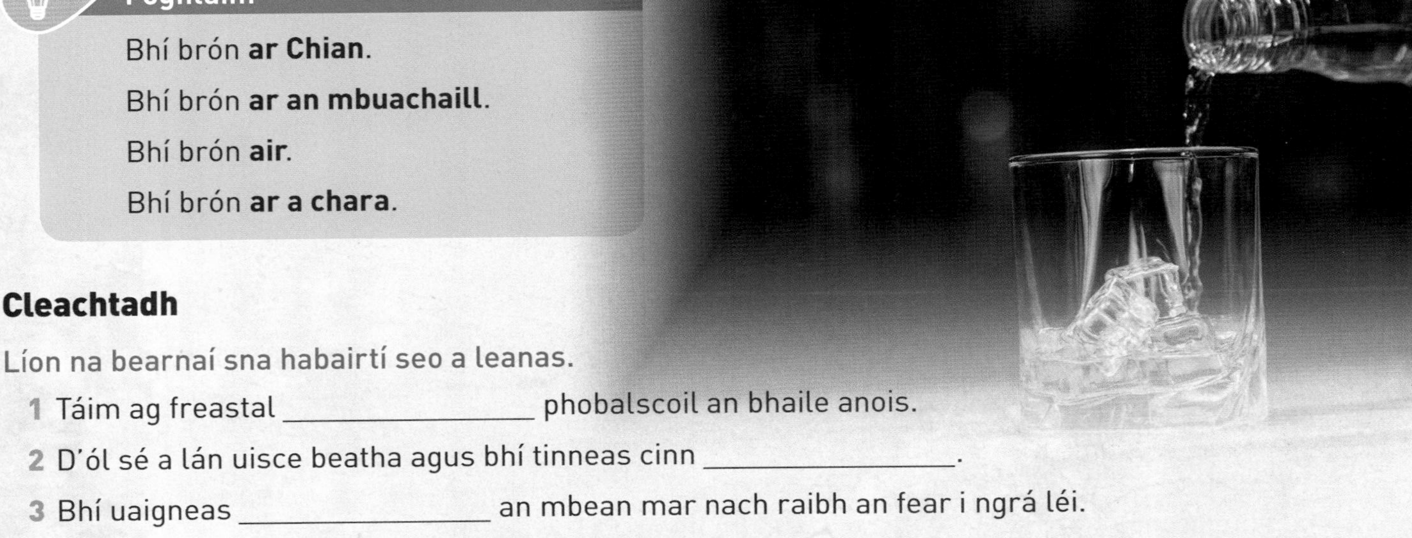

**Foghlaim**

Bhí brón **ar Chian**.

Bhí brón **ar an mbuachaill**.

Bhí brón **air**.

Bhí brón **ar a chara**.

### Cleachtadh

Líon na bearnaí sna habairtí seo a leanas.

1 Táim ag freastal ________________ phobalscoil an bhaile anois.

2 D'ól sé a lán uisce beatha agus bhí tinneas cinn ________________.

3 Bhí uaigneas ________________ an mbean mar nach raibh an fear i ngrá léi.

4 Theip (*sé*) ________________ ina scrúdú agus bhí brón an domhain ________________ .

5 Ghlaoigh mé ________________ mo chara aréir ar an (*fón*) ________________.

6 Chuimhnigh sí ________________ a (*cara*) ________________ mar go raibh a breithlá ann.

7 Rinne mé dearmad ________________ mo leabhar scoile ach chuimhnigh mé ________________ nuair a bhí mé ar mo bhealach ________________ scoil.

8 Bhí eagla ________________ an gcailín beag nuair a chuaigh sí ar strae sa bhaile mór.

9 Bhuaigh mo mháthair a lán airgid agus roinn sí ________________ an gclann é.

10 Rug na gardaí ________________ an ngadaí nuair a bhí sé ag éalú ón bpictiúrlann.

## do + séimhiú

| | |
|---|---|
| do + mé | dom |
| do + tú | duit |
| do + sé | dó |
| do + sí | di |
| do + sinn/muid | dúinn |
| do + sibh | daoibh |
| do + siad | dóibh |

Úsáidtear **do** tar éis roinnt briathra.

- geall do
- inis do
- taispeáin do
- lig do
- tabhair do
- géill do
- déan do

**Foghlaim**

Thug sé an leabhar nua **do Sheán**.

Thug sé an leabhar nua **don bhuachaill**.

Thug sé an leabhar nua **dó**.

Thug sé an leabhar nua **dá chara**.

### Cleachtadh

Líon na bearnaí sna habairtí seo a leanas.

1 Thug mé bronntanas ________________ mo (*máthair*) ________________ nuair a bhí a (*breithlá*) ________________ ann.

2 Thaispeáin sé a charr nua ________________ agus cheap mé go raibh sé an-(*deas*) ________________.

3 Rinne mé an obair bhaile ______________ mo dheartháir mar go raibh sé tinn agus thug sé deich euro ______________.

4 Thug an múinteoir íde béil ______________ mar nach ndearna sí a (*cuid*) ______________ obair bhaile.

5 Thaispeáin a athair ______________ conas carr a thiomáint.

6 Ní raibh na páistí ag obair ______________ scoil agus thug an múinteoir a lán obair bhaile ______________.

7 Thug an banc iasacht airgid ______________ fheirmeoir nuair a theip ______________ na barraí.

8 D'inis mo (*máthair*) ______________ ______________ gan bréag a insint.

9 Thug ár máthair céad euro ______________ nuair a bhíomar ag dul ______________ laethanta saoire.

10 Chuaigh na cuairteoirí ar strae san áit agus thaispeáin mé an bealach ceart ______________.

## le

| le + mé | liom |
|---|---|
| le + tú | leat |
| le + sé | leis |
| le + sí | léi |
| le + sinn/muid | linn |
| le + sibh | libh |
| le + siad | leo |

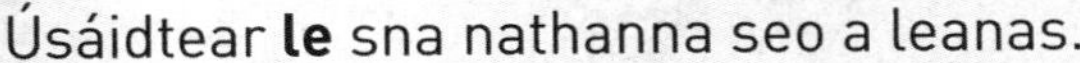

Úsáidtear **le** sna nathanna seo a leanas.

- is maith/fearr le
- d'éirigh le
- labhair le
- cabhraigh le
- ag súil le
- feargach le
- is gráin/fuath le
- caint le
- éist le
- fan le
- ag tnúth le
- in éad le.
- is féidir le
- abair le
- buail le
- taitin le
- ag tacú le

### Foghlaim

Bhí sé ag caint **le Seán/le hAoife**.

Bhí sé ag caint **leis an mbuachaill**.

Bhí sé ag caint **leis**.

Bhí sé ag caint **lena chara**.

### Cleachtadh

Líon na bearnaí sna habairtí seo a leanas.

1 Is maith (*mé*) ________________ Gaeilge ach is fuath ________________ mata.

2 Ní féidir (*sí*) ________________ leadóg a imirt mar nár thug sí a raicéad ________________.

3 Bhí mo mháthair feargach ________________ mar gur chaill mé a fón póca nua a thug sí ar iasacht ________________.

4 Chabhraigh sé ________________ sheanmháthair nuair a bhí sí ag dul trasna an bhóthair.

5 Tá grá aici do Phól agus tá sí ag súil ________________ labhairt ________________ ag an dioscó.

6 Bhí éad ________________ Úna ________________ (*Eoin*) ________________ mar d'éirigh ____________ an chéad áit a fháil sa scrúdú.

7 Is fuath ________________ cabáiste ach deir a mháthair ________________ go gcaithfidh sé é a ithe.

8 Is fearr ________________ stair ná aon ábhar eile agus tá an-suim agam inti.

9 Bhí mé ag caint ________________ mo chara sa rang agus mar sin ní raibh aon eolas ______________ maidir leis an obair bhaile.

10 Tá an t-ádh ________________ Séamas mar gur féidir ________________ dul go dtí an baile mór gach lá.

## ag

| | |
|---|---|
| ag + mé | agam |
| ag + tú | agat |
| ag + sé | aige |
| ag + sí | aici |
| ag + sinn/muid | againn |
| ag + sibh | agaibh |
| ag + siad | acu |

Úsáidtear **ag** sna nathanna seo a leanas.

- tá teach agam
- tá grá agat (do Phól)
- tá súil aige (go mbeidh sí ann)
- tá suim aici (sa stair)
- tá aithne againn (ar an mbean sin)
- tá trua agaibh (do na bochtáin)
- tá meas acu (ar a múinteoir).

**Foghlaim**

Tá airgead **ag Seán**.

Tá airgead **ag an mbuachaill**.

Tá airgead **aige**.

Tá airgead **ag a chara**.

## Cleachtadh

Líon na bearnaí sna habairtí seo a leanas.

1 Tá aithne (*mé*) __________ ar Liam agus mar sin ní maith __________ é.

2 Tá suim __________ Seán sa pheil agus féachann sé __________ an bpeil __________ an teilifís gach lá.

3 Tá súil (*mé*) __________ go mbeidh an lá amárach go maith mar gur mhaith __________ dul go dtí an trá.

4 Tá a fhios __________ go mbeidh mo chara ann mar go raibh mé ag caint __________ ar an bhfón.

5 Bhí trua __________ don fhear bocht agus thug sé airgead __________.

6 Tá súil __________ go gceannóidh mo chara bronntanas deas __________ ar mo bhreithlá.

7 Níl a fhios __________ an bhfuil aon obair bhaile __________ mar nach raibh sé ag éisteacht __________ an múinteoir sa rang.

8 Tá eolas (*sinn*) __________ ar an áit ach níl aon aithne __________ ar mhuintir na háite.

9 Bhí Aoife in éad __________ Sorcha mar go raibh rothar nua __________.

10 Níl aon mhuinín __________ as an mbuachaill sin agus ní thabharfainn leabhar ar iasacht arís __________ mar gur ghoid sé mo leabhar inné.

## Réamhfhocail éagsúla

| **faoi + séimhiú** | |
|---|---|
| faoi + mé | fúm |
| faoi + tú | fút |
| faoi + sé | faoi |
| faoi + sí | fúithi |
| faoi + sinn/muid | fúinn |
| faoi + sibh | fúibh |
| faoi + siad | fúthu |

| **ó + séimhiú** | |
|---|---|
| ó + mé | uaim |
| ó + tú | uait |
| ó + sé | uaidh |
| ó + sí | uaithi |
| ó + sinn/muid | uainn |
| ó + sibh | uaibh |
| ó + siad | uathu |

| roimh + séimhiú | |
|---|---|
| roimh + mé | romham |
| roimh + tú | romhat |
| roimh + sé | roimhe |
| roimh + sí | roimpi |
| roimh + sinn/muid | romhainn |
| roimh + sibh | romhaibh |
| roimh + siad | rompu |

| as | |
|---|---|
| as + mé | asam |
| as + tú | asat |
| as + sé | as |
| as + sí | aisti |
| as + sinn/muid | asainn |
| as + sibh | asaibh |
| as + siad | astu |

| i + urú | |
|---|---|
| i + mé | ionam |
| i + tú | ionat |
| i + sé | ann |
| i + sí | inti |
| i + sinn/muid | ionainn |
| i + sibh | ionaibh |
| i + siad | iontu |

Úsáidtear na réamhfhocail seo sna nathanna seo a leanas.

- tá eagla orm roimh
- tá cabhair ó
- ag magadh faoi
- tá muinín agam as
- as obair
- bródúil as
- fáilte roimh
- éalaigh ó
- ag caint faoi
- as baile
- as do mheabhair
- teastaíonn airgead ó
- ag gáire faoi
- ag cúlchaint faoi
- as láthair
- bain geit as

### Cleachtadh

Líon na bearnaí sna habairtí seo a leanas.

1 Bhí eagla _______________ an bpáiste _______________ an bhfathach a bhí sa sorcas.

2 Bhí náire _______________ Mháire mar go raibh a fhios _______________ go raibh gach duine ag cúlchaint _______________.

3 Tá an chlann sin an-bhocht agus teastaíonn cabhair go géar _______________.

4 Chuir mo mháthair fáilte _______________ na cuairteoirí _______________ Mheiriceá ach níor chuir m'athair fáilte _______________ mar nach maith _______________ iad.

5 Bhí an clár an-ghreannmhar agus bhíomar go léir ag gáire _______________.

6 Ní maith (*mé*) _______________ daoine a bhíonn ag cúlchaint _______________ dhaoine eile.

7 Baineadh geit an-mhór _______________ an mbean nuair a d'fhéach sí _______________ *CrimeCall* agus chonaic sí a fear céile ann.

8 Bhí an cailín _______________ láthair mar go raibh a tuismitheoirí _______________ baile.

9 Tá Nóra in éad _______________ Máire agus bíonn sí i gcónaí ag magadh _______________.

10 D'éalaigh na príosúnaigh amach _______________ bpríosún agus bhí eagla _______________ mhuintir na háite _______________.

# 9 Caint indíreach

**'Tá an múinteoir ag caint anois,' arsa Máire.**

Sin ráiteas nó caint dhíreach.

**Ceapaim go bhfuil an múinteoir ag caint.**

Sin ráiteas nó caint indíreach.

## Caint indíreach san Aimsir Láithreach

Má chuirtear focail cosúil le

- ceapaim
- cloisim
- deir sé
- measann sí
- an síleann tú
- is dóigh leo
- léann siad

roimh chaint duine éigin, ní mór athrú a dhéanamh ar chuid de na focail, go háirithe ar na briathra.

I ndiaidh na bhfocal sin, cuirtear **go + urú** nó **gur + séimhiú**, nó **nach + urú** nó **nár + séimhiú** roimh an mbriathar.

- Cuirtear **go + urú** roimh bhriathar san Aimsir Láithreach, san Aimsir Fháistineach agus sa Mhodh Coinníollach.
- Cuirtear **nach + urú** roimh bhriathar san Aimsir Láithreach, san Aimsir Fháistineach agus sa Mhodh Coinníollach.
- Cuirtear **gur + séimhiú** roimh bhriathar san Aimsir Chaite.
- Cuirtear **nár + séimhiú** roimh bhriathar san Aimsir Chaite.

| Caint dhíreach | Caint indíreach |
|---|---|
| | Ceapaim . . . |
| 'Táim ag obair go dian.' | go bhfuil sé ag obair go dian. |
| 'Ní thugann sí aon aird orm.' | nach dtugann sí aon aird air. |
| 'Chualamar an scéal.' | gur chualamar an scéal. |
| 'Níor tháinig an buachaill.' | nár tháinig an buachaill. |
| 'Beidh sé ann amárach.' | go mbeidh sé ann amárach. |
| 'Ní ólfaidh sé deoch arís.' | nach n-ólfaidh sé deoch arís. |

## Eisceachtaí

- go raibh
  Ceapaim go raibh sé ann.
- go ndúirt
  Ceapaim go ndúirt sí na rudaí sin.
- go bhfaca
  Ceapaim go bhfaca sibh mé.
- go bhfuair
  Ceapaim go bhfuair tú bronntanas.
- go ndeachaigh
  Ceapaim go ndeachaigh siad abhaile.
- go ndearna
  Ceapaim go ndearna sé a chuid obair bhaile.
- go bhfaighidh
  Ceapaim go bhfaighidh tú an gradam.
- go bhfaigheadh
  Ceapaim go bhfaigheadh sé freagra dá gcuirfeadh sé glao uirthi.

- nach raibh
  Ceapaim nach raibh sé ann.
- nach ndúirt
  Ceapaim nach ndúirt sí na rudaí sin.
- nach bhfaca
  Ceapaim nach bhfaca sibh mé.
- nach bhfuair
  Ceapaim nach bhfuair tú bronntanas.
- nach ndeachaigh
  Ceapaim nach ndeachaigh siad abhaile.
- nach ndearna
  Ceapaim nach ndearna sé a chuid obair bhaile.
- nach bhfaighidh
  Ceapaim nach bhfaighidh tú an gradam.
- nach bhfaigheadh sé
  Ceapaim nach bhfaigheadh sé freagra dá gcuirfeadh sé glao uirthi.

### Cleachtadh

A Cuir **Léann Síle . . .** roimh na habairtí seo a leanas agus déan pé athruithe is gá.

1. D'imigh an t-uachtarán go Meiriceá.
2. Ghoid beirt fhear milliún euro.
3. Cheannaigh sé cóta nua inné.
4. Shiúil an fear poist sin suas le 20 míle inné.
5. Ní chuirfidh na feirmeoirí an ruaig ar an lucht taistil.
6. Chaith muintir na hÉireann an-chuid airgid ar an ól anuraidh.
7. Beidh na scoileanna dúnta ar feadh seachtaine.
8. Chonaic Pól an gadaí.
9. Tiocfaidh sé go luath.
10. Ní fheicim aon duine anseo.

B Cuir **Deir Seán le Síle . . .** roimh na habairtí seo a leanas agus déan pé athruithe is gá.

1. Níor tháinig an bus aréir.
2. Ní bheidh an Dáil ar siúl amárach.
3. Beidh sé ag dul faoi scrúdú go luath.
4. Fuair sé an chéad áit.
5. Ní dhearna Tomás aon obair.
6. Bhí na mná ag gol.
7. Ní fhaca Gearóid an timpiste.
8. Chonaic sé an leon sa zú.
9. Ní raibh mórán daoine ann.
10. Ní dheachaigh Nóra abhaile.

## Caint indíreach san Aimsir Chaite

### Athrú aimsirí

Má chuirtear focail cosúil le

- cheap mé
- chlois mé
- dúirt sé
- mheas sí
- shíl tú
- ba dhóigh leo
- léigh siad

roimh chaint duine éigin, ní mór cuid d'aimsirí na mbriathra a athrú:

an Aimsir Láithreach → an Aimsir Chaite
an Aimsir Fháistineach → an Modh Coinníollach
an Aimsir Chaite → an Aimsir Chaite
an Modh Coinníollach → an Modh Coinníollach

| Caint dhíreach | Caint indíreach |
| --- | --- |
| | Dúirt Seán . . . |
| 'Tá sí ag teacht.' | go raibh sí ag teacht. |
| 'Ní bheidh mé ann.' | nach mbeadh sé ann. |
| 'Chonaic mé é.' | go bhfaca sé é. |
| 'Ní fhaca mé é.' | nach bhfaca sé é. |
| 'Rachainn ann dá mbeadh an aimsir go maith.' | go rachadh sé ann dá mbeadh an aimsir go maith. |
| 'Ní rachainn ann.' | nach rachadh sé ann. |

## Cleachtadh

A Cuir **Léigh Síle . . .** roimh na habairtí seo a leanas agus déan pé athruithe is gá.

1 Níor tháinig an t-uachtarán abhaile ó Mheiriceá.
2 D'éalaigh beirt fhear le milliún euro ón mbanc.
3 Ní dheachaigh foireann Chiarraí go Páirc an Chrócaigh anuraidh.
4 Rith an fear sin suas le 20 míle inné.
5 Ní chuirfidh an feirmeoir na beithígh sa gharraí sin.
6 D'ól muintir na hÉireann a lán bainne anuraidh.
7 Beidh na scoileanna dúnta ar feadh seachtaine.
8 Níor éirigh le héinne teacht slán ón timpiste.
9 D'airigh Úna an scéal agus bhí brón uirthi.
10 Thit an fear as a sheasamh agus fuair sé bás.

B Cuir **Dúirt Seán le Síle . . .** roimh na habairtí seo a leanas agus déan pé athruithe is gá.

1 Ní dheachaigh Mam go Corcaigh.
2 Rinne Tomás a lán oibre.
3 Ní fhaca Pól an gadaí.
4 Bhí na mná is na fir ag gol.
5 Chonaic Gearóid an timpiste agus baineadh geit as.
6 Ní dúirt sé go raibh sé ag dul go dtí an zú.
7 Ní dhearna Nóra aon obair bhaile agus d'inis sí bréag don mhúinteoir.
8 Rinne Máirtín obair iontach agus thóg sé teach álainn.
9 Dúirt an gadaí leis imeacht.
10 Ní bhfuair Síle an litir ón CAO agus bhí imní agus brón uirthi.

# 10 Na huimhreacha

## Ainmfhocal ag tosú le consan

| 1–6 + séimhiú | 11–16 + séimhiú | 21–26 + séimhiú |
|---|---|---|
| bád (aon bhád amháin) | aon bhád déag | bád is fiche |
| dhá bhád | dhá bhád déag | dhá bhád is fiche |
| trí bhád | trí bhád déag | trí bhád is fiche |
| ceithre bhád | ceithre bhád déag | ceithre bhád is fiche |
| cúig bhád | cúig bhád déag | cúig bhád is fiche |
| sé bhád | sé bhád déag | sé bhád is fiche |
| **7–10 + urú** | **17–20** | **27–30** |
| seacht mbád | seacht mbád déag | seacht mbád is fiche |
| ocht mbád | ocht mbád déag | ocht mbád is fiche |
| naoi mbád | naoi mbád déag | naoi mbád is fiche |
| deich mbád | fiche bád | tríocha bád |

## Ainmfhocal ag críochnú le guta

Cuir séimhiú ar **déag**.

| 1–6 + séimhiú | 11–16 + séimhiú | 21–26 + séimhiú |
|---|---|---|
| bó (aon bhó amháin) | aon bhó dhéag | bó is fiche |
| dhá bhó | dhá bhó dhéag | dhá bhó is fiche |
| trí bhó | trí bhó dhéag | trí bhó is fiche |
| ceithre bhó | ceithre bhó dhéag | ceithre bhó is fiche |
| cúig bhó | cúig bhó dhéag | cúig bhó is fiche |
| sé bhó | sé bhó dhéag | sé bhó is fiche |
| **7–10 + urú** | **17–20** | **27–30** |
| seacht mbó | seacht mbó dhéag | seacht mbó is fiche |
| ocht mbó | ocht mbó dhéag | ocht mbó is fiche |
| naoi mbó | naoi mbó dhéag | naoi mbó is fiche |
| deich mbó | fiche bó | tríocha bó |

## Ainmfhocal ag tosú le guta

| 1–6 | 11–16 | 21–26 |
|---|---|---|
| éan (aon éan amháin) | aon éan déag | éan is fiche |
| dhá éan | dhá éan déag | dhá éan is fiche |
| trí éan | trí éan déag | trí éan is fiche |
| ceithre éan | ceithre éan déag | ceithre éan is fiche |
| cúig éan | cúig éan déag | cúig éan is fiche |
| sé éan | sé éan déag | sé éan is fiche |
| **7–10 + n-** | **17–20** | **27–30** |
| seacht n-éan | seacht n-éan déag | seacht n-éan is fiche |
| ocht n-éan | ocht n-éan déag | ocht n-éan is fiche |
| naoi n-éan | naoi n-éan déag | naoi n-éan is fiche |
| deich n-éan | fiche éan | tríocha éan |

### Cleachtadh

A Athscríobh na leaganacha seo gan na figiúirí ná na lúibíní a úsáid.

**1** 13 (*timpiste*)
**2** 3 (*fadhb*)
**3** 8 (*oileán*)
**4** 17 (*teanga*)
**5** 30 (*teach*)
**6** 12 (*ionsaí*)
**7** 4 (*cúrsa*)
**8** 19 (*tír*)
**9** 11 (*seomra*)
**10** 6 (*pictiúrlann*)

## Eisceachtaí

| bliain | ceann | uair |
|---|---|---|
| bliain (aon bhliain amháin) | ceann (aon cheann amháin) | uair (aon uair amháin) |
| dhá bhliain | dhá cheann | dhá uair |
| trí bliana | trí cinn | trí huaire |
| ceithre bliana | ceithre cinn | ceithre huaire |
| cúig bliana | cúig cinn | cúig huaire |
| sé bliana | sé cinn | sé huaire |
| seacht mbliana | seacht gcinn | seacht n-uaire |
| ocht mbliana | ocht gcinn | ocht n-uaire |
| naoi mbliana | naoi gcinn | naoi n-uaire |
| deich mbliana | deich gcinn | deich n-uaire |
| aon bhliain déag | aon cheann déag | aon uair déag |
| dhá bhliain déag | dhá cheann déag | dhá uair déag |

| bliain | ceann | uair |
|---|---|---|
| trí bliana déag | trí cinn déag | trí huaire déag |
| ceithre bliana déag | ceithre cinn déag | ceithre huaire déag |
| cúig bliana déag | cúig cinn déag | cúig huaire déag |
| sé bliana déag | sé cinn déag | sé huaire déag |
| seacht mbliana déag | seacht gcinn déag | seacht n-uaire déag |
| ocht mbliana déag | ocht gcinn déag | ocht n-uaire déag |
| naoi mbliana déag | naoi gcinn déag | naoi n-uaire déag |
| fiche bliain | fiche ceann | fiche uair |

### Cleachtadh

Athscríobh na leaganacha seo gan na figiúirí ná na lúibíní a úsáid.

1 12 (*madra*)
2 6 (*teach*)
3 8 (*dán*)
4 3 (*uair*)
5 17 (*bliain*)
6 15 (*timpiste*)
7 14 (*cat*)
8 21 (*éan*)
9 10 (*post*)
10 25 (*tír*)

## Na huimhreacha pearsanta

### 1–10

Ní chuirtear aon séimhiú ná urú ar an ainmfhocal tar éis na n-uimhreacha pearsanta 3–10. Úsáidtear an Tuiseal Ginideach iolra den ainmfhocal.

| duine | beirt bhan<br>beirt fhear<br>beirt bhuachaillí |
|---|---|
| triúr fear | ceathrar cailíní |
| cúigear filí | seisear dochtúirí |
| seachtar gardaí | ochtar múinteoirí |
| naonúr dlíodóirí | deichniúr sagart |

### 11–16

Cuirtear séimhiú ar an ainmfhocal tar éis na n-uimhreacha 13–16, nuair atá daoine i gceist.

| aon duine dhéag | dháréag |
|---|---|
| trí dhuine dhéag | ceithre dhuine dhéag |
| cúig dhuine dhéag | sé dhuine dhéag |

### 17–19

Cuirtear urú ar an ainmfhocal tar éis na n-uimhreacha 17–19, nuair atá daoine i gceist.

| seacht nduine dhéag | ocht nduine dhéag | naoi nduine dhéag |
|---|---|---|

## Uimhreacha eile

Mar shampla:

| fiche duine | duine is fiche |
|---|---|
| dhá dhuine is fiche | trí dhuine is fiche |

### Cleachtadh

A Athscríobh na leaganacha seo a leanas gan na figiúirí ná na lúibíní a úsáid.

1 4 (*buachaill*)
2 7 (*múinteoir*)
3 20 (*sagart*)
4 8 (*file*)
5 4 (*altra*)
6 17 (*amadán*)
7 3 (*údar*)
8 6 (*imreoir*)
9 2 (*cailín*)
10 9 (*dalta*)

B Athscríobh na leaganacha seo a leanas gan na figiúirí ná na lúibíní a úsáid.

1 22 (*páiste*)
2 2 (*príomhoide*)
3 5 (*cara*)
4 6 (*feirmeoir*)
5 3 (*iascaire*)
6 8 (*deartháir*)
7 3 (*deirfiúr*)
8 4 (*comharsa*)
9 6 (*aintín*)
10 8 (*ceoltóir*)

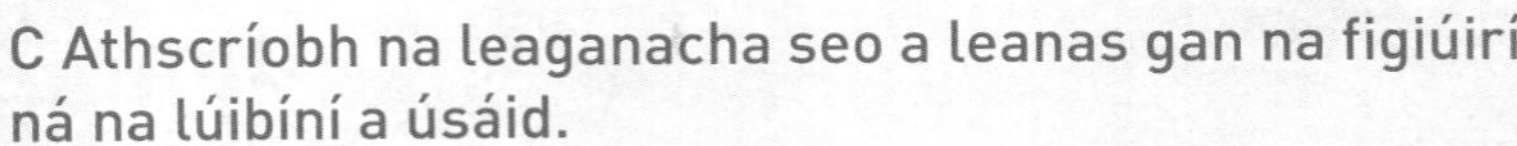

C Athscríobh na leaganacha seo a leanas gan na figiúirí ná na lúibíní a úsáid.

1 7 (*file*)
2 13 (*cara*)
3 2 (*athair*)
4 11 (*altra*)
5 20 (*gadaí*)
6 1 (*dalta*)
7 15 (*múinteoir*)
8 19 (*aintín*)
9 9 (*polaiteoir*)
10 57 (*oileánach*)

# 11 Céimeanna comparáide na haidiachta

Más gá a rá go bhfuil dhá rud nó beirt mar an gcéanna nó nach bhfuil siad mar an gcéanna, baintear úsáid as an nath **chomh . . . le**.

Mar shampla:

- Tá an scéal sin chomh sean leis na cnoic.
- Níl an raidió chomh holc leis an teilifís.
- Tá Máire chomh deas le Seán.

Más gá a rá nach bhfuil dhá rud nó beirt mar an gcéanna, baintear úsáid as **breischéim na haidiachta**. Má tá níos mó ná dhá rud nó beirt i gceist, baintear úsáid as **sárchéim na haidiachta**.

Mar shampla:

- Tá an stair i bhfad níos leadránaí ná an Béarla.
- Tá an madra dubh níos mó ná an madra rua.
- Is é Dónall an duine is óige sa chlann.
- Is í Katie Taylor an dornálaí Éireannach is fearr.

## Céimeanna rialta

Chun an bhreischéim agus an tsárchéim a dhéanamh san Aimsir Láithreach agus san Aimsir Fháistineach, tógtar an bhunchéim agus déantar athruithe air.

1 Más aidiacht í a chríochnaíonn ar **-(e)ach**, athraítear í go dtí **-(a)í**.

Mar shampla:

| Bunchéim | Breischéim | Sárchéim |
|---|---|---|
| cumhachtach | níos cumhachtaí | is cumhachtaí |
| díreach | níos dírí | is dírí |

2 Más aidiacht í a chríochnaíonn ar **-úil**, athraítear í go dtí **-úla**.

Mar shampla:

| Bunchéim | Breischéim | Sárchéim |
|---|---|---|
| sláintiúil | níos sláintiúla | is sláintiúla |

3 Más aidiacht eile atá i gceist, de ghnáth déantar caol í agus cuirtear -e léi.

Mar shampla:

| Bunchéim | Breischéim | Sárchéim |
|---|---|---|
| bán | níos báine | is báine |

4 Más aidiacht í a chríochnaíonn le guta, de ghnáth ní dhéantar aon athrú uirthi.

Mar shampla:

| Bunchéim | Breischéim | Sárchéim |
|---|---|---|
| cliste | níos cliste | is cliste |

Samplaí eile

| Bunchéim | Breischéim | Sárchéim |
|---|---|---|
| brónach | níos brónaí | is brónaí |
| éifeachtach | níos éifeachtaí | is éifeachtaí |
| fealltach | níos fealltaí | is fealltaí |
| feargach | níos feargaí | is feargaí |
| leadránach | níos leadránaí | is leadránaí |
| santach | níos santaí | is santaí |
| tábhachtach | níos tábhachtaí | is tábhachtaí |
| uaigneach | níos uaigní | is uaigní |
| cáiliúil | níos cáiliúla | is cáiliúla |
| flaithiúil | níos flaithiúla | is flaithiúla |
| leisciúil | níos leisciúla | is leisciúla |
| misniúil | níos misniúla | is misniúla |
| aoibhinn | níos aoibhne | is aoibhne |
| bocht | níos boichte | is boichte |
| ciallmhar | níos ciallmhaire | is ciallmhaire |
| ciúin | níos ciúine | is ciúine |
| deas | níos deise | is deise |
| dian | níos déine | is déine |
| géar | níos géire | is géire |
| grámhar | níos grámhaire | is grámhaire |
| íseal | níos ísle | is ísle |
| láidir | níos láidre | is láidre |
| luath | níos luaithe | is luaithe |
| minic | níos minice | is minice |
| óg | níos óige | is óige |
| saibhir | níos saibhre | is saibhre |
| sean | níos sine | is sine |
| uasal | níos uaisle | is uaisle |

## Aidiachtaí neamhrialta

| Bunchéim | Breischéim | Sárchéim |
|---|---|---|
| beag | níos lú | is lú |
| dócha | níos dóichí | is dóichí |
| fada | níos faide | is faide |
| gearr | níos giorra | is giorra |
| maith | níos fearr | is fearr |
| mór | níos mó | is mó |
| olc | níos measa | is measa |
| tapaidh | níos tapúla | is tapúla |
| te | níos teo | is teo |

San Aimsir Chaite agus sa Mhodh Coinníollach, úsáidtear **ní ba + séimhiú** leis an mbreischéim agus **ba + séimhiú** leis an tsárchéim.

Mar shampla:

- Bhí an tír seo ní ba shaibhre roimh an ngéarchéim eacnamaíochta.
- Bhí mo chara i bhfad ní b'aclaí ná mé, ach d'éirigh sí as a bheith ag imirt leadóige.
- Ba é Pelé an peileadóir ba cháiliúla ar domhan sna seascaidí.
- Bheinn ní ba shona dá mbeadh cairde ní b'fhearr agam.
- Dá mbeinn i mo bhainisteoir ar Manchester United, bheidís ar an bhfoireann ba láidre sa phríomhroinn.

**Foghlaim**

Tá Máire sean ach tá Aoife níos sine ná í.

Bhí Máire sean ach bhí Aoife ní ba shine ná í.

Tá Máire sean; tá Aoife níos sine; ach is í Úna an duine is sine den triúr.

Tá Úna ar an duine is sine den triúr.

Bhí Úna ar an duine ba shine den triúr.

### Cleachtadh

A Athscríobh na habairtí seo a leanas gan na lúibíní.

1 Is é seo an rang is (*leadránach*) a bhí agam riamh.
2 Is é Colin Farrell an t-aisteoir Éireannach is (*cáiliúil*) anois.
3 Ní hé Conor McGregor an fear is (*láidir*) ar domhan.
4 Is í Éire an tír is (*maith*) ar fad.
5 Tá mo mháthair trí bliana níos (*óg*) ná m'athair.

6 Tá an madra ar an bpeata is (*grámhar*).

7 Is é rang a trí an rang is (*ciúin*) sa scoil.

8 Tá mór-roinn na hAfraice i bhfad níos (*bocht*) ná an Eoraip.

9 Is í mo mháthair an duine is (*feargach*) de mo thuismitheoirí.

10 Tá an Spáinn i bhfad níos (*te*) ná Éire.

B Athscríobh na habairtí seo a leanas gan na lúibíní.

1 Tá m'athair níos (*dian*) orm ná mar atá mo mháthair.

2 Tá scian níos (*géar*) ná forc.

3 Tá fadhb na heaspa dídine níos (*olc*) anois ná mar a bhíodh.

4 Tá níos (*mór*) dídeanaithe ag teacht chun na hEorpa ná riamh.

5 Tá roinnt daoine ag éirí níos (*saibhir*) arís.

6 Tá níos (*beag*) seans agam an crannchur a bhuachan ná dul go dtí an ghealach.

7 Tá daoine ag dul ar laethanta saoire níos (*minic*) anois.

8 Ceapaim go bhfuil daoine ag éirí níos (*santach*) arís.

9 Tá cúrsaí sláinte níos (*tábhachtach*) ná cúrsaí airgid.

10 Tá mo dheartháir ar an duine is (*leisciúil*) sa teach.

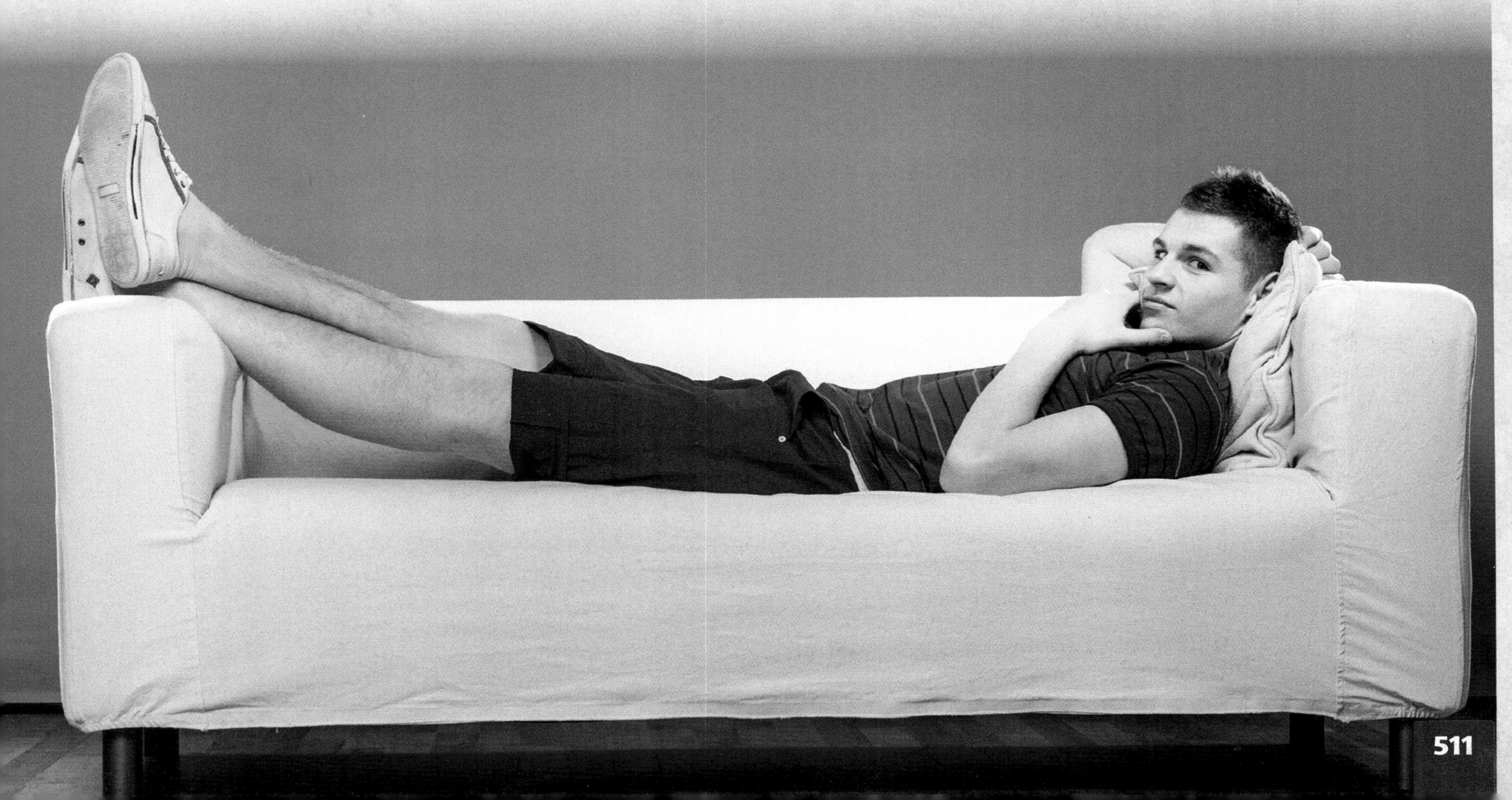

# 12 An t-ainmfhocal

Tá dhá inscne sa Ghaeilge – tá gach ainmfhocal **firinscneach** nó **baininscneach**. Níl aon riail dhocht dhaingean ann chun a rá go bhfuil ainmfhocal áirithe baininscneach nó firinscneach, ach tá roinnt leideanna ann chun é a dhéanamh amach.

## Ainmfhocail fhirinscneacha

1 Má chríochnaíonn ainmfhocal ar **-án**, tá sé firinscneach de ghnáth.

Mar shampla:

- arán
- amadán
- milseán
- ardán.

2 Má chríochnaíonn ainmfhocal ar **-eoir**, **-éir**, **-óir** nó **-úir**, agus má tá baint aige le slí bheatha, tá sé firinscneach de ghnáth.

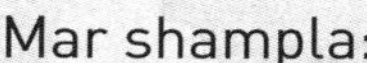

Mar shampla:

- dochtúir
- tuismitheoir
- múinteoir
- polaiteoir.

3 Má chríochnaíonn ainmfhocal ar **-ín**, tá sé firinscneach de ghnáth.

Mar shampla:

- cailín
- toitín
- sicín.

4 Má chríochnaíonn ainmfhocal ar **-(e)acht**, agus mura bhfuil ann ach siolla amháin, tá sé firinscneach de ghnáth.

Mar shampla:

- ceacht
- éacht
- smacht
- racht.

5 Má chríochnaíonn ainmfhocal ar **ghuta**, tá seans maith ann go bhfuil sé firinscneach.

Mar shampla:

- file
- rúnaí
- oibrí
- siopa
- pá
- duine.

6 Má chríochnaíonn ainmfhocal ar **chonsan leathan**, tá seans maith ann go bhfuil sé firinscneach.

Mar shampla:

- cath
- fuath
- éad
- sionnach.

Má tá ainmfhocal firinscneach, is mar seo a bhíonn sé san uimhir uatha, Tuiseal Ainmneach, tar éis an ailt:

- an fear
- an sagart
- an t-éan.

# Ainmfhocail bhaininscneacha

1 Má chríochnaíonn ainmfhocal ar **-(e)acht** agus níos mó ná siolla amháin ann, nó má chríochnaíonn an t-ainmfhocal ar **-(a)íocht**, tá sé baininscneach de ghnáth.

Mar shampla:

- filíocht
- cumhacht
- iarracht.

2 Má chríochnaíonn ainmfhocal ar **-eog** nó **-óg**, tá sé baininscneach de ghnáth.

Mar shampla:

- fuinneog
- bábóg
- bróg.

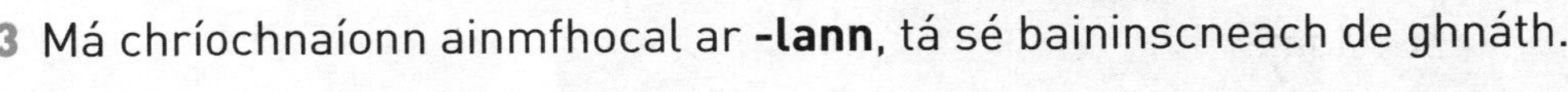

3 Má chríochnaíonn ainmfhocal ar **-lann**, tá sé baininscneach de ghnáth.

Mar shampla:

- leabharlann
- clann
- pictiúrlann.

4 Má chríochnaíonn ainmfhocal ar **chonsan caol**, tá seans maith ann go bhfuil sé baininscneach.

Mar shampla:

- altóir
- Cáisc
- fuil.

5 Más **ainm tíre** nó más **teanga** atá ann, tá sé baininscneach de ghnáth.

Mar shampla:

- An Fhrainc
- An Fhraincis
- An Iodáil
- an Ghearmáinis.

Má tá ainmfhocal baininscneach, is mar seo a bhíonn sé san uimhir uatha, Tuiseal Ainmneach, tar éis an ailt:

- an fhuinneog
- an tsráid
- an áit.

### Cleachtadh

Déan iarracht a dhéanamh amach an bhfuil na hainmfhocail seo a leanas baininscneach (b) nó firinscneach (f).

| | | | |
|---|---|---|---|
| 1 údar | 2 aisteoir | 3 bord | 4 teilifís |
| 5 teach | 6 agóid | 7 aicíd | 8 aidhm |
| 9 aisling | 10 áis | 11 bainis | 12 aois |
| 13 argóint | 14 baintreach | 15 cailc | 16 cearnóg |
| 17 ceardlann | 18 coinín | 19 ríomhaire | 20 bóthar |
| 21 bainisteoir | 22 biseach | 23 feabhas | 24 scéal |
| 25 fiaclóir | 26 seomra | 27 sólás | 28 maistín |
| 29 banc | 30 páiste | 31 aimsir | 32 trua |
| 33 taitneamh | 34 fear | 35 sagart | 36 gunna |
| 37 tuaisceart | 38 bochtanas | 39 foréigean | 40 cabhair |
| 41 comhairle | 42 baile | 43 ócáid | 44 moill |

## An Tuiseal Ginideach

1 Má thagann dhá ainmfhocal le chéile, agus gaol éigin eatarthu, bíonn an dara ceann sa Tuiseal Ginideach.

Mar shampla:

- bean an tí
- fear an phoist.

2 Má thagann ainmfhocal díreach i ndiaidh an ainm bhriathartha, bíonn sé sa Tuiseal Ginideach.

Mar shampla:

- ag déanamh na hoibre
- ag insint na fírinne
- ag tógáil tí.

3 Má thagann ainmfhocal díreach i ndiaidh réamhfhocail chomhshuite, bíonn sé sa Tuiseal Ginideach.

### Réamhfhocail chomhshuite

- ar aghaidh
- ar fud
- le linn
- i lár
- in aice
- le haghaidh
- ar chúl
- ar son
- os comhair
- i láthair
- i ndiaidh
- tar éis.
- ar feadh
- de réir
- i gcomhair
- i measc
- i dtreo

4 Leanann an Tuiseal Ginideach na réamhfhocail seo chomh maith:

- chun
- timpeall
- cois.
- dála
- trasna

Mar shampla:

- ag tús an scéil
- dála an scéil
- i measc na ndaltaí
- in aice na tine
- ar feadh na hoíche
- go ceann tamaill
- i rith na bliana
- os comhair an tí
- ar son na hÉireann
- i gcoinne a thola
- in aghaidh an dorais
- trasna an tsléibhe.

## An t-alt leis an ainmfhocal uatha

### Firinscneach

| An Tuiseal Ainmneach | An Tuiseal Ginideach |
|---|---|
| Tá **an fear** ag caint. | Tá mac **an fhir** anseo. |
| Tá **an t-amhrán** go deas. | Tá teideal **an amhráin** cliste. |
| Tá **an siopa** ar oscailt. | Tá úinéir **an tsiopa** anseo. |

### Baininscneach

| An Tuiseal Ainmneach | An Tuiseal Ginideach |
|---|---|
| Tá **an chlann** ag imeacht. | Tá teach **na clainne** go deas. |
| Tá **an áit** go deas. | Tá muintir **na háite** go deas. |
| Tá **an tseachtain** seo fada. | Tá deireadh **na seachtaine** tagtha. |

## An t-alt leis an ainmfhocal iolra

### Firinscneach

| An Tuiseal Ainmneach | An Tuiseal Ginideach |
|---|---|
| Tá **na fir** ag caint. | Tá mic **na bhfear** anseo. |
| Tá **na hamhráin** go deas. | Tá teidil **na n-amhrán** cliste. |
| Tá **na siopaí** ar oscailt. | Tá úinéir **na siopaí** anseo. |

### Baininscneach

| An Tuiseal Ainmneach | An Tuiseal Ginideach |
|---|---|
| Tá **na clanna** ag imeacht. | Tá tithe **na gclann** go deas. |
| Tá **na háiteanna** go deas. | Tá muintir **na n-áiteanna** go deas. |
| Tá **na seachtainí** seo fada. | Tá drochaimsir **na seachtainí** deireanacha thart. |

## Na díochlaontaí

Tá cúig díochlaonadh den ainmfhocal sa Ghaeilge. Is í foirm an Tuisil Ghinidigh uatha a thaispeánann díochlaonadh an ainmfhocail.

### An chéad díochlaonadh

Tá na hainmfhocail go léir sa chéad díochlaonadh **firinscneach** agus críochnaíonn siad ar **chonsan leathan**. Chun an Tuiseal Ginideach uatha a chruthú, **caolaítear** an consan deiridh.

| | Uatha | Iolra |
|---|---|---|
| Ainmneach | tháinig **an fear** | tháinig **na fir** |
| Ginideach | caint **an fhir** | caint **na bhfear** |
| Ainmneach | tháinig **an sagart** | tháinig **na sagairt** |
| Ginideach | caint **an tsagairt** | caint **na sagart** |
| Ainmneach | tháinig **an t-éan** | tháinig **na héin** |
| Ginideach | ceol **an éin** | ceol **na n-éan** |
| Ainmneach | tháinig **an marcach** | tháinig **na marcaigh** |
| Ginideach | caint **an mharcaigh** | caint **na marcach** |
| Ainmneach | **an dán** | **na dánta** |
| Ginideach | téama **an dáin** | téama **na ndánta** |

## Tréaniolra

Má tá an fhoirm chéanna ag an ainmfhocal i ngach tuiseal agus é san uimhir iolra, is **tréaniolra** é.

Mar shampla:

| | Uatha | Iolra |
|---|---|---|
| Ainmneach | **an bóthar** | **na bóithre** |
| Ginideach | ar thaobh **an bhóthair** | ar thaobh **na mbóithre** |

## Lagiolra

Má tá an fhoirm chéanna ag an Tuiseal Ginideach iolra is atá ag an ainmfhocal uatha sa Tuiseal Ainmneach, is **lagiolra** é.

Mar shampla:

| | Uatha | Iolra |
|---|---|---|
| Ainmneach | **an bád** | **na báid** |
| Ginideach | dath **an bháid** | dath **na mbád** |

De ghnáth, críochnaíonn an Tuiseal Ainmneach iolra le **consan caol** nó le **-a** má tá lagiolra aige.

Mar shampla:

- na fir
- na capaill
- na héin.

## Cleachtadh

Athscríobh agus críochnaigh an tábla thíos leis na tuisil de na hainmfhocail. Tá siad go léir sa chéad díochlaonadh.

| Ainmfhocal | Tuiseal Ainmneach uatha | Tuiseal Ginideach uatha | Tuiseal Ainmneach iolra | Tuiseal Ginideach iolra |
|---|---|---|---|---|
| amadán | an t-amadán | ainm an amadáin | na hamadáin | ainmneacha na n-amadán |
| ábhar | | | | |
| agallamh | | | | |
| andúileach | | | | |
| arán | | | | |
| bás | | | | |
| bord | | | | |
| capall | | | | |
| ceantar | | | | |
| coirpeach | | | | |
| consan | | | | |
| córas | | | | |

| Ainmfhocal | Tuiseal Ainmneach uatha | Tuiseal Ginideach uatha | Tuiseal Ainmneach iolra | Tuiseal Ginideach iolra |
|---|---|---|---|---|
| corp | | | | |
| domhan | | | | |
| focal | | | | |
| foirgneamh | | | | |
| foréigean | | | | |
| galar | | | | |
| ganntanas | | | | |
| leabhar | | | | |
| ocras | | | | |
| ól | | | | |
| pobal | | | | |
| post | | | | |
| príosún | | | | |
| rialtas | | | | |
| samhradh | | | | |
| scéal | | | | |
| stáisiún | | | | |
| teaghlach | | | | |
| tíogar | | | | |
| údar | | | | |

## An dara díochlaonadh

Tá an chuid is mó de na hainmfhocail anseo **baininscneach**, agus críochnaíonn siad ar **chonsan**. Chun an Tuiseal Ginideach uatha a chumadh, **caolaítear** an consan deiridh (más gá) agus cuirtear **-e** leis.

| | Uatha | Iolra |
|---|---|---|
| **Ainmneach** | tá **an fhuinneog** dúnta | tá **na fuinneoga** dúnta |
| **Ginideach** | gloine **na fuinneoige** | gloine **na bhfuinneog** |
| **Ainmneach** | tá **an charraig** mór | tá **na carraigeacha** mór |
| **Ginideach** | dath **na carraige** | dath **na gcarraigeacha** |
| **Ainmneach** | tá **an áit** go hálainn | tá **na háiteanna** go hálainn |
| **Ginideach** | muintir **na háite** | muintir **na n-áiteanna** |
| **Ainmneach** | tá **an tsráid** salach | tá **na sráideanna** salach |
| **Ginideach** | ainm **na sráide** | ainmneacha **na sráideanna** |
| **Ainmneach** | tá **an bhaintreach** anseo | tá **na baintreacha** anseo |
| **Ginideach** | caint **na baintrí** | caint **na mbaintreach** |

### Cleachtadh

Athscríobh agus críochnaigh an tábla thíos leis na tuisil de na hainmfhocail. Tá siad go léir sa dara díochlaonadh agus baininscneach.

| Ainmfhocal | Tuiseal Ainmneach uatha | Tuiseal Ginideach uatha | Tuiseal Ainmneach iolra | Tuiseal Ginideach iolra |
|---|---|---|---|---|
| abairt | an abairt | tús na habairte | na habairtí | tús na n-abairtí |
| aidhm | | | | |
| aimsir | | | | |
| aois | | | | |
| caint | | | | |
| casóg | | | | |
| céim | | | | |
| ceist | | | | |
| conspóid | | | | |
| cuach | | | | |
| duais | | | | |
| eaglais | | | | |
| fadhb | | | | |
| foirm | | | | |
| long | | | | |
| ócáid | | | | |
| páirc | | | | |
| pictiúrlann | | | | |
| scoil | | | | |

## An tríú díochlaonadh

Críochnaíonn ainmfhocail an tríú díochlaonadh ar **chonsan**. Sa Tuiseal Ginideach uatha cuirtear **-a** leis an ainmfhocal. Má tá an consan deiridh caol, leathnaítear é.

Is féidir trí mhór-roinn a dhéanamh de na hainmfhocail:

**1** Ainmfhocail phearsanta a chríochnaíonn ar **-óir**, **-éir** nó **-úir**. Tá siad firinscneach.

Mar shampla:

- bádóir
- múinteoir
- feirmeoir.

**2** Ainmfhocail theibí a chríochnaíonn ar **-(e)acht** nó **-(a)íocht**. Tá siad baininscneach.

Mar shampla:

- filíocht
- litríocht
- aidiacht.

3 Ainmfhocail eile atá firinscneach nó baininscneach, de ghnáth, de réir mar a chríochnaíonn siad ar chonsan leathan nó ar chonsan caol.

Mar shampla:

- tréad (f)
- feoil (b).

Tá tréaniolraí **-í**,**-aí**, **-anna** agus **-acha** ag formhór na n-ainmfhocal sa tríú díochlaonadh.

| | **Uatha** | **Iolra** |
|---|---|---|
| **Ainmneach** | tá **an múinteoir** anseo | tá **na múinteoirí** anseo |
| **Ginideach** | mála **an mhúinteora** | malaí **na múinteoirí** |
| **Ainmneach** | tá **an chumhacht** aige | **na cumhachtaí** móra |
| **Ginideach** | méid **na cumhachta** | méid **na gcumhachtaí** |
| **Ainmneach** | tá **an t-am** imithe | tá **na hamanna** imithe |
| **Ginideach** | i rith **an ama** | i rith **na n-amanna** |
| **Ainmneach** | tá **an fhuil** dearg | |
| **Ginideach** | tá sé **ag cur fola** | |
| **Ainmneach** | tá **an fhilíocht** go deas | |
| **Ginideach** | tús **na filíochta** | |

## Cleachtadh

Athscríobh agus críochnaigh an tábla thíos leis na tuisil de na hainmfhocail. Tá siad go léir sa tríú díochlaonadh.

| **Ainmfhocal** | **Tuiseal Ainmneach uatha** | **Tuiseal Ginideach uatha** | **Tuiseal Ainmneach iolra** | **Tuiseal Ginideach iolra** |
|---|---|---|---|---|
| dochtúir | an dochtúir | mála an dochtúra | na dochtúirí | málaí na ndochtúirí |
| bliain | | | | |
| buachaill | | | | |
| cáilíocht | | | | |
| cumhacht | | | | |
| daonnacht | | | | |
| dlíodóir | | | | |
| éagóir | | | | |
| éifeacht | | | | |
| fiaclóir | | | | |
| iasacht | | | | |
| litríocht | | | | |
| meadaracht | | | | |

| Ainmfhocal | Tuiseal Ainmneach uatha | Tuiseal Ginideach uatha | Tuiseal Ainmneach iolra | Tuiseal Ginideach iolra |
|---|---|---|---|---|
| meas | | | | |
| poblacht | | | | |
| rang | | | | |
| timpeallacht | | | | |
| troid | | | | |

## An ceathrú díochlaonadh

Is ionann foirm na dtuiseal go léir san uimhir uatha, agus foirm na dtuiseal go léir san uimhir iolra. Críochnaíonn an t-ainmfhocal ar **-ín** nó ar **ghuta** san uimhir uatha. Tá tréaniolraí ag na hainmfhocail go léir. Críochnaíonn siad ar: **-í**, **-te**, **-the** nó **-anna** de ghnáth. Tá formhór na n-ainmfhocal **firinscneach**.

| | Uatha | Iolra |
|---|---|---|
| **Ainmneach** | fuair **an cailín** duais | fuair **na cailíní** duais |
| **Ginideach** | duais **an chailín** | duais **na gcailíní** |
| **Ainmneach** | tá **an t-ainmhí** marbh | tá **na hainmhithe** marbh |
| **Ginideach** | bás **an ainmhí** | bás **na n-ainmhithe** |
| **Ainmneach** | níl **an tsláinte** go maith | |
| **Ginideach** | meath **na sláinte** | |

### Cleachtadh

Athscríobh agus críochnaigh an tábla thíos leis na tuisil de na hainmfhocail. Tá siad go léir sa cheathrú díochlaonadh.

| Ainmfhocal | Tuiseal Ainmneach uatha | Tuiseal Ginideach uatha | Tuiseal Ainmneach iolra | Tuiseal Ginideach iolra |
|---|---|---|---|---|
| toitín | an toitín | praghas an toitín | na toitíní | praghas na dtoitíní |
| béile | | | | |
| cluiche | | | | |
| coláiste | | | | |
| Críostaí | | | | |
| croí | | | | |
| dalta | | | | |
| farraige | | | | |
| file | | | | |
| gadaí | | | | |
| garda | | | | |

| Ainmfhocal | Tuiseal Ainmneach uatha | Tuiseal Ginideach uatha | Tuiseal Ainmneach iolra | Tuiseal Ginideach iolra |
|---|---|---|---|---|
| grá | | | | |
| oibrí | | | | |
| oíche | | | | |
| páiste | | | | |
| príomhoide | | | | |
| teanga | | | | |
| timpiste | | | | |
| tine | | | | |

## An cúigiú díochlaonadh

Níl a lán ainmfhocal sa chúigiú díochlaonadh. Sa Tuiseal Ainmneach uatha, críochnaíonn siad ar **chonsan caol** (**-in**, **-ir**, **-il**) nó ar **ghuta**. Sa Tuiseal Ginideach uatha, críochnaíonn siad ar **chonsan leathan**. Is baininscneach d'fhormhór na n-ainmfhocal. Tá tréaniolraí acu.

### Ainmfhocail a chríochnaíonn ar -in, -ir nó -il

Sa Tuiseal Ginideach uatha, leathnaítear an consan deiridh d'ainmfhocal aonsiollach agus cuirtear **-ach** leis. Más ainmfhocal ilsiollach é, coimrítear, de ghnáth, é agus cuirtear **-(e)ach** leis.

| | Uatha | Iolra |
|---|---|---|
| Ainmneach | níl **an cháin** íoctha agat | níl **na cánacha** íoctha agat |
| Ginideach | méid **na cánach** | méid **na gcánacha** |
| Ainmneach | tá **an riail** i bhfeidhm | tá **na rialacha** i bhfeidhm |
| Ginideach | sárú **na rialach** | sárú **na rialacha** |
| Ainmneach | tá **an eochair** agam | tá **na heochracha** agam |
| Ginideach | poll **na heochrach** | poll **na n-eochracha** |
| Ainmneach | scríobh mé **an litir** | scríobh mé **na litreacha** |
| Ginideach | clúdach **na litreach** | clúdach **na litreacha** |

### Ainmfhocail a chríochnaíonn ar ghuta

Má chríochnaíonn ainmfhocal baininscneach ón gcúigiú díochlaonadh ar ghuta, cuirtear **-n** leis sa Tuiseal Ginideach uatha, agus **-na** leis sa Tuiseal Ginideach iolra.

| | Uatha | Iolra |
|---|---|---|
| Ainmneach | tá **an mhonarcha** ar oscailt | tá **na monarchana** ar oscailt |
| Ginideach | bainisteoir **na monarchan** | bainisteoir **na monarchana** |

## Cleachtadh

Athscríobh agus críochnaigh an tábla thíos leis na tuisil de na hainmfhocail. Tá siad go léir sa chúigiú díochlaonadh.

| Ainmfhocal | Tuiseal Ainmneach uatha | Tuiseal Ginideach uatha | Tuiseal Ainmneach iolra | Tuiseal Ginideach iolra |
|---|---|---|---|---|
| traein | an traein | na traenach | na traenacha | na dtraenacha |
| abhainn | | | | |
| cara | | | | |
| cathair | | | | |
| mainistir | | | | |
| triail | | | | |
| uimhir | | | | |

## Ainmfhocail neamhrialta

| | Uatha | Iolra |
|---|---|---|
| Ainmneach | tá **an deirfiúr** ag caint | tá **na deirfiúracha** ag caint |
| Ginideach | caint **na deirféar** | caint **na ndeirfiúracha** |
| Ainmneach | tá **an deartháir** ag caint | tá **na deartháireacha** ag caint |
| Ginideach | caint **an dearthár** | caint **na ndeartháireacha** |
| Ainmneach | bhí **an mhí** fliuch | bhí **na míonna** fliuch |
| Ginideach | ar feadh **na míosa** | ar feadh **na míonna** |
| Ainmneach | tá **an bhean** anseo | tá **na mná** anseo |
| Ginideach | caint **na mná** | caint **na mban** |
| Ainmneach | tá **an teach** tógtha | tá **na tithe** tógtha |
| Ginideach | bean **an tí** | mná **na dtithe** |
| Ainmneach | tá **an deoch** daor | tá **na deochanna** daor |
| Ginideach | praghas **na dí** | praghas **na ndeochanna** |
| Ainmneach | tá **an leaba** mór | tá **na leapacha** mór |
| Ginideach | taobh **na leapa** | taobh **na leapacha** |
| Ainmneach | tá **an t-athair** anseo | tá **na haithreacha** anseo |
| Ginideach | in ainm **an athar** | in ainm **na n-aithreacha** |
| Ainmneach | tá **an mháthair** ag caint | tá **na máithreacha** ag caint |
| Ginideach | caint **na máthar** | caint **na máithreacha** |
| Ainmneach | d'fhill **an chomharsa** | d'fhill **na comharsana** |
| Ginideach | filleadh **na comharsan** | filleadh **na gcomharsan** |